U0617991

俄 国 史 译 丛 · 历 史 与 文 化

Серия переводов книг по истории России

Россия

Очерки русской культуры

俄国史译丛·历史与文化

СЕРИЯ ПЕРЕВОДОВ КНИГ ПО ИСТОРИИ РОССИИ

崔志宏 万冬梅／译

［俄］利季娅·瓦西里耶夫娜·科什曼／主编

Лидия Васильевна Кошман

落幕与诞生 （上册）

19世纪末20世纪初的俄国文化

Очерки русской культуры
Конец XIX-начало XX века:
Общественно-культурная среда(Том 1)

社会科学文献出版社

SOCIAL SCIENCES ACADEMIC PRESS (CHINA)

Кошман Л.В.

Очерки русской культуры. Конец XIX – начало XX века. Общественно-культурная среда. – М.: Издательство Московского университета, 2011.

©Коллектив авторов, 2011

©Издательство Московского университета, 2011

本书根据俄罗斯莫斯科大学出版社 2011 年版本译出。

ОЧЕРКИ РУССКОЙ КУЛЬТУРЫ

本书获得教育部人文社会科学重点研究基地
吉林大学东北亚研究中心资助出版

俄国史译丛编委会

主　编　张广翔

副主编　卡尔波夫（С. П. Карпов）　　钟建平　许金秋

委　员　彼得罗夫（Ю. А. Петров）　　鲍罗德金（Л. И. Бородкин）

　　　　　姚　海　黄立茀　鲍里索夫（Н. С. Борисов）

　　　　　张盛发　戈里科夫（А. Г. Голиков）

　　　　　科兹罗娃（Н. В. Козлова）　李牧群　戴桂菊

主编简介

利季娅·瓦西里耶夫娜·科什曼 (Лидия Васильевна Кощман) 毕业于莫斯科大学历史系，历史学博士，莫斯科大学历史系教授、文化史实验室主任、俄罗斯历史系学位委员会委员，主要研究方向是俄国文化史。出版或发表学术著作、论文等 80 余部（篇），在俄国国内外享有颇高声望。代表作有《19 世纪上半叶的俄国工厂学校》（莫斯科，1976 年）、《莫斯科大学 225 年的出版活动》（莫斯科，1981 年）、《俄罗斯纺织工厂的生产文化》（莫斯科，1995 年）、《19 世纪末 20 世纪初白银时代的艺术文化》（莫斯科，2002 年）、《莫斯科大学纪事》（莫斯科，2009 年）等。

上册译者简介

崔志宏 毕业于俄罗斯莫斯科国立大学历史系，历史学博士，吉林大学东北亚研究院国际政治所副教授。主要从事俄罗斯政治制度与外交、东北亚地区国际关系等领域的研究与教学工作，出版专著《当代俄罗斯多党制》（俄文）、编著《东北亚地缘政治与长吉图战略》、译著《俄罗斯政党：历史与现实》《俄国专制制度与商人》等，发表学术论文 20 余篇。主持及参与各类基金项目 10 余项。

万冬梅 毕业于俄罗斯莫斯科国立大学语文系，文学博士，吉林大学外国语学院俄语系副教授。主要从事俄罗斯文学、翻译等领域的研究与教学实践工作，出版专著《阿·尼·托尔斯泰女性群像研究》（俄文）、译著《钢铁是怎样炼成的》《俄国专制制度与商人》《俄罗斯政党：历史与现实》，并参与国家重大出版基金项目"世界文学史"的翻译工作，译作 200 余万字；先后在《莫斯科大学学报》等国内外学术期刊发表论文 20 余篇。主持及参与各类基金项目 10 余项。

总　序

我们之所以组织翻译这套"俄国史译丛"，一是由于我们长期从事俄国史研究，深感国内俄国史方面的研究严重滞后，远远满足不了国内学界的需要，而且国内学者翻译俄罗斯史学家的相关著述过少，不利于我们了解、吸纳和借鉴俄罗斯学者有代表性的成果。有选择地翻译数十册俄国史方面的著作，既是我们深入学习和理解俄国史的过程，还是鞭策我们不断进取、培养人才和锻炼队伍的过程，同时也是为国内俄国史研究添砖加瓦的过程。

二是由于吉林大学俄国史研究团队（以下简称"我们团队"）与俄罗斯史学家的交往十分密切，团队成员都有赴俄进修或攻读学位的机会，每年都有多人次赴俄参加学术会议，每年请 2～3 位俄罗斯史学家来校讲学。我们与莫斯科国立大学（以下简称"莫大"）历史系、俄罗斯科学院俄国史研究所和世界史所、俄罗斯科学院圣彼得堡历史所、俄罗斯科学院乌拉尔分院历史与考古所等单位学术联系频繁，有能力、有机会与俄学者交流译书之事，能最大限度地得到俄同行的理解和支持。以前我们翻译鲍里斯·尼古拉耶维奇·米罗诺夫的著作时就得到了其真诚帮助，此次又得到了莫大历史系的大力支持，而这是我们顺利无偿取得系列书的外文版权的重要条件。舍此，"俄国史译丛"工作无从谈起。

三是由于我们团队得到了吉林大学校长李元元、党委书记杨振斌、学校职能部门和东北亚研究院的鼎力支持和帮助。2015 年 5 月 5 日李元元校长访问莫大期间，与莫大校长萨多夫尼奇（B. A. Садовничий）院士，俄罗斯科学院院士、莫大历史系主任卡尔波夫教授，莫大历史系副主任鲍罗德金教授等就加强两校学术合作与交流达成重要共识，李元元校长明确表示吉林大学将大力扶植俄国史研究，为我方翻译莫大学者的著作提供充足的经费支持。萨多夫尼奇校长非常欣赏吉林大学的举措，责成莫大历史系全力配合我方的相关工作。吉林大学主管文科科研的副校长吴振武教授、社科处霍志刚处长非常重视我们团队与莫大历史系的合作，2015 年尽管经费很紧张，还是为我们提供了一定的科研经费。2016 年又为我们提供了一定经费。这一经费支持将持续若干年。

我们团队所在的东北亚研究院建院伊始，就尽一切可能扶持我们团队的发展。现任院长于潇教授上任以来，一直关怀、鼓励和帮助我们团队，一直鼓励我们不仅要立足国内，而且要不断与俄罗斯同行开展各种合作与交流，不断扩大我们团队在国内外的影响。在 2015 年我们团队与莫大历史系新一轮合作中，于潇院长积极帮助我们协调校内有关职能部门，和我们一起起草与莫大历史系合作的方案，获得了学校的支持。2015 年 11 月 16 日，于潇院长与来访的莫大历史系主任卡尔波夫院士签署了《吉林大学东北亚研究院与莫斯科大学历史系合作方案（2015～2020 年）》，两校学术合作与交流进入了新阶段，其中，我们团队拟 4 年内翻译莫大学者 30 种左右学术著作的工作正式启动。学校职能部门和东北亚研究院的大力支持是我们团队翻译出版"俄国史译丛"的根本保障。于潇院长为我们团队补充人员和提供一定的经费使我们更有信心完成上述任务。

2016 年 7 月 5 日，吉林大学党委书记杨振斌教授率团参加在莫大举办的中俄大学校长峰会，于潇院长和张广翔教授等随团参加，在会议期间，杨振斌书记与莫大校长萨多夫尼奇院士签署了吉林大学与莫大共建历史学中心的协议。会后，莫大历史系学术委员会主任卡尔波夫院士、莫大历史系主任杜奇科夫（И. И. Тучков）教授（2015 年 11 月底任莫大历史系主任）、莫大历史系副主任鲍罗德金教授陪同杨振斌书记一行拜访了莫大校长萨多夫尼奇院士，双方围绕共建历史学中心进行了深入的探讨，有力地助推了我们团队翻译莫大历史系学者学术著作一事。

四是由于我们团队同莫大历史系长期的学术联系。我们团队与莫大历史系交往渊源很深，李春隆教授、崔志宏副教授于莫大历史系攻读了副博士学位，张广翔教授、雷丽平教授和杨翠红教授在莫大历史系进修，其中张广翔教授三度在该系进修。我们与该系鲍维金教授、费多罗夫教授、卡尔波夫院士、米洛夫院士、库库什金院士、鲍罗德金教授、谢伦斯卡雅教授、伊兹梅斯杰耶娃教授、戈里科夫教授、科什曼教授等结下了深厚的友谊。莫大历史系为我们团队的成长倾注了大量的心血。卡尔波夫院士、米洛夫院士、鲍罗德金教授、谢伦斯卡雅教授、伊兹梅斯杰耶娃教授、科什曼教授和戈尔斯科娃副教授前来我校讲授俄国史专题，开拓了我们团队及俄国史研究方向的硕士生和博士生的视野。卡尔波夫院士、米洛夫院士和鲍罗德金教授被我校聘为名誉教授，他们经常为我们团队的发展献计献策。莫大历史系的学者还经常向我们馈赠俄国史方面的著作。正是由于双方有这样的合作基础，在选择翻译的书目方面，很容易沟通。尤其是双方商定拟翻译的30种左右的莫大历史系学者著作，需要无偿转让版权，在这方面，莫大历史系从系主任到所涉及的作者，克服一切困难帮助我们解决关键问题。

五是由于我们团队有一支年富力强的队伍，既懂俄语，又有俄国史方面的基础，进取心强，甘于坐冷板凳。学校层面和学院层面一直重视俄国史研究团队的建设，一直注意及时吸纳新生力量，使我们团队人员年龄结构合理，后备充足，有效避免了俄国史研究队伍青黄不接、后继无人的问题。我们在培养后备人才方面颇有心得，严格要求俄国史方向硕士生和博士生，以阅读和翻译俄国史专业书籍为必修课，硕士学位论文和博士学位论文必须以使用俄文文献为主，研究生从一入学就加强这方面的训练，效果很好：培养了一批俄语非常好、专业基础扎实、后劲足、崭露头角的好苗子。我们组织力量翻译了米罗诺夫所著的《俄国社会史》《帝俄时代生活史》，以及在中文刊物上发表了70多篇俄罗斯学者论文的译文，这些都为我们承担"俄国史译丛"的翻译工作积累了宝贵的经验，锻炼了队伍。

译者队伍长期共事，彼此熟悉，容易合作，便于商量和沟通。我们深知高质量地翻译这些著作绝非易事，需要认真再认真，反复斟酌，不得有半点的马虎。我们翻译的这些俄国史著作，既有俄国经济史、社会史、城市史、政治史，还有文化史和史学理论，以专题研究为主，涉及的领域广泛，有很多我们不懂的问题，需要潜心研究探讨。我们的翻译团队将定期碰头，利用群体的智慧解决共同面对的问题，单个人无法解决的问题，以及人名、地名、术语统一的问题。更为重要的是，译者将分别与相关作者直接联系，经常就各自遇到的问题发电子邮件向作者请教，我们还将根据翻译进度，有计划地邀请部分作者来我校共商译书过程中遇到的各种问题，尽可能地减少遗憾。

　　"俄国史译丛"的翻译工作能够顺利进行，离不开吉林大学校领导、社科处和国际合作与交流处、东北亚研究院领导的坚定支持和可靠支援；莫大历史系上下共襄此举，化解了很多合作路上的难题，将此举视为我们共同的事业；社会科学文献出版社的恽薇、高雁等相关人员将此举视为我们共同的任务，尽可能地替我们着想，使我们之间的合作更为愉快、更有成效。我们唯有竭尽全力将"俄国史译丛"视为学术生命，像爱护眼睛一样地呵护它、珍惜它，这项工作才有可能做好，才无愧于各方的信任和期待，才能为中国的俄国史研究的进步添砖加瓦。

　　上述所言与诸位译者共勉。

吉林大学东北亚研究院和东北亚研究中心

2016 年 7 月 22 日

目　录

上　册

下　册

二十世纪……

是川流不息的车流……

是飞机第一次腾空飞翔，

驱使我们去开垦未知的荒漠，

是对生活的厌弃，

是对它的痴迷与向往，

是对祖国的热爱与憎恶，

让我们血脉偾张，

这打破界限的一切，

闻所未闻的变革，

见所未见的躁狂。

A. A. 勃洛克

而在那充满传奇色彩的沿岸街

不是在日历上的，

而是真正的二十世纪

正一步步走来。

A. 阿赫马托娃

绪　论

Л. B. 科什曼

　　从 19 世纪 90 年代中期开始，人们就已经认识到，20 世纪将是新的历史时期的开端。这个时期带来了许多新的问题，不仅有经济问题，而且还包括社会、道德、美学和艺术问题。

　　在这一时期，社会精神领域发生了惊人的变化。紧张且期盼着"伟大变革"（列夫·托尔斯泰）的思绪取代了 1880 年社会中曾普遍存在的人心思稳的情绪。自 19 世纪 90 年代中期起，俄罗斯的社会政治生活出现了动荡，其特点是自由运动广泛开展，工人踊跃参与革命民主演说，大学生们也表现出了自己的积极性。

　　20 世纪初，俄国文学和艺术界在艺术活动中就美学思想的理解产生了尖锐的对立，如传统派与革新派、现实派与现代派的争论。这导致了社会民众开始重新审视价值观问题。最终，先锋派获得了胜利。先锋主义不仅是艺术的一个分支，它还可以成为人们认识生命、理解自由的方法，它是思考的形式，同时又是"衡量世界的标尺"。

　　政治家、社会活动家以及很多文艺界知识分子中的代表人物都意识到了俄罗斯所处时代的"边缘性"和"过渡性"的特点。1899 年，А. С. 苏沃林在《日记》中写道："我们正处在一个过渡的时代，政权当局并没有赢得民众的支持，或者说，他们也不配获得支持。"几年后，在 1903 年时他又指出："我感觉，不仅我崩溃了，新时期崩溃了，而且俄罗斯也陷于崩溃。"①

---

　　①　Суворин А. С. Дневник. Пг. ，1923. C. 197 – 198；М. ，1992. C. 359.

象征派也感受到了变化，虽然他们暂时还没有完全理解现实中所发生事件的本质。З. Н. 吉皮乌斯回忆道："这是一个有趣的时代，某些事物在俄罗斯出现了，某些又落在了后面，而另一些则正在力争赶超……那么，它们要去哪里？这谁也不知道。但在世纪之交，人们从空气中嗅到了悲剧的气息。噢，并不是所有人都能感受到，但已经有很多人在很多地方嗅到了这样的气息。"① 1905 年，在塔夫利达宫举行的俄罗斯肖像展开幕式上，С. П. 佳吉列夫发表了具有预言性质的演说："我们都是伟大时刻的见证者，我们将见证新的、未知文化的诞生，它因我们而生；同时，我们又将见证旧时代的落幕，新文化终将甩开并抛弃我们。"②

19、20 世纪之交，社会意识的特点是兼具复杂性和矛盾性。在这一时期，俄国存在的社会政治思潮涵盖了各种不同色彩的思想流派，包括自由主义、激进主义和保守主义等思想派别。同时，在知识分子界，比较流行的是列夫·托尔斯泰的道德学说、尼采对价值观的重新评价和"超人"学说，以及马克思主义思想。知识分子们对哲学思想的兴趣推动了独具特色的宗教哲学思想的诞生。思想家们对宗教哲学思想进行了孜孜不倦的探索，如 В. С. 索洛维约夫提出了"万物统一"的宗教思想，它比较典型地反映了当时从事艺术工作的大多数知识分子的工作思想状态。

很多现代派思想家（如 В. В. 魏列萨耶夫和 Н. А. 别尔嘉耶夫等人）指出，他们对马克思主义的兴趣是对民粹思想的替代。深受马克思主义思想影响的别尔嘉耶夫后来写道，在我们左翼知识分子当中产生了更高级且更复杂的思想流派，"如果俄国民粹主义者是冲动的，那么俄国马克思主义者则是理性的"③。

世纪之交的俄罗斯社会充满了复杂性和紧张性，充斥着尖锐的矛盾斗

---

① Гиппиус З. Н. Дмитрий Мережковский. Воспоминания. М. , 1990. С. 344.
② Дягилев С. П. В час итогов // Весы. 1905. № 4. С. 46 – 47.
③ Бердяев Н. А. Истоки и смысл русского коммунизма. М. , 1990. С. 79；Он же. Русская идея. Основные проблемы русской мысли XIX века и начала XX века // О России и русской философской культуре：Сб. М. , 1990. С. 238 – 240.

争和政治冲突，在民众意识和艺术创作思维中许多原则性的东西发生了改变，而所有这些都在那一时期的文学作品中得到了体现。众多俄罗斯思想家尤其是现代派思想家在作品中都曾经指出，当时的俄国社会已经呈现出精神和文学复兴的显著迹象。H. A. 别尔嘉耶夫就是其中的一位，他在自己的作品中写道："……当时我们沉醉于提高创作水平，新鲜事物在不断涌现，我们还需面对层出不穷的斗争和挑战……在俄国，这是一个觉醒的时代，它催生了独立自主的哲学思想，促发了诗歌创作的再度繁荣，加深了人们对美学思想的认识，同时也加剧了人们对宗教信仰的怀疑，促进了人们的再探索，促使人们对神秘论和神秘主义思想产生了兴趣……这是一个即将落幕和死亡的时代，但与之相伴的是太阳重新升起的喜悦和努力改变未来生活面貌的希望……在革命前夕，我们这里已经显露出文化复兴的曙光，并且有一种感觉越来越清晰，即古老的俄罗斯即将死亡。"①

但是，作为一个头脑清醒的思想家，H. A. 别尔嘉耶夫也非常清楚，文化复兴时代是"俄罗斯文化史上最精致的时代之一"，"它源自一个封闭的圈子，游离于波澜壮阔的社会运动之外，由此，在俄国革命中，早已存在的高层次文化精英们与普通知识分子以及民众之间的鸿沟也越来越大，甚至超过了法国大革命时期……因此，这个精英阶层的形成并没有在广大俄国民众阶层和社会中引发应有的反响和共鸣"②。

在当代文化史研究中，19 世纪末 20 世纪初这一阶段被称为"白银时代"。B. B. 罗扎诺夫最先使用了这一概念，其目的是界定普希金后俄国国内文学的发展时期。③ 并且，C. K. 马科夫斯基和 H. A. 奥楚普也在自己的回忆录中使用了这一概念来描述世纪之交和 20 世纪初的俄国文化发展状态。④ 总之，他们利用这一概念认定了俄国文学发展中的现代主义流派，主

①　Бердяев Н. А. Самопознание. М. , 1990. С. 128 – 129.

②　Там же. С. 129, 139, 140, 153; Бердяев Н. А. Истоки и смысл русского коммунизма. С. 91.

③　См. : Розанов В. В. О писательстве и писателях // Собр. соч. М. , 1995. С. 139, 145.

④　См. : Маковский С. К. На Парнасе « Серебряного века », Мюнхен, 1962; Оцуп Н. А. Океан времени. СПб. , 1994.

要是指象征派和阿克梅派。同时，他们还把这一时期确定为俄国精神文化发展的重要阶段。这一阶段始于俄国的"美学变革"，并与当时的俄国社会发生的众多变化密切相关，如，它与"对传统价值观的重新评价"有关，与在民族文化中呈现的集体原则和个人原则关系的改变，以及社会元素和精神哲学元素间相互关系的变化也有关。

在当代的人文研究中，尽管对"白银时代"这一概念已有较为固定的理解和广泛的使用，但对此概念的解读具有一定的程式化特点，并且也未能完整揭示出这一时期作为一个历史文化进程的全部内涵。① 同"白银时代"这个概念涵盖的文艺美学问题相比，19世纪末20世纪初的俄国文化无论在关注的主要问题、思想艺术倾向，还是社会功能方面，都呈现更为复杂的状态。同时，应当指出的是，在白银时代，包括诗歌、戏剧在内的艺术和美学创作也一直在关注着社会问题。

除以白银时代的文艺精英为代表的"尽善尽美"的高雅文化之外，俄国文化生活中的其他层面也同样精彩和重要。如果不对各个亚文化领域的现象以及文化的功能进行综合思考和整体研究，就无法完整展现19世纪末20世纪初俄国社会文化生活的全貌。

在1905年革命前期以及革命时期，俄国的社会文化发展状况（与客观的社会经济发展状况一起）是一个重要的衡量指标，它展示了俄国社会对当时人民所经历的社会和政治动荡做出了什么样的反应。并且，在对文化现象进行评价时，当时的创作者和研究者们不再以阶级思想和原则为主导，也不再夸大经济因素在社会发展中的作用，而是开始关注社会文化问题。这样的创作和研究思路可以让后来的研究者们，尤其是对俄国历史上这段异常复杂的时期进行研究的人员，能够更加全面地评估当时社会各阶层的代表，甚至是整个俄国社会在剧变发生时的态度和反应。这种对俄国文化进行思考和研究的方法也是我们编撰《落幕与诞生：19世纪末20世纪初的俄国文化》一书的主要思路。

---

① См. , напр. : Ронен О. Серебряный век как умысел и вымысел / Пер. с англ. М. , 2000.

　　本书是 1998 年到 2005 年出版的《19 世纪俄国文化发展概论》（六卷本，以下简称《概论》）的有机组成部分和续篇。鉴于这种延续性，无论在结构体例还是专题版块的划分上，本书都与六卷本中 19 世纪卷本的部分保持一致。对相关专题的选取主要考量了两个因素：一方面，对社会文化生活的研究必须结合对该时期历史文化进程特点的研究；另一方面，要对其在 19 世纪的整体发展做出总结，包括日常生活、大众文化、社会和家庭生活、政治文化、慈善事业以及对科学文艺事业的扶持及资助等诸多方面。

　　《概论》对普通教育和职业学校体系进行了重点研究，这是因为教育体系的现状和发展状况决定了社会的整体教育水平，同时，也是构建市民社会的必要条件。①《概论》中首先分别介绍了当时俄国城市和农村学校的教育发展状况，指出了在一定程度上保留传统教育形式的情况下，大力推广和普及一系列与教育新政相关的举措，揭示出城市大众阶层对教育所持态度的改变。

　　日常生活和大众文化是现代人文研究领域广泛讨论的问题。社会生活、家庭生活和休闲娱乐文化，以及作为城市社会文化生活和文化环境组成要素的大众文化都是本书的重要研究内容。文化的发展在城市和农村同步进行着。但是，只有在城市中才有可能出现推动电影等新型大众文化形式产生的条件。在很大程度上说，大众文化是在 19 世纪，特别是在 19 世纪的最后几十年间，成为俄国城市和农村文化大众化进程发展的结果的。同时，城乡之间经济、文化联系的加强进一步推动了文化的"扩大化"和全面发展，这也引起了农民对大众文化的兴趣。这一进程不仅触及城市，也触及农村。然而，当时的俄国大众文化只有在城市中才有条件得到发展。

　　日常生活之所以是本书关注的重点问题之一，是由于现代的人文工作者对社会的历史非常关注，因为社会史可以帮助他们在摆脱阶级思想的条框限制基础上审视文化的发展进程，窥探其中传统与创新的相互关系，考

---

①　当代的研究不止一次强调指出这种关联性。例如，В. М. 梅茹耶夫认为，教育是市民社会形成的主要推动因素，而学校则能够加速这一过程的推进（Философия，культура и образование：Мат-лы круглого стола // Вопр. Философии. 1999. № 3. С. 25）。

察历史文化发展过程中的历史人类学因素，而人们的日常生活正是这些现象的实质内核和具体化呈现。

日常生活中的文化呈现与人们的教育状况和精神需求都紧密相关。但与此同时，作为社会生活的一个领域，日常生活也取决于文明的发展程度。正如 Г. П. 费多托夫所指出的，文明的发展水平主要"基于科学技术知识的增长，同时还需要考虑社会和政治形式的演变"[1]。费多托夫对后者的影响力，特别是它们在大众当中的普及和接受程度提出了质疑。这是因为19、20世纪之交的俄国社会所经历的"社会和政治形式"远没有得到充分发展，尚需进一步完善。Г. П. 费多托夫认为，广大民众对达尔文主义和技术革命等"国际层面和表层上的文明成果"异常关注，这是俄国文化"灾难的肇始"。他还指出，早在19世纪60年代就已开启的俄国意识的理性化进程"在前所未有的革命条件下急剧加速，用20年的时间走完了100年的路，而这种速度给人们带来的心理影响是巨大而沉重的"[2]。

20世纪初，俄国的社会文化发展得到飞快推进，这在很大程度上是由于它们只是局限于"表层"，而要让它们在社会生活中"扎下根来"，还需要更长的时间。当代的许多研究者认为，20世纪初的俄国尽管已经呈现快速向工业社会过渡的趋势，但仍然是两种文明即欧洲的城市文明和传统的农村文明并存的国度。[3]

20世纪20年代，侨居国外的俄国思想家、政论家、历史学家的作品为我们全面了解革命前俄国社会文化生活的方方面面提供了大量的资料。通过对这些资料进行分析，可以看出，作者所表达的观点普遍具有预见性和前瞻性，时间证实了它们是正确的。同时，还应当指出的是，这些哲学家和思想家虽然不接受苏维埃俄国的社会政治制度，对布尔什维克政府持批评态度，但是他们能够正视革命后俄国的文化发展进程，并对其中出现的

---

① Федотов Г. П. Письма о русской культуре // Судьба и грехи России. Т. 2. СПб., 1992. С. 200.
② Там же. С. 207.（Заметим, что в чем-то Г. П. Федотов оказался прав.）
③ Отечественная история. 1994. № 6. С. 275.

新元素做出正面评价。其中，Г. П. 费多托夫指出："民众形成了新的世界观，新的俄国文化呈现大众化的特点。……"1938 年，侨居海外的他这样写道："文化不再是故步自封或者是两极分化的……俄国从文化意义上来讲是一个统一的整体。"①

19、20 世纪之交，俄国社会文化生活的另一个主要问题是对民族文化遗产的保护和研究。俄国政府，特别是社会各界人士尤为积极地致力于此。1917 年革命以前，俄国的文化宝库中已经拥有世界级的成果。

革命动荡年代带来的总是文化的缺失——这是革命时期不可抗拒的规律。但在俄国文化活动家的头脑中，尤其是在侨民思想家的心中，仍然保有俄国"文化会不断向前发展"的信念。"历史学家们知道，无论革命时期造成的历史断裂有多严重，它们都无法让文化的发展止步不前。"Г. П. 费多托夫之所以说出这番话，是因为他已经"猜到"，在苏维埃俄国"一些旧的甚至是古老的俄国文化必将会复苏"②。20 世纪初的一位俄国社会活动家指出，1905 年革命"席卷了整个俄国，但并没有中断对旧政权的继承，没有打破俄国几百年来形成的生活方式和习俗，而新枝已经从老根中竞相发出芽来"③。

20 世纪近几十年来的人文研究表明，人们对革命前俄国社会文化生活的兴趣颇为浓厚，这是因为在对这一时期的文化史进行研究的时候，人们可以不过多受到意识形态的束缚，能够通过对问题的广泛分析来揭示"世纪之交俄国文化"这一概念的内涵。正因如此，20 世纪初的法律、政治和哲学文化，宗教哲学探求和精神复兴，以及慈善事业和对科学、文艺事业的资助与扶持（作为社会各界参与文化运动的一种形式）等，也是本书的主要研究内容。

通过对世纪之交各类联合会、小组、团体、俱乐部等组织和场所中集中呈现的俄国艺术生活的概貌进行描述，解析这一时期艺术文化的发展，

① Федотов Г. П. Указ. соч. С. 207.

② Там же. С. 164.

③ Тыркова-Вильямс А. На путях к свободе. М. , 2007. С. 379.

是本书撰写时的理念和原则。艺术领域里的综合性是世纪之交俄国艺术文化发展呈现的一个典型特征。各种艺术相互联系、相互影响，激发了人们对艺术的新的理解，并以全新的方式影响着油画作品的欣赏者、戏剧演出的观众、音乐听众以及书籍爱好者。

艺术的综合性问题是阐释艺术文化的关键。通过了解文艺生活的发展现状和水平，如文化活动家在召开代表大会、出版杂志等活动中所表现出的积极性，以及他们的诉求，可以更加全面地呈现俄国社会生活在某一领域（指的是人们为实现自我价值所必需的领域，在此专指文化领域）的现实面貌。

此外，还要确定对 19 世纪末 20 世纪初历史文化进程进行研究的时间范围，这一点也非常重要。在苏联的史学研究中，在对包括文化史在内的整个俄国历史进行研究时，都是以 1917 年为不二的时间界限，其中包括国内文化的界限。当时的人文研究以阶级视角和立场为主，具有强烈的意识形态特征，将文化截然分成资本主义文化和社会主义文化两大类。当代的研究更加注重对社会历史的关注，更加全面地对社会生活甚至是某一游走于社会各阶层之间的个别阶层进行研究，不再把 1917 年作为俄国文化发展的界限，即划分为革命前和革命后两个时期。

对于俄国的社会经济和社会政治生活来说，1917 年的意义无疑是举足轻重的。另外，它对诸如教育体系和文化信息体系，乃至印刷等具体的文化领域来讲也都具有重要意义。因为，新政权首先通过这些文化领域来推行自己的政策。

然而，应该指出的是，不应将 1917 年的革命事件视为能够瞬间改变整个历史文化进程的决定性因素。因为，19 世纪末 20 世纪初俄国的历史文化进程包含了众多的内容，既包括日常生活、家庭生活，也包括众多艺术组织、团体和联合会的活动。在 20 世纪 20 年代的俄国社会文化生活中，革命前各时期产生和发展的一些现象仍然保留了下来。其中，俄国文化艺术的白银时代在 1917 年并未中断；现代派的美学思想在革命后最初的十年也依然存在，并发挥了一定的作用。

　　鉴于此，我们对 19 世纪末 20 世纪初这一历史转折时期的文化发展进行的解读，有助于在对各类文化现象进行评价时摆脱固有模式的束缚，从而更加真实地呈现俄国当时的文艺创作活动以及整个社会文化生活的面貌。

　　本书将对俄国 19、20 世纪之交这一历史转折期的社会文化环境以及城市、农村和庄园的文化生活特征进行研究。

　　本书的编撰工作由莫斯科国立大学历史系文化史研究室负责统筹组织，由文化史研究室的科研人员，莫斯科国立大学历史系、莫斯科国立印刷大学、利佩茨克大学、坦波夫国立技术大学的教师，俄罗斯科学院俄国史研究所、国立特列季亚科夫画廊、俄罗斯文化部修复工程研究院的专家学者们共同完成。

　　文化史研究室的工作人员 Л. А. 亚历山大洛娃、Е. В. 多尔吉赫、Н. Г. 克尼亚济科娃、В. В. 波诺马廖娃、Е. К. 瑟索耶娃、И. Е. 特里什康等人负责统稿、插图的选取以及人名索引工作。

第一章
世纪之交的城市：文化的实验室和保护者

Л. В. 科什曼

在 19、20 世纪之交的俄国，城市在社会文化生活中发挥着举足轻重的作用。这一时期，城市的面貌呈现的是整个 19 世纪发展的结果，并且在很大程度上决定了 20 世纪初俄国社会的文化发展潜能。

城市文化具有不同的功能。俄国城市是地方政权的排头兵，行使着行政职能，即使是到了 19、20 世纪之交，行政职能仍是城市的主要职能。因此，城市文化自然而然成为官方文化的重要组成部分。但同时，城市也是文化创造和创新的中心。这里有与文化发展密切相关的学校、研究院和一系列机构，形成了一整套能够促进文化进程一体化的文化信息体系。国内城市学的创始人 Н. П. 安齐费罗夫曾写道："在宗教、知识、艺术文化领域中发生的一切都源于城市。"接下来他又强调，城市是"社会结构的真实反映，而社会结构是构建城市社会的形式"；正因如此，城市"为我们展示出了其所属时代的生动文化形象……它将与自己相关的国家历史都融入了自身的发展之中。……过往的点点滴滴散落在城市，随处可见：在街道的走向、广场的形状中，在圆顶建筑和塔楼的轮廓里，在生活于城市的居民所说的方言中，在他们的节庆活动中……世世代代累积形成的一切在这里融合，形成了统一的整体面貌"①。

---

① Анциферов Н. П. Пути изучения города как социального организма. Л. , 1926. С. 9 – 13.

А. Ф. 洛谢夫在提及文艺复兴时期的城市时指出，这一时期的城市不仅仅是传统文化的组成要素，还"为整个文化的发展提出了逻辑的体系"①。这一特征对新时期的俄国城市来说也适用，尤其是 19、20 世纪之交这一历史转折期，与包括文化生活在内的俄国社会的现代化相关的很多进程都清晰地呈现出来。

社会的极化是俄国文化的特点之一，这是由于俄国没有形成以城市为中心的广泛的中等文化阶层。"俄国的日常生活呈现极化的态势。"② 正如 П. В. 基列耶夫斯基所言，Н. А. 别尔嘉耶夫在论及文化的"层极性特征"时写道："就国家发展状况及文化水平来说，俄国属于中等偏下的国家，我们在各个方面一直都处于中等偏下的位置。"③ 类似的境况在社会形成了一种紧张的氛围，并且自 19 世纪以来使社会意识发生了急剧的变化，同时在很多方面仍然保留着农民和小市民阶层的传统生活方式，这些因素的并存令社会氛围愈加紧张。直到亚历山大二世推行一系列重大改革之后，紧张的氛围才有所缓和，这在文化的大众化过程中也得到了体现。至此，不同社会群体和阶层的封闭状态开始逐渐被打破。然而，即使到了 19 世纪末，俄国的社会文化仍处于故步自封和与世隔绝的状态。造成这一局面的不仅有客观原因，也有主观因素。

精神文化生活的内容和形式是由社会文化环境决定的，Г. П. 费多托夫认为后者就像是"滋养文化发展的空气"，他写道："离开了社会文化环境，文化作为意识的组织形式将会分裂成诸多彼此无关联的因素，任何一个单独存在，或是与其他因素结合在一起，都称不上文化。"④ Д. С. 利哈乔夫也持类似的观点，他认为，文化是一个"整体的环境"，文化的空间"不仅具

---

① Лосев А. Ф. Эстетика Возрождения. М. , 1978. С. 18.

② Цит. по: Гиляров-Платонов Н. П. Из пережитого. Ч. 1. М. , 1886. С. V.

③ Бердяев Н. А. Философия свободы. Смысл творчества. М. , 1989. С. 524. 然而，作者一方面强调在社会底层和上层文化精英阶层之间存在很大的文化差距，另一方面却认为俄国"几乎没有文化、文化环境和文化传统"，这一观点未免有所偏颇。

④ Федотов Г. П. Письма о русской культуре: создание элиты // Судьба и грехи России. Т. 2. СПб. , 1992. С. 208.

有长度，而且具有深度"①。19世纪末20世纪初俄国城市的"整体文化环境"具有形式多样的特点。

阿尔巴特广场全貌及 H. B. 果戈理纪念碑，莫斯科
雕塑家 H. A. 安德烈耶夫，1909 年

文化一体化进程的推进不仅决定了城市在文化创新发展中的作用，而且在保护文化遗产方面也发挥着重要作用。珍视民族文化价值，并认识到对其进行研究的必要性，这是19、20世纪之交的俄国文化发展呈现的最为重要的一个特征。与此同时，文化传统本身也受到了新时代文化新生事物的影响。

文化创新与传统共存，在它们相互影响、相互作用下，文化环境的形成将是一个漫长的过程。这一过程的快与慢取决于很多因素：地区的经济状况，城市的行政地位以及它与文化的发源地甚至与两座都城的距离远近等。城市文化从来都不是封闭的体系，它通过各种联系形式与周围的乡村、

① Лихачев Д. С. Избранные мысли о жизни, истории, культуре. М. , 2006. С. 93.

村镇以及其他城市互联互通。影响城市和农村之间联系的因素（包括文化影响在内）有很多，如"铁路的开通、新的生产部门和工厂的开办都从根本上改变了地区的文化生活"①。

19 世纪末，1861 年改革后推进的各个进程开始加速。资本主义的发展在客观上要求提高全社会的文化水平，这不仅包括普及最基本的文化知识，还需要普及基础的普通教育和专业教育知识，它们是日益发展的工业社会以及逐渐拓宽的科学和社会生活各个领域所必需的。农奴制的废除在客观上增加了更广泛的大众阶层接受教育的机会。19 世纪末，在各省，首先是众多的城市中，大众阶层都纷纷参与到文化运动中。

然而，到 19 世纪末，俄国走"资本主义道路"的潜力尚未全部释放出来，在文化生活领域，包括新兴资产阶级在内的广大民众希望实现社会生活民主化的愿望最终未能形成，经济、社会、文化领域的多个进程从某种意义上来说也都"未能完成"。即使到了世纪之交，俄国仍然是两种文明——欧洲城市文明和传统农村文明并存的国家。П. Г. 雷恩德久斯基曾这样写道："在某些方面还存在许多偏差的情况下，城市和农村在社会经济方面（包括文化方面——作者注）体现了资本主义发展的两个不同阶段：城市已经是以资产阶级为主体的综合体，而农村尚处于不发达的初级阶段。"② 正如 Н. А. 别尔嘉耶夫所指出的，20 世纪初，俄国城市和农村之间存在的社会文化差距对"俄国的未来发展是巨大的隐患"③。

城市的人口状况与社会的多样性

世纪之交的俄国城市是什么样子的呢？俄罗斯城市学的奠基人之一

① Пиксанов Н. К. Областные культурные гнезда. М. , 1928. С. 19.
② Рындзюнский П. Г. Крестьяне и город в капиталистической России во второй половине XIX века. М. , 1983. С. 265；см. также：Отечественная история. 1994. № 6. С. 275；Миронов Б. Н. Социальная история России периода империи（XVIII – начало XX в.）. Т. 2. СПб. , 1999. С. 291 – 292.
③ Бердяев Н. А. Указ. соч.（Работа написана в 1914г. ）

И. М. 格列夫斯在自己的一篇文章中写道："俄国是乡村文化占主导地位的农业大国……但在这里也存在各种级别和类型的城市，其中甚至包括世界级的大城市。"① И. М. 格列夫斯的这一论断从价值论的角度来说是正确的，但并未揭示出俄国城市的真实面貌。

19 世纪以来的官方统计最终未能给出"城市"这个概念的清晰定义，也没有明确指出它与农村的不同特征。甚至到了 20 世纪初的时候，内务部经济司的一份资料中还指出，"关于城镇的概念和特征，任何一部法规都没有做出明确的规定"②。之所以这样，是因为在城市居民的经济活动中，并没有一个清晰的标准将城市和农村区分开来。19 世纪 60 年代，为筹备城市改革而进行的城市调查报告指出，"现在被称为城镇的居民点在各方面的差异是如此之大，以至于根本无法确定，它们中的哪些在未来可以*被称为城市*（斜体为作者注）"③。1897 年的第一次全国人口普查资料也指出，"城市首先应当是行政权力的中心"④。"在俄国，到目前为止（1905 年——作者注），城市指的是法律规定的拥有独立行政体制和管理机构的居民点。"⑤ 因此，行政体制作为城市区别于农村的主要特征被保留下来。

这样一来，在城市生活中，一方面很难说到底哪个领域是最主要的；而另一方面，必须坚持以城市的行政管理职能为主导的原则。这两点决定了行政地位是城市区别于农村的最主要特征。П. Г. 雷恩德久斯基认为，这一区别性特征"虽不尽如人意，有些牵强"，却是"清晰明了和最适用可行的标准"。他还得出了一个结论："只有对社会现象进行充分、广泛的研究，对人们的生产活动及社会生活的各个重要方面都给予应有的关注，才有可

① Гревс И. М. Монументальный город и исторические экскурсии（глава из неопубликованной книги）// Анциферовские чтения. Л. , 1989. С. 34.

② Список городских поселений Российской империи. СПб. , 1901. С. 1.

③ Материалы, относящиеся до нового общественного устройства в городах. Т. 2. СПб. , 1877. С. 146.

④ Общий свод по империи результатов разработки данных Первой всеобщей переписи населения, произведенный 28 января 1897г. Т. 1. СПб. , 1905. С. 5.

⑤ Города и поселения в уездах, имеющие 2000 и более жителей. СПб. , 1905. С. 1.

能对官方认可的城市进行相对客观的研究，并得出相应的结果。"①

　　除了行政地位，人口指标也是决定城市发展及城市在社会结构中所处地位的重要因素。根据 1870 年的《城市条例》，俄国在各城市设立社会管理机构。在对这些城市进行划分和定位的时候，内务部首先考量的因素是城市居民的数量（不少于 5000 人），其次是不动产的价值和城市的收入水平。②

　　以人口数量为统计口径对城市规模进行划分是现代研究者普遍接受的分类标准，也是社会学、民族学、城市学等领域的专家们在自己的论著中惯用的分类标准。根据城市人口的数量可将城市划分为小、中和大城市三大类。在 20 世纪初的官方刊物中，人口数量在 0.5 万人到 2 万人的城市属于小城市，2 万人到 10 万人属于中等城市，10 万人以上属于大城市。

　　城市及其居民数量的增长是整个 19 世纪俄国社会经济生活中自然发生的过程。1897 年，城市人口占俄国欧洲部分总人口数量的 12.9%，而当时俄国的大部分城市都集中在欧洲部分。另外，中等城市的增长是当时俄国城市发展的主流趋势，但小城市的数量仍占多数。在 19 世纪末，小城市的数量几乎占俄国欧洲部分城市总数的 2/3。③

　　20 世纪初，各类城市的人口规模并没有发生太大变化。无论是在俄国的欧洲部分，还是在其他地区，在中等城市数量保持一定增长趋势的同时，小城市仍然占绝大多数。

　　将城市的行政地位与其人口数量进行对比仍具有一定的意义。表 1－1 为 1904 年的一组数据。④

---

①　Рындзюнский П. Г. Указ. соч. С. 126，127. Я. Е. 沃达尔斯基也指出："与农村不同，城市的经济特点尽管很重要，却不可能有唯一的评定标准。"（Водарский Я. Е. Города и городское население в XVII в. // Вопросы истории хозяйства и неселения России. XVII в.：Очерки по истории и географии. М.，1974. С. 98）

②　Материалы, относящиеся до нового общественного устройства в городах. Т. 2. С. 146. 19 世纪 90 年代发表的一篇文章中指出："为了确定一个城市的面貌特征，必须弄清楚城市的人口数量及其居所的数量。"（Рагозин Е. Путешествие по русским городам // Русское обозрение. 1891. Т. 4. № 7. С. 261）

③　См.：Кошман Л. В. Город и городская жизнь в России XIX столетия. М.，2008. С. 59.

④　Города России в 1904 году. СПб.，1906. С. 0440（подсчеты мои. — Л. К.）.

表 1 - 1　1904 年城市数据

按人口数量对城市进行划分	省城及州立城市		县城及地区的城市		非县行政中心的城市		合计	
	绝对数量(千)	占比(%)	绝对数量(千)	占比(%)	绝对数量(千)	占比(%)	绝对数量(千)	占比(%)
大城市(10 万人以上)	17	19.3	3	0.5	—	—	20	2.1
中等城市(2 万~10 万人)	65	73.9	93	15.2	17	7.0	175	18.5
小城市(0.5 万~2 万人)	6	6.8	343	56.0	106	43.6	455	48.8
村镇(0.5 万人以下)	—		173	28.3	120	49.4	293	30.5
合计	88	100	612	100	243	100	943	100

注：表中个别数据不准确，本书尊重原著，不做调整。下同。

从表 1 - 1 可以看出，各省的行政中心以中等城市为主，而县级行政中心则以小城市为主。

尽管这一时期俄国的城市仍以小城市为主，但在 19 世纪末 20 世纪初，大城市还是呈现出明显的增长势头。19 世纪 60 年代初，俄国的欧洲部分一共只有三座城市——圣彼得堡、莫斯科和敖德萨，共计有人口 10 万余人。到 90 年代末，这样的城市已经有 14 座，其中包括图拉、萨拉托夫、下诺夫哥罗德、喀山、阿斯特拉罕、基辅、哈尔科夫。20 世纪初，大城市的数量增加到 20 个，到 1913 年增至 29 个。而俄国大城市的增长在 20 世纪的头十年特别明显。但整体来说，这类城市的数量并不多。1913 年，大城市在俄国所有城市中占比略高于 3%，而其人口却大约占所有城市人口总数的 1/3。[①] 换言之，大部分城市人口居住在中小城市，但 19 世纪末 20 世纪初俄国中小城市人口的密度并不大。

大城市的发展为城市化（城市发展的重要指标）创造了必要的前提条件，其中既有社会经济方面的，也有文化方面的。20 世纪初的俄国城市中，

---

① Статистический временник Российской империи. Вып. 1. СПб. , 1866；Город и деревня в России: сто лет перемен. М. , 2001. С. 74；Города России в 1904 году. С. 0440；Историческая география СССР. М. , 1973. С. 199.

小城市占大多数，而小城市作为周边农村地区的生产贸易中心，许多居民仍然从事着农业活动。这说明，20 世纪初俄国的城市化发展缓慢。俄国城市的研究者 В. П. 谢苗诺夫 – 佳恩 – 尚斯基认为，俄国这一时期的城市化只能勉强说"算是开始了"①。

19 世纪也曾有过村镇升级为城市的个例，但其中考量的主要是经济因素。《俄罗斯帝国法典》（1857）首次指出："应大力发展村镇的工业企业，如果一个村镇居民的谋生手段从以种地为主转为以手工生产为主，那么，该村镇即可升级为城市。"1863 年，国务会议发布了有关《关于村镇升级为城市的规定》的"意见"，该意见具有法律效力。根据意见，村镇居民须有至少2/3 的户主"同意将村镇升级为城市"，并在全村镇召开大会，通过决定并发表声明，之后才能向省城农民事务管理局呈报以待批准；后者应确认"该村镇居民有足够资金用于设立城市管理机构并维持其运行"②。在此之后，村镇升级为城市这一问题要经省长及大臣委员会的批准同意，最终由沙皇批准通过。可见，尽管村镇升级的倡议可以由居民动议发起，但政府仍然保留对升级审批程序的决策权。同时，在村镇升级的情况下，城市的行政职能将成为其首要职能。

萨马拉省省长在 1884 年的工作报告中指出，巴拉科沃商业村是继萨马拉之后伏尔加河沿岸出现的又一个码头，在此地设立警察局是"刻不容缓的事情"。为此，他建议"将巴拉科沃升级为城市或是城镇"③。

然而，由本地民众自发提议改变所在村镇行政地位的情况还是非常少见的。其中，最广为人知的是将舍列梅捷夫的领地伊万诺沃村升级为伊万诺沃 – 沃兹涅先斯克城。1870 年 4 月，在全村大会上通过了关于将伊万诺沃村升级的决议。④ 1871 年，伊万诺沃村与沃兹涅先斯克城郊（1853 年升

---

① Город и деревня в России：сто лет перемен. С. 13. Темпы и характер урбанизации в России соответствовали среднему мировому уровню в это время.

② Свод законов Российской империи（далее – СЗ）. Законы о состояниях. Т. 9. СПб. , 1857. Ст. 440.；ПСЗ – Ⅱ. Т. 38. Отд. 2. № 40261.

③ РГИА. Библиотека. № 80. Отчет о состоянии Самарской губернии за 1884 г. С. 5.

④ ГАИО. Ф. 1. Дума Вознесенского посада. Оп. 1. Д. 299. Л. 7.

级为城市）合并，并正式升级为城市。特维尔省基姆鲁村的居民也一直为将村镇升级为城市而努力，直到 1917 年他们才得以如愿。同年，弗拉基米尔省的奥列霍沃－祖耶沃村升级为城市，1919 年，下诺夫哥罗德省的巴甫洛沃村完成升级。

在农村地区大力发展工业是俄国的一大特色，由此涌现出大批的工厂村，而非新城市，其中一些工厂村逐渐发展成大型的工业中心。在世界历史的发展实践中，工厂村是一种独特的村庄类型，在俄国欧洲部分的工业中心地区非常普遍，大多是分散的纺织业手工工场和作坊。19 世纪末，在全国 103 个轻重工业中心当中，只有 40 个是城市，而其余的都是工厂村和手工业村。① 1910 年，俄国中部和伏尔加河中游地区各省（莫斯科、特维尔、卡卢加、弗拉基米尔、梁赞、科斯特罗马、雅罗斯拉夫尔、喀山、下诺夫哥罗德等 13 个省）的工厂村（或是如文献中所标注的"城镇"）占全国工商业中心总数的 44%。② 在一些省份（卡卢加、科斯特罗马），20 世纪初其城镇的数量占城市总数量的 65% ~75%。③

工厂村的保留和发展也是城市化进程的一部分，它反映了俄国城市作为经济生活中心的特点。工厂村是工业发展的中心，在法律地位上仍属于"村"，其居民在法律层面仍然是农民阶层，其经济和文化生活也有自身独有的特点。

俄国城市居民的社会成分驳杂。这一事实说明，即使到了 19 世纪末 20 世纪初，俄国社会仍存在复杂的"阶层性"。在 1897 年进行的人口普查中，阶层作为社会结构的组成部分被保留下来。实际上，几乎所有（99%）接受普查的人对自己的阶层定位与其所表现出的阶层特征都是一致的。П. Г. 雷恩德久斯基一直致力于俄国公民问题的研究，他认为，"在 1861 年改革

---

① См.：Ленин В. И. Развитие капитализма в России // Полн. Собр. Соч. Т. 3. С. 519，605；Водарский Я. Е. Промышленные селения Центральной России в период генезиса и развития капитализма（ⅩⅧ － ⅩⅨ вв.）М.，1973. С. 201.

② Города России в 1910 году. СПб.，1914. С. 340.

③ Города России в 1904 году. С. 391.

后的俄国社会，阶层意识愈加强烈"①。

在城市生活的有贵族、官员、神职人员、商人和荣誉市民、军人、外族人、外国人、农民。然而，虽然城市居民的社会成分各异，但最主要的阶层是小市民阶层。②

除了小市民阶层，城市还居住着很多农民，这在相关文献中有清晰的记载。但农民有自己的所属阶层，并未列入城市社会阶层的构成中。

19 世纪以来，特别是在改革后，俄国城市人口的增长超过了全国人口的整体增长水平。③ 在城市居民当中，首先是小市民阶层呈现快速增长势头：19 世纪，其增幅超过了 9%，同其他阶层相比，这一数字还是相当可观的。④

小市民阶层人口数量增加的部分首先是以农民为主的社会其他各阶层出身的人。

加入小市民阶层并不是一件难事：它无须像加入商人阶层那样声明自己拥有多少从业资本，而只需缴纳一笔数目可观的费用（19 世纪末，这笔费用为 100 卢布）作为加入小市民团体的入会费即可。

在俄国，农村对城市的影响相当大。这是因为当时的俄国经济仍以农业为主，到 19 世纪末的时候仍有大量的工厂村保留了下来，其中工人在法律上仍属于农民阶层。另外，来城市打工赚钱的农民无疑也给城市生活的方方面面带来了影响。

---

① Русский город. Вып. 6. М. , 1883. С. 163. 2004 年出版的一本论著提出了同样的观点："在 19、20 世纪之交，俄国社会已经具有强烈的阶层意识。"（Иванова Н. А. Желтова В. П. Сословно-классовая стрктура России в конце XIX – начале XX века. М. , 2004. С. 269）

② 19 世纪末，小市民占城市居民的 44.3%，贵族占 6.2%，商人和荣誉市民占 2.4%，神职人员占 1%（общий свод... Т. 1. С. 160 – 163）。1897 年人口普查的结果显示，在俄国的欧洲部分，小市民占人口总数的 10.7%，其数量在各阶层中仅次于农民，位居第二。

③ 1867 年至 1916 年，俄国欧洲部分的人口数量增长了 89%，其中，城市人口数量增加了 288%（Историческая география СССР. С. 199）。从 1811 年至 1863 年 52 年间城市人口数量增长约为 120%，而在之后的 35 年时间里（1863 ~ 1897），其增幅近 100%（см.：Рашин А. Г. Население России за 100 лет. М. , 1956. С. 86 – 87）。

④ См.：Кошман Л. В. Указ. соч. С. 192.

特维尔大街，莫斯科，20 世纪初的明信片

在当代的文献中，有一个城市人口"农民化"的概念，它主要体现在农村传统的经济活动、家庭结构和日常生活中。同样不应忽视的一点是，中小城市的小市民阶层与农民有千丝万缕的联系，也保留了这个阶层许多固有的特点。

然而，虽然在 19 世纪末出现了农民流入城市的现象，但在各城市和地区的居民中，农民的占比情况却各有不同。仅以都城所在地莫斯科和圣彼得堡两省为例，在城市居民中农民的占比达到近一半（莫斯科省占 45.7%），或更多（圣彼得堡省占 64.1%）。在位于欧洲中部和伏尔加河沿岸的大多数省份中，农民占比一般在 5% ~ 7%。①

城市居民的文化水平和受教育程度

在俄国，城市是关乎文化向心力与离心力大小的重要因素，它的这种

---

① 　См.：Кадомцев Б. П. Профессиональный и социальный состав населения Европейской России по данным Переписи 1897 г. СПб.，1909. С. 107 – 108. Таблица.

作用是由很多指标所决定的，但首先是因为城市居民的文化和受教育水平相对较高。

城市识字人口的数量在 19 世纪中期超过了其所在省的整体水平，特别是在改革之后大幅蹿升。据报纸报道，19 世纪的最后几十年，城市对初等教育的需求日益增长。《俄国新闻报》刊载的一篇来自库尔斯克的报道中指出："我们的城市对初等教育的需求非常大，以至于每一所新开设的学校刚开始招生就出现满员的情况，因此必须尽快开设新的学校。"①

国民教育领域的著名学者 Ф. Ф. 奥尔登堡指出，小学教育在 19 世纪 90 年代中期已经开始普及。他写道："目前，国民教育工作积极开展，这和 60 年代初期时的情况差不多。特别是在近两年（1894～1895），学校和学生的数量增加了，学校和群众性图书馆、星期日学校以及大众读书会都得到了广泛普及。至少对个别地区来说，普及教育已经开始从遥远的梦想一点点转变为现实。"②

在 19 世纪 80～90 年代各省的省长报告中，在总结本省所取得的各项成绩时，总是会提及学校的发展，"各阶层都希望竭力给孩子们提供受教育的机会"，"城市和地方自治局关注开办新学校等相关事宜"，等等。③ 萨拉托夫省省长在 1884 年的工作报告中写道："很多适龄儿童因为学位不足暂时上不了学，处于待定状态，这一现象在城市尤为严重。"④

初等教育的绝大部分经费是由社会各界来承担的，首先是地方自治会，其次是城市和农村的各社会团体。例如，在 1899 年，卡卢加省用于国民学校的政府拨款占其经费总额的 23.6%，地方自治会约占 20%，城市和农村社会团体各占 6%，还有很大一部分开支由神职部门承担，约占 21%。⑤

---

① Цит. по: Пругавин А. С. Запросы народа и обязанности интеллигенции в области умственного развития и просвещения. М.，1890. С. 21. （Заметка относится к 1890 г. ）
② Ольденбург Ф. Ф. Народные школы Европейской России. СПб.，1896. С. 90.
③ РГИА. Библиотека. № 18. С. 5；№ 48. С. 4；№ 64a. С. 6；№ 97. С. 13. Отчеты о состоянии Воронежской，Курской，Пензенской，Тамбовской губерний.
④ Там же. Библиотека. № 81. Отчет о состоянии Саратовской губернии. С. 8.
⑤ Там же. Библиотека. № 37. Отчет о состоянии Калужской губернии. С. 55.

1897 年人口普查中有关俄国全国，欧洲部分各省、市，各阶层识字率的数据详见表 1 – 2。①

表 1 – 2　俄国 1897 年人口普查识字率情况统计

单位：%

A. 全国及各地区情况

地区	识字率		
	男性	女性	平均指标
全国的整体水平	29.3	13.1	21.1
其中包括：			
欧洲部分	32.6	13.7	22.9
西伯利亚地区	19.2	5.1	12.6
全国城市的整体水平	54.0	35.6	45.3
欧洲部分的城市	58.5	38.3	48.4
西伯利亚地区的城市	48.0	28.3	38.6
高加索地区的城市	42.4	22.3	32.4

B. 各省的整体水平及城市的水平

	城市人口占比	识字率	
		省	城市
俄国的欧洲部分	12.9	22.9	48.4
各省(市)：			
阿尔汉格尔斯克省	9.2	23.3	52.1
弗拉基米尔省	12.6	27.0	48.0
沃罗涅日省	4.7	16.3	44.4
喀山省	8.5	17.9	48.1
卡卢加省	8.4	19.4	52.0
科斯特罗马省	6.8	24.0	51.8
库尔斯克省	9.3	16.3	39.4
莫斯科省	46.7	40.2	55.7
莫斯科市	—	—	56.3

---

①　Общий свод... Т. 1. С. ⅩⅥ – ⅩⅦ，ⅩⅩ；Табл. 19，20. С. 38 – 40；Русская мысль. 1904. № 12. С. 4.

续表

	城市人口占比	识字率	
		省	城市
下诺夫哥罗德省	9.0	22.0	50.3
奥廖尔省	12.0	17.6	45.3
奔萨省	9.5	14.7	36.4
彼尔姆省	6.0	19.2	48.7
梁赞省	9.4	20.3	42.8
圣彼得堡省	67.3	55.1	62.8
圣彼得堡市	—	—	62.6
萨马拉省	5.7	22.1	41.4
萨拉托夫省	12.8	23.8	42.6
辛比尔斯克省	7.0	15.6	41.8
斯摩棱斯克省	7.4	17.3	51.4
雅罗斯拉夫尔省	13.7	36.5	54.3

C. 各阶层

	识字率		
	男性	女性	平均指标
贵族	73.2	69.2	71.2
宗教界	77.9	66.2	72.2
城市各阶层	50.1	31.1	40.6
农村各阶层	27.4	9.7	18.5

数据表明，城市人口的识字率是全国平均水平的两倍多。在工业发达的省份和伏尔加河沿岸地区，识字率要比俄国欧洲部分的平均水平更高一些。在以耕种为主业的省份，人口识字率的水平大大落后于城市。除了贵族和宗教界人士一直具有接受教育的机会，以小市民居多的城市各阶层同农村各阶层相比文化程度要更高一些，这也使城市成为孕育和发展文化新生事物的地方。

19 世纪 90 年代中期，国民学校发展实现了质的飞跃，这大大推动了 20世纪初俄国整体以及各城市识字率的快速增长，而城市的识字率一直领先于全国的平均水平（见表 1 - 3）。①

---

① См.: Симчера В. М. Развитие экономики за 100 лет. Исторические ряды. М., 2006. С. 255 - 257. 表格中数据为作者统计；см. также очерк Е. К. Сысоевой о состоянии городской общеобразовательной школы в настоящем томе.

表 1 - 3　1900 ~ 1917 年部分年份识字率的全国整体水平与城市比较

单位：%

年份	识字率	
	全国整体水平	城市
1900	30. 3	60. 1
1910	37. 5	65. 6
1913	40. 5	67. 5
1917	43. 0	69. 4

　　19 世纪末 20 世纪初，俄国中等和高等学校体系发生了变化。玛利亚皇后事务部开设了女子学校（1858 年起是一所招收走读生的女校，自 1862 年起成为女子古典中学）；另外，还开办了男子实科学校；甚至还出现了与各行业密切相关的中等和高等专业教育机构。[1] 然而，在 19 世纪末，小学仍然是普通教育的主要形式，通常是学制三年的一级制学校，占各类学校总数的 90%。[2] 这一时期，只有约 1.5% 的男性和不到 1% 的女性接受过中等和高等教育，其中以中等教育居多，据记载，俄国中等教育的普及率为 1.1%[3]，在城市中这一比例略微高些，约为 2.5%。[4] 关于 19 世纪最后几十年的教育情况，H. A. 鲁巴金这样写道："城市中受教育的人群更为密集。"同时，他又指出，城市居民中"具有基础教育以上学历"[5] 的人并不多。

　　1897 年的人口普查特别关注了 19 世纪 60 年代改革后接受教育的年轻群体（30 岁以下）的文化普及率问题。这一时期，女性的识字率和接受中

---

①　到 1917 年的时候，在彼得格勒和莫斯科共有 36 所国立大学、30 所社会和私立大学，而在俄国的其他城市这一数字分别为 28 所和 25 所（数据为作者统计）（см.：Иванов А. Е. Высшая школа в России в конце XIX – начале XX века. М.，1991. Приложения. С. 354 – 368）。

②　Отчет о положении и исследовании народного образования в России. СПб.，1899. С. 38.

③　Общий свод. . . Т. 1. С. 3.

④　Там же. С. XVII（подсчеты мои. – Л. К.）。

⑤　19 世纪 80 年代的时候，每 1000 个城市居民中，具有中等教育水平的人每年增加 4 人。全国接受高等教育的知识分子阶层每年增加约 50 人（см.：Рубакин Н. А. Этюды о русской читающей публике. СПб.，1895. С. 105）。

等教育的比率提高幅度虽不大，但要高于男性。在 19 世纪末的中学当中，女生的就学率比男生高（分别为 3.8% 和 3.7%）。从很大程度上来说，这要得益于女子中学在俄国的出现及快速发展：19 世纪末，全国 287 个城市开设了男子中学，而 358 个城市开办了女子中学。20 世纪初的一份文献资料指出，"在接受中等教育方面，女性的条件更加有利"[①]。

　　1897 年人口普查的结果显示，俄罗斯族人的识字率要低于全国平均水平（前者为 19.8%，后者为 21.1%）。然而，尽管俄罗斯族人的识字率偏低，但其中具有基础教育以上学历的人占比要高于全国平均水平。[②] 这也反映了当时俄国政府的政策是优先让俄罗斯族人接受中高等教育。

　　城市在受教育人群的数量上占有优势，这是因为生活在这里的贵族、官员、神职人员的文化水平较高。但是，在 19 世纪的最后几十年和 20 世纪初，城市各阶层不仅识字的人的数量增加了，接受教育的人数也有所增长。在 1871 年到 1894 年的这段时间里，在古典中学和不完全中学接受教育的人数增长了近 4%，而在实科中学的涨幅超过了 8%。1913 年，国民教育部的工作报告显示，小市民阶层在古典中学和不完全中学的学生总数中占比为 26.2%，在实科中学中占比为 29.6%。应当注意的是，在 20 世纪的头十年，农民当中接受中等教育的人数大幅增长：1913 年，在古典中学和不完全中学的学生中，农民学生占 19.7%，而在实科中学的学生中，其占比为27.3%[③]（试比较：1894 年，这一组数字分别为 6% 和 12%）。

　　关于学生人数的数据表明，在 20 世纪初，实科中学无论对城市还是农村的大众阶层来说，都是最普遍的教育形式。正是其培养的学生构成了技

---

① Города России в 1904 году. С. 0462; см. также: Иванова Н. А., Желтова В. П. Указ. соч. С. 248 – 249.

② Общий свод. . . Т. 2. СПб., 1905. С. 36 – 37. 全国平均水平为男性 1.36%，女性 0.85%，而在俄罗斯族人中，这一组数字分别为 1.47% 和 0.96%。

③ См.: Рашин А. Г. Грамотность и народное образование в России в XIX – начале XX в. //Исторические записки. Т. 37. М., 1951. С. 73, 75; Россия. 1913 год. СПб., 1995. С. 333 （数据为作者统计）。

术类知识分子的主干部分，这也是衡量中等文化阶层是否在社会上尤其是在城市社会中"落地生根"的一个指标。

19 世纪是俄国职业技术学校体系切实形成的时期。19 世纪末，无论是政府还是工商界，都对职业教育的发展产生了一定的兴趣，并认识到工业成就的取得与工人、工程师、技术人员和生产部门领导的文化水平和职业教育水平密切相关。直到 1917 年之前，1888 年制定的《工业技术学校条例》（以下简称《条例》）都是关于职业教育的一部基本法，《条例》中确定了职业技术学校的办学原则和基本任务。《条例》决定创建职业教育体系，开办新型的初等专业学校，包括初等技术学校和手工业技工学校。学校招收男生，无论其家庭状况和宗教信仰如何。不过，这类学校的学生大多出身于小市民阶层，例如，在 1913 年，他们占在校学生总数的 54%。[①]

职业教育领域的变化反映了俄国国民教育发展的总体规律。如果说在传统学校中，作为普通教育基础的教学大纲的内容往往不会有大的改变，那么，职业技术学校则正相反。这是因为职业技术学校的教学在一定程度上要与生产部门的需求相适应。19 世纪 90 年代，工业的蓬勃发展、铁路建设以及城市经济基础设施建设的大力发展，毫无疑问给国民教育领域带来了巨大的影响。1890 年，技术教育工作者第一次代表大会上的一个发言指出，俄国"正处于发展这项庞大事业的转折期"[②]。

确实，19 世纪 90 年代为职业技术学校的普及推广工作实现跨越式的发展奠定了坚实的基础。1910 年，俄国拥有超过 3000 所中等和初等技术学校、农业学校及商业学校，其中近 300 所是中等技术学校。职业技术学校的地区分布非常不均衡。它们当中绝大多数（约 2500 所）位于俄国的欧洲部分，地域广阔的西伯利亚地区只有 89 所职业技术学校，高加索地区有 178 所，在草原地带和中亚部分有 83 所。职业技术学校在各省的分布也不

---

① Россия. 1913 год. С. 333. 在初等技术学校和手工业技工学校上学的 2670 人当中，出身贵族的有 117 人，商人出身的有 77 人。

② I съезд русских деятелей по техническому и профессиональному образованию. Общая часть. СПб. , 1891. С. 10 – 11.

均衡，主要集中在莫斯科和圣彼得堡两省的城市中：圣彼得堡省有 36 所中等技术学校和 180 所初等技术学校，莫斯科省分别有 23 所和 119 所。其他各省分别拥有 2～3 所中等技术学校和不到 50 所初等技术学校。①

在这一时期的职业教育体系中，仍以手工业技工学校为主，手工业技工学校是职业技术学校最基本的形式。1910 年，在这些学校就读的学生占各类学生总数的 40%，而在铁路技术学校等职业技术学校就读的学生占比只有 8% 左右。②

职业教育，主要指的是中等和高等职业教育，负责培养技术类知识分子和人才。他们是社会现代化进程中重要的智力支撑力量，推动着新技术的推广及在工业、交通、农业等领域的应用。

高等技术学校的特点是其学员以大众阶层为主。于 1871 年考入圣彼得堡技术学院的 В. Г. 柯罗连科指出："大学生群体留给人们的总体印象是来自大众阶层，很多人留着蓬松的长头发，戴眼镜，围着围巾。这些长相、身形、衣着各异的人似乎呈现出一个共同的类型：像是身体健壮、言语有点粗鲁的工厂工人，但又有知识分子的面孔和'很有思想'的样子。"③ 19 世纪 90 年代，在技术类大学中，来自城市各阶层的大学生占 25%，在综合性大学里城市学生约占 19%。④ 而综合性大学的学生大多来自家境富裕的小市民家庭，如出租住宅收租的房东，或是做生意或者拥有小型工厂的人。⑤ 但是，如果从阶层的角度来考察高等和中等技术学校学生人数在本阶

---

① Сборник статистических сведений о состоянии низшего и среднего профессионального образования. Ч. 1. СПб. , 1910.

② Там же.

③ Короленко В. Г. История моего современника. Т. 1－2. Л. , 1976. С. 316. M. 高尔基的戏剧作品《野蛮人》中有一名主人公是工程师，他自豪地说："我是农民，而不是老爷。"而在另一部剧作《避暑客》中，其主人公也是一名工程师，他宣称："我们这里的所有人都是小市民阶层的孩子，是穷人家的孩子。"

④ См. ： Лейкина-Свирская В. Р. Интеллигенция в России во второй половине XIX в. M. , 1971. С. 66.

⑤ См. ： Иванов А. Е. Студенчество России конца XIX－начала XX века. Социально-историческая судьба. M. , 1999. С. 185－186.

层总人数中的占比情况，那么，我们可能会看到另外一番情形：19 世纪末，这些学校学生的主力军仍然是贵族①（见表 1 – 4）。

表 1 – 4　19 世纪末俄国高等和中等技术学校学生阶层分布

单位：%

专门教育	阶层（男性）			
	贵族	城市各阶层	神职人员	农村各阶层
高等	2. 2	0. 1	0. 1	—
中等	2. 6	0. 4	0. 9	0. 05

由表 1 – 4 可见，城市各阶层中只有 0. 5% 的男性在技术大学或中等技术学校学习过。据一名"工程师家庭"出身的人证实，在 20 世纪初的俄国，并不存在技术人员培养过剩的情况。② 在这一时期，俄国有各类工程师 1. 28 万人，其中包括铁路工程师、通信工程师、农艺师和林业工作者约 0. 35 万人，兽医近 0. 3 万人。③

19 世纪末，俄国工业领域各行业之间的区分不够明确，这一点决定了其技术教育具有一个特点，即在各行业类大学的教学体系中，教学内容驳杂而又包罗万象。这是因为，学校的教学内容是根据 70 ~ 80 年代的工业生产需求确定的，当时的工业生产以小型工厂为主力军，需要的是全能型的工程技术人员。④ 然而，到了 19 世纪末，缺乏专业知识已经是技术落后的一个原因。《技术教育》杂志的一篇报道指出，同一个通晓各个技术领域所有高端信息却不会在实践中应用的百科全书式的人相比，一个深谙某一专业技术领域知识的工程师"要更有用"⑤。

---

① Общий свод. . . Т. 1. С. XIX.
② См. : Шухова Е. М. Замок инженерного братства // Московский журнал. 1998. № 4. С. 16（цит. письмо Н. П. Зимина, профессора Московского технического училища, относящееся к 1904 г. ）.
③ Россия. 1913 год. С. 351；Лейкина-Свирская В. Р. Указ. Соч. С. 130.
④ Очерки истории техники в России. 1861 – 1917. Кн. 2. М. , 1973. С. 151，359.
⑤ Техническое образование. 1897. № 6. С. 89.

论及 19 世纪 90 年代的工业发展形势，首先考虑的一定是铁路建设发展以及与之相关的蒸汽机车制造和车厢制造业的发展。因此，铁路工程师成为这一时期最为普遍的技术人员类型。

20 世纪初，在俄国工业生产总值中，机器制造业的贡献率（1913 年只有 6.8%）还远远排不到前列。但在这一时期，该行业发展整体呈现上升势头：1908～1912 年，产值涨幅达到 18.6%，尤其重要的是出现了新的行业领域——电机工业和农机制造业。1912 年，在整个机器制造业的生产总值中，它们的占比分别为 40% 和 13%。同一时期，车辆制造和蒸汽机车制造及军用船舶制造的产值下滑，但民用船舶制造的产值上升。[①]

随着工业生产结构的变化，汽车制造业中出现了各种专业领域，随之也提出了新的要求，即提高工人的文化水平，以及探索解决这一问题的途径，进而培养这些领域的专业人才。

Д. И. 门捷列夫是工业发展的积极拥护者和宣传者，曾多次谈及需要不同的教育形式这一问题。他认为，只有这样才有可能提升劳动者文化素养，"打造出一支稳固的、具有中等生产力的工人技术队伍，否则，发展教育和强国则无从谈起"。门捷列夫反复强调，"如果不是工业的发展，人们就不会感觉到对教育有太大的需求，因为无处可用"；"开展全民教育是现代工业提出的最迫切的要求之一"；"教育和工业的发展状况决定了俄国的明天以及遥远的未来，这需要全民和政府的广泛关注及重视"。[②]

关于教育与技术进步之间的关系，许多专业杂志曾不止一次提及。其中，《技术教育》杂志于 1895 年刊载的一篇文章曾指出，普通教育发展的滞后严重阻碍了技术进步；19 世纪末的各项发明和发现都得益于文明的发展和进步。必须普及初等教育：如果不会算术、不识字，人们在生活中将失去很多机会，而在手工作坊和工厂里则常常茫然不知所措。作者认为，"为工人开设应用知识和通识知识培训班，普及教育是俄国知识分子最崇

---

① Россия. 1913 год. С. 51.

② См. : Менделеев Д. И. Заметки о народном просвещении России. СПб. , 1901. С. 20; Он же. Границ познанию предвидеть невозможно. М. , 1991. С. 35, 195, 404.

高、最卓有成效的历史文化使命"①。

推进对工人进行初等普通教育和专门教育工作是成立于 1866 年的俄国技术协会的工作的重点方向之一。该协会章程指出，"为实现目标，应在工厂集中的工业中心开办面向工人师傅的初等技术学校"②。

1871 年在莫斯科进行的人口普查数据显示，在工厂和手工作坊做工的 12～16 岁未成年男孩中有 70% 是文盲，而女孩有 80%。③ 华沙铁路圣彼得堡车辆修配厂厂长在向俄国技术协会提交的报告中曾忧心忡忡地指出，"工人尚且没有准备好接受某种技术知识"，"必须在他们当中普及最基本的文化知识"，为此，他建议举办教育讲座。④

俄国技术协会的成员认为，为从小没有学过文化知识的工人师傅本人及其子女开设普通教育培训学校，也可以"为开展工业技术教育奠定坚实的基础"⑤。这些厂办学校和培训班一般由企业家们出资开办。其中，在 1874 年开设的圣彼得堡桑普森培训班广受工人欢迎，工人们积极参加（学员达到 300 人），该培训班是由著名的铁路企业家 К. Ф. 冯·梅克资助的。⑥

1899 年，俄国由企业家资助的厂办学校为 446 所，其中近 400 所是一级制学校，在校生人数达到 4.7 万人（约 3 万名男生和近 1.7 万名女生）。学生当中绝大多数（近 4 万人）是本厂工人子女，也有外来儿童。如果考虑到 19 世纪末的俄国有工厂 1.9 万余家，而工人的数量约为 150 万人，那么，显而易见，厂办学校的占比（2.3%）及在这里接受基础教育的工人数量并不大。⑦ 厂办学校 90% 以上的开支由工厂主们承担，"这无疑说明，工

---

① Техническое образование. 1895. №4. С. 247 – 248.

② Очерк истории Постоянной комиссии по техническому образованию при Имп. Русском техническом обществе. СПб. , 1889. С. 1.

③ Сборник очерков по городу Москве. М. , 1897. С. 29.

④ Очерк истории Постоянной комиссии. . . С. 80.

⑤ Там же. С. 5.

⑥ Там же. С. 4，7，9.

⑦ Россия в конце XIX века / Под ред. В. И. Ковалевского. СПб. , 1900. С. 582 – 583 （подсчеты мои. – Л. К.）. Книга была издана к предстоящей в 1900 г. Всемирной выставке в Париже.

厂主已经意识到，要让他们的工业企业取得成功，工厂必须拥有有文化的
工人"①。除了厂办学校，工人还可以在初等技术学校和手工业技工学校中
接受基础性的职业教育和常识性知识教育。

**1889～1912 年，安娜·克拉西利希科娃家族纺织厂
子弟学校学生人数增长情况**

俄国技术协会讨论的议题不仅包括工人的教育问题，还包括乍看起来
与职业技术学校工作不太相关的问题。因此，1898 年 1 月，俄国技术协会
莫斯科分会技术教育委员会会议听取了历史学家、莫斯科大学教授 H. A.
波波夫的《通过莫斯科大众剧院为工人组织开展娱乐活动》和 B. И. 涅米
罗维奇-丹琴科的《关于莫斯科大众剧院的落实工作》等报告。B. И. 涅米
罗维奇-丹琴科还提交了他与 K. C. 斯坦尼斯拉夫斯基共同撰写的《关于莫
斯科大众剧院建设方案的研究报告》。该剧院的一个任务就是"让所有人都
能看上戏剧表演，尤其是各阶层经济条件一般的人，不仅包括工人，还有

---

① Там же.

职员、官员、学生。剧院的演出剧目应该满足高水平观众的需求，并遵循严肃教育这一宗旨"①。1897 年 6 月，在"斯拉夫集市"饭店举行了著名的剧院创建者见面会，莫斯科的社会各界人士围绕创办大众剧院及其必要性等问题展开了讨论。

也许，创办大众剧院同举办大众读书会一样，是对城市大众阶层"健康娱乐方式"的探索。1890 年在下诺夫哥罗德召开的职业技术教育代表大会及 1896 年召开的工商业代表大会上，这一问题被多次提及并不是偶然的。1896 年，下诺夫哥罗德展览会专家委员会曾指出，为工人开放剧院和开展音乐会、游园会、歌舞晚会等具有教育性质的机构和活动意义重大。专家认为，即便把上述机构和活动"都放在一起"，对于当时的"由现代工场和手工业企业构成的生活体系也是不够的，它们还只是不太起眼的事物"。

似乎是对上述专家观点的一个回应，А. И. 丘普罗夫写了一篇题为《关于工人教育和培养机构》的文章，他在文中指出，必须通过创办学校、举行大众读书会、开设夜校等方式"对工人进行智育和德育"②。

为纪念 Ф. Г. 沃尔科夫在雅罗斯拉夫尔创办第一家俄国剧院 150 周年，1900 年 5 月，雅罗斯拉夫尔一家大型纺织厂举办了音乐剧早场演出活动。该活动是企业家们参与解决"对工人进行智育和德育"问题的一个范例。音乐剧为观众表演了 Н. В. 果戈理的《婚礼》，还配以音乐和合唱，放映了幻灯片，演奏了俄罗斯歌曲《沿着伏尔加母亲河而下》、《升起来吧，红太阳》、纤夫之歌。一如既往，演出结束的时候合唱团和乐队一起演奏俄罗斯帝国国歌《上帝保佑沙皇》。③

---

① Техническое образование. 1898. №2. С. 82 – 83.
② ЦИАМ. Ф. 2244. Оп. 1. Д. 347. Л. 1 – 21. 在国外的史学研究中有一种观点认为，政府希望通过这种"精神层面的影响"将"农民改造成市民和公民"。与此同时，政府还希望利用教育根除莫斯科工人身上的"陋习"，向他们普及"善念善行"，从而达到让他们接受不了革命宣传鼓动的目的，进而缓和阶级矛盾（Bradley J. Muzhik and Muscovite. Urbanization in Late Imperial Russia. University of California Press，1985. P. 353 – 356）。
③ ГИМ ОПИ. Ф. 1. Д. 202. Л. 134.

由于当局和社会各界采取了一系列措施，同时，20 世纪初俄国社会客观上也要求提高大众整体的文化水平，在城市的大众阶层中，识字读书成为越来越普遍的现象。以这一时期的莫斯科、圣彼得堡以及南俄的工厂为例，在技术熟练的工人当中，识字率已达到 70% ~ 80% 。①

19 世纪末，俄国陆续创办了行业类高校，为这一时期出现的新兴工业领域培养专业人才。其中，电工技术学院是俄国唯一一所培养通信工程师的高校。这所学院的前身是 1886 年在圣彼得堡创建的电报技术学校。电报是电工技术最传统的领域，创办此类院校的想法得到了财政大臣 H. X. 本格的大力支持。1884 年，H. X. 本格在给国民教育大臣 Д. A. 托尔斯泰的一份提案批复时写道："在当前电报业的发展形势下，有必要开办高级教育讲习班，培养具有专业知识的人到邮电系统的技术、行政和教学等部门任职。鉴于此，同意提案内容。"自 1891 年起，中等学校电报技术学校升级为电工技术学院，但它仍是一所中等教育机构，而从 1898 年开始，它再次升级为"培养电工技术专业工程师"的高等学校。然而，这所学院的学生人数并不多，只有 120 人，每年有 15 ~ 30 名大学生从这里毕业。从 1889 年到 1911 年，学院共计有毕业生 410 人。最初，他们获得电报员的称号，在经过两年的实践工作后成为电报工程师。②

公用事业：城市管理的基础设施

城市公用事业是社会文化的最重要的元素。19 世纪末，它的涵盖面比以前更广，由市政当局负责管理。传统上，公用事业的范围包括街道和广场的维护以及城市的照明工作。与此相比，19 世纪末它的工作重点转移到了城市的卫生状况、街道交通以及市政的信息通信等问题上。

19 世纪末，在城市开始进行现代化改革的条件下，城市管理的基础设施

---

① 　См. : Крузе Э. Э. Положение рабочего класса в России в 1900 – 1914гг. Л. , 1976.
② 　25-летие Электротехнического института имп. Александра Ⅲ . 1886 – 1911. СПб. , 1914. С. 21，24，26，29，519 – 532.

建设日趋复杂化和多样化。同时，城市建起了各种各样的公共建筑，数量相当可观。它们的出现反映了社会经济和文化生活的新形式和新需求。大城市纷纷建起银行、交易所、旅店、剧院、出租公寓，它们改变了城市中心的面貌。随着自来水管道、电气照明、有轨电车、家用电话的出现和普及，建设水塔、发电站、有轨电车停车场、电话局等要求被提出。城市为居民提供服务的形式以及居民的交际场所及其形式都是农村所没有的，如商店、旅馆、药房、医院、公共浴池、图书馆、博物馆、剧院等。

20 世纪初，无论是对"城市公用事业"这一概念的内涵还是对城市建设的理解都更宽泛了，这是对技术、社会经济和交通等各个领域需求的综合体现。城市建设开始成为人们广泛关注的话题。在专门研究这些问题的专家看来，与城市公用事业和卫生状况相关的建筑物应当回归标准化建设。在 1861 年改革后的几十年间，大城市中曾一度大规模建设公寓楼，而这些楼房的设计往往能体现出出资建房者的个人需要和品位。

专业化博物馆的出现标志着社会各界对相关问题的关注。1896 年，在莫斯科的克列斯托夫水塔上开设了城市经济博物馆，在这里陈列的是下诺夫哥罗德工业艺术展览会的展品。城市居民对城市经济和公用事业问题的兴趣也日渐浓厚，这从博物馆参观者的人数变化可见一斑：第一年它接待了 800 多人，1913 年已经有 5000 多人。

同年，莫斯科开设了卫生学与卫生技术博物馆，旨在推动城市生活和卫生条件的改善，并让公众了解卫生和保健的措施和手段。博物馆的运作主要依靠向社会募捐以及企业家和工厂主等个人的捐赠，其中包括埃米尔·钦德尔、H. H. 孔申、M. C. 库兹涅佐夫、П. 马柳京家族、布朗利兄弟、克列恩霍尔姆纺织集团等知名企业家及企业。

在 20 世纪初的定期出版物中，出现了不少专注于城市管理和公用事业的杂志和报纸。1913 年，此类杂志共发行 20 种，报纸 4 种。①

---

① Отчет о деятельности Музея городского хозяйства в 1914 г. М.，1915. С. 3 – 4；Мешаев В. Музей гигиены и санитарной техники в Москве. М.，1896. С. 1，14；Россия. 1913 год. С. 374.

在这一时期，围绕城市的公用事业及其发展规划等问题的研究也相继展开。其中，首次提出了应该制订城市未来 20～30 年的发展计划这一建议。①

大城市（应当指出的是，俄国当时这样的城市并不多）的问题引起了专业人士的热议。俄国著名建筑师 Л. Н. 伯努瓦写道："大城市是 19 世纪俄国最有代表性的作品之一，它没有发明新式的教堂、私邸或是剧院，却创建了新型的城市。"② 伯努瓦对城市及其建筑、绿化、照明等公用事业展开了研究，他依据现代派的艺术原则，将审美的外在表现置于首位。但也有许多城市建筑师认为，大城市的首要问题仍然是"要有质量好的饮用水和相应的净水、排水设施"，应当重视"作为生活基本条件的卫生问题以及城市的交通工具问题"③。

这些关于 20 世纪初对俄国城市建设进行变革的方案，离最终的落实还有很远的路要走。从 20 世纪初开始就在莫斯科工作的 В. Н. 谢苗诺夫指出，"只有两三个城市尝试去改进城市的规划和公用事业，一般的省城不会真的想去改变现有的一切"④。

但与此同时，20 世纪初也充满了时代的气息和科学成就带来的希望与期待。В. 勃留索夫用诗句记录了这些年城市发展所走过的道路：

> 实现了所有遥不可及的梦想，
> 骄人的智慧跨过了岁月，驰骋到千里之外……
> 在电灯下我写下这些诗行，
> 在大门旁，停着一辆汽车，汽笛鸣响。⑤

---

① См. : Семенов В. Н. Благоустройство городов. М. , 1912. С. 183.
② Цит. по : Градостроительство России середины XIX – начала XX века. М. , 2004. С. 120.
③ Там же. С. 121.
④ Семенов В. Н. Указ. соч. С. 50.
⑤ Брюсов В. Избр. соч. Т. 1. М. , 1955. С. 588.

在社会意识中，科技进步无疑是一种福祉。科学的发展为社会文化发展创造了无限的可能。明信片在技术教育工作中发挥着一定的作用。在明信片上，除了城市景观和文物古迹，还印制着工厂、桥梁、发电站、升降机的图像。此外，明信片还描绘了城市的未来景象，如超大型城市中的摩天大楼、飞快行进的交通工具和行人、快速的生活节奏、装备高端技术设施的城市环境，这在当时看来就是乌托邦式的社会。

爱因公司发行的一套"未来的莫斯科"明信片

背面写着："红场。机翼的喧嚣，有轨电车的轰鸣，自行车的喇叭，汽车的警笛，马达的开动声，观众的尖叫声。米宁和波扎尔斯基。飞船的掠影。正中央是一位挎着马刀的警察。胆怯的行人在高架桥上获救。这是200年后莫斯科的样子。"

爱因公司发行的明信片专门配有说明性文字，例如：

剧院广场。生活节奏快了100倍……之前的米尔和梅里利斯商场（现代的中央百货商场——作者注）现在规模空前，而且商场的主要部门与空中铁路相连。

卢比扬广场。空中飞机和商业飞船在飞行……广场下的桥洞中一节节长长的莫斯科地铁车厢飞驰而出，这在我们的 1914 年还只能是传说。①

20 世纪初，原本看似是乌托邦的一些设想变成了现实。地铁车厢"飞到"了桥上，摩天大楼林立，城市上空飞机盘旋而过，街上大大小小的汽车发出的轰鸣声让来到首都的每个人都惊叹不已。

1902 年城市杜马搁置的莫斯科地铁建设草图，
水彩画，H. 卡拉姆辛，1902 年

20 世纪初，在工业领域率先开启了社会经济变革的情况下，俄国城市的向前发展已经成为必然的趋势。1914 年 7 月，工商业代表大会委员会在向政府提交的报告中指出："我们的城市以堪比美国的速度发展着……由于如今俄国农业人口的生活方式发生了根本性的变化，人口集聚的进程无疑将会加速。再过 20～30 年（20 世纪 40 年代中期——作者注）我们也许会看到，这一方面发生的变化更大。但是，城市的发展同时也意味着新的需求的增长。为了满足这些需求，一系列现在还未知或者是发展较薄弱的工业部门将应运而生或蓬勃发展。可以毫不夸张地说，城市生活的发展变化

---

① Цит. по: Градостроительство... С. 170.

将引发我们的工业变革。"①

世纪之交，在俄国城市的各项便利设施中，就普及程度和知名度来说，居首位的是自来水管道。它出现在19世纪上半叶的俄国，1861年改革后各城市开始积极启动铺建工作。到20世纪初的时候，在全国除梁赞以外，几乎所有的省城（近200个城市）都安装了供水系统。梁赞修建自来水管道的决议是在1904年由城市杜马通过的，但直到1913年才开始投入使用。然而，在这些省城，自来水既不是唯一的也不是主要的供水方式，因为它的使用范围仅局限于中心城区，而且供应量不大。例如，在梁赞，为了满足工业生产的需求，一个居民一昼夜的用水不能超过三桶。② 郊区的居民仍是直接从河里、湖里或水井中汲水使用。在以公用事业发展较好而闻名的省城萨拉托夫，19世纪90年代末其自来水供应也只能满足1/4市民的需求。在20世纪的第一个十年，自来水的使用地域逐渐扩大。在萨马拉、雅罗斯拉夫尔、弗拉基米尔、坦波夫、斯摩棱斯克等城市中，有60%~75%市民能用上自来水；图拉、县级市雷宾斯克、卡拉切夫、阿尔扎马斯这些城市的所有市民都开始使用自来水；在1902年才安装上自来水管道的科洛姆纳使用自来水的市民约占8%。到1911年的时候，俄国已经有97%的市民开始享用自来水供应。③

必须安装自来水管道首先是因为这与安全防火息息相关。在以木制建筑为主的城市里，火灾隐患一直存在。1893年，莫斯科供水系统的负责人Н. П. 济明在第一届供水系统代表大会上发言时强调，"在俄国，火灾是造成民众财产损失的重大隐患"。19世纪90年代，俄国因火灾造成的损失共计8000万卢布，其中1/4的损失发生在城市。为此，大会围绕在城市安装专门用于灭火的消防给水管道问题展开讨论。④ 由于采取了相应措施，国内

① Россия. 1913 год. С. 27 – 28.
② Города России в 1904 году. С. 0445；Русский город：история，люди，культура. Ч. Ⅱ. Рязань，1997. С. 24 – 25.
③ Городская медицина в Европейской России / Обработано для печати А. А. Чертовым. М.，1903. С. 187；Водопроводы русских городов. Вып. 1. М.，1911. С. 71，92，100，122，128，132，136，147，158；Вып. 2. М.，1913. С. 18，238.
④ Труды русских водопроводных съездов. Первый съезд. М.，1893. С. 102，113.

的火灾发生数量有所减少，但其隐患和危险仍然存在。当局认为，给水管道在防火灭火过程中发挥了重要作用。奔萨省省长在 1887 年的工作报告中总结城市中发生的一系列重大事件时特别指出，该省城市的自来水管道建设工作顺利完工，并表示，它不仅"完全可以保障居民使用上纯净、健康的饮用水，还可以提供足够的消防用水"①。Н. П. 济明提议在萨马拉建设自来水管道的时候列出了两点理由：一是这有助于加强城市在安全防火方面的保障；二是在春天和秋天时，居民普遍饮用伏尔加河和萨马拉河的河水，但河水里面含有大量的有机残留物，混浊、肮脏且不卫生。但萨马拉社会各界对安装防火给水管道一事却一直很排斥。直到一次火灾发生的时候，当消防人员使用自来水管道成功灭火之后，他们的态度才开始转变为"为之感到自豪"。当地新闻媒体也是赞不绝口，"为自来水给水管道在灭火斗争中所表现的强大力量而欢欣雀跃"②。

丰坦卡的灭火场面，圣彼得堡，摄于 1914 年

---

① РГИА. Библиотека. № 64a. Отчет о состоянии Пензенской губернии за 1887. С. 4.
② Труды русских водопроводных съездов. Первый съезд. С. 96 – 97. Из выступления инженера Н. В. Чумакова, заведующего водопроводным делом в Самаре.

尽管在安装自来水管道推广方面取得了令人瞩目的成绩，让人们认识到了它在改善用水条件、安全防火方面的重要性，但 Н. П. 济明认为，"至今为止（指的是 19 世纪 90 年代——作者注），自来水事业在俄国发展得还很缓慢"①。应该指出的是，在对自来水的普及程度进行评估的时候发现，小城市（县级中心当中大多数是这样规模的城市）仍然保留着传统的供水形式，因为从经济的角度来看，这对居民来说更实惠。城市一般都坐落在河岸边，河里的水还算干净，可以饮用。在发生火灾的情况下，居民自己灭火，并且一般县级城市也没有专门的消防队。

当时，绝大多数城市中的供水系统就是可以喷水的喷泉和蓄满水的贮水池。通常，看守院子的人或专门的送水工来到城市的贮水池，用两轮的手推车装满一桶桶水送给用户。Н. Д. 捷列绍夫在自己的回忆录中描绘了 20 世纪初莫斯科的一幅场景："……大家都还在熟睡，送水工来到一户人家门口，叫醒女仆，卸下水桶，弄得咕咚作响，他们要趁着一天的城市生活还没有开始的时候，把水给所有用户送去。"水的价格是每 100 桶 12 戈比。作家指出了一个具有明显时代特征的现象："贮水池附近的这些送水工和看门人有一个类似于俱乐部的团体，被称为'送水部'。在这里，一大清早就收到各种各样的新闻，说的一般都是真人真事，至于它们是从哪儿传到这里来的，却没有人知道。"②

19 世纪末，在安装了供水系统的城市之中，为民宅安装了自来水管道（私人用水）的城市只占 1/8。即使在莫斯科，也只有 1/5 的楼房安装了自来水管道这一新生事物。1912 年，奥廖尔、诺夫哥罗德、科斯特罗马开始为居民提供自来水。③

20 世纪的第一个十年里，城市的自来水管道网拓展的范围很有限。

① Там же. С. 4.
② См.：Телешов Н. Д. Записки писателя. М.，1966. С. 280－281；Москва в ее прошлом и настоящем. Вып. XII. М.，1912. С. 14－15，34.
③ См.：Михайловский А. Г. Реформа городского самоуправления в России. М.，1908. С. 104；Фальковский Н. И. Москва в истории техники. М.，1950. С. 24；Водопроводы русских городов. Вып. 2. С. 134，148.

1904 年，梁赞市的城市杜马通过了关于修建自来水管道的决议。但直到 1913 年，该市的自来水管道才开始投入使用。考虑到工业生产的需求，每个居民一昼夜的用水量被限制在 2～3 桶。[1] 1910 年，俄国欧洲部分的 93～95 个县城安装了自来水管道（约占该地区县城总数的 1/5）。[2] 到 1917 年，全国 1/4 的城市都已铺设自来水管道，但大多数城市还没有实现对自来水的净化。1911 年，只有 57 座城市的自来水管道里装有过滤器，约占城市总数量的 1/3。[3] 尽管如此，一些专业性杂志已经开始围绕自来水管道供水的净化问题展开广泛探讨。[4]

日常生活垃圾的清理是城市管理中的重要一环。大多数城市清理垃圾、污秽物的工作主要由环卫部门负责，如在住宅区挖设茅坑，把废物排泄到专门的地沟和泄水渠。同时，这些工作也是每个市民的分内之事。

同时，大城市深感缺少现代清洁设施带来诸多不便。在 1895 年召开的第二届供水系统代表大会上，有人在发言中指出："下水排水系统至今仍是遥不可及的奢侈品，现在全国只有敖德萨、雅尔塔、基辅、华沙四个城市有这个条件，莫斯科在去年才开始铺设排水管道，而圣彼得堡则尚在考虑中。"[5] 莫斯科在 1874 年第一次提交下水道建设计划，但被城市杜马否决了，直到 1898 年夏天，才开始在城市中心区域建设排水管网。[6] 莫斯科住宅区下水设备的安装作业费用全部由房主承担，市政向他们收取一次性费用，额度为其房产收入的 3%。下水设备的使用费用每年由城市杜马决定，标准是一年一定。[7]

---

① Русский город: история, люди, культура. С. 24 – 25.

② Города России в 1910 году.

③ Россия. 1913 год. С. 321; Страментов А. Е. Городское благоустройство. Киев; М., 1946. С. 10.

④ См.: Библиографический указатель по общественной медицине за 1890 – 1905 гг. / Сост. Д. Н. Жбанков. М., 1907. С. 243.

⑤ Труды русских водопроводных съездов. Второй съезд. М., 1897. С. 44.

⑥ Краткий очерк канализации г. Москвы. М., 1913. С. 5, 9. Район в черте Садовых улиц и прилегающих к ним части Мещанской и Хамовников.

⑦ Там же. С. 17.

　　20 世纪的第一个十年，全国近 40 个城市安装了排水系统，约占全俄城市的 5%。医学界人士不止一次提出城市卫生问题。其中，梁赞的一位卫生保健医生在 1904 年指出，"生活安全要求立即清除不卫生的隐患，它们的存在毒害着我们的生活"①。在这一时期，省城中只有 12 个城市安装了排水设备，其中包括莫斯科、沃罗涅日、基辅、叶卡捷琳诺达尔、梯弗里斯、里加、雷瓦尔、华沙。② 显然，城市管理在这一方面开始发生一些变化，下诺夫哥罗德当局在 1902 年讨论了安装下水排水系统的问题，而梁赞则在 1905 年。③

　　很多官方文件将城市生活卫生条件"恶劣"归咎于城市供水、垃圾清除和粪便等污秽物清理达不到要求。内务部卫生司 1898 年对尼古拉耶夫市进行卫生检查后，在总结报告中指出了一系列保障一座城市卫生合格的重要因素，其中特别指出急需安装自来水管道。"没有供水系统对城市公用事业和城市管理的各个方面都产生了极为不利的影响。安装排水系统与安装自来水管道一样，都是当前的迫切需要，因为用于排污的渗水井系统会令快速发展的城市的土壤面临受到污染的危险。"④

　　这一时期的俄国已经有卫生预防部门。但正如曾在地方自治医疗系统工作过的 С. И. 米茨凯维奇在回忆录中所指出的，"俄国城市的公共卫生事业发展得参差不齐，大多疏于管理"⑤。

　　在一些大城市里有卫生检查员，即所谓的市场卫生监督员，他们的职责是"对在市场上和市场的商铺里销售的食品质量、商铺的卫生条件以及商户本人的卫生问题进行监督管理"。例如，在莫斯科，卫生检查员一周至少三次对全市主要市场的商铺进行卫生检查，如希特罗夫市场、卢比扬卡广场、旧货市场、"猎人商行"等。他们的工作报告中有许多有趣的记载，有助于人们认识首都日常生活的众多方面。比如，希特罗夫市场一天买卖

---

①　Русский город：история，люди，культура. Ч. Ⅱ. С. 25.

②　Города России в 1904 году. С. 0446；Россия. 1913 год. С. 377；Фальковский Н. И. Указ. соч. С. 272.

③　Библиографический указатель по общественной медицине за 1890 – 1905 гг. С. 242.

④　РГИА. Ф. 1287. Оп. 28. Д. 295. Л. 39об – 40.

⑤　Мицкевич С. И. Записки врача-общественника（1888 – 1918）. М.，1969. С. 191.

最忙碌的时间是从上午 11 点到下午 2 点（"午休时间"）：小贩货摊上售卖的都是"已经准备好可以直接食用的食物"，这里从来没有出现过"运送未加工的生食的大车"。旧货市场则售卖一些"因为有些许破损在城里无人问津的商品"，并且在这里可以买到未加工的生食。

夏天的时候，卫生检查员要和出售不新鲜牛奶的商户进行一番坚决的斗争。后者卖的东西常常不符合要求，因而会被"追责"：民事法官对他们处以罚款——每人 5 卢布。对变质食品的处理很简单："碎成小块，浇上煤油，扔到附近人家或是肉铺的垃圾堆（这里指的是希特罗夫市场的情况）。"

卫生检查员认为，市场上很多贸易场所的卫生条件不合格，"不一定是因为它们售卖商品的品质有问题，有时是因为经营场所自身的条件不合格，不适合此类经营活动"。如面包店的工作间、小饭馆中"完全没有照明"的伙房，"而这样的面包店和饭馆有很多"①。

19 世纪末，全国只有 26 个大城市有卫生检查员，而其中 17 个城市里有可以分析化验食品质量的实验室，如沃罗涅日、萨拉托夫、下诺夫哥罗德等城市有卫生检查员；而下诺夫哥罗德还设有卫生站，可以检测水的化学成分和屠宰场的卫生情况。② 莫斯科省和赫尔松省有比较固定的卫生部门，90 年代的时候，圣彼得堡省也设置了此类部门。但这些卫生措施的实施者大多数并不是城市的市政机构，而是地方自治会。同时，正如 С. И. 米茨凯维奇所指出的，莫斯科省的医疗设施"对其他省的地方自治会来说是无法企及的"③。

19 世纪末 20 世纪初，为市民特别是不富裕阶层的市民提供医疗救助的情况也不尽如人意。医学界一直为这个问题所困扰。1898 年，俄国医生协会管理委员会专门发放了调查表，其内容呈现了城市医疗的现实状况：城市中医院、门诊部、产院、药房的情况，以及市财政为医疗机构的预算拨款情况。④

---

① Отчеты о деятельности базарных врачей-смотрителей в Москве за 1890 г. М., 1891. Стб. 1, 2, 7, 9, 33.
② Россия в конце XIX века. С. 920；Городская медицина... С. 25, 119, 186.
③ Мицкевич С. И. Указ. соч. С. 88, 178.
④ Городская медицина... С. III – IV.

　　根据这些信息可以判断城市"公共医疗事业"的发展状况。在省城（远不是所有地方）的一些诊所和医院可以得到市财政的预算拨款。而在县城和非县级行政中心城市，除了个别城市（舒亚、阿尔扎马斯、普廖斯、奇斯托波尔），一般没有"专门的医务人员"，这里指的是由城市预算拨款支付工资的人员。"大多数分娩都是在产婆的帮助下完成的"，对于"穷人"来说，没有上门到家的医疗救助（即使在省城也没有这种医疗服务）。① 针对贫困者的所谓"流动上门救助"的医生只存在于个别城市，而且尚处于萌芽时期。例如，在莫斯科就完全没有这种医疗救助形式。②

　　但与此同时，也不能说城市完全没有为居民提供医疗救助。一些省城和县城以及城镇拥有"政府"和"城市"医生，他们的工资由城市预算支付（每年 600～1000 卢布）；城市的助产士还有 50～70 卢布的住房补贴。③也许，这些医务工作者是政府部门派到城市来的（当局对城市生活的过度"庇护"从中可见一斑）。但在大多数城市中，一般都是由地方自治会为市民提供医疗救助服务（在诊所就医，住院治疗），医务人员并没有单独的报酬。例如，在库尔斯克，《城市医疗》杂志指出，"贫困的市民只能在本省的地方自治医院住院治疗，生病的城市居民有近 50% 到这里进行治疗"④。

　　皮罗戈夫医生协会组织调查问卷的结果与 С. И. 米茨凯维奇在回忆录中对城市医疗状况的评价是一致的。米茨凯维奇写道："绝大多数县城的城市管理机关根本没有医疗卫生机构。城里的医院通常归县地方自治局管辖，医院一般有两名医生、两三个医士、一名当地的助产士。医院的门诊部主要服务贫困市民。富裕的市民则可通过医生提供的私人服务享受上门医疗服务，即在家接受治疗。只有大城市有市立医院和市立诊疗所。"⑤ 在 20 世纪初，地方自治机关在医疗方面的拨款约占其财政预算的 25%，城市在这

①　Там же. С. 11，13，43，47，67－75，264.

②　См.：Мицкевич С. И. Указ. соч. С. 192.

③　Городская медицина... С. 8－9，11，67.

④　Там же. С. 13，67－68，264.

⑤　Мицкевич С. И. Указ. соч. С. 192.

方面的预算拨款则不到 5%。①

  C. И. 米茨凯维奇认为，俄国城市的医疗状况不容乐观，这是因为城市缺乏"排水系统和运作良好的供水系统，以及适合的抗传染病措施"。城市公共卫生事业的上述问题"导致国内的医疗卫生方面存在严重弊端"，同其他欧洲国家的城市相比，俄国城市居民的死亡率过高。②

  从根本上解决城市的这些重要问题正是俄国在 20 世纪所面临的任务。

城市的交通

  大城市的生活水平在很大程度上是由城市的交通状况所决定的。19 世纪 90 年代，第一辆有轨电车出现了，它与有轨马车一起行驶在城市街道上。在下诺夫哥罗德，有轨电车的开通仪式与 1896 年全俄工业艺术展览会开幕式安排在一起（此前，1872 年举行的莫斯科技术展览会开幕式因第一条有轨马车线路的开通而广为人知）。20 世纪初，有轨电车相继在库尔斯克、奥廖尔、喀山和基辅出现。

  1900 年，莫斯科城市杜马通过了关于开始运行有轨电车的决议。但这项工作却被搁置，迟迟未能开展，因为一直在等待莫斯科总督谢尔盖·亚历山德罗维奇大公的批准。直到 1903 年，莫斯科的有轨电车才开通线路实现运行。北方之都圣彼得堡在 1905 年开始铺设有轨电车线路，1907 年，城市第一辆有轨电车开始运行。③ 1904 年，这种城市交通工具在俄国欧洲部分的 21 个城市中开始使用，到 1910 年，已经有 39 个城市拥有有轨电车。④

---

① Там же.
② Там же. С. 183，191. 1912 年，莫斯科的死亡率为 24.7‰，圣彼得堡为 21.9‰，巴黎为 16.5‰，柏林为 14.4‰，伦敦为 13.8‰。
③ См.：Руга В.，Кокорев А. Москва повседневная. Очерки городской жизни начала XX века. М.，2006. С. 150；Засосов Д.，Пызин В. Повседневная жизнь Петербурга на рубеже XIX - XX веков. М.，2003. С. 329.
④ Города России в 1904 году. С. 398；Россия. 1913 год. С. 337. 1917 年，俄国有 35 座城市有有轨电车通行（см.：Страментов А. Е. Указ. соч. С. 10）。

莫斯科的有轨电车，1900 年

　　起初，有轨电车对人们来讲更多的只是一种消遣。圣彼得堡的有轨电车站台上常常聚集一群人，他们只不过想坐有轨电车兜上一圈。不过，有轨电车还是渐渐取代了有轨马车，走进了公众的日常生活（虽然在 20 世纪初的省城交通还常常使用有轨马车）。正如 20 世纪初的一本出版物所指出的，有轨电车赋予城市"文明而又忙碌的面貌，有轨马车则在外观上保留了莫斯科的从容而又古朴的特征"。有轨马车一度成为莫斯科人拿来调侃讽刺的话题，甚至出现了一些俗语，比如"拿上票坐上车，冬天上车夏天到"①。

　　有轨电车是最便宜的公共交通工具，它总是第一个宣告一天喧嚣生活的开始。1907 年，莫斯科一家报社的记者指出："清晨 6 点的时候，在寂静和空荡荡的街道上，第一批有轨电车的喇叭开始鸣响，巨大的人流乘着票价低廉的电车急匆匆地赶往自己的工作地点……早 7 点，第一批送报的人出来了；8 点，商店

---

　　①　Засосов Д. , Пызин В. Указ. соч. С. 56；Москва в ее прошлом. . . С. 5.

开门……私家汽车开始启动了，车主的司机和随行人员开始忙碌起来。"①

20 世纪初，城市的街道上出现了汽车。起初，它在人们眼中也是新奇之物，边上"总是围着一群好奇看热闹的人，特别是孩子"②。但到1910 年的时候，"自动移动的马车"（汽车最初的名称）已经是比较平常的现象。《清晨报》写道："莫斯科的汽车一点点开辟出了自己的天地。"1911 年，圣彼得堡约有 2000 辆私家汽车和近 500 辆公用汽车。③ 汽车成为一种时尚，它是生活顺遂和成就的象征，因为汽车的价格非常高，至少需要 2000 卢布才能买得到。这一时期，街上常见的一般都是外国品牌的汽车，如"菲亚特""戴姆勒 – 奔驰""欧宝""梅赛德斯"。俄国的汽车是里加的俄罗斯 – 波罗的海汽车工厂生产的，1908～1915 年，共生产了 700 辆"俄罗斯 – 波罗的海"牌汽车。

普斯科夫省奥波奇卡市女子古典中学、公共银行和
消防车库附近的汽车，摄于 20 世纪初

---

① Цит. по: Руга В. ，Кокорев А. Указ. соч. С. 127 – 128.
② Дмитриев С. В. Воспоминания. Ярославль, 1999. С. 41.
③ См.: Руга В. ，Кокорев А. Указ. соч. С. 170 – 171；Засосов Д. ，Пызин В. Указ.
соч. С. 334.

1916 年，利亚布申斯基兄弟机器制造股份公司工厂在莫斯科成立，奠定了俄国汽车工业发展的基础。[1]

汽车的出现引起了人们的担忧，因为在莫斯科狭窄的街道上，交通工具的运行可能会导致交通事故。1903 年，莫斯科城市杜马通过了《莫斯科机动车辆行驶条例》。[2]

但在俄国城市中仍然保留着传统的运送乘客方式。在 19 世纪的最后几十年和 20 世纪初，浩浩荡荡的马车夫大军依然是城市生活中一个引人注目的现象。И. А. 别洛乌索夫回忆道，莫斯科还是有很多出租马车，重物用大货车运送，家具用带篷的车运送，还有专门的载人马车。19 世纪 60 ~ 70 年代的"普通敞篷轻便马车"在 80 年代逐渐被更为方便出行的四轮轻便马车所取代。[3] 正如 С. В. 德米特里耶夫所指出的，在 80 年代的雅罗斯拉夫尔，"无论是有轨马车、有轨电车还是汽车或自行车，都是闻所未闻的事物，主要的交通工具包括运送各种货物的马拉大货车，运送市民去剧院、浴池、火车站的轻便马车……雅罗斯拉夫尔还有'贵族式'环城马车，它们专供婚礼、葬礼以及其他重大、隆重场合使用"[4]。

20 世纪初，莫斯科总计约有 2.05 万辆出租马车。[5] Б. К. 扎依采夫在 1907 年的回忆录中曾描写自己的"老式住宅"，他写道："窗外，万尼卡坐在爬犁上沿着坑坑洼洼的西夫采夫·弗拉热克胡同的西韦茨沟慢腾腾地往前行走着。"[6] 在 19 世纪 90 年代中期，圣彼得堡出租马车的数量多达 2 万辆。随着有轨电车的出现，它们的数量开始有所减少，但减幅并不大，在 1911 年仍有 1.4 万辆马车。同一些私家车主的出租汽车相比，出租马车有

---

① Советский энциклопедический словарь. М. , 1981. С. 1163; Шамаро А. Братья Рябушинские // Отечество. Краеведческий альманах. № 2. М. , 1991. С. 24.

② См. : Руга В. , Кокорев А. Указ. соч. С. 167.

③ Белоусов И. А. Ушедшая Москва. Записки по личным воспоминаниям начала 1870-х годов. М. , 1998. С. 109.

④ Дмитриев С. В. Воспоминания. С. 26, 40, 41. О трамвае в Ярославле упоминается в начале XX в. (Города России в 1904 году).

⑤ Города России в 1904 году.

⑥ Зайцев Б. К. Голубая звезда. Воспоминания. М. , 1989. С. 485.

**下诺夫哥罗德，马车夫们在罗莫达诺沃火车站候车，
德米特里耶夫，摄于 20 世纪第二个十年**

时也颇具竞争力，因为"很多人信不过出租汽车（这里指的是 20 世纪第二个十年时——作者注），而更喜欢乘坐出租马车，因为出租马车更安全可靠，也更便宜"①。

尽管如此，在城市保留传统的交通方式的同时，新的、现代的交通工具——有轨电车、汽车渐渐为大家所接受，成为城市生活的一部分。

城市照明：公共和家庭日常生活用电

19 世纪末 20 世纪初，俄国城市街道的照明与 19 世纪中期相比并没有多少改进。1904 年发布的一份官方资料指出，"我们城市的照明条件还很差，其中许多城市只在主干街道上有照明，而且照明的主要材料是煤油"②。

① См. : Засосов Д. , Пызин В. Указ. соч. С. 62, 330；Пискарев П. А., Урлаб Л. Л. Милый старый Петербург. СПб. , 2007. С. 114 – 117.

② Города России в 1904 году. С. 0445.

这一时期，72 个城市有街灯，其中 38 个是省城（俄国共有省城 88 个——作者注）。总的来说，当时俄国电灯照明还没有普及，只有 13 个省城电灯照明完全取代了煤油灯。① 20 世纪初的莫斯科有街灯近 2.3 万盏，其中，电灯只有 200 盏，瓦斯灯不到 9000 盏，其他的都是煤油灯。1895 年的圣彼得堡共有街灯 1.7 万盏，其中，电灯 183 盏，其余的是瓦斯灯和煤油灯。1914 年，俄国城市街灯的数量基本没有变化，但电灯已经超过 1000 盏。②

新科技产品的广告——煤油街灯（1911）和"埃里克森"公司的电话，载于《城市管理》杂志

　　街上的电灯照明像有轨电车一样，不仅是城市管理进步的标志，同时也是工业发展的标志。当时的人认为，城市生活的变化以及城市自身的成长都与此密切相关。城市的街灯和有轨电车是俄国的主要用电设备，一些工厂也开始将电力应用于车床和各种机械装置的运作中。③

　　煤气作为新生事物开始走进家庭生活，不仅可以用来照明，可供厨房

---

① Там же.

② Там же；РГИА. Ф. 1287. Оп. 37. Д. 92，98，131；Уличное освещение города С.-Петербурга. Пг.，1914. С. 40 – 41.

③ Россия в конце XIX века. С. 391 – 392.

炉灶之用，还可用于浴室热水装置的加热。关于这方面的记载最早出现在1914年。①

图书馆的读者对电的实际应用方面的书籍开始表现出兴趣。伊万诺沃－沃兹涅先斯克的一名新闻记者写道："人们经常会借阅有关电的书籍，而100个人中只有1～2个人在读医学、卫生、农业方面的书。"在这一时期的技术类定期刊物中，出现了许多新的专业性杂志，其中就有1910～1916年发行的《电力与生活》杂志，该杂志是电工技术人员（实践工作者和爱好者）自修的参考书。②

电在城市日常生活中得到实际应用的重要标志是电话，它是19世纪80年代初出现在俄国的。③

1893 年莫斯科洛乌斯卡娅沿岸街的第一家发电站，摄于 20 世纪初

---

① См.：Руга В.，Кокорев А. Указ. соч. С. 340.

② См.：Дадонов В. «Русский Манчестер». Письма об Иваново-Вознесенске // Русское богатство. 1900. № 12. С. 53；Меженко Ю. А. Русская техническая периодика. 1800 – 1916：Библиографический указатель. М.；Л.，1955.

③ 通常认为，电话是1876年发明的。在美国费城的世界博览会上，曾任波士顿聋哑学校教师的格雷厄姆·贝尔将他发明的"通话机"向世人展出。

1882 年，莫斯科建成了城市电话网。一份非常有意思的资料显示，当时曾有人使用时髦的电话来收听歌剧表演。1882 年 3 月 5 日，莫斯科大学副教授 B. 博格斯洛夫斯基博士在家里通过电话直播了朱·威尔第的歌剧《弄臣》。当时在大剧院的乐池安装了麦克风，并使用电话线接入博士的房间，分置 12 对听筒，这样一来聚集在房间里的人就可以听到歌剧表演了。《莫斯科快报》对此做出了如下报道："像在巴黎和圣彼得堡一样，在莫斯科也设置了一个电话站，此举让公众认识到了当代的杰出发明——电话线的潜能。借助于电和相应的装置，在很远的距离也可以听到音乐、歌唱演出以及进行交谈，就像在现场一样清晰。"① 利用电话收听演出的费用相当高：电话费每 10 分钟 1 卢布，整部歌剧演出有 4~5 幕，转播一场的费用大概是 18~24 卢布。

在用这种方式收听一场音乐会时，当时颇有名气的采访记者马克·亚龙（他是莫斯科歌剧院演员、艺术指导 Г. M. 亚龙的父亲）向晚会献诗一首，其中有这样的诗句：

> 拿起听筒，
> 旋即从电话中传来天籁之音，
> 一种种美妙的音色，
> 那是杜兰和马尔孔。

在 1882 年 3 月和 4 月期间，大剧院通过电话直播了 12 场戏剧和一场音乐会演出，毫无疑问，这是莫斯科文化生活中的大事件。② 政府承认电话网络的使用是一件"有益的举措"，并大力支持国际公司参与电话线的建设工作。到 19 世纪末，外省城市中大部分电话公司都归国家所有，只有两座都城仍然有外国私营的电话公司。1898 年，电话线将圣彼得堡和莫斯科连接

---

① Шестакова Н. Белый город // Московская правда. 1993. 4 февр.

② Там же.

起来，当时的报刊报道称，"两座都城之间的电话通信被公众欣然接受"。

使用电话通信的城市越来越多，1896 年有 56 个，1900 年有 67 个，1910 年已经有 230 个，占俄国欧洲部分城市的 26.7%。① 可见，20 世纪初，电话线正以飞快的速度安装完成。1909 年，莫斯科出现了第一批安装有自动电话机的电话亭。② 但同欧洲国家相比，俄国城市在电话通信方面的差距还是很大的。1910 年，政府人士普遍认为，"我们的电话通信尚处于相当落后的状态"③。

这一时期，电话在俄国城市中还没有成为普遍的现象。最初，它用于办公和防火，服务于城市管理，为消防局同警察局和省长、市长、警察局长的住所连线，将邮局同电报管理局连线。包括首都在内的各个城市中，安装私人电话的只有少数人，且基本都是城市中的富人。比如，19 世纪 80 年代末，在科斯特罗马、雷宾斯克安装私人电话的只有两户人家。正如一份官方资料所显示的，即使是在 20 世纪初，"在建设有电话网络的城市中普及电话的使用对于广大居民来说也是遥不可及的"④。但最主要的是，电话作为新生事物，尽管还不完善，但已经引起大众的关注，甚至登上了幽默杂志。A. П. 契诃夫在 1886 年的《闹钟》杂志上发表了一篇篇幅不大的故事《打电话》。故事描绘了一个人想通过话务员打电话到"斯拉夫集市"饭店找人，但费了一番周折后，最终无果。契诃夫生动地描绘了主人公与电话站的接线过程："首先需要把这个东西摇一摇，然后把听筒摘下来，贴到耳边……然后呢，然后把它挂上，把这个东西再摇三次。"⑤

电话与铁路、邮局、电报一起构成了通信系统的新元素。П. 索罗金把

---

① Почтово-телеграфный журнал. Отд. неофиц. 1906. № 9. С. 663, 665; Материалы по истории связи в России XVIII - XX вв.: Обзор документов ЦГИА СССР. Л., 1966. С. 256; Россия. 1913 год. С. 377. 1910 年，西伯利亚地区的 12 个城市（共 52 个）有电话通信，高加索地区有 25 个城市（共 137 个）。

② 100 лет Московской городской телефонной сети. 1882 - 1982. М., 1982. С. 24.

③ Россия. 1913 год. С. 150.

④ Города России в 1904 году. С. 0447.

⑤ Чехов А. П. Полн. собр. соч. Т. 4. М., 1949. С. 243.

电话站的设备安装现场，摄于 20 世纪第二个十年

信息系统归于所谓的社会传导者，它决定了"人们互联互通的程度"。它充实着人们的文化生活，在社会文化的动态发展过程中发挥着巨大的作用。索罗金写道，作为"社会传导者"，它改变了人们对时间和空间的认识，因为"各地通过它彼此联系，拉近了彼此间的距离……传导者的作用不仅在于加强了彼此之间的联系，也在于缩小了空间"[1]。鉴于此，索罗金引入了"社会空间"这一概念，它不同于地理空间。

城市预算：需求与可能性

城市公用事业的发展在很大程度上是由城市预算的情况所决定的。大

---

① Сорокин П. Система социологии. Т. 1. М.，1993. С. 392 – 393.

多数城市的预算都是有限的，这一点当局和社会各界都不止一次地指出过。比如，库尔斯克省省长在关于 1897 年该省发展工作的报告中写道："城市社会性机构的工作远远无法满足现代城市对公用事业的需求。造成这一状况的主要原因是大多数城市财政困难，囊中羞涩。"①

1870 年《城市条例》赋予城市独立的财政权，城市预算由市参议会制定，经由城市杜马批准，并向省长"报备"。由此，城市拥有了一系列权力，其中包括独立支配经费用度，向不动产、酒吧、店铺、住宅、马车运输行业征收税赋，以便用于城市的发展建设。②

但是，改革虽然宣称赋予城市决定重大民生问题的自主权，实际上却没给市政机构行使这一权力的可能。19 世纪末 20 世纪初，国家仍然对城市的财政问题予以严格的行政监督。沃罗涅日省省长在 1884 年的工作报告中指出，"城市自治需要更大力度的监督"③。

20 世纪初，俄国城市的市政预算仍然不多。1913 年，市政预算仅为国家预算的 1/5。只有 20 个城市的预算超过了 100 万卢布，其中有萨拉托夫、萨马拉、下诺夫哥罗德、喀山等，这些城市大部分位于南俄和波罗的海沿岸地区。全国约有 40% 的城市，主要是县城，预算在 2.5 万卢布以下，平均为 1.3 万卢布左右。在预算方面只有两座都城遥遥领先：1912 年，圣彼得堡的预算达到 3650 万卢布，莫斯科略高于 3200 万卢布。大部分城市的人均预算为 5～7 卢布，而同时期的德国市民的人均预算约为 300 马克（约合 150 卢布），这一数字甚至是俄国两座都城都无法相比的：圣彼得堡人均预算为 19 卢布，莫斯科为 21 卢布。④

市政预算的另一个特点是把开支分为"必要性支出"（维持政府机关、军队、警察、消防队的开支）和"非必要性支出"（公共事业及社会文化机

---

①　РГИА. Библиотека. № 48. С. 6.

②　Городовое положение со всеми относящимися к нему узаконениями. СПб., 1876. Гл. 5. О городских сборах.

③　РГИА. Библиотека. № 18. С. 7.

④　Городское дело. 1911. № 4. С. 331 – 332；Вестн. местного самоуправления. 1912. № 2. С. 39 – 40.

构的开支），后者决定了城市生活不同领域的发展需求和前景。1909 年，俄国欧洲部分的城市预算支出部分中，非行政性支出约占 23%，城市的公用事业支出占比略高于 25%，包括供水管道、屠宰业、有轨电车、公共大楼和文物古迹，国民教育、社会救济、城市医疗卫生等方面的支出与前两项持平。①

同 19 世纪末相比，20 世纪初城市预算中的"必要性支出"有所缩减，用于满足城市需求方面的支出略有增加。② 对公用事业、国民学校、卫生医疗机构能否投入更多的经费，主要取决于市政企业（如有轨电车、自来水、屠宰场等）的发展情况。例如，1910 年至 1911 年，在莫斯科的预算支出中，这些市政企业上缴的税收收入提高了 21.3%，其他收入来源的税收收入增加了 3.7%。③

然而，在 20 世纪初，总体来说，城市预算中收入部分的主要进款项仍是此前的传统项目。1909 年，俄国欧洲部分的城市预算中，收入部分主要包括向房主征收不动产税，手工业和马车运输业从业执照费用，收取马匹、狗、出租马车的税费，这部分占 25.5%；城市的财产税、代役税和资本税收入约占 24.2%；只有 30.5% 的市政收入来源于市政企业。应当指出的是，城市从预算中拨出将近 1/4 的城市经费用于"必要性支出"，与此同时，城市可获得 3.6% 的国库补贴。④

在 20 世纪最初的十几年，直到 1917 年，社会各界围绕城市改革而出现的一系列问题展开了激烈的讨论，如对 1892 年《城市条例》进行修改等。其中，城市的财政问题是亟须解决的问题之一。包括城市管理机构在内的社会各界不止一次展开讨论，各抒己见，并一致认为，"国家向城市征收贡税，使得其只能将满足自身要求的部分支出压缩到最低"⑤。

① Городское дело. 1912. № 11 – 12. С. 730，734 – 735.

② Нардова В. А. Самодержавие и городские думы в России в конце XIX – начале XX века. СПб.，1994. С. 58 – 60.

③ Москва в ее прошлом... С. 40.

④ Городское дело. 1912. № 11 – 12. С. 730.

⑤ Москва в ее прошлом... С. 132.

城市的社会文化环境

俄国的城市虽然尚且不具备高度发达的文明程度，但仍是最为重要的文化生活中心。城市中集聚了形成文化阶层的学校和资金，以及传播和使用所学知识的媒介（学校、出版社和印刷厂、书店、图书馆、博物馆）。城市在很大程度上汇聚了社会的文化发展潜能，而后者决定了社会文化环境的广度和深度，同样也影响着城市的日常生活。

20 世纪初，不仅仅是省城，许多县城也拥有相当发达的文化教育机构体系。这一时期，各类院校的数量快速增加，事实上在早些时候它们已经出现在城市文化环境中。

表 1-5 中的数据（1910 年的数据）[①] 反映出城市的文化发展情况。19 世纪末 20 世纪初，各省图书馆数量的增加、图书贸易的普及与读者人数的增加有关。H. A. 鲁巴金在 19 世纪 90 年代时写道："读者的数量一直在增加，这种增长实质上是最近三十年历史发展的必然结果，是亚历山大二世改革的成果，它将很多新鲜事物注入了俄国的生活……这是农奴解放、学

表 1-5　1910 年俄国拥有各文化设施的城市数量统计

单位：个

地区	城市总数	有以下设施的城市数量						有以下出版机构的城市数量	
		图书馆和阅览室	博物馆	剧院（常设和临时）	民众文娱馆	马戏团（常设和临时）	照相馆	杂志社	报社
俄国的欧洲部分	862	662	96	280	147	118	609	58	126
西伯利亚	52	44	25	21	11	12	34	2	15
高加索	137	79	28	29	14	19	82	8	17

---

① 　Россия. 1913 год. С. 377 – 379. Данные таблиц.

校数量增加、识字率上升的必然结果。识字激发了人们对书籍的兴趣，对图书需求的增加速度甚至已经超过文化水平的提高速度。"① 他还指出，与图书馆相比，图书贸易在书籍普及过程中发挥了更大的作用。

博物馆成为市民文化生活中一个独立的领域，与此同时，也是文化生活的有机组成部分。20 世纪初，俄国欧洲部分的约 100 个城市开设有各种各样、不同领域的博物馆，如地方志博物馆，考古、美术、科学－工业、教育、农业、教会－历史博物馆和纪念馆。其中，一些艺术博物馆甚至达到了世界水平，如莫斯科的兵器馆、特列季亚科夫画廊、亚历山大三世精美艺术博物馆，圣彼得堡的艾尔米塔什博物馆、俄罗斯国家博物馆等。同时，各省也相继出现大量的博物馆，这是当时俄国博物馆业发展的一大特点。历史学家、地方志学家、萨马拉和维亚特卡博物馆的创始人 П. В. 阿拉宾在 1887 年时写道："在我们这个时代，一个公用事业发展良好的城市没有公共博物馆，简直是不可思议的事。"第一次世界大战前夕，俄国博物馆的数量已达近 500 家。②

博物馆业的发展在很大程度上与社会团体的积极性和学术界的活动相关。有这样一种认识，即"博物馆业的发展和繁荣取决于教育的大众化程度……城市的发展以及城市生活水平的提高；博物馆是知识的普及者，它教导人们学会珍视和理解那些习以为常的事物，激发大众的社会意识，培养他们有意识地热爱自己的故土、小家以及自己的国家"③。

可见，博物馆的发展标志着社会对民族文化遗产日益关注并认识到对其进行保护和研究的必要性。这首先涉及的就是城市文化遗产。早在 19 世纪 30 年代，在俄国距离迈入新世纪还很遥远的时候，致力于圣彼得堡省城市研究的学者 И. И. 普什卡廖夫便提出，"要将俄国的每一座城市都视为见

---

① Рубакин Н. А. Этюды о русской читающей публике. СПб. , 1895. С. 36, 141.

② Цит. по: Сундиева А. А. Музеи // Очерки русской культуры XIX века. Т. 3. Культурный потенциал общества. М. , 2001. С. 615；Музейная энциклопедия. Т. 1. М. , 2004. С. 41 – 42.

③ Могилянский Н. М. Областной или местный музей как тип культурного учреждения. Пг. , 1917. С. 304 – 305, 310.

证俄国过去和现在的鲜活的历史丰碑，它们是祖辈的记忆传承给我们的丰富遗产"①。

政府和社会各界致力于建筑古迹的保护问题。1826 年，第一个有关这些问题的政府令颁发。在内务大臣致各省省长的通告中，要求各省上报当地古建筑遗迹的相关信息，并明令禁止任何形式的破坏行为。究其本质，这是政府对全国建筑遗迹及其现状进行摸底调查的一项计划。② 通告下发到各地方，具体由各省省长和市警察局负责执行。③

在相当长的时间里，政府一直就 1869 年由莫斯科考古协会起草的古迹保护法案草案进行讨论。然而，尽管他们旁征博引，提供了大量的论证材料，直到 1911 年国家杜马在表决中还是没有通过这一法案。④

19 世纪末 20 世纪初，以建筑、考古协会为首的各科学协会以及制定文化遗产保护法等措施的文艺界知识分子更加积极地开展各项活动，重新启动编制古迹汇编的工作。考古委员会（自 1859 年起归内阁管辖）在 1898 年 3 月编制的工作报告中提议，为保护历史文物古迹成立各省统计委员会分会。对此，委员会成员的论证理由是："现今与从前不同，各省社会公众已开始对俄国的文物古迹燃起很浓厚的兴趣，在全国成立了各种学术档案委员会、小组和创办了博物馆。"⑤ 深谙俄国城市文化的学者 Н. П. 安齐费罗夫写道："在第一次世界大战前夕，俄国社会对自己的过去和历史的热爱空前高涨。在到访意大利和德国的小城市之后，俄国人开始留意到俄国省城丰富的文化财富。"⑥

"艺术世界"的成员 А. Н. 伯努瓦、И. Э. 格拉巴里、И. А. 福明呼吁大家一起保护圣彼得堡的古迹，他们最早提出必须保护那些出现时间并不

---

① Пушкарев И. И. Историко-географическое описание городов С.-Петербургской губернии. СПб., 1837. С. 3.

② См.: Полякова М. А. Охрана культурного наследия России. М., 2005. С. 28.

③ ЦИАМ. Ф. 166. Оп. 2. Д. 40. Л. 12–12 об.

④ См.: Полякова М. А. Указ. соч. С. 39.

⑤ Охрана культурного наследия России. XVII–XX вв. Т. 1. М., 2000. С. 183–184.

⑥ Анциферов Н. П. «Непостижимый город». Л., 1991. С. 175.

长的历史古迹，如 18～19 世纪的建筑古迹。① 在他们看来，城市的文化遗产就是"历史上形成的城市环境"，这一环境中的一切都应该保存下来。

1909 年，圣彼得堡美术学院成立了俄国文物古迹保护协会。尼古拉·米哈伊洛维奇大公当选为协会主席，协会选举 A. H. 伯努瓦为副主席，H. H. 弗兰格尔为秘书。协会的宗旨是"保护具有艺术、日常和历史意义的文物古迹免受破坏和摧残，让它们永远留在俄国"②。协会成员把自己同考古委员会进行对比，认为后者主要致力于保护彼得一世之前的文化遗产，而他们则坚持必须"保护一切古迹，不管它们是什么时代创造的"。为此，他们计划将俄国现存的古迹和艺术藏品登记造册。③

除了圣彼得堡，斯摩棱斯克、图拉、喀山、罗斯托夫等地也设立了文物古迹保护协会分会，其成员主要包括贵族、艺术家、建筑家等，但俄国一些著名企业家和作家未被列入其中。无可否认的是，该协会在出版专业书籍、杂志，举办展览会，开办讲座等一系列教育活动中发挥了重要的作用，"培养了大众对文物古迹的尊重和爱护之情"。但也应该承认，该协会存在的时间并不长（1900～1916）。在此期间，其活动范围和规模有限，并没有取得太大的成就。到 1917 年的时候，俄国还是没有出台关于保护文物古迹的法律，也没有形成保护古迹的国家体系以及关于禁止输出文物的法律。

但社会各界尤其是技术和文艺知识分子一直秉持着一个坚定的信念，即国家的历史文化是独一无二、不可复制的，保护文物古迹的意义重大。B. H. 谢苗诺夫在 1912 年写道："我们有弥足珍贵的遗产，它们是俄国过去几百年留下的古迹，虽鲜为人知、少人问津，却将历史上出现的新形式和新思想融于一身。"④

时间一去不复返，带走了 19 世纪和 20 世纪初俄国城市文化空间中的很

① Градостроительство. . . С. 302.
② Устав Общества защиты и сохранения в России памятников искусства и старины. СПб. , 1910. С. 5.
③ Отчет о деятельности Общества защиты и сохранения в России памятников искусства и старины. СПб. , 1912. С. 5, 6.
④ Семенов В. Н. Указ. соч. С. 2.

多东西。许多建筑不复存在，街道和广场改变了模样，交通也变成了另外的样子。就连城市生活的社会心理"层面"也呈现出另一番情形：生活节奏改变了，变得更快，街上的交通更繁忙了，人与人之间的关系也与以前有所不同。然而，从文化史尤其是日常文化史的角度来说，革命前城市的社会文化面貌无疑是非常有趣的。在绘画作品、文学作品和政论家的随笔中常常会有对城市地貌的精确描写，这在很大程度上弥补了那些失去的东西留下的空白。同时，这也有助于研究者们重构城市的文化建筑空间，感受城市生活过往的时代"气息"。

例如，И. А. 布宁在回忆录中对春天时阿尔巴特街景象的描写让人感觉一切似乎历历在目："有轨马车轰隆隆地疾驰而过，人们匆忙地奔走着，彼此擦身而过，四轮轻便马车吱嘎作响，头上顶着托盘的小贩们在四处叫卖着。"而他笔下的小县城是这样的："……一个上山斜坡，在稀疏斑驳的灯光下是一条堆满尘土、踩上去有点松软的路……中央是一条马路、一个广场、办公楼、瞭望台、旅馆……广场的集市上散发着焦油的味道，还有俄国县城的气息，它们都在一起，散发着不同的味道。"（小说《中暑》）①

独一无二的文献资料记录着城市以前的面貌以及城市生活的一幕幕：各种类型的城市居民，街上来来往往的出租马车、有轨马车、有轨电车和等待顾客的马车夫队伍，商店的招牌和橱窗，建筑古迹和纪念碑。很遗憾，它们当中的一部分现在已经失传。② 风景明信片具有极大的信息量。作家列夫·乌斯宾斯基认为，明信片是"一种可以帮助人们增长知识、实现某种认知目的的绝佳工具，这是其他许多工具所不具备的"③。

在俄国，1871 年明信片开始在邮局发行。而艺术明信片起源于 1895 年，其中城市的风景明信片（带插图的卡片）是邮局发行量最大的明信片。

现代集邮爱好者的收藏品中保存着描绘有近千座城市、工业村和小村

---

① Бунин И. А. Далекое // Собр. соч. : В 6 т. Т. 5. М. , 1966. С. 82；Он же. Темные аллеи. Екатеринбург, 1994. С. 182 – 183.

② Русский город на почтовой открытке конца XIX – начала XX века. М. , 1997.

③ Литературная газета. 1974. 6 февр.

镇的风景明信片，呈现出这些地方在 19、20 世纪之交的样貌。

当时，俄国的出版社专门分出一项业务——印制风景明信片，其中最著名的是圣彼得堡苏沃林出版集团承包公司和莫斯科 Д. П. 叶菲莫夫的印刷承包公司。同时代的人把描绘下诺夫哥罗德风景的 М. П. 德米特里耶夫称为"伏尔加河地区编年史的写手"。风景明信片的历史中还载入了圣彼得堡摄影师 С. М. 普罗库金－戈尔斯基的名字。此外，发行城市风景明信片的还有斯德哥尔摩、柏林、德累斯顿的出版公司。

外省城市的文化环境

首都和各省城市是经济和文化的发展中心。火车站是最先接待进城的外地人的地方，在那里"外来元素的混杂"总是格外显眼。19 世纪末，"从各省向莫斯科源源不断地涌入成千上万的农民……身材粗壮、正值壮年的大胡子商人，还有一些穿着长袍和长靴的人"。А. П. 克鲁舍万写道："这些人或是养活不起自己，或是向往城市生活。"① 驱使人们背井离乡进城的不仅仅是物质方面的原因，事实上有许多人希望加入城市生活，成为城市人，拥有城市所能提供的种种优越性和特权。初次从小县城或者农村来到省城的人总是惊讶于城市中的各种事物：街上车水马龙的交通、夜晚的照明、商店的橱窗。② 如圣彼得堡的声音元素就曾引起 19 世纪 70 年代中期来这里的技术学院念书的 В. Г. 柯罗连科的注意："……被灯光照得清澈明亮的天空下，路灯闪烁着令人愉悦的光，还有有轨马车的吱嘎声和轰隆声。"③（И. А. 布宁对 19 世纪 90 年代的莫斯科也有类似的描写）

А. Т. 特瓦尔多夫斯基在长诗《远方》中描写了城市生活的"气息"，这是父亲从城市回到斯摩棱斯克的家乡时带回来的味道（在 20 世纪最初的 20 年中）。

---

① Крушеван А. П. Что такое Россия. Путевые заметки. СПб. , 1900. С. 72，75.
② См. ：Быстрин В. П. Уходящее // Голос минувшего. 1923. № 1. С. 190.
③ Короленко В. Г. Указ. соч. С. 308.

　　那是故土陌生的、罕见的、外来的气息，

　　散发着令人心旌荡漾的气息，喜庆而又浓烈，

　　那是另外一种生活的气息，

　　让人感觉遥不可及而又新奇。

　　诗人认为，"书写与阅读""书和铅笔的气味"散发着"城市最初的文化气息"。

　　1861 年改革后，城市的社会文化生活在很多方面都发生了改变，其中既有经济因素，也有在我们看来具有重要意义的文化教育因素。

　　还在 19 世纪 50 年代末的时候，人们就提出了一种观点："如果说我们的小城市在工商业发展方面在不同的时间段可能逊色于乡村，那么，在加大文化教育经费的投入方面，我们无疑是有领先优势的……"① 从很大程度上来说，世纪之交的城市既有这方面的经济优势，也有开展不同形式文化教育活动的能力。

　　19 世纪末，各省文化教育机构的设立、书籍和定期刊物的普及以及信息系统的发展，一方面令城市的精神和文化生活活跃起来，另一方面也使城市生活发展趋于整齐划一，在许多方面都以首都为标准和典范，这成为城市大众文化形成的一种途径。与此同时，吸引外省城市参加社会文化运动也为实现文化的自给自足创造了条件。

　　19 世纪末 20 世纪初，很多省城都是发达的文化生活中心。除了学校、图书馆、博物馆、剧院，这些城市的精神文化生活主要集中在为数众多的社会组织和科学协会中。其中包括慈善救济团体、各行业和职业组织、休闲娱乐俱乐部、文化艺术爱好者协会、科学教育中心等。

　　雅罗斯拉夫尔设有档案学会委员会、四座博物馆和各种社会团体，其中包括法律协会、国民教育促进会、雅罗斯拉夫尔省自然历史研究协会、

----

①　Материалы для географии и статистики России，собранные офицерами Генерального
штаба. Т. 20. Ч. Ⅱ. Симбирская губерния. СПб.，1859. С. 697 – 698.

医生协会、农业协会、水上救助协会、戒酒协会以及护士协会。在 A. 特尔科夫－威廉斯的回忆录中，20 世纪初的雅罗斯拉夫尔看起来充满诗意而又现代："这是一座散发着古老气息的城市……宽阔的伏尔加河、古老的教堂，省城周围有花园环绕的小房子……雅罗斯拉夫尔不仅仅是往昔的纪念碑，它还散发着今日的气息。拥有众多教授和大学生的学校赋予它大学城的美誉。与位于主要铁路干线之外、经济衰败的诺夫哥罗德相比，工厂和伏尔加河的轮船运输业的蓬勃发展使雅罗斯拉夫尔变得无比富足。雅罗斯拉夫尔出版的报纸杂志令读者爱不释手，这也让城市呈现出一片生机勃勃的景象。"[1]

下诺夫哥罗德的学术和教育机构包括档案学会委员会和教会考古委员会、物理和天文学爱好者小组、俄国音乐协会分会。萨马拉设有教育发展协会和大众剧院下设的音乐小组、公共图书馆和公共博物馆，却"完全没有学术团体"。特维尔有几个慈善和体育团体，早在 1866 年创立的地方志博物馆是这座城市的骄傲。当时，考古学会委员会被视为城市的"宝贵财富"。辛比尔斯克有考古学会委员会、剧院，还拥有以 И. А. 冈察洛夫命名的阅览室和音乐、精美艺术、医生、农业协会。同时，应当指出的是，"城市的社会和精神生活并没有特别突出的地方"[2]。

在一些城市，"社会生活的脉搏甚至比其他的一些省城跳动得更为强烈"，其中就有萨拉托夫，它被认为是"伏尔加河沿岸地区的精神文化教育中心"。从 19 世纪中期伏尔加河的航运业进入正常发展轨道开始，城市也迅速发展起来。90 年代初，正如一本杂志刊载的文章中所记载的，萨拉托夫"总是给人留下很好的印象。剧院的优质大楼、拉吉舍夫博物馆、藏书丰富的图书馆和条件相当不错的宾馆……萨拉托夫俱乐部也有大厅和藏书

---

[1] Тыркова-Вильямс А. На путях к свободе. Воспоминания. М. , 2007. С. 101.

[2] Вся Россия. Особое приложение к газете «Россия». СПб. 1905. № 8. С. 82，177，257，305，309，389 – 390，410，414 – 415；Об общественных организациях в городах см. также：Анохина Л. А. ，Шмелева М. Н. Быт городского населения средней полосы РСФСР в прошлом и настоящем. М. ，1977；Иванов Ю. А. Уездная Россия：местные власти，церковь и общество во второй половине ХІХ – начале ХХ в. Иваново，2003.

丰富的图书馆……萨拉托夫几乎全城都铺好了道路，并且拥有自来水供应"。城里有各种协会和团体，如物理医学协会、萨拉托夫医生协会、俄国技术协会、俄国音乐协会分会、体育俱乐部等。A. П. 博戈柳博夫曾提出创办工艺美术博物馆的倡议，随后在城市开设了博戈柳博夫绘画学校。[1] 这所学校与拉吉舍夫博物馆（即萨拉托夫工艺美术博物馆——译者注）[2] 对于伏尔加河沿岸地区的文化发展具有重大意义。实际上，萨拉托夫工艺美术博物馆也是城市的第一座纪念馆。博物馆展出的有 И. С. 屠格涅夫的办公室、Н. Г. 车尔尼雪夫斯基的写字台、Н. В. 果戈理的扶手椅等。博物馆的橱窗里保存着 А. С. 普希金、Н. А. 涅克拉索夫、М. Е. 萨尔蒂科夫－谢德林等人的手稿。在博物馆的大厅里陈列着俄国画家的画作，其中包括博戈柳博夫本人的画，还有一些著名的外国画家（凡·戴克、牟利罗、拉斐尔、华托）的作品。同莫斯科一样，萨拉托夫修建了亚历山大·涅夫斯基大教堂，"以纪念俄国击退拿破仑大军的入侵"。

在萨拉托夫的 51 所学校中，男女童入学率分别为 7.1% 和 6.3%（在 19世纪 90 年代，城市人口共计有 13.7 万人）。19 世纪末，在这个坐落在伏尔加河旁的城市中，开设有两所男子中学和一所女子中学、一所实科学校、一所亚历山大贵族寄宿中学、一所贵族女子学院、一所手工业技工学校，以及近 30 所小学。所有这些都使萨拉托夫"跻身于俄国城市的前列"[3]。

1899 年，萨拉托夫当地的商人和小市民团体出资开办了全国第一个女子商业讲习所，招收中学毕业的女生。在这些女学生当中，不仅有来自萨拉托夫省邻近县城的学生，还有来自遥远的基什尼奥夫的学生。[4] 这一事实说明包括女性在内的整个社会对商科教育有极大的需求，同时也说明萨拉

---

① Вся Россия... С. 398 – 410；Рагозин Е. Путешествие по русским городам // Русское обозрение. 1891. Т. 4. № 7. С. 237.

② 博物馆是在画家 А. П. 博戈柳博夫的倡议下建立的，为了纪念他的外祖父 А. Н. 拉吉舍夫而以后者的名字命名。拉吉舍夫出生于萨拉托夫省。

③ Приклонский С. А. Очерки самоуправления земского, городского, сельского. СПб. , 1886. С. 300.

④ РГИА. Библиотека. № 81. Отчет о состоянии Саратовской губернии. С. 7 – 8.

托夫作为文化教育中心具有很高的知名度。与此同时，萨拉托夫上述教育体系一方面保留了阶层性，另一方面则应时代的要求提出了新的举措和创新元素。

在城市居民的社会日常生活中，教堂占据着重要的地位。在平时和节日的时候，人们去教堂做礼拜不仅仅是一种宗教活动，同时也可以借此交流、会面、结识新交。到这种神圣、"有治愈意义"的地方进行朝圣的人们常常会讲述某个地方的生活，这会吸引很多听众，特别是小县城的听众。

然而，整体来说，外省城市的社会生活并不活跃，未能克服阶层制度带来的封闭性和局限性。例如，在 20 世纪初的雅罗斯拉夫尔，"社会生活没有蓬勃发展起来，不同阶层的居民之间格格不入……一个初来乍到的人会觉得这里的城市生活宁静而质朴，没有首都的忙碌与繁华"。在萨马拉，虽然城市中既有剧院、图书馆，也有公共博物馆，但这里的精神生活却未能给人留下"存在感"。一名新闻记者在描述 20 世纪初的省城萨马拉的状况时指出，"贵族显然比较贫穷，而商人中则有十来个百万富翁，他们收购贵族的庄园，继续过着传统守旧的生活，对新的文化现象和创新活动毫无兴趣、态度消极，都不愿参与其中"[1]。

但关于 20 世纪初俄国外省城市的社会环境和氛围，还有另外一种观点。A. 特尔科夫－威廉斯这样写道："生活在都城的杜马议员们……迷恋这里的忙碌生活，没有充分重视俄国边远地区所取得的成就，以及正在迅速形成新的生活氛围。"[2] 也许，俄国大省份的现实生活中已经开始呈现某些城市的日常生活特征。

在省城中，生活的脉搏和节奏经常具有季节性特征，这在很大程度上是由城市中发生的各种不同的事件决定的。例如，在下诺夫哥罗德，"冬天很少见到热闹的景象，城市的全部生活都与通航时间紧密相关。冬天，从

---

[1] Вся Россия. . . С. 82，257 – 258；Об известной сословной замкнутости，корпоративности общественной жизни в городах см. также：Анохина Л. А. ，Шмелева М. Н. Указ. соч. С. 253.

[2] Тыркова-Вильямс А. Указ. соч. С. 379.

农村进城来谋生的'马车夫们'返回了家乡，取代他们的是形形色色的小贩和货郎，他们的叫卖声遍布城市的大街小巷。到了五月末六月初的时候，都城的居民坐火车来到这里，再坐船前往自己在布祖卢克、斯捷尔利塔马克的庄园，同时下诺夫哥罗德人则一帮一伙地乘车前往郊外，再从那里进城赶集"①。

在 1861 年改革后的城市中，各种社团、慈善机构、慈善救济机关等广为人知的社会组织的活动愈加频繁，这在一定程度上反映了城市知识分子作为公民的社会积极性日渐提升。但在现实中，众多社会团体的活动都要接受严格的行政监管，这种监管不单单是针对当地社会团体的活动，甚至还包括城市的全部社会生活。"在严格的集中化管理之下，社会生活不可能呈现丰富的表现形式，例如辛比尔斯克省*也同其他省*一样（斜体为作者注），任何社会生活的外在体现都要受到国家法律的严格限制和束缚。"②

H. B. 舍尔古诺夫在 19 世纪末的时候曾提及"城市中社会情感发展不足这一问题"，同时，他还指出："非物质文化，即包括戏剧和音乐等表演在内的'高雅艺术'，在城市生活中取得了不寻常的成绩。鲁宾斯坦的音乐引起了公众的共鸣和支持，在他的大力推动下，音乐呈现出繁荣的发展态势。莫斯科和圣彼得堡音乐学院正在全国各地推广音乐……各城市中出现了音乐协会、音乐小组，甚至是交响乐社团……在南方的省城中，现在都有条件非常好的剧院。""城市知识分子，"他继续写道，"如果需要对意大利歌剧进行评价的话，已经是相当内行的专家了；但当碰到城市生活中诸多公用事业方面的问题（如面对城市的卫生状况和市民的健康、城市劳动人民的福利、儿童教育等问题）时，他们就完全是外行。公众在面对意大利歌剧的时候，能够发表严谨而明确的意见，而在面对城市杜马和参议会

---

① Вся Россия... С. 159 – 160.
② Материалы для географии и статистики... Т. 20. Ч. Ⅱ. С. 446. 这一观点是在 19 世纪 50 年代末提出的。但即使到了 19 世纪末 20 世纪初，政府的集中化管理和领导作用仍然如是。

的时候，则变得消极被动，无能为力。"① H. A. 鲁巴金也曾得出类似的结论。他指出："现代（指的是 19 世纪 90 年代——作者注）的俄国读者对现实之外的那些领域更感兴趣……更喜欢去阅读那些苦涩难懂的东西，而不愿研究与现实相关的明确概念，或是关注社会公共事业。"②

对 20 世纪初俄国的创作团体和文艺界的知识分子来说，对社会政治问题缺乏兴趣是他们在这一时期的典型特征。关于这一问题，B. B. 魏列萨耶夫在自己的回忆录中写道："现代派（指的是维·伊万诺夫、梅列日科夫斯基、A. 别雷、巴尔蒙特、沃洛申、勃留索夫等人——作者注）接受过全面而深刻的教育……在文学、历史、哲学、宗教、艺术学、语言学等众多领域，甚至包括自然科学领域……都受过良好教育，但他们对社会、经济和政治问题的看法却极其幼稚和不坚定。"③ 因此，当时的俄国社会逐渐形成了这样一种情况，即作为市民社会最重要元素的社会舆论却很少涉及现实的社会问题。这是 1917 年十月革命后广大知识分子阶层对待新组建的无产阶级政权态度的重要成因。

＊＊＊

世纪之交的城市是俄国社会文化环境最重要的组成部分。在当时条件下，尽管城市生活以行政职能为先，但它仍然是文化生活的中心，是创新性活动和创造性文化的源头。

这一时期的城市文化生活及其发展状况、潜能与其他因素一起决定了 20 世纪俄国社会文化生活的整体面貌。

---

① Шелгунов Н. В. Очерки русской жизни. СПб. , 1895. Ст6. 91，92.

② Рубакин Н. А. Указ. соч. С. 113.

③ Вересаев В. В. Соч. Т. 5. М. , 1961. С. 465. Н. А. 别尔嘉耶夫也曾指出："俄国白银时代的活动家们对于这一时期的社会生活表现得过于冷淡。"（Бердяев Н. А. Русская идея. Основные проблемы русской мысли XIX и начала XX в. // О России и русской философской культуре：Сб. М. , 1990. С. 262）

第二章
城市中的中小学

E. K. 瑟索耶娃

一个国家居民的识字率高低、基础教育的可及性及对接受中等以及专业教育的需求大小——所有这些因素都是衡量其社会文化发展程度的指标。要改变国家的教育现状，首先必须勾勒出历史文化进程的完整图景。否则，无法对 20 世纪前 20 年俄国经历的重大事件做出正确评价。

俄国的普通教育学校和职业学校概况

整个 19 世纪，尤其是 1861 年改革以后，俄国中小学教育经历了重大变革，这些变革与国家的现代化进程紧密相关。那么，在经历这些变革之后的 19、20 世纪之交，俄国的普通教育体系又是怎样的呢？

20 世纪初的俄国，有以下几类初等和中等教育机构。小学教育分为两个级别。最初级的基础教育由城市、乡村的教区学校以及教会学校、识字学校提供。前者是在废除农奴制之后根据 1864 年颁布的《初等国民学校章程》创建的，归国民教育部管辖；而后者归主教公会管辖。其学制基本上都是三年。第二个级别的小学教育在 19 世纪社会改革运动的洪流中也发生了相应的变化。原来根据 1828 年颁布的《大学所属文科中学和初等学校章程》建立的三年制县立学校，经过 60 ~ 70 年代改革后发生了改变：在城市中改组为六年制市立学校（根据 1872 年章程建立），在农村则改组为学制五年的两级制小学（根据 1874 年章程建立）。市立小学的教学大纲中纳入了一些中学大纲的教学科目：代数、几何、物理、历史、地理。当然，都是简化版。根据 1872 年章程规定，市立小学的毕业生不能升入中学。① 乡村小学的教学大纲中则纳入了几何、俄国史、地理和绘画等科目。

城市和农村的五年制教会学校也实行两级制（低年级和高年级——译者注）小学。同教区学校相比，这类学校低年级教授的课程更宽泛一些，因此，其入学门槛也更高。自 1828 年起，第二个级别的学校不再作为小学和中学教育之间的衔接而存在，而是提供完整的初等教育。② 到 19 世纪末的时候，大部分民众开始接受最基本的文化教育。

20 世纪初，为适应时代发展的客观需求，在教育界进步人士的努力下，普通教育体系各环节之间的联系逐渐恢复。根据 1912 年章程规定，俄国建立了高级小学，招收从教区学校毕业的小学生。按照规定，高级小学应完全取代市立小学（根据 1872 年章程建立）和乡村小学（根据 1874 年章程建立），其学制为四年，学生毕业后可升入中学。

然而，由于 19 世纪到 20 世纪初俄国社会财政等方面面临的形势较为复杂，学校的更新换代也进行得异常缓慢，到 20 世纪初期的时候，俄国新旧类型的学校并存：县立学校、市立学校、乡村的两级制学校以及 1912 年起新增的高级小学。

提供初等教育（既包括最初级的初等教育，也包括高级初等教育）的还有初等技术学校（手工业技工学校及手工业学徒培训学校），这类学校归国民教育部和相应的工业贸易部、财政部、农业部、交通部等部门管辖。在学生 10 岁或 11 岁之前实行男女生同校制教育。

哥萨克地区的学校有其自身的特色。与俄国其他地区不同，这里针对

① 按照时任国民教育大臣的 Д. А. 托尔斯泰的想法，创建市立学校的目的是不让"非贵族出身的"学生升入古典中学。

② См.：Сысоева Е. К. Народная школа // Очерки русской культуры XIX века. Т. 3. Культурный потенциал общества. М.，2001.

8 ~ 14 岁的青少年（无论男生女生）实行的是义务教育。学校学制有五年和六年两种。男生的必修科目包括体操、队列操练、手工技术课等，女生的必修科目为女工课。

在少数族群聚居的地区，开设有异教（新教、天主教、亚美尼亚－格里高利教、伊斯兰教等）教会学校。这些学校也归国民教育部管辖，使用国民教育部统一制定的教学大纲，但代之以神学教育，这里教授的是与学校相对应的宗教基础知识。学校用俄语进行教学。

中学包括男子中学和女子中学、国民教育部直属的实科学校、军事部直属的军校（士官生学校）和海军中学，还有商业、技术、铁路、艺术、医科、农业、土地测量、矿业等各类职业中学和学校。除了教授专业知识，这些学校还进行普通中等教育。

除了国立中小学校，还有私立学校。无论是各部直属学校，还是社会性或者私立学校，都实施国民教育部统一制定的教学大纲。

20 世纪初的俄国共有 12 个学区，而到 1914 年增至 14 个。国民教育部是主要的教育管理部门。世纪之交，对普通教育的管理仍然遵循此前制定的原则：由国家监督，在全国范围内实行统一的教学大纲和规定。这一原则整体来说具有积极的作用，但也带来了一定的问题，如"教育部门官员大权在握、领导的官僚作风、对教学过程的硬性规定、意识形态上的横加干预等"①。

国内保守派和自由派社会力量的角力造成国家内政方针的摇摆变化，而教育领域最先受到其影响。然而，当局竭力保持原有的一些教育原则不变。正如当时人们常说的，针对初等教育，尤其是农民教育，政府仍然坚持"必须尽可能弱化国民学校的教育意义"这一观点。② 教师守则明确规定，不要为学生讲解其不明白的自然和生命现象。在制定新的章程草案时，沙皇要求重视培养青年的信仰观念和忠君爱国思想；而在中小学的教学大

① Павловская А. В. Образование в России: история и традиции. М.，2003. С. 105.
② Фальборк Г.，Чарнолусский В. Народное образование в России. СПб.，1899. С. 91.

纲中，则将神学教育置于首位。① 于是，根据这一最高指示制定的教学大纲，将对儿童进行神学教育和思想教育确定为中小学校的主要任务。全国统一的中小学教学大纲从形式上来说具有示范作用，如果要拓展其教学内容，则需经学校校长批准，上报国民教育部审批通过。②

这一官方政策遭到了自由派的反对。他们的立场在一系列文件中得以体现，其中包括延长小学的学制，通过宗教和思想教育强化学校教育以及贯彻启蒙的初衷。他们认为，学校的教学大纲应以研究自然、人和社会为本，必须教会孩子们如何思辨地看待周围世界及其各种现象。③ 但是，教育部门的官员们极力避免这一点。

即使在自由主义思想受到排挤的时期，在对待中等普通教育学校的政策方面，当权机构的代表们也不否认有对其进行改革的必要。1899 年，莫斯科教学区会议的与会者——莫斯科大学和莫斯科高等技术学校的教授们针对中学教育的缺陷大声疾呼。他们认为，目前俄国中等教育机构的工作开展不容乐观，中学毕业生的知识水平较低、发展潜力较小，对"实用性人才"的通识教育还比较薄弱，造成这一后果的主要原因是其教学体系内容抽象、不切实际、脱离生活的现实需求。④

生活本身提出的最为重要的问题是发展经济，满足民众日益增长的教育需求，其中包括：实行全民初等教育，建立一贯制学校，改革职业技术教育体系，为普通教育和专业教育机构培养师资人才。

---

① Заметки Николая II по народному образованию // Былое. 1918. № 2. С. 65 – 66.

② Отчет Министерства народного просвещения за 1910 г. СПб. , 1912. С. 43；То же за 1913 г. СПб. , 1914. С. 143；Тебиев Б. К. На рубеже веков. Правительственная политика в области образования и общественно-педагогическое движение в России в конце XIX – начале XX в. М. , 1996. С. 3.

③ Чарнолусский В. И. Итоги общественной мысли в области народного образования. СПб. , 1906. С. 51.

④ Совещание, происходившее в 1899 г. в Московском учебном округе по вопросам о средней школе в связи с циркуляром министра народного просвещения от 8 авг. 1899 г. Вып. 6. Ответы профессоров Московского университета и Московского технического училища. М. , 1899. С. 14 – 16.

上述每一个问题又包含一系列细节问题。在办学过程中，主要存在以下问题：提高初等教育的可及性，基础知识的内容设置，制定初等教育与中等教育的衔接原则——这是创建一贯制学校的重中之重；中学的双重体制问题（古典中学和实科中学两套体系并存）；中学毕业生能否升入各类高等教育机构问题。

教育界进步人士提出了一系列举措，诸如学校应通过社会教育监督机构与社会各界保持联系，建立家长委员会，充分发挥教师委员会的作用，等等。他们围绕这些问题也展开了讨论。其中，在学校营造良好的道德氛围，建立基于尊重学生个性的全新的师生关系等问题受到广泛关注。教师的经济和法律地位以及如何提高其社会地位和劳动价值等问题也同样受到关注。

通常，沙皇任命的每一位国民教育大臣都会制定自己的教育改革草案，每一版草案均体现了国家大政方针和总体政策。通过对这些草案进行研究，可以得出一个结论，即历任国民教育大臣大都做好了进行改革的准备，尽管他们的提议有各自不同的倾向性和重点。

其中，一些国民教育大臣提出的草案内容相对比较谨慎，基于"两全其美"的原则，一方面，认为学校是一个经受不起大刀阔斧改革的领域；另一方面，提议实施一些变革，既不撼动基本制度，又可以在一定程度上满足社会的需求。草案首先指出，要保留传统的古典教育以及限制实科学校毕业生升入大学的规定。与此同时，"创建统一类型的中学"这一构思又向前迈进了一步：拓宽小学教学大纲的内容，使其与中学和实科学校低年级的教程配套衔接；在中学缩减古代语言（古拉丁文和希腊文——译者注）的学时，用以增设自然科学课程。

对于职业学校，草案倾向于优先发展培养高水平技术工人的初等学校，充分发挥专业知识对于通用知识的优势；竭力保存国民教育的等级性质，这一点体现在中等技术学校并不具备传统中学和实科学校的一些权利等方面。

内容较为激进的草案则正相反，它们提出不再沿用古典教育体制，认为古代语言的学习只是具有一定的辅助作用，应加强数学、历史、语言文学等学科的教育，要更关注新语言教学。对职业教育进行改革，首先要增建中等技术学校。诸如此类的改革方案得到了资产阶级、教育界进步人士的支持，后者在某些方面与政府的立场对立。①

每一版教育改革方案及试图进行改革的国民教育大臣的命运均取决于沙皇对国民教育问题的态度和看法，其中也包括不同时期沙皇身边一些近臣的意见，如 К. П. 波别多诺斯采夫，В. П. 梅谢尔斯基大公——思想家、半官方的《公民》杂志主编、极右翼代表、黑帮分子。正是在他们的影响下，尼古拉二世驳回了教育改革草案，并解除了 П. С. 万诺夫斯基（1902）、А. Н. 施瓦茨（1909）、П. Н. 伊格纳季耶夫（1916）等人的职务。

与此同时，社会生活提出的现实要求以及自由资产阶级和民主力量在一定时期的活跃迫使政府对国民教育体系实施了一些改革和新政。在20世纪的前15年，当局实施的具体措施包括：增加小学的年级设置，在城市和农村开设各种形式的进修培训学校，在农村地区推广城市小学的建制和办学模式，让农村小学的毕业生也有机会升入职业学校学习，建立高级小学。② 其中，重要一步就是尝试推行普通初等教育。

关于普及初等教育的问题，是在19世纪90年代中期召开的技术教育工作者第一次代表大会上首次提出的。卓越的社会学家、教育工作者 В. П. 瓦赫捷罗夫提议就这一问题展开讨论。但在当时，由于国家的物质基础薄弱，这一问题也仅停留在讨论层面。20世纪初，在社会意识高涨的情况下，普及初等教育的问题再次变得具有现实意义。该问题已经开始在内阁各部进行讨论。无论是政府还是地方自治局，都进行了很长时间的准备工作。1908年，国家杜马终于通过了《普及初等教育法案》。然而，将该法案付诸实施依然困难重重，首先是财政方面的困难。到1913年，全国984座城

---

① См.：Константинов Н. А. Очерки по истории средней школы. Гимназии и реальные училища с конца XIX в. до февраля 1917 г. М.，1956. С. 182.

② Первый Общеземский съезд по народному образованию 1911 г.：Труды. Т. 6. М.，1911. С. 3.

市中只有 195 座城市开展了普及教育行动。① 地方自治局制定了开设人民中学的计划，旨在最大限度地容纳农村适龄儿童上学，但实际上仅实施了计划内容的 1/3。政府认为，该项法案的落实工作至少需要 10 年的时间。

这样一来，尽管国内的教育方针和政策随着自由资产阶级和保守派之间力量对比的变化而摇摆不定，但在教育领域还是进行了一些积极的变革。由于沙皇倾向于右翼阵营，最为保守的改革方案都无法得到全面落实，否则，这些变革的影响可能会更大。

现代文献中，常常运用数学中的对照法来对文化进程进行模拟分析。其中，历史学家 Б. Н. 米罗诺夫尝试对不同时期俄国民众的识字率进行分析，参照俄国 1897 年第一次人口普查的数据来考察未来几十年的发展情况。我们发现，这一研究的结果与一些具体文献资料中显示的数据并不相符。比如，Б. Н. 米罗诺夫认为，1917 年，10～29 岁人口的平均识字率：城市中男性为 86%，女性为 74%；农村地区这一数字分别为 65% 和 30%。② 有趣的是，Б. Н. 米罗诺夫在这一部分用极具说服力的例证指出了一个常见的事实，即民众所学知识的浪费。他写道："……接受学校教育的儿童当中，有些人根本没有机会将所学的文化知识应用到自己未来的生活和工作中。"③ 应当注意的是，所谓的"平均指标"，以及运用对照法得出的矢量，都无法呈现现实的真正图景。实际情况要复杂得多，特别是具体到包括城市和农村在内的各个地区时更是如此。

城市和农村中小学的总体发展方向是一致的。然而，无论是政府方面还是社会各界来看，同城市居民相比，农民对教育的态度都有其自身的特点。这一点甚至体现在术语运用的变化上。如果说在 19 世纪 60 年代的时候，"国民学校"指的是包括市立和村立小学在内的所有小学，那么，到了 20 世纪，"国民学校""国民教师"这些概念首先是针对农村学校和教师而

---

① Объяснительная записка к отчету государственного контроля по исполнению государственной росписи и финансовых смет за 1913 г. Пг. , 1914. С. 290.

② См. : Миронов Б. Н. История в цифрах. Л. , 1991. С. 82－86.

③ Там же. С. 80.

言的。社会各界在讨论普及教育、校外教育形式、初等教育的早期职业化、国民教师的物质条件及法律地位等迫切需要解决的问题时，特别关注农村学校的发展。政府对农民的教育政策是希望他们仅仅获得最基本的知识，对他们继续上中学则予以限制。农民自身对识字意义的认识及对学校的态度也随着时代的发展发生了实质性的变化。现实生活的迫切要求与农民对教育日益强烈的向往，迫使政府拓宽了基础知识的范围，并开始尝试普及初等教育。而中等教育并未能在农村得到广泛推广。农村的学校教育经历了一条特别的发展之路，因此，可以单独对其发展史进行介绍。①

除了农村学校发展的共性问题，还触及了其他一些问题。这些问题的最终解决遇到了农民教育现状的瓶颈（普及教育、校外教育形式、教师的地位）。社会各界在学校的重新构建过程中发挥了重要的作用。19 世纪末20 世纪初，他们的活动日益增多，开展形式多样的工作：建立教师协会，召开全国、各地区、地方自治局（会）各级代表大会及教师代表大会，积极支持各种形式的校外教育。教育界对涉及学校发展的所有重要问题都展开讨论。虽然代表大会的决议仅仅是建议性质的，但在某种程度上仍然影响着当局的立场。

我们向读者介绍的俄国城市及农村学校的历史主要基于俄国欧洲部分的六大学区及其俄语居民的相关文献资料编撰而成。这六大学区包括：圣彼得堡、莫斯科、喀山、哈尔科夫、奥伦堡、高加索（克拉斯诺达尔和斯塔夫罗波尔地区）。

＊＊＊

在俄国农奴制废除后的 35 年时间里，市立学校走过了很长的一段路。这一过程中取得的主要成果包括：扩大了学校网络，各种社会力量纷纷投入启蒙教育活动中来。仅在 1897 年进行第一次全国人口普查前的 13 年时间

---

① См. очерк Е. К. Сысоевой «Сельская школа» в настоящем издании.

里，城市学生的数量就增加了43%。然而，大部分儿童都是在三年制的基础教育小学上学。[①] 之后（1903），国民教育部的统计数据显示，全国95%的小学是一级制小学，而学制五年的两级制小学仅占5%。[②]

19世纪90年代，俄国经济呈现发展势头，现代化进程加速。这样一来，让更多居民获得基础知识的教育问题变得更为现实。这一问题的快速解决遇到了长期以来的物质基础薄弱的困难：对国民教育的财政支持力度不大，学校和教师匮乏。以1893年的俄国为例，当时注册在案的800个城镇中，绝大部分的财政预算都不到10万卢布，仅有89座城市的预算高于这一水平。但即使在这种情况下，划拨到国民教育领域的预算至多也只占8%。[③]

1897年人口普查数据显示，当时俄国居民的整体识字率为21.4%（男性为29%，女性为13%）。城市居民的识字率为45.3%，其中男性为54%，女性为35%。俄国欧洲部分男性的识字率为32.6%，女性为13.6%。该地区城市居民的识字率还要更高一些：男性为58%，女性为38%。[④] 然而，俄国欧洲部分居民识字率的平均水平要高于其中欧部分的个别省份，这主要得益于波罗的海沿岸和西部地区的识字率较高。在俄国中欧地区的省份中，识字率最高的是两座都城的所在地（圣彼得堡为55.1%，莫斯科为40.2%）；在工业发达省份这一数字略低一些（雅罗斯拉夫尔省为36.2%，弗拉基米尔省为27%）；识字率最低的地区（阿斯特拉罕省、普斯科夫省、奔萨省、辛比尔斯克省）该指标仅为14%～15%。[⑤]

同西欧相比，俄国基础教育的可及性及其接受年限都要更低。19世纪末，在西欧许多国家，学校义务教育时间为7年至8年。另外，在此之前还

① См. : Рашин А. Г. Грамотность и народное образование в России в XIX – начале XX в. // Исторические записки. № 37. М. , 1951. C. 38, 62.

② Отчет Министерства народного просвещения за 1903 г. СПб. , 1905. C. 506.

③ Извлечения из Отчета министра народного просвещения за 1897 г. СПб. , 1900. C. 461.

④ Первая всеобщая перепись населения Российской империи 1897 г. Общий свод. Т. 1. СПб. , 1905. C. XVI.

⑤ См. : Рашин А. Г. Указ. Соч. C. 48.

有幼儿园或者学前班开展的预备教育。英国在 1893 年就已经通过法案，禁止雇用年龄小于 14 岁、未接受过小学教育的童工工作。普鲁士也在同一时期开始对 10 岁以下儿童实行义务教育。① 而在俄国，初等教育尚且不是义务教育，其学制为三年至四年。② 俄国居民识字率最高的欧洲部分，到 90 年代中期的时候，尽管已经有相当庞大的地方自治会学校网络，但也是平均每 1580 名居民才有一所学校。正因如此，64.5% 的学龄儿童（8～11 岁）并没有上学。③

然而，在社会各界针对教育发展问题展开的广泛讨论中，最核心的一个问题就是必须进行教育改革。社会各界对此提出了一系列措施，其中包括建立各个教育阶段紧密衔接的一贯制学校，拓宽基础教育的知识范围，发展中等教育途径，普通教育学校专业化及普及专业知识的可能性等；此外，还有发展同样重要的校外教育、普通初等教育及其义务教育。其中，校外教育被视为降低文盲率、为没上过学的人提供学习识字机会的手段。

日益发展的工商业、交通和信息系统以及复杂的城市基础设施自然要求更多的高水平技术人才。现代人都明白，"经济文化的发展可以决定一个国家的命运，在全球经济文化领先地位的争夺中，科技的发展程度是其能否取得成功的决定性因素，而这离开工业教育的大规模发展则无从谈起"④。到 19 世纪 90 年代初期的时候，在俄国欧洲部分的企业工作的本国专家中，仅有 4% 的人具有中等教育水平。⑤

① Исторический очерк развития всеобщего обучения в Нижегородском уезде. Ниж. Новгород，1911. С. 50.

② Объяснительная записка к смете Министерства народного просвещения на 1916 г. // ЖМНП. 1916. № 8. С. 171.

③ Очерки истории школы и педагогической мысли народов СССР. Конец XIX – начало XX в. М.，1991. С. 14；Фармоковский В. И. Статистические сведения по начальному образованию в Российской империи. Вып. III. СПб.，1902. С. 175.

④ Максин И. М. Очерк развития промышленного образования в России. 1888 – 1908. СПб.，1909. С. 2.

⑤ Сборник материалов по техническому и профессиональному образованию. Вып. II. СПб.，1895. С. 190.

　　发展职业技术教育遇到的主要问题首先是普通教育学校以及职业学校、技工学校匮乏，后者主要培养具有专业知识的学生。而职业教育体系能否顺利运行，则与居民基础教育学校的可及性、基础教育学校教学大纲内容的拓展以及教师的培养等问题紧密相关。

普通小学

　　19 世纪末 20 世纪初，小学是城市居民中的大众阶层上学的主要学校类型。在普通教育系统中，小学占大多数。在 1896 年至 1910 年的 15 年时间里，俄国共开设初等学校（小学）5.7 万所，而中等学校只有约 1500 所。[1]19 世纪末，尽管教区学校的数量有所增加，但其需求量的增长速度更快。1898 年，莫斯科城市杜马学校委员会注意到一个问题，即许多儿童因报名上学者过多、学位不足而遭到拒收。[2]

　　20 世纪初，教区学校的教学大纲内容同 19 世纪下半叶相比并没有什么变化。[3] 市立学校的数量渐渐增加，而老的县立学校的数量则有所减少。在1897 年，市立学校占学校总数的 2%，1903 年占 7.2%，到了 1911 年，在其中部分学校升级为高级小学前夕，这一数字为 17%。[4] 但学生在教区学校毕业后要考上市立学校是相当困难的事情，因为两者的教学大纲内容缺乏衔接。因此，城市居民中大众阶层的大部分人都安于在教区学校接受基础知识教育。

　　初等学校归国民教育部管辖，教区学校办学靠的是城市社会各界团体的资助，而市立学校的资金来源则既包括政府，也包括地方自治机构、各阶层的组织及个人。教区学校的教育是免费的，而由国家拨款的市立学校

---

①　См. : Ульянова Г. Н. Образование и просвещение. Печать // Россия в начале XX в. М. , 2000. С. 580.

②　Результаты приема детей в городские школы Москвы. М. , 1898. С. 19.

③　См. : Сысоева Е. К. Указ. соч.

④　Извлечения из Отчета министра . . . за 1897 г. С. 420，458；Отчет министерства . . . за 1903 г. Ведомости № 21，24；То же за 1911 г. СПб. , 1912. С. 43，186 – 187.

则要收取学费，每年 2 ～ 20 卢布（由所在学区督学决定）。市立学校是男校，但 1907 年是个例外，这一年也允许招收女生。

在国民教育部的工作报告中，曾不止一次指出居民对教育的需求愈来愈大。鉴于此，相关部门及人员于 1903 年达成共识，一致认为应在一级制小学（首先在圣彼得堡和莫斯科）增设教学内容与两级制学校相近的年级。① 1907 年，《莫斯科五年制高级小学章程》通过并开始实施。此类学校为私立性质，为莫斯科儿童提供能够与中学对接的初等教育，毕业后他们可以继续在普通中等学校念书。学校招收对象为 14 岁以下、一级小学毕业的儿童，而不论其阶层和宗教信仰。学校教育要收取学费，学费标准由莫斯科市政管理局确定。② 显然，莫斯科高级小学的办学做出了成功的示范。因此，俄国于 1912 年通过了一项法案，该法案规定，根据 1872 年章程开设的市立学校开始转型升级为高级小学，学制四年。学生在教区学校毕业后可以升入高级小学。高级小学没有阶层限制，实行男女共校。学校收取学费，学费标准由学区的督学（由国家财政拨款的学校）或者出资办学者确定。

高级小学旨在提供完整的初等教育。与市立学校相比，其教学大纲内容更为宽泛，包括代数、几何、绘画、通史和俄国史、物理、音乐、体操。1913 年，外语课程作为选修课被纳入教学大纲。这样一来，在高级小学读书的儿童中，有超过 1/3 的人开始学习新的语言。神学教育不仅包括东正教知识，还涵盖其他宗教的基础知识（为信奉其他宗教的儿童开设）。除了上述科目，经学区督学同意，还可将手工、技工和农业课（在一些小城市结合当地居民的从业特点开展）列入选修课程。高级小学还可以开办师范、邮政－电报、财会、建筑、电工技术、技工等各类课外专修班。③

---

① См.：Фальборк Г.，Чарнолусский В. Настольная книга по народному образованию. Т. 4. СПб.，1911. С. 428.

② Там же. С. 429.

③ См.：Меленевский А. Высшие начальные училища：Сб. законов，распоряжений，статистических сведений. СПб，1914. С. 24 – 26.

高级小学的教师或是师范学院毕业、具有高等学历者，或是修完师范学院全部课程并通过考试者，同时还包括具有中等学历、通过专业理论和实践考核者。① 对学校未来教师的考核内容涵盖该校教授的所有科目，因为在当时各学校的教学实践当中，最为普遍的年级教学制度常常要求一位教师同时教授任课年级的所有课程。高级小学的毕业生通过外语考试后，可以升入中学继续念书。这样一来，小学与中学之间在 1872 年被切断的衔接关系重又恢复。②

自 1912 年起的三年时间里，市立学校开始转型升级为高级小学。国民教育部资料显示，1915 年，高级小学共有 1547 所。③

在城市儿童的初等教育中，教会－教区学校也发挥了一定的作用。1903 年，俄国城市共有此类学校 2326 所。教会－教区学校中既有学制两年（开始）至三年（后来）的一级制小学，又有学制四年的两级制小学，后者高年级的教学内容具有复习的性质。教会－教区学校的数量占比微乎其微，仅为 0.1%。④

教区神父有权决定开设教会－教区学校。此类学校的任务是"在民众中用东正教及其教会思想推广教育"⑤。为实现这一目标，其教学大纲涵盖各类宗教课程，这些课程几乎占去一半的学时。其教学大纲的说明中特别强调指出，"教师不应教授学生有关周围世界的知识，也不应拓展自己所教课程的相关知识"⑥。这些学校的教师通常由教会指派的教士和宗教界人士担任。

从教学水平和教授的知识量来看，教会－教区学校要落后于国民教育

---

① Там же. С. 19.

② Там же. С. 10 – 12.

③ Объяснительная записка к смете Министерства народного просвещения на 1916 г. С. 162.

④ Вестн. Воспитания. 1905. № 1. С. 83.

⑤ Фальборк Г. , Чарнолусский В. Настольная книга по народному образованию. Т. 3. СПб. , 1904. С. 248.

⑥ Очерки истории школы и педагогической мысли. . . С. 103.

部管辖的学校。但就学校和学生数量来说，前者一度是后者的有力竞争者，不过后来逐渐退居其后。比如，1896 年，在全国各类小学中，国民教育部管辖的小学及其学生占比分别为 41% 和 61%，而教会－教区学校占比分别为 44% 和 29%；到 1911 年，这组数字分别为 59% 和 68% 以及 39% 和 29%。① 尽管政府大力资助教会－教区学校的发展，但其数量仍在减少。19 世纪末 20 世纪初，政府对教会－教区学校的财政拨款超过世俗学校的两倍：以 1898 年和 1902 年为例，对前者的拨款分别为 500 万卢布和 1000 万卢布，而对后者的拨款分别为 200 万卢布和 500 万卢布。②

随着资本主义经济的发展和社会矛盾的激化，专制政权急切需要得到教会的支持。与此同时，教会感受到了部分城市居民尤其是知识分子对宗教的冷淡态度，因此，也希望得到国家的支持。在这种情况下，国家与教会的联盟性质就体现在对教会－教区学校的财政支持以及扩大教会对世俗学校的影响上。于是，自 1910 年起，在所有教会－教区学校组织唱诗班；要求教师上课以祷告开始，并以此结束；学生必须参加礼拜仪式，参加宗教游行。地方自治会教学主管部门针对这一政策提出的反对意见遭到当局的驳回，而教师的反抗行为则招致行政处罚。③

社会对教会－教区学校的态度也在发生改变。自 19 世纪 90 年代末起，地方自治会拒绝支持教会－教区学校。1904 年，教会－教区学校已经遍布俄国各地，数量达到最多。但与此同时，教育界开始注意到它们对"俄国文化的威胁"。许多省城纷纷上呈申请，要求开设地方自治会学校，以取代教会－教区学校。社会舆论认为教会－教区学校并不是完整意义上的学校，教会则竭力为其摘掉"这顶不完整的帽子"。20 世纪第一个十年，教会－教区学校确定一级制小学的学制为三年；两级制小学的高年级的教学大纲

---

① Россия в конце XIX в. / Под ред. В. И. Ковалевского. СПб.，1900. С. 479；Чехов Н. В. Народное образование в России с 60-х гг. XIX в. М.，1912. С. 106.

② См.：Чехов Н. В. Указ. соч. С. 102.

③ Отчет Министерства … за 1910 г. С. 47；Извлечение из Отчета министра … за 1913 г. С. 113；Школа и жизнь. 1914. № 1. С. 24；№ 24. С. 10；№ 26. С. 9；1915. № 1. С. 5.

中列入新的课程，开始教授教会史和俄国史；还出现了所谓的两级制小学，专门为识字学校培养教师。[1]

在资金允许的情况下，小学一般都开设各种技工课：木工、机工、锻工、钳工、制鞋、修鞋、裁缝、装订、竹柳编织等。在这里儿童们还可以获得最基本的农业方面的知识，女孩则学习刺绣。[2] 自 1906 年起，市立学校也开始设立技工部。从这一实践可以看出，政府希望能够让学校"适应各地方的具体条件"，利用最基层的普通教育机构来普及推广职业知识。

一级制小学的学制为三年，一开始只是在实践中践行，直到 1900 年才得到官方的正式确认。还在 19 世纪 90 年代末的时候，一些教育家和地方自治会就提出，建议将小学的学制改为四年；同时，还要求拓宽普通小学教学大纲的内容，增设俄国史课程。而在此之前，学生只能在阅读课上获取一些历史、地理和自然知识。1904 年，俄国史作为一门独立课程被纳入教学大纲。而在一年前，即 1903 年，经国民教育部批准，一级制小学开始逐渐向四年制学制过渡。[3] 然而，这一过程持续了很长时间。实际上，在此后的十年时间里，一直有学校还在实行原来的学制。

严重影响小学教学质量的一个重要问题是班级人数过多。通常认为，最佳的师生比应当是 1:40。1905 年革命时期任国民教育大臣的 И. И. 托尔斯泰曾表示，最好将这一数字控制在 1:30 以内。1907 年，国家杜马讨论了国民教育部提交的学校改革草案，其中提出，一个教师对应的学生数量最多不能超过 50。[4] 然而，在现实生活中学生人数要多得多。市立学校中，一

① См.：Чехов Н. В. Указ. соч. С. 103 – 105；Тебиев Б. К. Указ. соч. С. 28；Исторический очерк развития всеобщего обучения в Нижегородском уезде в связи с работой земства по народному образованию. Ниж. Новгород，1911. С. 13 – 14.

② Отчет Министерства ... за 1902 г. СПб.，1904. С. 487；То же за 1903 г. С. 465；То же за 1910 г. С. 47.

③ Сборник распоряжений по Министерству народного просвещения. Т. 15（1901 – 1903）. СПб.，1905. Стб. 1754.

④ См.：Чарнолусский В. И. Съезды по народному образованию：Сб. постановлений и резолюций всероссийских и областных съездов. Пг.，1915. С. 2；Толстой И. И. Заметки о народном образовании России. СПб.，1907. С. 39.

安娜·克拉西里西科瓦娅和孩子们在由工厂协会
创办的厂区小学的自然课上，1913年摄

个教师有时要负责60~70个学生。在国民教育部的工作报告中，曾有过一个教师负责100个学生的记录。[1] 1915年，《学校与生活》杂志的一位记者报道称，在梁赞省一座小城市的一所小学中，一名教师教140个学生，也就是说，即使再派来一名教师或者给他配一个助手，平均每人还是要教70个学生。"在如此繁重的负担之下又何谈创造！"[2]

　　针对正在计划进行的教育改革，教育界人士强烈要求按照小学和中学教学的衔接原则建立一贯制学校。在这一问题上，社会各界与当局的态度又是截然对立的。沙皇认为，必须增加"能够提供完整初等教育的市立小学的数量，并将其与中学区分开来"[3]。

　　保留教育中的等级性质遭到自由派人士的强烈反对。莫斯科大学教师协会市立学校教师委员会认为，现在的市立学校已经过时，就像当年它们

① См.： Чехов Н. В. Указ. соч. С. 195；Извлечение из Отчета министра . . . за 1897 г. С. 63；Отчет Министерства . . . за 1902 г. С. 407.

② Школа и жизнь. 1915. № 29. С. 4.

③ Заметки Николая Ⅱ о народном образавании. . . С. 65.

所取代的县立学校一样。莫斯科学区市立学校教师代表大会（1903）也得出同样的结论：这些学校不仅与中学没有衔接，同时，与小学的基础教育也脱节，这是它们最致命的缺陷。①

**阿尔汉格尔斯克市立学校（1936 年大楼修缮时增加了
第三层），图片为当代摄影**

新型学校应该体现初等教育的第二个阶段。1912 年创建的高级小学便成为普通教育学校体系中的衔接环节。这是教育界在建立统一学校体系过程中取得的一次重大胜利。然而，小学和中学之间建立起来的联系并不稳固。政府的政策摇摆不定，在不同时期对高级小学毕业生升入普通中学的条件时而收紧，时而放宽。

学校的工作效率在很大程度上取决于教学方法和学习氛围。同时，还有其他一些影响因素，比如工作条件，教师的个性特征，教师在学生、家长乃至社会中的威望，以及学校工作监督人员的评价，等等。

小学的作息制度与中学不同。文献资料中对于市立小学教学日作息安排方面的内容鲜有提及。但一位乡村教师曾指出，甚至到了 1906 年，在国

---

① Отчет о съезде учителей городских（по Положению 1872 г. ）училищ Московского учебного округа 2 – 11 февр. 1903 г. М. , 1904. С. 35.

民小学的教学实践当中还没有设置课间休息。一个教学日分为两部分——上午和下午。个别学校安排了 2 ~ 3 分钟的课间休息时间。在上一小时课后安排 15 分钟的课间休息的倡议正是这位教师提出的，这对提高学生的成绩起到了积极的作用。① 显然，市立学校也进行了相关实践。据一名圣彼得堡私立学校的学生回忆，上午的课从 9 点上到 11 点，之后安排 30 分钟的课间休息吃早饭。②

　　一个城市的规模大小和教育经费的多少决定了其开设学校的类型。两座都城和各省城学校的设施更为完备，这些学校常常会专门修建条件优越的校舍，并且拥有高水平的师资队伍。莫斯科和圣彼得堡的学校首先改为四年制，开设了首批高级小学，并在一级制学校开设课外补习班。莫斯科政府在 1910 年取消了市立学校的学费收取制度。③

　　在县城和非县行政中心的城市，教会－教区学校甚至是市立学校的办学条件与乡村学校比较接近：学校的设施、校舍的卫生条件都有待改善。国民教育部的工作报告指出，教会－教区学校的校舍破败，教室和教师宿舍阴暗潮湿、闷不透气。一些报纸报道称，"教师职业是一个不健康的职业……卫生合格暂时还算不上一所好学校的必要条件"④。学校的卫生条件不过关，班级学生过多，教室无法保持卫生和空气新鲜——所有这些因素造成各种传染病的传播（儿童患上白喉、猩红热、麻疹是司空见惯的现象），同时使师生视力和听力严重下降，有时甚至会导致学生和教师死亡。学校的办公家具老化，破损严重，这是造成坐姿不正确及脊柱疾病的主要原因。⑤ 综上所述，可以得出这样一个结论，即"现在的学校对身体健康造

---

① Cм. : Константинов С. В. Два года в земской школе // Русская школа. 1913. № 3. С. 67.

② Cм. : Засосов Д. А. , Пызин В. И. Повседневная жизнь Петербурга на рубеже XIX – XX вв. : Записки очевидцев. М. , 2003. С. 184.

③ Cм. : Чехов Н. В. Указ. соч. С. 85 , 89.

④ Бекарюков Д. Роль учителя в деле санитерного благоустройства школ // Школа , земство , учитель. М. , 1911. С. 57 , 59.

⑤ Cм. : Чехов Н. В. Указ. соч. С. 150 ; Отчет Министерства . . . за 1902 г. С. 495 ; То же за 1903 г. С. 506 ; То же за 1910 г. С. 48 ; Школа и жизнь. 1914. № 1. С. 24 , 9 – 10 ; Бекарюков Д. Указ. соч. С. 64 , 67.

成不良影响，究其根本，是由学校整体的教学体系所决定的"①。小学经费不足，无法保证校舍的卫生条件达标。

　　小学的教学常常采用最原始的方法：布置学生背诵书上的课文，第二天上课提问布置的作业。"大家关心的是表面的一切做得都符合大纲要求，"一名女子学校的教师在1916年这样写道，"我以为，只有我们这里——偏远省份是这样的，但后来参加教师代表大会之后才知道，教师在工作方面缺少创新精神——这是当代教师的典型特征"②。

切列波韦茨市立学校的课堂，20世纪第二个十年摄

　　在学校毕业生的回忆录中，也会发现对教师工作的一些其他看法。"这是一个年轻而真诚的理想主义者、一个具有信仰的民粹派，他的俄语课、历史

①　Бекарюков Д. Указ. соч. С. 56.
②　Селиванова А. Три года в провинции：Воспоминания учительницы // Летопись. 1916. № 10. С. 206.

课讲得生动有趣，与我们的家庭教师上课时的迂腐刻板完全不同。"俄国著名哲学家、作家 Ф. 斯捷普在讲起 20 世纪初期的一位小学教师时如是说。学校的督学也发挥着重要的作用。斯捷普写道，他的母亲担任着督学的职责，对这份工作非常严肃认真，而这对学校的教师队伍建设也起到了积极的作用。①

当然，一所学校的精神面貌和氛围主要取决于学校的总体政策。一位在国民教育部管辖学校任教 40 年的老教师在自己的一篇文章中写道："下达过各种各样的通令，有的要求加强纪律，有的呼吁尊重学生个性，有的要求培养学生的爱国主义情怀。"② 学校的氛围一般来说与整个社会生活的氛围是一致的。把学生当作下级来对待，"无论从形式上还是程度上，都毫不吝惜地对他们表达出自己的严厉"。许多老师教训学生时语言尖酸辛辣，还给他们起绰号。最常见的就是"米特罗凡努什卡"③"唉，你呀！""木头脑袋""蠢蛋"。④ 对调皮捣蛋、没有好好准备功课的学生的惩罚与其所犯错误的严重程度常常不相符，主要取决于老师的心情，有时一点微不足道的小错都会遭到重罚。最普遍的形式是通过同班同学来惩罚：每个同学都要走到犯错学生的面前，可以用任何方法来羞辱他。从道德的角度来说，这种形式的惩罚更甚于老师的处罚，因为这给儿童的思想道德培养造成了极为不利的影响。上述方法对学校"各个阶层的学生"都很常用。⑤ 学校的这一现状引起了一些具有进步思想的教师的担忧。例如，А. 谢利瓦诺夫得出了一个结论：教育成功的秘诀并不在于教学大纲的内容，而在于"让生活的脉搏跳动得更加有力，因为人们都希望能够快乐地生活，人们对生活提出了更高的要求"⑥。就其本质而言，这一结论具有唯心主义色彩，而

---

① См. : Степун Ф. Бывшее и несбывшееся. СПб. , 1995. С. 10.

② См. : Энес. Итоги моих школьных наблюдений（40 лет на службе по Министерству народного просвещения）// Ежемесячный журнал. 1915. № 5. С. 92.

③ 冯维辛的喜剧作品《纨绔少年》中主人公的名字，意为"有钱人家的呆公子""纨绔子弟"。——译者注

④ Там же. С. 93.

⑤ Лежнев И. Записки современника. М. , 1936. С. 34.

⑥ Селиванова А. Указ. соч. С. 227.

且很长时间内都无法实现。

诸如此类的看法尽管有唯心主义色彩，却证明了一点：教师们已经意识到，正在成长起来的年青一代需要的是不同于原来的全新的知识、另一种道德氛围以及对待人性的态度。而如果不对社会进行改造，这些将无从谈起。

20 世纪的第一个十年，市立小学发展中取得的主要成就是拓展了其教学大纲的内容，并尝试在中小学之间建立起衔接关系。这也是城市居民对教育的需求日益增长的结果，他们已经不再满足于最基本的读书识字，而有了更广博的知识需求。

古典中学　实科中学

中学的主要类型仍然是男子古典中学和实科中学。1897 年，我们所研究的六大学区共有 90 所男子古典中学和 71 所实科中学。女孩可以在女子古典中学和不完全中学接受教育，此类中学共有 225 所。[1] 中学的数量逐年增长。1913 年，已有男子古典中学 232 所，实科中学 202 所，女子古典中学和不完全中学 599 所。[2] 一位同时代的人指出："……近些年来，中学的数量已经翻倍，但班级依旧是满满的学生……"[3]

男子古典中学有七个年级，学制八年。[4] 要到这里上学，必须通过神学、俄语和算术考试；得三分者不会被录取。[5] 男子古典中学学习两种古典语言，主要讲授文科方向的课程，特别是古典文学和古代史。

古典教育体系的拥护者认为，学习古典语言有助于培养心智、训练思维，培养自律和踏实求学的精神，了解古老文化的博大精深，从而提高学

---

① Извлечение из Отчета министра … за 1897 г. С. 186，234，317，329.

② Отчет Министерства … за 1913 г. С. 38 – 39，94 – 97，119 – 121.

③ Обухов А. М. Ближайшие практические вопросы народного образования в России. М. ，1910. С. 41.

④ 其中七年级为两个学年。——译者注

⑤ См. ：Засосов Д. А. ，Пызин В. И. Указ. соч. С. 184.

莫斯科应用商科学院的三年级（专为小市民和商人阶层子弟
开设的中等培训学校），19 世纪 90 年代中期拍摄

生的知识水平。他们提出许多令人信服的论据来论证古典中学的优势。语
文学家 Л. В. 谢尔巴指出："我们所有人都是在古典学校接受教育长大的，
因此，进入世界文化领域的……大量词语对我们来说无须解释也能明白。"
接下来他强调，如果不明白这些国际通用词语，对于一些科目的学习来说
将会很困难，因为其中会涉及许多术语，而这些术语只有通晓拉丁语的人
才能明白。① 然而，传统的古典教育体系也有另外一面，它是对年青一代进
行思想意识形态教育的工具。随着社会政治生活日益复杂，抨击谴责现有
社会结构的自由主义和极端主义理论和学说大量传播，青年的世界观中出
现了危险的意识。在这种情况下，政府认为，古典的传统教育可以让青年
少关注一些现实生活中存在的问题。据同时代的反对派人士观察，这种教
育体系"营造出一种条件，在这种条件下，自由思想迸发出的每一个火星、
每一次对科学批判思想的追寻都将被一点点扼杀和压制下来"。现在学校的

---

① Материалы по реформе средней школы. Примерные программы и объяснительные
записки, изданные по распоряжению г. министра народного просвещения. Пг.,
1915. С. 452.

培养目标就是努力"把自己的毕业生培养成不善思索、不会对俄国惨淡的现实进行批判的人"①。

在古典中学毕业生的回忆录中，他们记载了对于与古典教育体系"打交道"的印象。B. 西姆科维奇教授写道："该教育体系的制定者的想法实际上是很荒谬的。他们认为，强迫俄国的青年学习不容改变的语法规则和特殊现象，就会让他们相信我们国家的生活准则和生活方式也是不可动摇的……会让他们远离那些正统青年不应感兴趣的东西。"② 将65％的学时用于学习古典语言的语法形式。自然科学知识完全不讲，数学知识的内容极为有限。省城古典中学的教师还指出，学生外语掌握得不好，对当代文学不了解。尽管如此，古典中学在居民当中还是很受欢迎，因为这里提供的教育能够让青年有所作为。③

可见，针对古典中学教育体系，既有反对者，也有拥护者。但必须对其进行改革，这一点即使对其拥护者来说也是显而易见的事情。1900年，国民教育部中学改进委员会指出，"古典教育体系遭遇颠覆，开设古典语言课程并未收到预期成果"④。

古典中学的学习是一项繁重的劳动。学业负担相当沉重。一天的课从九点开始上，五节课，每节50分钟，课间休息5～30分钟。大课间是茶歇时间。学校为每月缴纳1卢布50戈比的学生提供甜甜的茶饮，而未缴纳这笔费用的学生只能就着面包喝白开水。在学校上4～5个小时的课，准备和完成家庭作业还需要2～3个小时，家庭作业每天都有，包括节日在内。⑤ B. 西姆科维奇回忆道，一年级入学时有60个学生，到最后只剩下一两个

---

① Н. Н. О реформе школьного управления // Вестн. воспитания. 1907. № 2. С. 171.

② Шимкевич В. Из гимназических воспоминаний // Русская школа. 1906. № 1. С. 50，52.

③ См.：Великопольский в. Записки педагога. СПб.，1909. С. 19；Обухов А. М. Указ. соч. С. 42.

④ Труды Высочайше утвержденной Комиссии по вопросам улучшений в средней школе. Вып. 3. СПб.，1900. С. 34.

⑤ См.：Засосов Д. А.，Пызин В. И. Указ. соч. С. 194－195.

人。① 作者提及的这一点得到了官方数据的佐证。国民教育部的工作报告指出，1910 年，在 190 所古典中学和不完全中学就读的 6 万名学生中，修完全部课程毕业的只有 3000 人，仅占 5％。②

圣彼得堡第二古典中学的食堂，1905 年拍摄

自 19 世纪 60 年代开始，古典中学实行的规章制度变化不大。焦玛·卡尔塔绍夫就读的古典中学校长曾讲过："自入学之刻起，孩子就应该明白一点，在课堂范围内他的全部主管权已经转归班主任……班主任的任务就是教育学生摒弃小团体意识，管住他们的调皮捣蛋。"③ 对中学生的诽谤中伤行为要严惩。近半个世纪过去了，学生们仍然受到严格的监管，即使在课外时间亦是如此。И. А. 布宁在自己的一部短篇小说中再现了女子古典中学校长叶列茨基与学生的一次座谈会。座谈会的主题是"任何方面都不要标新立异，即使是外貌"。С. Е. 特鲁别茨科伊公爵回忆道，中学生还没有走

---

① См.：Шимкевич В. Указ. соч. С. 38 – 39.

② Отчет Министерства народного просвещения за 1910 г. СПб.，1912. С. 38.

③ Гарин-Михайловский Н. Г. Детство Тёмы. Ташкент，1977. С. 46，55 – 56.

向 "社会"，他们只能参加 "早场的舞会"，晚上六点的时候则必须回到家里。这种封闭的生活让人难以忍受。老师还严格监督学生履行宗教义务。不过，尽管学校竭尽所能教育学生摒弃小团体意识，向他们灌输民族仇视和社会不睦的思想，但大多数情况下都事与愿违，同学之情总是占了上风。①

古典中学表面上是无阶层之分的学校。然而，20 世纪初，在这里就读的学生当中，有近一半（45% ~ 49%）出身贵族，超过 1/3（36%）来自城市的富裕阶层（荣誉公民、商人和富裕的小市民家庭），农民的孩子仅占 10.6%。② 20 世纪的第一个十年，古典中学学生的社会成分有所变化：到 1914 年，贵族子弟约占 1/3（达到 32%），农民家庭出身的学生占比增加到 20%。③ 无疑，这是教育民主化进程的反映。

古典中学的主要资金来源是国家，学费收入也占了相当大的比重，各学区的收费标准为每年 64 ~ 270 卢布。学费最高的是两座都城的古典中学，最低的则是克拉斯诺达尔边疆区和斯塔夫罗波尔省的学校。④ 一个家庭供养一名中学生的主要开销包括学费、教学用品购置费以及价格不菲的校服费。校服对每个中学生来说都是必备的，由一件嵌有银色饰带的灰色毛呢制服上衣、一件黑色制服上衣配套同款裤子、灰色毛呢大衣外套、亮漆卡扣腰带以及镶镀银校徽和学校编号的蓝色制帽组成。各种各样的慈善基金会会为家境贫困的学生提供帮助，还会经常举办慈善晚会募集资金帮助经济困难的学生。一名古典中学的学生回忆道，"为贫困生发放补助购买校服……家境殷实的父母们会把穿得不太旧的校服交回学校，给贫困学生穿"⑤。

---

① См.: Бунин И. А. Легкое дыхание // Избр. произв. М., 1956. С. 438 – 439；Трубецкой С. Е. Минувшее. Париж, 1989. С. 61；Великопольский А. Указ. соч. С. 24 – 26.

② Отчет Министерства ... за 1903 г. С. 177, 223.

③ Россия в 1913 г.: Статистические документы, справочные материалы. СПб, 1995. С. 332 – 333.

④ Извлечение от Отчета министра ... за 1897 г. С. 194.

⑤ Засосов Д. А., Пызин В. И. Указ. соч. С. 194.

大乌斯秋格男子古典中学三年级学生同教师
T. C. 阿塔贝科夫，1913 年拍摄

古典中学的毕业生拥有正常上大学的权利。比如，国民教育部工作报告显示，1903 年，古典中学的毕业生中，有 78% 的人升入综合性大学，19% 的人进入高等技术学校。① 这不仅标志着青年愿意接受高等教育，并且有可能在中学已有知识的基础之上做到这一点，同时，也说明综合性大学的教育仍是他们的优先选择。

除了古典中学，还有另一种类型的中学——实科中学。实科中学有六个基本年级，而七年级则是额外增设的年级，讲授专业知识或者为打算报考技术类高校的学生辅导备考。到 1904 年的时候，在全国五大学区②共计有实科中学 71 所，就读学生 1184 人。实科中学开设了 44 个补习班，其中一部分与商科专业相关，还有一部分是为准备升学考试开设的数学加强班。③

实科中学的教学内容侧重于自然科学、图形、图表以及外语等课程。根

---

① Отчет Министерства . . . за 1903 г. С. 238.
② 缺少高加索学区的信息。
③ Отчет Министерства . . . за 1904 г. С. 270，277，324.

据 19 世纪 60 年代教育改革者们的想法，同古典中学相比，实科中学应该更符合"各地方的具体条件"。然而，调整教学大纲内容并根据"各地情况和需求"开设新的课程却遭到当局的严厉禁止。个别偏离教学大纲的情况需经国民教育部特批。① 实科中学的开设在许多时候是由城市居民希望孩子接受中等教育的愿望决定的。20 世纪初，从实科中学学生的社会成分来看，近一半（48%）出自市民阶层，1/3 出身贵族，16% 来自农村。因此，城市各社会团体以及个别地方自治会承担了对实科中学的财政资助。一些地方自治会甚至表示打算资助实科中学的全部开支，而社会团体则负责学校的校舍及其设施装备和装修费用。② 实科中学收取学费，学费标准为每年 50～230 卢布。③

有的时候，实科中学的生源量非常大，为此，需要组织入学考试对考生进行筛选。例如，1903 年，全国超过 1.7 万人提交了入学申请，其中 4500 余人未能通过考试。但对于分数达到要求的人来说，学位仍然不够，还是有 2500 人"落榜"。10350 人被录取。④ 毋庸置疑，在对中等教育的需求普遍增加的情况下，这一录取人数（略超 1 万人）说明，当时与国民经济各领域相关的普通中等教育体系尚不够发达。一般来说，能够从实科中学顺利毕业的学生占 70%～80%。

20 世纪初，女子中等教育发展得相当快。开设女子中学的城市数量要多于开设男子中学的城市数量。⑤ 有时，城市中首先开设的恰恰是女子古典中学。尽管如此，国民教育部仍然指出，现有能够招收女生的中学数量无法满足女性对教育日益增长的需求。

女子古典中学有七个年级，教授普通教育规定的科目。八年级是额外增设的年级，为未来的教学工作做准备。社会上对女子教育的目标、任务的看法发生变化，在地方政府的倡导下，教学大纲的内容常常会有所增加。

---

① Отчет Министерства . . . за 1902 г. С. 257 – 258.
② Отчет Министерства . . . за 1904 г. С. 269.
③ Отчет Министерства . . . за 1903 г. С. 282.
④ Там же. С. 328.
⑤ Города России в 1904 г. СПб, 1906. С. 462.

学业结束时莫斯科应用商科学院的毕业生们在麻雀山野餐，
H. M. 夏波夫拍摄于 1899 年

与男子中学不同，女子中学的主要资金来源是学费（48%），而国库划拨的资金占比不到 10%。女生要缴纳的学费比男生低——50~100 卢布。尽管如此，女子中学的学生一般来说都出自市民阶层和贵族的富裕家庭（分别占 40% 和 43%）。并非所有人都能修完全部课程，其中大部分是由于学费支出过高。每年约有 12% 的女校学生在毕业前辍学。①

除了古典中学，原有的男子和女子不完全中学也被保留下来。这类中学更像是古典中学的预备校，设有三至四个年级，其教学大纲内容要比小学宽泛一些。

20 世纪初，俄国中学的发展情况遭到了左翼和右翼人士的同时抨击。在莫斯科大学教育协会的会议上，与会人员多次针对普通中等教育的现状展开讨论。教育协会主席、历史学家 П. Г. 维诺格拉多夫教授在一次发言中对中等教育的问题予以总结，批评主要集中在以下几个方面：古典主义教学体系，古典中学教育大纲中缺少自然科学课程（这严重影响了普通教育

---

① Извлечение от Отчета министра . . . за 1897 г. С. 317，327 – 328，342 – 343，345，350.

**1907 年，莫斯科省博戈罗茨克的古典中学大楼，
由 A. B. 库茨涅佐夫设计**

的水平）；中学的两面性（除了古典中学，还有实科中学，而后者的毕业生
却不能升入大学）；实科中学学生通识教育的知识储备薄弱，导致专业课教
学困难；学校的官僚制度，具体表现为对学校生活的过度集权化管理及规
章化；初等教育与中等教育之间几乎完全没有衔接。[1]

　　教育界进步人士要求建立一贯制学校，将各个教育阶段衔接起来，并
允许学生升入各类高等院校继续学业。他们还提议解除官员对中学收效甚
微的监管，向中学放权，让其可以"在遵守国民教育部总体……规章的基
础上发展自身的特点"。同时，教育界进步人士还表示，应当成立学校工作
监督委员会，委员会成员不仅应包括行政人员和教师，还要包括医生、家
长及城市各界代表。[2]

① 　Речь П. Г. Виноградова «О задачах Педагогического общества» // Труды Педагогического
　　общества, состоящего при Императорском Московском университете. 1. М. , 1900. С. 6.
② 　Там же. С. 8, 59.

可见，教育界进步人士要对教育进行相当激进的变革，并消除教育中的等级制度。但当局并未完全按照公众的要求对学校实行改革。这一做法也符合各省省长的立场，后者认为，学校对于造反骚乱的多发负有不可推卸的责任。例如，图拉省省长 B. K. 什林卡在 1902 年写道："……我们的学校未能履行自己的神圣职责——呵护孩子们心灵的纯洁，致使青年学生道德败坏……受自由主义思想影响的教师不能向学生传达正能量。教员当中，且不用说很多人对宗教的态度非常淡漠，甚至还常常会遇到具有社会革命思想的人。"[1] 保守派批评国民教育部"徒费力气"，其成果都被"自由主义者和社会主义者"侵吞了[2]，他们为此非常担忧。

当局虽然总体上对自由派人士的要求置之不理，但有时也会做出一些顺应进步人士意愿的举措，如应后者强烈要求建立一贯制学校。

在此类举措中，首先迈出一大步的是国民教育大臣 Π. C. 万诺夫斯基提出的改革方案。其方案的核心思想是取代现在的古典中学和实科中学这两类中学，建立一贯制学校，强化中学的教育性和世俗性成分。中学的目标不仅仅在于为学生提供完整的中等教育，同时，还应为他们升入各种类型的高等院校做准备。[3] 在一贯制学校中，一至三年级应与小学的课程大纲相对应，四至七年级实行中等教育。古典语言不再纳入课程大纲，而是更加重视外语教学，引入自然科学课程。建议各大学城保留一所必须教授古典语言的中学。对于这些学校学习两种古典语言的毕业生，大学的各个系均予免试招收；只学习拉丁语的学生如果通过希腊语加试，可以上文史系；而没有学过古典语言的人可以根据招生总则报考各系。[4]

然而，在尼古拉二世看来，普通教育改革迈出的这一大步是对社会舆论做出的过大让步，这是他绝对无法接受的。[5] 1902 年 3 月 25 日，在致国

---

① Очерки истории школы и педагогической мысли ... C. 21.

② Тебиев Б. К. Указ. соч. C. 41.

③ См. : Рождественский С. В. Исторический обзор деятельности Министерства народного просвещения. 1802 – 1902. СПб. , 1902. C. 715.

④ Там же.

⑤ Письмо Николая Ⅱ П. С. Ванновскому（1902 г.）// Былое. 1918. № 1. C. 61.

民教育大臣的信中，沙皇针对"在现在这个混乱的时期我们学校进行的这次急速转变"发表了反对意见。沙皇认为，只有在学生平静安定下来之后，才有可能进行学校体系的变革。"遗憾的是，这一前提条件并不具备！"①

改革方案未能得到立法确认，但在 1901、1902 学年，国民教育部已经以"为期一年的暂行措施的形式"对古典中学和实科中学的教学大纲做出了一些修改：古典中学的一、二年级取消古典语言课程，而省出的学时用于学习俄语和地理；从一年级起开始教授历史、自然和一门外语。而实科中学则相反，开始教授拉丁语。此外，还规定实科中学二年级的学生可以免试转到古典中学二年级读书。②

因为实行了上述新政，国民教育大臣 П. С. 万诺夫斯基最终被解职。在致新任国民教育大臣 Г. Э. 津格尔的诏书中，尼古拉二世强调，教育的任务应该是教育人忠诚，忠于王权、忠于祖国，尊重家庭，"如果学生从学校毕业时，只掌握了课程大纲规定的知识，而缺乏相应的宗教道德教育、责任感以及爱国教育，那么，这样的学校不仅无益，甚至是有害的，只会助长危害一切的蛮横任性和妄自尊大……学校最好能够分为三级，即三个阶段：提供完整初等教育的小学；不同类型的中学，即提供完整中等教育的完全中学；为考大学做准备而增设预备系的中学"③。

沙皇对教育的核心观点是必须缩减古典中学的数量，因为其学生毕业后可以升入大学。他认为，中等教育机构应提供完整的中等教育，并让学生毕业后到国家公职部门和生产部门任职。"随着古典中学开始实行完整的培养方案，年轻人上大学的热情将会减退。一切将重又变得秩序井然，安定而稳固。为此，各部门必须改变现有制度，不再限定只招收具有高等学历者任职……"④

---

① Там же.
② Циркуляры: № 189 от 28 июня 1901 г. «Относительно изменений учебных курсов младших классов гимназий и реальных училищ»; № 901 от 4 апреля 1903 г. // Сборник распоряжений по Министерству народного просвещения. Т. 15. Стб. 314 – 316, 1430.
③ Заметки Николая Ⅱ о народном образовании … С. 62.
④ Там же. С. 64 – 65.

此类观点引起了政府各部门代表人士的共鸣。例如，国民教育部分管工业学校的负责人 И. А. 阿诺波夫认为，为满足国家的迫切需求，应当让具有高等学历、中等学历和各种初等学历的人保持相应的比例。最佳比例应该是："1000 个小学毕业生中，有 100 人升学（入市立或者县立中学）；其中 10 人完成中学学业，之后，有 1 人升入高校继续学业。"接下来，И. А. 阿诺波夫痛苦地指出，其生平所见恰恰相反："几乎所有中学毕业生都希望进入高等院校继续学业。"① 因此，更广泛的教育对专制政权来说无异于潜在的危险，会推动社会积极思想个性的形成，"播撒任性、无序和混乱、纷争的种子"。

尽管沙皇呼吁"回归原有的一切"②，但取消暂行措施的要求并没有得到充分落实。已开始实行的暂行措施虽未能获得立法确认，但直到 1914 年新的古典中学教学规划通过，一直都未取消。

圣彼得堡第二古典中学的学生们正在整理将要发往
俄日战场前线的士兵的用品，1905 年拍摄

---

① Анопов И. А. По вопросу о средней общеобразовательной школе с применением ее к запросам и нуждам современной жизни. СПб. , 1900. С. 13 – 14.

② Рескрипт Г. Э. Зенгеру 10 июня 1902 г. // Заметки Николая II о народном образовании ... С. 61.

1905～1907 年革命为中学生活的自由化做出了一定的贡献。参加学潮的有来自古典中学、实科中学和市立中学的学生，他们要求拓宽教学大纲的内容，推动校内生活民主化，解除学生必须参加教会活动的义务。[1] 随着 1905 年《10 月 17 日宣言》的发布，沙皇任命了新的国民教育大臣——一位受过高等教育的人——皇家美术学院副院长 И. И. 托尔斯泰。同前任们相比，新任的国民教育大臣具有更广阔的视野。

中学的校内生活中出现了新的组织结构，这在很大程度上符合进步人士的想法。比如，每所学校都成立了家长委员会这一机构。家长委员会主席由学生家长召开全体大会选举产生，拥有与学校督学同样的权利。И. И. 托尔斯泰希望该机构"完全服务于教育教学目的，不容许成立学生组织"[2]，也就是说，家长委员会是通过家长的监督帮助学生安心学习的一个工具。同时，放松了对学生课外阅读的行政监督：允许教师根据具体教学需要酌情确定学生的阅读书目，而"不仅限于国民教育部教学委员会制定的书单和书目"；允许学生在课外时间不穿校服（要求学生在校园之外也穿校服是对学生言行进行监督的一种手段），对成绩优异的学生可免除升年级考试[3]。实科中学制定了新的教学计划，取消教会斯拉夫语课程，增加自然科学课，开设化学实践、数学地理纲要、俄国当代史和欧洲当代史（包括 19 世纪）等课程，对普希金、果戈理、莱蒙托夫、屠格涅夫、列夫·托尔斯泰的介绍充实了文学课程的教学内容。[4]

然而，随着革命运动转入低潮，这些措施逐渐被取消：升年级考试重又恢复；课外时间也必须穿校服；在从实科中学转入古典中学时，要进行

---

[1] См.：Тебиев Б. К. Указ. соч. С. 105.

[2] О некоторых улучшениях школьных жизни // ЖМНП. 1906. № 2. С. 88. Циркуляр № 25506 от 26 ноября 1905 г.

[3] Там же；см. также Циркуляры № 2663 от 5 февраля 1906 г. «Предоставление педсоветам гимназий и реальных училищ права подбора литературы в библиотеки» // ЖМНП. 1906. № 5. С. 15；от 22 мая 1906 г. «Освобождение от переводных экзаменов успевающих учеников» // Там же. 1908. № 4. С. 55.

[4] Циркуляр № 12414 от 30 июня 1906 г. // Там же. 1906. № 9. С. 36 – 40.

拉丁语和历史科目的考试。① 家长委员会的权利逐步受到限制，直至最后取消该机构，莫斯科、萨拉托夫、伊万诺沃、舒亚及其他城市的学校都发生了这种情况。②

　　教育发展最为复杂的时期与国民教育大臣 Л. A. 卡索的活动密切相关。在任命 Л. A. 卡索的同时，经国家杜马讨论通过，决定搁置此前 A. H. 施瓦茨上呈的较为温和的教育改革方案。该方案曾提出，将古典中学作为学制八年的一贯制学校，与高级小学保持衔接和联系。Л. A. 卡索认为建立一贯制学校的想法是不可接受的，改革方案被国家杜马驳回。对学生和教师的监督进一步加强，甚至动用警察进行监控，勒令尚未关闭的家长委员会停止一切活动，教师委员会也不再发挥作用。在为古典中学制定的新教学计划（1914）中，增加了神学和古典语言课的课时，将自然课的教学内容压缩到最少，取消了体操课和手工劳动课。该教学计划成为古典中学教育历史上的最后一版，一直执行到1917年。

沙皇尼古拉二世皇村实科中学的体操课大厅，1911年拍摄

---

① Циркуляры № 5825 от 15 марта 1907 г. «О восстановлении переводных экзаменов» // Там же. 1907. № 5. С. 17；№ 2047 от 20 сентября 1907 г. «О ношении форменной одежды» // Там же. № 11. С. 17.

② См. : Константинов Н. А. Указ. соч. С. 109.

继 Л. A. 卡索之后出任国民教育大臣的 П. H. 伊格纳季耶夫在学校改革方面做出了新的尝试。出身大地主家庭并曾是"地方自治工作者"的 П. H. 伊格纳季耶夫在社会工作方面取得了一系列成就。自由派的报刊对他在 1915 年出任国民教育大臣职务一事做出了正面的报道。的确，在伊格纳季耶夫任国民教育大臣期间，他对中等教育领域的官方政策做出了一些调整。

在各学区督学的会议（1915 年 2 月）上，П. H. 伊格纳季耶夫提出了调整学校教育内容的问题。他认为，学校在很大程度上应该推动国家生产力的发展。与此同时，П. H. 伊格纳季耶夫还确立了扩大普通教育在包括职业学校在内的所有学校的影响与作用这一方针。新改革方案将古典主义教育体系支持者与资产阶级的意愿较好地结合到一起，并在某种程度上体现了社会进步人士将学校教育与家庭和社会联系起来的想法。然而，在这一时期，"俄国教育界提出了培养精力充沛、有文化教养的资产阶级活动家的目标和任务"[①]。如果将这一方案视为他们所取得的成果，其实不免有夸大其词之嫌。最为激进的提议并未被采纳。其中，对于学校宗旨的表述是：学校不以学生升入高等院校为培养目标。

中学有七个年级，分为两个阶段。第一阶段（三年）对应的是高级小学的知识内容；第二阶段（四年）分为三个方向：文科（一门外语及文科科目）、古典文科（一门外语、一门古典语言及文科科目）、实科（一门外语及数学和自然科学科目）。学生可以办理转学，从一所学校转入另一所学校。必修课程中纳入了体育课。[②] 实际上，这一改革方案将原来的古典中学与实科中学结合到了一起。同 1902 年版改革方案相比，这一次的改革有一点倒退，它在文科方向取消了自然科学和数学课。

同时，作为对社会舆论的让步，重建家长委员会；恢复教师委员会的功能；成立教育委员会，其职责是对学生的过失行为施以警告性措施，

---

① Там же. С. 176.

② Материалы по реформе средней школы // ЖМНП. 1915. № 11. С. 4 – 5.

而非惩罚。学校内部生活在组织上也发生了一些变化：取消升年级和毕业考试；评分制度为座谈会所取代；在战时的复杂情况下，不仅在校外，甚至在校内也允许（低年级学生）不穿校服。这些措施均以相应公告的形式予以公布，并付诸实施。① 然而，改革方案却未能获得立法确认。此外，国民教育部的新政中有支持自由派的内容，这引起了右翼势力的不满。迫于他们的压力，1916 年 12 月，П. Н. 伊格纳季耶夫被解除国民教育大臣职务。

在现实生活中，中学自身的环境也并不简单。尽管有大量的政府公文和通报，但学校的环境首先还是取决于各学区督学、学校校长、主管学校工作的国民教育部督学等人的个性特征以及教师的职业素养和水平。如果古典中学或实科中学的校长是德高望重、学识渊博的人，这会对推动教学进程起到积极的作用。学校领导者的社会威望让其拥有对教师进行自主选拔的权利，并能够以其广博的视野为教学工作做出最佳选择。例如，北高加索男子古典中学的一位女教师回忆道，"正是得益于高加索学区督学К. П. 扬科夫斯基充满仁爱和开明的工作，这里各个学校师生之间的关系要比其他地方好得多……在教师委员会，每个人都可畅所欲言，而这不仅限于自己所教课程方面的问题"。这位女教师在回忆录中写道，她所在男子古典中学的校长 "对学生充满仁爱之情，总是站在他们这一边，替他们设身处地去想。那些建议对学生要采用强硬手段的人（喜欢给学生打 1 分和大声呵斥的人）和校长没有共同语言……学校领导从不干扰我按照自己的教学计划来上课……在选择学生方面也是这样"②。

---

① Циркуляры: № 37238 от 19 августа 1915 г. «О форменой одежде» // ЖМНП. 1915. № 11. С. 10；№ 1025 от 30 ноября 1915 г. «О порядке утверждения родительских комитетов» // Там же. 1916. № 2. С. 174；№ 45248 от 28 ноября 1915 г. «О мерах к улучшению школьной жизни» // Там же. 1915. № 11. С. 14 – 16；№ 497 от 19 января 1916 г. «О педагогических советах» // Там же. 1916. № 2. С. 23 – 25；№ 1320 от 11 февраля 1916 г. «О переводных и выпускных экзаменах» // Там же. С. 32 – 33；№ 2435 от 16 февраля 1916 г. «О воспитательных комиссиях» // Там же. № 5. С. 16.

② Федяевская В. Воспоминания учительницы мужской гимназии // Вестн. воспитания. 1907. № 2. С. 145 – 160.

圣彼得堡第二古典中学的师资力量，1905 年拍摄

　　这样的古典中学为毕业生留下了充满温情的回忆。C. E. 特鲁别茨科伊公爵在描绘 20 世纪初的古典中学时指出："教学方面的进步是毋庸置疑的……总体来说，教学进行得不错，有时候简直就是很好。俄国的中等教育……无疑是进步了。"① 一位回忆录作者在多年之后回忆起自己的老师时写道："除少数情况之外，他们大都学识渊博、善良而真诚、热爱教育事业。一个个班级有那么多调皮捣蛋、倔强不听话的淘小子，在这里教书需要有多么大的耐心和忍耐力啊！老师们一边传授自己的知识，一边履行神圣的职责。"②

　　20 世纪第二个十年曾在古典中学念书的 Л. 乌斯宾斯基指出："老师不仅不反对学生有自己的观点，而且鼓励其要有独立的见解。他们认为，学生们只有思想独立，才能对世界形成真正的、现实的了解和认知。而这样的古典中学和实科中学在那个年代的俄国并不多见。"接下来作者描绘神学老师的样子：这是一位充满智慧和学识的神父。他写道，古典中学形成了

---

① 　Трубецкой С Е. Указ. соч. С. 48.

② 　Засосов Д. А.，Пызин В. И. Указ. соч. С. 145.

良好的氛围，"我们学校以校长为代表……正到处物色和招聘这样的教师来我们这里工作。各个先进学校使用的著名教材都是我们学校的老师编写的，这几乎成了一个定律"①。这些优秀的老师甚至能够让学生爱上自己本不喜欢的科目。正如 Л. 乌斯宾斯基所说，他自己数学不好，但 Л. С. 雅罗斯拉夫列夫教授数学的方法改变了他，数学对他来说不再"像是一位难以靠近的女士，虽说算不上最喜欢的科目，但也是非常感兴趣的和带有深深敬意的一个科目"②。

但这样的教师并不多见，他们大多集中在拥有全国近 1/3 古典中学的都城和大学城。③ 这些学校的工作报告显示，有许多大学教师来古典中学、实科中学和职业学校工作，竭尽所能为这里营造真正的教育氛围。

因此，都城的中学能够为学生提供很好的培训，帮助他们考上知名高校。Ф. 斯捷普在回忆当时最好的一所实科中学——列弗尔托沃圣米哈伊尔中学时说道："校长是牧师、五品文官冯·科瓦尔奇格，他创办了一所一流的学校。教俄语课的是莫斯科最优秀的教育工作者，其中包括俄国文学爱好者协会主席格鲁津斯基、在大学西欧文学教研室任教的 Г. 路德等人。校长最关心的一件事就是吸引青年才俊来教书。"④ 该校的设施很好。Ф. 斯捷普还记得第一次来到学校的时候，一下子就被"一个奇怪的房间"给震惊了，里面到处是小鸟、松鼠、黄鼠和其他动物的标本；桌上摆放着物理仪器、电机、活塞、蒸馏瓶；墙上甚至门口还挂着各种各样的地图。⑤

莫斯科第一古典中学（卡特科夫中学）和莫斯科波利瓦诺夫女子古典中学是当时最好的中学之一，其教育水平非常高。然而，这样的中学在当时的俄国虽说并不罕见，但也为数不多。

---

① Успенский Л. Мои школы // Семья и школа. 1971. № 10. С. 42，44.

② Там же. С. 44.

③ Отчет Министерства . . . за 1910 г. С. 18.

④ Степун Ф. Указ. соч. С. 30 – 31.

⑤ Там же.

沙皇尼古拉二世皇村实科中学的自然史班，1911 年拍摄

大乌斯秋格男子古典中学的宗教乐团，1911 年拍摄

国民教育部派到各中学的督学对学校的工作起到了很大的作用，"但他们的到访一般都不太受欢迎"①。国民教育部曾不止一次承认，担任督学一职的常常是"没经过培训准备也没有学校领导才能的人"②。《国民教育部杂志》记者曾指出，"督学常常引起社会各界代表人士的不满，他们的工作主要是教学行政管理工作，关注的是教师的政治可靠性。而教学情况对他们来说只是工作报告中的一部分内容，并不是重点关注对象"③。

教师要服从诸如此类的督学的管理，导致其教学质量下降；而大量的公文通告取代了对学校的直接领导（这是督学们所不擅长的），这束缚和限制了学校的工作开展。19 世纪 80 年代古典中学的生活氛围在 A. П. 契诃夫的短篇小说《套中人》中得到体现，这种氛围对 20 世纪初的学校来说也很典型。而小说主人公别里科夫那句著名的口头禅"千万别闹出什么乱子来"则成为悬挂在教师头上的达摩克利斯之剑。后来，督学的监督工作发生了一些变化：1912～1913 年，国民教育部增加了督学的编制，并且开始聘任具有高等学历、有高级小学教师职称和拥有学校工作实践经验的人担任这一职务。④

尽管古典中学和实科中学的具体情况较为复杂，对其评价也众说纷纭，但毋庸置疑的是，这些学校是各个城市特别是省城文化生活的中心。古典中学的教学楼及其所在地常常是一座城市的主要景观之一，并与城市的一条主干街道相通。其中，即使是在现代的叶列茨市，古典中学的校舍仍然是城市最具标志性特征的建筑之一，而在一个世纪之前，这里就是吸引广大市民驻足的地方。许多中学都设有图书馆。除了为读者服务，图书馆还为贫困学生发放教科书。在没有书店的地方，古典中学常常会举行"图书

---

① Успенский Л. Указ. соч. С. 46.
② Звягинцев Е. А. Инспекция народных училищ. Русское общество и учебное ведомство в школьном деле. М.，1914. С. 36.
③ ЖМНП. 1909. № 1. С. 50.
④ Объяснительная записка к смете Министерства народного просвещения на 1916 г. С. 169.

售卖活动"，以此减轻贫困学生购买教学用书的负担。① 古典中学的教师和高年级学生有时会开展科研工作：在专门的气象站进行气象观测和测量，研究当地的自然生态、民俗、语言。许多古典中学，特别是县城学校，会专门划拨出一块地做菜园。在开设自然课之后，学校的菜地常常用来开展农业耕作实践。②

虽然国民教育部非常重视中学的建设工作，但许多古典中学和实科中学校舍的卫生条件仍有待改善。在检查过的校舍中，学生人均空间占有量低于标准的占35%；光线条件过暗，低于标准的占55%；安装了人工通风装置的仅占26%；近半数配备了现代的学校办公器具。在全国所有的中学中，仅有1500名医务工作者。中学学生的体检覆盖率只有70%。③ 直到19世纪90年代学校开始设置校医编制，这一方面才有较大进步。但这一措施也只是流于表面，并未制定"医疗监督条例"，在落实上也缺少财政保障，近一半的校医没有获得过任何薪酬，大部分领到薪酬的医生的工资是每年100～400卢布。国民教育部专家指出，"医生在这种情况下工作主要是出于对人民的同情"。直到1904年，校医工作才有了法律保障，然而，这并未改变他们的物质条件。④

公立中学不符合国家经济发展的要求，所以也无法满足时代的需求。在这种情况下，旨在提供高质量的普通教育、填补专家不足的私立中学成为一个新的选择。私立学校分为三个级别：一级学校；二级学校，它们对应的分别是中学和小学的第二阶段，主要为学生考取家庭教师和教师称号以及通过中学毕业考试做准备，或者直接进行教学实践活动；三级学校的数量最多，主要培养有意升入政府主办的中等教育机构的学生。1897年，根据国民教育部的工作报告，俄国共有此类私立学校948所，

---

① Извлечение из Отчета министра . . . за 1897 г. С. 202.

② Отчет Министерства . . . за 1904 г. С. 249.

③ Отчет Министерства . . . за 1910 г. С. 62.

④ См. : Никитин А. Ф. Статистические данные о школьных врачах в связи с вопросом об организации школьно-санитарного надзора // ЖМНП. 1907. № 9. С. 73 – 82.

其中 800 所是三级学校。① 私立学校同样归国民教育部管辖，但其经费来源主要是家长缴纳的学费，还有一部分是所在城市的补贴。私立学校的教学大纲由所在学区的督学确定，必修课程包括神学、俄语，而在开设历史和地理课的地方，俄国史和俄国地理也是必修课。教学行政部门的职责不仅包括对教学过程的监督，还包括对教师思维方式和道德品质的监管。②

有时，个人或者行业主管部门也会资助私立学校。例如，莫斯科的 П. Г. 舍拉普京、梅德韦德尼科夫家族、М. А. 契诃娃、Е. А. 基尔皮奇尼科娃古典中学，圣彼得堡的 М. Н. 斯托尤宁古典中学，等等。

1905 ~ 1907 年革命在很大程度上推动了新型学校的建设。1906 年初，俄国掀起了一股兴办"私立学校"的浪潮，以此作为新型中学办学的"实验室"。两座都城、萨马拉和萨拉托夫出现了私立学校，其创建者是一批教师、家长和当地的知识分子。1907 年，著名教育学家、学前教育专家 М. Х. 斯文季茨基在莫斯科开设了一家学校，后来升级为古典中学；维堡八年制中学的校长是杰出教育家 П. А. 格尔曼。这些学校根据教师代表大会制定的原则和方法开展教学工作，学校拥有良好的道德氛围，将公民意识和人文情怀积极融入教育实践当中，而这些在此前仅停留在理论层面。③

然而，私立学校的存在引起政府极大的不满。因此，要真正实现进步教育工作者们新的教育理念和原则还有很长的路要走。国民教育部提出强制性要求：必须完成国民教育部规定的教学目标，并采用相应的教学方法和形式。④

同时代支持自由资产阶级和民主观点的人认为，只有"在对俄国社会生活进行改造，全国各机构实现最广泛民主的条件下"⑤，才有可能建设新

---

① Извлечения из Отчета министра . . . за 1897 г. С. 571.

② Очерки истории школы и педагогической мысли . . . С. 105.

③ Там же. С. 53 – 56.

④ См.: Михайлова Л. В. Общественная и частная инициатива в создании новой средней школы после революции 1905 г. // Сов. педагогика. 1966. № 3. С. 131 – 135.

⑤ Н. А. О реформе школьного управления // Вестн. воспитания. 1907. № 2. С. 172.

型的学校。

私立学校的办学情况并不稳定，主要取决于学生的数量。国民教育部在总体上对私立学校还是给予肯定的，其指出，"在某些地方，它们是接受教育的唯一渠道"。尽管如此，国民教育部针对私立学校还是采取了缩减数量的政策。到 1913 年的时候，六大学区私立学校的数量减少至 787 所，而在这些学校就读的学生数量则增至 6000 人。其中，私立中学（一级学校）的数量增幅较大——从 32 所增至 108 所；三级学校数量则降至 580 所。①

私立学校中也有办学精良的名校，比如 1898 年在 B. H. 捷尼舍夫公爵支持和出资下开设的捷尼舍夫学校。由于学费很高，在这所学校就读的都是圣彼得堡的贵族子弟，低年级和高年级的学费每年从 200 卢布到 300 卢布不等。后来成为诗人的 O. Э. 曼德尔施塔姆和作家 B. 纳博科夫就是该校的毕业生。这是一所广泛应用直观教学法的实验学校：进行物理实验，解剖动物，绘制内部器官图；孩子们还学习木工和金属制造。家长们可以观摩课堂。每年评分考试只有四次。② 学校的校舍（尤其是有阶梯式座位的大厅）闻名整个圣彼得堡，知识分子们常常租用这里举行会议。圣彼得堡还有一所类似的私立学校——K. И. 马伊古典中学。据该校一名毕业生回忆，"学校传授的最重要的东西是对知识的热爱，以及不要像一只在窝里嗷嗷待哺的小鸟一样被动地等待喂食，而是要自己主动飞出去寻找知识的食粮，享受认识的过程本身"③。

教科书、教辅材料和教学参考书是教学过程的重要组成部分，推荐使用的教科书是由国民教育部学术委员会确定的，无论从材料的阐述还是内容来说，都是丰富而多样的。

在初始阶段的教学中，阅读书籍和文选读本发挥着重要作用。这些书

---

① Извлечения из Отчета министра ... за 1897 г. С. 571，573 – 575；Отчет Министерства ... за 1913 г. Ведомость № 102. С. 234.
② Справочная книжка Тенишевского училища. Пг.，1915. С. 236；Ульянова Г. Н. Указ. соч. С. 586.
③ Успенский Л. Указ. соч. С. 47.

本以其丰富的内容和信息量帮助低年级学生扩大视野，因为他们上小学的时候既没学过历史、地理，也没学过自然科学。在运用宗教信仰和忠君思想对儿童进行道德教育时，学术委员会推出了一批符合官方意识形态的教科书。比如，据老师们反馈，在各校广泛传播的阅读书籍——П. 巴拉诺夫的《我们的祖国》"内容并不充实"；算数教科书中的习题抽象晦涩，学生们很难理解。

这些教科书虽然一再重印，但在老师们看来并不适用。[①] 而在 19 世纪 60～70 年代由国内最优秀的教育工作者们编撰、目前尚未被国民教育部取缔的一批教科书至今仍然广受欢迎，其中包括：К. Д. 乌申斯基的《母语》，在基础教学阶段创造了整整一个时代（1907 年出版了该书第 134 版）；Н. Ф. 布纳科夫的文选；П. 巴雷什尼科夫[②]和列夫·托尔斯泰的阅读书籍；В. П. 瓦赫捷罗夫的《儿童故事中的世界》《教育的第一阶段》；等等。还涌现出一批新的阅读书籍，也受到老师们的高度赞赏，如 Д. И. 季霍米罗夫的《春笋》、П. М. 舍斯塔科夫的《新学校》和《处女地》、Н. 罗扎诺夫与 И. 萨哈罗夫的《阳关大道》、Т. Л. 谢普金娜－库珀尔尼克的《儿童故事集》、М. 安德烈耶夫斯卡娅的《杰出人物童年故事集》。[③] 这些出版物以儿童可以接受的形式讲述自然现象、地理、动物群和植物群，讲述人与人之间的关系和社会发展等内容。

在小学阶段最受欢迎的一本教科书是 Д. И. 季霍米罗夫的识字课本，该书再版十余次，印数达数百万册。如果手头没有这一类教材的话，老师们就直接给孩子们读 И. 阿尔切夫斯基、Н. А. 鲁巴金、В. 加尔申、列夫·托尔斯泰的短篇小说，这种情况在省城特别常见。孩子们兴致勃勃地阅读和

① См., например: Быков И. Я. Систематический курс арифметики. СПб., 1899; Лубенец Т. Сборник арифметических задач, заключающих в себе данные преимущественно из сельского быта. 17-е изд. СПб., 1904.

② См.: Барышников П. Книга для чтения на уроках русского языка. 7-е изд. М., 1906; Он же. Первая после букваря книга для чтения. М., 1907.

③ См.: Андреевская М. Люди умирают, но дела их живут. Три рассказа для детей (И. Гайдн, братья Паскали). Казань, 1904.

理解 М. Ю. 莱蒙托夫的《商人卡拉什尼科夫之歌》。据一位老师回忆，阅读这类作品会在学生中引起强烈的反响，他们会产生模仿英雄的愿望。例如，列夫·托尔斯泰在一部短篇小说中讲到一个贫困的小男孩得到了帮助，在读完这个故事后，孩子们对住在学校旁边、孤身一人的老婆婆组织了一次特别的"探访"活动。①

算术教材中，А. 基谢廖夫的算术教科书、Г. 维什涅夫斯基以及 С. И. 绍霍尔-托洛茨基的习题册是公认最好的②，这些书的理论部分通俗易懂，而且力求教学的直观性（例如，绍霍尔-托洛茨基首次提出，在教数数的时候可以使用用过的火柴棒、积木、碎纸片等）。然而，尽管有大量教辅材料出版，但优秀的教材却并不总能用到。所以，老师们时常会运用孩子们常见易懂的生活场景和实例自己编习题。

学校问题一直是教育界讨论的重点，其中，不仅包括扩大居民教育的可及性问题，还包括创建一套帮助学生识字的教学法，探寻开发、培养学生思维能力的方法，进行儿童心理学研究，从而改善学校的道德氛围。许多专门研究这些问题的论著作者是在小学、古典中学和实科中学任教的教师。③ 19

---

① См.：Константинов С. В. Два года в земской школе // Русская школа. 1913. № 2. C. 86；Розова С. Н. Полвека в школе. Повесть о жизни сельской учительницы. Ярославль，1952. C. 32.

② См.：Киселев А. Систематический курс арифметики. 26-е изд. СПб.，1914；Вишневский Г. Арифметический задачник для начальных училищ. 20-е изд. СПб.，1903；Шохор-Троцкий С. И. Арифметический задачник для одноклассных начальных школ；Он же. Арифметический задачник для приготовительных классов средних учебных заведений и для первоначального домашнего обучения СПб.，1903.

③ См.，например：Вертоградский И. Практический курс элементарной грамматики. Для начальных школ，городских училищ и приготовительных классов средних учебных заведений. 2-е изд. М.，1898；Кирпичников А.，Гиляров Ф. Этимология русского языка применительно к правописанию. Для низших классов гимназий. 34-е изд. М.，1900；Шохор-Троцкий С. И. Методика арифметики. Ч. 1. Для учителей одноклассных начальных школ. 7-е изд. СПб.，1903；Он же. Арифметический задачник для учителей приготовительных классов. СПб.，1903；Худкевич Л. и О. Детская душа. Сборник художественных отрывков из произведений русских писателей，обрисовывающих психологию детей. Для учителей. М.，1907.

世纪下半叶，基础教育领域开发出一些新的教学方法，首先是有声教学和诠释性阅读法，人们开始对它们进行重新审视和评价，但各种论点并不一定都站得住脚。比如，列夫·托尔斯泰对于诠释性文本阅读持批评态度，他对孩子天性的认识过于理想化，认为"孩子们对一切比成年人理解得更好"。围绕基础教育的教学方法以及更为广泛的问题，Н. Ф. 布纳科夫和列夫·托尔斯泰之间展开了论争，其中包括小学的任务和性质、教师的专业培训及其工作中创造力的激发和培养。然而，这些教学法和方法论等文献中所探讨的新教学方法常常无法传达到它的使用者——教师那里。据一名师范学校的毕业生所说，即使在师范学校，图书馆书架上的书也更适合给古籍博物馆而非学校的学生用。①

总是有许多知名学者参加中学教材的编写工作，这已经成为一个传统。他们为教材的更新换代做出了巨大贡献，特别是莫斯科大学和圣彼得堡大学的教授和教师。19 世纪末 20 世纪初，他们编写并出版了许多教材，涵盖历史、物理、生物、古典语言、外语等科目。渐渐地，原有的教材观也随之发生变化。长期以来，教材中，特别是人文类教科书中一直坚持宣传官方意识形态的大方向。国民教育部的教学法专家们指出，在中学的教学大纲中，介绍历史课程时开篇写的是"外交事件的实用研究；法律史和文化史不在教学的必讲内容之列"②。Д. И. 伊洛瓦伊斯基、В. В. 纳扎列夫斯基等人编写的通史和俄国史教材③符合这些目标任务。而那些内容涵盖国家内政外交各个方面史实且作者对俄国的历史没有进行美化的教科书（如 А. 格拉切夫斯基的教材④），国民教育部是不会推荐学校使用的。因为这样的教

① См.：Ланков А. В. Из воспоминаний воспитанника учительской семинарии // Русский начальный учитель. 1907. № 4. С. 63.

② ЖМНП. 1900. № 5. Наша учебная литература. С. 5.

③ См.：Иловайский Д. И. Древняя история. Руководство по всеобщей истории для старшего возраста. 26-е изд. СПб.，1904；Он же. Краткий курс русской истории. 4-е изд. СПб.，1902；Назаревский В. В. Русская история. 862 – 1881 гг. М.，1907；Гусев Я. Пособие для прохождения и повторения русской истории. Т. 1. Дом Рюрика – Смутное время；Т. 2. Дом Романовых. М.，1907.

④ См.：Грачевский А. Учебник русской истории. Ч. 1. Древняя Русь. 2-е изд. СПб.，1900.

材"不具备对年轻人进行正确教育所必需的强烈的民族自豪感"①。

自20世纪初起，教学法方面的书籍中出现了反映科学领域新动向和成果的教科书，其中最主要的包括 C. M. 索洛维约夫、B. O. 克柳切夫斯基、C. Ф. 普拉托诺夫的论著，有的作者甚至是年高德劭的学者。②

1900～1917年，文学研究领域的许多教科书经历了多次再版，其中有 П. C. 科甘的《当代文学史》、H. И. 克罗博卡的《文学史概览　中学生和自学读物》、E. A. 索洛维约夫的《19世纪文学史》；文学理论方面的教材中，最受欢迎的有 Д. H. 奥夫西亚尼克－库利科夫斯基、П. 日捷茨基、П. 斯米尔诺夫斯基、И. 斯特凡诺夫斯基等人的书。③

然而，无论是从数量还是质量来说，教材的情况都无法让中学教师感到满意。许多教科书，尤其是专业科目的教科书都是从外文版翻译过来的，其语言表述对学生来说并不总是通顺易懂。某省城古典中学的教师 A. 韦利科波利斯基指出，"大部分教科书的语言生涩难懂……真为学这些教材的孩子们感到难过"。韦利科波利斯基还把 Д. 克拉耶维奇编写的物理教科书也列入其中，几代"实科中学的学生"学的都是这本教材（先后再版15次）。有时，教材中会有许多错误，其中还有科学常识性错误。"在学术委员会批

---

① ЖМНП. 1900. № 5. Наша учебная литература. С. 5.

② См. , например：Кареев Н. И. Учебная книга по новой истории. 5-е изд. СПб. , 1904；Виноградов П. Г. Всеобщая история：Учебник для гимназий. М. , 1906；Книга для чтения по истории средних веков：Пособие для учащихся гимназий/Под ред. П. Г. Виноградова. 4-е изд. М. , 1910；Добрынин К. И. Древний мир（Восток-Греция-Рим）. Для реальных училищ. М. , 1910；Малышев И. Руководство к изучению всеобщей истории. Средние и новые века. Для учащихся городских училищ и учительских семинарий. СПб. , 1906；Соловьев С. М. Учебная книга по истории России. СПб. , 1900；Платонов С. Ф. Сокращенный курс русской истории для IV – VI классов гимназий. СПб. , 1914；Водовозов В. И. Очерки из русской истории XVIII в. СПб. , 1904；Ефименко А. Я. Учебник русской истории. СПб. , 1909；Покровский Н. Как росло и строилось Русское государство. Рассказы из русской истории. 6-е изд. М. , 1914.

③ Очерки истории школы и педагогической мысли ... С. 116；Овсянико-Куликовский Д. Н. Теория поэзии и прозы. СПб. , 1907；Житецкий П. И. Теория поэзии. 5-е изд. Киев, 1906；Смирновский П. Теория словесности. 3-е изд. СПб. , 1906.

准的动物学课本中有这样一句话：'鱼类的心脏，比方说河鲈，长在头部。'"① A. 韦利科波利斯基写道。国民教育部专家指出，自然科学类教科书的内容也不尽如人意。比如，К. Ф. 亚罗舍夫斯基的矿物学教科书第七版②与其第一版（1877）的差别并不大。我们在该教材的反馈意见中读到如下表述："尽管在科学常识方面做了很大改动，但观点性变化并没有……作者的语言有欠准确，前后表述不一致，有自相矛盾的地方。"③ 对 П. 拉比诺维奇（莫斯科，1903）的物理教科书、Н. 波斯佩洛夫的地理教科书（第三版，莫斯科，1903）④ 也有类似的评价和反馈。枯燥无味、流于形式的内容表述常常会令孩子们对该课程的兴趣消失殆尽，扼杀掉的不仅仅是他们的观察力，还有与生俱来的求知欲。七年级学生 A. 谢利瓦诺娃回忆说："在我们还没上过文学课的时候，我们对普希金、果戈理、莱蒙托夫很感兴趣，对他们有所期待，而现在，什么兴趣都没了。"⑤

尽管如此，在国民教育部学术委员会推荐的教材书单中，一直不乏此类书籍。不过，我们也发现，编写能够激发读者求知欲、反映最新科学知识的教材是一个"永恒的"问题。时至今日，教师和学者们围绕这一问题一直争论不休，而教材市场上低劣出版物的数量也多得惊人。

职业学校

19 世纪末 20 世纪初，随着现代化的推进，技术和工艺的进步迫切要求对职业教育体系进行改革。职业技术学校的现状，无论是从学校数量还是专业设置来说，都无法满足国家经济发展的需求。在电气工程、石油、机器制造等领域，对技术熟练的工人干部人才的培养实际上还是空白的。

---

① Великопольский А. Указ. соч. С. 137 – 138.
② См.：Ярошевский К. Ф. Учебник по минералогии и начальные сведения из химии：Руководство для средних учебных заведений. 7-е изд. М.，1900.
③ ЖМНП. 1900. № 3. Наша учебная литература. С. 1.
④ Там же. 1904. № 9. Отзывы о книгах. С. 65；1907. № 6. Отзывы о книгах. С. 199 – 200.
⑤ Селиванова А. Указ. соч. С. 223.

早在 19 世纪 80 年代，俄国就已提出加大力度发展职业教育的方针。这一时期出现了"工业教育"这一术语。1910 年的调查数据显示，在 1158 所提交建校时间的职业技术学校①中，有 390 所（占 33.7%）是在 19 世纪 80 ~ 90 年代建立的。而在此之前建校的学校有 210 所（占 18.1%）。下一波建校"浪潮"则出现在 20 世纪初，有 558 所（约占一半）职业技术学校建立。② 在 19 世纪 80 年代，职业技术学校的管理体系发生了改变。1881 年之前，这些学校归财政部管辖，之后，其中大部分学校转归国民教育部管辖。1884 年，国民教育部成立技术教育学术委员会，其主要任务是制定工业教育通用规范。国民教育部指出，由于实科中学增设的七年级变成了升入高等技术学校的预备阶段，俄国"出现了中级和初级技术人员严重不足的现象"③。

政府部门制定计划拟削减普通中等学校的数量，将其中的一部分改为职业技术学校。亚历山大三世在读了国民教育大臣 И. Д. 捷利亚诺夫的报告后，认为有必要削减普通中学和不完全中学的数量，以将其中的一部分学校改为实科中学，而因撤销学校结余下来的经费转用于职业技术学校的建设。④

Е. Н. 安德烈耶夫、В. К. 吉拉－沃斯、И. А. 斯捷普特、А. И. 丘普罗夫、И. И. 杨如尔等杰出的工业领域科技人才、教育家致力于解决工业教育的问题。1888 年，《工业技术学校条例》出台，该条例一直实行至 1917 年。力学领域著名学者，莫斯科技术学校校长、教授，曾在 1887 年至 1892 年期间担任财政大臣的 И. А. 维什涅格拉茨基在该条例的制定过程中发挥了重要的作用。⑤ 《工业技术学校条例》规定了职业技术学校的基本原则和任

---

① 　六大学区的统计数据。
② 　Сборник статистических сведений о состоянии среднего и низшего профессионального образования в России. Ч. 2. СПб. , 1910.
③ 　Максин И. М. Указ. соч. С. 7.
④ 　Там же. С. 11.
⑤ 　См. : Кошман Л. В. Профессиональное образование // Очерки русской культуры XIX века. Т. 3. Культурный потенциал общества. М. , 2001. С. 231.

务，并引入了"职业技术教育体系"这一概念。

《工业技术学校条例》确立了三类职业技术学校：中等技术学校、初等技术学校和手工业技工学校。上述学校只招收男生，而无论其阶层、宗教信仰。中等技术学校培养技术工人和助理工程师。它共设四个年级，招收在实科中学念完五年级的学生。混合制技术学校开设七个或八个年级，其中，低年级提供通识教育。但也有例外，当时还有九年制技术中学（1897年在六大学区中有两所）。在九年制技术中学，前五年学生学习实科中学的课程，后四年进行专业化学习。由此可见，《工业技术学校条例》为职业技术学校和普通中学之间建立起了紧密的衔接关系，并将实科中学视为发展中等职业教育的基础。但在实践过程中也出现了一系列困难，这是由种种原因造成的，其中包括办学成本高昂导致中等技术学校的数量并不多。国民教育部将此类学校的开设限制在每年 2～3 所。1903 年，在 32 所中等技术学校中有 22 所是四年制学校。①

莫斯科多尔戈鲁科沃区手工业技工学校的木工作坊

---

① Отчет Министерства . . . за 1903 г. С. 625 – 626；Отчет Министерства . . . за 1913 г. С. 94；Очерки по истории школы и педагогической мысли . . . С. 221；Очерк развития промышленного образования в России. 1888 – 1898. СПб. , 1900. С. 7 – 8.

三年制初等技术学校最为普遍。它们在为期两年的普通学校教育的基础上增设了一年的专业教育。经过三年的学习，毕业生可以获得技师、机械师、机车司机的专业文凭。学生们还可以学到管理工厂工人的相关知识。[1] 该类学校的专业设置涵盖各个领域，包括采矿、铁路（铁路建设与运营）、工艺美术、航海、农业等。

打算上手工业技工学校的学生和初等技术学校的学生一样，都需要先完成两年的普通中学教育。经过 2～3 年的学习，他们可以成为高级技工，将来甚至有望成为工长。

在 19 世纪 90 年代和 20 世纪伊始，对职业教育领域的立法经历了一系列变化。初等技术学校最先触及改革。1895 年，俄国出现了新型技工学校：手工业技工学徒学校、初级技工学校、手工业技能工作坊。这些学校的学生应具备小学教育的基础。经过三年的学习，他们可以成为熟练技工。职业技术学校是收取学费的：中等技术学校学费每年为 10～70 卢布，初等技术学校每年为 3～50 卢布。[2] 到 19 世纪末，在六大学区共有 6 所中等技术学校和 30 所初等技术学校。[3]

政府转而开始利用普通初等教育机构来普及专业知识。根据 1903～1904 年的法律规定，各城市的小学均开设附属技工培训班和专修班，其学制和教学大纲因地制宜，由当地普遍发展的手工业种类和学生已有知识的水平决定。最为常见的专业有金属加工（车床加工、五金锻造）、木材加工（细木加工、木工）、制靴、制衣。女生班级则教女孩做各种手工活。政府的这些举措未能得到进步人士的支持，因为政府试图以开设短期课程的形式让普通中学承担它们力所不及，而只有专业院校才能承担起来的任务，后者有专业的教师，其招收的学生已经具备基础教育水平，

---

[1]　Сборник материалов по техническому и профессиональному образованию. Вып. Ⅲ. СПб., 1895. С. 3.

[2]　Отчет Министерства ... за 1913 г. С. 93；Очерк развития промышленного образования ... С. 3–6.

[3]　Извлечение из Отчета министра ... за 1897 г. С. 536–538.

年龄也更大一些。① 但对于社会各界对这一问题的观点和立场，政府当局并未予以考虑。

切列波韦茨市立中学第四期毕业生，摄于 1909 年

与普通教育相比，社会各界和个人更多地参与到了职业教育的发展中，为其献策献力。在关于创办工业学校的规划刚刚颁布的头几年，为了实现这一目标，各城市和社会团体一次性捐赠超过 150 万卢布；同时，每年的拨款额达 8.9 万卢布。② 学校由俄国技术协会和技术知识推广协会创办。许多企业家和社会活动家也纷纷为职业教育的发展做出更为实质性的贡献。例如，学者、金融家、著名铁路企业主 Ф. В. 奇若夫留下遗嘱，捐赠 550 万卢布用于工业学校建设。正是利用这笔资金，先后在科斯特罗马省的科斯特罗马、科洛格里夫、马卡里耶夫、丘赫洛马四座城市开设了职业技术学校，其中包括 4 所初等技术学校和 1 所中等技术学校。鹅牌水晶厂的工厂主

---

① Первый Общеземский съезд по народному образованию 1911 г. С. 28.

② См. : Рождественский С. В. Указ. соч. С. 668.

· 120 ·

И. С. 马尔采夫留下遗嘱，捐赠 50 万卢布用于在弗拉基米尔市建立地方自治技工学校；他的近亲 Ю. С. 涅恰耶夫 – 马尔采夫也捐款资助该校的运营和扩建。① 商务参赞 М. Е. 科马罗夫捐赠 35 万卢布用于在雷宾斯克创办初等技术学校；一等商人 Н. П. 帕斯图霍夫在雅罗斯拉夫尔市捐赠建造一栋造价 20 万卢布的技校校舍，并捐赠 18 万卢布用于 4 所初等技术学校的运营。②

职业教育方面的政策制定主要基于初等教育机构优先的原则。这一方面解决了熟练劳动力不足的尖锐问题，另一方面也使民主阶层无法获得接受更高层次教育的资格（似乎这一点对政府更重要）。1902 年，国民教育部下设工业教育发展规划制定委员会。该委员会认为，首先应该针对那些旨在将一级制和两级制小学毕业生培养成技术工人和技师的学校，为它们建立起统一的体系。此类学校包括中等技术学校、初等技术学校和手工业技工学校。

该委员会还打算一并解决培养中级技术型干部的问题。四年制技术学校应招收上过预备系的市立中学毕业生。该委员会成员认为，这应成为一种将现有的中等和初等技术学校合而为一的新型职业技术学校。③ 这些学校的专业设置相当有限——金属加工、木材加工、力学，个别学校开设铁路专业（建设与运营），极个别的还开设化学技术专业。

然而，该委员会 1902 年制定的改革方案在落实的过程中遇到了组织工作和物质资料方面的困难。④ 手工业技工学校仍然是最普遍的职业技术学校类型。1910 年，在 1527 所职业技术学校中，有 975 所是手工业技工学校，

---

① Положение народного образования во Владимирской губернии. Вып. Ⅰ. 1910 г. Владимир，1911. С. 80.

② Очерки развития промышленного образования . . . С. 8 – 9.

③ Журнал Высочайше утвержденной при Министерстве народного просвещения Комиссии для определения дальнейшего плана насаждения промышленного образования в империи и обсуждения вопроса о реорганизации средних и низших технических училищ. СПб. ，1902. С. 7.

④ См. ：Максин И. М. Указ. соч. С. 18.

占 63.9%；而中等技术学校仅有 78 所，占 5%。①

在职业技术学校的实际教学中，以实践课程为主，缺乏理论知识的教授，这导致学校毕业生整体的知识素养水平很低。国民教育大臣 И. А. 阿诺波夫强调指出，职业技术学校的普通教育课程不应当是断断续续、不连贯的，所开设课程的知识容量应充足而饱满，学制应在七年以内。阿诺波夫提议学习材料力学基础、电子技术、测量学、建筑等课程。② 在学习专业课程的同时，接受基础的通识教育也非常重要。这一问题已经引起进步教育工作者和地方自治活动家们的关注，他们反对利用普通教育学校来普及推广职业知识。他们认为，在选择专业前必须掌握比初等教育更宽泛的知识。

在职业技术学校的教学实践中，通识课的学习占 1/5 的学时，按教学大纲内容要重复学习小学的基础课程，或是实科中学五个年级的课程。当局认为，教授实践技能才是更有裨益的。

提供中等专业教育的七年制和八年制学校是个例外。它们培养的技师在小型企业能顶替工程师，善于"用脑而非用手来学习技艺"。这些学校提供普通教育，与实科中学的完整课程较为相似。这类学校的典范有莫斯科科米萨罗夫学校、莫斯科工业学校、科斯特罗马技术学校、下诺夫哥罗德中等机械技术学校。20 世纪初，在这些技术学校中历史最为悠久的科米萨罗夫学校是中等技术学校的领头羊。与实科学校不同，该校将更多的学时用于教授自然科学、物理、化学、力学、工艺学等课程。学校与莫斯科高等技术学校建立了合作关系，这有助于进一步提高学生的理论和实践水平。因此，该校的毕业生颇受工业企业的欢迎。到 1915 年建校半个世纪时，约有 5000 名熟练的中级专家从这里毕业。他们中的大部分人在莫斯科高等技术学校继续接受教育。③ 但像科米萨罗夫学校这样的职业技术学校在当时是

---

① Сборник статистических сведений … 1910 г.

② Анопов И. А. Указ. соч. С. 17，21.

③ См.：Максин И. М. Указ. соч. С. 116；Кузьмин Н. Н. Низшие и среднее специальное образование в дореволюционной России. Челябинск，1971. С. 25，63；Перфильев В. И. Комиссаровское техническое училище. М.，1957. С. 10.

凤毛麟角。这里具有非常好的学习条件：设施齐全的实验室、馆藏丰富的图书馆和高水平的教师。当时的一位研究者得出这样的结论："为所有的学校都创造这样的条件是不可能的。"在他看来，为数不多的中等技术学校整体水平很低，"它们根本无法完成寄予它们的任务"①。

即使在战争时期，政府也一直对职业教育及其发展原则问题进行探讨研究。1915 年，在彼得格勒举行了制定职业教育法规草案的会议。与会人员一致认为，必须让职业技术学校与普通教育学校接轨。同时，政府针对职业技术学校的政策是一以贯之的：首先发展初等技术学校，而只有最有能力的中等技术学校毕业生才有可能升入高等学校。② 数月后，在国民教育部召开的会议上一项议案被提出。该议案指出，对于在工业企业实习满两年的中等技术学校毕业生（没有高等学历）可以授予工程师称号。③ 这一方面对民主阶层出身的人接受高等教育有所限制，另一方面提高了中等教育的地位，这非常重要。

1916 年，国民教育部制定完成技术教育改革草案，提出了三种类型的学校：一是在高级小学基础上的技术学校，目的是培养技师；二是在两级制小学基础上的技工学校，目的是培养能工巧匠和业务熟练的工人；三是在初等教育基础上的技工学校，目的是培养工人和手工业者中的业务骨干。同时，草案指出，仍可以举办职业培训班和专修班，它们既可独立存在，也可附属于普通教育学校。④ 该草案计划在 1917 年开始落实。然而，在 1916 年 П. Н. 伊格纳季耶夫辞职后，该草案经国家杜马审议后被撤销。

商科学校是职业教育的一种。在 1910 年的职业学校一览表中，其数量仅次于技术学校，居第二位，占 13.4%（共 204 所）。⑤ 当时的人们认为，这些职业学校也是普通教育学校。《俄国中小学》杂志的一篇文章中指出：

① Максин И. М. Указ. соч. С. 117 – 118.
② См.：Рыбников Н. Среднее техническое образование // Школа и жизнь. 1915. № 26. С. 6.
③ Профессиональное образование // Там же. № 47. С. 8.
④ Очерки истории школы и педагогической мысли ... С. 124.
⑤ Сборник статистических сведений ... 1910 г.

"孩子们为了接受普通教育而进入商科学校。"①

商科学校的变化与曾于 19 世纪 90 年代担任财政大臣的 С. Ю. 维特提出的改革倡议紧密相关。根据 1896 年条例规定，商科学校的体系发生了变化：建立初级商业培训班，即两年制的贸易专修班，以及一年制和三年制的贸易学校。② 这些都是此前从未有过的尝试，其招生对象是城市各阶层和农民出身的孩子，男女不限。贸易专修班讲授基础通用知识和专业知识。这里教授神学课程、俄语和算数，还教授会计学、簿记、贸易实务、书法。三年制贸易学校招收 12 岁以上、拥有两级制学校毕业证的学生。教学大纲包括高级小学教学大纲中的普通教育课程和专业课程——俄国商业地理学、商务信函、地区贸易常识、书法。③ 针对不识字的人还开设了为期一年和两年的预科班。

以皇太子阿列克谢命名的商科学校的会计学课程，莫斯科

① Сахаров А. Наши коммерческие школы и их общественное значение // Русская школа. 1906. № 4. С. 108.

② См.：Кошман Л. В. Указ. соч. С. 362 – 363.

③ Положение о коммерческих училищах, подведомственных Министерству финансов / Под ред. А. Г. Малинина. Варшава, 1900. С. 13 – 14.

商科学校作为中等教育机构分为三年制和七年制两种。七年制商科学校不仅提供专业教育，还包括与实科中学等量的普通教育，注重外语、物理、化学、自然史的讲授。而在专业课程中，开设政治经济学、会计理论与实践、商品学等。

通识性知识与专业性知识在商科学校的占比成为1902年6月财政部会议的一项审议内容。此次会议希望商科学校能将外语、历史、图表制作课程纳入教学大纲；为了落实新大纲内容，建议在这些学校推行八年制学制。[①] 并非此次会议上讨论的所有问题都获得了最终的解决，但外语（英语和意大利语）、力学、解剖、政治算术、贸易史、金融法课程被逐渐纳入商科学校的教学大纲。最终，商科学校的通识教育被提到首要位置，而专业教育则占总学时的5%。[②]

商科教育系统中，既有社会办学的学校和私立学校，也有财政部直属的学校。1912年，全国共有社会办学的商科学校32所，私立商科学校23所，社会办学的贸易学校42所，私立贸易学校16所，贸易专科学校12所。这些学校的资金来源主要靠收取学费（占40%～60%），国库拨款占1%～10%，其余的款项来自地方自治会、市政机构、商业知识推广协会等。针对私立和社会办学的商科学校，财政部重点扶持的主要是其基础阶段的教育。商业中等专业学校的主要资金来源是私人资本。在这些学校中，贸易专科学校和贸易学校的学制是四年至七年，商科学校的学制是八年至十一年。

办学方面的新举措并不总是能够得到财政部主管官员的认同，因为他们不希望与国民教育部发生冲突。正如当时在商科学校工作的人所评价的，这些学校渐渐失去了自己的优势和特权，其办学也愈发接近于公办学校。[③]

---

① Материалы по коммерческому образованию. Вып. Ⅱ. Коммерческие училища. СПб., 1902. С. 11, 66, 91.

② См.：Сахаров А. Указ. соч. // Русская школа. 1906. № 5－6. С. 269；Кузьмин Н. Н. Указ. соч. С. 247.

③ См.：Великопольский А. Указ. соч. С. 176, 178.

尽管如此，商科学校仍然很受欢迎。到 1912 年的时候，从这里已经走出 1000 余名毕业生，这些专业人才在商贸领域相当抢手。①

＊＊＊

作为职业教育体系的组成部分，师范、艺术、音乐、医学教育与社会文化生活的各个领域直接相关。同技术教育和商科教育一样，上述教育也是社会现代化的手段以及文化现有水平的标志。

职业教育中最重要的部分是教师的培养，其培养出来的教师归国民教育部管辖。教师不足一直是俄国教育系统存在的主要问题。20 世纪初，俄国小学的空缺岗位有 7000 余个，许多教师都没有教师资格证。

最普遍的培养小学教师的学校是师范学校。在这类学校的开设过程中，地方自治会发挥了非常重要的作用，并一直以此为己任。在师范学校的资金来源中，地方自治会占比约为 20%。② 1897 年，在六大学区有 20 所师范学校，1913 年则有 71 所，在读学生近 7000 人，其中 65% 来自农村。这说明许多农民希望自己的孩子能够接受与干农活无关的职业教育。③ 师范学校的学制一般为三年，个别是四年。开设的课程包括教育学、说教法、教学法等。此外，实际上所有的师范学校都教授园艺学、蔬菜栽培、养蜂学。从 1902 年起，师范学校开始开设两年制附属学校，未来的教师们在这里进行实习。④

师范学校的发展情况决定了它们并不总是能够培养出高水平的教师。

① Статистические сведения о состоянии учебных заведений, подведомственных Министерству торговли и промышленности. 1912/1913. Пг., 1914. С. 1–212.

② Извлечение из Отчета министра … за 1897 г. С. 377；Отчет Министерства … за 1903 г. С. 465.

③ Извлечение из Отчета министра … за 1897 г. С. 398–399；Отчет Министерства … за 1910 г. С. 40；Отчет Министерства … за 1913 г. Ведомость № 75. С. 156；Отчет Министерства … за 1903 г. С. 462–463.

④ См.：Рождественский С. В. Указ. соч. С. 224.

一名师范学校的毕业生回忆道，这些学校在 20 世纪初经历了危机，"各个科目的教学内容都是对已经学过内容的重复，这样拖上两到三年的时间。没有新内容，只有重复——既枯燥又没用……师范学校的备考生知道的要比其毕业生知道的多。"一名农村两级制小学的毕业生怀着最卑微的渴望到这里上学，但让他颇为震惊的是在课堂上"听到的是自己熟悉的内容"。"师范学校的教学内容贫乏而无用，甚至让人难以确定这到底是中等教育机构还是初等教育机构。"① 当时一个了解奥廖尔省师范学校情况的人曾指出，一些"师范学校的优秀毕业生连屠格涅夫、陀思妥耶夫斯基、列夫·托尔斯泰都不知道"。这些学校的主要任务就是"进行宗教－道德教育，教导未来的教师们遵守教会的要求"②。

1907 年，在社会舆论的压力下，国家杜马审议了一项法案。该法案提出，在各师范学校推行四年制学制，并赋予它们中等教育机构的地位；同时，建议进一步拓宽教学大纲内容，加强心理学、逻辑学和生理学教育。然而，这项法案未获通过。以地方自治师范学校为首的许多师范学校自行拓宽了教学大纲，使其内容达到中学的水平。③

师范学校对于小学教师数量的增加做出了自己的贡献。但教师还是不够用。此外，有 3/4 的小学教师没有受过专业的师范教育培训，他们主要是古典中学和女子教区学校的毕业生。对此，国民教育部的工作报告指出，在这一类教师当中，占比最大的是那些通过了教师资格考试的人——"他们一般是被中等教育机构开除的失败者，受教育水平不高，教师专业素养极其薄弱"④。因此，1903 年，一些城市的市立学校、古典中学和不完全中学开设了为期一年的师范教育讲习班，每班招收 100～120 人。1907 年，此类讲习班共有 116 个（在最初开办的时候只有 33 个）。⑤ 讲习班教授基本的

---

① Ланков А. В. Из воспоминаний воспитанника учительской семинарии // Русский начальный учитель. 1907. № 4. С. 59，63－64.

② Положение народного учителя // Вестн. воспитания. 1896. № 7. IV. Хроника. С. 86.

③ Очерки истории школы и педагогической мысли ... С. 142.

④ Отчет Министерства ... за 1903 г. С. 521，523－524.

⑤ См. : Рождественский С. В. Указ. соч. С. 723；Отчет Министерства ... за 1910 г. С. 43.

教育学知识。1913 年，全国共有 113 所师范学校和 129 个师范教育讲习班。

师范学院为市立学校以及后来的高级小学培养教师。20 世纪初，六大学区共有 4 所师范学院，分别在圣彼得堡、莫斯科、别尔哥罗德（库尔斯克省）、喀山，每所学校在校生人数为 40 ~ 65 人。这一数字刚刚达到计划招生人数的一半略多，按照国民教育部的说法，这是因为师范学院的校舍问题致使无法实现满额招生。[1] 师范学院是实行封闭教学的教育机构，学制三年。教学大纲包括市立学校开设的课程；1896 年，又将手工劳动、技术原理——木材和金属加工也纳入其中。[2]

在师范学院接受教育的主要是有小学工作经验的国民教师。师范学院以市立学校为教师的实习基地。学院 70% ~ 90% 的经费来源于国库拨款。国家希望让师范学院毕业的县立学校教师到市立学校任职，以此解决后者教师短缺的问题。然而，国民教育部认为，开办新的师范学院才是扩大教师数量的根本方法。到 1913 年，师范学院数量增至 20 所，学生总数达到1400 人。[3]

教会师范学校为教会小学培养教师。1913 年，俄国有 20 所教会师范学校，在校生 1500 余人。[4] 学校的招生对象为 15 ~ 17 岁、所谓的二级学校毕业的学生，二级学校是为识字学校培训教师的教育机构。教会师范学校的学制为三年。教学大纲与教会－教区小学的教学大纲相一致，更加重视宗教类课程的教授。除宗教人士以外，在教会师范学校执教的也有非宗教人士。1903 ~ 1913 年，在这里毕业获得中等教育学历的教师数量占比由 12%增至 32%，但受过专业师范教育培训的教师占比只有 4%。[5]

培养中学教师的学校有圣彼得堡师范学院、圣彼得堡文史学院和涅任文史学院。[6]

---

① Отчет Министерства . . . за 1903 г. С. 454.

② Там же. С. 446.

③ Отчет Министерства . . . за 1913 г. Ведомость № 70. С. 148.

④ Всеподданнейший отчет обер-прокурора Св. Синода за 1913 г. Пг. ，1916. С. 293.

⑤ То же за 1903 г. СПб. ，1905. С. 249；То же за 1913 г. С. 283.

⑥ См. : Очерк А. Е. Иванова «Высшая школа. . . » в настоящем издании.

***

工艺美术教育被认为是美术教育的一个领域，主要培养学生对以往各时期艺术精品的审美和鉴赏力。19世纪末，工艺美术教育取得了令人瞩目的成绩。近90%的培养创造性人才的学校创建于19世纪90年代到20世纪初。这一类学校开设的专业有工艺美术、美术绘画、美术音乐和美术戏剧。1910年，共有此类学校74所（其中，工艺美术学校21所，美术绘画学校34所，美术音乐学校13所，美术戏剧学校3所）。[1] 尽管在整个职业教育系统中，它们占比仅为5%[2]，但其就读学生的数量却很大。以1910年为例，学生已逾8000人。圣彼得堡斯蒂格利茨男爵创办的工艺美术学校和莫斯科斯特罗加诺夫美术学校的招生人数都在1000以上。在工作日晚上和星期日，两所学校还开设了招生火爆的绘画班（有时学员人数会超过100）。学校在一些省设有分校：1896年，А. П. 博戈柳博夫在萨拉托夫创建了一所能招收200人的绘画学校——斯蒂格利茨工艺美术学校分校；1898年，在К. А. 萨维茨基的指导下，奔萨美术学校成立，学校有在读学生120人；在科斯特罗马和伊万诺沃－沃兹涅先斯克也建有工艺美术学校的分校。

工艺美术学校归财政部管辖（奔萨美术学校除外，该校归皇家美术学院管辖），这也就决定了此类学校的教学大纲非常注重实用性——旨在培养与日常生活、服饰、室内装修、时尚领域相关的工艺美术品制造方面的专业人才。美术绘画学校有自己的专业培养任务：专门面向迅速发展的大型工业和手工业，培养具有专业素养的人才。例如，伊万诺沃－沃兹涅先斯克工艺美术学校的学生针对未来在印花厂的工作进行相关专业的学习，科斯特罗马工艺美术学校的学生专攻银质工艺美术品的制作。[3] 杜列沃瓷器厂

---

[1] 此处数据疑有误，但无法获知正确数据。——译者注

[2] Сборник статистических сведений ... 1910 г.

[3] Об утверждении Положения о художественно-промышленном образовании. СПб., 1900. С. 4－5.

开设的绘画培训班位于格热利手工业区，它为当地企业提供技术熟练的专业人才。玩具、车床和细木工制品工艺美术教学工作坊一般建在相关产品生产发达的地方，包括农村地区。圣像画学校通常开设在宗教中心，其中包括莫斯科近郊的谢尔吉耶夫波萨德。

许多美术绘画学校和美术音乐学校是俄国美术家协会和俄国音乐协会的分支机构。如果说造型艺术学校不仅在城市里有，而且在家庭手工业发达的乡村地区也有，那么美术音乐学校和美术戏剧学校则纯粹是城市所特有的一种现象，并且一般是在规模较大的城市尤其是都城才有的现象。除此之外，在下诺夫哥罗德、喀山、彼尔姆也有这一类的学校——这些地方设有俄国音乐协会的地方分会，有常设剧院。此类学校中，有 2/3 的学校提供初等教育，不过它们的学制大多还是三年到五年不等。①

与工业生产相关的一些行业，需要会应用制表、绘图技术并掌握工艺设计知识的人才。因此，一些学校进行了改革重组。例如，斯特罗加诺夫美术学校有两个分部：工艺美术学校和工艺美术职业学校。工艺美术学校由 5 个年级组成，提供低于中等教育水平的普通教育。而工艺美术职业学校的教育则包括美术类专业课程和在美术教学工作坊的实践。毕业生获得"专业绘图员"的资格，可以在相应行业的工业企业做绘图员、制图师工作。

斯特罗加诺夫美术学校的学制为八年。学校拓展了三个高年级进行的普通中等教育内容，增设了绘图几何和绘图课程，开设了艺术史、光影理论和透视法等专业课程。学校设置了两个专业方向——绘画和建筑。学生毕业后可以做职业画家、建筑师，还有当时稀缺的设计师。1902 年通过的《工艺美术教育条例》便是以斯特罗加诺夫美术学校章程为基础制定的。该校的创办是为了满足社会对专业绘画人员和制图人员的需求。20 世纪初出现的绘画和制图技术学校以及专修班大概有 15 个左右。在这里学习的有青

---

① Сборник статистических сведений ... 1910 г.

少年、工业企业的工人、普通教育学校的学生。① 据不完全统计，到 1910 年之前，美术专业的职业学校培养了 6500 名专业人才。②

＊＊＊

世纪之交，社会上围绕延长人类寿命的问题展开了广泛的讨论。因此，人们愈发关注体育运动这种强身健体的手段。自 19 世纪 90 年代中期起，各学校纷纷开设体育训练课程。但在小学，对于是否必须开设体育课，并没有硬性规定，这主要取决于是否能拿出这笔开支——维护场地和支付教师工资的费用。在中学，体操课是必修课。

人们也开始更重视居民医疗服务，其中最重要的就是培养医务人员。当时，专门培养医生的院校包括各综合性大学的医学系和圣彼得堡外科医学院。各类医师学校和助产士学校负责培养药剂师、医士、助产士等中级医护人员，其中一部分是常设医院的附属学校。这些学校的教学与实践紧密结合，承袭了 18 世纪形成的传统。其中的许多学校早在 19 世纪 70 年代就已经创办，但到 80 年代的时候，一些学校因无力承担过高的运营开支而被迫关闭。自 90 年代中期起，随着社会各界对医疗保健问题日益关注，不仅那些已关闭的医师学校得以重开，还开设了新学校，而办学经费则由各省的地方自治会承担。

20 世纪初，在全国 27 所地方自治医科学校就读的学生共计 2500 人。③ 到 1910 年，六大学区共有此类院校 18 所，在校生 3000 余人。在这些学校中，近一半的学校提供中等教育。在初等医科学校可以接受专业培训，学习期限为三年至四年。如果继续在中等医科学校学习的话，还需要两年半至三年的时间。

---

① Об утверждении Положения о художественно-промышленном образовании ... С. 19; Кузьмин Н. Н. Указ. соч. С. 106.

② См. : Сборник статистических сведений ... 1910 г.

③ См. : Веселовский Б. Б. История земства за 40 лет. Т. 1. СПб. , 1909. С. 347.

在各类医科学校中，只有两所学校（分别在圣彼得堡和莫斯科）培养口腔医师，其余的学校培养的是医士、产科医生和助产士，即主要与接生工作相关的专业人士。在改革之前，军医中的初级人才，也就是我们所说的军医士为广大居民提供初级医疗帮助。专业口径宽、业务熟练的医士被认为是联结居民和医生的重要中间环节。医士为病人提供初始帮助，使用必要的药物，收集疫病的相关信息。尽管医科学校本身的招生数量已经很大（一般来说，招生超过一百人，有时甚至会招几百人），但从事此类工作的专业人才还是有缺口。在六大学区的 36 个省中，只有 10 个省培养这类人才，其中超过 1/3 的人有 30 ~ 40 年的工龄。医科学校的设备及教材配备都有待改善，建立新一代的医科学校仍是职业教育的迫切要求。

＊＊＊

职业学校的教育回报率如何？毕业生所学专业的应用又怎样呢？该指标取决于毕业生的知识领域、专业水平及其社会成分归属。国民教育部的报告记载，在中等技术学校念书的学生主要来自城市和农村的底层（75％），他们在完成学业后并不急于从事实践工作，而是希望能进入高等技术院校学习。

初等技术学校的毕业生们大多会投身生产部门[1]，但市场对他们也不是一直都有需求。当时的人们指出，在专业人才严重不足的情况下，"这些学校远不是所有专业——工艺专业、化学专业、食品加工专业等——的毕业生都能找到与专业对口的工作，初等技术学校的毕业生常常因为找不到用武之地而放弃专业"[2]。造成这一现象的部分原因在于当时的企业尤其是省城还按照老方法生产的企业不需要这些专业人才（即使是初级人才），而且企业的数量本来就很少。企业主不想改变技术工艺，也不急于开发生产新

---

[1] Отчет Министерства ... за 1903 г. С. 614；То же за 1910 г. С. 26，28.

[2] Недлер С. Профессиональная школа // Школа и жизнь. 1915. № 35. С. 8.

产品。正如他们所说："我们在省城的工厂生产的是固定的一套产品——肥皂、群青、通心粉。没想过再生产其他什么有用的、赚钱的东西。"①

技术人才的处境好一点。60%的铁路院校毕业生在铁路系统工作。报考河运学校的一般都是已经拥有该专业领域实践技能的人。因此，提升专业水平对他们来说是实现职务升迁的一种手段：很多毕业生"在伏尔加河的轮船上做船长或大副"②。

只有30%的中等技术学校毕业生想到一线生产部门工作，但他们与企业主之间的关系也不单纯。在中等技术人员严重不足的情况下，企业主们更喜欢雇用初级技工，因为他们更廉价。过去普遍认为，接受过初等技术教育的工人在经过一定的实践后也能够胜任技术员工作。③ 初等技术学校技工班培养的学生中，有30%的人能够从事与自己专业相关的工作，而64%的人做的工作与自己的专业无关，因为在普通教育学校④很难实现高质量的技术学习。

职业学校的毕业生接受了更为货真价实的技能教育，并且能够从事专业对口的工作。例如，弗拉基米尔省的数据显示，96%的职业学校毕业生和94%的技工学校毕业生找到了与自己的专业领域和技术水平相匹配的工作。第一届全俄国民教育代表大会的与会者也曾谈及类似的情况。⑤ 这些数字证明了教育界的一个共识是正确的，即不能用普通教育学校来解决职业教育的问题。

现有的职业学校无法满足不断发展的经济需求，其开设的专业相当有限。许多新兴工业领域的专业人才培养还是一片空白。像电工、报务员、速记员等职业，相关学校的选择尚且比较单一。但职业学校仍然发挥着重

---

① Там же.
② Краткий исторический очерк учебных заведений Ведомства путей сообщений. СПб. , 1900. С. 52，59.
③ См. ：Кузьмин Н. Н. Указ. соч. С. 28 – 30.
④ 如前文所述，当时的人们认为，这些职业学校也是普通教育学校。——译者注
⑤ Положение народного образования во Владимирской губернии ... С. 87；Первый Общеземский съезд по народному образованию. 1911 г. С. 84.

要的作用：提高了工厂工人和铁路运输工人的文化水平。1918 年的职业调查数据显示，同 1897 年相比，工业工人识字率从 48% 提高到 64%，其中男性提高到 79.2%，女性提高到 44.8%。文化程度最高的是一些高级技术工人——印刷工人、冶炼工人、化学工作者和铁路工人。1917 年革命前夕，在无产阶级中划出了工人知识分子阶层。首都和工业发达省份工人阶层的识字率较高：彼得格勒为 74%（在 1897 年圣彼得堡工人的识字率就已达到74.8%），图拉为 75.2%，奔萨为 62.8%，雅罗斯拉夫尔为 56.7%，伊万诺沃－沃兹涅先斯克为 46.1%。但是这些数据指的是接受初等教育的情况，也就是接受最基本的文化知识教育的水平。受到初等以上教育的工人仅占1.8%（甚至在大企业，上完 5～7 年级的工人也只有 2%）。1/4 的无产阶级受过普通初等教育或者初等职业教育，还有 1/4 的人文化水平很低，另有 2/5 的人几乎是文盲。①

师范学校的毕业生大多能找到专业对口的工作。只是他们的就业情况各有不同。一方面，教师数量的增长速度不及初等学校的增速，4500 人要应聘 7000 个空缺岗位。② 另一方面，正如教师们自己所指出的，在师范学校毕业后找到一份工作并不容易：要么是竞聘者当中有"有门路、有关系"的人或是"急需"的人竞争，要么是应聘者在学校领导看来不适合招聘岗位。由于教师特别是家庭教师的物质条件较差、法律地位和日常生活中的地位比较低，他们中的许多人都想换一份工作，离开教育系统。③

这样一来，19 世纪末 20 世纪初，职业教育系统实现了飞跃发展：和 19世纪相比，学校数量增加，专业范围扩大，对工人的通识教育和专业教育水平得到提升。但是，相较于俄国自身的规模以及这一时期经济的发展速

---

① См.：Фельдман М. А. Уровень образования промышленных рабочих России и СССР в 1900 – 1941 гг. // Вопр. истории. 2007. № 10. С. 15 – 16；Крузе Э. Э. Петербургские рабочие в 1912 – 1914 гг. М.；Л.，1961. С. 87.

② Школа и жизнь. 1914 г. № 1. С. 29.

③ См.： Розова С. Н. Указ. соч. С. 16；Вестн. воспитания. 1896. № 7. С. 294，296；Кузнецов Я. О. Земские школы Уфимской губернии в 1900 – 1905 гг. // ЖМНП. 1908. № 8. С. 144.

度，毕业生中专业人才的数量还是不够多：19世纪末20世纪初，全国六大学区的学校培养了将近15万人（不包括教师）。毕业生人数最多的是两座都城的学校（圣彼得堡有3.8万人，莫斯科有3.2万人），省城毕业生的人数一般在2000左右，至多不超过4000①。

职业学校工作的改善不仅取决于政府的政策，还取决于社会的发展状况，取决于社会各阶层（上至工厂企业主，下到农民）都意识到提升劳动技能（不管是工人、医士还是教师）的必要性和重要性。毫无疑问，职业教育的发展已经取得一定的成绩，但是总的来说，还没有完全满足发展中的经济和社会的要求。

教　师

"教书者"——用20世纪初的语言来表达——是学校工作的主要组成部分。学校能否有效开展各项工作，取决于教师的数量、教学水平以及他们的法律地位和物质条件，这些因素在很大程度上也决定了他们社会劳动贡献的大小。

1897年人口普查数据显示，俄国教师数量超过20万人，占人口总数的0.2%。在社会需要的各类职业中，教师的数量最多，位列第一（医生为0.12%，学者、艺术工作者为0.03%，法律工作者为0.01%，印刷生产部门的从业人员为0.08%）②。

同乡村教师相比，城市教师的物质条件和法律地位情况相对好一些。小学教师的薪水是每年360卢布，再加上工龄津贴。教师的工资水平取决于工龄，而不是学历。市立学校教师平均每年的工资为600卢布，而在1904年工资上涨幅度超过20%，增至750卢布。然而，由于城市的生活成本越来越高，这笔钱已经无法满足最低生活需求。在教师的开销中，房租

① Сборник статистических сведений . . . 1910 г.
② См.：Рубакин Н. А. Россия в цифрах. СПб.，1912. С. 96，99 – 100.

是很大的一笔支出，因为并不是每所学校都会提供住房，尤其是小学。有时，分配给教师的公寓条件很不好，以至于他们宁愿自己租房住。租房每年要花费 500 卢布，所以，市立学校的教师很少有人成家，因为要用剩下的钱养家是非常困难的事情。①

改善教师的物质条件（提高工资、完善退休立法、提高教师的福利待遇）是教育界长期以来的要求。② 与西欧国家相比，俄国教师的工资可以说十分微薄。例如，在德国，小学教师起薪为每年 600 卢布到 800 卢布不等。工作满三年后，他们的年薪可以涨到 1000 卢布至 1700 卢布。但德国的小学教师对这一现状并不满意，他们认为中小学教师的薪资标准应该保持一致。③ 1912 年，俄国城市教师的物质条件有所改善，提高了工资，解决了住房开销问题，扩大了退休的权益。④ 中学教师的工资要高一些：每年 700～800 卢布，再加上工龄津贴，并可由学校提供住房。⑤

职业学校教师的工资标准由学校所属上级部门来确定。例如，铁路学校教师的平均工资在 200～455 卢布。到 1914 年，涨至 300～900 卢布⑥，并由学校提供住房或住房基金。商业教育系统教师的工资收入主要取决于其业务水平，从 480 卢布到 600 卢布不等（之后还会增长）。⑦

通常认为，市立学校、古典中学和实科中学的教师均属于国家公职人员。因此，他们享有一定的退休待遇。然而，他们的法律地位并不稳定。在许多市立学校和中学改组委员会的讨论中，都提出过同一个问题，即提

---

① Очерки истории школы и педагогической мысли ... С. 108.

② Чарнолусский В. И. Итоги общественной мысли в области образования ... С. 57; Доклад Комиссии преподавателей городских（по Положению 1872 г.）училищ ... С. 9; Труды Педагогического общества ... I. С. 29; Отчет о съезде учителей городских училищ 2 – 11/ I – 1903 г. М., 1904. С. 121.

③ См.: Фальборк Г. Положение учителей // Школа и жизнь. 1914. № 14. С. 6.

④ ЖМНП. 1916. № 7. С. 91.

⑤ Труды Высочайше утвержденной Комиссии по вопросу об улучшениях в средней общеобразовательной школе. Вып. 2. СПб., 1900. С. 6 – 7.

⑥ О начальных и низших железнодорожных училищах в России // ЖМНП. 1907. Ч. VIII. Апрель. С. 125.

⑦ Положение о коммерческих училищах ... С. 27.

高教师的法律地位，并在教学过程中赋予他们更广泛的权利，使他们在教学委员会中坚持自己的立场，鼓励他们积极参与解决教育问题。[1] 让教师从以国民教育部督学为代表的政府官员的监管中解放出来成为当时教育类新闻报道的主题，也是国民教育代表大会一直坚持的要求之一。

莫斯科大学教授、教师协会成员 А. П. 巴甫洛夫写道：“必须赋予教师和教师委员会修改教学大纲和教学计划的权利，使其符合学科要求、教学法及教学经验。这将更有利于发挥教师在社会中的作用，改善他们的精神面貌。”因为“如果教师受到教学大纲和公文通告的强制性束缚……在任何方面都不能表现出主动创新意识，那么，在这种情况下，教育只会是一潭死水”[2]。教师代表大会通过决议，提议成立学校监督委员会机构，并通过加强教师与家长之间的联系保障他们与社会的密切接触，从而增强教师在家长以及学生中的权威。[3]

然而，在学校教师的教学实践中，却经常会出现这样一种情况，即不仅没有增强教师的权威，反而频频让他们感觉受到了侮辱，剥夺了他们主动创新的可能。正如县立学校教师 Ф. Ф. 拉里奥诺夫回忆的那样，那些形式主义泛滥的公文和指令要求教师“机械地工作……为了掌握 ять 的正确使用，要做大量毫无意义的、愚蠢的练习”[4]，这抑制了教师在教学工作中的创造性。在这种“教育”下，学生甚至无法把自己的想法在纸上写出来。

面对这种情况，有思想的教师不可能无动于衷。他们对自己的工作感到不满，试图从学校的交际圈中挣脱出来，因为那里都是和自己一样处于“压抑”环境的同事。他们希望能和人分享自己的想法，并从“旁观者的角度”加以审视。他们认为，参加教师代表大会、教师培训班是一个出路。

---

[1] Труды Педагогического общества … I. С. 29.

[2] Павлов А. П. Реформа общеобразовательной школы // Вестн. воспитания. 1905. № 1. С. 46.

[3] См.: Чарнолусский В. И. Съезды по народному образованию … С. 8.

[4] Ларионов Ф. Ф. Семейная хроника. Шадринск，1993. С. 22.

新闻报刊也指出，教师对夏季短期培训班的兴趣越来越大，市立学校的教师和中学教师积极参加教师代表大会，参与教师协会的创建及协会的工作。另外，针对普通教育现有体系的发展、建立一贯制学校、改善教师的物质状况等问题，教育界也展开了讨论。①

1916年，自由主义思潮一度高涨。在这种情况下，国民教育部提出重新制定并放宽召开教师代表大会的条件。在战争期间，政府采取了一系列保护教师的措施：上前线的教师可以保留在学校的职位；计算工龄津贴的时候，在军队服役的时间计入教师工龄。②

综上所述，在20世纪20年代初期，城市教师的境况有所改善，一方面，这是生活提出的客观要求；另一方面，这是教育界抗争的结果。

校外教育

现实生活提出了必须发展各种形式的校外教育的需求。许多孩子还没有修完全部课程就辍学离开学校，这导致了居民文盲率的上升。作为一种教育形式，校外教育得到了公众的支持。自19世纪90年代后半期开始，社会上频频出现开展多种形式校外教育的呼声。校外教育旨在夯实校内获取的知识，为没有机会上学或者超出学校规定年龄的人提供学习的机会。校外教育的主要种类和形式包括星期日学校、成人夜校、大众读书会和座谈会、设有阅览室的群众性图书馆。

1906～1907年，当局重又设立识字委员会。1896年，原来属于自由经济协会（圣彼得堡委员会）和农业协会（莫斯科委员会）一部分的文化委员会从科学协会中分离出来，转归国民教育部管辖，其活动受到很大限制。20世纪初，该委员会获得了独立组织的地位。它们有权收取校外教育的学费，推动开办成人学校，组织建设群众性图书馆，开展图书和教材的推广工作。一

---

① См. : Очерк Е. К. Сысоева «Сельская школа» в настоящем издании.
② ЖМНП. 1916. № 8. С. 93, 161, 166.

些私人资本家会为图书馆、民众文娱馆、工人学校和技工学校的建造捐赠资金。例如，按照著名图书出版商 Ф. Ф. 帕夫连科夫的遗嘱，捐款开设 2000 家图书馆；Е. Д. 纳雷什金捐赠 30 万卢布在坦波夫建立教育机构；С. В. 帕宁娜伯爵夫人在彼得格勒建立了工人文娱馆。[1] 许多知识分子在这些教育机构免费工作。

在如此重要的事情上个人的主动倡议起到了主导作用，这是社会意识成熟的标志。然而，其自身也有不足和缺陷：给工作带来偶然性因素；其发展缺乏计划性和系统性。

星期日学校是更偏向于城市的校外教育形式，其历史悠久，源于 19 世纪 50 年代。[2] 星期日学校经历了多次关闭和开设，其教学大纲内容受到限制，并曾试图转归主教公会管辖，与教会 - 教区学校等同视之。1907 年 3 月，当局通过了新的《条例》。《条例》在一定程度上反映了革命高涨时期保留下来的自由主义思想。《条例》规定，地方自治会、城市和农村的社会团体以及个人均有权成为学校、讲习所、补习班、成人培训班的开办者。学校的教学大纲可以自行制定，也可与一级制、两级制或者市立学校一致。在教学方面，它们从属于正规学校委员会。

在希望扩展自己的文化水平和视野的工人当中，星期日学校很受欢迎。他们是此类学校的最主要生源。例如，在圣彼得堡，工人占此类成人教育机构学生总数的 40%。[3] 在 20 世纪初革命运动高涨的时期，激进的知识分子利用星期日学校开展宣传工作，培养青年工人的阶级团结精神。有时，这些学校不仅是教育中心，还是政治活动中心。[4] 当局意识到了这一点，对此甚为担忧。因此，在对 1907 年《条例》的特别补充说明中指出，教师应表现出政治上可靠的"面貌"，而类似的教育机构只有在能够确保对教师进

---

① См. : Медынский Е. Н. Внешкольное образование, его значение, организация и техника. 5-е изд. М. , 1919. С. 41, 46.

② См. : Сысоева Е. К. Народная школа.

③ См. : Крузе Э. Э. Указ. соч. С. 90.

④ См. : Герзей（Шмигальская）Е. Ц. Лучшие годы моей работы // Школа для взрослых. 1939. № 9. С. 52.

行监督的地方才可以开设。①

1897 年由 B. A. 莫洛佐娃出资开办的莫斯科慈善学校是最受欢迎的成人学校。该校开设两类课程，一类的教学内容实施普通教育大纲，另一类则开设物理、化学、数学、历史、地理和外语课程。在这里上课的有许多知名学者，如 И. M. 谢切诺夫、A. H. 列福尔玛茨基、A. A. 马津格、B. Я. 弗里契等。学生们从位于郊区的偏远工厂区来到学校上课，为了准备功课和上课，他们常常牺牲自己的晚饭和睡觉时间。上完初级班希望继续接受教育的人越来越多，1897 年的时候有 72 人，到了 1905 ~ 1906 学年已经超过 700 人。教师的人数也增加了：从建校之初的 38 人增至 1905 ~ 1906 学年的 100 人。②

莫斯科普列契斯坚斯克工人短训班的听课人员与教师，
摄于 20 世纪初

尽管此类成人学校广受工人欢迎，但在现实生活中，这种形式的校外教育发展仍显不足。在实践中，拓展星期日学校的教学大纲内容等相关规定的落实遇到了官僚制度方面的层层阻挠。1911 年，地方自治全体代表大

---

① См.：Фальборк Г.，Чарнолусский В. Настольная книга по народному образованию. Т. 4. С. 434 – 435.

② См.：Гольцева Н. А. Краткие воспоминания о Пречистенских курсах（к прошедшему десятилетию）// Педагогический листок. 1908. Кн. 4. С. 296 – 303.

会指出，星期日学校的教学大纲一般限制在三年制学校的最低要求范围内，其中一些学校只教识字。各类培训班和培训学校课堂教学在组织方面缺乏系统性，而教学内容则有一定的随机性。

星期日学校在数量上也是不够的。1911 年，在俄国欧洲部分 13 个省的城市中，共计有此类教育机构 104 所。据当时的人们估计，星期日学校主要靠知识分子提供无偿劳动才得以维持运作，而他们在这里工作则是出于理想信念。星期日学校维持的时间不长，其影响因素有许多。例如，虽然星期日学校的教学有别于正规学校，但也会让普通学校的教师来这里给成人上课。教师的任务主要是针对成年学生进行速成识字教育，激发他们的求知欲，培养其自学能力，而成人教育的教学法并非所有教师都能够掌握。[1] 随着成人学生对教育的需求日益增加，星期日学校渐渐变成另一种形式的教育机构——民众大学。

校外教育还有一种较为普遍的形式——大众读书会，其目标对象是文化水平较低的听众。这些读书会旨在开阔学员的视野，让他们了解重大历史、战争事件，以及他们能够理解的文学作品。大众读书会的听众每场有200～250 人，他们对阅读的需求促使识字委员会出资资助书库的建设，书库中收集了大量书籍、画作和技术资料。各城市的大众读书会发挥着重要的作用，它们为听课学员上民众大学做了很好的知识储备，让他们对比通俗读物更为严肃的文学作品产生兴趣。同时，一种具有光明未来的新型读书会——公共读书会普及开来。公共读书会的目标对象是中小学生，其内容比传统教学大纲更宽泛，并运用"幻灯片"、电影放映机、主题游览等多种手段展开教学。[2]

这一时期，中小学积极组织开展游览活动。到 1912 年的时候，形成了

---

[1] См. : Медынский Е. Н. Указ. соч. С. 41.
[2] См. : Ястребов А. Е. Народные чтения в губернских городах Центральной России в конце XIX - начале XX в. (по материалам Орла, Курска, Воронежа) // Общественно-культурная жизнь Центральной России в XVIII - начале XX в. : Сб. науч. тр. Воронеж, 1999. С. 45 - 48；Чехов Н. В. Указ. соч. С. 131.

由远及近的一整套游览路线。大家普遍认为，这种形式的教学可以克服传统教育体系脱离生活带来的种种弊端，提高自然科学、历史、地理等科目的教学效果。随后出现了让大家了解所在地区地理和历史的名胜古迹游、乡村游、工厂游等。1900～1903 年，国民教育部发布专门公告，指示教学部门的领导大力支持举办这些活动，对于利用暑假时间参加游学者在出行和食宿等方面给予优惠。

　　校外教育有近半个世纪的历史，无论是教育界还是当局都认识到了其存在的必要性。虽然校外教育得到了一定的发展，但正如 Э. 瓦赫捷罗娃所言，它仍处于被忽视的地位，而造成这一点的主要原因是资金不足。① 1916年，其办学经费为 50 万卢布。② 国民教育部 1916 年财政预算的说明中指出："俄国比其他任何地方都更需要校外教育，因为这里的初等教育不是义务教育，而且其全民普及程度相当低：仅有少数县城有足够数量的学校供所有学龄儿童接受教育，大部分居民甚至没有机会接受最基本的识字教育。"③ 1914 年，地方自治会全体代表大会召开并通过决议：校外教育应当成为"提高居民教育水平的重要和独立的方向"④。

＊＊＊

　　市立学校在 20 世纪前 15 年走过了一段意义重大的发展道路。一级制小学的数量增加了，二级制小学和高级小学得到了一定的普及。到 1917 年的时候，全国识字人口中城市居民的数量占比为 69.4%。⑤ 然而，城市居民对于识字读书的好处有根深蒂固的认识，这造成市立学校生源爆满。且不说

---

① Вахтерова Э. О. О сельских школах для взрослого населения // Школа и жизнь. 1914. № 17. С. 3.

② Объяснительная записка к смете Министерства народного просвещения на 1916 г. С. 171.

③ Там же. С. 170.

④ Школа и жизнь. 1914. № 17. С. 6.

⑤ См. : Симчера В. М. Развитие экономики России за 100 лет. Исторические ряды. М. , 2006. С. 255.

各省城，即使是在都城，都有很多儿童无法进入小学念书。由此可见，基础教育仍然不是所有居民所能及的。

中等教育的主要形式仍旧是古典中学和实科中学。有意上中学者日益增多，其中包括来自贵族阶层的人。但现有的中等教育机构无法招收所有人。以1913年为例，在提交入学申请的人中，有一半被拒之门外。

普通学校的一个主要问题，即建立能够将各个教育环节衔接起来的统一学校体系的问题最终也未能得到解决。无论是社会各界还是政府的代表都明白，必须对小学、古典中学和实科中学进行改革。创建一贯制学校的改革方案接二连三地被沙皇否决和搁置，但还是有许多个人提案得以通过并付诸实施。在20世纪前15年的时间里，无论是小学还是中学的工作都发生了积极的变化。高级小学的创建为初级和中级学校之间建立起了衔接关系；在近20年（1897～1914）的时间里，接受过普通中等教育的人数增加了1.7倍，其中，出身民主阶层的人占比由原来的7%增至20%[①]；职业教育尽管发展的速度较慢，但一直循着现实生活要求的方向发展。可以说，20世纪20年代初，在中学毕业后开始步入人生之路的一代人担负着改革国家的重任。

但真正让各阶层民众都能上得起，并且能让他们有机会升入各类高等院校继续读书的一贯制学校，直到1917年以后才创建起来。

---

① Подсчитано по изданиям：Извлечение из Отчета министра ... за 1897 г. С. 221，224；Россия в 1913 г. С. 332 – 333；см. также：Рашин А. Г. Указ. соч. С. 73 – 74.

第三章

高等院校：城市文化空间中的大学

A. E. 伊万诺夫

俄罗斯高校历经近两个世纪的发展，到 1917 年 2 月的时候，共计有 124 所学术机构，其中包括 11 所大学和 40 所大学类高等院校（涵盖法学、医学、东方学、历史学等学科），9 所师范学院和高级培训班，9 所音乐戏剧和艺术学校，7 所不同宗教的神学院，19 所工程学院，15 所农学院，6 所商学院，8 所军事学院、海军学院及高等军校。1913 年，高校有包括教授等在内的各级教师 4500 人，在校生逾 12 万人。

尽管数量众多，但俄罗斯高校尚未形成完整的体系，原因在于它包含了国立高校（政府、官方的）与社会大学、私立大学（非政府的）两个自治程度较高的系统。两者常常秉持和体现出截然相反的思想、规则及社会宗旨与目标。

国立高校

按照法律地位来说，沙俄时期的国立高校属于国家机构。这些学校由国家给予财政支持，并作为 10 个部委的地方下属机构编入各自的组织结构中，而在编教师及工作人员则是不同级别的国家官员。

在这些学校就读的大学生严格遵守学校的规章制度，必须穿校服，可以向国家基金申请助学金及物资补助。毕业后，曾获国家资助的学生须接受定向指派工作（每接受一年资助须服务三年）。

毕业生拿到国立高校毕业证可获得 12～10 级官衔。原本是普通市民或农村出身的毕业生由此具有了光荣的个人身份，一条伴随职位升迁的加官进爵之路呈现在他们面前。作为犹太教徒的毕业生也可不受"必须生活在犹太人聚居地"这一严格限制。

身穿高等技术学校制服的大学生 H. M. 夏波夫，
拍摄于 1902 年的莫斯科

到 1917 年的时候，国立高校已有 65 所，在校生 6.5 万人（各类高校在校生总计 13.5 万人），占全国大学生总数的 48%。① 从 1898 年到 1917 年 20 年的时间里，有近 12 万人在国立高校修完全部课程拿到毕业证，占各类高

---

① См.：Иванов А. Е. Высшая школа России в конце XIX – начале XX века. М.，1991. C. 254.

校（国立大学、社会大学以及私立大学）同期培养毕业生总数的 79％。①

　　在国立高校中，大部分是与物质生产没有直接关系的大学，以及在教学大纲和教学方法方面与大学较为相近的法律、师范和医学类院校，还有军事学院、海军院校和神学院。在 65 所国立高校中，此类院校有 40 所，1917 年的时候，有 4 万名学生就读于此。②

　　沙俄政府开设国立高校的主要目的是为国家机构培养人才。对贵族与官员子女的培养目标是为国家培养管理人才，所有学校的大门都向他们敞开：大学对他们免试录取，而对其他人则通过竞争录取。对民主阶层出身的学生的培养目标是为国民经济各领域培养实践型人才，面向他们的主要有工程学院和农学院。

　　然而，俄国社会生活的发展变化逐渐模糊了阶层的界限。原本是贵族和官吏家庭出身的人优先享有的中高等教育资源，逐年向平民知识分子青年释放出越来越多的空间和机会。而贵族和官吏子弟则向原本属于资产阶级阶层的高等教育领域积极开拓。换言之，19 世纪末 20 世纪初，同社会上的总体情形一样，在大学生范围内阶层差别变得越来越小。

　　沙俄时期的国立高校实际上是男子学校。65 所高校中只有 3 所学校接收女性上学，且只接收女性，因为这 3 所高校实施男女分校制度③。即使是 C. Ю. 维特这样受过高等教育的国务活动家也认为，实行男女同校制度是“对高校进行彻底改革的最好方法”④。第一次俄国革命的社会变革成果之一便是当局在“女性问题”上采取更为柔和的态度：允许女性以旁听生的身份进入大学和一些院校。但随着革命的失败，女性进入男子高校学习的路再次被堵死，那些已经成为大学和专科院校旁听生的女学生则被设计

---

① Там же. С. 318 – 320.

② Там же. С 23，28，32，37，40，51，56（подсчеты мои. А. И.）.

③ 圣彼得堡女子医学院（1897）；圣彼得堡女子师范学院（1903）；莫斯科高等女子教育培训班。圣彼得堡皇家美术学院绘画、雕塑和建筑学校是唯一一所实行男女同校制度的国立高校（1764）。

④ Мемуары графа И. И. Толстого. М.，2002. С. 100.

"排挤出去"①。

国立高校的教学语言为俄语，其招生对象首先是信奉东正教的青年学生。在1913～1914学年的在校生中，东正教徒占74.7%，其中不仅有俄罗斯人，还有乌克兰人、白俄罗斯人、格鲁吉亚人和已经加入基督教受过洗的犹太人。与此同时，在国民经济各领域专科院校的学生中，信奉东正教的学生占68.5%。②

在有不同宗教信仰的少数族群大学生中，犹太学生是重点管理对象。因为当局一直认为，他们最容易受到反政府思想和行为的影响。1887年6月，各部直属高校开始采取按比例定额招收犹太人进入大学的制度。而交通部、国防部、海军部、司法部和玛丽亚·费奥多罗夫娜皇后事务部等直属高校则完全不招收犹太教徒，莫斯科农学院（属土地规划与农业总局）同样对他们大门紧闭。③

国立高校的地理分布不均衡，令其社会民主风气愈加寡淡。其中95.4%的高校位于俄国的欧洲部分，仅有4.6%分布于亚洲［托木斯克、符拉迪沃斯托克（海参崴）］；55.4%的高校聚集在圣彼得堡和莫斯科；其余44.6%的高校则分散在22个省城。作为高等教育的中心，这些高校在地理分布上过于集中，并且即使是位于俄国欧洲部分的高校，彼此之间的距离也非常远，这对于大学的学生人数及阶层构成都产生了不利影响。对很多高中毕业生来说，如果得不到应有的物质帮助，离开父母前往另一座城市将成为其接受高等教育不可逾越的障碍。

在国立高校的最顶端，是受到皇家特殊庇佑、专为世袭贵族开设的贵族法律学校，其中包括玛丽亚·费奥多罗夫娜皇后事务部直属的圣彼得堡亚历山大皇家贵族学校（前身为皇村贵族学校）（1811）、圣彼得堡法学院

① См.: Иванов А. Е. Студенчество России конца XIX – начала XX века: социально-историческая судьба. М., 1999. С. 111 – 133.

② Там же. С. 197.

③ См.: Иванов А. Е. Еврейское студенчество в Российской империи начала XX века. Каким оно было? Опыт социокультурного портретирования. М., 2007. С. 57 – 58.

托木斯克工艺技术学院的物理楼

（隶属司法部，1832）以及尼古拉皇储就学的莫斯科皇家贵族学校（隶属国民教育部，1868）。①

莫斯科的卡特科夫贵族学校是俄国专制政权与资产阶级结盟的象征，因为该校是由思想家 M. H. 卡特科夫和 P. M. 列昂捷夫教授依靠莫斯科大企业家（C. C. 波利亚科夫、П. Г. 冯·德维斯、К. Ф. 冯·梅克等）的资金创建的。后者为学校提供资助，实际上是以此为自己的子女在贵族学校购得学位，让他们与莫斯科家境殷实的贵族子弟一起念书。

高等陆军②与海军③院校历来是贵族学校，致力于将学员培养成精英军官，以在不远的将来担任高级指挥官。它们也是享有阶层特权的高等教育

---

① См. ：Иванов А. Е. Высшая. школа России. . . С. 26 – 31.

② 包括总参谋部军事学院（1832，圣彼得堡；1910 年更名为军事学院）、炮兵学院（1855，圣彼得堡）、工程学院（1855，圣彼得堡）、军需学院（1900，圣彼得堡；1911 年改为军需班）、军事法律学院（1867，圣彼得堡）。

③ 包括海军学院（1877，圣彼得堡）、海军学校（1701，圣彼得堡；在 1906～1916 年被称为海军军官学校）、海军工程学院（1894，圣彼得堡；1896 年更名为海洋管理技术学院）。

机构。但是，由于仅限于对贵族阶层的选拔，高等军事院校在编学员的数量较少，无法满足军队对受过高等教育的校官干部人才的迫切需求。校官干部人才缺乏也是第一次世界大战期间俄国遭遇的严重危机之一。①

而在国立高校之中，居社会等级另一端的是全国规模最大的高校——直属国民教育部的高校，这些高校分布在莫斯科（1755）、尤里耶夫（1632；在1893年之前叫作杰尔普特）、喀山（1804）、哈尔科夫（1805）、圣彼得堡（1724）、基辅（1834）、敖德萨（1865）、华沙（1869）、托木斯克（1880）、萨拉托夫（1909）、彼尔姆（1916）。实际上，雅罗斯拉夫尔（1805）的杰米多夫法学院虽然只有一个系，但就其教学大纲和教学规范来说，也是一所大学。在1913～1914学年，上述学校的生源有51%是来自皇家高等学校的学生，另有27.2%是在公办和私立高校接受过高等教育的学生。②

大学主要培养包括律师、中学教师和医生在内的国家公职人员，为国民教育机构和医疗部门输送大量专业毕业生担任行政干部。其中，也有相当一部分大学毕业生到地方自治局或城市自治机关工作。沙皇政府开办大学的目的也正在于此。

除了上述职能使命，大学在发展国内基础科学和学科建设方面也具有重要作用。然而，大学教师从事科研活动在最高政权看来只是个人的私事，似乎并不是必要的。即使再杰出的学者，一旦在政治上存在不可靠之嫌，教学部门也会毫不留情地将其辞退。

作为沙俄时期高等教育领域的基石，大学体系在19世纪末20世纪初陷入愈发严重的危机。沙俄150年来共创建了11所大学，其中20世纪初建成的仅有两所——萨拉托夫大学（只有一个医学系）和彼尔姆大学（未能开展教学活动）。在大学建设方面，俄国远远落后于欧洲强国：1912年，德国共计有32所大学，意大利有28所，法国有27所，英国有18所。③

① См.：Бескровный Л. Г. Армия и флот России в начале XX в.：Очерки военно-экономического потенциала. М.，1986. С. 41.
② См.：Иванов А. Е. Высшая школа России... С. 23，253.
③ РГИА. Ф. 1276. Оп. 8. Д. 526. Л. 72 об. －73.

喀山大学的天文观测台，拍摄于 20 世纪初

政府无意实行高等教育现代化。1912 年 4 月 2 日，沙皇在关于创办新型高校项目的决议中指出："我认为俄国需要创办高等专科学校，对中等技术学校和农业学校的需求更大，而其现有的高校已经足够了。该决议即为批示。"[1] 这项决议具有法律效力，它阻碍了沙皇俄国时期高等教育的发展。

莫斯科大学的 В. И. 韦尔纳茨基教授早已预见到，沙皇这一狭隘守旧而且外行的决议将会带来负面影响。1914 年，他在自己发表的《俄国的高等学校》一文中指出："高等专科学校的地位远优越于大学……这在任何一个推行高等教育的国家都是史无前例的…… 大学通识教育的深远影响日渐消失，社会上对纯粹的知识的尊重也在下降。"[2]

1916 年，国民教育大臣、自由主义者 П. Н. 伊格纳季耶夫试图解除限制大学体系进一步发展的"最高禁令"。他向尼古拉二世汇报了教育系统呈现的不良发展趋势：中等教育机构和高校师资力量不足，国民经济各领域

---

①　Там же. Ф. 733. Оп. 156. Д. 561. Л. 93.

②　Ежегодник газеты «Речь» на 1914г. СПб. , 1914. С. 310 – 311.

缺少化学、农学以及其他领域的专业人才。他提出，当前的首要任务是在托木斯克大学和萨拉托夫大学中开设新系，接下来在顿河畔罗斯托夫和彼尔姆开办新大学。①

П. Н. 伊格纳季耶夫的想法最终得以付诸实施。1916 年 6 月 30 日，尼古拉二世批准了他的报告。② 国民教育部加快制订关于建设大学网络的计划。根据计划，将在萨马拉、雅罗斯拉夫尔（以杰米多夫法学院为基础）、沃罗涅日（或坦波夫）、叶卡捷琳诺斯拉夫（或辛菲罗波尔、刻赤）、维尔纳（或莫吉廖夫、斯摩棱斯克、明斯克）、符拉迪沃斯托克（海参崴）、塔什干等地创办新大学。然而，由于伊格纳季耶夫仓促辞职，这项工作最终未能完成。

专业类大学

在一定程度上，师范学院、医学院和东方学院等专业类高等院校是对综合类大学的"扩充"。

师范学院大大缓解了中学教师短缺的问题，尽管如此，这一缺口仍然很大。历史最悠久的师范学院当数涅任文史学院（1820）和圣彼得堡文史学院（1867）。学校采取封闭式寄宿管理，有在校生 100 人，完全由国家公费培养。涅任文史学院和圣彼得堡文史学院为国民教育部直属的传统中小学校培养任课教师。完成四年学制的学习后，他们会获得"中小学教师"称号以及相当于大学文凭的毕业证书。之后，学院的一些毕业生从事教育行政部门的领导工作，成为传统中学教育体制的忠实拥趸。

文史学院并不受中学生的欢迎，因为其中很多人都对"古典"语言深恶痛绝（报考这些院校的主要是需要国家全额公费资助的学生）。③ 整个师范界对它们的态度也一样，认为"它们就是为国家生产忠实可靠教师的机

---

① РГИА. Ф. 25. Оп. 5. Д. 6. Л. 590 – 593.

② Там же.

③ См. : Иванов А. Е. Высшая пкола России. С. 38 – 41.

器"①。玛丽亚·费奥多罗夫娜皇后事务部直属的圣彼得堡女子师范学院（1903）在社会中也是名声平平。该学院对圣彼得堡和莫斯科那些不受政府待见的非国立女子高等培训学校起到了平衡和保护作用，"后者弥漫着反政府和革命的情绪"②。

在师范学院中，以创建者名字命名的舍拉普京师范学院有特殊的地位。该校于 1911 年由个人出资建成，却是国家建制。学校旨在对具有高等学历的男性东正教徒进行再培养，使其成为可以在中等教育机构从事教学工作的师资力量。

有些高校旨在培养东方学研究者。在俄国最古老的东方学院中，除了喀山大学和圣彼得堡大学的东方学院，还有几所高水平的东方学院：圣彼得堡的外交部东方语言学部（1828）、莫斯科的拉扎列夫东方语言学院（1848）以及位于遥远的符拉迪沃斯托克（海参崴）的相对年轻的东方学院（1899）。这些学校专为外交部门培养驻东方国家及边疆地区的外交官员等专业人才。

实科学校和师范学院高级教学大楼，在企业家舍拉普京的资助下于 1911 年在莫斯科建成，摄于 20 世纪初

---

① Вестн. воспитания. М，1906. № 7. С. 112.

② Иванов А. Е. Высшая школа России... С. 44 – 45.

外交部东方语言学部学制两年，为俄国驻近东、中东、欧洲东南部及曾经在奥斯曼帝国统治之下的北非各国的大使馆、代表团、领事馆培养高级译员。完成学业的军队学员会被派往高加索和位于俄国亚洲部分的军区（西伯利亚、哈萨克斯坦），一部分被安排到外交部工作。外交部东方语言学部的课程包括阿拉伯语、波斯语、现代希腊语、法语、英语以及穆斯林法和国际法。[1]

国民教育部直属的莫斯科拉扎列夫东方语言学院是针对俄国公民和"外国人"中的亚美尼亚人开办的教育中心，也招收其他族群的青年学生。该学院由"文科学部"和类似于高校的三年制"专业性"高级班构成。[2]学院设有亚美尼亚文学、土耳其文学、阿拉伯文学、波斯文学、俄语、格鲁吉亚语等教研室，还有波斯语、土耳其语、阿拉伯语以及东方书法实践教研室。其毕业生的去向：有的在近东和中东国家的外交部门任职，有的从事科研工作，有的成为高加索地区行政管理干部。

国民教育部直属的符拉迪沃斯托克（海参崴）东方学院负责为俄国东亚部分及周边国家的行政、工商业部门培养高级官员。[3]它由中日、中韩、中蒙和中满几个分部构成，旨在"为俄国东亚及邻邦的行政和工商管理部门培养人才"[4]。学院还设有军事教学部，对包括军事院校毕业生在内的军官开展教育。他们到军队的侦查部门任职，开展军事外交工作。[5]日俄战争期间，东方学院的军官生起到了非常重要的作用。

军事医学院（1798）与圣彼得堡女子医学院（1897）都类似于大学的医学系。1912年之前，军事医学院一直是半军事学校，"主要为陆军和海军

---

① РГИА. Ф. 1276. Оп. 11. Д. 1359. С. 144 – 146.

② ПСЗ – Ⅱ. Т. 47. No. 51655.

③ 详细信息参见远东国立大学校史文件与材料。1899 – 1939，Владивосток，1999；Дальневосточный государственный университет. История и современность. 1899 – 1999. Владивосток，1999。

④ ПСЗ – Ⅲ. Т. 19. № 16940. Ст. 1.

⑤ Там же. Ст. 1，33.

部门"培养医生①（然而，其中也有一部分毕业生去了民事部门任职）。
1912～1913 年，学院转型为完全的军事学校，只为武装力量培养军医。

沙皇俄国的第一所女子医学院依靠 80 万卢布的个人捐赠于 1897 年建
成。在 1904 年之前，女子医学院的主要财政来源为社会和私人捐款，再加
上微量的国家补贴。女子医学院在成立之初仅限于招收女性学生，旨在将
她们培养成妇产科和儿科医生。自 1904 年起，女子医学院不仅享受国家补
贴，还得到 50 个地方自治局的资助，并发展成一所大型医学院，拥有雄厚
的师资力量和现代化的临床实验基地。与综合性大学的医学系一样，女子
医学院转而培养各科的女医生，并具备授予其医学博士学位的资格（它从
1916 年起才获得向男性授予学位的资格）。②

高等神学院在专业类高等学校体制中地位特殊，它为东正教、亚美尼
亚 – 格里高利教③、罗马天主教④、福音派新教⑤培养神职人员。

在国立高校中，皇家美术学院绘画、雕塑和建筑学校是唯一一所完全
遵循俄国社会大众审美需求的学校。学校由绘画 – 雕塑系和建筑系组成，
宗教画、历史画、风俗画、战争画、风景画、装饰画、雕塑、雕刻、印章
刻制等艺术课程在相应专业导师的工作室中进行。学校开设三年的通识教
育课程，包括艺术史、美学批评、解剖学等。

学校招收各阶层的青年学生，"他们应具有高等艺术培训课程的基础
和能力，并已获得绘画学校写生班的结业证或毕业证"。还有一点也很重
要，即在入学考试中学生应展现出"具有写生画天赋"⑥。根据学校的规
定，"具有非常杰出的艺术才能，但不符合入学资格要求"的人也可被录

---

① Там же. Т. 10. № 6860. Ст. 17.
② Там же. Т. 24. № 24495. Ст. 1，43；Собрание узаконений и распоряжений прави-
тельства. СПБ.，1916. 28 июня. № 1484.
③ 埃奇米阿津亚美尼亚教区的亚美尼亚 – 格里高利学院（1874）。
④ 内务部外国宗教事务局直属的圣彼得堡罗马 – 天主教学院（1842）。
⑤ 尤里耶夫大学神学院。
⑥ ПСЗ – Ⅲ. Т. 13. №9982. § 35，43，56，61.

取。① 这样一来，归根结底，学生的艺术创作天分或才能是被成功录取的最重要因素，这一点对学校的生源构成有显著的影响。例如，在 1902 年，有半数学生起初没接受过艺术教育，他们毕业于传统中学、实科中学、神学院、职业学校、军官学校和高等学校。② 直到第一次俄国革命前，它都是唯一一所正式接收"女学生"的高等国立学校（虽然在学校章程中关于"旁听生"的规定没有对性别做任何要求）。整体而言，该校的学生来自俄国各地，每个都独具天赋。或许，正因如此，该校的学生数量一直不多，比如，在 1913 ~ 1914 学年，共有 260 人（其中有 19 名女学生）。③

修完绘画 – 雕塑系学业的人可获得"艺术家"或"艺术建筑师"的称号，并有资格任御用画师，官阶十级。④

在沙俄时期的高等教育体系中，就社会等级来说，同那些旨在为国家管理机构培养急需人才的学校相比，为工厂、农业及工商业部门培养专业人才的高校的地位要低一级。无论是从意识形态还是立法角度来讲，这一类服务于国民经济各领域的院校的招生对象都主要是在实科中学、技术中学、矿业中学、农业中学和商业中学中接受过中等教育的资产阶级和平民学生。为工厂⑤、矿业⑥、交通运输业⑦、建筑业⑧、电话电报通信以及电力工程行业⑨培养工程技术人员的学院有 15 所；培养农业人才的高校有 10

① Там же. § 36. Прим. 2.
② Отчет о деятельности Имп. Академии художеств в 1902 году. СПБ. , 1903. С. 102 – 105.
③ Отчет о деятельности Имп. Академии художеств за 1914 г. СПБ. , 1915.
④ ПСЗ – Ⅲ. Т. 13. № 9982. § 52, 65.
⑤ 圣彼得堡技术学院（1828）、哈尔科夫技术学院（1885）、托木斯克学院（1896）研究所、莫斯科高等技术学校（1830）、华沙理工学院（1898）、基辅理工学院（1898）、圣彼得堡理工学院（建于 1898 年，1902 起开放）、里加理工学院（1862）、新切尔卡斯克的顿河理工学院（1907）。
⑥ 圣彼得堡（1773）和叶卡捷琳诺斯拉夫（1899）的矿业学院。
⑦ 圣彼得堡运输工程学院（1810）和莫斯科运输工程学院（1896）。
⑧ 圣彼得堡民用建筑学院（1842）。
⑨ 圣彼得堡电子技术学院（1868）。

所：耕作领域有 5 所①，土地规划领域有 1 所②，兽医领域有 4 所③。

直到 19 世纪末，圣彼得堡技术学院（1828）、哈尔科夫技术学院（1885）和莫斯科高等技术学校（1830）都在工业工程高等教育领域居领军地位。三所学校均开设机械和化学两个系，以适应 19 世纪 70～80 年代工业发展的要求，为当时工业生产的主力军——中小型工厂培养其所需的通用型工程师。然而，19、20 世纪之交正值工业建设如火如荼之际，俄国工程教育发生了重大变化。通用型工程师数量较少，越来越不能满足大型工业企业的需要。各领域都进行大规模生产，这需要大量术业有专攻的新型工程师。培养高级金融人才和商务人才也迫在眉睫，这些是俄国经济部门前所未有的人才。

这类人才的培养对专业院校提出了新的要求，即采用新的办学形式——建立多系别的高等工科院校。在俄国技术协会技术教育委员会 1898 年 1 月 21 日颁布的法令中有这样的规定："……培养各个专业青年人才的理工学院是最理想的高等技术学校类型。"④ 俄国唯一一所理工学院是位于波罗的海沿岸的里加理工学院，它是在 1862 年由一位德国商人建立的，该校的丰富经验也可以拿来借鉴（1896 年，在财政大臣 С. Ю. 维特的倡导下，学院升级为国立大学）。

工商界进一步明确了工业工程教育综合技术教育化的理念。商界人士要求政府部门在华沙、符拉迪沃斯托克（海参崴）、喀山、基辅、下诺夫哥罗德、敖德萨、彼尔姆、圣彼得堡、萨马拉、梯弗里斯开设理工学院的呼声日益高涨。同时，他们表示，愿为此提供大量财政支持。

在当权的高层中，财政大臣 С. Ю. 维特一直支持工科教育的发展。尽管国民教育大臣 Н. П. 博戈列波夫、内务大臣 И. Л. 格雷米金、主教公会总检察长 К. П. 巴比多纳斯采夫公开表示反对，但维特还是力排众议，巧妙地

---

① 莫斯科农学院（1865）；新亚历山大农林学院（1862）；沃罗涅日农学院（1913）；圣彼得堡林学院（1803）；雅尔塔的尼基塔园艺与酿酒学院，男性高级酿酒课程（1888）。

② 莫斯科康斯坦丁土地规划学院（1779）。

③ 华沙（1840）、喀山（1874）、哈尔科夫（1850）、尤里耶夫（1848）。

④ Записки Имп. Русского технического общества. СПБ., 1898. № 4. C. 30.

让国务会议通过了关于建立"技术大学"的法令，还为在华沙、基辅（1898）和圣彼得堡（1902）建理工院校筹措到了必要的资金（国家出资与个人捐赠）。①

1900 年，具有理工学科结构设置的托木斯克技术学院成立；1907 年，新切尔卡斯克的顿河理工学院成立。

理工学院迅速成为俄国最大的行业性高等学校。每所学校都有四到六个不同职业工种的系室，旨在为国家各工业部门培养具有专业化水准的组织人才和领导干部。大部分理工学院都拥有高水平的教师队伍、完善的教学管理体系以及先进的科学实验基地设施。1903 年，Д. И. 门捷列夫就基辅理工学院建设事宜向 С. Ю. 维特致信："西欧的大多数先进实验室我已见过了……我认为，基辅理工学院的实验室、办公室和工作间是我所见过的最好的，这不仅是因为它的设施先进、经费充足，更是因为学生操作的仪器种类丰富且完备。"②

工业工程教育综合技术教育化的思想也渗透到了高等农业学校的建设中，如新切尔卡斯克的顿河理工学院和基辅理工学院的农学系。20 世纪初，针对高等农业教育的办学形式、普及农业知识的必要性以及现代化耕作方法等问题，大地主和农户展开了广泛的讨论。第一所落实上述思想的农业类高等院校是建于 1894 年的莫斯科农学院，其前身是彼得罗夫斯克农林科学院（1865）。除了农学系，学校还开设了工程系（培养土壤改良工作者）和水产养殖系。

1916 年，关于圣彼得堡林学院转型为综合技术大学的改革方案呈报国家相关部门审阅。③

应该说，针对国民经济各领域相关行业进行专业教育的综合技术教育化办学方式，其优点是毋庸置疑的，但因其暂时的发展潜力有限，还远远

---

① Отчет по делопроизводству Государственного совета за сессию 1899 – 1900 гг. Т. 1. СПБ. , 1900. С. 115.

② Менделеев Д. И. Соч. Т. XXIII. М. ；Л. , 1952. С. 159.

③ Крупнейший лесной вуз СССР М. , 1967. С. 190.

无法满足工业、商业、农业对高素质人才和科学教育日益增长的需求。俄国工业工程教育的发展水平依然落后于欧洲强国（德国有 10 所理工学院，法国有 8 所，奥地利则有 7 所[①]），俄国理工学院的院系设置结构也不如欧洲的同类学院，这一点给参加第一次世界大战的俄国带来了致命的影响。1916 年，国民教育部编写了题为《关于制定俄国职业教育发展总体规划》的报告，对上述情况予以分析。在职业教育委员会的一次会议上，国民教育大臣 П. Н. 伊格纳季耶夫对该报告的核心条款内容进行了阐述："由这次战争可见，到目前为止，我们的职业教育发展落后且不成体系……我们的自然资源至今没有得到开发，也没有展开针对性的研究。我们的农业发展完全没有充分利用自然优势和肥沃的土地资源；我们的铁路、水路、公路太少；我们免费的水能资源仍是白白流入大海，我们的许多在俄国本来有得天独厚发展条件的工业领域实际发展仍很落后。"[②]

国民教育部为高等技术教育制定了长期发展规划，计划在维亚特卡、萨马拉、伊尔库茨克、基什尼奥夫、塔什干、维尔诺、符拉迪沃斯托克（海参崴）、布拉戈维申斯克（海兰泡）、叶卡捷琳诺斯拉夫、辛菲罗波尔、沃罗涅日等地开设 11 所技术学院。国家本来为此专门创建了科学技术研究院，它拥有与国家科学院同等的权利，负责协调这项教育工作。[③] 然而，同国民教育大臣 П. Н. 伊格纳季耶夫倡导的所有俄国高校改革一样，这一计划也被官僚们束之高阁。虽然后来该计划被重新启动，但已是在二月革命后不同的社会政治条件下了。

非国立高等学校（"民办高校"）

从法律地位来看，非国立高等学校（"民办高校"）分为社会大学和私立大学，没有国家经费支持，主要依靠学费和自愿捐款来维持运转。这些

---

① См. ： Иванов А. Е. Высшая школа России. . . С. 98.

② Техническое и коммерческое образование. СПб. ， 1916. № 8. С. 5 – 11.

③ Там же.

学校的组成常常发生变化，在青年学生中最受欢迎的学校才能生存下来。1900～1917 年，俄国有 80 多所民办高校，而到了 1917 年 2 月，却减少至 59 所。在校生数量占全国高校学生总数的 52%。1898 年到 1916 年，约有 3.2 万名专业人才在民办高校接受教育①，尤其是在 1908～1917 年，民办高校学生数量的增长速度比公立高校要快得多。

民办高校在一定程度上减轻了国家体制所暴露的社会弊端，它招收了一部分因阶层、性别或民族而无法进入公立高校的俄国青年学生，这也是政府批准开设民办高校的目的所在。民办高校的存在首先推动了女性教育的发展。1917 年，民办高校中有 30 所女子学校，其女学生数量位居全国同类高校的前列；还有 29 所实施男女同校制度的学校，这在一定程度上减轻了"歧视女性"给国家在社会文化方面带来的危害和损失。

**莫斯科高等女子培训班的教学大楼，1910～1912 年，
收录于 C. У. 索洛维约夫的档案**

在相当长的一段时间里，民办高校都无法像国立高校那样，为毕业生提供公职，甚至是阶层特权（关于这一点在学校的章程中已预先告知）。对高水平人才的需求逐年增长促使政府承认其中一些学校的毕业文凭。根据

---

① См.：Иванов А. Е. Высшая школа России...С. 254，320.

1911 年 12 月 19 日颁布的法律规定，国民教育部承认社会上的高等女子培训班的教学大纲"与大学一样"，自此高等女子培训班获得了高等教育机构的地位，其毕业生获准参加国家考试委员会"针对男性"的毕业考试。[①]除了声名远播的莫斯科（前身为格里耶高等女子培训班[②]）和圣彼得堡（别斯图热夫高等女子培训班[③]）高等女子培训班，华沙、喀山、基辅、敖德萨、托木斯克、哈尔科夫、尤里耶夫的高等女子培训班也在该法令规定的范围之内。1912 年，该法令的适用范围进一步扩及一些声誉较好的私立女子大学。[④]

所有这些非国立女子大学（社会性的和私立的）似乎都是国立大学的非正式分部，拓展了后者的教学空间。它们复制了大学系室的结构设置、教学大纲和教学进程。在这里授课的教师就是那些大学的教授，他们带来了大学的职业目标和学术传统。[⑤]

高等女子培训班中，学生最多的是文史系和数学物理系，其毕业生主要在中学当教师。一些高等女子培训班除了按照传统大学设置系室，又增设了新的专业。例如，洛赫维茨基－斯卡隆的自然科学培训班不仅培养化学教师，还为工业企业培养实验员[⑥]；敖德萨高级培训班从 1914 年起开设了化学制药系[⑦]。

---

① ПСЗ – Ⅲ. Т. 31. No 36226. Ст. 1.

② См. подробно：Московские Высшие женские курсы （1872 – 1918） // Московский государственный педагогический институт им. В. И. Ленина. М. , 1972；Эвенчик С. Л. Высшие женские курсы в Москве // Опыт подготовки педагогических кадров в дореволюционной России и в СССР. М. 1972；Москвин В. В. , Баранов А. В. , Дейч З. Г. и др. Московский педагогический государственный университет. 125 лет. М. , 1997. С. 5 – 189.

③ См. : Вахромеева О. Б. Духовное пространство университета. Высшие женские （Бестужевские） курсы 1878 – 1881 г. : Исслед. и мат-лы. СПб. , 2003.

④ Там же. С. 10 – 128.

⑤ Краткий обзор истории современного состояния Высших женских курсов в г. Киеве. Киев, 1913. С. 6.

⑥ См. : Марголин Д. Справочник по высшему образованию：Руководство для поступающих во все высшие учебные заведения России. Пг. ; Киев, 1911. С. 240.

⑦ РГИА. Ф. 733. Оп. 205. Д. 3242.

对希望接受高等教育的女性来说，医生专业是大热门。因此，就女学生数量来说，居第二集团地位的非国立女子高校是莫斯科、哈尔科夫（1909）、敖德萨（1910）、萨拉托夫（1915）、顿河畔罗斯托夫（1916）的医学培训班和医学院。它们改善了大多数高等女子培训班缺少医学系的现状。①

在实行男女同校制度的学校中，由杰出的高级精神病学专家 B. M. 别赫捷列夫创办的精神病和神经病学研究所高级培训班享有很高的知名度。该校设有教育系（包括文史类专业和自然科学专业）、法律系和医学系（始于 1912 年）。1916 年，研究所升级为彼得格勒城市大学。②

**处于建设中的圣彼得堡精神病和神经病学研究所新大楼，
图片中央是 B. M. 别赫捷列夫**

---

① См. : Иванов А. Е. Высшая школа России. . . С. 109 – 112.

② См. : Иванов А. Е. Психоневрологический институт в Петербурге // Россия в XIX – XX вв. : К 70-летию со дня рождения Рафаила Шоломовича Ганелина: Сб. ст. СПб. , 1978. С. 264 – 276.

在大学类高等教育机构中，有些院校在办学形式上独具一格，如尤里耶夫私立大学只有一个系，即自然科学与医学培训班（1908）。情况相同的还有敖德萨的新罗西斯克高等国际学院（1914）、莫斯科法学院（1915）、达古恰耶夫土壤委员会直属的彼得格勒高等地理培训班（1916）。①

圣彼得堡（1877）和莫斯科（1907）的考古学院集高等学校、科研所和学术团体的特征于一身，在民办高校里独树一帜。考古学院为档案馆、图书馆和博物馆培养"俄国古代研究的专业人才"——档案专家、古文献学家、考古学家。考古学院招收具有高等学历的大学毕业生，性别不限。没有高等学历者可注册为旁听生进行学习。作为科研机构和学术团体，考古学院把"俄国古代研究的专家"②——资深历史学家、语言学家、艺术学家会集到了一起。圣彼得堡和莫斯科考古学院的教学大纲与大学的比较相近，但并不是完全照搬，而是出于培养考古学家和古文献学家的考虑对其进行了补充和完善。

人民大学是一种新型学校，它为那些不具备接受教育基本条件和资格的人提供了学习大学课程的途径，这类大学有：莫斯科的沙尼亚夫斯基人民大学（1908）、托木斯克的马库申人民大学（1915）、下诺夫哥罗德人民大学（1916）。这些综合类大学把高等教育（"学术部"）、普通中等教育（"科普学部"）和各行业的职业教育（"从业人员"进修培训部）融合到学校统一的结构设置之中。其中，"学术部"根据学科类别细化为不同的组（系），整体来说，与国立大学各系的教学大纲基本一致。学生中男生女生都有，其中大多数具有中等学历。由于他们是半工半读，所以课程常常安排在晚上。给他们授课的一般是当地高校或中等教育机构的教授、编外副教授等。③

---

① См.：Иванов А. Е. Высшая школа России...С. 116 – 119.
② См.：Иванов А. Е. Московский археологический институт – центр российского историчес кого культуроведения // Археографический ежегодник за 1994 год. М.，1996.
③ См.：Воробьева Ю. С. Московский городской народный университет им. А. Л. Шанявского // Государственное руководство высшей школой в дореволюционной России и в СССР. М.，1979；Иванов А. Е. Высшая школа России...С. 119 – 128；Создание Университета имени А. Л. Шанявского：Сб. док. М.，2004.

　　高等非国立师范院校无疑对俄国人民教育的发展具有重要意义，它们是学前及中小学阶段教育学、生理学和心理学方面理论与应用问题的研究、教学和宣传中心。

以 A. Л. 沙尼亚夫斯基命名的莫斯科市立人民大学的由市政
管辖的教学楼（1908～1918），在采金企业家、少将
A. Л. 沙尼亚夫斯基的资助下建成

　　1907 年，根据全俄教育联盟教育心理学大会通过的决议，成立了圣彼得堡师范学院，它是俄国师范教育界的"智库"。学院是面向所有在国内外高等教育机构获得毕业证书的学生（性别不限）招生的"高级培训班"（其他人可作为"旁听生"招收）。学院旨在把学生培养为"教学经验丰富且学识渊博的教育学先行者"，诸如高水平中小学教师、人民教育专家、校外教育组织者、学校校长和校医。学院为学员针对中学教学大纲里的所有科目均开设了专业化培训课程，还安排了教学法、心理学和逻辑学课程。[①]

　　莫斯科季霍米洛夫女子师范培训班开设的教育学专业十分广泛。1912年进行改组后，培训班设立了以下专业：人民教师（三年制）、中学和高中

---

① Марголин Д. Указ. соч. С. 287.

的低年级科任教师（两年制）、幼儿园园长、特殊教育教师、儿童体育教师（一年制）。①

圣彼得堡的弗洛贝尔学会师范培训班（男女同校制度）（1872）、基辅的弗洛贝尔学会基辅女子学院（1907）② 与季霍米洛夫女子师范培训班有相似的办学宗旨和任务：推动基础教育的发展。

实际上，音乐、戏剧和艺术学领域的高等教育几乎都集中在民办高校。圣彼得堡（1862）、莫斯科（1866）、基辅（1912）、敖德萨（1913）、萨拉托夫（1912）的音乐学院都隶属于俄国皇家音乐学院。这些音乐学院是"以培养管弦乐手、各类乐器演奏家、歌唱家、戏剧及歌剧演员、乐队指挥、作曲家和音乐教师为宗旨的高等专业音乐教育机构"③，通过考试录取具有"美妙嗓音等艺术天赋及潜能"的男生和女生，但学生的受教育程度应不低于初中水平。

音乐和戏剧学院（爱乐乐团，1878）隶属于莫斯科爱乐乐团，负责培养歌唱家、器乐家、音乐理论家、作曲家和戏剧演员。

绘画、雕塑及建筑学校（1843）隶属于莫斯科美术协会——实际上也是高等院校，只是由于专制政权的原因，没有得到应有的地位认可。绘画、雕塑及建筑学校的学生人数远多于圣彼得堡皇家美术学院，教学质量也毫不逊色，建筑专业的学制甚至更长（绘画、雕塑及建筑学校是 6 年制，圣彼得堡皇家美术学院则是 5 年制）。

1916 年，彼得格勒创办了艺术史学院，其招生对象为具有中等甚至是高等学历的人，性别不限。被录取的学生在俄国艺术、拜占庭艺术、古代艺术、西欧艺术、音乐史和音乐理论等专业进行为期三年的专业化学习。学院不定期组织专门面向中学和高校教师的艺术学培训班。④

---

① Сорокалетие Московских педагогических курсов при Обществе воспитательниц и учительниц. 1872 – 1912 гг. М. , 1913. С. 45.

② См. : Иванов А. Е. Высшая школа России. . . С. 134 – 135.

③ ПСЗ – Ⅱ. Т. 53. № 58592. Ст. 1.

④ Устав Института истории искусств. Пг. , 1916.

民办高校也包括与国民经济相关的行业类学校。无论从学校的数量还是其重要性来看，商学院和商科培训班都是最具代表性的（截至 1913 年已有 15 所）。然而，到 1917 年 2 ~ 10 月的时候，留存下来的只有 5 所[①]（1909 年，商学系也被纳入基辅高等女子培训班的系室设置中）。

在建立民办高等商学教育体系之前，圣彼得堡理工学院和里加理工学院已经设立了类似的系。但这无法满足俄国工商业发展对商务营销毕业生的需求。整体来说，最初只有综合性大学的法律系开设了政治经济学及相关学科专业的课程，但也仅限于纯理论教学。而日益发展的资本主义经济需要的是在工商业（包括外贸）管理组织、银行保险合作社、公共市政和行政管理等领域受过高等教育的实践型专业人才。自 1905 年起，俄国兴起了一批四年制商贸类高等院校，专门培养上述人才。这些学校由工商界出资建成，同时也有商业团体为其提供资助和补贴。在当时的人看来，俄国商人对高等商科教育高度关注，这说明"随着社会的发展他们已经是最具高瞻远瞩意识的一个社会阶层"[②]。

对于这一事实政府也不能无视。1912 年，虽然当局经过了长时间的犹豫不决，但最终还是顺应了工商界的意愿，承认莫斯科商学院和基辅商学院的毕业证书与国立高等学校毕业证书具有同等效力。[③] 1916 年，哈尔科夫商学院毕业生也获得了这一权限。[④] 此外，东方学协会直属的东方应用学院（1910）也属于商科院校。[⑤]

高等商科教育迅速在青年知识分子（无论男女）中大受欢迎，因为不仅未来有望从事高薪职业，还能接受高等教育。

农学类院校在国民经济类民办高校中十分重要。1917 年时，已有此类

①　莫斯科商学院和基辅商学院（1906）、哈尔科夫商学院（1912）、圣彼得堡波别丁斯基高等商务培训班（1906），彼得格勒高等商业知识学院（夜校）（1906）。

②　Техническое и коммерческое образование. СПб., 1915. № 4. С. 6 – 7.

③　ПСЗ – III. Т. 32. № 37186, 37187.

④　Собрание узаконений и распоряжений правительства. СПб., 1916. 14 июля. № 1583.

⑤　Собрание узаконений и распоряжений правительства. СПб., 1910. 24 февраля. № 261. § 1.

学校 5 所，分别位于圣彼得堡、莫斯科、新切尔卡斯克、萨拉托夫和哈尔科夫，基本上都是女子学校。[①]

非国立高等教育机构体系中还有一支是工业工程类院校。1905 年，"女子技术教育方法研究会"发出了将"女子学校"与"民办工程学校"合二为一成立"民办女子工程学校"的先声，推动了工业工程类院校的创建工作。1917 年，俄罗斯已有 4 所这样的女子学校，在叶卡捷琳诺斯拉夫还有一所实行男女同校的工程学院（但仅限于犹太教徒[②]）。其中，为女性争取平等权利的倡导人 П. Н. 阿里扬和圣彼得堡交通学院的教授 В. И. 库尔鸠莫夫以及 М. А. 别列柳勃斯基于 1906 年创立的高等女子理工培训班闻名全国。1915 年，培训班升级为第二彼得格勒理工学院，授予毕业生"工程师"（机械师、化学工作者、电工、建造师、建筑师）称号。

1916 年，莫斯科参照第二彼得格勒理工学院的建制也成立了理工学院，下设工程建设系与建筑系。[③] Е. Ф. 巴卡耶娃和 Л. П. 莫拉斯高等建筑学培训班面向女子中学毕业生招生，并自 1906 年起按照圣彼得堡皇家美术学院绘画、雕塑和建筑学校建筑系的教学大纲开展教学。

＊＊＊

综上所述，在 19 世纪末 20 世纪初，俄国的民办高校已经形成一个职业区分清晰、快速发展的体系，其发展速度甚至已经赶超国立高校。民办高校是公众自发选择的结果，在一定程度上完善了专制政府一直回避的文化创造工作（一方面是由于缺乏进行民主文化建设的行政制度，另一方面也是出于安保的考虑）。作为具有自我调节能力的教育体系，民办高校强化了国立高校体系中最薄弱的职业教育环节（师范、医学、经济、农学），并填补了空白专业（音乐专业）。民办高校在办学形式和教学方法上更勇于创

---

① См. : Иванов А. Е. Высшая школа России. . . С. 148 – 150.

② Собрание узаконений и распоряжений правительства. СПб. 1916. 26 янв. № 116.

③ Техническое и коммерческое образование. СПб. , 1916. № 8. С. 42.

新，在社会招生方面填补了国立高校录取招生以外的缺口，这也正是民办高校的主要功绩。男女同校制女子高等院校的存在，是对沙皇制度下歧视女性的高等教育政策的最好回应。同时，非国立高校首先致力于女性教育的发展。

随着沙皇专制经济和政治危机日益加深，民办高校的地位愈加巩固。迫于对高级人才的客观需要，沙皇政府不得不做出妥协，承认民办高校开设的某些学科门类（综合类大学的相关学科专业、医学、商学、农学、音乐学）在法律上具有与国立高校同样的权利和地位。

然而，需要指出的是，政府为民办高校体系只是腾出了很小的空间。在有关由工商业团体、个人慈善家、地方自治政府、城市自治机构完全或部分出资建设高校的众多提议中，政府只通过了相当少的一部分，其原因不仅在于对民办学校教学质量存疑，更重要的是对这种国家无法全方位控制的教育体系不信任。

教授群体

高等学校的教授和教师组成了一个精英知识分子密集的专业团体——涵盖了基础知识和应用科学中各个学科领域和方向的代表。也正是他们决定了俄国高校和科学发展的命运：19 世纪末 20 世纪初，两者都进入了飞速发展的时代。1914 年，教授占国家科学院正式成员的 87%。[①] 事实上，国家在科学方面的所有潜力主要集中在高校，一个个举世闻名的学科也是由此形成的。从 19 世纪末到 1917 年 2 月，高校已培养出 15 万余名专家[②]，最新科学成就通过他们进入俄国社会的精神和物质领域。在当时看来，教授群体主要的文化创造使命也在于此。

在 19、20 世纪之交，教授群体成为俄国文化创造的集体性主体。俄

[①]　См.：Кравец Т. П. От Ньютона до Вавилова：Очерки и воспоминания. Л.，1967. C. 200.

[②]　См.：Иванов А. Е. Высшая школа России... C. 319 – 320.

国不止一代知识分子在思想、伦理道德和文化创造方面受其影响。三次革命期间，高等教育工作者的智慧对俄国社会政治思想的每一派都产生了影响。

19 世纪末 20 世纪初，俄国特有的社会经济和文化进程提升了高校教师的劳动价值。高校教师人数的增长有力地证实了这一点：1899 年约 2500 人，1914 年约 4500 人。[①] 他们的主要任务是满足专制国家、工商界以及全社会对科学知识的需求。

就公民地位而言，教授属于俄国知识分子中的特权阶层。他们属于国家公职人员，享受国家薪俸，其官阶和阶层地位也并非最末位。根据 1884 年章程规定，大学教授工作时间满 25 年，可达到 5 级至 4 级官阶（相当于省长），有些人甚至能升至三等文官（3 级）。能够晋升到如此高位者，或是因为他们身居要职，或是由于其是皇家科学院成员。自 1906 年起，参加国务会议和国家杜马会议的教育界选民中就有高校的代表。[②]

由于俄国社会经济快速发展，国家管理部门急需一批学术水平高的专家，于是吸引一些学者参与其中。例如，从 70 年代末到 90 年代初，最为重要的财政大臣一职先后由基辅大学政治经济学教授 Н. Х. 布恩格和圣彼得堡技术学院的机械学教授 И. А. 维什涅格拉茨基担任。此外，前者在 1887～1895 年还担任过大臣委员会主席。出任过国民教育大臣一职的有法学教授 Н. П. 博戈列波夫（1898～1901）、古典语言学教授 Г. Э. 森格尔（1903～1905）、法学教授 Л. А. 卡索（1910～1914）等。政治经济学教授 И. И. 扬茹尔在 1882～1887 年担任工厂检查局局长。经济学教授 И. Х. 奥泽罗夫、В. Э. 杰恩和 А. Э. 沃尔姆斯则是内务部警察司司长 С. В. 祖巴托夫在"工作问题"上的学术顾问。[③]

---

① Там же. С. 208.
② См. : Усманова Д. М. Профессора и выпускники Казанского университета в Думе и Государственном совете России. 1906 - 1917. Казань, 2002.
③ См. : Иванов. А. Е. Профессорско-преподавательский корпус высшей школы России конца XIX - начала XX века: общественно-политический облик // История СССР. 1990. № 5. С. 61.

莫斯科商学院的教师与大学生。位于图片中央的是
院长 П. И. 诺夫戈罗采夫教授；右边第一位是俄国
商贸和工业部下属的教学处主管 A. E. 拉戈里奥

　　从 1917 年 19 所国民教育部直属高校教师的"履历表"（共 936 条）来看，他们的社会成分涵盖各个阶层，且不断呈现民主化的趋势。约有 1/3 的综合类大学的教师和 1/4 行业类院校的教师出身于世袭贵族家庭，甚至还有古代贵族的后裔，但这种情况是极少数。古代世袭贵族不愿让后代走科研这条路。通过攀登陡峭的学术阶梯实现社会地位的提升远比走相对平坦的官场或者军队之路要困难得多。学术之路既不快捷，又需要付出大量精力和体力，最终也很难带来富足的物质生活。在贵族的后代中，选择这条路的只有那些视科学和教学为生命唯一意义的人。

　　教授尤其是大学教授中也有宗教阶层的代表，其中近一半出身于俄国社会的中下层——平民知识分子与小官吏阶层①、商人阶层②、小市民阶层、农民阶层、哥萨克人等。

　　在 150 多年的历史中，俄国高校中出了很多教授家族（谢梅诺夫·佳

---

①　个人贵族、官员、尉官（包括大尉）、医生、制药师、个体律师、画家、教师、工程师的子女。

②　商人、荣誉公民的子女。

恩·尚斯基家族、里雅普诺夫家族、弗尔图纳托夫家族、韦尔纳茨基家族、斯特鲁夫家族、奥尔贝里家族、鲁宾斯坦家族、阿尔布佐夫家族、焦尔诺夫家族等）。

教授和教师所掌握的科学知识的特点、相似的科研教学工作条件、相对公平的职称晋升机会让他们成为一个几乎无等级差别的知识分子专业团体——一个在沙皇俄国正在形成的反抗专制制度、跨阶层、资产阶级市民社会的最小群体。

科学界人士常常作为发起人、现代化项目的负责人和科学顾问进入资本主义生产领域的事实也证明了这一点。例如，圣彼得堡交通学院教授、著名桥梁建筑师 M. A. 别列柳勃斯基曾以会议副主席和主席的身份积极参加工业企业临时会议以及俄国水泥、混凝土和钢筋混凝土企业技术人员与工厂主代表大会。Д. И. 门捷列夫为俄国石油工业乃至整个工业发展做出了不可估量的贡献。同时，门捷列夫不仅提供科学帮助，还很关心吸引新型资本投资一事。

俄国的自然科学家与生产实践部门保持密切联系，不仅仅是为了个人的商业利益，还有很多人是出于对科学知识的追求和希望祖国经济繁荣的爱国主义情怀。圣彼得堡大学教授 Д. И. 门捷列夫回忆自己在 19 世纪 70 年代与巴库石油企业工厂主们合作时写道："可以这么说，我的理论研究始于坚持不懈的宣传——宣传那个从美国源源不断进口数以百万普特①煤油的时代，在这一特定条件下，开发巴库油田对发展有利……当时无论是政界还是商界人士都听从了我的主张。对于后者，我不仅提出了很多建议，还在实践工作中给予了很多帮助，尽管我始终不参与利益分配，因为……但我所思所想的不仅限于某个企业，比如当时科列列夫、古勃宁、罗格金或诺贝尔都竭力拉我加入自己的企业。"② 门捷列夫始终将科学研究的独立性置于首位。

---

① 俄国旧重量单位。——译者注
② Развитие естествознания в России. М. 1977. С. 25.

在俄国学界也有直接参与资本主义企业分红的"商人教授"（由 Г. И. 谢季尼娜定义）①。

在参与资本主义企业经营的学者中，既有著名理论家，又有"资本主义文化"的支持者。20世纪初，这些人当中最为著名的是政治经济学教授 И. X. 奥泽罗夫，他论证了在俄国有必要进一步"摆脱国家的严密监管"，实现工业垄断组织的自由发展和"银行的集聚化"发展，建立铁路的"神经分叉式轨道体系"。奥泽罗夫认为，只有满足这些条件，才有可能建立一个足以发起立宪变革的工业社会。奥泽罗夫把俄国"进行原始积累的企业主"比作"美国式的新型企业家"②。然而，这位德高望重的政治经济学家的大多数同人则不以为然。他们不无讽刺地表示，这一观点仅仅表达了一个愿望，即鼓励俄国资本家"强盗团体"的发展壮大，除此之外，再无其他。但整体而言，教授们认为，俄国专制政权和平演变为君主立宪制国家是俄国经济、社会和文化繁荣的基石。这种看法是在高校教师中占主流地位的自由主义思潮的核心观点。

在 В. И. 韦尔纳茨基看来，教授的专业工作决定了他们认同自由主义思想。他认为，"科学工作会培养人的个体意识和个人的尊严感。它培养个性自由的人，总的来看，同那些发自内心效忠政府的人相比，他们站的要高得多"③。高校教师政治观形成的最重要影响因素是为争取学术自主而进行的斗争，这里指的是由高校教授委员会实行对学校的自主管理，学校的所有领导职位——从教授到校长，均由其选举产生，科研和教学不受行政规则的制约。自由派教授对自治型大学顶礼膜拜，把它比作堡垒。在这座堡

---

① 莫斯科大学的数据：内科学教授扎哈里林和政治经济学教授楚普罗夫持有梁赞铁路的股票；政治经济学教授巴布斯特曾任招商银行行长；矿物学和测量学教授修洛夫斯基和动物学教授博戈达诺夫是莫斯科工业银行创办者；政治经济学教授扬茹尔、奥泽罗夫、赫尔岑施泰因、戈尔德施泰因都从事商业活动（См.：Орлов В. И. Студенческое движение Московского университета. М.，1934. С. 99 – 101）。

② Щетинина Г. И. И. X. Озеров и его воспоминания // История и историки. 1978. М.，1981. С. 236，240 – 243.

③ Вериадский В. И. 1911 год в истории русской умственной культуры // Вернадский В. И. Публицистические статьи. М.，1995. С. 189.

垒中，集会自由以及公民的意愿表达、言论和出版自由可以免遭官僚专制主义压迫。资产阶级改革时期问世的 1863 年《大学章程》总体来说符合上述需求，但它在 1884 年的反大学改革中被取缔了。随后学术反动派大行其道，虽然使自由派教授人心涣散，一度陷入低潮，却无法清除他们的对立情绪。相反，在世纪之交，他们普遍具有政治性色彩。1905 年 1 月 20 日颁布了《关于教育需求的报告》，报告最初由 342 人联合署名（16 位院士、125 位教授和 201 位编外副教授），其中有 К. А. 季米里亚泽夫、В. И. 韦尔纳茨基、А. Н. 贝科托夫、И. П. 巴甫洛夫、С. Ф. 奥尔登堡、А. Н. 维谢洛夫斯基和 А. А. 沙赫玛托夫。报告中指出："学术自由与俄国的国家体制是不能相容的。要实现学术自由，仅修改现有制度是不够的，必须对其进行完全、彻底的变革。"[1]

学者的双重社会地位一方面取决于其官衔，另一方面取决于其科研和教学活动领域与俄国资产阶级和资本主义发展趋势的先决联系，这也决定了学者意识形态的两极分化。教师团体中自由派占大多数，而占少数的保守派则视专制政权为其职权和特权的唯一保障者，二者针锋相对。1884 年，圣彼得堡大学校长 И. Е. 安德烈耶夫简明扼要地提出了教师的政治信仰："尊重制度与政权。"[2] 30 多年后的 1916 年，莫斯科大学俄国史教授 М. М. 博戈斯洛夫斯基将这一观点进一步发展，他提出："政权的存在是让人服从的，而非与之斗争；如果不承认这一点，如果我们把'政权'视为打击对象，那我们离无政府状态还远吗？"[3]

政府出台了高校政策，规定赋予教授官员的角色地位：在镇压学潮方面，教授应无条件地与政府站到一起。受这一政策影响，在教师、学者当中占主流的自由派反对情绪日益高涨。1887 年，国民教育大臣 И. Д. 捷利亚诺夫一针见血地指出了专制政府与"学者阶层"之间关系的本质。他指

① Наши дни. 1905. 19 янв.

② Вересаев В. Воспоминания. М. , 1936. С. 214.

③ Черепнин Л. В. Академик Михаил Михайлович Богословский // Исторические записки. Т. 93. М. , 1974. С. 245 – 246.

出："对于一个教研室来说，比起才华出众的人，让能力平平的教师任职更好，因为前者虽然学识丰富，却会腐化学生的思想。"① 随着国民教育大臣做出这项批示，莫斯科大学法律系教授 M. M. 科瓦列夫斯基因思想进步被解职。这一方针在对高校的专制领导中一直保有其"保安的价值"。

专制国家常常不顾是否有利于国家科学的发展，不遗余力地将那些有破坏专制制度之嫌的高校教师清除出去，甚至有时开除他们仅仅是因为他们不支持高校的体制。B. И. 韦尔纳茨基这样描述高校教师这种"卑微的处境"："如果一位教授不是官僚机器的一分子，没有加入那些警察官僚全力支持的却是正在摧毁我们国家的势力之中，他的一生就会在警方令人窒息的严密监视下度过，他无法确定自己会不会在某天因为行政部门的恣意妄为或是什么别的原因而被禁止从事他所珍爱的工作。"②

俄国有太多遭遇这样命运的学者，其中包括世界自然科学领域的巨擘，例如 Д. И. 门捷列夫、И. И. 梅奇尼科夫、К. А. 季米里亚泽夫、П. Н. 列别杰夫、Ф. Ф. 埃里斯曼，著名历史学家 Н. И. 卡列耶夫、П. Г. 维诺格拉多夫，德高望重的法学家 С. А. 穆罗姆采夫，等等。对他们每个人来说这都是无比令人震惊的，从事科研工作让他们可以逃避专制俄国那难以忍受的现实，从而减轻由此造成的内心的不适。正如 К. А. 季米里亚泽夫所回忆的，伟大的物理学家 П. Н. 列别杰夫曾说过："……摆脱周围的龌龊和污秽，走进科学，走进'纯乙醚'的世界多好啊。"③ 为了保证安心地从事科研工作，高校教授不得不对行政部门制造的恶劣氛围做出妥协。1899 年 8月，B. И. 韦尔纳茨基教授在给妻子的信中提及莫斯科大学沉重压抑的氛围时写道："我当然乐于离开这里，然而要放弃所选择领域的科研工作对我来说是无比艰难的牺牲……"④

然而，从伦理道德的角度来说，向专制权力妥协也是有限度的。从

---

① Сватиков С. Опальная профессура 80-х годов // Голос минувшего. 1917. № 2. С. 42.

② Страницы биографии В. И. Вернадского. М., 1981. С. 201.

③ Тумирязев К. А. Наука и демократия. М., 1963. С. 76.

④ Страницы биографии В. И. Вернадского. С. 68.

1908 年开始，国民教育部保安机关的恣意专横已成为常态，在以 Л. А. 卡索为首的国民教育部中聚集起一股势力，最终引发了 1911 年 1 月到 2 月莫斯科大学的教授和教职人员（共 131 人）的正式罢课，他们公开递交了辞职申请书。国民教育大臣 Л. А. 卡索批准了所有辞呈。① 工业贸易部直属的新切尔卡斯克的顿河理工学院也出现过类似情况。А. В. 涅恰耶夫、К. П. 辛德列拉和 С. П. 季莫申科三位教授因有"反对当局之嫌"②而遭到恣意解雇。为此，10 位教授和助教主动辞职离开学校，以示抗议。其他大学和学院的教职员工也遭受过同样的"大清洗"。

　　自然，俄国学者如此令人担忧的法律和职业地位，无论是对他们的教学还是科研活动都造成了影响。此外，在高校的规章制度中，对于教授和教师作为学者有何种权利与义务并没有明确规定。对于高校教师来说，科研工作如果超出国民教育部大纲规定的教学范围，就是自愿和非必须完成的工作。1911 年，В. И. 韦尔纳茨基曾表示："在 19 世纪，大学已经由一种教育手段转变为独立认识和把握客观现实的工具。"因此，研究能力成为衡量各学术团体的最重要标准之一，而科研成果则成为"对每位大学教师的硬性要求"③。

　　但在沙皇俄国，作为一名学者，他们在荣誉背后要付出的是空前繁重的教学工作，因为教师数量的增长远远落后于招生人数的增长。1898 ~ 1899 学年的师生比为 1∶13，在 1913 ~ 1914 学年这一数字已经是 1∶27。④ 沙皇政府不肯为了增加教授编制而拨款。20 世纪初，大多数高校都还在沿用 19 世纪 80 ~ 90 年代确定的人员编制和薪金表。

　　政府在为师资队伍培养学术后备人才方面的投入也相当吝啬。当时，许多所谓的"获得教授培育资助项目者"留校作为教授师资储备力量进行

---

① См.：Иванов Ю. Ф. Московский университет в 1911 г. // Российские университеты в XVIII – XX веках：Сб. науч. ст. Воронеж，2002. С. 167 – 177.

② РГИА. Ф. 1276. Оп. 17. Д. 235. Л. 30об.

③ Вишленкова Е. А. и др. Terra Universitatis：Два века университетской культуры в Казани. Казань，2005. С. 95.

④ См.：Иванов А. Е. Высшая школа России... С. 207.

培养①，但这些都是空有其名，事实上并未得到国家的资助。以彼得格勒大学为例，1896 年，留校获资助的 91 人中有 28 人遭遇这种情况，1902 年的 218 名获资助者中将近一半遭遇这种情况，而在 1915 年的 245 人中实际获得资助者只有 111 人。② 针对这一现状以及资助额度的问题，1902 年，雅罗斯拉夫尔杰米多夫法学院的 В. Г. 谢格洛夫教授指出："对许多有才华的年轻学者来说，科研工作如今变成了学术苦修。因此，大学办公室和实验室空空荡荡，大学的科研工作一片萎靡。现在很多有能力的学者都离开了大学，在其他领域找到了待遇更好的工作，过上了更好的生活。正因如此，比起西方国家，俄国的科学实力依然薄弱。"③

"教授培育资助项目"长期得不到充足的财政支持，这使年轻人完成硕士学位论文答辩之路注定坎坷而漫长。④ "学者阶层"扩充壮大的速度在人数上无法满足开设博士点的要求，20 世纪初的时候甚至呈现负增长的态势。⑤ 这导致大学教授职位不断出现缺口，且无人填补（1900 年有 121 个空缺，1913 年有 123 个）。⑥

毫无疑问，学者的匮乏阻碍了国家的科学发展。但与此同时，也向俄国学者——高校的教授和教师提出了新的要求，即必须加强自身的科研工

---

① "教授培育资助项目"有两类，一类是在俄国国内大学接受科研培养，另一类则是"去国外深造"，即赴欧洲的大学攻读硕士学位。1900 年，前者有 184 人，后者只有 19 人；在 1913 年分别是 465 人和 33 人（См.：Иванов А. Е. Ученые степени в Российской империи，XVIII в. – 1917 г. М.，1994. С. 81）。工程类院校为满足自身对应用学科教师的需求，也设有此类"教授培育资助项目"。当然，获资助者完成学业后，获得的不是学位，而是教授、助理教授、助教等职称。

② См.：Иванов А. Е. Высшая школа России... С. 213.

③ Труды Высочайше учрежденной Комиссии по преобразованию высших учебных заведений. Вып. VI. СПб.，1903. С. 132 – 133.

④ 在 1886 ~ 1899 年共有 358 人获得硕士毕业证书，在 1900 ~ 1913 年共有 447 人获得硕士毕业证书［См.：Шаповалов В. А.，Якушев А. Н. Историко-статистические материалы по университетам России о количестве лиц，утвержденных в ученых степенях и учено-практических медицинских званиях（1794 – 1917 гг.）. СПб.，1995. С. 148 – 203］。

⑤ 1886 ~ 1899 年共有 1108 篇博士学位论文，1900 ~ 1913 年一共才 754 篇（同上）。

⑥ См.：Иванов А. Е. Высшая школа России... С. 209.

作，以尽快向国际水平看齐①。

1909 年，В. И. 韦尔纳茨基在谈及国家科学成就时写道："俄国在文学、音乐和艺术方面创造的成就长期以来都受到赞誉和肯定。在过去的半个世纪，俄国学者一直坚持不懈，进行了大量的科研创新工作，但迄今为止，他们所取得的辉煌成果尚未能得到理解和认可。"②

在高校工作的学者将主要科研任务有机地融入教学当中。大多数教授将必讲课程看作对年青一代的知识分子——大学生进行的科学传道。在某种程度上，教授们一直受到听课学生的持续关注，学生受到学术文化的熏陶，同时，评价老师的标准也相当严格。关于这一点，有曾在 19 世纪 80 年代到 20 世纪初期上大学的学生的大量回忆录为证，这些回忆录如实地传达了学生对老师的态度。作为回忆录的作者，他们对铭刻在历史记忆中的每位老师进行"论功行赏"：对学术造诣高、教学质量好、宽以待人的老师表示感激，不吝自己的欣赏和崇拜之情；而对那些平庸无才、对教学职责懈怠失职、令青年学生厌恶的阿谀逢迎之辈，他们也表示出鄙夷的态度。

回忆录作者在对老师进行描绘时，将授课能力作为其教学工作的主要评价标准。在回忆录中，一个个优秀的教授形象跃然纸上。他们在教学和科研方面是如此才华出众，他们的学术思想闪耀着光芒，讲起课来声情并茂，引人入胜，从不让学生感到枯燥乏味。这些学生不仅有本系和本专业的学生，还有来自其他系的"旁听生"。例如，19 世纪 80 年代后半期曾在莫斯科上大学的 Б. А. 谢季宁回忆起著名法学学者 Н. А. 兹韦列夫讲课的风采时说道："教授才华横溢，讲起课来精彩绝伦、神采飞扬，他的每次授课都堪称典范。他语言优美，给人以古典、文雅之感，有些地方甚至还很富有诗意。"③

---

① 举例来说：俄国在化工领域的科研水平居世界前列，但其化学专业学者的数量仅为美国的 1/15、德国和英国的 1/8、法国的 2/5（См.：Волобуев，П. В. Русская наука накануне Октябрьской революции // Вопр. естествознания и техники. 1987. № 3. С. 7）。

② Вернадский В. И. Перед съездом // Вернадский В. И. Публицистические статьи. С. 176 – 177.

③ Щетинии Б. А. Первые шаги（из недавнего прошлого）// Московский универсиутет в воспоминаниях современников. М.，1989. С. 549.

基辅大学哲学教授 A. H. 吉利亚罗夫在学生的回忆中是这样的："他很像苏格拉底，站在黑板前面，慢条斯理地讲一位位哲学家的思想，仿佛思他们之所思，而对他们的矛盾观点、片面之词甚至是谬误之处则报以苏格拉底式的讽刺。另外，他虽然用词朴素，却有一种韵律美，没有一句多余的话。他上课时的每句话都像书里的话一样，无论是内容还是措辞都是经过一番斟酌的。"[1]

B. O. 克柳切夫斯基教授是莫斯科大学活生生的传奇人物。曾在莫大念书的 A. A. 基泽韦捷尔在回忆录中这样评价他："他是一位真正的天才教授。"克柳切夫斯基教授身上有机结合了"学生希望在每一位老师身上看到的品质……一位思想深邃的学者、含蓄隽永的语言大师和热情洋溢的演说家"[2]。

莫斯科大学法律系的 A. И. 丘普洛夫（政治经济学家）和 M. M. 科瓦列夫斯基（国家法学者）教授的课堂也会吸引许多"外来听众"。两位教授让莫斯科大学法律系成为最受青年知识分子欢迎的系，当然，还有一批杰出的法学教授也在这里工作。

A. И. 丘普洛夫教授声名远播，而 M. M. 科瓦列夫斯基也不逊色："他的课堂总是充满智慧，鞭辟入里，有时也不无讽刺，特别是当他讲着讲着突然离题的时候，他仿佛带领学生一览当代俄国政权……科瓦列夫斯基学识渊博……每次他上课时，礼堂里都挤满了人……"[3]

同综合类大学一样，专业类院校的学生也非常看重老师的学识和授课水平。例如，矿物学家 M. A. 巴甫洛夫院士回忆俄国最伟大的晶体学家 П. B. 叶列梅耶夫时说："他是真正的演说家——说起话来语言朴素简单，从不用晦涩难懂的语句，但所有内容都清晰明了、让人印象深刻……虽然晶体学这门研究晶体的学科十分枯燥，但叶列梅耶夫教授的课非常生动有

---

[1] Блонский П. П. Мои воспоминания. M. , 1971. C. 52.
[2] Кизеветтер А. А. На рубеже двух столетий. Воспоминания. 1881 – 1914. M. , 1997. C. 47.
[3] Щетинин Б. А. Указ. соч. C. 538 – 541.

趣，牢牢吸引了所有学生。"①

С. Г. 斯特鲁米林院士讲述自己 1896～1899 年在圣彼得堡电子技术学院学习生涯中遇到的各位老师时，特别提到了其中的几位，如"谦虚而伟大的学者——无线电发明者"А. С. 波波夫、"风趣活泼、善解人意"的 М. А. 沙捷连、"善于思索的物理学家"В. В. 期科别利岑、有点书生气的化学家 А. А. 克拉考、"对自己和他人都要求严格"的 С. О. 沃伊京斯基等。②

地球物理学家、海洋学家 В. В. 舒莱金院士在 1912～1916 年曾就读于著名的莫斯科高等技术学校。在他眼中，Н. Е. 茹科夫斯基一直是学者和老师的典范。他在回忆录中写道："自始至终听课的人数都很稳定。所有人都被老师的非凡魅力牢牢吸引，这也是科学真正的魅力，而他是科学的代表人物和创造者。"③

当然，在教授的讲课形式和内容二者当中，学生们认为最重要的首先还是具有学术性和知识性的内容。总的来说，对于自己敬重的学者，即使其在讲课方面不太擅长和完善，学生们也都能宽容以待。М. А. 巴甫洛夫院士的回忆录中就有一个很好的例子。他回忆起自己在矿业学院念大学的时光时提到广受学生爱戴的化学教授 К. Д. 苏申的课最初听起来是何等困难，"可以说，他的言语风格似乎是对演说艺术的否定。但是，认真听了他讲的内容之后，我们逐渐忘了他那奇怪的抑扬顿挫……苏申教授的授课内容如此丰富，总是让人受益良多，以至于我听了他的这门课并考了很好的成绩之后，又再听了一遍"④。

课堂为学生奠定了科学视野的基础。例如，当时的圣彼得堡大学中世纪史教授 И. М. 格雷夫斯曾指出，"教研室常常用一道墙将教授和学生隔离开来"⑤。而在教室里上的课则是面向在场的所有人，无法因材施教。这种教学法上的客观"缺陷"可以通过研讨课的方式来弥补，因为研讨课的授

---

① Павлов М. А. Воспоминания металлурга. М. , 1984. С. 44.

② Струмилин С. Г. Из пережитого. М. , 1957. С. 46.

③ Шулейкин В. Дни прожитые. М. , 1962. С. 43.

④ Павлов М. А. Указ. соч. С. 48－49.

⑤ Анциферов Н. П. Из дум о былом. М. , 1992. С. 171.

课对象主要是对教授授课主题特别感兴趣甚至可能会将其作为未来职业选择的少部分学生，是针对他们进行的个性化教学。学生与教授正是在研讨课上建立起师（导师）生关系的，不过这种关系通常是非正式的。

作为高校的一种教学方式，研讨课教学方面也有自己的大腕。19 世纪80 ~ 90 年代，莫斯科大学文史系教授 П. Г. 维诺格拉多夫的研讨课是"真正的科研培训课堂"，学生在这里"学习如何成为一名学者"。正如 А. А. 基泽韦捷尔这样的大学教学方面的权威人士所指出的，"在研讨课教学方面，无论克柳切夫斯基还是格里耶，都无法和他（П. Г. 维诺格拉多夫——译者注）比肩"①。

维诺格拉多夫教授的研讨课"为学生在历史学领域开展独立研究工作进行了准备和指导"。М. М. 博戈斯洛夫斯基回忆道，"研讨课上不仅教授学生收集和利用文献资料的方法，还有基于史料进行评判和构建的方法。这些技能是通过在研讨课上长期训练而习得的，但这里最主要的是老师的示范作用。在研讨课上，他在我们面前亲自演示，如何对历史文献和古物认真求索，展开研究，或许就是在这种潜移默化的影响下，我们逐渐掌握或者不知不觉中已经在努力学习同样的方法和手段"②。正如 М. М. 博戈斯洛夫斯基所说，在这里倡导绝对的学术自由，"所以我们勇敢、自由地发表自己的见解，也同样大胆地与教授展开争辩"③。维诺格拉多夫教授经常在家里开会，他乐意随时在家中招待学生，欢迎他们使用自己的私人藏书。

从维诺格拉多夫研讨课的课堂上成长起的一批专家因有共同的学术兴趣而结成一个学派，即使在大学毕业后，他们仍然是老师家的座上宾。在那里，他们与学长、前辈见面，参加"高级别"的学术聚会。④

同样，在 20 世纪第二个十年，圣彼得堡的 И. М. 格雷夫斯教授研讨课上的学生（8 ~ 10 人）联合成一个紧密的团体，后来发展成为一个团队，

① Кизеветтер А. А. Указ. соч. С. 81.

② Богословский М. М. Историография, мемуаристика, эпистолярия. М. 1987. С. 81.

③ Там же. С. 77.

④ Кизеветтер А. А. Указ. соч. С. 60.

即使在大学毕业后也没有解散。"格雷夫斯教授研讨课的专题总是视角独特，每一项课题都可以研究好几年……每次对专题论文的点评都会变成又一次深入独立的研究……我们常常在教授家中上课，这样不必受下课铃的干扰，有时会工作到很晚……这拉近了我们的距离。"① 格雷夫斯教授团队的成员、每课必到的 Н. П. 安齐费罗夫如是说。

对学生来说，研讨课是进行科研培训的课堂，是通往教授学术世界的窗口。但还不止于此，对教授来说，这也是他们走进学生世界的窗口。总而言之，在这里"师生两代人的科学团队精神"逐渐酝酿成熟。②

自19世纪90年代起，教授们倡导在俄国国内和国外开展所谓的"研学旅行"，旨在激发学生的科学求知欲。这一教学模式载入俄国教学创新的史册。首创"研学旅行"的是圣彼得堡大学教授、历史学家 С. Ф. 普拉东诺夫和 И. А. 什利亚普金（研究领域：俄国文学史）。他们带着自己在圣彼得堡女子高等学校的学生共同前往诺夫哥罗德、普斯科夫、纳尔瓦和莫斯科，开启了首次历史学的研学之旅。作为圣彼得堡女子师范学院的兼职教授，普拉东诺夫还在该校践行了旅行式教学模式。

20世纪初，无论是对于综合性大学还是对于国民经济各领域的专业性院校、工科院校以及农学院的大学教授来说，在国内进行研学之旅已然成为教学过程中的必选项。

大学生出国游学的普及度要低一些，因为这对参加者来说花费很高，而且从组织管理的角度来说也过于烦琐。但这种教学模式还是引起了学术界和圣彼得堡报界的广泛关注。出国游学始于1903年，当时莫斯科大学文史学协会哲学教授 С. Н. 特鲁别茨科伊带队赴希腊游学。参加此次游学的共有139人，主要是来自各系的大学生，其中包括45名文史系的学生。作为游学团的参加者之一，历史学家 А. И. 阿尼西莫夫指出，这个人数众多的团体集聚了"不同专业的俄国青年大学生"，无法做到"对同一个古代史

---

① Анциферов Н. П. Указ. соч. С. 171.

② Там же. С. 56.

或考古学问题同样感兴趣"①。因此，游学在客观上实际是一种高层次的科普教育。②

在教授们的教学史上，还记载了圣彼得堡大学通史教授 И. M. 格雷夫斯先后于 1907 年和 1912 年组织的两次赴意大利游学之旅。教授坦承，与学生一同游学是一种"令人羡慕的教育福利"。然而，他不仅仅把这次意大利之旅视为求知之旅，对那些在大学和女子高等学校参加由他主持的"意大利中世纪史"研讨课的学生来说，他认为这也是一次严肃认真的学术考察活动。因此，游学的同时也设置了调研考察的环节。为了开展学术交流，格雷夫斯每次都会邀请意大利中世纪史方面的著名专家学者参与，甚至还带上了参考资料和图书。他精心制订游学路线和出行方式（步行、马车、火车），提前预订旅馆，确定每日行程，严格遵守游学团的自我管理与道德准则。③ 游学团的团员们有各自不同的科研方向，但其目标是一致的，即循规蹈矩、全力投入、高度负责地实现游学的目的和初衷。④

20 世纪初，科学小组成为师生间在课外进行科学创新与教学的形式。小组招纳的不是所有学生，而是那些最具天分、求知欲强的学生，同时为他们搭建起一条捷径，使他们能够与自己最心仪、最感兴趣的导师面对面

---

① Анисимов А. Экскурсия студенческого общества в Грецию. М. , 1904. С. 4.
② 此次游学由特鲁别茨科伊带队。莫斯科大学的希腊学教授 A. B. 尼基茨基、尤里耶夫大学希腊艺术教授和考古学家 B. K. 马尔堡、君士坦丁堡的俄国考古学院秘书 P. X. 列佩尔在本次游学中进行了科学教育。除此之外，学生们还听取了德国考古学家德普菲尔德（关于在特洛伊的发掘工作）和希腊博物馆馆长（关于奥林匹亚古庙）的报告（同上，第5页）。
③ 格雷夫斯研讨课的人数相对较少，获得此游学之旅名额的学生都很幸运（顺便说一句，学费很高——每个学生 250 卢布）。"对同一个文化现象进行研究，同时通过远古流传下来的书面文字获知发生的事情，在远离这文化发源地的图书馆书桌旁看书——如今对遗迹实体进行研究，来到它形成和发展的这片土地上。"（Гревс И. М. К теории и практике «экскурсий» как орудия научного изучения истории в университетах. СПб. , 1910. С. 12 – 13）
④ Человек с открытым сердцем. Автобиографическое и эпистолярное наследие Ивана Михайловича Гревса （1880 – 1941）. СПб. , 2004. С. 264.

进行交流（包括老师的授课、讲座、研讨课）。开展小组学习不仅具有教育和教学意义，而且有助于推动科学研究。例如，圣彼得堡大学的法哲学小组，对于小组负责人——法学家 Л. И. 佩特拉日茨基教授来说，该小组是围绕设定问题"集思广益、积极交流想法、独立开展研究"[1] 所必需的实验室。这个小组是一个货真价实的科研团体，是新型法学人才培养中心。1900 ~ 1910 年，121 名小组成员中有 18 人（约占 15%）留校待培（"教授培育资助项目"——译者注）。[2]

莫斯科高等技术学校浮空飞行小组由 Н. Е. 茹科夫斯基教授领导。在Н. Е. 茹科夫斯基教授的努力下创建了小组实验室，成员们在那里不仅有机会实现他们渴望已久的乘坐飞行器飞上天，还可以深入研究航空理论和应用问题。[3]

Н. Е. 茹科夫斯基坐在莫斯科高等技术学校的学生中间，
莫斯科，拍摄于 20 世纪初

①　ГАРФ. Ф. 63. 1909/1910. Д. 26. Т. Ⅲ. Ч. Ⅱ. Л. 1.

②　Там же. Л. , 27.

③　См. : Прокофьев В. И. Московское высшее техническое училище. 125 лет. М. , 1955. С. 104.

大学生

社会流动性。大学生作为俄国青年知识分子，其群体不断成长壮大：在1897~1898学年，大学生总数略高于3.2万人；1907~1908学年有8.3万人；1917年有13.5万人。[①] 他们当中的绝大多数毕业于国民教育部的古典中学（在大学生中一般称之为"古典生"）和实科中学（"实科生"）。根据政府的设想，古典中学的招生主要面向俄国臣民中最"值得信赖"的部分——贵族和官员子女，为他们提供教育，其目标是培养国家公职人员。古典中学的教学大纲也是根据这一教学目标制定的，以教授文史类专业的课程为主，尤其是古代史和拉丁语。一些古典中学还开设古希腊语，"古典"之名由此而来，学生对自然数学的学习退居次位。古典中学的学生享有免试升入综合性高校及类似高等院校的特权；如果想要进入专业类、行业类院校则需通过考试来竞争。

实科中学的社会地位要低一些，主要招收非特权阶层出身的人——荣誉市民、商人、小市民、行会人员、农民和哥萨克人家的孩子，其目标是为国民经济各领域培养人才。政府认为，只有把大众阶层出身的人局限在这些领域才对社会"无害"，并规定，国家管理体系不对他们设岗。与此相应的是，在实科中学的教学大纲中主要开设自然数学、"新的"语种（法语、德语，有时也有英语）、地理等课程。希望接受高等教育的"实科生"只能报考工业工程学院、农学院和商学院。综合性大学之门不对他们开放。

中等职业学校与实科中学类似，包括商业学校、工业技术学校、农业学校、艺术学校、军官学校和士官武备学校。但是，只有工业贸易部直属的商业学校和中等军事学校能够为毕业生提供与"实科中学生"一样的接受专业类高等教育的机会，其他人只能报考与中学所学专业相应的行业类院校。

从19世纪上半叶开始，大学生中又增加了东正教神职中学的毕业生（"宗教中学毕业生"）。这些学生接受了类似于古典中学的人文教育。政府

[①] См.：Иванов А. Е. Высшая школа России... С. 254.

圣彼得堡工学院的学生班长会，拍摄于 1907 年

借此对杰尔普特大学、里加理工学院和华沙的波兰大学等以德语授课的学校强制推行俄语。

20 世纪初，各类中等教育机构毕业生在接受高等教育的权利方面存在不平等的现象。直到第一次俄国革命时期，这道阶层壁垒才被打破。1905 年 12 月 14 日，国民教育大臣、自由派人士 И. И. 托尔斯泰发布通告宣布，综合性大学招收宗教中学毕业生将不再是个别现象，对其与古典中学毕业生将一视同仁。1906 年 3 月 18 日，他又发布新的通告宣布，实科中学和商业学校毕业生如果能够通过古典中学开设课程（首先是拉丁语）的附加考试，也可以成为综合性大学的学生。1908 年 6 月 26 日，自由派杜马议员希望国家杜马通过《关于高等学校招生章程的法案》，从而为上述章程赋予法律约束力，然而他们的尝试无果而终。由于国家杜马右派议员施压，该法案被认定为"非紧急"法案。① 1913 年，国务会议以 78 票对 68 票否决了

---

① Приложения к стенографическим отчетам Государственной думы. Третий созыв. Сессия Ⅱ. 1908 – 1909. Т. 1. （№ 1 – 219）. СПб., 1909. № 27.

《关于赋予某些中等教育机构毕业生报考高等学校权利的法案》。国民教育大臣 Л. А. 卡索也对此投了否决票。他的前任国民教育大臣 А. Н. 施瓦茨也认为应当防止阶层"渣滓"进入综合性大学。[①]

　　19 世纪 70～80 年代确立的中等及高等教育阶层保护制度直到沙皇专制政权垮台才被废止。按照这一教育体系的"设计师"Д. А. 托尔斯泰和 М. Н. 卡特科夫的构想，对于古典中学毕业生来说，如果他们希望进一步深造，想获得工程师、农艺师等行业类专家的毕业证书，那么，他们绝对可以自由做出这种自上而下的选择。然而，尽管综合性大学公开面向各阶层招生，但事实上国家却以立法的形式规定，对于实科中学毕业生来说，此路不通。所有构想都出于有效维护国家各部门未来的官员队伍人员构成的考虑，以损害大众阶层出身者的利益为代价，旨在维护贵族、官吏子弟的利益。专制制度的拥护者认为，这种做法是让社会的中流砥柱——官员阶层在政治上忠顺于沙皇政府的保证。

　　沙俄高等学校确定招生名额这一政策，不仅意在扩大招生，更重要的是为了实施阶层保护。但在 19 世纪末 20 世纪初的时候，随着资本主义的发展，俄国主流社会文化呈现不可阻挡的发展势头，而此前的高校招生政策与此发生了矛盾，因此，难以继续有效实施。沙皇政府希望把高等学校也变成清晰划分阶层的地方，即根据学生的阶层出身不同，对获得专家称号的大学毕业生的社会职能加以划分。他们的想法在当时的条件下显然越来越不现实，当时的社会现实不可避免地摧毁了这一顽固的阶层保护制度。在俄国经济中迅速发酵的资本主义生产关系改变了传统的以阶层出身为主的价值观念，转向更为重视物质条件。这无疑拓宽了平民青年原本异常狭窄的受教育途径，使他们有机会到综合性大学接受教育，而对于绝大多数中层官员来说，综合性大学毕业只是他们出任现职的基本条件。具备资格的资产阶级尤其是资产阶级知识分子、城市和农村的下层民众中的代表正

---

① Государственный совет: Стенографические отчеты. 1912 – 13 годы. Сессия Ⅷ. СПб., 1913. 1669 – 1682；1702 – 1704.

成为综合性大学招生中一个快速壮大、不容小觑的群体：1900年，其占比为38.6%，1908年为46.1%，1914年为53.7%，1916年为55%。除此之外，贵族、官吏阶层出身的人纷纷涌向行业类高校。例如，在国民教育部直属的工程类院校中，到1895年的时候，贵族、官吏阶层出身的大学生占比达40%。1914年，这一数字下降到24.6%，但这一比例也不算低。要知道，在同一时期，在工业贸易部直属的华沙理工学院、基辅理工学院、新切尔卡斯克的顿河理工学院、彼得格勒理工学院、里加理工学院等新兴院校的大学生中，这一阶层的占比为35%。①

在专业类高等院校，一部分贵族、官吏阶层出身的学生打破了自然的行业、阶层关系划分，不再从事自己阶层长期以来从事的职业，而是融入资产阶级当中。在商贸类院校也有贵族、官吏阶层出身的大学生，这一事实就是明证。1909～1910学年，在这些院校念书的大学生中，贵族、官吏阶层出身的学生占13.5%。②

走资本主义发展道路的国家急需大学毕业的专家，这一形势促使俄国大量家境贫寒的中学毕业生选择继续接受高等教育，只不过他们进入的不是国立高校，而是具有资产阶级性质的私立院校。1917年，在全国共计13.5万高校学生中，私立院校学生占比为52%③，总数达7万人，其中主要是无权像男性一样进入国立高校学习的女性④、皇家大学和学院按固定比例招收以外的犹太教青年⑤，以及众多由于"政治上不可靠"而被政府剥夺了在国立高校接受教育的权利的各阶层的年轻人。

整体而言，我们可以得出这样的结论：19世纪末20世纪初，资本主义的发展打破了俄国社会各阶层之间的隔阂，客观上势必增强不同阶层青年学生的社会流动性，并将他们结成一个无阶层差别的民间学术联合团体，

---

① См. ：Иванов А. Е. Высшая школа России. . . С. 268，271 – 275.

② Там же. С. 276.

③ Там же. С. 254.

④ См. ：Иванов А. Е. Студенчество России конца XIX – начала XX века： социально-историческая судьба. С. 102 – 170.

⑤ Там же. С. 210 – 229.

而无论其就读的高校是何种类型，在这个民间学术联合团体中，学习就是他们这一时期的主业。

教学过程。无论从耗费的时间还是日常劳动与精力的付出来说，教学过程在大学生的日常生活中都发挥着最为重要的作用。在大学的教学过程中，最主要的部分就是上课（每节课分为两小节，每小节 45 分钟）。俄国史教授 A. A. 基泽韦捷尔曾于 1884～1888 年就读于莫斯科大学，他回忆道："从上午 9 点到下午 4 点，每当钟表的指针指到 12 点时，教授办公室的门厅就会出现一个魁梧健硕的瑞士人身影，戴着一副闪闪发亮的眼镜，一嗓子有些刺耳的声音划破长空：'尼卡诺尔，该——打——铃——了！'于是……便响起了刺耳的钟声……随后，高大的教学楼每个走廊都纷纷响起下课的铃声，课间休息时间到了。"①

除了基础课程，大学生们还可以选择上"实践研讨课"。在文史系，只有拉丁语和古希腊语这两门基础课是必修课；在法律系则完全没有明确规定。不过，其他选修课的任课教师可以基于自愿原则开设大纲之外的研讨课。在综合性大学的数学物理系和医学系以及行业类院校中，实践教学在教学过程中占有非常重要的位置。当然，考试还是要求学生付出最大的努力。

19 世纪 80 年代到 1906 年，按照学时数来说，这是学生负担最重的一段时间。这一时期，俄国高校实行所谓的学年制教学制度，每门课程的教学计划和教学进度都要严格按照日常的课程表来制定。"认真上好基础课，并参加系里开设的必修实践课是每个大学生的义务"②，国立大学的学生必须无条件遵守这些规定，同样地，其他高校的学生也应遵守这些规定。

学生的出勤情况由教学"督导"和"副督导"负责监管；在人数众多的综合性大学中，还设有"初级"工作人员——负责公开监督、管理学生的学监（通常由退伍军人担任）。"显然，学校认为，学生无论如何也不会

---

① Кизеветтер А. А. Указ. соч. С. 44.

② Правила для студентов и сторонних слушателей императорских российских университетов. М., 1885. С. 16（§23）.

主动去有效利用时间来学习。因此，领导们的监督之手揪住那些不听话学生的后衣领，强行把他们抓回教室，说是为了他们好。当然，结果就是学生集体在教室里打盹儿。"① 圣彼得堡理工学院经济专业学生 C. 斯特鲁米林 1910 年在《关于上课制度的问题》一文中写道。

然而，高校的行政管理部门逐渐放松了对纪律的要求。学生们为了逃掉必须上的课，也是斗智斗勇、花招百出。到 19 世纪末时，必须上课仅仅是"名义上的要求"。

学生在教学过程中的实际参与情况不尽相同。以学生最为密集的高校——综合性大学为例，在文史系、数学物理系、医学系、法律系四个系中，法律系以读起来相对比较轻松而闻名。人们普遍认为，在法律系可以"什么都不做，可以不去上课，考试只要买来那些售价低廉的复习提纲准备一下就能通过"。

但来自圣彼得堡的大学生 A. 伯努瓦回忆说，事实上一切并不完全像大家预想的那样。他承认学生可以自主规划学习时间，但他写道："不过我们直到三年级才开始这样，而前两年我们认真上课，勤奋刻苦，不仅听本系教授的课，还孜孜以求地去听其他系的课，在知识的海洋中尽情遨游。"②

从教学制度来看，圣彼得堡大学其他系——医学系、文史系、数学物理系以及东方系学生的生活也并非无拘无束。医学系的学生人数并不比法律系少，但医学系要求学生进行紧张而系统的学习，具有高度的职业自觉意识，其原因不言自明。

文史系和数学物理系的培养目标主要是为中学培养教师，这两个系的学习生活也不会让学生因过于轻松而虚度光阴。③ "这些系的学生人数不多，教师对每名学生的情况都了如指掌，不学习是绝对不行的。"④ 曾于 1902 ~

---

① Голос политехника. Сб. 4. СПб. , 1910. С. 6.

② Там же. С. 635.

③ См. : Кареев Н. Выбор факультета: Руководство для учеников высших классов сред-неучебных заведений. СПб. , 1897. С. 22，50.

④ Блонский П. П. Указ. соч. С. 53.

1907 年在基辅大学文史系念书的 П. П. 布隆斯基证实道。

无论是综合性大学及类似的院校，还是工业技术、农业等行业类院校，都一度推行刻板的学年制教学，令高校学生的学业变得难上加难。高校各学科均采用这种教学模式，制定了统一的教学计划，每门考试都规定了时间，旨在考察一众学生对"通用知识"的掌握情况，却没有顾及他们的学术兴趣点及专业方向。"学年制教学"的弊端在于学生负担过重，导致学生对科学知识毫无热情、缺乏创造性、流于形式主义、不求甚解及狭隘的实用主义态度，甚至会无故旷课。

1906 年起，"课程制度"开始实施，这让大学生们"缓了一口气"①。这项制度从根本上改变了高校教学过程中运用的教学方法和模式。原有的教学模式（统一的教学计划、每门课程相对固定的考试时间）被更为民主的新模式所取代。从学生学业负担的角度来看，这一模式相对更宽松，学生从一年级起就可以在学校提供的教学大纲范围内自愿选择一套课程，从而确定自己的专业方向。

"课程制度"针对大学生（首先是综合性大学的学生）的学术和专业方向问题做出了调整，因为它制定的教学大纲更重视因材施教，把学生因学业负担过重受创而受到学术伤害的风险降至最低。例如，莫斯科大学文史系向学生提供了 11 套个性化课程方案，学生可以结合自己的专业方向从中任选其一：俄语语言文学、斯拉夫语文学、古希腊罗马语文学、西欧文学、语言学、通史、俄国史、斯拉夫史、教会史、艺术和考古史、哲学（下设心理学和哲学史）。② 学生可以根据个人意愿自由选课，并就自己的准备情况在学年内适合的时间参加测验和考试。

至于行业类院校，尤其是那些各学科仍采用历史上旧有的教学体系的学校学生的学业负担，情况看起来并不是那么乐观。比如说，教学过程改革几乎没有波及莫斯科高等技术学校。地球物理学家 В. В. 舒莱金院士曾于

---

① Там же.
② См. : Князев Е. А. Предметная система в высшей школе России // Вестн. высшей школы. 1987. №11. С. 84.

1912～1916 年就读于该校，他回忆道："在这所技术学校，要想一边按照庞大复杂的教学计划学习，一边从事富于创新的研究工作，即使是最简单的知识，也是绝对不可能的事情。"[1]

1898～1907 年，俄国先后出现了一批新一代行业类院校，如华沙、基辅、圣彼得堡、托木斯克、新切尔卡斯克的理工学院（又称技术学院），这些院校的大学生面临的是另一番情形。他们在"技术学院"具有鲜明行业特点的学部（或系）（每所学校一般有 4～6 个学部）中学习。各系开设了现代工业和经济发展迫切需要的工程技术类专业，这些专业的课程设置和教学大纲都严格遵循其专业特点。可以说，这样的教学模式最适合大学生学习，其主导思想构成了俄国高校"课程教学体系"的公共基础。国立高校和非政府类高校（社会大学和私立大学）都在实施这种教学模式，首先就是高等女子培训班。例如，莫斯科高等女子培训班（前身为格里耶高等女子培训班）、圣彼得堡的别斯图热夫高等女子培训班，还有喀山、基辅、华沙等地的高等女子培训班，这些学校由当地大学的教授按照大学的教学大纲进行授课。

新的教学思想并没有给大学生的学业表现带来实质性的变化。自由选课制度确立下来后，圣彼得堡理工学院学生互助会于 1909 年做了一次摸底问卷调查，结果显示，2.6% 的学生按时听"所有应该听的教授"的大课，57.2% 的学生偶尔听"一些喜爱的教授"的大课，35.4% 的学生"一位教授的大课也不听"。问卷调查的组织者认为，这一结果"对于大学的授课制度来说是令人失望的"[2]。

同年，A. A. 考夫曼教授的统计学研讨课针对圣彼得堡别斯图热夫高等女子培训班学生的上课情况开展了一次问卷调查，其结果却截然不同。接受问卷调查的学生当中，对"您认为听大课对开展科学研究是否有益和必要？"这一问题给出肯定回答的比率如下（结果略有出入）：92.3%——法

---

① Шулейкин В. В. Дни прожитые. М.，1956. С. 53.
② Голос политехника. Сб. 6. СПб.，1911. С. 8.

律系、90.5%——文史系、87.8%——数学物理系。① 应当指出的是，如果从通过考试的角度来说，那么法律系的学生可以不听大课，但对数学物理系的学生来说，大课上有实验环节，不上课会导致考试不及格。

每名学生对教学过程的投入程度取决于许多先决条件和因素。东方学家 В. М. 阿列克谢耶夫院士把大学生分为几种类型。② 第一类为自愿"泡在教室和实验室中"，"醉心于科学，终日沉湎于其中，有志成为学者和严谨的科学家"的学生。他说："我身边有很多这种学生，在大学图书馆、阅览室（在大学宿舍里——作者注）都能遇到他们。在这群优秀的年轻人身上可以看到未来，他们值得信赖。"他们是 19 世纪末 20 世纪初圣彼得堡大学东方系学生中的佼佼者。几十年过后，虽然学术环境已全然不同，但他们每个人在睿智博学、经验丰富的 В. М. 阿列克谢耶夫院士心中仍是大学生的楷模：И. Ю. 克拉奇科夫斯基——"理想型大学生"；И. И. 托尔斯泰——"有天赋、有素养、有能力的模范"；А. А. 弗烈伊曼——"一个严肃认真、没有经历过大学青涩期的学生"；П. И. 佩图霍夫——"最认真的学生、优等生中的优等生，在大学中孜孜不倦地学习"，"大学的全部生活就是与教授和科学朝夕相处"；等等。③ А. А. 基泽韦捷尔教授也在广大学生中划分出了同样类型的"未来学者型学生"。他把自己也划归这一类，他提到在上大学时就"对科学研究怀有无比的热情……"④。各个高校都有这一类大学生，当然，就其人数而言，他们占少数。

按照 В. М. 阿列克谢耶夫的分类，与这种"精英型"大学生相对的是较为普遍的"死记硬背型"学生（他们在中小学时大多就属于"死记硬背

① Слушательницы С. -Петербургских высших женских（Бестужевских）курсов. По данным переписи（анкеты, выполненной статистическим семинарием в ноябре 1909 г.）. СПб. , 1912. С. 93.

② См. : Алексеев В. М. Студенты на рубеже столетий. Из моих студенческих воспоминаний（1898 – 1902）// Наука о Востоке. М. , 1982. Конспект выступления перед студенческой аудиторией ЛГУ［1945 – 1948］.

③ Там же. С. 286.

④ Кизеветтер А. А. Указ. соч. С. 39.

型"）。他不无蔑视地写道："学业负担沉重不堪，兴趣狭隘，死背课本，狂抄笔记——这是'套子里的学生'、未来的'执行官'。"①

根据 B. M. 阿列克谢耶夫的定义，高等学校中大部分学生都属于"功利主义者"，这一类人通常是中等生，无意于科学工作。他们"考试后会立刻把书处理掉，没有任何藏书，考试答题一结束即刻与科学作别再无往来"。对这种学生而言，大学是为了获得毕业证而"必须忍受苦难的四年"，因为有了毕业证才能有资格获得官阶（12 级至 10 级），开启仕途之路。②

B. M. 阿列克谢耶夫还在上大学时就已经决定自己未来的道路——致力于纯粹的科学研究工作。在他看来，绝大多数普通的大学生都具有"功利思想"这一说法难免有夸大之嫌。他当然也知道，高校的主要功能在于大规模培养实践型专业人才，而不是培养坐在办公室的学者。因此，他承认实用主义生活哲学的"朴素真理"。"我们每个人都是不同程度的功利主义者。"③ B. M. 阿列克谢耶夫坦承。A. A. 基泽韦捷尔对这类学生给出了更为明确的定义——"未来的普通人"④。

无论是 B. M. 阿列克谢耶夫、M. A. 巴甫洛夫，还是 A. A. 基泽韦捷尔，对于那些"无耻的钻营之徒"、"现代的花花公子"——"纨绔子弟"（B. M. 阿列克谢耶夫语）、为数不多的"富家子弟"中的酒色之徒（M. A. 巴甫洛夫语），都抱以轻视甚至蔑视的态度。⑤ 据 A. A. 基泽韦捷尔所言，在他的同学中，这类学生主要是那些"阔少大学生"，他们"对待科学的态度或是像对待政治一样，或是把它当作不太相关的事情，而大部分人甚至认为科学是有害而无益的东西"⑥。

在大学中，所谓的功利主义者大多集中在法律系，这里为法院、检察院、公证部门培养工作人员，为国家管理机构培养有文化的官员。

---

① Алексеев В. М. Указ. соч. C. 287.
② Там же. Указ. соч. C. 287 – 288.
③ Там же. C. 288.
④ Кизеветтер А. А. Указ. соч. C. 44.
⑤ Павлов М. А. Указ. соч. C. 54.
⑥ Кизеветтер А. А. Указ. соч. C. 44.

还有一类学生被 B. M. 阿列克谢耶夫称为"学渣"："他们对科学和批判毫无兴趣，不适应大学的学习生活，读大学也是白读。"① 他所说的高校中的"学渣"，还包括以下几种人：一种是由于中学基础薄弱而知识储备不足，对大学教学大纲要求掌握的知识力不从心的人；一种是"任由自己沉溺于纸醉金迷、酗酒、骄奢淫逸而耗尽了自身的精神力量"，"变成废物"的人；还有一些人像"永远长不大的学生"，随便什么都能让他们分心；另外则是些举目无亲的孤儿，他们没有家庭的帮助，平时要上班，不能来上课，"这些人通常都不会有什么成就"②。

自组织。大学生会加入各种民间学术团体，同时，还会自发结成各类社会组织，如同乡会、大学生"自助"联合会、科学协会和小组、各种文化传播团体和宗教团体。

同乡会是大学生中最为普遍的自发性团体，是指以居住地的名称——省和地区的名称（圣彼得堡、诺夫哥罗德、西伯利亚、外高加索）、县的名称（勒热夫、博罗维奇等）或族群（乌克兰、格鲁吉亚等）特征来命名的同乡联合会。③ 在 19 世纪末 20 世纪初的沙皇俄国，除皇家学校外，没有哪所高校是没有同乡会的。1907 年，喀山大学登记在册的同乡会有 28 个；1908 年，圣彼得堡大学有 134 个；1912 年，莫斯科大学有 150 个。④ 各同乡会的成员人数不同：有些同乡会成员不到 10 人，有些同乡会成员则有 200 人及以上。

同乡会这一独特的现象出现在俄国高校主要有两点原因：一是俄国地域辽阔使得许多上大学的学生要长时间背井离乡；二是绝大多数大学生都十分贫困。同乡会最初出现于 19 世纪 60 年代。1871 年时，因与反专制势力有关联而被禁止，转入半地下状态继续非法运行，并成为大规模学潮的

---

① Алексеев В. М. Указ. соч. С. 288 – 289.

② Там же. С. 289.

③ См. : Иванов А. Е. Студенческая корпорация России конца XIX – начала XX в. : опыт культурной и политической самоорганизации. М. 2004. С. 44 – 72.

④ Там же. С. 48.

中坚组织力量。1899 年 2 月，学潮发展为全俄范围的大罢工。在第一次俄国革命期间，同乡会是不同党派学生组织开展政治生活的基地。1905 年，同乡会重获政府允许，恢复了其原有的使命：为远道而来接受高等教育却常常因陌生环境而感到茫然和饱受思乡之苦的学生提供及时的精神和物质支持。同乡会的初衷是成为某一地域或文化区域的友好联合会，主要任务是"再创造出一片家乡的小天地"①。同乡会的章程始终强调在道德和心理方面的支撑作用，并通过共同开展慈善、文化教育、科学小组等活动，增进同乡之间的交往。同乡会保持着"家族性"团体的传统，举办娱乐晚会，针对社会生活中的现实问题展开开放性的辩论，另外，也会组织合唱、舞会和茶话会等活动。

被排除在学潮运动之外的圣彼得堡大学学生，摄于 1899 年

同乡会最重要的一项任务是对同乡会成员的贫困程度做出评估，并筹措资金为其提供物质帮助。同乡会的收入主要来源于它们组织的各种慈善

① Сибирский студент. Томск，1914. №3 – 4. C. 90.

活动——业余演出、特邀著名专业演员参演的音乐会、歌舞晚会、舞会以及科普讲座。此外，在同乡会成员的老家举办巡回慈善晚会的收入也是同乡会的主要收入来源。

如需动用筹措款为贫困的同乡提供物质帮助，需要经过同乡会的财务审计。同乡会最初提供的借贷无须偿还，后来变成为贫困同乡提供无息借款，即借款人需无息还款。这种形式的助学贷款在大学生当中广为试行，并于 1908 年举办的第一届"关于圣彼得堡大学生的经济需求"大会上得到了认同。①

但这种贷款形式无论是从受众人数还是数额上来说，都是辅助性的，因为它仅限于某个具体的同乡组织范围，论规模不及大学生"自助"联合会。后者的组织形式多样，不仅包括 19 世纪 60 ~ 90 年代形成的职业介绍所、互助储金会、互助会、公共食堂等司空见惯的形式，还包括一些在第一次俄国革命后出现的对大学生来说全新的具有小资产阶级性质的扶贫形式，诸如消费者协会、折扣"店铺"和商店（基于慈善原则其销售价低于市场价）、出版社书店和图书批发仓（以学生买得起的价格出售自己发行出版的教材）。大学生"自助"联合会甚至一度萌发组建一家全俄大学生银行（固定资本 100 万卢布）的想法，其向大学生发放助学贷款，学生需在毕业后分期还款。这一想法的提出主要基于芬兰、瑞典、挪威创建大学生投资银行的成功经验。②

自愿组成的科学协会和小组③由来已久，它们规模庞大，与高等教育的目标和任务完全一致，是高层次、高知识含量的大学生学术互动与合作的团体。正如一位同时代人所描述的，科学协会和小组是高校"学术生活的心脏"。他写道："参加过小组会议的人都知道，这里常常会迸发出思想的

---

① Труды совещания об экономических нуждах студенчества г. С. -Петербурга 26 – 31 марта 1908 г. СПб. ，1909. С. 13.

② См. : Иванов А. Е. Студенческая «самопомощь» в высшей школе Российской империи. Конец конца XIX – начала XX века // Отечественная история. М. ，2002. № 4. С. 35 – 50.

③ См. : Иванов А. Е. Студенческая корпорация... С. 102 – 135.

火花，各种观点时常发生激烈碰撞。即使这样的碰撞并不总是能够孕育出新的真理，但这种探寻真理的氛围甚至吸引了那些无意从事科学工作的人，培育了其科学思维能力。"①

直到 20 世纪初，大学生科学团体的发展一直游离于法律框架之外。即使在 1863 年颁布的具有自由主义精神的《大学章程》中，仍然禁止在大学的学术空间组织任何学生社团，其中也包括科学社团。19 世纪下半叶，已知的大学生学术团体屈指可数，其中最有代表性的当数圣彼得堡大学文学史教授 O. Ф. 米勒领导的科学与文学协会（1882～1887），该协会是经国民教育大臣、自由主义者 A. A. 萨布罗夫批准而成立的。他认为，将包括科学组织在内的学生社团合法化这一做法有助于转移学生的注意力，让他们不再参与扰乱高校秩序的集体暴动。然而，1887 年 3 月 1 日发生了刺杀亚历山大三世未遂事件，科学与文学协会的成员中被查出有该事件的参与者。因此，该协会被认定为高危团体而遭到禁止。

对科学与文学协会进行的试验性尝试遭遇惨败，这为 A. A. 萨布罗夫的设想蒙上了一层阴霾，却未能让他完全死心。1899 年 6 月 21 日，受第一次全俄大学生罢课的影响，时任国民教育大臣、反对自由主义思想的 H. П. 博戈列波夫在当局高层的授意下发布通报，承认成立由教授领导的科学与文学协会是大有裨益的，它能吸引学生学习，避免学生的"聚众群哄行为"破坏安静的学术氛围。

1901 年 12 月 22 日，H. П. 博戈列波夫的继任者——新任国民教育大臣 П. C. 万诺夫斯基将军颁布了《大学生组织暂行条例》，将博戈列波夫的倡议以法律条文的形式固定下来。该条例的颁布推动了当时刚刚开启的人文小组和自然科学小组的形成和发展进程。曾于 1898～1902 年就读于圣彼得堡大学东方系的东方学家 B. M. 阿列克谢耶夫院士回忆说："大学生小组以知名教授为中心，会集了一批批优秀的大学生，他们从不会认为三点钟下

---

① Запросы жизни. СПб. , 1912. № 42. C. 2449.

课就可以休息，就可以去尽情玩乐了。这些小组常常被视为未来学者的摇篮。"①

从学科类别来看，大学生科学协会和小组以人文学科为主。根据官方数据，以圣彼得堡大学为例，该校的法学小组包括律师小组（1901）、法律哲学小组（1902）、罗马民法小组（1903）、政治经济学小组（1904）。国内的革命形势令大学生对社会政治学科的兴趣大增。1905 年 10 月，随着全民性政治集会席卷高等学校，还出现了国家法和行政法小组。文史系有历史小组（1904）、文学小组（1904）以及科学与文学协会（1904）；东方系的学生参加远东小组（1904）。自然科学类的小组只有天文学小组（1903）和植物学小组（1903）。②

在第一次俄国革命前夕，大学生们为争取学术人格和公民尊严进行了激烈的斗争，并赢得了按照自己的学术兴趣从事科学活动的机会和活动场所。显然，参加此类活动的大学生为数不少。以 1902 年在莫斯科大学成立的文史协会为例，据 C. П. 梅利古诺夫证实，该协会下设多个小组，共计吸引上千名学生参加，其中包括语文、历史、古希腊罗马语言文学、文学、社会科学、侦查学、民法学等小组，还设有南斯拉夫和西斯拉夫分部。③

第一次俄国革命的爆发令自愿型大学生科学协会和小组的活动陷入停滞。1907 年 6 月 11 日，随着内阁会议通过《关于高校大学生组织及校园集会的管理条例》，这些大学生团体逐渐开始由蛰伏状态转向复苏。该条例简化了重新组建的大学生科学团体章程草案的审批程序。行使这项职能的不再是以前官僚气十足的学区督学办公室，而是教授委员会。这项新的立法结出了硕果。到 1910 年的时候，莫斯科大学的大学生科学社团从 1904 年的 5 个增加至 19 个。④ 各类大学生科学团体纷纷成立，不仅限于首都的高校，

---

① Алексеев В. М. Указ. соч. С. 285，291.
② РГИА. Ф. 733. Оп. 152. Д. 150. Л. 43об.
③ См.：Мельгунов С. П. Из истории студенческих обществ в русских университетах. М.，1904. С. 69.
④ ГАРФ. Ф. 63. 1910. Д. 26. Т. 2. Л. 12－58.

还包括其他城市，如俄国边境城市符拉迪沃斯托克（海参崴）的东方学院，它在 1907 年创建了大学生东方学研究小组。

非国立高校的学术空间中也出现了大学生科学团体。例如，1909 ~ 1913 年，莫斯科高等女子培训班（前身为格里耶高等女子培训班）开设的小组中包括：自然科学小组，下设化学、植物学、动物学、历史与哲学、自然科学、地理学等分组；历史小组、文学小组；俄国西部边疆研究小组；戏剧史研究小组。

包括国内法和外国法在内的法律小组的出现是人文学科大学生小组和社团中的新气象。以 1907 年在圣彼得堡理工学院成立的国家法和国际法小组为例，该小组由立宪民主党成员 B. M. 盖森和 Б. Э. 诺尔德领导，其学术兴趣主要集中于政治上颇具现实意义的宪法问题。

在行业类院校中，大学生科学团体积极开展社会活动，其主导思想和目标是推动俄国工业和农业并行发展，使国家社会经济走向繁荣。在一些综合性大学的自然科学系，以及里加、基辅、顿河等理工学院的农学部和农业类院校中，农业现代化问题成为其农学小组研究的重点。如，莫斯科农业研究所于 1907 年成立了农业社会学小组并开展活动。该小组在 1913 ~ 1914 学年的总结报告中明确阐释了自己的主导思想："我们需要具有一种农业社会学的视野，开展众所周知的农业社会学教育……小组的任务并非提出某种已有的世界观，而是要为揭示和研究农业社会学的发展前景而助力。"[1] 作为农业社会学小组成员，农学教授 A. Г. 多亚连科和政治经济学教师 A. B. 恰亚诺夫经常参加小组的各项活动。

第一次俄国革命后，科学小组开展活动的范围较之前大大拓宽，还扩及工业工程学院的学生。小组的研究方向以科学应用为主，特别是在第一次世界大战爆发之后。例如，1909 ~ 1914 年，在莫斯科高等技术学校运行

---

[1] 小组报告中以下主题居多："技术经济问题""土地实践问题""在校外普及农业知识的方法""乡村振兴""合作问题""农业目前的状态""农业行为对象问题"（Кружок общественной агрономи, при Московском сельскохозяйственном институте. Отчет о деятельности за 1913/1914 учебный год. М., 1915. С. 4 – 9）。

的 9 个小组中，只有百科科学小组（1909）和化学小组（1909）从事基础研究。而包括航空小组（1909）、汽车小组（1909）、纤维技术小组（1910）、热力工程小组（1914）、电工技术小组（1914）、制冷技术小组（1914）和制糖技术小组（1914）在内的其他小组，常常以承接的项目为基础，致力于解决具体应用于生产实践的科学和工业问题。①

在青年知识分子中，航空学成为"大热门"专业。在高等院校中，特别是在工程类院校，浮空飞行小组如雨后春笋般涌现，其中影响最大的是 1909 年由莫斯科高等技术学校成立的浮空飞行小组，该小组的领导者为 H. E. 茹科夫斯基教授。小组具有扎实的学术基础，是一个名副其实的科研中心，设有专门的实验室，小组成员有机会接触飞行器。②

1910 年，托木斯克大学成立大学生航空小组。小组成员将近 200 人，他们定期聚会做报告。1913 年，小组利用慈善晚会、放映电影等活动筹集到的资金购置了自己的飞机。③

俄国大学生的职业精神中素来就有一种"地方"情怀，这一点从各地开设大量具有地方特色的科学小组（农业、历史文化等）中可见一斑。这些小组的成员立志从事创造性的工作，为"家园故里"谋福祉。

大学生社团种类繁多，所涉甚广，其中还包括戏剧、音乐、造型艺术社团，以及研究世界各国古代和当代文学进程的社团和体育社团，等等。④其中，大学生合唱团、管弦乐团、业余戏剧团等团体拥有厚重的历史底蕴。1756 年，俄国高校历史上第一个大学生剧团在莫斯科大学成立。到 19 世纪末 20 世纪初，大学生文学爱好者社团已经广为普及。大学生体育类社团主要在第一次俄国革命后开始出现，相对来说，还非常"年轻"。

我们把上述青年知识分子社团统称为"文化传播类"社团，其数量明

① См.：Прокофьев В. И. Указ. соч. С. 104 – 105.
② Там же. С. 104.
③ Сибирский студент. 1914. № 2. С. 78.
④ См.：Иванов А. Е. Студенческая корпорация... С. 136 – 149；Он же. Больше，чем досуг（театр и культура повседневности дореволюционного студенчества）// Новое литературное обозрение. М.，2008. № 90.

显少于包括科学类社团在内的其他社团。并且，参加音乐或戏剧类社团需要具备特长和天赋。

大学生自主组织的社团在物质和日常生活方面为同乡、同伴建立起互助制度，同时，在采购贸易和合作经营方面也积累了独一无二的经验。这无疑推动了科学、文化传播类社团去探索更高层次的团队组织形式——他们通过问卷调查和社团刊物对自身展开社会调查研究。

大学生问卷调查是指大学生在其所在团体范围内针对不同主题进行的社会调查（由此也称之为"自我问卷调查"[1]）。据估计，19 世纪末 20 世纪初，俄国高校中大概进行了 80 次这样的"自我调查"，其内容涵盖大学生群体在社会生活中的各个方面：日常物质生活、社会卫生、性别、年龄、民族、精神文化、学术和社会政治等。大学生们力求实现社会文化上的自我认识以及在社会中的自我认同。他们还围绕"你希望在报纸和杂志上公开提出大学生活中存在的哪些棘手问题"展开"自我调查"。А. А. 考夫曼教授曾指导其统计学研讨课的参加者针对"1915 年别斯图热夫高等女子培训班学生的物质生活状况"这一主题组织过一次问卷调查。在调查问卷的导言中，А. А. 考夫曼教授写道，问卷调查的组织者"一方面希望让社会注意到青年学生面临的困境；另一方面，则希望能够提供准确的资料，作为针对现状制定和实施相应措施的依据"。调查结果在《股市新闻报》和《俄国纪事》[2] 杂志上发表。

总之，"自我调查"构成了俄国统计学一个完整的科学实践方向——大学生统计调查。它是在政治经济学与统计学教授 Н. Х. 本格、А. А. 考夫曼、Н. А. 卡布卢科夫、А. Ф. 福尔图纳托夫、М. В. 别尔纳茨基和医生兼卫生学家 Г. И. 罗索利莫、Д. П. 尼科利斯基和 М. А. 奇列诺夫等人的积极

---

[1] См.：Иванов А. Е. Студенческая корпорация...С. 199 – 283；Он же. Еврейское студенчество в Российской империи начала XX века.

[2] Слушательницы Петроградских высших женских（Бестужевских）курсов на втором году войны. Бюджет. Жилищные условия. Питание. По данным переписи（анкеты），выполненной статистическим семинарием в конце октября 1915 г. / Под ред. А. А. Кауфмана. М.，1916. С. 111.

推动下建成的。"自我调查"激发和培养了学生对所面临的"成人生活"进行统计分析和具体的社会学研究的兴趣。

合法出版刊物（包括报纸和杂志）的大学生社团①拥有多年地下出版办刊（简报、呼吁书、传单等）的经验，并一步步成长起来，其继续通过不记名调查问卷的形式展开自我研究，并在一定程度上将这种调查的范围扩展到所有民众。1905年《10月17日宣言》公布后，大学生社团办刊的时代也随之开启，并由地下状态转向依据国家有关定期刊物和书籍检查的相关立法合法公开的办刊状态。从印刷技术的角度来说，大学生刊物的主要特点是"高规格"印刷。1907年"六三"政变发生后，尽管社会民主派和激进新民粹派等人数寥寥的学生革命团体转入地下秘密发行反政府出版物，但石版印刷、玻璃版印刷和改良胶质版印刷仍是其主要的印刷技术。

1906～1917年，俄国出版市场上约有80种合法大学生报纸和杂志，主要分布在高校最为集中的几座大城市：圣彼得堡有35家，莫斯科有16家，基辅有8家。

实际上，大学生刊物的地理分布甚至比高校的分布网络范围更广，因为其中一些大学生社团的杂志和报纸是在当地社会各界的支持下由当地同乡会主办发行的（卡卢加、弗拉季高加索、伊尔库茨克等）。在这一类报刊中，也有办得相当不错的，如每年1月和8月发行的《诺夫哥罗德大学生报》。该报向读者详尽地介绍了就读于圣彼得堡高校的诺夫哥罗德大学生的经济生活，还推出大学生们的文艺作品。

大学生刊物作为一种出版现象，其出版刊物名录的更新非常快。一般来说，由于受到书刊审查和行政警察制度的迫害，这些报纸和杂志的寿命很少会超过两年。但最致命的原因是财政上的混乱。要知道刊物的出版费用高昂，且不说盈利，连成本尚且难以收回，更何况他们还希望自己的刊物在版面结构方面（社论、固定专栏、排版设计甚至广告）走"老牌"出

---

① О студенческой периодике подробно см.: Иванов А. Е. Студенческая корпорация...
С. 252 – 283.

版物"高大上"的路线，极个别出版物还规定向作者提供稿酬。

大学生出版物敏感地捕捉学生的社会思想动向以及精神面貌的变化。同时，它也是精准的定位器，不断调整青年知识分子群体的思想，让他们意识到自己对俄国未来政治、社会经济和文化繁荣发展的使命。1906 年，革命浪潮走向衰退。在这一时期出现的大学生出版物反映了形形色色的在大学生中广为流行的社会思想。但从 1907 年"六三"政变到 1910 年，由于警察局实施的保护性"大整顿"以及革命后学生运动的沉寂，大学生刊物步入萧条期。1910～1913 年，大学生刊物（33 种）重整旗鼓，尽管这些报纸和杂志没有明确的党派归属（应当指出的是，各种政治倾向的学生政党组织在各大高校都有），但它们的社会定位发生了实质性的变化。那些聚焦于学生日常学习和物质生活中现实问题的出版物决定了大学生刊物的整体面貌特征。一本大学生杂志曾指出："旨在开展学术科研工作和合理满足专业需求的励志口号逐渐取代了具有政治目的的斗争口号。"①

大学生社会思想的这种趋向被称为"民主的职业化"，并得到了大部分具有民主倾向的大学生的认同。革命后，年轻的资产阶级民主主义者吸取了第一次俄国革命的经验教训，认识到"勇敢者疯狂的"革命对包括高校在内的整个俄国的未来造成了破坏性的伤害。对于提出"高校民主化！""高效学习！"等口号的运动，他们高度评价其所具有的建设性意义。

大学生自组织的形式林林总总，迥异于专制制度的思想意识，这说明青年知识分子对主动创新精神和市民社会的民主价值观有自然而然的追求。从某种程度上说，它们是 19 世纪末 20 世纪初活跃在俄国社会文化前沿的众多社会组织的高校"复制版"。这是培养公民自觉意识和社会行为规范的优秀学校。在为数众多的各种协会中，大学生们通过自行组织活动，"演绎着"成年人一般的人际关系，并模拟成人的样子参与活动。他们的科学小组和"自我调查"是"大学问"的先声和雏形，他们的业余表演和文学团体是"大文化"的一隅甚至是一个碎片，而他们的创业经营活动则是做

---

① Молодая жизнь. М. , 1913. № 5. C. 13.

"大生意"的历练与准备。大学生的"自我调查"和刊物见证了作为"俄国知识分子精华部分"的青年知识分子社会心智的日臻成熟——他们具有人文情怀的热忱、成就以及悲剧性的缺陷。[①] 针对大学生社团在思想方面的发展前景，著名教育家 H. И. 皮罗戈夫早在 1872 年便做出了具有前瞻性的论断："大学像镜子和透视镜一般，可以折射出社会。"[②]

城市文化空间中的大学

沙俄时期高校的制度及其思想意识的形成源自城市文化的深厚底蕴。到 1917 年，在全国有高校分布的 23 座城市中，占据主要地位的是拥有综合性大学的 11 座大学城。这些城市被刻上了"卓越"的印记。而在省城名字的前面加上"大学城"这一前缀，也极大地提高了该城市在同等级别行政区划单位中的层级地位和排名，这个前缀赋予城市某种都城的余晖——科学及科学传播的中心。

高等教育领域是城市文化不可分割的组成部分，而综合性大学则昭示着其所在城市在发展高等教育方面强劲的实力。正是这些城市出现了各种不同专业领域的国立和"私立"（根据官僚机构的分类）高校聚集的现象。到 1917 年 2 月，在各大学城共计 124 所高校中，有 106 所院校属于这种情况（占 85%）：彼得格勒 44 所，莫斯科 23 所，基辅 9 所，哈尔科夫 7 所，敖德萨 5 所，喀山 4 所，萨拉托夫 4 所，托木斯克 4 所，尤里耶夫 3 所，顿河畔罗斯托夫 3 所。[③]

在大学教学楼的三角门梁上，刻着"帝国大学"四个大字，但并没有标明所在城市的名字（这是所有高校官方名称中的必要元素），以此凸显沙

---

① Изгоев А. С. Об интеллигентной молодежи（заметки об ее быте и настроении）// Интеллигенция в России. 1909 – 1910. М. , 1901. С. 192.

② Пирогов Н. И. Университетский вопрос // Сочинения Н. И. Пирогова. Изд. в память 100-летия со дня рождения Н. И. Пирогова. Т. 1. Киев，1910. С. 519.

③ См. : Иванов А. Е. Высшая школа России . . . С. 376（картосхема «География высшей школы в 1917 г. »）.

皇对大学系统的大力支持和庇护，因为这是国家管理机构高级官员干部的主要"供应地"。① 沙皇是每所大学的常任"名誉成员"。许多大公也欣然接受这一学术头衔，因为这对于他们来说不仅仅是一份荣誉，也是一份职责。除此之外，在大学名誉成员的名单中还有其他国家的君主、内阁大臣和高官、院士和大学教授以及国外大学和科学院的代表等。"名誉成员"中应有皇室成员的代表，这对所有公立高校来说是必不可少的，无一例外。这是开明君主的象征，彰显出沙皇对科学教育的繁荣发展如慈父般的关心。

这样一来，作为高等教育中心的城市提高了自己的文化地位，其行政地位也得以巩固，这对专制国家来说有同样重要的意义：综合性大学和政府管辖的院校，究其本质而言，是其所隶属的十大部委的地方机构。沙皇的官吏名录显示，高校教授和教师都是"学术类官员"。应当指出的是，他们未能立即得到大学城上层官员的认同。19 世纪初，喀山大学的医学和自然科学教授 К. Ф. 福克斯这样描述自己和同事在当地社会的地位："我们学者阶层在当时受到严重歧视：虽然编制内教授对应的是七级官阶，但是他们甚至不允许我们以这一官阶署名。所有人对我们都极其粗暴无礼，前任喀山警备长约西波夫直接称呼我为'你'，而我们之间并不相熟。省长在接见我时，从未让我落座过，也从来没有邀请我用过餐。"②

但时过境迁，地方政府对大学及其教授的态度终于发生了根本性变化。科学教育的影响力日益增强，并以其文明之力弱化了官僚精英的粗野戾气，

---

① 除了综合性大学，专为特权阶层开设的"封闭式"大学型高等学校也被授予"帝国（皇家）"的荣誉：圣彼得堡亚历山大皇家贵族学校和法政学校，尼古拉皇储就学的卡特科夫贵族学校（莫斯科），还有圣彼得堡文史学院。陆军与海军学校和海军研究院属于"帝国学校"，在以这种方式命名的行业类院校中，只有莫斯科高等技术学校荣膺这个称谓。的确，还有很多工程类学院用沙皇的名字命名，如：叶卡捷琳娜二世（圣彼得堡矿业学院），亚历山大一世（圣彼得堡交通学院），尼古拉一世（圣彼得堡民用工程学院），亚历山大三世（圣彼得堡电工学院），彼得一世、亚历山大二世、尼古拉二世（分别对应圣彼得堡、基辅、华沙理工学院）。但它们与"帝国大学"并非同级。在 59 所非国立高校中，只有圣彼得堡考古学院是"帝国"级别的。

② Корбут М. К. Казанский государственный университет им. В. И. Ульянова-Ленина за 125 лет. Казань，1930. С. 8.

破除了他们与从事高等教育工作的官员"同人"之间的文化隔阂。莫斯科大学的学生 M. 格尔申宗在 1890 年 1 月给兄弟的信中描述了莫斯科大学庆祝大学生节时正式流程中的细节，有力地证明了这一点。他写道："出席的有总督、大主教、胸挂绶带腰系丝绦的教授、考古学代表大会成员和很多观众、学生。起初，舍列梅季耶夫斯基教授用他怪异的嗓音做了大约一个半小时关于心理学问题的演讲，然后是大学的工作总结报告……接着向获得优秀论文奖的论文颁奖……总督、大主教、督学（学区督学——作者注）等纷纷登台，在音乐的伴奏声中为获奖者颁发奖章，同他们一一握手并表示祝贺。"① 由此可见，莫斯科的高层官员一直认为必须坚定地支持科学发展。

大学涵盖了基础学科的各个领域，并与相邻近的其他高校开展有机的合作。在大学的助力之下，"年轻的"高等院校更容易在城市文化的土壤上落地生根并成长起来。如建于 1873 年的喀山兽医学院，在成立后的前 25 年中，该学院实际上是喀山大学一个非正式的系，因为学院使用了后者的师资、教学和实验室资源。② 1898～1902 年先后创建的圣彼得堡理工学院、基辅理工学院、华沙理工学院均坐落于大学附近，这亦并非偶然，因为它们可以从大学聘请教授，讲授自然科学基础学科的课程。另外，综合性大学也为行业类高等院校培养硕士和博士，因为它们垄断了这些学位的授予权。

如若不与大学紧密合作，第一次俄国革命后迅速发展起来的非国立高校也不可能进一步壮大，并大大激发城市文化的潜能。比如说，"年轻"的萨拉托夫大学建于 1909 年，在该大学的倡导及该校教授的大力参与和推动下，萨拉托夫市在 1912 年开办了一所音乐学院，1913 年开设了高等农业讲习班，1915 年又开设了高等医学讲习班。

综合性大学和其他高等院校让其所在城市具有了国际科学与教育中心

---

① Гершензон М. Избранное. Т. 4. Тройственный образ совершенства. М.；Иерусалим，2004. С. 171.

② Гильмутдинова О. М. Казанский ветеринарный институт в 70－90-е годы XIX века：Авто-реф. дисс... канд. ист. наук. Казань，1998. С. 18.

这一重要功能，因为学术团体素来就有与西欧同人进行科研创新合作的传统。从地理分布上看，俄国的高等教育网络布局开始向西欧国家一端倾斜。俄国东部只有两个教育基地——托木斯克和符拉迪沃斯托克（海参崴）。城市作为高等教育的中心，为俄国和西欧搭建起科学文化交流的通道：派教授、教师赴欧洲高校调研学习，派攻读学位者去那里进修，俄国学者积极参加国际学术论坛，与外国学者共同发表学术成果，进行书籍交流，购买国外的实验室设备，俄国中学毕业生赴欧洲的大学和学院求学深造，等等。

高等学校对城市文化生活的人员构成产生了很大的影响，城市知识分子中文化建设者的人数大增。高校将来自全国各地的青年知识分子吸引过来，赋予大学城跨区域文化合作中心的职能，这对一个国土广袤的国家来说极为重要。与此同时，高校的这一文化建设功能对俄国大学城以外的其他城市也造成了不良影响，因为从整体上来说，沙皇俄国的高等教育体系尚不够发达。国民教育部的政要 H. O. 巴里切克认为，这会"人为地"造成青年学生"集聚"在少数大学城中，同时，这也会"将省城的知识分子从业人员吸引过来"[1]。

19 世纪末 20 世纪初，上述问题在俄国社会经济、文化历史最为发达的省城引起了社会各界的强烈反响。关于这一点，有新闻报道和官方文献为证，其中记载了围绕"高校体系的发展和地域扩张问题"展开的争论。这场争论始于 19 世纪下半叶观点各异的两派人。一派认为，应该仿照剑桥大学和牛津大学，将一些重新开设的高校建在所谓的"小城市"；而由现实主义者和实用主义者组成的另一派则提出论据对前者予以驳斥，他们认为，在俄国这种疆域辽阔、交通闭塞、气候极端的条件下，高校只有在大城市中才能得到顺利发展。[2] 围绕这一话题进行公开讨论本身就证明了一点，即论辩者已经意识到一个事实：高等教育对俄国各省城社会生活的历史文化

---

① РГИА. Ф. 733. Оп. 226. Д. 206. Л. 38 об.

② См.: Иванов А. Е. География российских университетов: реальность и планы（конец XIX – начало XX века）// Российские университеты в XVIII – XX веках: Сб. науч. ст. Вып. 5. Воронеж, 2000. С. 85 – 86.

保护和现代化发展始终具有重要意义。论战主要在知识界开展，商界的参与度并不高。因此，它具有小众、注重思辨的特点。

20 世纪初，俄国的社会图景发生了翻天覆地的变化。在那些希望成为高等教育中心的城市，争论变成了一场声势浩大的社会运动。而省城的企业家和商人则是这场运动的"主角"，为了实现期望已久的目标，他们做好了投入巨资的准备。城市杜马和管理局、省城和县城的地方自治会以及知识分子都在为他们"随声和唱"。这场社会文化运动在 1905～1908 年达到高潮。当时，沙皇政府打算在俄国"本土"创办新的大学以取代华沙大学，后者因成为波兰民族解放运动的中心而遭到关闭。随后，俄国欧洲部分十座最大的工商业城市提出希望能够在自己的城市里建大学，并获得"大学城"之名。最终，萨拉托夫在这场角逐中获胜。①

总的来说，在 20 世纪初，大约有 40 座俄国城市希望进入拥有高校（包括行业类院校）的城市之列。围绕诸如新切尔卡斯克、下诺夫哥罗德、萨马拉的理工学院与叶卡捷琳堡的矿业学院等行业类院校，也展开了一场场"高校争夺战"，但其激烈程度比不上当时的"萨拉托夫大学之争"②。

以大学为首的高等学校是城市文化版图的主要景观。此外，作为一个个积极活跃的景点，它们令城市的地名发生了变化，而身穿校服的大学生则使城市人群焕发出勃勃生机。最主要的是，它们让市民在日常生活中意识和感受到了自己的存在，并让他们通过自己上大学的孩子、通过听教授的公开课以及各种教学的基础设施参与到学术生活中来。在城市文化的舞台上，一场场引人入胜的"演出"呈现在民众面前，其中主人公是教授，"群众场面"当然由大学生扮演。"演出"的舞台分别设计在教学楼、校医院、教室、实验室、图书馆、学校的教堂、教授们的居住区等大学的各个角落。

在市民眼中，高等学校是以献身科学者、教授、教师为代表的俄国知

---

① Там же. С. 90 – 97.

② См. : Иванов А. Е. Высшая школа России. . . С. 188.

识分子的聚集地，是以大学生为代表的青年知识分子的凝聚体，是以那些厚重、珍稀的书籍和手稿集为代表的高端文明成果的汇集地，是科研机构和教育机构的汇合地。高校丰富了城市文化生活，将大学生群体的亚文化融入其中，这种文化充满青春活力、具有进取意识、承载着很大的社会心理压力，使大学生之间构建起特有的人际关系；这种文化不仅体现在大学生群体典型的风气和习俗中，体现在他们对待学习和学术规范的态度中，还体现在大部分学生长期以来与匮乏的日常物质生活的不懈斗争中，同时也体现在大规模的学潮和政治暴动中。

当然，高校的教授－教师联合会为支持高水平城市文化建设做出了重大贡献。他们视科学启蒙与教育为己任，其实现途径包括：在固定时间向公众开放高校的学术组织、博物馆和实验室①，组织公开课、学术辩论，发表政论作品，以及展现自己日常生活的各个方面——家庭图书馆、面向同事和学生开展家庭接待会……②

高等学校具有文化城市所独有的特质。学校的建筑群根据专门的设计方案建造而成，是城市建筑的一个标志性组成部分。回忆录中描述了这些建筑对驻足观望的人们特别是对大学新生在美学和心理上产生的影响。И. И. 米哈伊洛夫斯基在 19 世纪 40 年代时回忆道："我读书时，学校的建筑是喀山所有建筑中最美丽的，在俄国各大学中无疑也是最美的。主楼正面对着沃斯克列先斯克大街，有三排圆柱，圆柱顶的中间冠以十字架，看上去令人神往……在伏尔加河岸的山坡上，可以鸟瞰喀山全城美景：顶嵌圆球的苏尤姆别卡塔楼、教堂和民居。城市最高处的中心便是喀山大学。这幅景象令人如痴如醉。"③ 20 世纪初，俄国邮政发行了很多高校建筑的风景明信片，这是城市高雅建筑的纪念碑，其中许多明信片也印证了高校建

---

① См.: Назипова Г. Р. Университет и музей: исторический опыт губернской Казани. Казань, 2004.

② См.: Никс Н. Н. Московская профессура во второй половине XIX – начале XX века. М., 2008. С. 155 – 171.

③ Воспоминания И. И. Михайловского // Материалы для биографии Н. И. Лобачевского. М.; Л., 1948. С. 615.

筑群的美轮美奂。这些明信片特别受知识分子的青睐，对他们来说，书信往来是最为重要的交流方式。

莫斯科的大学生宿舍，图片为 20 世纪初的明信片

高校对城市经济的发展具有积极的推动作用，国家拨款、大笔的慈善捐款、大学生缴纳的学费等为城市注入了重要的财政资源。城市以高校为中心形成了有众多分支的基础设施网：可向学生出租住房的"天主教住宅区"、为学生提供廉价伙食的饭堂、大学生服装店、教材出版和销售企业等。在尤里耶夫（在 1893 年之前名为杰尔普特），大学作为城市经济的一个领域一直是自给自足、独立存在的。在 1888～1894 年就读于杰尔普特大学的学生 B. B. 斯米多维奇（即魏列萨耶夫）回忆说，大学是"城市的大脑，是蒸蒸日上、生机勃勃的中心"①。大学城的人才市场为大学生发布各种各样的服务需求，其中最多的是家教服务。

在城市的日常文化生活中，大学生的业余活动是一个亮点。它体现在众多方面：大学生科学文化传播小组和协会的活动；青年学生养成阅读科学读物、文艺作品和期刊的习惯；出版自己的大学生报和杂志；大学生喧

---

① Вересаев В. Воспоминания. М. , 1982. C. 340.

闹的身影出现在剧院顶层楼座、各类艺术展览中；举办慈善晚会、音乐会、演出、音乐晚会、同乡娱乐晚会等来帮助家境贫困的同学；等等。那些最具声望的高校举行一年一度的传统节日时，常常会得到全城知识分子的响应。例如，莫斯科大学的建校日（1 月 25 日）与纪念圣徒殉难者塔吉亚娜的节日——塔吉亚娜日恰逢同一天；12 月 5 日是圣彼得堡矿业学院纪念矿工守护神——圣瓦尔瓦拉的节日。热闹而欢快地庆祝这些节日的人不仅包括学生和教授，还有这些老牌名校的毕业生。而那些不能到大学所在地参加庆祝活动的人，则会在全国各地——自己所在的城市进行庆祝。① 参加这些庆典活动的还包括城市各界的知识分子——官员、自由民主派人士。

综合性大学及其他高等院校通过全方位地建构教授和大学生等"从事科学研究的人"之间的关系来推动城市居民的"道德完善"，为他们树立榜样，抵制阶层、财产、民族、宗教等方面的特权行为以及男女不平等的现象，即抵制在文化和日常生活层面阻碍俄国市民社会形成的一切因素。

高等学校是自由主义思想的中心，而自由主义思想是建立在学术自主和自治、科学与教学自由、尊重个体及其公民地位的传统之上的。因此，高等学校是俄国市民社会的一座座小岛，它们滋养着城市居民的政治和法律文化，甚至让整座城市的文化都焕然一新。

---

① См.: Иванов А. Е. Студенческие корпоративные праздники в России XIX – начала XX в. // Долг и судьба историка: Сб. ст. памяти доктора исторических наук П. Н. Зырянова. М., 2008. С. 235 – 246.

第四章

图书出版业

O. B. 安德烈耶娃

20 世纪初，人们对书籍、刊物的兴趣不断提高，因为这仍然是满足广大人民群众文化需求的主要手段。工人、市民、识字的农民成为书籍的主要消费者。与此同时，在城市和工厂区尤其是工业中心生活的民众的识字率和文化学习的积极性都在飞速提高。正如图书学家、作家 H. A. 鲁巴金所指出的："书籍财富的增加不是别的，正是社会内部发生变化的外在反映。"[①] 人民教育事业的迅猛发展以及民众阅览室和图书馆的开设都有利于激发读者的积极性。随着读者数量数以千计地增加，图书的发行量也不断扩大，这促使图书的价格下降，相应地，大众也可以买得起书了。

19 世纪末 20 世纪初，图书行业呈现出稳定增长的势头。以 1885 ~ 1914 年一代人经历的完整时期为例，图书出版种类由 7451 种增加到 35230 种，增长了 3.7 倍。[②] 根据这一指标，第一次世界大战前夕的俄国仅次于当时排名世界第一的德国。然而，俄国的人均书籍消费量却远远落后于许多国家，人均纸张消费量的情况也是如此。1908 ~ 1913 年，俄国人均年用纸量为

---

① Рубакин Н. А. Книжный поток：Факты и цифры из истории книжного дела в России за последние 15 лет//Русская мысль. 1903. № 3. C. 8.

② См. : Галактионов И. Д. Международная выставка графики и печатного дела в Лейпциге в 1914 г. Пг. , 1914. С. 30.

1.4～2.2 公斤，而美国为 34 公斤，英国为 22 公斤。①

　　20 世纪初，俄国图书出版业的结构体系发展十分不均衡。一方面，拥有出版机构的居民点数量在逐年增加②；另一方面，以 1909 年为例，当时在全国数千个城市中出版社的数量不超过 30 家，而圣彼得堡、莫斯科、基辅、敖德萨和华沙这五大城市却共计有上千家出版社。同时，当时俄国知名的出版类企业有 310 家，在 1909 年发行图书近 5250 万册，占全国图书发行总量的一半。并且，其中超过一半的图书是由 9 家最大的出版公司出版发行的，另有约 1/3 的出版物是由小公司、临时成立的公司和个人出版的。③ 就出版社、印刷厂和图书贸易机构的数量来说，圣彼得堡位列全国之首，但其图书发行数量则不及莫斯科，位列第二（莫斯科主要依靠向全国供应印数极大的大众读物、通俗读物和日历占据了发行数量的首位，这些读物占其发行总量的 47.6%）。④

　　当时主要有三类印刷企业：活版印刷厂（通过活字版印刷）、石版印刷厂（采用石印术印刷）、铅印及平印厂（采用凸版铅印及平版石印两种方法印刷）。在国家、各部门及民营印刷企业中铅印和平印占多数。

　　19 世纪末 20 世纪初，建立在资本主义经济基础之上的俄国图书出版和图书贸易进入垄断期。资本集中的进程一直在持续，陆续出现以股份制公司为主要形式的垄断企业（М. О. 沃尔夫、А. С. 苏沃林、А. Ф. 马克思、И. Д. 瑟京、А. А. 列文森、И. Н. 库什涅列夫、А. И. 马蒙托夫等集团公司）。通常，这些股份制公司的创立是为了发展壮大原来的私人企业或是家族企业，它们推动了俄国图书出版业的进一步集中发展。在 1902 年的时候，瑟京出版

---

① Справочник бумажника. М.；Л.，1927. С. 3－5.
② Международная выставка печатного дела и графики：Каталог Русского отдела. Лейпциг，1914 г. СПб.，1914. С. 207.
③ Выставка произведений печати за 1909 год，устроенная Главным управлением по делам печати в С.－Петербурге с 1 апреля по 22 мая 1910 г. СПб.，1911. С. 3－4.
④ См.：Лагов Н. Книжный мир Петербурга//Известия книжных магазинов Т-ва М. О. Вольф. 1903. № 8－9. С. 84；400 лет русского книгопечатания. Т. 1. Русское книгопечатание до 1917 года/Отв. ред. А. А. Сидоров. М.，1964. С. 499，509.

集团的产值占莫斯科六大图书出版股份公司总产值的 35.9%，在 1908 年这一指标已经达到 50.9%。[1] 与此同时，小规模企业仍然在图书市场上占据重要的地位。印刷业、出版业和图书贸易行业的集聚发展伴随着激烈的竞争，在竞争中一些小公司纷纷破产，或被大公司吞并。

И. Д. 瑟京出版集团的印刷厂，1910 年摄

瑟京出版集团可以作为图书行业实行垄断的成功典范。20 世纪初，它是全俄图书市场的领头羊，是全国图书出版业、印刷业和图书贸易领域最大的集团公司。在不容妥协的竞争当中，它使用倾销手段吞并了一系列中小型企业，甚至还有一些相对较大的公司。1916 年，И. Д. 瑟京出版集团成功购入 А. Ф. 马克思公司的大部分股份。到战争开始前，瑟京出版集团拥有股份资本 3400 万卢布，占全国 42 家图书出版股份公司总资本的 1/7。与此同时，在战前 13 年的时间里，除瑟京出版集团外，其余四家最大的出版集团的营业额增长了不到 1 倍，而瑟京出版集团增长了 7 倍。不断增长的股

---

[1] См.：Орлов Б. П. Полиграфическая промышленность Москвы：Очерк развития до 1917 г. М.，1953. С. 218.

И. Д. 瑟京出版集团的图书和美术品贸易商店，1910 年摄

份资本使瑟京出版集团能够推动企业的现代化发展进程，购买新的高科技技术。当时，瑟京出版集团是图书行业唯一一家上市公司。①

图书出版业的物质基础得到迅速增强。仅仅在圣彼得堡，1895 年共计有 103 家铅印及平印厂，1896 年有 123 家，到 1901 年已经达到 242 家。②而 1900～1913 年，莫斯科的活版印刷厂、石版印刷厂、金属版印刷厂和铸字厂的数量增加了 82.8%（从 204 家增加到 373 家）。③ 20 世纪初，俄国创建了一批新的活版印刷厂，如 Р. 格里克 – А. 维尔博格印刷厂（1903）④、天狼星印刷厂（1905）⑤ 等，它们成为印刷企业中的佼佼者，并且呈现了活

---

① Там же. С. 247 – 253.

② См.：Сидоров А. А. История оформления русской книги. М.；Л.，1946. С. 366.

③ См.：Орлов Б. П. Указ. соч. С. 261.

④ См.：Штейн В. Т-во Р. Р. Голике и А. И. Вильборг//Печатное искусство. 1903. № 2. С. 176 – 180；Решетова О. И. Из истории создания и деятельности товарищества «Р. Голике и А. Вильборг»//Букинистическая торговля и история книги. Вып. 2. М.，1992. С. 141 – 144.

⑤ 天狼星印刷厂是首都最好的印刷厂之一，其领导者包括 А. А. 特鲁布尼科夫和后来曾任艾尔米塔什博物馆经理的 С. Н. 特罗伊尼茨基。

字印刷艺术的繁荣。另外，设备进口不断增长，1905 年进口设备总重为
26762 普特，1907 年则为 83296 普特。① 在印刷业中，手工生产越来越多地
为机器生产所取代，具有高生产力的设备得到大量应用。1903 ~ 1914 年，
莫斯科排字机的数量由 1 台增加至 115 台。② 轮转印刷机开始更多地被应
用，其生产能力远高于平版印刷机。俄国比较先进的印刷厂，如圣彼得堡
国家机关采购中心定点印刷厂和莫斯科 И. Н. 库什涅列夫印刷厂已经开始
使用胶印技术。然而，与这些先进企业并存的还有许多小型的、半手工式
的印刷厂。

俄国当时有八所专门培养专业活字印刷工人的学校。这一时期，俄国
的铸字业已达到欧洲水平，圣彼得堡 О. И. 莱曼和别尔特果尔德铸字厂是
俄国最大的专业化企业，为全国的印刷厂供应活字、图案装饰和画版。③

在 20 世纪的头十五年里，在各类出版物中，宗教书籍、日历、教科
书、民间文学、儿童读物和小说的读者量是最大的。并且，随着人们文化
素养和受教育水平的不断提高，教科书、儿童读物和民间文学逐渐取代宗
教书籍和日历成为人们最喜爱的出版物。相对于民间文学读者更喜欢儿童
读物，而相较于后者人们更偏爱教科书。④ 另外，四类散发着资产阶级气息
的图书（儿童类、宗教类、厨艺类、服饰类书籍）以及经济、金融和法律
方面的专业书籍仍旧是人们的兴趣所在。

每一类书籍的出版都有自己的特点，也都经历了其需求的高峰和衰落
时期。由于宗教类书籍以前曾大量免费提供给教会 – 教区学校，1913 年此
类书籍的出版量有所减少。而同年，由于大规模开展罗曼诺夫王朝 300 周
年庆祝活动，历史类书籍出版量激增。20 世纪初，社会上出现了对世界观

① См.：Орлов Б. П. Указ. соч. С. 225.
② 400 лет русского книгопечатания. Т. 1. С. 511.
③ Очерк развития и описание мастерских словолитни О. И. Лемана в С. – Петербурге. СПб.，
　1896；Шицгал А. Г. Русский типографский шрифт. М.，1974.
④ См.：Горшков Ю. А. К вопросу о монополизации книжного дела в России（постановка
　проблемы）//Книжное дело в России во второй половине XIX – начале XX в.：
　Сб. науч. тр. Вып. 4. Л.，1989. С. 15.

积极探索的趋势，在这一时期俄国产生了一批世界级的思想家，由此引发了人们对哲学书籍的兴趣。农业书籍发行量相对增长则是对斯托雷平改革和国家移民政策的反映。但总的来说，自然科学和技术类书籍的平均发行量仍不高。教科书的发行量则特别大，应当指出的是，虽然其定价低廉，但这类书籍发行定价总额占所有图书类产品定价总额的 1/4。①

夏伯维家的女工——拿着书的阿库丽娜·叶戈洛夫娜，1899 年摄

俄国艺术的繁荣及其在插画翻印领域所取得的成就推动了相册、明信片、翻印画等美术类产品的出版。② 某一主题书籍发行量的增加常常是由一些特殊的事件引发的，例如，1902 年，果戈理继承人 50 年的著作权保护期

① См.：Муратов М. В. Книжное дело в России в XIX и XX веках：Очерки истории книгоиздательства и книготорговли. 1800－1917 годы. М.；Л.，1931. С. 179.
② См.，напр：Юниверг Л. И. Издательская деятельность И. Н. Кнебеля∥Книга：Исслед. и мат－лы. 1900. Сб. 60. С. 141－162；Он же. Издательский мир И. Кнебеля. Иерусалим，1997；Снегурова М. Община св. Евгении∥Наше наследие. 1991. № 3. С. 27－33.

满，这一年圣彼得堡出版了 73 种该作家的作品集，共计 76.3 万册。①

值得注意的是，地方出版社出版书籍的语言有 40 余种，包括各国的语言以及俄国各民族的方言。例如，喀山出版了鞑靼语、马里语、乌德穆尔特语和吉尔吉斯语的书籍，萨拉托夫出版了德语书籍，罗斯托夫出版了亚美尼亚语书籍，符拉迪沃斯托克（海参崴）出版了日语、汉语和蒙古语书籍。此外，一些地方还出版了雅库茨克、布里亚特和阿尔泰方言版的宗教类书籍和识字课本。②

部分省图书出版数量的增速要高于全国整体的增速。出版数量最大的省份包括喀山、萨拉托夫、下诺夫哥罗德、顿河畔的罗斯托夫和托木斯克。与此同时，阿斯特拉罕、雅库茨克和布拉戈维申斯克（海兰泡）在 1915 年分别出版了 1~3 种图书。大部分省城有 4~8 家印刷厂，除了各省和地方的印刷厂，各种军事、宗教和铁路机构，以及城市杜马、科学协会、工商企业、劳动所、印刷厂或书店老板及作者们也会出版书籍。③

20 世纪初，一些著名出版家的活动是图书行业朝多元化方向发展及在文化体系中占据重要地位的明证。作为企业家，他们积极采取各种经营手段以获取最大利润。这些利润首先用于扩大和发展他们的事业，弥补因法院决议而造成的各项损失，同时还用于各种慈善目的以及为了提高自身的社会影响力而举办的文化活动。出版商们意识到了自己的人生使命及所从事事业的社会意义。在对某些书籍做出出版决定时，他们经常从纯粹的教育目的而非商业目的出发，尽管他们清楚地明白这可能会带来亏损。他们中的很多人都推行集中、吸引和培养作者及撰稿人的策略，以出版社为中心构建了一批文化和科学团体。得益于这一策略，俄国涌现出一批作家、学者和卓越的科普工作者。出版商形成了自己的目标读者群，制定了一套了解他们需求的方法。并且，图书出版商常常以赞助者的身份参加各种社

---

① См.：Лагов Н. Указ. соч. // Известия книжных магазинов Т-ва М. О. Вольф. 1903. № 10 – 11. С. 97.

② 400 лет русского книгопечатания. Т. 1. С. 529 – 530.

③ Там же. С. 522 – 523.

会活动，他们自己也经常发起慈善活动。

　　同时代的人高度评价像 И. Д. 瑟京这样的出版家的工作，并指出其在人民教育中发挥的重要作用："他用自身的例子证明，图书出版人的工作也可以有创造性……希望他们一直为实现这样宏大的梦想而努力，即出版数以亿万册的好书，并销售到广大群众中去，把它们传播到全国最偏僻的地方，同时让书的定价低廉，使贫穷的工人和农民都买得起。"①

"健康系列丛书"之《肺结核是什么病？应如何预防？》，
И. Д. 瑟京出版集团出版

　　自然科学类出版社（А. Ф. 德夫里埃、К. Л. 里克尔、В. С. 埃廷格尔，М. В. 萨巴什尼科夫和 С. В. 萨巴什尼科夫兄弟等）所出版的书籍中确立了唯物主义世界观。例如，从 П. П. 索伊金出版的系列丛书和杂志名称中就

---

① Вахтеров В. В защиту книги//Полвека для книги：Лит. － худ. сб. ，посвящ. 50 － летию издательской деятельности И. Д. Сытина. М. ，1916. С. 321.

可以看出出版社的启蒙思想和民主倾向：包括"益智丛书"、"自修丛书"、《人民大学》、《知识宝库》、《大众常识》、《自然与人》等。20世纪初，众多出版家的积极活动促进了读者艺术品位的形成和发展。他们先后发布了一大批优秀的文学以及造型艺术作品，一些在当时广受欢迎的作家的首批作品集也出版问世（分别由 А. Ф. 马克思、И. Д. 瑟京、Н. П. 卡尔巴斯尼科夫、И. Н. 克内贝尔等人的出版社出版）。

20世纪初，出版家们关于系列丛书的理念及其具体出版方案具有深远的意义和丰硕的成果，这在后来处于新的历史条件下的苏联出版社的工作中也得到了体现和发展。比如，萨巴什尼科夫出版社的系列丛书《俄国诗选》《世界文学遗产》《往年记事》的轮廓在后来出版的系列丛书《文学遗产》《文学经典》《文学回忆录》中清晰可见。① А. С. 苏沃林出版的"廉价丛书"系列为俄国图书出版业践行了一套行之有效的方法，许多图书出版人都开始采用这种方法来编制出版书目。②

出版商在经营管理上的社会文化传统和特点、经营方针与范围及其本人的个性，使他们中的一些人在1917年十月革命后形成的新条件下可以以某种形式继续经营。

19世纪下半叶开启的图书出版专门化进程在20世纪初得到深化。它表现为大的图书出版商之间"势力范围"的划分。书目类别的选择在很大程度上由图书市场的行情和出版社的竞争力决定。另外，出版商们必须根据读者的需求、社会政治局势以及其他出版商的活动做出反应。大出版商们把图书生产和销售的所有环节都集中在自己手中，尽可能地降低成本，提高出版图书的装帧质量，同时进行巧妙的宣传。

那些没有雄厚启动资金的出版商，通常从出版期刊开启自己的事业。

---

① См.: Белов С. В. Издательское дело в России во второй половине XIX – начале XX в. (основные тенденции развития): Автореф. дисс. ... докт. филол. наук. М., 1989. С. 38 – 41.

② См., напр: Юниверг Л. И. Книгоиздательская деятельность В. М. Антика в 1906 – 1918 гг.: из истории возникновения и распространения массовых книжных серий в русской издательской практике//Книжное дело и библиография в России второй половины XIX – начала XX в. Л., 1980. С. 103 – 112.

随着盈利的增加，他们开始出版杂志、报纸及多卷本图书，之后再出版自己主营领域的系列丛书，最后将出版范围扩大，开始出版单行本图书及主营领域之外的系列丛书。在原始资本充足的情况下，出版社一般不会经历上述过程，也不愿去发行期刊。①

一些 19 世纪下半叶成立的出版公司，如 И. Д. 瑟京、А. С. 苏沃林、А. Ф. 马克思、В. В. 杜姆诺夫、А. Ф. 德夫里埃等出版公司，在 20 世纪初仍在运作。同时，在图书行业里还出现了具有协作成分的新的组织形式，第一家这样的企业是由圣彼得堡文化委员会出版分委员会主席 К. П. 皮亚特尼茨基创建的知识文化教育出版股份公司（知识出版社，1898 ~ 1913）。知识出版社把一批与"星期三"文学小组走得很近的优秀的现实主义作家（Л. Н. 安德烈耶夫、И. А. 布宁、С. Г. 斯基塔列茨、А. И. 库普林、А. С. 绥拉菲莫维奇、Н. Д. 捷列绍夫等）团结在自己周围。在运营期间，出版社出版了各种文学、政论和艺术类书籍 500 余种，"廉价丛书"中的小说系列丛书共出版了 156 部作品，而反映当代尖锐问题的 40 辑《知识出版社文丛》受到读者的一贯喜爱，发行量达 2 万册。②

知识出版社的许多人后来都转到了莫斯科的作家出版社（1912 ~ 1923）工作。后者也是一家股份公司，旗下有 И. А. 布宁和 Ю. А. 布宁兄弟、В. В. 魏列萨耶夫、Б. К. 扎米亚京、Н. Д. 捷列绍夫、И. С. 什梅廖夫等作家。作家出版社的宗旨是"帮助作者出版书籍，让他们不必将出版书籍所得的大部分收入交给出版商"③。出版社承担一切出版费用，同时，每本书定价扣除生产成本和组织出版费用之外，作者可以获得抽成，最高可达 40%。这样一来，正如 Н. Д. 捷列绍夫所说，出版社把文学家们"从这些专门收集贫寒作家手稿的收购者、'赞

---

① См.：Белов С. В. Указ. соч. С. 24.

② См.：Голубева О. Д. Горький – издатель. М.，1968；Люблинский С. Б. Кистории возникновения товарищества «Знание»//Русская литература. 1972. № 2. С. 188 – 190；Архив издательства «Знание»/Сообщ. С. Д. Воронина//Встречи с прошлым. Вып. 7. М.，1990. С. 297 – 309；Голубева О. Д. «Знание»//Книга：Энциклопедия/Гл. ред. В. М. Жарков. М.，1999. С. 218.

③ Телешов Н. Записки писателя. Воспоминания и рассказы о прошлом. М.，1980. С. 47.

И. Н. 克内贝尔出版社的儿童书《礼物图集》中出版物
《老鼠如何埋葬猫》。封面的内侧有艺术家 **Г.** 纳尔布特
给读者的献词；诗集的封面是 **М. Я.** 琴别尔斯设计的

助者'以及俄罗斯文学的'爱好者'们手中解放出来了"①。

同样，在历史学家和社会活动家 С. П. 梅利古诺夫的倡议下，大家族出版联合集团在莫斯科成立，其大部分股东是作家、编辑、学者、文学研究者和教育家（В. И. 皮切特、А. К. 吉韦列戈夫、Б. Е. 瑟罗耶奇科夫斯基等）。出版社的名称叫"大家族"（Задруга）并非偶然，南斯拉夫人以该词意指"以家族关系为基础、由于共同的经济利益而结合、由全体大会管理的'公社'"，股份合作制的出版联合集团正是要集"出版商、资本方、中介方"功能于一身。②

大家族出版联合集团出版了历史学、教育学、社会学等方面的书籍以及文学作品和儿童读物，其中包括列夫·托尔斯泰、В. Г. 柯罗连科、К. Д. 巴尔蒙特的作品以及 В. Н. 菲格纳、Н. А. 莫罗佐夫的回忆录。十月革命

---

① Там же. С. 48.
② О кооперативном товариществе печатного и издательского дела «Задруга»// РГАЛИ. Ф. 391. Оп. 1. Д. 167. Л. 1.

И. Д. 瑟京出版集团的书库，1910 年摄

后，С. П. 梅利古诺夫移居国外，大家族出版联合集团的活动也随之转到了国外，并在不久后停办。大家族出版联合集团共计出版 500 余种图书（其中一大半是在 1917 年之后出版的）。①

19 世纪末 20 世纪初，俄国开始尝试创办大型俄欧合资出版集团。1889 年，文学历史学家、图书编目专家 С. А. 温格罗夫和书店老板、印刷厂主 И. А. 叶夫龙以及著名的莱比锡布罗克豪斯出版公司共同参与创建圣彼得堡的布罗克豪斯－叶夫龙出版社证实了这一点。出版社创建之初的目的是出版德国词典 *Brockhaus Conversations-Lexicon* 的俄文译版。这部由 82 个基本卷和 4 个补充半卷组成的百科词典成为真正的民族书籍文化的象征。出版社的工作人员保证了词典中条目的科学性和高水准。俄国自然科学、人文科学、技术、机械、农业等领域的大学者，如 Д. Н. 阿努钦、С. А. 温格罗夫、Н. И. 卡拉耶夫、Д. И. 门捷列夫、В. С. 索洛维约夫、Ф. Ф. 埃里斯曼等都参与了该词典的编撰工作。②

① См.：Динерштейн Е. А. «Задруга»//Книга：Энциклопедия. С. 213.
② 在第 82 卷中，有半卷的篇幅由"百科词典的编辑和合作者的肖像画"构成，其中共收录了 300 幅创作者和出版者的肖像照，甚至包括出版工人 Б. М. 埃森施塔特的肖像照。

编者们秉持力求全面呈现俄国历史、地理、日常生活全貌的原则，用一篇篇具有专著特点的独立文章取代了对材料的编译。一位同时代的人写道："布罗克豪斯先生在出版新版 *Conversations-Lexicon* 的时候应该多多借鉴和参考俄文版的词典，并且不仅仅局限于参考与俄国相关的问题，还包括许多学术性论文。"[1] 出版商、编辑和作者对该词典的评价和定位使它完全摆脱了原版的束缚。俄文版词典的特点是行文规范，内容具有权威性，史实和数据充实，对史料进行了编纂，参考书目详尽。另外，它另一个优点是体裁、风格上自由，即使对最难理解的词典条目的阐释也尽量摒弃刻板的风格。尽管印刷材料昂贵，装帧具有艺术性，但对购买者来说75000册的发行量让词典的定价完全可以接受。

十月革命前，布罗克豪斯－叶夫龙出版社还出版了定价低廉的三卷或两卷本小百科词典和新百科词典（后者的发行因战争而终止），同时，还出版了基础类专业图书——实用医学百科全书和欧洲百科全书。

除此之外，出版社还出版了人文类学术专著以及可供自学的科普读物（如 Н. И. 卡列耶夫和 И. В. 卢奇茨基主编的"中世纪和新时期欧洲各国史编"系列丛书，Д. И. 门捷列夫主编的"工业知识丛书"）。

布罗克豪斯－叶夫龙出版社出版的"文坛巨擘"系列丛书（二十卷本）被图书爱好者奉为经典。该丛书由 С. А. 温格罗夫主编，收录了普希金（6卷）、莎士比亚（5卷）、席勒（4卷）、拜伦（3卷）、莫里哀（2卷）的作品集。这些大开本、带插图、烫金小牛皮封面的纪念版丛书由著名学者和画家编辑和出版。虽然丛书整体上的风格还是趋于折中的，但每卷的装帧，包括标题框、书眉、书末图案的设计都尽可能呈现时代的风格。相对来说，丛书的价格是当时的人们可以接受的，因为出版社在售卖时采用了分期付款的方法。正是这一方法让这些耗时费力的图书出版得以实现，要知道这类书无论对出版商还是消费者来说，都意味着巨大的投入。

---

① Кауфман И. М. Русские энциклопедии. Вып. 1. Общие энциклопедии. М. , 1960. С. 50.

"文坛巨擘"系列丛书中的一卷，由布罗克豪斯－叶夫龙出版社出版

　　出版社在出版百科全书类、科普类和文艺类作品的过程中采用严格的标准，说明其在编制书目时将文化因素置于纯商业因素之上。同时，其也重视构建自己的广告宣传、图书销售及市场调研的统一体系。

　　十月革命后曾暂时关闭的布罗克豪斯－叶夫龙出版社自1919年起继续经营。之后，它在1931年全国的出版业改革中被取缔。①

　　格拉纳特兄弟出版社成功实现了出版一部涵盖所有知识领域、面向大众的参考书籍这一目标。其出版了多卷本百科大辞典，其中最负盛名

---

① 　See.：Иллюстрированный каталог изданий Акционерного общества Брокгауз － Ефрон. СПб.，1913；Румяниева Т. Н. Деятельность издательства «Брокгауз и Ефрон» в Петербурге － Петрограде － Ленинграде，1889 － 1931 гг.（из истории прогрессивного книжного дела в России конца XIX － начала XX в.）：Автореф. дисс... канд. филол. Наук. Л.，1987；Она же. Деятельность издательства «Брокгауз и Ефрон» в Петербурге с 1889 по 1917 год//Из истории русского － советского международного книжного общения（XIX － XXвв.）. Л.，1987. С. 25 － 36.

的是重新修订的第七版，该版于 1910 ~ 1948 年陆续出版，共 58 卷（其中第 56 卷由于书刊审查原因而未能面世），历经多次重印。百科大辞典总主编有 М. М. 科瓦列夫斯基、С. А. 穆罗姆采夫、К. А. 季米里亚泽夫、Д. Н. 阿努钦、И. И. 梅契尼科夫、Е. В. 塔尔列、П. Н. 萨库林、В. Н. 菲格纳等人，其他一些著名学者和社会活动家也积极参与了百科大辞典的编撰工作。

根据出版商的想法，在辞典编写过程中一些反映重大问题、具有争议性的条目是编写的重点。对重点条目配有大量补充性文本，在内容上加以扩充，这成为格拉纳特兄弟出版社出版的百科大辞典的一大特点（如第 11 卷中的"当代俄国小说图书编目（1861 ~ 1911）"、第 40 卷中的"19 世纪 70 ~ 80 年代俄国社会主义运动革命家生平"条目等）。第七版辞典的封面非常引人注目，这是根据 Л. О. 帕斯捷尔纳克的一幅画作制作而成的，画中描绘的是一个在盛开"科学"、"文学"和"艺术"的灌木丛中采摘果实的人。

格拉纳特兄弟出版社还出版了历史、艺术、社会民主运动等方面的大部头作品。其中，Э. 拉维斯和 А. 朗博主编的《20 世纪历史》《19 世纪俄国史》《从 Н. Н. 格的画作看 19 世纪俄国绘画的主要流派》等图书广受欢迎。

苏维埃政权时期，格拉纳特兄弟出版社没有关闭，它以股份制公司的形式继续经营，于 1939 年并入苏联百科全书出版社。①

20 世纪初，图书出版领域的一大特点是任何一个具有影响力（或大或小）的文学艺术流派都想建立自己的出版企业，从而将自己的创作构思以物质的形式呈现出来。这些出版企业逐渐成为艺术文化的中心。究其本质，它们是"有思想性的"，参与文学争论，乐于给"自己圈子里"的作家、画

---

① См.: Издания товарищества «Бр. А. и И. Гранат и К°»: Каталог. СПб., 1908; Изубенко Н. М. К. А. Тимирязев редактор и автор Энциклопедического словаря Гранат // Книга: Исслед. И мат - лы. 1970. Сб. 21. С. 193 - 201; Белов С. В. Братья Гранат. М., 1982.

**格拉纳特兄弟出版社出版的启蒙教育系列丛书《俄国史》，
封面的艺术设计由 Л. О. 帕斯捷尔纳克完成**

家、哲学家和音乐家贴上标签（如 A. 别雷与格律福斯和天蝎座两家出版社合作）。其中，象征派出版社选择插图画家的特点是仅限于志同道合者的小圈子，也正因如此，他们常常会选择一些半专业画家（M. B. 萨巴什尼科夫、Н. П. 里亚布申斯基）① 的作品。这类出版社大多具有很强的非商业性特征，从它们的图书产品中可以窥见作家和撰稿人的个人观点和品位，他们是一群为服务文化这一共同理念而集结在一起的志同道合者。随着象征主义文学流派走向衰落，象征派出版社日益衰落并最终关闭也不足为奇。②

　　对于吸引象征派而言，莫斯科的天蝎座出版社发挥了重要作用。对于

---

① См. : Толстых Г. А. Прижизненные стихотворные сборники русских символистов：книготворчество поэтов//Книга：Исслед. и мат – лы. 1991. Сб. 62. С. 157.

② См. : Толстых Г. А. Издательство «Мусагет»//Там же. 1988. Сб. 56. С. 130.

当时的俄国来说，这是一家新型出版企业。企业家、文学鉴赏家 C. A. 波利亚科夫为其提供资金，它实际的领导者和思想领袖是 B. 勃留索夫。天蝎座出版社的创新之处不仅在于它的非商业性质，更重要的是对"新艺术"的宣扬。新艺术是该出版社的撰稿者 B. 勃留索夫、K. Д. 巴尔蒙特、Ю. K. 巴尔特鲁沙伊蒂斯等人的思想旗帜。出版社的出版书目首先是表达象征派思想纲领的工具（如出版社拒绝为 И. A. 布宁提供出版服务，因为其作品与出版社的风格完全不同）。

天蝎座出版社成为俄国象征主义者的堡垒。正如现代研究者所指出的，在此前的俄国文化传统中，一些志同道合者乐于以期刊（有时也有报纸）为中心团结在一起。但是，同集体性创作的期刊相比，个人单独出版的书在个人主义的价值体系中更具价值。[1]

A. A. 列文森的天蝎座出版社在莫斯科发布的广告，图中的建筑是印刷厂，建筑设计师为 Ф. O. 舍赫捷利，1914 年建

---

① См.: Брюсов В. Я. Переписка с С. А. Поляковым (1899 – 1921) /Вступ. Ст. и коммент. Н. В. Котрелева; Публ. Н. В. Котрелева, Л. К. Кувановой, И. П. Якир // Лит. Наследство. 1994. Т. 98. Кн. 2. С. 19.

天蝎座出版社共出版了 126 部图书，其中 86 部的作者是本国作家（К. Д. 巴尔蒙特、А. 别雷、А. А. 勃洛克、З. Н. 吉皮乌斯、М. А. 库兹明、Д. С. 梅列日科夫斯基、Ф. К. 索洛古勃等），其他 40 部的作者是外国作家（魏尔伦、维尔哈伦、汉姆生、易卜生、梅特林克、王尔德等）。此外，出版社还出版过文学史、文学批评、文艺理论等方面的著作及画册。

勃留索夫和波利亚科夫旨在出版欧洲精品书籍的定位不仅体现在对作家和作品的选择上，还体现在天蝎座出版社书籍的外观上，这也成为此后象征派出版物的样板。天蝎座出版社出版的图书中，近一半都带有插图、花饰和其他装饰元素。К. А. 索莫夫、Л. С. 巴克斯特、Н. П. 费奥费拉科托夫、С. Ю. 苏杰伊金、В. Э. 鲍里索夫－穆索托夫以及一些外国线条画家都曾与出版社进行合作。①

尽管天蝎座出版社的出版书目以精品图书为主，但不应因此认为它面向的仅是具有高端审美品位的莫斯科和圣彼得堡读者群。实际上，其出版的大部分图书发往了全国各省，订购者中有许多知识分子和公职人员，如医生、教师、学生、律师、地方官员等。С. А. 波利亚科夫也经常为大学图书馆和地方图书馆无偿赠送书籍。②

20 世纪初，莫斯科还出现过一个象征派出版社——格律福斯出版社。它与"勇敢的航海家"小组走得比较近，与天蝎座出版社既不是盟友，也不是思想敌对者，但也起到了"新艺术"宣传者的作用。格律福斯出版社的出现标志着象征主义流派开始向纵深发展。③ 它陆续出版了近 40 本图书，其中包括

---

①　См.：Котрелев Н. В. Писатель и искусство книги（по неизданной переписке авторов издательства «Скорпион»）//Книговедение и его задачи в свете актуальных проблем советского книжного дела：Вторая Всесоюз. науч. конф. По проблемам книговедения. Секция искусства книги：Тез. Докл. М.，1974. С. 41 –44；Он же. Переводная литература в деятельности издательства «Скорпион»//Социально － культурные функции книгоиздательской деятельности：Сб. Науч. тр. М.，1985. С. 68 – 133；Гречишкин С. С. Архив С. А. Полякова//Ежегодник рукописного отдела Пушкинского Дома на 1978 г. Л.，1980. С. 3 – 22；Брюсов В. Я. Указ соч. С. 5 – 136.

②　См.：Гречишкин С. С. Указ. соч. С. 7 – 8.

③　См.：Толстых Г. А. Издательство «Мусагет». С. 113.

А. А. 勃洛克、В. Ф. 霍达谢维奇、М. А. 沃洛申、А. Н. 托尔斯泰等人的第一批诗集，以及 И. 谢韦里亚宁、А. 别雷等作家的书作。М. А. 杜尔诺夫、М. В. 萨巴什尼科夫、Н. Н. 萨普诺夫等画家也都与格律福斯出版社进行过合作。①

到 1910 年，象征派内部在理论和文艺领域产生了分歧。象征主义成为流行的派别，其领袖人物认为，要阻止象征派书籍的商业化，只能借助于创办新的出版社。在新的现代主义流派产生前夕，作为团结象征主义者力量的最后一搏，又出现了另一家象征派出版社——缪萨革忒斯出版社（1909～1917），这是由音乐批评家、文学批评家 Э. К. 梅特纳组建的。出版社最密切的合作者是 А. 别雷和埃利斯（Л. Л. 科贝林斯基），А. А. 勃洛克是主要的合作作家之一。和老一代出版社不同，缪萨革忒斯出版社更重视象征主义的理论问题以及哲学的起源和基础。出版社的名字是为了纪念缪斯之首阿波罗，这也表明出版社接纳了九大缪斯，其中也包括象征着文化力量的主司科学的缪斯（Э. К. 梅特纳在 1907 年就曾表示，希望组建一家以"文化"为名的图书出版社和杂志社）。当时，一个文学哲学小组依附于缪萨革忒斯出版社，据参加者 Б. 帕斯捷尔纳克所言，这个小组"有点像研究院"，在这里出版社的编辑们和年轻人一起研究诗学、哲学和美学问题。②出版社的首席理论家 А. 别雷认为，出版社不仅是帮助同胞们出版自己作品的工具，还是志同道合者的标志、口号和俱乐部。

缪萨革忒斯出版社共出版了 44 部书，其中 14 部是译著。书的装帧风格严谨，有时甚至惜墨如金，封面不配图画，文中书页周边也没有花纹修饰。出版社没有特意出版价格昂贵的"豪华装"图书，然而却格外重视书籍的字体、排版的美观和纸张的质量。③

---

① См.：«Гриф»：Юбилейный альманах. 1903 – 1913. М.，1914；Каталог издательства «Гриф». М.，1913；Белый А. Между двух революций. М.，1990；Он же. Начало века. М.，1990.

② См.：Пастернак Б. Люди и положения //Избранное：В 2 т. Т. 2. М.，1985. С. 246 – 248.

③ См.：Фрумкина Н. А. Флейшман Л. С. А. А. Блок между «Мусагетом» и «Сирином»（письма к Э. К. Метнеру）//Блоковский сборник. Ⅱ. Тарту. 1972. С. 385 – 397；Толстых Г. А. Издательство «Мусагет». С. 112 – 133.

象征派诗人 B. 伊万诺夫创建了规模较小的奥雷出版社，出版与"塔楼文学沙龙"志趣相近的作家的作品。该出版社共出版了 16 本书，由 M. B. 多布津斯基和 Л. C. 巴克斯特负责书籍的装帧。书的封面设计与 19 世纪初书籍的风格有点相似，精致而有品位。①

百万富翁、糖厂老板 M. И. 捷列先科与其姐妹建立的人面鸟出版社的定位也是象征派出版社，其存在的时间不长，曾出版 A. M. 列米佐夫和 B. 勃留索夫的作品集。②

在那些不以图书市场的实际需求为导向的非商业性出版企业中，还包括坚持出版宗教哲学书籍的出版社。这类出版社始于人们开始热衷于对现实问题进行精神领域内的探索，道路出版社就是其中之一。该出版社是为纪念 B. C. 索洛维约夫而成立的宗教哲学学会的一个分支机构。M. K. 莫罗佐娃是出版社的倡导者、组织者和所有者，她是当时文学艺术活动的赞助人，是一名社会活动家。出版社的精神领袖是 H. A. 别尔嘉耶夫，主要撰稿人包括著名的哲学家、思想家 E. H. 特鲁别茨科伊、C. H. 布尔加科夫、B. Ф. 埃恩、П. A. 弗洛连斯基。据 Ф. 斯捷普所言，出版社的编辑部是一个把文学沙龙和大学神学院组合在一起的、令人惊讶的混合体。③

莫斯科道路出版社想要参与新的国家思想体系的构建，这种体系以基督教信仰、爱国主义和民主思想为基础。作为对出版社中新斯拉夫派迟到的回应，1916 年，在彼得格勒以梅列日科夫斯基－吉皮乌斯家族为核心建立了轮船出版社，该出版社仅出版了 4 部作品。④

建于 1906 年的圣彼得堡野蔷薇出版社在一众出版社中具有特殊的地

① См.： Толстых Г. А. «Оры» //Книга： Энциклопедия. С. 461.

② Каталог издательства «Сирин». СПб.， ［1914］； Баренбаум И. Е.， Костылева Н. А.， Книжный Петербург －Ленинград. Л.， 1986. С. 294.

③ Голлербах Е. Религиозно － философское издательство «Путь» （1910 － 1919 гг.） // Вопр. Философии. 1994. № 2. С. 129.

④ См.： Голлербах Е. «Наш маленький корабль»： К истории петербургского религиозно － философского книгоиздания//Книжное дело в России в XIX － начале XX века. Вып. 13. Сб. Науч. Тр. СПб.， 2006. С. 43 －53.

位，其创建者为线条画家 З. И. 格热宾和新闻工作者 С. Ю 科佩尔曼。革命期间，出版社出版了马克思、Г. В. 普列汉诺夫的著作以及文集《致被流放者和被监禁者》，后者在《革命历史年鉴》问世后被禁止发行。此外，出版社还发行了一系列反映尖锐社会政治问题的明信片。在之后的几年里，出版社出版了哲学思想家马赫主义者的作品。从很大程度上来说，各省的大众读者和平民知识分子读者正是通过该出版社出版的书籍了解了象征派和"艺术世界"成员的作品。

在野蔷薇出版社的书目中，文艺集刊（1907～1916）占有重要的地位。集刊中刊载了不同文学流派作家的作品。这使文艺集刊同天蝎座出版社和格律福斯出版社的象征派文丛以及推崇"倾向纯洁性"的《知识》文集区别开来。在文艺集刊中发表作品的不仅包括 А. С. 绥拉菲莫维奇、И. А. 布宁、С. С. 尤什克维奇、М. М. 普里什文、А. Н. 托尔斯泰等现实主义作家，还包括 В. 勃留索夫、А. А. 勃洛克、А. 别雷、Г. И. 丘尔科夫、Ф. К. 索洛古勃等象征派作家。在集刊中，Л. Н. 安德烈耶夫先后发表了 17 篇作品，在数量上居首位。И. Я. 比利宾、М. В. 多布津斯基、А. Н. 伯努瓦、Н. К 廖里赫、С. В. 切霍宁参与了集刊和书籍的装帧设计。1918 年野蔷薇出版社迁至莫斯科，1922 年关闭。[①]

К. Ф. 涅克拉索夫是诗人 Н. А. 涅克拉索夫的外甥，由他开办的图书出版社是省城非商业性出版社中的一个典范。该出版社致力于探索美学和教育领域中的问题，在 20 世纪第二个十年的文学发展进程中发挥了重要的作用。在该出版社担任编辑的不仅有俄国现代主义流派的杰出代表人物，还包括一些不太知名的作家。除了象征主义和浪漫主义作品，К. Ф. 涅克拉索夫还专门向普通士兵出版廉价图书（战争文学系列）和通

---

① См.：Голубева О. Д. Из истории издания русских альманахов начала в. // Книга：Исслед. И мат – лы. 1960. Сб. 3. С. 300 – 334；Она же. «Шиповник» Книга：Энциклопедия. С. 718 – 719；Гуральник Е. Н. Из истории создания альманахов издательства «Шиповник» (СПб.；М.，1907 – 1922)：по неопубликованным источникам//Нациальная библиатека в современном социокультурном процессе：Тез. и сообщ. Вып. 1. М.，2002. С. 189 – 193.

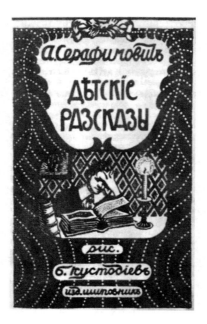

野薔薇出版社出版的由 **A. C.** 绥拉菲莫维奇创作的《儿童故事》
书名页（1907），美编为 **Б. М.** 古斯陀季耶夫

俗读物。出版社的印刷厂位于雅罗斯拉夫尔。根据战前时期俄国各省图
书出版流程的周密性及其印制质量，可以评估这些省份的文化发展
潜力。①

　　与象征派相对的是未来派的书作，后者是俄国先锋派最激进的一支。
1909～1916 年出版的未来派作品成为 20 世纪初图书行业最引人注目、最独
特的现象之一。在这些图书中，艺术思想不仅通过文本内容得以体现，还
体现在出版物的材质及结构形式中。实际上，对俄国未来派这一文学流派
和文化现象的研究离不开对相关图书出版情况的了解。该流派的作家、诗
人、画家（A. 克鲁乔内赫、布尔柳克兄弟、В. 马雅可夫斯基、M. 拉里奥
诺夫、H. 冈察洛娃、O. 罗扎诺娃等）拒绝一切传统的东西（包括出版传

---

① 　See.：Ваганова И. В. Книгоиздательство К. Ф. Некрасова（1911 – 1916 годы）и русский
　　литературный процесс начала XX века：Автореф. дисс. . . . канд. фиол. Наук. СПб. ，1996.

统），同时却努力迎合思想保守的读者内心深处隐藏的荒诞怪异的思想。[①]
这种情况出现在由知识分子掀起的反文化浪潮中，呈现出对艺术性过度追
求的后果，是对过度依赖传统书籍的反拨。[②]

由于始终处于边缘状态，未来主义者实际上没有什么机会出版作品，
这也是他们自己开办出版社的原因之一。未来派的出版社包括 A. 克鲁乔内
赫的耶乌埃出版社（正是该出版社的图书具有最大胆的实验性特点）、M.
马秋申的天鹤座出版社、Д. 布尔柳克的基列亚出版社。[③]

未来派的书籍采用石版印刷、漆布刻花技术，用胶印玻璃法印刷完成，
这呈现出其刻意打破传统美学框架的思路。在这些看似由作者随意勾勒，
而实际上没有利用活版印刷术，采用的却是整体雕版印刷术印制而成的出
版物中，文字和图画在每一张书页中都是同等重要的组成部分。这样的印
刷方式符合未来主义者对于创作的理解，即创作是艺术家意识的自由表达。
由作者绘制的图画和文本内容的结合容易让人产生很自然的感觉。未来主
义者的书籍出版得很快，它们以不同寻常的形状（如五角形、轴卷）、制作
材料（墙纸的反面、用于封面的粗麻布）、装帧技术（手工染色、抽象派拼
贴画、盖印）吸引了人们的注意。

应当指出的是，未来派的书似乎应验了 20 年前法国医生、哲学家马克
思·诺尔达乌的一个预言。这个预言是他在《退化》（1892～1893）一书中
提出的，具体涉及即将到来的 20 世纪文化的非自然性特征，他这样写道：
"现有样式的书籍将会过时，未来它们将在黑色、蓝色或金黄色纸上用不同

---

①　俄国最具商业价值的未来派作家 И. 谢韦里亚宁自 1904 年起在不同的出版社出版作品
（1911～1912 年在自我出版社出版），其中较为传统的版本未必能算得上此类图书。
См.：Голлербах Е. А. Издательская деятельность Игоря Северянина//Петряевские
чтения. 2001：Тез. докл. Киров，2001. С. 53 – 56。

②　См.：Гужиева Н. В. Книга и русская культура начала XX века：Брюсов//Русская
литература. 1983. № 3. С. 161；Голубева О. Д. Горьковская концепция книги//Книга：
Исслед. и мат – лы. 1975. Сб. 30. С. 37.

③　См.：Багдасаров Е. А. Излательская деятельность объединения кубофутуристов «Гилея»//
Книга и мировая цивилизация：Мат-лы XI Междунар. науч. конф. по проблемам
книговедения. М.，2004. С. 177 – 179.

俄国先锋派的石印出版物：1. M. 拉里奥诺夫，在 A.
克鲁乔内赫的书《口红》（1913）中的一页（内容与图画）；2. A. B.
舍甫琴科，书的封面上写着"在不同时期以及民间创作的写生作品
中呈现出来的立体主义原则和各种当代流派手法"（1913）

的颜色印刷。文本内容将由互不连贯的词或音节，甚至只是一串字母或数
字构成，其象征意义需要读者依据纸张、印刷的颜色、书籍的规格、字体
大小和种类猜测出来。而诗人这些由字母或没有任何内容的彩色纸张构成
的作品必将掀起一股热潮。"①

这些书的出版原本是为了给象征主义以回击，并"给社会趣味一记耳
光"，但在现实中却迅即变成了图书爱好者的收藏品。先锋派艺术成为奢侈
品。他们的书被收藏家购买，被包装成豪华版，在高价书店售卖。② 图书制
作由原本刻意反对抽象性反转成了极力追求抽象性的呈现。

俄国未来派的书籍在图书出版业和艺术史上的地位是独特的。对于自

---

① Нордау. M. Вырождение. 1995. C. 315.
② 时至今日，这种情况仍然存在。有时，未来派的书被卖到 1 万～1.5 万美元，个别书的
价钱，特别是珍本的价钱高达 10 万～15 万美元。

己的书籍，俄国未来派为了达到"手工"制作的效果，其创作思想与欧洲未来派的领袖人物菲利波·马里内蒂倡导的创作原则是矛盾的，但这种矛盾同19世纪90年代中期英国美术家、出版人威廉·莫里斯反对机器出版图书的运动相比，性质则完全不同。莫里斯在自己的凯姆斯科特出版社采用古版书时期的技术，包括手工生产纸张、颜料、羊皮纸等。从创作目的看，莫里斯与众不同，他希望制作出漂亮、完美的图书，反对在形式上制造噱头以及人为地扩大图书的印数。

研究者一致认为，未来派的书籍实验为图书艺术开辟了一条新路，它在革命后的最初几年受到广泛支持。在战时共产主义时期，仿手写本图书的创意在一些作家书铺的手稿出版物中得到了体现①（但在这里我们看到的不仅是一种艺术呈现形式，同时这也是在经济崩溃和书荒条件下的无奈之举）。20世纪20年代，图书艺术中结构主义盛行。结构主义继承了未来主义的美学原则，所不同的是，它讲求的不是个体的、单一的东西，反对一味追求印数，而是注重统一的、整体的、有组织的出版活动，强调充分利用印刷厂。②

20世纪初是图书行业紧张探寻新形式和新方法的时期。除了上述因素，这与人们对图书贸易态度的改变也有关。图书贸易传播文化价值观的社会功能一如从前，但人们更多的是把它当作一种纯商业活动。一位同时代的人曾说："那些认为图书贸易同手工贸易和其他贸易相比有什么不同或者超越之处的人，应该摒弃这种看法。这是一种新颖的贸易、独特的贸易，但归根结底还是贸易。"③

虽然俄国在图书贸易方面远远落后于西方国家，尤其是德国，但业界人士坚持提升行业水平的意图是显而易见的。他们开始采用积极推广图书

---

① См.：Андреева О. В. Книжные лавки писателей//Книга：Энциклопедия. С. 327.

② См.：Поляков В. В. Книги русского кубофутуризма. 2 - е изд. испр. и доп. м.，2007. С. 297 - 298；Ковтун Е. Ф. Русская футуристическая книга. М.，1988；Крученых А. Е. О футуризме и футуристической книге（письма А. Е. Крученых к А. Г. Островскому，1929 г.）/Публ. Н. А. Зубковой//Книга：Исслед. и мат - лы. 1996. Сб. 72. С. 223 - 234.

③ Труды Ⅰ Всероссийского съезда издателей и книготорговцев，30 июня - 5 июля 1909 года в С. - Петербургке/Под ред. М. К. Лемке. СПб.，1909. С. 47.

的办法，如在西伯利亚铁路沿线站点实行 24 小时全天候图书售卖①（夜间有旅客列车、军用列车和搭载移民的列车经过）。20 世纪初，俄国的图书贸易中出现了第一批图书推销员——外勤人员，他们根据样品和目录销售书籍和其他出版物，并保证立即送货到家。这样的"美式"销售法既方便了买家，也方便了卖家，因为即使在缺少启动资金的情况下，这种经营形式也可以确保有固定的收入。②

书籍出版商店俄国话，1910 年摄

关于在莫斯科建立设有拍卖行和固定书展的图书批发总仓的建议引发了新的讨论。批发总仓的设立可以协调并缓和出版商和各省图书经销商之间的商业关系。E. И. 韦尔霍夫斯基发明的图书自动售卖机引起了业界的兴趣。发明者计划在交通工具所能到达的范围内的乡委会、人民学校和教堂附近等人群聚集的地方安装这种简单又廉价的设施。遗憾的是，没有任何迹象表明莫斯科建过批发总仓以及使用过图书自动售卖机。③

---

① Книжная торговля на Сибирской ж. д. // Вестн. книгопродавцев. 1903. № 3. С. 50 – 51.

② Разносная торговля книгами//Там же. 1901. № 4. С. 53.

③ Центральный книжный склад в Москве//Там же. 1903. № 3. С. 50；А. Я. Грандиозный проект автоматической продажи книг//Там же. № 28. С. 434.

另一项未能付诸实践的宏伟规划是在莫斯科建一座书店，这是为纪念1916 年 И. Д. 瑟京从业 50 周年而提出的一项计划。为了建书店，专门成立了俄国图书业改革发展促进会，并募集了首批资金 10 万卢布。书店的主要任务是开展教学研究活动，首先是为印刷业、出版业、图书销售业培养专业人员，以及有教养、经验丰富、学识渊博的工作人员。① 在这所"印刷业的综合性大学"，除了培养排字工、印刷工、石印工、制锌版者和图书销售员，还计划建一座博物馆，馆内将展出优秀出版物、新型印刷设备以及印刷试验室和工作坊的样品及模型，其展品需要不断更新和补充。尽管这个计划有些天马行空，不太现实，却为俄国图书业的未来发展提供了一个全新的创意。

外国图书对俄贸易规模不断扩大，尤其是在 20 世纪初的第一次俄国革命之后（1906 年进口图书量为 168820 吨，1914 年则为 362357 吨）。第一次世界大战破坏了国家间的邮政和贸易联系，1915 年俄国的图书进口量下降了 4/5，为 74398 吨。与此同时，个人通过邮局订购外国图书的数量大大超过了书店的图书销售数量。主要原因是：其一，邮局的服务更迅速便捷；其二，各省的购买者可免去首都中间商这一环节。②

各省图书贸易的运作也发生了变化。在大的中心城市一般都有运作比较成功的图书公司，如基辅的 Н. Я. 奥格罗布林公司、托木斯克的 П. И. 马库申公司（西伯利亚教育家马库申的书店仅在售图书的书目就厚达 416页!）。在那些以前没有形成庞大图书销售网络的城市中，书店的数量也越来越多。例如，在 1914 年的叶卡捷琳堡，8 万人有两个大的书库和 16 家书店，其中包括 3 家旧书店和 3 家音乐书店。③ 图书销售网络发展最为缓慢的

① Полвека для книги. М. 1916. С. 334.
② См.: Москвин В. А. Распространение произведений иностранной печати в России во второй половине XIX – начале XX в. （по материалам фонда Московского отдельного цензора по книжной цензуре）//Книга в сиситеме международных культурных связей. М., 1990. С. 96.
③ См.: Белобородов С. А. Книжная торговля в Екатеринбурге （конец XVIII – начало XX в.）//Уральский сборник: История. Культура. Религия. Вып. 3. Екатеринбург, 1999. С. 30 – 31.

是俄国偏远的东部地区，那里图书销售企业数量少，与其广袤地域形成了极大的反差。直到西伯利亚大铁路开通，才真正推动了这些地区图书贸易的发展。19 世纪 90 年代，第一批书铺出现于外贝加尔。1881 年外乌拉尔地区只有 19 家书店，到 1897 年的时候，21 个城市中已有 40 余家书店。图书贸易发展最快的是伊尔库茨克，该地区的图书贸易企业已达 10 家。①

在各省的图书贸易中，集市发挥了重大作用。许多图书爱好者都会从各地赶赴辛比尔斯克参加大斋期之前举办的大集市（时间大概持续数周）。在收藏家和图书经销商的心中，下诺夫哥罗德的集市最负盛名。②

乡村的图书贸易也发生了变化。随着资本主义在俄国农村的发展，乡村货郎这一行业逐渐消失，书籍售卖大多集中在杂货铺，主要的种类是宗教书籍。向农村推广图书的主要困难在于农民们囊中羞涩，预算菲薄：每年每户农民家庭只能购买 1 ~ 7 册书。③ 1902 年，卡申县的人均粮食支出为 16 卢布，纺织品和日用品支出约为 8 卢布，酒类支出约为 6 卢布，而书籍支出约为 8 戈比。④

与此同时，在 20 世纪初，对于那些被书商经常遗忘的偏远落后地区来说，乡村货郎仍是图书推广的重要渠道。⑤ 乡村货郎的优势是他们了解每一个购买者，知道他们的心理、生活条件、习惯和品位。他们卖的书主要是瑟京、科诺瓦洛娃、普列斯诺夫、阿布拉莫夫、莫罗佐夫、马努欣、古巴诺夫、霍尔木申、波诺马廖夫、日瓦廖夫等出版社出版的通俗读物。⑥

---

① См.: Волкова В. Н. Книжная торговля на востоке страны сто с лишним лет назад//Вестн. Дальневост. гос. науч. библиотеки（Хабаровск）. 1998. № 1. С. 44，47，49 – 50.

② См.: Волкова В. Н. Сибирскмй книжниый магазин Петра Ивановича Макушина//Там же. 2000. № 2（7）. С. 29.

③ См.: Рубакин Н. Какими способами распространять книги на Руси: Очерки//Образование. 1901. № 3. С. 28.

④ См.: Медынский Е. Н. Внешкольное образование, его значение, организация и техника. 5 – е изд., доп. М., 1909. С. 270.

⑤ Рубакин Н. Какими способами распространять книги на Руси. С. 89.

⑥ См.: Андреева О. В. Книжное дело//Очерки русской культуры XX века. Т. 3. Культурный потенциал общества. М., 2001. С. 402 – 406，423 – 424.

И. Д. 瑟京出版集团出版的椴木刻原版印制的文学书籍

地方自治机构在各省的图书供应方面仍发挥着重要作用。第一次世界大战前夕，俄国共设有 130 个图书仓库，它们分别由所在地的地方自治机构管辖，其中 17 个省级书库下设 24 个分部，还有 87 个县级图书仓库。①书库向学校、农村和城市的书商、戒酒协会、神父、消费者协会提供图书寄卖。② 特别是在萨拉托夫省和维亚特卡省，图书仓库发挥了尤为积极的作用。这些地区的图书贸易和出版活动开展得如火如荼，同时，也为图书消费市场的进一步形成做了大量工作。到 1896 年的时候，维亚特卡省地方自治局开设了 2837 个 "五卢布" 图书馆，每个图书馆的藏书总额在 5 卢布以内（约 100 种图书）。③ 1903 年，在雅罗斯拉夫尔举办的北方边疆区工农业展览会上，维亚特卡省地方自治局的出版工作被授予金质奖章。他们出版

---

① Календаль – справочник земского деятеля на 1913 г. / Сост. Б. Б. Веселовский. СПб. , [1913] . С. 134.

② Положение народного образования во Владимирской губернии по иследованию 1910 года. Вып. Ⅳ . Владимир – на – Клязьме, 1911. С. 29.

③ См. : Рубанова Т. Д. Земские книжные склады на Урале（по материалам Вятской, Пермской и Уфимской губерний）//Книжное дело в России в XIX – начале XX века. Вып. 13. СПб. 2006. С. 141.

的图书不仅在维亚特卡省推广普及，还销往莫斯科和圣彼得堡。[1] 但就整体而言，当时这项工作的开展需要依赖老师、图书馆员、医生和地方自治局工作人员的热情推广。由于缺少周转资金，再加上农村居民的消费能力低下，图书贸易和书籍出版在当时实际上已陷入停滞状态。

同地方的图书贸易一样，消费者合作社作为群众性经济组织，其作用日益凸显。1904 年，莫斯科建成了消费者合作社莫斯科联社书库。在 1913 年消费者合作社中央联社建立后，该书库成为中央图书批发仓库，为各消费者合作社供应图书。[2]

自古以来，古旧书交易就是俄国图书推广中不可或缺且独具特色的一部分。早在 18 世纪末，古旧书收藏家就是书籍爱好者中一个非常特殊的阶层，他们有自己的一套运作手法和行话。[3] 他们中的佼佼者一直对自己的工作拥有崇高的使命感，明白自己在民族文化的传承中所发挥的作用。他们比一般的书商更愿意写回忆录，认为每次写的过程仿佛都是在上一堂爱书之课。据一位回忆录作者所言，在他们的书铺里，"人们忘记了自己的封号和等级，变成了普普通通的图书爱好者，和古旧书收藏家们平等相待，一连几个小时畅谈书籍……"[4]。

20 世纪初，俄国最大的古旧书企业在图书分类、工作人员业务、服务方法等方面都效仿欧洲的企业建制。在竞争日益加剧的情况下，为了吸引买家，他们积极完善图书类目补充更新的方法。许多企业出版了古籍书目录，这种有效而便捷的信息汇集大大提高了书籍的周转率。

在圣彼得堡的旧书商中，В. И. 克洛奇科夫居中心地位。在 31 年的从业生涯中，他出版的古籍书目录数量之大（576 本）是前所未有的。许多工程浩大的文集通过 В. И. 克洛奇科夫的商店售卖或在他的直接参与下编制完成。他的书店常客和众多买家大都是图书爱好者，其中有知名学者、国务活动家 Д. Ф. 科别

---

[1] См.：Валеева Н. Г. Библиотечно - просветительная деятельность казанского и взятского земства. 1865 - 1917 гг. М.，2005. С. 163.

[2] История книги/Под ред. А. А. Говорова，Т. Г. Куприяновой. М.，1998. С. 214.

[3] См.：Андреева О. В. Книжное дело//Очерки русской культуры XIX в. Т. 3. С. 418 - 420，425 - 428.

[4] Мартынов П. Н. Полвека в мире книг. Л.，1969. С. 59.

科、Н. П. 利哈乔夫、Н. К. 希尔德、В. А. 韦列夏金等。著名的 Г. В. 尤金图书馆也是在 В. И. 克洛奇科夫的帮助下完成馆藏图书的配备工作的。该图书馆后来被美国收购，并为华盛顿国会图书馆斯拉夫馆的开设奠定了基础。[①]

　　Н. В. 索洛维约夫是圣彼得堡富商之子，同时也是一位受过良好教育的收藏家、出版商和文学家，在 В. И. 克洛奇科夫的影响下，他也开始从事古籍生意。他在铸造厂大街的古玩店的经营规模和品类（书、版画、文字手稿、真迹）在当时的俄国是独一无二的。古玩店的装修是帝国风格，店里既有大开本摩洛哥羊皮古书，又有各种各样的 17 ~ 18 世纪国内外的珍本出版物、版画、石版印刷品、画作和手稿。[②]

　　Н. В. 索洛维约夫和外国古玩收藏家们一直保持着联系。他从国外订购书籍，参加欧洲的拍卖会，被称为公共图书馆和梵蒂冈图书馆的代销人。在图书销售中，Н. В. 索洛维约夫使用了多种营销方法，如通过寄卖方式交易书籍，为顾客提供邮寄服务或实行预约购买，出版数量达 140 本的书籍目录（包括插图本在内），等等。Н. В. 索洛维约夫主持出版了《古物鉴赏家》（1902 ~ 1903）和《俄国藏书家》（1911 ~ 1916）两种杂志。1915 年，在给伤员提供慈善帮助时，他意外猝死。此后，其藏书和收藏品被拍卖，其中的一部分现留存在圣彼得堡的普希金之家和俄罗斯国家图书馆。[③]

① См.：Соловьев Н. В. И. Клочков：Некролог//Русский библиофил. 1915. № 5. 126 - 128；Шилов Ф. В. И. Клочков и Н. М. Волков//Альманах библиофила. Л.，1929. С. 261 - 276；Шиндина А. Б. Петербургский букинист В. И. Клочков и его библиофильское окружение（по материалам переписки В. И. Клочкова и Г. В. Юдина）// История библиотек：Исслед.，мат - лы，док. Вып. 1. СПб.，1996. С. 135 - 154.

② Шилов Ф. Г. Записки старого книжника；Мартынов П. Н. Полвека в мире книг/Сост.，вступ. ст. и примеч. А. П. Толстякова. М.，1990. С. 254.

③ См.：Молчанов А. С. Н. В. Соловьев：К пятилетию со дня смерти//Среди коллекционеров. 1992. № 2. С. 39 - 41；Осетров Е. И. Библиофильский рай//Альманах библиофила. 1993. Вып. 28. С. 6 - 17；Лурье Ф. Издательская деятельность Н. В. Соловьева//Книжное дело. 1994. № 2. С. 54 - 56；Злочевский Г. Образованнейший русский книжник//Библиография. 1998. № 3. С. 99 - 115；Лурье Ф. М. Купец - романтик//Нева. 1998. № 1. С. 230 - 236；Тараканова О. Л. Соловьев Николай Васильевич//Книга：Энциклопедия. С. 610 - 611.

　　出身书商世家的 П. П. 希巴诺夫是俄国古书和珍本书籍的知名鉴赏家，许多珍本、稀本、孤本，以及有名望的收藏家的私人珍藏书籍都是由他鉴定的。[①] 他在革命前出版的 167 本书目（其中每本都包含近 600 条图书索引）至今仍具有学术价值，"这是真正意义上的俄国图书迷宫指南"[②]。П. П. 希巴诺夫参加了许多公共图书馆和科技图书馆的图书配备工作。1917年之后，他的书店被收归市政所有，其收藏的书籍和手稿均转归鲁缅采夫博物馆图书馆（现今的俄罗斯国家图书馆）所有。苏联时期，П. П. 希巴诺夫从事国有藏书的清理和分配工作，并负责管理国际图书股份公司的古玩店。[③]

　　20 世纪初，经营图书生意的老人——谢尔普霍夫农民出身的 А. А. 阿斯塔波夫，一位莫斯科中国城"凿门的执着蹲守者"，继续经营着自己的买卖。他的书铺是一间不能采暖的木制建筑，这里是图书收藏者和爱好者的俱乐部。А. А. 阿斯塔波夫虽然没有接受过系统的教育，但仍是公认的珍稀书籍行家，收藏了很多珍贵的书籍、手稿、人物肖像，是莫斯科图书小组的创始人之一，写了多本妙趣横生的回忆录。[④] 这一时期，А. М. 斯塔里岑、И. М. 法捷耶夫、Ф. Г. 希洛夫、Л. Ф. 梅林等古物收藏家也活跃在莫斯科和圣彼得堡。[⑤] 古旧书交易市场的服务对象既包括图书鉴赏家和收藏

---

①　Глухов А. Г. Павел Петрович Шибанов//Сов. Библиография. 1984. № 3. С. 61（подп.：А. Лавров）.

②　Лидин В. Г. Друзья мои – книги. М. , 1976. С. 81.

③　См.：Федорова В. М. , Черваков А. Д. Архив Шибановых//Записки Отдела рукописей ГБЛ. 1983. Вып. 44. С. 39 – 65；Дорошевич А. В. Шибановы//Книга：Энциклопедия. С. 718.

④　Повесть о своем житии и о книжном деле//К 50 – летию книгопродавческой деятельности А. А. Астапова（1862 – 1912）/Сост. П. К. Симони. М. , 1912. С. 9 – 35.

⑤　См.：Иваск У. ［А. М. Старицын：Некролог］//Библиографические известия. 1913. № 4. С. 330 – 331；Старицын А. Из рода каргопольских купцов//Московский журнал. 1993. № 6. С. 27 – 31；Иванов Евг. Московские букинисты：начало века/Публ. З. Милютиной//Альманах библиофила. 1981. Вып. 10. С. 201 – 217；Дорошевич А. В. Ф. Г. Шилов//Книжная торговля：опыт, пробл., исслед. 1984. Вып. 14. С. 186 – 192；Гринченко Е. А. Л. Ф. Мелин и Л. И. Жевержеев（из истории петербургской антикварной торговли）//Книжное дело в России во второй половине XIX – начале X X в. Вып. 8. СПб. , 1996. С. 51 – 64.

家，也包括经济条件一般的普通的买家。① 总体来说，俄国旧书商逐渐形成了一个递进的层级，从小书铺老板到知识分子。在前者看来书籍仅仅是一种商品，而后者则能够理解书籍的内在价值并热爱图书，甚至在某种程度上还承担了一部分启蒙教育的任务。当然，后者是少数。②

20 世纪初，俄国出现了一种新的政治文化现象——政党及其活动，随之出现的是有关政党书籍的出版和图书贸易。实际上，当时俄国的所有政党和联盟都进行着自己的出版活动——或是合法的或是不合法的。一些出版社与政党走得很近，"支持"它们；另一些则进入政党的组织机构，执行领导机关的指令。对于后者来说，其主要目的并不是营利（虽然图书出版也充实了政党的财政），而是希望通过出版物让自己的思想得到最为广泛的传播。政党机构也成立编辑委员会、出版委员会、图书发行处、印刷局等专门的部门，负责出版物从筹备、出版到推广宣传等一系列工作。全党的出版机构（出版部、局、委员会等）也是政党出版系统的组成部分，如立宪民主党中央委员会文献出版委员会、俄国人民同盟总会的出版委员会③。

在政党预算开支中，教育出版和宣传活动的开支占了相当大的一部分。这些钱分别用于印刷费用和图书、报纸、杂志的分发，以及维持图书馆、阅览室和售货亭的运作等方面的开销。有时政党也会要求成员订阅或购买党刊来代替缴纳党费。④

相对而言，自由主义倾向的非社会主义政党同非政党性出版社的合作机会更多一些，这也是不足为奇的；而像保守的反动政党就只能依靠自己的力量了。立宪民主党人充分利用了萨巴什尼科夫出版社（自立宪民主党

---

① См.: Первов П. Д. Сухаревский книжный торг в Москве//Библиографические известия. 1915. № 3 - 4. С. 114 - 119; Гиляровский В. А. Москваи Москвичи//Соч.: В 4т. Т. 4. М., 1967. С. 48 - 71.

② Петров А. Петербургские букинисты//Антиквар. 1902. № 6. С. 181 - 186.

③ См.: Шевицов А. В. Издательская деятельность несоциалистических партий начала XX века. СПб., 1997. С. 255.

④ Там же. С. 257.

成立起到 1918 年自行解散，М. В. 萨巴什尼科夫始终都是该党的中央委员）、社会公益出版集团（负责人是中央委员 И. В. 盖森）、В. М. 安吉克的百科文库出版社及 Д. Я. 马科夫斯基出版社。[①]

立宪民主党拥有最优秀、实力最强大的作者群体和优越的物质条件，其出版事业硕果累累。1906 年初，立宪民主党的报刊覆盖了全国近 90% 的政治类刊物。该党最主要的两家出版社——人民权利出版社和自由思想出版社发行了大量的小册子、宣传小报，其读者群首先是广大民众、工人和农民。[②]

社会革命党的出版物虽不止一次被查封充公，但其发行量还是很大，并得到了积极传播。该党主要有土地与意志、学校和图书馆事业、青年俄罗斯三家出版社和 В. Е. 拉斯波波夫的书库。1906 年，社会革命党出版者联盟成立。所有手稿都经过统一的编辑整理，其中一半的出版物为该党服务，出版者联盟在全国各个城市都有图书销售分支网络。

社会民主工党的图书事业发展很不均衡。孟什维克党结合自己的政治观点更倾向于进行合法活动，与任何一家出版社都可以合作出版书籍，并参与不同的出版项目。1901 年在圣彼得堡成立的玛丽亚·马雷赫出版社最负盛名，这里出版售价便宜且广受欢迎的社会政治类小册子及大众化的小说。革命时期，该出版社还出版了马克思、恩格斯、倍倍尔、拉法格、李卜克内西、考茨基和普列汉诺夫等人的著作。许多书作作为 "现代科学教育文丛" "无产阶级" "大众阅览室" "玛丽亚·马雷赫文库" 等系列丛书的一部分进行了出版。马雷赫经常遭到警察抓捕，她的出版物也不止一次被充公。1917 年，曾被迫移居瑞士的马雷赫在回到俄国后，成为国家杜马临时委员会出版社的负责人。[③]

① Там же. С. 259.

② См.：Голубева О. Д. Издательства в России в период Первой русской революции（1905 – 1907 гг.）//Сборник материлов по библиографии и книговедению. Вып. 1. Л. 1971. С. 10.

③ См.：Дун А. З. Издательство М. Малых//Книга：Исслед. и мат – лы. 1962. Сб. 6. С. 183 – 191；Блинов А. С.，Пострелова Т. А. Мария Малых. Л.，1976；Баренбаум И. Е.，Костылева Н. А. Указ. соч. С. 265 – 267.

O. H. 鲁滕堡出版社从 1905 年开始主要出版前 "劳动解放小组" 成员的作品、关于法国大革命历史的书籍以及其他社会政治类读物。1907 年，出版社被当局勒令关闭。

1903 年成立的顿河故事出版社是 20 世纪初图书行业中的一朵奇葩。该出版社是由顿河畔罗斯托夫的哥萨克百万富翁之子、工厂主 H. E. 帕拉莫诺夫创建的，曾是俄国最成功地方出版社之一。顿河故事出版社发行的出版物定价低廉，其作者包括西欧工人运动领袖，小说家 M. 高尔基、A. И. 库普林、B. Г. 柯罗连科、B. B. 魏列萨耶夫、Л. H. 安德烈耶夫，以及诗人 H. A. 涅克拉索夫、Т. Г. 舍甫琴科等。每每回忆起来，A. С. 绥拉菲莫维奇对顿河故事出版社都心怀感恩之情："我的作品之所以能走到工人和农民读者中，多亏了知识出版社和顿河故事出版社等的定价低廉。"①

H. E. 帕拉莫诺夫对社会政治类书籍的出版政策并非始终如一。顿河故事出版社发行的既有马克思主义书籍和社会革命党人的读物，也出版旨在扩大读者群，特别是针对工人读者群体，满足他们政治需求的自由主义书籍。1905 年，出版社大量出版当时热销的四页小报，这些小报（《什么是人民代表》《什么是言论和出版自由》《多少农民需要土地》《工人需要什么》《关于薪资》《举着红旗的人们想要什么》等）以 40 戈比每 100 份的价格卖给书店和书库，而其零售价为每册 0.5～1 戈比。小报中相当大的一部分由地方自治机构分发下去，在农民当中传播。

顿河故事出版社在莫斯科、圣彼得堡、基辅、敖德萨、第比利斯、维尔诺、托木斯克、维亚特卡和其他城市都有商店和书库。出版社的图书商品在工人当中知名度很高，并快速传遍全国。一位革命运动参加者道出了顿河故事出版社成功的秘诀：这家出版社的图书 "内容有益、广受欢迎，而且非常便宜，工人和年轻人对书籍和知识如饥似渴——顿河故事出版社

---

① Серафимович А. С. Сборник неопубликованных произведений и материалов. М., 1958. C. 344.

满足了大家最为关注、最为迫切的需求。……我自己如饥似渴地购买这些书，已经有整整一图书室，大概是 200～250 本，每本书平均才几戈比！谁都买得起，这是极小的开销。尽管顿河故事出版社不出版那些直接与革命有关的书籍，但实质上它的所有出版物都在影射革命斗争，旨在向前推进革命运动"①。

Н. Е. 帕拉莫诺夫成功得到了书刊检查机关的许可，获准出版以前被禁的书籍。例如，他出版了 Ф. 格拉的中篇小说《马赛人》、Г. 豪普特曼的《织工》、О. 米尔博的《坏牧师》等。后来，这些书相继在其他城市获准出版。

Н. Е. 帕拉莫诺夫是一位憎恨专制制度的反抗者和激进主义者。他积极为俄国社会民主工党提供资金和技术帮助，出资为地下印刷厂购买设备、订购革命书籍。在图书出版方面遵循明确思想定位的同时，Н. Е. 帕拉莫诺夫在商业利益为先的基础上发展自己的事业。他对市场需求反应灵敏，能够很好地把握图书的发行量，从不亏本，对总社和分社实施严格管理。在第一次世界大战期间，他当选为地区军事工业委员会主席，并成为立宪民主党的领导人，但后来移居国外。②

1905 年由百万富翁、商人 Е. Д. 米亚赫科夫出资创建的钟声出版社是一家合法并具有特色的出版社。出版社设有两个编辑部：出版马克思主义书籍的"第一图书部"和出版社会革命党人及民粹派书籍的"第二图书部"。钟声出版社的出版物既包括基础的理论和历史著作，比如关于社会主义、工人运动和马克思主义哲学等的一些篇幅不大的大众宣传性读物，还包括马克思、恩格斯、倍倍尔、歌德等人的著作。

除了合法出版物，钟声出版社同时也发行非法出版物。1907 年，由于受到没收等处罚，出版社被迫停止活动，它的所有资产——手稿、库存纸

---

① Травушкин Н. С. Издательство «Донская речь»//Книга: Исслед. и мат – лы. 1970. Сб. 21. С. 107 – 108.

② Там же. С. 122.

张、已印制完成的书籍均无偿转归前进出版社所有。① 前进出版社是以一些不大的政党出版社为基础建立起来的一家合法企业。В. И. 列宁、В. В. 沃罗夫斯基、А. В. 卢那察尔斯基积极参加了该出版社的活动。前进出版社的一些图书是以虚构公司的名义出版的。同其他许多出版社一样，后来它也被政府强制关闭。1912 年，布尔什维克成功创办了合法的波涛出版社。该出版社由俄国社会民主工党中央委员会直接领导，主要出版有关工人运动的宣传读物，并根据党中央秘书处的安排将读物发放给各级党组织。迫于形势，波涛出版社一直秉持着小心谨慎的出版政策，但其出版的书还是经常被查封。1914 年，出版社被迫关停；1917 年，在 К. Т. 诺夫戈罗采娃－斯维尔德洛娃的领导下恢复运营。②

在社会民主工党的图书出版中，В. Д. 邦奇－布鲁耶维奇发挥了非常突出的个人作用。无论是在俄国国内还是国外，他都具有编辑出版的工作经验，自 1904 年起，他先后参与了多家布尔什维克出版社的创建工作，其中包括由 В. Д. 邦奇－布鲁耶维奇和 В. И. 列宁领导的日内瓦社会民主工党文献出版社、前进出版社（1906～1907）、生活与知识出版社（1909～1918）等。十月革命后，В. Д. 邦奇－布鲁耶维奇虽已担任国家和社会要职，但仍积极参与国内的图书出版组织工作。③

革命出版社为了在合法印刷厂秘密出版书籍，挖空心思用尽了各种办

① См.: Иоффе А. М. Издательская деятельность большевиков в 1905 – 1907 гг. М., 1971; Голубева О. Д. Издательское дело в России в период Первой русской революции (1905 – 1907 гг.) //Книга: Исслед. и мат － лы. 1972. Сб. 24. С. 115 – 141; Гуров П. Я. Издательство «Колокол»//Московские большевики в огне революционных боев: Воспоминания. М., 1976. С. 45 – 50.
② См.: Калекина О. П. Очерки по истории издания марксистской литературы в России. М., 1963; Она же. Большевистские книгоиздательства «Пробой» и «Волна»//Вопр. Истории КПСС. 1968. № 9. С. 116 – 119; Шварцман С. М. Книгоиздательство «Пробой» (1913 – 1914) //Книга: Исслед. и мат － лы. 1966. Сб. 13. С. 163 – 181; Баренбаум И. Е., Костылева Н. А. Указ. соч. С. 284 – 290.
③ См.: Голубева О. Д. В. Д. Бонч-Бруевич-издатель. М., 1972; Воронин С. Д. О собрании В. Д. Бонч-Бруевичем документов по истории издательского дела в России//Сов. Архивы. 1987. № 1. С. 70 – 73.

法。例如，他们在一家印刷厂排版，而在另一家印制文本，在第三家制作封皮，在第四家装订成册……封页上标注的公司名称和地址都是杜撰的，书的出版许可也是伪造的。书籍的扉页上隐去作者名字，这为审查机构按照以作者姓氏首字母顺序排列的被禁出版物名册查找禁书制造了困难。社会政治类书籍被冠以文学书名，对"有危险的"作品名称加以变通（例如，马克思著的《1870～1871 年法兰西内战》改名为《……社会运动》，在此后的五年时间里一直没有引起书刊审查机关的注意）。在得到 Г. 豪普特曼文集的出版许可之后，Н. Е. 帕拉莫诺夫仅出版了一卷，其中收录了当局极为憎恶的话剧《织工》。有时，一家出版社会设立几个分部，每个分部都有自己的名字，而实际上它们用的是同一套人员编制和同样一批作者。在这种情况下，如果出版社的某一部分受到惩处，其余的部分还可以继续运作。这是社会革命党人和布尔什维克惯用的手法。①

　　各政党在非法读物的运输上花费了许多心思。例如，布尔什维克利用各种渠道把在国外印制的书籍运回国内。小手册经常通过邮局寄往俄国各地。他们常常采用最薄的纸张印书，用特殊胶水粘起来，将书籍以各种硬纸盒、纸箱的形式运到国内，然后在指定地点把书页泡软再晾干，一本书就基本恢复，可以阅读了。据 В. Д. 邦奇－布鲁耶维奇回忆，有时布尔什维克会在回国的俄国旅行者的行李中"偷偷塞满"非法读物："衣着华丽的太太和呆板可掬的先生们甚至从未怀疑过，在自己漂亮的行李箱和英式皮革箱的夹层、底层、物品甚至是内衣里——到处都夹裹着非法读物。有时我们也会把它们缝到衣服里，这些读物就这样来到了俄国。"②

　　为了广泛传播自己的出版物，各政党竭力利用各种不同的渠道：图书贸易公司、地方自治机构、图书馆等。资产阶级政党拥有最好的资源，而

---

①　Дорошевский Б. Книжное дело в эпоху первой революции（1905 - 1907 гг. ）//Каторга и ссылка. 1931. № 1. С. 163；Голубеева О. Д. Издательства в России в период Первой русской революции（1905 - 1907 гг. ）. С. 3；Травушкин Н. С. Указ. соч. С. 109 - 110, 117.

②　Бонч-Бруевич В. Д. Как печатались и тайно доставлялись в Россию запрещенные издания нашей партии. 2 - е изд. М. , 1927. С. 14, 19 - 21, 88, 91.

"黑帮"由于受到大部分书商的抵制，只好自己开设书报亭和书店。几乎所有的政党都开设了图书馆，这些图书馆有时也被用作书库。与此同时，自由民主派有机会通过公共图书馆来传播自己的读物，而右派分子更愿意利用教区图书馆、醒酒所的茶室－阅览室。① 维亚特卡人民君主党的出版活动得到了地方政府的支持，其中包括书籍、手册和报纸的发行出版和传播。②

第一次俄国革命期间出现的具有新"思想"的书店和书库在图书种类的选择上也有其党派倾向。在传播社会主义思想的书店中没有比立宪民主党读物更右的书刊了，但这只是在革命初期。③ 社会民主工党和社会革命党的书店成为这些党派总部的伪装，因为大量到访书店的人不会引起宪兵的怀疑。这些书店对广大读者来说堪称典范，其图书种类繁多，售货员具有文化素养。而在书店内部，有专门的密室可以用来秘密接头、存放非法书籍或者禁书甚至武器。有些回忆录专门记载了这样的事例，一些躲避暗探局抓捕的革命者曾在劳动书店、前进书店、学校和图书馆事业书店藏身（后来成为苏联外交人民委员会委员的 M. M. 利特维诺夫便是其中之一）。④ 在合法的图书贸易企业中，一般都有两个账本——一个是官方的明账，一个是秘密的暗账——其希望能够做到在不亏损的情况下为两座都城和本省提供自己的出版物。⑤

20 世纪的第一次俄国革命暂时解除了当局对图书业进行书刊审查的限制。在一段不长的时间里，没有了合法出版物和非法出版物之别。1905 年，书刊预审制度在形式上并没有取消，而所谓的"出版自由"实际上是在未经官方许可的情况下进行的。印刷厂认为，无须按照法律规定向出版委员会呈交印制好的图书样本。正如 В. И. 列宁所说："任何一家出版单位都不

① См. : Шевцов А. В. Указ. Соч. С. 264.

② См. : Балыбердин Ю. А. Политические партии в начале века//Энциклопедия земли Вятской. Т. 4. История. Киров, 1995. С. 326.

③ См. : Дорошевский Б. Указ. Соч. С. 170.

④ См. : Бонч-Бруевич Влад. Большевистские издательские дела в 1905 – 1907 гг. : Мои воспоминания. Л. , 1933. С. 54 – 60.

⑤ См. : Дорошевский Б. Указ. Соч. С. 177.

敢向当局呈交所要求的图书样书，而当局也不敢对此采取任何反制措施。"① 需要指出的是，图书出版过程中出版人这种自发的行为严重影响了国家大型书库藏书的完整程度，其中包括俄国皇家公共图书馆，该馆的所有藏书都是经过书刊审查委员会审查的。②

这一时期，实际上可以不经审查就出版以前被禁的图书。А. Н. 拉吉舍夫的《从圣彼得堡到莫斯科旅行记》、В. Г. 别林斯基的《致果戈理的信》，以及十二月党人、А. И. 赫尔岑、Н. Г. 车尔尼雪夫斯基、Д. И. 皮萨列夫等的作品被大量发行。倍倍尔、李卜克内西、拉萨尔等世界社会主义思想家的论著也被翻译出版。③

然而，从 1905 年末起，为了和不断壮大的革命运动做斗争，当局又开始全面推行书刊检查制度。1906 年 4 月，当局虽然取消了非期刊出版物的预先审查制度，但同时又开始实行另一项制度，即出版单位必须将其出版物样刊在出版之日送交书刊检查委员会以备检查。④ 书刊检查委员会几乎每天都开会，并责令书刊检查人员审读所有未经初审出版的书籍和小册子。⑤ 司法机关须对违法书籍提出刑事诉讼，这导致出现了大量针对出版商的刑事诉讼。

书库、书店和印刷厂的大量书籍被没收。1906 年春，莫斯科警察局下令，全面禁止出售钟声出版社、人民思想出版社、青年俄罗斯出版社、播种者出版社、土地与意志出版社和拉斯波波夫书库的出版物。他们仅在劳动书店就没收图书 250 普特，在钟声书店没收了近 5 万册出版物。⑥ 1908 年末，И. Н. 库什涅列夫出版集团的印刷厂被查封图书 4.6 万册。⑦ 在档案馆

① Ленин В. И. Доклад о революции 1905 года//Полн. Собр. Соч. Т. 30. С. 321.

② См.：Минцлов С. Р. Четырнадцать месяцев «свободы печати»：Заметки библиографа// Былое. 1907. № 3/15. С. 123.

③ См.：Голубева О. Д. Издательства в России в период Первой русской революции（1905 – 1907 гг.）. С. 4.

④ Именной высочайший указ Правительствующему Сенату 26 апреля 1906 года// Справочная книга о печати/Сост Д. В. Вальденберг. СПб.，1907. С. 1 – 20.

⑤ Хроника//Известия книжных магазинов Т-ва М. О. Вольф 1906. № 10. Стб. 76.

⑥ Разгром книгоиздательств и книжных магазинов в Москве//Книга. 1906. № 5. С. 15.

⑦ См.：Орлов Б. П. Указ. соч. С. 239.

中存有数十张古旧书商 П. П. 希巴诺夫同意当局查封在其书铺发现的禁书的字据。①

据收集禁书和非法书籍的图书编目专家 С. Р. 明茨洛夫统计，在 14 个月的时间里，当局共查封出版物 361 种、印刷厂 97 家，607 名编辑和出版人被处以监禁、罚款或其他处罚。② С. Р. 明茨洛夫讲述了许多关于警察查封禁书的趣事。如，某警察分局局长只要见到红色和桃红色封皮的书就没收。③ 应当指出的是，他们查禁的对象主要是小册子，许多"有分量"的出版物因此逃过一劫。没收出版物和提起诉讼取得了适得其反的效果：它们反而成为给读者大众的推荐广告，又燃起了大众对政治类书籍日渐微弱的兴趣。④

在当时的形势下，出版商们总是想方设法避免可能遭受的物质损失，这并不令人奇怪。一些出版商用手动印刷机印制九本合法的样书，送交出版委员会。然后，当规定期限一过，他们便开始制版以及大量印制发行的工作。这样一来，即使书籍被没收充公，他们的损失也仅仅是排版的费用。⑤

1905～1907 年出版书目的内容是由这一时期的革命主题所决定的。这一时期的主要出版物大多是政治类和政论类小册子，其发行方既有老出版社，也有许多新出版社，一时间"政论文取代了诗歌，而经济读物代替了小说"⑥。在俄国图书史上，各界读者第一次对这一类图书有了巨大的需求。正如同时代人所见证的："就在不久前，对于俄国中层民众来说，选举权、公投、人民代表、宪法和议会制国家等问题还是如此陌生，而今却已经成

---

① РГАЛИ. Ф. 561. Оп. 1. Д. 23.

② См.：Минцлов С. Р. Указ. соч. С. 134.

③ Там же. С. 133.

④ См.：Рубакин Н. А. Книжный прилив и книжный отлив//Современный мир. 1909. № 12. Отд. Ⅱ. С. 14.

⑤ Критическое положение//Книж. Вестн. 1906. № 22 – 23. Стб. 561 – 562.

⑥ Зен-Зин. Современные общественные течения и их отражение в литературе//Известия книжных магазинов Т-ва М. О. Вольф. 1905. № 1. С. 2.

为当下最重要的、与广大读者息息相关的问题。"① В. И. 列宁说过一句大家耳熟能详的话："商人不再去做燕麦买卖，而开始做更赚钱的生意——卖便宜的大众化小册子，大众化书刊成了集市商品。"②

许多公开的政党出版社和纯商业性出版社都在出版社会政治类图书。有时，为了出版几本书还会以一些书报商店为基础成立"临时的"出版社。正如 Н. А. 鲁巴金所记载的，1905 年到 1907 年期间出现了 351 家新出版社，其中，仅在 1905 年底到 1906 年 4 月这几个月的时间里就成立了 93 家，它们专门出版政治类图书。10 月 17 日之后的"几个月甚至几周内，俄国新出版图书的种类和发行量均居世界首位"③。

М. В. 萨巴什尼科夫在自己的回忆录里提到了一次会议———次在所有人都涌向政治大潮的时期具有特别意义的出版商大会。会议上，И. Д. 瑟京、С. А. 斯基尔蒙特、В. М. 安吉克和一些地方活动家达成一致，决定尽快出版关于人民代表制的理论和实践书籍的译本（如：М. В. 萨巴什尼科夫和 С. В. 萨巴什尼科夫兄弟出版了有关西方宪法和公民法的书）。④

在革命进行得如火如荼的时候，记者、作家 С. Ф. 利布罗维奇得出了一个有趣的结论。据他观察，出版社"很明显倾向于极端革命民主主义……而温和派的书籍则既没有出版商出版，也没有人愿意购买"。后来，内容激进的书籍和小册子大受欢迎，由此 С. Ф. 利布罗维奇做出了具有前瞻性的预测："俄国将成为用极端革命手段建立起来的民主制国家，社会主义将摧毁原有的一切。"⑤ 这一预言在十余年后成为现实。后来，В. И. 列宁在 1908 年谈及革命书籍在俄国应发挥的作用时写道："社会民主主义书籍没有消

---

① Дмитриев Н. Демократизация книги//Там же. 1906. № 2. С. 2.

② Ленин В. И. Еще один поход на демократию//Полн. собр. соч. Т. 22. С. 83.

③ Рубакин Н. А. Книжный прилив и книжный отлив//Русские ведомости. 1909. № 389. С. 5.

④ См. : Сабашников М. В. Записки/Предисл. , примеч. , указ. имен А. Л. Паниной; Подгот. Текста А. Л. Паникой, Т. Г. Переслегиной. М. 1995. С. 290 – 291.

⑤ Либрович С. Ф. Роль книги в государственном перевороте 17 – го октября//Известия книжных магазинов Т-ва М. О. Вольф. 1905. № 24. С. 351. （подп. : Русаков В. ）.

失，它已播下种子，它在生长，它在结出果实……"[1]

第一次俄国革命期间，印刷工人是最积极活跃的无产阶级组织之一。1905 年，莫斯科有 2500 多名印刷工人（占其总数的 1/4）参加了 1905 年 1 月的大罢工。警察局通告显示，瑟京、列文森、马蒙托夫、基尔斯金、契切林、莫斯科小报、维尔德、利斯纳等出版企业的印刷工人都参加了大罢工。莫斯科印刷工人的 9 月大罢工具有全国性意义。工人们从阶级性的视角进行书刊检查，拒绝出版黑帮的谩骂性读物，拒绝为反动期刊、书籍、呼吁书（如《克里姆林报》、《俄国事业》杂志、《宗教作品集》等）排版印刷。到 1905 年 11 月 15 日，有 130 家出版企业的所有者表示赞同工人的要求。[2] 印刷厂接二连三地倒闭，随之而来的是大批工人失业，这一形势令印刷工人群情激愤，革命情绪高涨："我们这一行业比其他任何行业对我们国家所处大环境的依赖性都更强。每倒闭一家印刷厂，就会有数十个工人流落街头，失业率不断增加。"[3] 根据大致估算，1905 年春，圣彼得堡共计 6000 名排字工人中失业人员超过 1000 人。

图书行业工作者参加革命活动的主要形式是罢工（如劳动书店、钟声书店、知识书店的罢工）以及同侵犯他们利益的企业主进行斗争（其中最典型的事件是普梯洛夫书店冲突，最终工人获得了胜利）。1905 年 11 月，在印刷工作者协会的号召下，图书业雇佣工人联盟参加了抵制书刊检查的活动，书店工作人员拒绝售卖接受检查的图书。[4]

据 H. A. 鲁巴金所言，在接下来的几年，随着公众积极性下降，图书出版业经历了低潮期。尽管这一时期出版物的净增长并没有缩减，但公众对手册的需求量却开始下降。那些在革命高潮时期出现的以出版大众政治

①　Ленин В. И. По поводу двух писем//Полн. собр. соч. Т. 17. С. 292.

②　Московские печатники в 1905 году/Под ред. Комиссии Истпрофа губотдела печатников А. Борщевского, С. Решетова, Н. Чистова. М., 1925. С. 35, 67 – 69.

③　Наши ближайшие задачи//Печатное дело. 1906. № 1. С. 6.

④　См.: Мудров И. А. Книжные работники г. Москвы в революционном и профессиональном движении до Октябрьской революции//Книж. фронт. 1932.. № 10. С. 38 – 40 (подп.: М – ов И.).

类图书为主的小出版社停止了自己的经营活动，很多被强制关闭。大批地方出版商和书商因革命读物不再有需求以及积压卖不出去而遭受重大损失，纷纷破产。新的形势迫使出版商减少甚至停止为图书贸易划拨预算经费。

　　然而，尽管手册产品的热度有所下降，但它却为内容更为严肃的社会政治类书籍的出版奠定了基础。

　　在战前和战争年代，书籍在很大程度上受到市场和大众文化庸俗化的影响。文化生活呈现商业化趋势，开始出现早先被禁的主题和内容，精品图书缺乏定位，这些现象促使艺术家们对大众需求重新进行思考。① 在俄国批评界，K. 楚科奇斯基是第一个关注低级趣味读物出现的原因的人，他指出："一拨新的读者涌入：这些人生活基本有保障，受过一点教育，受到城市文明最顶层的人的刺激，既过着世俗的生活，又接受着报纸社论的灌输，他们需要的是篇幅短小、笔触辛辣、能够微微刺痛人们神经的低俗文学。"②

　　诸如《继承人身世之谜》和《荡妇》之类的低俗文学引起了读者近乎狂热的喜爱。大众疯狂迷恋侦探小说、伪科学小说、神秘小说和色情小说（频频使用法典第 1001 条"关于对色情内容的处罚条例"以招徕读者）。小市民作家匆忙为图书市场创作一些粗制滥造的图书商品。而作为商品，这些书自身要会叫卖吆喝，书的封皮和标题要让人有所期待、有所遐想，花饰应该能吸引路人，让他们为之驻足，同时还竞相大肆宣扬："最新出版！……""1001 条例禁书！"③

　　职业类刊物的发展见证了对书籍需求的变化，"一切都沉寂下来，社会需求迅速发生 180 度的转变，即转向纯个人性的需求，书籍作为社会意识的晴雨表，同样发生了快速变化。市场上充斥着上千个版本的平克顿侦探

---

① См.： Булдаков В. Элиты и массовая культура： Россия времени Первой мировой войны//Историк и художник. 2005. № 3（5）. С. 183.

② Чуковский К. Осип Дымов//Чуковский К. От Чехова до наших дней. 3-е изд. СПб.，1908. С. 56.

③ Гужиева Н. В. Указ. соч. С. 159.

小说和各种色情小说"①，许多同时代人都对"在城市泛滥并涌向农村的平克顿热潮"进行了描述②。

第一次世界大战给俄国图书业带来了严重的打击，在发行量下降的情况下，出版物的价格急剧上涨。1916 年下半年，出版物的价格是战前的四倍。③ 出版业因燃料、铅和锌等印刷原材料、颜料的价格增长而受到重创。图书印刷行业几乎停止了对德国设备的进口，不再进口纸张（战前 30% 的纸张从芬兰进口）。和 1913 年相比，1917 年俄国纸张的产量减少了一半。④ 与西部及南部地区印刷品生产中心和销售市场的联系中断；许多优秀的出版企业成为军事管制区；由于全员应征上前线，印刷行业劳动力严重匮乏。

一些暴力事件的发生也削弱了图书出版业的物质技术基础，如 1915 年莫斯科的"反条顿"大屠杀。当时，所有者名字是德国人姓氏的企业都遭到了来自沙文主义者的破坏，其中包括格拉斯曼－克内贝尔出版社。

这一时期，书籍出版的规模缩小了。与 1912 年相比，1915 年图书的发行量减少了 24.8%。⑤ 一位同时代的人指出，"战争扼杀了社会公众对书籍的所有兴趣"。⑥ 外文书和少数族群语言出版物的数量下降，一方面，这是由于战事发展令一些地区遭受伤亡和损失；另一方面，是由于社会上沙文主义和口头爱国主义情绪抬头。科学读物的发行量锐减，图书出版书目的主题内容发生了变化，开始出版供"坐车时阅读和面向伤员读者"的轻松读物。

描写前线战事的书籍数量不断增加。战争推动了俄国木版画的复苏，主要体现在宣传画领域，K. 马列维奇、B. 马雅可夫斯基、H. 冈察洛娃、M. 拉里奥诺夫等人都致力于宣传画的创作。C. M. 穆哈尔斯基为 1916 年 5

① Наши задачи//Книж. журн. 1911. № 1. С. 2 – 3.
② См. : Медынский Е. Н. Указ. соч. С. 270.
③ См. : Орлов Б. П. Указ. соч. С. 258.
④ Цены на работы государственных типографий//Книгопечатник. 1918. № 3 – 4. С. 29.
⑤ См. : Орлов Б. П. Указ. соч. С. 256.
⑥ Наборщик и печатный мир. 1914. № 176. С. 1253.

月 13 ~ 14 日慈善活动创作的宣传画《为士兵捐书吧!》引起了人们极大的兴趣。①

　　20 世纪初开展的为军队医院、前线以及被俘的俄国官兵提供书籍的活动是图书业发展中的一个亮点。到 1915 年末，莫斯科伤员图书供应委员会向各城市的军队医院发放专门编辑的丛书 613 套，向省军医院发放 865 套，共计图书 591200 册。此外，还向作战部队发放大型丛书 55 套，为医疗列车上的伤员发放 40 套，为战俘提供 13 套②（后来，在十月革命期间，俄国图书协会所在地被炸，致使大量藏书被毁）。俄国《图书新闻》杂志报道了萨克森德伯尔恩战俘营战俘图书馆管理员、中尉 Б. Г. 阿列克谢耶夫的一封来信，信中向莫斯科伤员图书供应委员会提出请求，希望能够给他们提供一些关于逻辑学、心理学、哲学、自然科学、物理、数学等领域的纯科学类书籍。据他所说，战俘们已经厌烦了小说，"军官们已经开始感受到书荒的痛苦"③。

　　1917 年春到同年秋是俄国图书发展史上的一个特殊时期。激烈的政治斗争在出版书目的内容上有所体现。同第一次俄国革命时期一样，这一时期又出现了"小册子之战"。在大事件接踵而至的极端条件下，一波反映当时迫切问题、具有时效性的流动性读物（传单、呼吁书等）席卷全国。尽管社会政治类题材的出版物在出版书目中尚未占据绝对的主导地位，但其发行量大增。列夫·托尔斯泰、В. Г. 柯罗连科、Э. Л. 伏尼契、С. М. 斯捷普尼亚克 - 克拉夫钦斯基等人的许多作品不必再受到书刊检查的限制，首次出版。④ 1917 年末，书荒愈发严重，书籍成为象征着幸福的"青鸟"。⑤

---

①　Лубочная картина и плакат периода Первой войны 1914 – 1918 гг.： Иллюстрированный каталог. Ч. 2/Сост. В. П. Панфилова, А. П. Слесарев. М., 2004. С. 153.

②　Хроника//Библиографические известия. 1915. № 3 – 4. С. 190.

③　Там же. С. 191.

④　См.：Кельнер В. Е. Книга в России в 1917 г.（к постановке вопроса）//Книжное дело и библиография в России второй половины XIX – XX в. С. 118.

⑤　Книжный рынок и революция//Библиографические изввестия. 1917. № 3 – 4. С. 144.

1917 年 4 月 27 日，俄国临时政府的第一任总理 Г. Е. 利沃夫签署并通过了《出版法令》和《出版机构法令》。① 上述法律文件宣布："图书出版和图书贸易自由，禁止对其施以行政处罚。"国家的书刊检查机构——出版总署及其地方机构被撤销。在彼得格勒成立了国家书库，其职能包括将所有图书出版物登记在册，并收存其义务呈缴本；同时，国家书库还肩负着为全国各大书库建立图书供应基金会的职责。后来，《出版法令》得到全国各地白军政府的承认。②

激进社会主义政党充分利用了革命带来的一切机会。布尔什维克展开了大范围的宣传，其中包括提供推荐书目的方式。③ 书籍和刊物成为帮助他们取得胜利最有效的工具之一。莫斯科、哈尔科夫、叶卡捷琳诺斯拉夫等地的党组织大量翻印波涛出版社的出版物。1917 年 4 月到 6 月，共计售出约 17 万册布尔什维克出版物（不包括莫斯科省的统计数据）。④

综上所述，出版自由在俄国图书史上第一次在法律上得到了承认，而非像 1905 年那样仅是在实践中予以实施。这一自由时期持续了正好 6 个月：В. И. 列宁于 1917 年 10 月 27 日签署的人民委员会《出版法令》实际上废除了二月革命的相关成果。法令规定，暂时限制言论自由，直至社会生活恢复正常状态。⑤ 在国内战争期间，各落败党派很快将自己的精力转向发展白卫军的出版物以及俄国邻国的图书出版。

---

① Сборник указов и постановлений Временного правительства. Вып. 1. Пг. 1917. С. 212 – 218.

② См.: Семеновкер Б. А. Государственная библиография России ⅩⅧ - ⅩⅩ вв.: петербургский период. Вып. Ⅱ. М., 2002. С. 65.

③ См.: Базанов П. Н. Что читать гражданину свободной России...: Из истории рекомендательной библиографии политических партий России 1917 г. // Библиография. 1995. № 4. С. 99 – 106.

④ См.: Калекина О. П. Большевистские книгоиздательства «Прибой» и «Волна». С. 117.

⑤ Издательское дело в первые годы советской власти (1917 – 1922): Сб. Док. И мат – лов/Сост. Е. А. Динерштейн, Т. П. Яворская. М., 1972. С. 12.

＊＊＊

在一定程度上，行业联盟的出现是职业团体成熟的标志。19 世纪末 20
世纪初，同大多数图书出版大国一样，俄国也出现了旨在解决图书业实际
问题的图书行业联合会。一批图书出版及销售组织、图书目录学组织、图
书馆组织、图书爱好者组织应运而生，并积极运作。它们联合俄国书商及
出版商协会和俄国印刷行业协会共同创建了乐谱和音乐出版物经销商协
会。① 1905 ~ 1907 年，为了抵制工人的革命言论和革命要求，企业主们开始
组建行业联盟。20 世纪初，俄国图书行业共有 13 个相关的行业联盟。② 然
而，这些联盟的内部矛盾不断，其成员囿于各自小团体的利益，在做决策
和行动方面存在意见不一致、前后缺乏连续性等问题。

面对图书市场的良莠不齐和杂乱无章，俄国书商及出版商协会于 1909
年和 1912 年先后举行了两次代表大会，会议由 M. K. 列姆卡主持。两次会
议的召开并未解决各企业主团体之间的矛盾，因为他们都想维护自己在图
书市场上的主导地位。③ 第二次代表大会的主要议题是制定图书业章程。所
讨论草案的核心内容包括：俄国所有的图书出版和图书销售公司均应办理
注册，同时，各公司都要遵守《俄国图书业章程》；如果违反章程，公司将
遭到抵制。与会者希望建立一个与德国书商交易协会类似的联合会，联合
会具有价格、折扣、税率的保护体系，有统一的股份制批发机构网络，以
及市场需求研究系统。但大垄断资本家们并不需要这样的联合会，他们的
代表否决了这一提议。④

俄国印刷行业协会（印刷业企业主的组织——打着有文学家参加的半学

---

① См. : Андреева О. В. Книжное дело. С. 413 – 414.
② См. : Динерштейн Е. А. Корпоративные объединения русских книжников//Книга：
Исслед. и мат – лы. 1993. Сб. 66. С. 148.
③ См. : Сухорукова Е. М. Российские книжные союзы и объединения//Библиография. 2005.
№ 6. С. 64 –65.
④ Там же. С. 65.

· 258 ·

术性协会的名义）的活动开展得也不成功。它发出的倡议遭到图书出版商的抵制和反对，因为他们担心俄国印刷行业协会变成"印刷行业的辛迪加（是垄断组织形式的一种——译者注）"，垄断印刷作业，进而抬高其价格。

1901 年，书商协会成立。该协会旨在相互支持彼此的商业活动，维护图书销售者在政府税收、薪资和预防罢工等方面的相关利益。

19 世纪末 20 世纪初，图书馆工作者的职业自觉性也在快速形成。此时，出现了第一批职业联合会：俄国图书学联合会和俄国图书目录学联合会图书馆学分会，卡卢加、彼尔姆、斯塔夫罗波尔、托木斯克、雅尔塔和其他城市中的独立联合会。这一时期，俄国共有 24 个图书馆联合会。[①] 1908 年，圣彼得堡成立了图书馆学协会，协会发行《图书管理员》杂志，主要联合了科学图书馆和各专业图书馆的工作者，以及图书编目专家、藏书家、图书出版商及经销商。1916 年，俄国图书馆协会在莫斯科成立。协会在全国七个城市设有分会，是 20 世纪初俄国最大的图书馆联合会。协会编撰并出版图书馆学教材，致力于研究和制定图书馆应用技术的标准。

这些联合会的特点首先就体现在力求解决图书业发展中的实际问题。我们可以看到，俄国最大的图书目录学联合会（莫斯科大学俄国图书目录学学会和圣彼得堡俄国图书学学会）在解决该领域关键问题的时候另辟蹊径，它们成为图书学领域的研究中心。联合会积极开展工作，推动了俄国各城市图书目录学小组的创建。这些小组一般都隶属于高校（例如，1906年，诺沃罗西斯克大学成立了敖德萨图书目录学会，该学会一直存在到1930 年）。这些职业团体出版书籍和期刊，并在其中提出图书目录学中最为重要的理论和实践问题（国家书目的编制、出版图书的统计清点、出版物的编目、信息描述和分类问题），尝试寻找解决方法。正是在这一时期，图书学作为有关图书和图书业的新兴学科开始形成。[②]

20 世纪初，解决出版物注册问题的条件已经成熟。这对民族文化的发

---

①　Книга：Энциклопедия. С. 81.

②　См.：Сухорукова Е. М. Указ. соч. С. 68 – 69.

展具有重要意义，关于这一点，俄国许多图书学家和图书编目专家都曾指出过。与出版物注册紧密相关的还包括出版物的统计工作，它有助于呈现图书出版业在数量和质量上的变化及其发展趋势和特点。[1] 图书活动家不止一次提出俄国图书统计工作尚不完善的问题。正如出版商、图书经销商 Н. Г. 马丁诺夫所言："出版社、图书贸易业、整个印刷业的实际发展情况，以及它们的规模和贸易额都没有人清楚，甚至连政府也不清楚……"[2]

俄国要求出版物正式注册始于 1837 年，到 1855 年前，该项工作由《国民教育部杂志》负责，1855 年之后转由《政府公报》负责，再后来注册工作时断时续。1907 年，由 А. Д. 托罗波夫担任主编的国家出版总署周刊《图书年鉴》创刊，对书刊进行检查是该刊物的主要任务之一。除了有关出版图书的信息，《图书年鉴》上还刊载禁售出版物清单、有关出版物的法令（包括取缔和查封出版物的法令）。[3] 1917 年 5 月，彼得格勒建立了国家书库，该书库（自 1920 年起迁至莫斯科）至今仍在出版《图书年鉴》。

自 1909 年起，国家出版总署每年春天在圣彼得堡举行出版物展览会，展出过去一年出版的所有新出版物。展览会资料出版年刊中包含最全的出版统计信息，这些信息来源于当年国家对呈交上来的图书样本的编目登记信息。[4] 文集形式的出版物则详细列明其内容、语言、出版社和出版地等信息。

＊＊＊

整个 19 世纪，俄国的藏书家队伍形成了自己独有的特色。С. А. 索博列夫斯基、М. Н. 隆基诺夫、Г. Н. 根纳季、П. А. 叶夫列莫夫、С. Д. 波尔

---

[1] См.：Лисовский Н. М. Собирание и разработка статистических сведений о книгоиздательстве и периодической печати в России//Труды Первого съезда русских деятелей по печатному делу в С. - Перербурге. СПб., 1896；Здобнов Н. В. Русская книжная статистика. М., 1959.

[2] Мартынов Н. Г. Статистика в книжном деле//Книж. Вестн. 1904. № 6. Стб. 155.

[3] См.：Джиго А. А. Книжная летопись//Книга：Энциклопедия. С. 320.

[4] Выставки произведений печати за 1908 – 1910 гг. СПб., 1909 – 1911；Статистика произведений печати, вышедших в России в 1910 – 1915 гг. СПб., 1911 – 1916.

托拉茨基、E. И. 亚库什金等人收藏的珍品图书已成为民族文化宝库的一部分。他们的藏书对学者开放，有时还发挥着俄国当时稀缺的科学图书馆的功能。藏书研究者在文学史、图书史、版本学、艺术学等领域进行了可贵的探索，这是俄国所独有的现象。① 到 19 世纪末，藏书家群体的构成发生了变化：里亚布申斯基、莫罗佐夫和巴赫鲁申家族等老一代书商成为狂热的图书、木版画和古玩收藏家。

20 世纪初，俄国出现了第一批图书爱好者组织。如圣彼得堡的俄国精美出版物爱好者小组（1903～1917），他们开展的活动对于研究和传承国内书籍艺术的传统具有重要意义。这一高端组织旨在推动俄国出版的刊物和线条艺术作品在美工设计方面的发展，促进这些作品的收藏家之间相互沟通和了解。②

俄国精美出版物爱好者小组集结了国内最著名的收藏家、鉴赏家、古玩家、出版商和印刷商。小组的成员都是上层贵族的代表，如康斯坦丁诺维奇大公是小组的名誉成员，皇家美术学院院长玛丽亚·巴甫洛夫娜女大公是名誉主席。小组的终身主席 B. A. 维列夏金和其他成员（画家 A. H. 别努阿、H. K. 廖里赫、Д. H. 卡尔多夫斯基，古玩家和古旧书商 B. И. 克洛奇科夫、H. B. 索洛维约夫，印刷商 P. P. 戈利克，当时最大的私人图书馆所有者、企业家 Г. B. 尤金等人）主要从以下几个方面开展活动。他们组织书籍拍卖会，举办书展："木版画和石印品中的俄国女性""卫国战争时期的俄国生活""15～19 世纪俄国和国外的绘画书籍""18 世纪法国和英国木版画"。小组还出版了一些图书，如《流金岁月》杂志、原版艺术插画绘本、艺术理论著作、图书目录学书籍。作为俄国第一个依法成立的图书爱好者协会，该小组对此后几十年里图书爱好者组织的活动都有一定的影响，尤其是莫斯科图书之友协会（1920～1929）、列宁格勒图书爱好者协会（1923～1931）以及巴黎的俄侨俄国图书爱好者协会（1924～1938）。应当指出的是，后面这些协会便是在圣彼得堡俄国精美出版物爱好者小组前成

---

① См. : Равич Л. М. О некоторых проблемах истории отечественного библиофильства XIX в. // История библиотек: Исслед. ，мат－лы，док. Вып. 1. СПб. ，1996. С. 123－124.

② Устав Кружка любителей русских изящных изданий. СПб. ，1904. С. 3.

员的倡导下成立的。①

革命前的俄国还有莫斯科图书标识爱好者协会，该协会于 1905 年由图书学家、图书编目专家 У. Г. 伊瓦斯克组建，他致力于对藏书票、私人藏书和期刊出版物的研究。②

***

19、20 世纪之交是图书艺术的繁荣期。俄国艺术类书籍的复兴首先与"艺术世界"团体成员的活动相关。在 А. Н. 别努阿、Л. С. 巴克斯特、Е. Е. 兰谢列、М. В. 多布津斯基、И. Я. 比利宾、К. А. 索莫夫、С. В. 切霍宁等人的创作中，常常把书籍及其各组成部分看作具有一定结构的空间，而结构中填充的内容应是经过缜密构思的。继新古典主义时代之后，书籍再次成为一个有机的艺术整体。"艺术世界"成员认为，书籍的美工设计装帧与印刷方法紧密相关。别努阿一派强调："图书的美工设计者应注意书籍对美的基本要求，如书籍的开本、纸张的材质与表面性能、纸张的颜色、书页内容的编排、文字版面和空白版面的比例分配、字体、页码、切口设计、装订等。一本书可以没有任何装饰但必须精美；相反，如果忘记这些基本要求的话，一切装饰也只是徒劳。"③

尽管"艺术世界"团体成员的图书中有许多复古元素（"饱满的伊丽

<hr>

① См.：Адарюков В. Я. В мире книг и гравюр：Воспоминания. М.，1926（факсимильное воспроизведение. – М.，1984）；Берков П. Н. Русские книголюбы. М.；Л.，1967. С. 225 – 249；Александрова А. Любители русских изящных изданий//Альманах библиофила. Вып. 5. М.，1978. С. 223 – 230；Верещагин В. А. Кружок любителей русских изящных изданий. СПб.，1903 – 1916//Временник Общества друзей русской книги. Вып. 2. Париж，1928.（переизд.：Книга Иссслед. И мат – лы. 1989. Сб. 59. С. 147 – 157）；Злочевский Г. Д. «Это явление заслуживает особого внимания»：Кружок любителей русских изящных изданий//Библиография. 1998. № 1. С. 98 – 111；Николенко А. В. Деятельность Кружка любителей русских изящных изданий（1903 – 1917）：Автореф. дисс.... канд. ист. Наук. М.，2000.

② См.：Кульпа – Иваск Е. У. У. Г. Иваск（1878 – 1922）. Воронеж，1973.

③ Бенуа А. Задачи графики//Искусство и печатное дело. 1910. № 2 – 3. С. 45.

莎白字体、具有不同色调的厚纸、新古典主义风格的花饰、零星印刷"①），
但他们关于"图书形象"的提法颇具新意。在他们看来，图书的设计应该
直接或间接地有助于理解，并能引起共鸣。其在图书中呈现了生活与艺术、
艺术与技术的统一，这也是现代主义所宣扬的。② 也就是说，书籍直接走进
人们的生活，成为生活的点缀。书籍是具有现代派风格的存在空间的一个
组成部分，它充分体现了创作者的思想，有时美工设计者的名字也会出现
在封面上。比如，《聪明误》一书的封面上写着：《聪明误》——A. C. 格里
鲍耶多夫；插图——Д. H. 卡尔多夫斯基（1913）。可见，图书的外观与其
说是由出版商确定的，还不如说是由美工设计者和印刷工作者确定的。

　　上述观点在象征派的图书制作中得到了最突出的体现。③ 19 世纪末，
出版物的材质和结构形式大多中规中矩。象征派的文学工作者和出版活动
家超越了这一原则。他们认为，书籍作为一种体系，其中的每一个元素都
承载了特定的任务和内涵。象征派的出版物非常注重对刊载文本的结构编
排和设计，作者通过对同一题材作品进行系统的汇集，使全书做到结构清
晰、思想性和艺术性统一。作者的"微型文本"和编辑出版人员的文本
（具有象征主义风格的书名、作者的前言、献词、卷首语、作品完成日期、
附注、注释、目录、出版信息、页码、出版声明等）都承载着多重的思想
内涵。它们揭示了书籍的总体构思，充实了书籍的内容。印制文本的结构
布局（排版、拼版、书的开本和版面比例、字体大小、书眉）能够让书籍
错落有致、主次分明，加深对读者的影响。

　　出版物装帧设计中的重要一环是封面的设计——设计一个与众不同的

①　Фабрикант М. И. Введение в изучение русской книги девятнадцатного века//Книга а
России. Ч. 2. Девятнадцатый век/Под ред. В. Я. Адарюкова, А. А. Сидорова. М.,
1925. С. 16.

②　См.: Молок Ю. А., Турчин В. С., Лоев Ю. М. Книга и книжники. Образ книги в
русской графике первой трети XX века. М., 2003. С. 12 – 14.

③　此处及后面关于象征派的图书参见 Толстых Г. А. Прижизненные стихотворные сборники
русских символистов: книготворчество поэтов. С. 147 – 158; Она же. Книготворческие
взгляды русских поэтов – символистов//Книга: Исслед. и мат – лы. 1994. Сб. 68. С. 209 – 229。

"序曲"。封面通常配以具有象征意义的图案并加以修饰点缀，对该书的主要思想进行诠释。封面的颜色也有助于理解作品的内容，书芯和封面纸张的色调、表面性能、厚度均有其意义。字体图案一般也有一定的意义，它是作家风格和审美取向的外在表现。所有这些手法的运用或是为了表现出版物的象征意义，或是为了突出象征派书籍的精美，从而加深文学作品对读者的影响。

正是在这些年，"漂亮书籍"和"精致书籍"的概念开始形成，这与"美丽时代"的风格相契合。这一类型的出版物有不少，例如，A. C. 普希金的《黑桃皇后》由 A. H. 别努阿绘制插图（圣彼得堡：戈利克 – 维尔伯格出版社，1911）；列夫·托尔斯泰的《哈吉·穆拉特》由 E. E. 兰谢列设计插图（彼得格勒：戈利克 – 维尔伯格出版社，1916），其中运用了 20 世纪初的各种翻印技术；还有 M. Ю. 莱蒙托夫的《司库员的妻子》由 M. B. 多布津斯基采用 19 世纪上半叶的格拉费卡艺术风格装帧设计（圣彼得堡：俄国精美出版物爱好者小组，1913）；等等。① 这些图书在圣彼得堡和莫斯科最好的印刷厂印制，发行量较小，价格昂贵，主要面向收藏家这一小众群体。典藏版出版物通常具有以下特点：纸质上乘（直纹纸、厚牛皮纸、象皮纸）、惯用稀有字体（中世纪体、埃尔塞维尔体、伊丽莎白字体）、独具特色的现代风花饰、限量发行等。② 印制完成既定册数后原稿便销毁，不会再版。

对于新时期图书文化的美学观点，同时代人的态度并不一致。比如，杰出的民主派批评家 B. B. 斯塔索夫对此持断然否定的态度。③ 显然，他未

---

① Последняя книга в дальнейшем была факсимильно переиздана（Л.，1983），так же как еще одно издание КЛРИИ：Гоголь Н. В. Невский проспект/Ил. Д. Н. Кардовского：факс. воспр. Изд. 1905 г. Л.，1977.

② См.：Красина А. В. К характертстике стиля модерн в оформлении русской книги начала XX века//Книга и книжное дело на рубеже тысячелетий：Восьмая науч. конф. по проблемам книговедения：Тез. докл. М.，1996. С. 173.

③ См.：Стасов В. В. Плохая книга//Новости. 1898. 15 мая.

能察觉到，在新式图书中已经出现俄国一个新的艺术文化流派的某些特征。①

　　当然，尽管艺术类书籍是图书出版中一个光鲜亮眼的部分，但也仅仅是其中很小的一部分。20世纪初期的民主化进程对出版物的外观设计产生了一定的影响。正如一位见证者所言，"取代此前外观厚重、内容充实的多卷本图书，以及不久之前流行的外观精美的颓废派小卷书，书籍市场现今到处都充斥着价格低廉的出版物和外观朴素的小薄册子（一般只有一个印张——作者注）"②。如果不考虑革命期间曾掀起热潮的"小册子"，以及追求外形小巧、携带轻便、印制快捷的非法出版物，那么，20世纪初的大部分图书在外观上虽然算不上精美，但装帧却称得上优良。在1914年莱比锡国际书展上，俄国展位的展品已经可以与国外最优秀的出版物一竞高下了。显然，俄国当时的图书制作已经达到欧洲水平。③

＊＊＊

　　综上所述，19、20世纪之交这一段时间虽然不长，却是相对完整的历史时期，从图书业发展的基本情况来看，不同的社会文化领域都取得了各自的阶段性进步。图书的出版发行无论从质量还是数量来说，均发生了变化。读者阅读书目的主题和类别得到了拓展，出版系统的资金构成和管理也在不断优化。图书出版中的政治因素对图书出版的影响时强时弱。两次革命直观地表明，图书业是人民与社会生活中必需的要素。图书成为满足人民的需求的现实性手段。④ 总而言之，世纪之交俄国图书文化的大众化可谓其图书发展的大势所趋。

　　十月革命前，俄国图书业明显表现出相互矛盾的发展趋势。其中，有

---

① См.：Берков П. Н. Указ. соч. С. 219 – 220.
② Дмитриев Н. Указ. соч. С. 1.
③ 战争期间，俄国展位的所有展品全部损毁（см.：Сиборов А. А. Указ. соч. С. 362）。
④ Рубакин Н. А. Книжный поток... С. 7.

一个特别反常的现象，即当时俄国的大部分民众都是文盲，而与此同时，图书出版业却繁荣发展。而图书本身也呈现出双重性的特点：印刷厂印制的中低水平的出版物与能够代表图书艺术的典范之作、珍藏版豪华装图书共存。一方面，大众读物层出不穷，宣传各政党思想的社会政治类出版物掀起了"小册子热"；另一方面，无论内容上还是形式上都讲求精美的"阳春白雪"面向的读者仅限于学识渊博的唯美主义者这一小群体。

20 世纪初，关于图书的整体外观问题形成了一套理论观念，并在后来苏联的图书学研究中得到了进一步发展，确立起了书籍的和谐论观点。这种和谐既表现为图书内容（文学作品）和形式（装帧设计和印刷）上的统一，也体现在图书的消费文化（阅读和收藏）上。

这一时期，还出版了一些至今仍有价值的原版图书和译著。在图书出版、印刷、销售和编目等工作的组织方面积累了宝贵的经验。其中一些经验渐渐被遗忘，但还有许多经验即使是在新的历史条件下仍是富有成效的，还在被加以利用。

第五章
定期报刊出版

Л. Д. 杰尔加乔娃

报刊的发展方向及其影响因素

在 19 世纪末 20 世纪初的俄国，报刊实际上是唯一的现代大众传媒工具。[1] 因此，国家的现代化势必会对报刊业的发展产生巨大影响。大规模的工业和文化建设、农业和科学的发展极大促进了报刊数量的增长：从 1895 年的 841 种增加到 1914 年的 3111 种。与上一个 19 年相比，这一增速是前者的 5.7 倍。[2] 统计数据记录下了这一巨大的变化：1703 ~ 1900 年，共计出版 2832 种报刊，而 1901 ~ 1916 年则达到近 1 万种。[3] 仅 1913 年，就有涵盖工业、手工业、工业化基础设施（交通、铁路、金融）等领域的报刊出版机构 72 家以及 92 种农业报刊提供各主要经济领域的信息。[4]

都市化进程带来了城市人口的增加。对于报刊业来说，城市人口是其主要的读者群，因为城市中识字人口数量要高于全国平均水平（1897 年这

---

[1] 这里指的是俄文报刊。

[2] Диаграммы Н. М. Лисовского, касающиеся русской периодической печати. СПб., 1913. С. 5；Варецкий Б. И. Шелест страниц как шелест знамен：пресса России в трех политических режимах：Научно – исторический очерк. М.，2001. С. 22.

[3] Диаграммы Н. М. Лисовского . . . С. 8；Триста лет российской печати. М.，2003. С. 5.

[4] Россия. 1913 год：Статистико – документальный справочник. СПб.，1995. С. 373 – 375.

一数字分别为 45.3% 和 21%）。① 1913 年，已有 278 个城市有定期报刊出版②，然而，要在各地都创办定期报刊尚需做大量工作，因为 19 世纪末的俄国共计有 930 多个城市。定期报刊数量快速增长，其增速为城市人口增长速度的两倍，这让人们看到了实现在全国范围内办报刊的希望。③

　　虽然俄国报刊业呈现持续发展的态势，但出版报刊的数量仍不及国外。1903 年，П. Г. 米如耶夫得出这样的结论：俄国的报刊业发展远远落后于我们的西方邻居们，特别是美国。仅以纽约为例，这一个城市的报刊发行数量就已经超过俄国全国报刊数量总和的两倍。④ 18～19 世纪的时候，俄国报刊业的特点是报刊发行的时间都不长久，这个问题到了 20 世纪初仍未能克服。20 世纪初，由于行政迫害、报刊审查制度以及市场竞争⑤，即使是规模最大的民营报刊也受到了冲击，有近一半新兴办的机关报刊也是不到一年就停刊。尽管如此，国内的报刊业还是有长足的进步。这一时期报刊数量的急速增长也标志着报刊已成为当时俄国信息传播领域一个重要的组成因素。

　　物质技术基础的发展是促使报刊业发生本质性转变最重要的因素。印刷技术的进步使印刷厂数量增加：从 20 世纪初的约 800 家增加至一战前的近 1000 家。⑥ 技术现代化进程中大功率印刷机和新兴技术的应用，以及纸张产量的提高，都使报刊能够大量发行，出版成本降低，从而满足大众需求。技术领域取得的成就提高了出版物外部装帧水平。报刊中开始开辟专

① Там же. С. 327.

② Там же. С. 373.

③ Россия：Энциклопедический словарь. Л. ，1991. С. 82；Воронкова С. В. ，Цимбаев Н. И. История России. 1801 – 1917. М. ，2007. С. 225.

④ Сборник статей по истории и статистике русской периодической печати. 1703 – 1903. СПб. ，1903. С. 33；Периодическая печать на Западе. СПб. ，1904. С. 338，200，158.

⑤ См. ：Голиков А. Г. Система периодической печати Российской империи в конце XIX – начале XX в. （историко – географический аспект）//Россия в XIX – XX вв. ：Мат – лы Вторых науч. чтений памяти проф. В. И. Бовыкина. М. ，2002. С. 296.

⑥ См. ：Летенков Э. В. «Литературная промышленность» России конца XIX – начала XX в. Л. ，1988. С. 22.

栏，广泛运用标题、不同的字体、图表及插图。从 1880 年末开始，绘制插图被印刷照片所替代，冲印技术的进步提高了插图质量。

И. Д. 瑟京出版集团的印刷厂，平版印刷机，摄于 1910 年

通信手段的发展对于报刊业来说意义重大，作者远在千里之外也可以实现新闻资讯的快速传递。20 世纪初，俄国欧洲部分 18% 的城市安装了电话，而西伯利亚地区只有 30 座城市有电话，中亚地区则只有 13% 的城市有电话。① 自 1898 年全国第一条长途电话线路——圣彼得堡—莫斯科电话线路开通后，城际通信网络在全国各地快速发展起来。到 1917 年的时候，俄国与欧洲大国建立了国际电报通信联系，与亚非大陆的许多国家同样也配备了相关设施。同时，电报也应用在报刊行业。И. Д. 瑟京是俄国报刊行业在报纸（《俄国言论报》）上发布电报讯息的第一人。交通网络的发展，特别是铁路网的扩大，使报刊能够运送到全国最偏远的地方。邮政体系的完善和健全则使每年为订阅者寄送报刊的数量达到 3 亿余份。

---

① Россия. 1913 год. C. 150.

经济对报刊发展影响重大。在资本主义迅猛发展的条件下，信息变成了一种商品。人们清楚地意识到报刊业具有商业特性。当时有人曾指出："报纸或杂志一经问世，便与其他事物一样成为一种资产。""文章或者简讯也可被视为商品，因此，向人们提供该商品的免费使用权是不合理的。"①这一观点表明，市场经济已对报刊业产生了巨大的影响。报刊发行需要大量的资金投入，创办报纸或杂志常常要花费数万甚至是数十万卢布。报刊发行的经费来源通常包括报刊订阅者（当然，由于当时民众贫困，这笔钱数额有限）、大型股份制出版社融资以及个别人士的捐赠。自由售卖报刊也会带来不错的收益，而报刊的原始资本还可以以股金的形式募集而来。

国家会对一些出版社给予长期或者一次性财政资助。即使是在第一次世界大战期间，国家每年该项财政支出也超过 100 万卢布。1914 年，共计54 家出版机构获国家财政支持，1915 年增加到 56 家，1916 年则有 66 家。②国家财政补贴的对象首选官方报刊，资助金额从几千卢布到十几万卢布不等；同时还有其他支持方式，如免除义务订阅者订阅报刊的邮寄费。此外，政治立场正确的私人出版物可申请贷款，这有助于提高保守报刊的竞争力，而不论其在读者中的受欢迎程度。国家财政有时也会对艺术和科技类出版物给予资助，如《艺术世界》杂志曾获得每年 1.5 万卢布、为期 3 年的资助。

报刊业逐渐发展成能够创造商业利润的行业，大型出版物带来的利润常常高于其他出版活动的营收。《新时报》1902 年的纯利润超过 30 万卢布，《俄国新闻报》1906 年盈利 23 万卢布，《俄国言论报》1913 年的利润高达30 万卢布。③ 19 世纪 90 年代以来，一些报纸和杂志联合办刊有利于出版利润的增加。但其利润的主要来源是刊登各种声明、启事及工商业广告，用

---

① Арсеньев К. К. Законодательство о печати. СПб. , 1903. С. 158；Летенков Э. В. Указ. соч. С. 28.

② См. ：Есин Б. И. Русская газета и газетное дело в России. М. , 1981. С. 99 – 100.

③ См. ：Боханов А. Н. Буржуазная пресса России и крупный капитал. Конец XIX в. – 1914 г. М. , 1984. С. 49，69，63.

户订阅和零售带来的利润退居其次。《知识导报》的出版人 B. B. 比特纳坦承，开设得当的广告版块的收入是巨大的收入来源，能够为杂志水平的提升提供资金。[1] 的确，他说的是事实。仅广告一项，就为《俄国言论报》带来 200 万卢布的收入，《新时报》则为 50 万卢布。[2] 因此，当时不仅报纸上会刊登广告，而且广告的篇幅有时甚至会占据报纸近一半版面，即使是《欧洲导报》这类知名杂志上也会插入广告。不刊登广告，实际上就意味着报刊将面临资金不足的困难，随之而来的就是停刊。

广告刊登者的名录发生了变化。主要用户已经由个人或小型商业机构转变为大型工业企业及金融机构。随着广告的征集和传播，一个独立的行业领域——报业应运而生。

报纸行业逐渐变成赚钱的行业，必然会吸引越来越多的企业家涉足，他们投资报纸不单单是出于商业动机，还有其他目的。20 世纪初，他们开始将报纸作为反对政府和争取本阶层利益的政治斗争工具。因此，私人资本的资助对象不仅包括自由派的出版物，有时也有民主派的。

受新的经济条件影响，出版业的组织形式发生了变化。战前的几年里，在报刊出版人当中，股份公司和集团取代了原来的私人企业主成为主要的出版人。报业股份制的推进大大激发了商业银行的活力。商业银行可以成为出版社的股东，如伏尔加－卡马商业银行和圣彼得堡私营银行就入股了 1911 年成立的《新时报》报业集团；还有的直接为一些出版物提供赞助，如俄法商业银行和亚速海－顿河商业银行在一战前夕就曾资助圣彼得堡的几份报纸。1913 年，股市证券报的出现吸引越来越多的富人阶层参与到股市交易中来。以前也曾有一些这类的出版物，但都是昙花一现就没有了下文。1912 ~ 1914 年，仅圣彼得堡就发行了数十种股票交易类的报纸和杂志，如《银行和交易所》《财经时评》《股市新闻》《财富》等。这些报刊刊载股市新闻、金融市场分析、各大股份制企业的财政报表及每周股市行情。

---

①　Десять лет культурной работы «Вестника знания». 1903 – 1913. СПб. ， 1913. С. 10.

②　История Москвы. Т. 5. М. ， 1955. С. 495；Боханов А. Н. Буржуазная пресса России и крупный капитал. . . С. 92.

所有的股市证券报都是间接靠银行来"养活"的，后者承包了其 2/3 的付费刊载业务。①

然而，资本给报刊业带来的影响是双面的。一方面，资本帮助报刊在市场条件下生存下来。资本化进程催生了新型报刊的出现，令出版成本下降，针对神父、教师、大学生、工人等低收入人群开始推行优惠订阅价。这一切都让报刊为更大范围的民主阶层所接受。另一方面，竞争促使出版商不仅要致力于增强信息传递的时效性与信息涵盖面的广度，还常常要为追求轰动效应而迎合大众的口味。在激烈的市场竞争下，有时甚至一些高水平的出版物也难抵激烈的市场竞争而被淘汰。比如，当时最好的杂志之一——《艺术世界》停刊的主要原因就是制作精良导致成本过高。

报刊行业的工资水平很低，月薪在 50～100 卢布。此外，75% 的新闻工作者没有固定工资，仅靠稿费生活。②《俄国言论报》执行主编 B. M. 达洛舍维奇则是一个罕见的例子。在他任职的 15 年间，著名报业大亨 И. Д. 瑟京每年支付他 48000 卢布的薪酬。③ 大多数新闻工作者领着微薄的工资，每天承担着高强度的工作，有时他们不得不同时在几家出版机构兼职。报社老板还常常要求他们一人身兼数职。长篇小说家、戏剧评论家、专栏作家 А. И. 索克洛娃曾对自己的儿子 B. M. 达洛舍维奇说："你们有空的时候应该写一写俄国人多么能干，即使是太太们。而大家还说这个国家都是懒人。"④ 高强度的工作以及常常在思想和意识形态各异的机构兼职，令新闻工作者变得态度敷衍和缺乏原则。因此，社会经济的发展在激发社会对定期报刊出版的巨大需求并推动其发展的同时，也带来了一系列负面影响。

相关立法的完善对于报刊业的发展具有重要意义。1865 年颁布的《关

---

① См.：Боханов А. Н. Бижевая пресса России//История СССР. 1980. № 2. С. 145.
② См.：Лейкина - Свирская В. Р. Русская интеллигенция в 1900 – 1917 гг. М.，1981. С. 126.
③ См.：Летенков Э. В. Указ. соч. С. 161.
④ Исторический вестн. 1914. № 3. С. 957.

于审查和出版暂行条例》（以下简称"1865 年条例"）是第一个有关出版业
的法律条例，1865 年条例免除了对定期报刊的预先审查制度。如此一来，
出版方将更容易获得出版许可。以前的出版许可需要沙皇御批，1865 年条
例颁布后，出版许可则由内务部部长签发。1865 年条例中具有积极意义的
内容在次年保守派的章程中也得到了体现。新闻工作者亲自证实："自从
1865 年 4 月 6 日颁布条例以后，俄国出版界获得了一些独立和自由的话语
权。"① 但是，面对那些批评国家政要高官和政府部门，有时甚至批判社会
道德和公民秩序的报刊影响力日益增大，当局感到了恐惧和不安。因此，
实际上 1865 年条例带来的改变是有限的。国家倾向于优先采取行政惩罚措
施实现对报刊业的管理。1895 ~ 1903 年，共 35 家报刊出版机构受到政府警
告，38 家停业整改，7 家被关闭，43 家被禁止零售活动。② 在这样的背景
下，新闻工作者不得不采用各种隐晦的方式来表达自己的观点立场。例如，
《俄国新闻报》为此开辟了省城新闻专栏。"通过新闻简报精编的方式更好
地呈现某一现象，间接对文章中从审查角度来说比较危险的问题展开
讨论。"③

　　在 1905 ~ 1907 年革命的影响下，报刊业的境况发生了根本性的改变。
《10 月 17 日宣言》宣布公民具有言论自由的权利，随后出现了一批政治性
报刊。为保障 1905 年 11 月颁布的《暂行条例》中各项法规的顺利实施，
在全国范围内取消之前规定的报刊审查制度，废除了有关行政处罚、担保、
内务部部长的许可审批权、禁止在报刊上讨论国家大事等一系列决议和规
定，制定了发行新报刊的申请程序，出版人只要提交拟发行新报纸或杂志
的申请，并注明其名称、出版计划、出版日期，如无意外，即可获得出版
许可。

　　但是，当局虽然满足了大众对报刊的需求，但仍然确信这里也是叛逆
和自由思想的发源地。1905 年《暂行条例》规定："定期报刊刊载内容如

---

①　Градовский Г. К. Итоги（1862 – 1907）. Киев. 1908. С. 300.

②　См.：Арсеньев К. К. Указ. соч. С. 180，188 – 189.

③　Мельгунов С. П. Воспоминания и дневники. М.，2003. С. 133.

涉及违法犯罪行为，将通过司法程序予以判定，并对其追责。"① 这里的犯罪行为既包括组织程序上的违规行为（在报刊上发表不实言论，在获得出版许可前发行报刊等），也包括政治性犯罪（煽动工人和公职人员罢工、组织非法集会、煽动学生罢课）。1906 年 2 月起，当局进一步加大了对后者的惩处力度。

总体而言，立法的变化对于报刊业的发展起到了积极的推动作用。尽管如此，正如 И. Д. 瑟京所指出的："即使在 1905 年之后，我们距离实现出版自由还有很长的路要走。"② 1907 ~ 1910 年反动统治时期，当局驳回了 500 种报刊的发行申请，440 余种报刊被禁。③ 此后，查封报刊成了司空见惯的现象，而在杂志的订阅广告（《遗训》杂志，1914）中看到"对杂志的查封已解除"这样的字眼也是正常的。这带来了不可估量的经济损失，最终会导致报刊停刊。1908 年，新闻编辑 В. Я. 博古查尔斯基在日记中写道："一切都成过往，明年大概就要停刊了。八月出版的《屠格涅夫专刊》又被查封了，经济损失巨大。梅什科夫（出版商）无意再撑个一年半载的了。"④ 他一语成谶，杂志在 1908 年之后不久便停刊不再发行了。在这种情况下，被查封的报刊往往会换一个名字再发行。这样的例子也有很多，比如，布尔什维克的《真理报》先后 8 次遭政府查封，分别又以《工人真理报》《北方真理报》《劳动真理报》等名称继续发行；立宪民主党的《自由报》曾更名为《言论自由报》《生活自由报》《出版自由报》。

相关立法内容的变化一直持续到第一次世界大战开始前。直到战时条件下，当局才对条例做出了相应的修改。1914 年 7 月颁布的《关于战时书刊审查暂行办法》规定，不允许在报刊上发布有损战时国家利益的言论，恢复预先审查制度，允许战时政府对违规出版物予以查封。关于这一时期

---

① Русская журналистика в документах: история надзора/Сост. О. Д. Минаева. М. , 2003. С. 216.

② Варецкий Б. И. Указ. соч. С. 39.

③ См. : Бережной А. Ф. К истории печати России. СПб. , 1992. С. 3.

④ Шуймеко М. Ф. Материалы архива В. Я. Богучарского по истории журнала «Былое» («Минувшие годы») //Археографический ежегодник за 1978. М. , 1979. С. 280.

新闻工作的艰难，С. П. 梅里古诺夫在日记中这样写道："在军医院只允许读《莫斯科公报》和《俄国言论报》。"（1915 年 4 月 28 日）"我和其他人被新闻出版委员会约谈，警告我们不能写任何有关拉斯普京的内容。"（1915 年 12 月 8 日）① 类似的内容在 З. Н. 吉皮乌斯的日记中也有记载："即使是 Б. 苏沃林，未经预审也不得发表文章，他还因昨天的一篇简讯被处以 3000 卢布的罚款。"（1915 年秋）1916 年 11 月，由于审查条例要求禁止刊发政治活动家们在杜马的言论，在吉皮乌斯的回忆录中可以看到这样的记载："第二天报纸即发行了前所未有的空白版面，接下来的几天亦是如此。"② 19 世纪末 20 世纪初，国家根据新的社会发展形势，出台了相应的法规，有关新闻出版的法律又向前迈出了一大步。但尽管如此，由于国家专制制度的影响和战时的一些特殊原因，各类禁令依然存在，这令报刊业的整体生存状况不容乐观。

社会政治斗争的激化是推动报刊发展的强有力因素。在第一次俄国革命前夕，政治斗争的影响力急剧扩大，报刊的政治倾向也愈加明显。1905～1907 年，报刊数量急速增长，是此前十年总量的 4 倍多。③ 革命期间，定期报刊完成了政治倾向的分化，基本与主要思想派别一致，分为保守派、自由派、民主派和社会主义派。在此背景下，社会政治性报刊数量激增：从 1895 年的 171 种增加至 1913 年的 1293 种。④ 革命事件的发生也促使报刊对艺术与社会的相互关系问题展开探讨。

在俄国政治生活和政治斗争条件的限制下，报刊在政治运动中发挥着统筹的作用，使志同道合者团结在一个阵营中。对于 П. Н. 米留科夫、Н. К. 米哈伊洛夫斯基及其他自由派人士来说，在 19 世纪末，他们的舆论阵地就是民粹派杂志《俄国财富》。报刊还参与未来各党派的组建工作，比

---

① Мельгунов С. П. Указ. соч. С. 254，267.

② Гиппиус З. Н. Петербургские дневники. 1914 – 1919. Нью – Йорк，1990. С. 52，63.

③ См.：Антонова С. И. Периодическая печать как историк по истории СССР（1895 – 1917）. М.，1966. С. 6.

④ См.：Черепахов М. С.，Фингерит Е. М. Русская периодическая печать（1895 – октябрь 1917）：Справочник. М.，1957. С. 8；Россия. 1913 год. С. 373.

**И. Д. 瑟京和出版社的合作者一起工作，
收录于 К. 布拉的相册，1915 年**

如，俄国社会民主工党的建立及其初期工作就与《火星报》有密不可分的
联系；《革命俄国报》推动了社会革命党的建立；《解放》杂志为自由派
《解放同盟》杂志的创立提供了条件。之后，类似的情况也出现过。布尔什
维克的《真理报》、孟什维克的《光线报》在 1912 年之后都参与了各自党
派的重组和党组织重建的活动。各报刊推动各党组织内部分化成不同的派
别（左派和右派、布尔什维克和孟什维克），它们还参与杜马的选举活动。
比如，西伯利亚的自由主义报刊组织了大选宣传活动，最终令右派代表在
第三届和第四届杜马选举中全军覆没。

报刊体系

19、20 世纪之交，俄国的报刊体系是非常复杂的，根据其特征不同，
可分为不同的类别。例如，19 世纪的时候，按照出版商的性质划分，可以

分为官方、教会及民营报刊。到了 20 世纪初，俄国又出现了大量社会机构和团体的机关报刊，根据信息内容可将它们分为政治类、社会经济类、工商类、财经类、科学文化类以及宗教类。根据读者群体的不同，这些报刊还可分为女性读物、儿童读物、家庭读物以及专业性读物。根据资料的呈现形式和原则可分为厚杂志（大型杂志——译者注）和薄杂志、大型社会政治报和小型报刊、插画杂志和信息分析类报刊。机关报可以按照发行时间和目标读者（是针对文化程度较高的读者还是面向大众）来划分。最后，还有首都报刊、地方报刊以及全国性报刊之分。如此发达的报刊体系标志着当时社会信息文化的发展已经达到相当高的水平。

到 1908 年，在全国 2028 种定期报刊中，有 194 种为官方报刊[①]，它们是国家政治和意识形态的传播工具。实际上每个国家部门都有自己的机关报，其中掌控核心地位的是内务部发行的《政府公报》。自 1838 年起，各级政府发行的《公报》成为地方政府的机关报。到 20 世纪初，政府机关报的信息传播遍及全国各地。

在通信手段尚且不够完善的情况下，《省府公报》在国家治理中发挥着重要作用。该报一期通常由两个版块组成。第一版是有关中央和地方各项工作较为全面的新闻报道，但实际上与之相关的一些批评性文章不会在此出现。第二版大量刊登地方志、知识普及、科学研究等方面的内容，阐述各地的社会经济问题。《省府公报》的第一版和第二版的风格迥异，这主要是因为进步知识分子代表的加入为第二版注入了自由主义倾向，甚至是民主的成分。可以说，该版块在地方社会生活中发挥着独特的作用，并让报纸融入各省的文化生活体系中。

官方报刊由于遵循君主制思想以及在各类问题上持官方立场，在意识形态方面对社会的影响力逐渐降低。鉴于此，很难把一些发行量只有几百份到几千份的报刊，称为能够推动社会思想进步的有力杠杆。因此，免费提供官方报刊或者强制订阅的情况屡见不鲜，这也说明了其在读者心目中

---

① 见：Махонина С. Я. Русская дореволюционная печать. 1905 – 1914. М. , 1991. С. 50.

缺乏公信力。1907 年以后，公众对政府产生普遍的信任危机，这使官方报刊最终成为社会舆论正常引导公众的阻碍因素。

然而，革命还是迫使政府开始关注如何扩大官方报刊影响力的问题。1905 年 10 月，国家新闻出版总署委员 С. П. 塔季舍夫称，政府报纸的创刊过程经历了由严格的官方刊物向半官方刊物的转变，前者针对政府发出的指令不向公众做任何解读，而后者则不然，会对其加以诠释。国家杜马的决议规定，政府有义务根据法律对其采取的行动举措向民众做出解释。① 在这种条件下，出现了《士兵报》《工人报》等面向广大民众的新型报纸；《农村报》成为大众性报纸。1906 ～ 1907 年，当局开始允许在《省府公报》上进行政治宣传，而这是革命前从未有过的。当然，后来随着革命浪潮的衰退，当局又禁止了这类宣传。

政府愈来愈关注所谓的半官方报刊。虽然这些报刊表面上看仍是民办刊物，但也刊登许多官方信息，在重大问题上立场与政府保持一致。它们为当局提供了自由发挥政治手腕的平台，并且把更为尖锐的问题提出来探讨，有时也发表与官方相左的观点。这些半官方刊物包括《俄国报》② 和《俄国国家报》，还有一些正处于某一发展阶段的老刊物，如《新时报》和十月党人的机关报《莫斯科之声报》等。当时，各地都在尝试创办这类机关报。

1907 ～ 1908 年，省长 К. С. 冯·诺里金推动创立了《托木斯克之声报》，它成为左派和右派分子论战的主要阵地。1910 ～ 1911 年，国家财政资助 8000 卢布创办了《西伯利亚之声报》。但这两种报纸并不受读者欢迎，因此很快便停刊了。③

教会报刊的数量相当多，主要包括东正教最高会议的机关报《教会公

---

① Стыкалин С. И. Русское самодержавие и легальная печать 1905 г. （к вопросу о проектах создания официозной прессы）//Из истории русской журналистики конца XIX – начала XX в. М. , 1973. С. 91.

② 1899 ～ 1902 年以及 1905 ～ 1914 年，先后有两份报纸以《俄国报》为名发行。

③ См. : Воробьев В. В. Либеральная печать Сибири в общественно - политической жизни края（1907 – 1914гг. ）. Омск, 2003. С. 48 – 49.

报》和隶属于各东正教区的《教区公报》。同时，也有少量私人创办的宗教报刊，如圣彼得堡的《钟声》、喀山的《东正教与专制俄国》、布拉戈维申斯克（海兰泡）的《问世间》和《种子》等。这些宗教类报刊与其他报刊一样，有时也出副刊（如《东方钟声》杂志、《后贝加尔郊区新闻报之校报专刊》）。教会报刊的特点是题材范围窄，且不愿触及当前生活中的尖锐问题。在报刊中除了刊登教会的官方信息，也会刊登一些别的东西。例如，《教区公报》经东正教最高会议特批，可以刊登有关地方历史、民族学以及日常生活的文章，报道宗教界人士对宗教文化生活所做出的贡献，包括组建各种东正教团体，举办以宗教道德为主题的宗教启蒙诵读会、讲座和座谈会等。

民营报刊的迅猛发展是这一时期报刊业的显著特征。1908 年，民营报刊数量达到 1506 种，占报刊总数的 74.2%。① 同官方报刊相比，民营报刊的种类更多、发行量更大，同时，其题材和体裁也更丰富。它们在出版经费和内容选择方面受到的限制更少，可以兼顾满足社会不同阶层和广大民众的需求。但是，民营报刊的生存条件也更为艰难。总体来说，1905 年后政府不再像以前那样对民营报刊施以重压，这使其成为官方报刊的有力竞争对手。

尤其是在 1905 年革命期间以及此后的十年里，社会各界力量逐渐活跃起来，并积极开展各项社会活动，最终形成了不同的社会组织。因此，各类社会报和团体报得到了广泛普及，其中包括各政党、工会、企业、科学团体、文艺团体、专业团体及爱好者团体的报纸。而改革后出现的各地方自治机构及市政机构的报刊（1908 年的时候有 42 种）也可以列入上述报刊种类之中。

《10 月 17 日宣言》中有关公民自由的规定让各政党可以合法开展党建工作。当时，在全国范围内出现了 150 多个政党，各党派为保证在群众中的影响力，纷纷创立了自己的报刊。随着合法政党报刊的大规模涌现，政

---

① См. : Махонина С. Я. Указ. соч. С. 50.

治斗争日趋公开化和表面化，地下报刊的影响和作用也随之下降。由此，逐渐出现了这样一类报刊，它们专门用于表明其所代表政党的原则立场，或者有针对性地维护某一阶层和群体的利益。各政党的中央机关报主要刊载党章、党纲、党内领导的报告、代表大会和各类会议决议以及讨论竞选策略。政治和经济领域专家发表的文章是政党制定党纲的基础。政党的中央机关报和大型报刊的主编常常由该党的主要领导人担任，有时他们也是报刊的出版人。

最大的保守派政党"俄国人民同盟"宣称自己是超越阶级的组织，并有统一的思想，即巩固和加强俄国的专制制度。这也是该党的中央机关报《俄国旗帜报》和《平民报》在某一时段内能够获得国家资助的原因。《俄国报》以及最大的民营报纸《新时报》《莫斯科公报》都支持右派政党。"10 月 17 日同盟"属于右翼自由资产阶级阵营，该党的党刊在革命期间一度繁荣：1906 年，在首都发行了 5 种报纸，在各地方发行了 56 种。但革命之后，"10 月 17 日同盟"经营的报纸只剩下《莫斯科之声报》，而且这份报纸的声誉也不尽如人意。当时的一位读者给出了较为客观的评价："报纸内容枯燥乏味，除了志同道合者，没有人会感兴趣。"[1]

有研究者认为，立宪民主党"把报刊当作议会的讲台和主要的政治斗争手段"[2]。此外，其成员都是俄国精英知识分子，其中许多人是经验丰富的新闻工作者。因此，立宪民主党的报刊种类多样，包括半官方性质的《言论报》、专业性的《法律报》、大众性的《工人之声报》和《农村报》，同时还包括分布在各省的地方报，如《普斯科夫之声报》《库班生活报》。立宪民主党的中央机关报是周报《人民自由报》。除此之外，支持立宪民主党的还有《欧洲导报》和《俄国消息报》。这样一来，立宪民主党的影响实际上扩及社会各个阶层的民众。

---

[1]　Бурышкин П. А. Москва купеческая：Записки. М.，1991. С. 238.
[2]　Гайда Ф. А. Кадеты и власть∥Отечественная история. 2005. № 4. С. 90.

在众多报刊中，俄国社会民主工党的报刊影响力巨大，按照思想倾向可将其分为布尔什维克的报刊和孟什维克的报刊两大类。由于不断被查封停刊，布尔什维克必须不间断地发行新的报纸和杂志：在 1900～1917 年共发行报刊 400 余种。仅在 1905 年一年的时间里，布尔什维克共计发行合法的机关报 100 余种。在反动统治时期，这些报刊中的大多数都停刊了。到 20 世纪第二个十年，布尔什维克又开始创办新的报刊，如《星星报》《真理报》以及《保险问题》《女工》等杂志。农民出身的工人和记者积极加入办刊工作中是布尔什维克党刊的一大特点。孟什维克的机关报刊中，像《社会民主之声》《光明》《复兴》《我们的曙光》《人生使命》等也很受欢迎。

社会革命党人认为自己是广大劳动人民利益的代表，并努力通过报刊扩大自身在人民当中的影响力。在革命期间，他们创办了《祖国之子》《人民公报》《思想》等合法报刊。这些报刊的发行范围不仅包括俄国的欧洲部分，还有西伯利亚的城市托木斯克、鄂木斯克以及乌拉尔地区的图林斯克等地。

在资产阶级民主革命的任务未能完成的情况下，那些宣扬对国家实行民主变革、宣扬民主共和的民主主义报刊仍游离于政党政治之外，不属于任何一派。但总体来说，在 1905～1907 年，社会政治组织出版的定期报刊完成了形式上的革新，纷纷变成党刊。这标志着社会政治文化的繁荣，政治生活变得更加复杂，各政治组织开始走上更有组织、有秩序的发展道路。应该说，党刊在 20 世纪初整个报刊行业的发展中具有决定性的影响和作用。

革命期间出现了工会组织，它们成立伊始便开始发行自己的报纸和杂志——1905～1907 年共发行报刊 100 余种。[1] 反动统治时期，这些报刊的数量锐减，但随着新的革命浪潮的兴起，它们又再一次发展起来。这些报刊

---

[1] См.：Грабельников А. А. Массовая информация в России：от первой газеты до информационного общества. М.，2001. С. 35；Советская историческая энциклопедия. Т. 11. М.，1968. С. 546.

主要按职业原则分类，如《裁缝》《铁匠》《俄国印刷工》等杂志、《蒸汽机报》《汽笛报》等报纸。布尔什维克、孟什维克、社会革命党以及立宪民主党经常为扩大自身对工会的影响而进行斗争。在大型工业企业的工会，占主导地位的常常是布尔什维克，其他行业的工会以及规模较小的工会由小资产阶级政党领导，这就导致了工会在办刊思想上的不统一。

送报人正在排队领取新报纸，圣彼得堡，摄于 1912 年

这一时期，蓬勃发展的资产阶级代表组织——企业家代表大会也有自己的报刊，其中以行业性报刊为主，如《矿业简报》《石油业》《玻璃厂厂主》。这些报刊让政府和社会了解到工商业的发展需求，并提出解决问题的办法。资产阶级的代表们利用报刊的舆论力量向政府施压，希望以此推动工商业的立法改革，维护企业家们的利益，并针对工商业设立优惠制度。俄国资产阶级组织的报刊在战争时期发挥了更大的作用，战时工业委员会于 1915 年成立，拥有 242 种定期报刊。

全国最大的科学协会及其地方分会创建了庞大的报刊网络，如俄国科技协会、俄国物理－化学协会、俄国地理协会、俄国医生协会、俄国历史协会、莫斯科心理协会等，它们都有自己的杂志，如各分会的论文汇编、成果集、学报，用于刊载不同知识领域的研究成果、新书推介以及各学会的官方资料。一些创作性职业的协会如戏剧协会、美术协会等也有自己的报刊。民用建筑工程师协会发行的报刊有《消息》《建筑年刊》，建筑艺术协会则有《年刊》《建筑艺术周刊》，圣彼得堡建筑师协会发行的《建筑师》杂志是 1917 年以前该行业最为权威的期刊。

在整个出版业结构中，报纸和杂志的地位发生了变化。19 世纪末，报纸和杂志的影响力日益增强。到 20 世纪初期，报纸在发行效率、信息容量以及对大众的影响力方面已彻底占据主导地位。几类主要的定期报刊都有其稳定的特征：一定的版式和容量、出版周期、主要体裁和系统化的信息。在 19 世纪 90 年代，大型杂志仍是社会舆论的风向标，其目标读者为有文化的人，因此，其具有百科全书性质，内容丰富，可以涵盖文学艺术类和政论性作品，篇幅很大。但到了 20 世纪初，这类杂志的出版周期已经满足不了人们快速获取信息以适应社会环境瞬息万变的需求。这类杂志的内容对于文化水平不高的读者来说仍难以读懂和理解，因而满足不了大众的需求。没有大众群体的支持，在竞争日益激烈的条件下其很难生存下去。即便如此，大型杂志还是保有活力。一位同时代的人曾指出，这主要是由于"俄国幅员辽阔，全国各小型文化中心、省城及县城林立，而交通费用高昂，特别是无产阶级知识分子的购买力低下"[1]，而大型杂志的专业化水平高、发行周期长，使其一直保有自己的市场。同时，在俄国也出现了很多更加通俗易懂的小型刊物（薄杂志）。除月刊和一年发行少于 12 次的刊物以外，一月发行两次的刊物越来越普及，1900～1917 年，周刊的数量占所有定期报刊的 1/3。[2]

报纸对读者的文化水平没有很高的要求，而且以零售为主，所以与杂志及书籍形成竞争之势。1899 年，自由经济协会委员会授予维亚特卡省地方自治会金质奖章，以表彰其在成功发行《维亚特卡报》时所做的努力。

[1]　Указатель журнальной литературы. Вып. 1/Сост. Н. А. Ульянов. М. ，1911. С. 6.

[2]　См.：Воронкевич А. С. Русский еженедельник в начале XX в. //Из истории русской журналистики начала XX в. М. ，1984. С. 140.

委员会坦承："同书籍相比，人们更愿意读报，因为报纸中有各种有趣的新闻，在这里每个人都能找到自己更感兴趣和更通俗易懂的内容。"① 在各类报纸当中，每天一期的日报数量渐多，同时日报增设第二版的发行实践也开始推广起来。大型报纸一般是面向知识分子读者的社会政治报，聚焦内政外交、经济、金融领域的重大问题，持续关注文化动态，其中大多数都具有明确的政治倾向，以不同的体裁形式对当代问题进行研究探讨。当时，俄国文学、科学、艺术领域中最杰出的代表和著名的政治活动家、政论家都加入了报社。

在这一时期，大众化报刊成为独立的刊物门类，它的出现与社会生活的民主化进程、刊物对广大民众的吸引力以及市场关系的变化、大众需求对报刊的影响等因素密切相关。这类刊物价格实惠，文章语言通俗易懂，科学术语较少，并配有许多插图和照片。《大众杂志》就是最早出现的大众化报刊，不同于大型杂志，它的内容精练、容量较小，发行量大（1903 年发行了 8 万份）。正如 C. K. 马科夫斯基所说，该杂志"面向的是广大读者，一年只要 1 卢布"②。大众化周刊的代表是《首都和庄园》杂志。

在大众化报刊中，还有一类规格不高的报刊——街头小报和《戈比报》，后者因其每期价格为 1 戈比而得名。读者的水平决定了此类报刊的特点。街头小报面向的主要是社会底层文化水平不高的人，如店伙计、车夫、小旅馆客人等。考虑到消费群体的这一特点，街头小报非常关注城市发生的各类事件，尤其是爆炸性新闻、传闻、丑闻等，其主要体裁是新闻报道。鉴于街头小报的上述特点，暂时无法总结其政治倾向。街头小报在经济发展中发挥着重要的信息资讯作用，因为它常常刊载经济发展所必需的参考性资料。《戈比报》在 1905 年一经面世就成为全俄发行量最高的报纸。该报尤为关注政治信息，并在所编辑的文章中站在温和反对派的立场发表评论。

① Вахрушев А. А. Становление и развитие печати Вятской губернии (XIX – начало XX в.). Ижевск, 1994. С. 59.

② Маковский С. К. На Парнасе Серебряного века. М.; Екатеринбург, 2000. С. 153.

阅读报纸，H. И. 斯威肖夫－保尔拍摄

　　绝大多数街头小报和《戈比报》被归为黄色、低级趣味的报纸。与那些具有社会责任感、秉持真实可信和客观原则的高质量的报刊不同，它们主要基于商业目的，而不在意职业道德的问题。同时代的人指责它们内容空洞，甚至会采用制造爆炸性新闻、虚假谣言等违规做法吸引读者。[1]

　　具有欧洲风格的大众化报纸对读者的要求更高。有研究者认为，第一份这样的报纸是 1899～1902 年发行的《俄国报》。该报遵循自由主义路线，但在资料信息的呈现上也存在制造轰动效应、随意性过大的问题，其刊载内容的主要体裁是小品文。对于各省的读者来说，《股市新闻》也是这样的大众化报纸（主要体现在第 2 版）。

　　各政党纷纷创办大众化报纸，办报质量和水平也更高。为了扩大在工人中的政治影响力，1906 年，十月革命党人创办了《新路报》和《人民报》，他们表明了自己对工人和农民问题的态度，宣传罢工和农民暴动的害

---

① См.：Мельгунов С. П. О современных литературных нравах. М.，1916. С. 16.

处。这两份报纸未能获得读者的认可，于 1906 年停刊。立宪民主党专门针对底层人民出版了报纸《现代之声》，价格要比该党的其他报刊低很多。布尔什维克的大众报《真理报》关注国内外政治生活中最尖锐的问题，探讨工人运动，先后刊载了 120 余篇关于文学、戏剧、绘画方面的文章和简讯。布尔什维克的办报特点符合读者要求，即版面编排严谨清晰，行文优雅，用词会尽量考虑到读者的水平和理解能力。在《真理报》刊载的文章中，作者观点明确，对于最为重要的思想会运用新的论据加以反复强调、论证。

白银时代的精英文化发展空前繁荣。在这样的背景下，印刷业进一步发展，催生了一批面向精英知识分子的报刊。第一批这类报刊包括《艺术世界》和《金羊毛》杂志，以及面向收藏爱好者们的月刊《俄国的艺术宝藏》。在同时代人对此类报刊的评价中，可以听出明显的对于读者大众的优越感："它们注定会失败，因为其内容常常超出普通大众的理解能力，也因此遭到了一般报刊和大众的敌视。"同时也指出："对这类报刊的需求条件已经成熟……无疑，人们会对它们感兴趣的。"[1]

精美的杂志会集了一批杰出的绘画人才，其内容深刻，装帧精美：纸张质量上乘，内里镶金，规格特别，同时用俄、法两种文字出刊，插画精美，用花边和图片做装饰。《艺术世界》采用以图配文的做法，配图常常是由某位作家绘制的黑白或者彩图。这些特点吸引了众多读者对其啧啧称奇。这类豪华装期刊的发行量并不大（《艺术世界》第一年发行近 1000 份），也没有得到广泛普及，却对俄国文化的发展起到了重要作用，对报刊行业也产生了影响。受此启发，出版商们开始关注报刊的外观设计，创办不同于"大型杂志"的新型文艺月刊。

这一时期报刊的发行量激增，最受欢迎的报纸日发行量能到数万份，有时甚至超过 10 万份。《俄国言论报》就是其中的代表，1901 年一年的发行量达 3.06 万份，1914 年达 50 万份。[2] 报纸出版发行次数的增加也促进了

---

① Ростилавов А. Золотое руно// Аполлон. 1910. № 9. С. 42 – 43.

② См. : Боханов А. Н. Буржуазная пресса России и крупный капитал. С. 61.

M. K. 夏波娃在读报纸，H. M. 夏波夫摄于 1899 年

发行量的提高。1916 年，《股市新闻》早报版发行量达 5.7 万份，而它的晚报版发行量则达到了 6.8 万份。杂志的平均发行量在几千份左右。19 世纪 90 年代，报刊的主要销售形式为读者订阅，到了 20 世纪初，零售业务的开展在报纸的普及过程中发挥了巨大作用。

　　不同类型以及具有不同思想倾向的报刊都可能成为行业的领头羊。《新时报》对读者有巨大的影响力。当时曾有人指出："《新时报》里的五六行字比大型杂志里的几段话都有用。"[1] 1916 年，关于《俄国言论报》有评论称："凭借广泛的传播，这份报纸的确已成为重大的社会现象，许多报刊纷纷开始效仿它。"[2] 除此之外，《俄国新闻报》、杂志中的《尼瓦》《祖国》《俄国财富》《大众杂志》等也受到读者的喜爱。哈尔科夫的《晨报》《南疆》《阿斯特拉罕报》《基辅思想报》等报纸也具有很高的专业水平。

---

① Телохранитель России：А. С. Суворин в воспоминаниях современников. Воронеж，2001. С. 108.

② Мельгунов С. П. О современных литературных нравах. С. 22.

С. П. 梅利古诺夫曾这样评价《基辅思想报》："该报在某些方面的水准甚至远在首都机关报之上。"①

这一时期，新闻记者广泛采用的报道体裁包括文章、随笔、时评、评论性报道、简讯以及广告。文章本身的形式也多种多样，包括社论、社会政治类文章、政论文、学术文章、图书批评类文章等，内容常常具有分析和研究的性质。读者通常对采访、访谈、记者以事件亲历者身份写的纪实报道非常感兴趣，小品文也十分受读者欢迎。

这一时期的读者群不仅在人数上有所增长，而且涵盖了各个阶层的人群，工人和农民订阅报刊已经不再是新鲜事。商人、工厂主、交易所经纪人以及工商企业的员工也都加入了大众读者的行列。读者的阅读水平有所提高，能够理解报纸和杂志上越来越复杂的文章内容。此外，这些读者也成为积极的新闻报道者，读者来信版块在报刊中常常占据很大篇幅，农民也很喜欢给报社（如《维亚特卡报》《杂志月刊》报社）写信。

改革后，报刊出版主要集中在圣彼得堡和莫斯科两个城市。这一特点是由两个因素决定的。一是俄国历史发展所特有的城市政治和精神生活的集中化。二是"双都城"具有最优越的条件。这两个城市有集中的资本、发展印刷业所需的更为完备的物质技术条件、专业的工作人员以及发达的文化系统。1897 年，全国约 12%（82317 人）的知识分子在圣彼得堡和莫斯科工作，而学者和文艺工作者占全国的 45.8%。② 这些人都是报纸、杂志从业人员和读者的潜在来源。两个城市出版的报刊几乎涵盖那一时期报刊的所有类型和种类，包括从激进派到黑帮在内的各类团体的报刊。同时，这里还发行了一些其他省城所没有的代表新文学和艺术流派的报刊。同莫斯科相比，圣彼得堡更胜一筹，1913 年共计发行报刊 628 种，而莫斯科只

---

① Мельгунов С. П. Воспоминания и дневники. С. 139.

② См.: Ерман Л. К. Состав интеллигенции в России в конце XIX в. и начале XX в. // История СССР. 1963. No 1. С. 168，170.

有 297 种。① 另外，俄国报刊在普及推广过程中自然形成了地域差异：俄国西北地区发行的主要是圣彼得堡的报刊，而在莫斯科地区则是莫斯科的报刊。

1894 年，圣彼得堡和莫斯科两座都城与各地方发行报刊的数量比为410∶394。20 世纪初，这种情况发生了变化：1900 年，两都城共发行定期报刊 483 种，地方则发行 519 种；1913 年，前者 925 种，后者 1990 种。② 甚至在一些县城，如科兹洛夫、察里津、沃利斯克、远东阿穆尔河畔尼古拉斯耶夫斯克、阿列克谢耶夫斯克、涅尔琴斯克、巴尔古津等地，也都开始发行定期报刊。一战期间，俄国大部分新发行的报纸和杂志的发行地已由两座都城转移到地方。各大学出版中心报纸和杂志的发行数量较为突出。1913 年，包括华沙在内的各大学出版中心发行的报刊数量不等（由托木斯克的 18 种到基辅的 95 种）。③ 地方报刊数量大幅增加的原因有两个：一方面，两座都城的报刊市场已经饱和，再加上莫斯科和圣彼得堡的报刊无法满足读者对各地方生活兴趣的需求，而地方许多重要的工商业和文化活动问题也需要在公众间进行广泛的讨论；另一方面，俄国幅员辽阔，都城的报刊发往全国各地有时会出现运输困难的问题，这降低了信息的传播速度，无法满足各省的需求。

都城和各地方的出版部门之间有千丝万缕的联系。一些地方报刊起源于都城（如《东方评论》和《西伯利亚问题》最初发行于圣彼得堡）。都城的报刊中有专门讨论国内生活的版块，素材收集常常得到地方报刊的帮助。该部门的一位工作人员回忆道："需要对各地供稿进行审阅、校对，然后再审阅……大概有近百种地方报刊向编辑部供稿。"④ 当时，地方也十分盛行转载都城报刊中的文章，并对其机关报刊进行述评或评论，而都城报

---

① Россия накануне Первой мировой войны: Статистико – документальный справочник. М., 2008. С. 371.
② Россия: Энциклопедический словарь. С. 418; Очерки русской культуры XIX в. Т. 3. М., 2001. С. 481; Россия. 1913 год. С. 370, 372.
③ Россия. 1913 год. С. 372.
④ Мельгунов С. П. Воспоминания и дневники. С. 132.

俄国各地区的定期报刊

刊也会刊登地方记者的文章。还有许多与都城报刊联系密切的大作家也供职于地方报刊，如 М. 高尔基、В. Г. 柯罗连科、И. А. 布宁等。这些都推动了俄国报刊行业中都城与地方报刊之间的相互渗透和联通，有利于统一报刊体系的形成。

同时，各地出现了私营性质的社会政治类报纸。并且，参考类和广告类报刊开创了商业报刊这一全新的地方报刊类型。一些地区的定期报刊及其发行工作都有自己的特色：顿河地区发行大量戏剧和电影方面的报刊；在西伯利亚、突厥斯坦和俄国欧洲部分的北部地区，有政治流放犯在国有和私人印刷厂做工；在少数族群聚居地区，报刊开始注意吸引少数族群读者的关注，如《雅库特地区报》专门用雅库特语开辟了"萨哈河"版块，而在 1901～1902 年，《雅库特主教区公报》副刊中一直刊载雅库特语的宗教类文章。

大部分报刊信息集中供给系统都在政府的管控之下。俄国通讯社（1895～1907）是私营企业，但其社长却由内务部任命。1904 年，《工商报》的商贸电讯社升级为圣彼得堡商贸电讯社，并于 1912 年改名为圣彼得堡电讯社，成为国家机构。该电讯社是免审机构，但它向报刊提供的信息资料必须经过严格细致的筛选，所有问题的立场必须与政府保持一致。同时代的人对此表示了不满："像圣彼得堡电讯社这种半官方性质的机构，给报社提供的信息向来都是有倾向性的。"[1] 但编辑部却很喜欢采用该电讯社的电讯稿。国家出版总署委员会委员 Ф. П. 叶列涅夫称，直到 19 世纪末，"我们的出版人和编辑们与政府都是完全隔绝的状态，获取政府的内部消息只有通过非法渠道，从某办公室的官员那里打探。如今，他们可以利用合法途径了，而对于许多报刊来说，为了免遭迫害，对事件进行解读时要与官方口径保持一致，这一点很重要"[2]。

---

[1]　Мельгунов С. П. О Современных литературных нравах. С. 46.

[2]　Еленев Ф. П. О злоупотреблениях литературы и о действиях цензурного ведомства с конца 50 - х гг. по настоящее время//Мат - лы для характеристики положения русской печати. Вып. 2. Женева，1898. С. 34.

隶属于国家出版总署的报道部和半官方的俄国记者部专门为各省的报刊提供新闻素材。此外，还包括俄国北方出版局、圣彼得堡的彼得格利茨文化资讯通讯社等私营信息服务部门。彼得格利茨文化资讯通讯社可以为任何一家报刊提供电讯稿和资讯，并收取一定的费用。通讯社网络的扩大也有利于提高整个报刊行业的信息化水平。

各大报刊更加注重对一手新闻材料的利用，各大型报刊都有庞大的信息部门。例如，《工商报》在国外拥有近 5000 名通讯员；有"新闻工厂"之称的《俄国言论报》利用大量通讯员收集新闻素材，并与欧洲大型报社签订信息互通协议，与俄国各大城市以及外国中心城市都建立了电讯联系。在日俄战争期间，《俄国言论报》还派出特派记者前往日本，记者 В. Э. 克拉耶夫斯基从敌方阵营发回了收集的新闻材料。最具权威的机关报一般会从正常渠道和自己特有的渠道获取信息。С. П. 梅里古诺夫在谈及《俄国新闻报》时这样写道："每个小有名气的作家和社会活动家都认为，去莫斯科的编辑部是必须之行，一方面为了提供信息，另一方面也是为了获取一手政治新闻。"①

19 世纪末 20 世纪初，新闻业尽管尚未得到社会的认可，但作为一种职业得到了进一步发展。当时的人曾指出："在许多人眼中，专职记者的社会地位并不是很高。"② 但随着行业联合意识日益增强，在俄国先后成立了各种协会。20 世纪初，出现了全俄编辑联盟、工人期刊合作社、彼得格勒记者协会，但它们存在的时间都不久。莫斯科期刊出版人协会（1914 ~ 1915）创办了第一份专业性杂志——《新闻记者》杂志，主要讨论出版问题，争取言论自由、改善行业从业者的待遇。如果不算 1906 年在敖德萨成立的报纸职业素养培训班，那么，新闻行业就没有专业的教育机构。培训班的骨干成员一般都具有专业素养，直接供职于报社或者杂志社。新闻行业要求从业者有与时俱进的能力。在《俄国新闻报》工作多年的 С. П. 梅里古诺

---

① Мельгунов С. П. Воспоминания и дневники. С. 119.
② Там же. С. 139.

夫这样写道："整个报社除了采访记者，就再没有专业的记者。"从事新闻工作要有一定的专业素养和积累，坚持认真踏实的办刊态度，但是当时的报刊推崇公式化的行文，千篇一律，其结果是毫无特点："大部分报社编辑的行文毫无文采可言……从这个角度来说，《俄国新闻报》算不上一所好的新闻学校。"①

以前出版机构的主要负责人——出版人和主编是同一个人，但世纪之交常常是由两人分而任之。正如 Ф. П. 叶列涅夫所说，"实际上主编专门负责跑书刊检查机关，处理报刊因侮辱、诽谤他人而被法院判处的查封事宜"②。那些担心遭到书刊检查机关迫害的反对派报刊经常使用这样的方法。《往昔》月刊除了有两个挂名的编辑 B. Я. 博古查尔斯基和 П. E. 谢戈廖夫，还有一位正式的编辑——律师助理 H. Я. 谢留克。农民 И. Ф. 罗季奥诺夫是《俄国晨报》的挂名出版人，在 1909～1912 年，由于多次受到行政制裁和惩处，该报先后更换了 7 个挂名编辑。

编辑的个人喜好直接影响到办刊特点和发展方向。比如，《俄国新闻报》的编辑 B. Ю. 斯卡隆作为地方自治局的活动家，大力支持开辟省城专栏，因而地方新闻始终位于该报头版的位置。据 C. K. 马科夫斯基回忆，《艺术世界》杂志的助理编辑 C. П. 佳吉列夫"对新世纪的诗人们态度冷淡，却对造型艺术表现出无与伦比的工作热情、能力和鉴赏力"③。因此，该杂志几乎不刊登诗作，尽管 Ф. K. 索洛古勃、З. H. 吉皮乌斯、K. Д. 巴尔蒙特、B. 勃留索夫等人与编辑部也过从甚密。而与此相反，C. K. 马科夫斯基本人的文学兴趣以及《阿波罗》的创办者中大多是新生代诗人，这些因素决定了《阿波罗》杂志上经常会刊载诗作。

19、20 世纪之交，报刊界人才辈出，A. C. 苏沃林就是其中的标志性人物，人们对他的评价莫衷一是。他创办了信息量极大的政治报《新时报》，时至今日，它仍是公认的高水平报纸："出版技术、销售体系、广告植入、

① Там же. C. 141.
② Материалы для характеристики положения русской печати. C. 14.
③ Маковский C. K. Портреты современников. M.，2000. C. 214－215.

记者工作待遇等——这一切都让苏沃林的《新时报》成为 20 世纪最成功的报纸……也许，作为编辑的苏沃林无人可及。"① 作为批评家，他在戏剧领域也具有权威。同时代的人评价他具有挖掘他人才能的敏锐洞察力："苏沃林懂契诃夫并赏识他，发现并发掘了天才般的罗扎诺夫。"② 然而，他矛盾而又折中的世界观以及政治上的调和主义同样影响着《新时报》的发展方向。报纸的随波逐流、见风使舵引起了社会公众的反感。3. H. 吉皮乌斯曾指出："真正的'反动派'蔑视《新时报》，并给了它一个比较精准的定位：'敬请吩咐！'"《新时报》从专业角度来说办得非常成功，但其对官方话语的尊崇导致了一个奇怪的现象："所有人都可以读报纸，但不能在上面发表任何评论。"③

公认的俄国自由主义奠基人、文学批评家、政论家 K. K. 阿尔谢尼耶夫管理《欧洲导报》多年，1909 年，他成为该报的编辑。他确定了报纸的政治倾向，利用报纸宣扬立宪制以及出版自由、言论自由的原则。1891 ~ 1902 年，K. K. 斯卢切夫斯基任编辑的《政府公报》取得了成功，他本人也赢得同时代人的最高评价和赞誉："才学渊博、见解独到、睿智而独立。"④ 保守派从自己的政治眼光出发，认为 K. K. 斯卢切夫斯基既能写小说，又能写诗歌，是白银时代的先声。

作为一名美术评论家和编辑，C. K. 马科夫斯基声名远播。20 世纪初，他领导《大众杂志》美术部。关于这段经历，他后来回忆道："几乎每本薄薄的杂志中都有我介绍外国著名画家的文章。"⑤ 为了让艺术史学家集结起来，他同 B. A. 韦列夏金创办了《流金岁月》杂志。C. K. 马科夫斯基在报刊业最主要的成就是创办了《阿波罗》杂志，该杂志在此后的 10 年里都在俄国文学艺术生活中占据中心地位。深厚的绘画与文学涵养、对新艺术流

① Рейфилд Д. , Макарова О. Предисловие//Суворин А. С. Дневник Алексея Сергеевича Суаорина (1873 – 1912) . М. , 1999. С. XII, XXV.

② Гиппиус З. Н. Воспоминания. М. , 2001. С. 251.

③ Там же. С. 177，260.

④ Маковский С. К. На Парнассе Серебряного века. С. 71.

⑤ Там же. С. 153.

派深邃的洞察力帮助 C. K. 马科夫斯基成为一名成功的编辑，行内的人称他为"《艺术世界》的设计师""追忆往昔的梦想家"。

　　B. M. 多罗舍维奇毕生都在为报纸、小说能和高雅文学被平等看待而努力[1]，他的作品很多，创作风格被争相模仿。多罗舍维奇的作品涵盖各种报纸体裁，但他偏爱小品文创作，并赋予它政论文的意义。他通过小品文展现社会风貌，引发读者对革命前俄国社会心理气氛的思考。他有很多文采斐然、观点犀利的语句都成为名言警句。

　　《讽刺家》和《新讽刺家》杂志的作家、编辑 A. T. 阿韦尔琴科是公认的幽默大师。他在自己的短篇故事和小品文中针砭时弊，他的作品可以称得上俄国生活的讽刺百科全书。A. B. 阿姆菲捷阿特罗夫作为一名小品文作家广受赞誉，他语言犀利、文风独特，作为一名描写日常生活的作家，他能在不同的作品中揭示人性的真实面貌。同时，他对艺术的兴趣也颇为浓厚。他是尖锐批评现代主义的代表人物，作品也会以社会问题为主题。1902 年，因为涉及沙皇家庭的小品文《骗子先生》，政府查封了《俄国报》，阿姆菲捷阿特罗夫也被流放。

　　被称为"采访之王"的 B. A. 吉利亚罗夫斯基的作品风格内容各异。尽管他写的诗歌、短篇故事、特写受到了 M. E. 萨尔蒂科夫 – 谢德林和 Г. У. 乌斯宾斯基的好评，但新闻报道才是他的主业。他擅长从普通的城市生活中挖掘轰动一时的新闻素材。《俄国新闻报》《俄国报》《俄国言论报》曾刊登过他对火灾、突发事件、工人欢庆"五一"节以及希特罗夫市场居民的报道。吉利亚罗夫斯基是霍登惨案的目击者，而他对此事的报道是报界唯一一篇公开报道。他以新闻记者的专业水准、敢于打破陈规的精神和对新闻材料真实性的严谨态度赢得了同行的尊重。

　　著名批评家 C. B. 费列罗夫用笔名 C. 瓦西里耶夫在《莫斯科公报》《俄国时评》《俄国新闻报》上发表有关音乐、戏剧、绘画等领域的大事件

---

① Чупринин С. Газетная муза В. Дорошевича//Дорошевич В. М. Избранные страницы. М.，1986. C. 6.

纵览以及小品剧剧评。B. M. 多罗舍维奇称他为"莫斯科的萨尔塞"，弗朗西斯科·萨尔塞是法国《时报》的著名戏剧批评家，同时也是著名的修辞学家。关于费列罗夫的才华，B. A. 吉利亚罗夫斯基给予了应有的评价，他这样写道："C. B. 费列罗夫是评论家中态度最严谨的，对于他的评论文章，演员们都奉为圭臬。"①

全国各地同样涌现出许多优秀的新闻工作者。在他们的努力下，甚至将《省府公报》成功转型为符合新时代发展趋势的报纸。1896～1901 年任《阿斯特拉罕省府公报》编辑的 П. Г. 尼基福罗夫就是他们中的一员。在他任职期间，该报成为具有自由主义倾向的民营刊物，在省内的地位日益提高。远东地区的民营报刊社也有一批风格鲜明、笔触风趣的新闻工作者，如 B. A. 帕诺夫、H. П. 马特维耶夫、П. Д. 巴洛德等人。在各地从事专业新闻工作的人当中，出现了为数不多的少数族群知识分子的代表，《雅库特问题报》的编辑 H. H. 尼基福罗夫便是其中之一，他同时也在其他几家报刊社任职。

报刊对大众世界观的培养和政治教育作用

报刊对于读者理性、哲学世界观（关于世界本质的认识、人在世界上的作用以及审美和道德起源问题等）的形成发挥着重要作用。在这一方面，很重要的一点是报刊对现代哲学思想最主要的流派都进行了介绍，如新黑格尔主义、新康德主义、唯我主义、唯理主义、新实证主义等。报刊让读者了解了尼采、达尔文有关物种形成的论著，以及知名科普学者 B. 冯特、Ф. 勒·当泰克、Э. 海克尔等人关于自然哲学的著作，读者的世界观也在了解这些现代社会科学过程中逐渐形成。C. O. 格鲁森贝格教授曾指出："我们哲学类书籍的空白主要是由我们的定期报刊来填补的。"②

---

① Гиляровский В. А. Соч.：В 4 т. Т. 1. М.，1989. С. 335.
② Десять лет культурной работы... С. 73.

在人们对世界认知的变化过程中，一些探讨文化问题的报刊发挥了一定的作用，哲学问题可以占据《艺术世界》杂志的一个专栏绝非偶然。С. К. 马科夫斯基曾指出："人们对完整世界观的探求促使精英文化阶层开始利用审美原则来解读历史和文化。在我看来，这是与佳吉列夫的《艺术世界》杂志相关的一代人的特点。"① 在报刊的影响下，人们对世界有了新的认知，认识到其统一性和相对性及各种现象之间的因果关系。同时代人认为报刊具有教育启蒙的作用。《知识导报》的读者强调："这本杂志的社会版块帮助我们树立正确看待人类社会发展的世界观……自然科学版块让我们了解伟大的进化论，并教会我们去认识、理解自然界各类现象的存在规律。"②

在以前的俄国社会，人们的世界观首先和宗教紧密相关。尽管这一时期反宗教的世界观也得到了一定的传播，但广大民众的精神信仰，尤其是在各地方，在很大程度还是受到宗教的影响。在社会意识中，大众文化原本赖以支撑的价值观开始崩塌，如集体主义精神、同胞之情、互帮互助等。在这样的背景下，教会报刊承担起了增强信徒精神信仰的任务。为此，教会报刊开始刊登有关教会座谈会内容、教令、基督教历史的文章。大众报刊为了培养读者的人道主义精神，广泛刊登文学作品，有时对艺术性的要求退居次位，对互帮互助的呼唤压过了对艺术性、可读性和认识世界的要求，"力图激发读者对不幸的人和濒死者的同情，唤起人们的助人热情"③。报刊对慈善公益活动的广泛宣传也有利于对仁爱之心的培养。

与此同时，社会政治和经济类报刊也在为支持欧洲文明催生的资本主义企业、个人主义、个性自由和唯理主义的确立而发声。它们帮助人们理解"资本""利润""政治史"等新的核心概念。自由民主派报刊则倡导在俄国尽早确立君主立宪制，保障个性自由。社会民主派报刊为实现公民革命自决权而努力，并以通俗易懂的文字解读社会主义思想。实际上，报

①　Маковский С. К. На Парнасе Серебряного века. С. 14.
②　Десять лет культурной работы. . . С. 194.
③　Там же. С. 99.

刊让公民在意识上对未来发生的变革做好准备，减轻了他们因传统观念改变以及刚刚进入价值观念迥异的新生活而产生的种种不适应甚至病态的感觉。

19 世纪 90 年代，随着自由派知识分子对马克思主义的热情日益高涨，报刊开始刊登社会主义学说创始人及其追随者的作品，如关于卡尔·马克思俄文版《资本论》的文章和回忆录。最初是在定期报刊上刊载弗里德里希·恩格斯、奥古斯特·倍倍尔（《妇女与社会主义》）以及卡尔·考茨基（《政治经济学概论》）等人著作的节选，推动了"合法马克思主义"和经济唯物主义思潮在俄国的形成。一些原则性的问题在辩论过程中愈发明朗，如 П. Б. 斯特鲁维、М. И. 图冈－巴兰诺夫斯基等人在《新言论》《起点》《生活》《科学评论》等杂志上同 Г. В. 普列汉诺夫、В. И. 列宁、В. В. 沃罗夫斯基等正统马克思主义者展开对话；正统马克思主义者在月刊《神的世界》上同民粹派政论家展开辩论，后者利用《俄国财富》杂志宣传自己的主张，并批判马克思主义的观点。世纪之交，Н. А. 别尔嘉耶夫、С. Н. 布尔加科夫、П. Б. 斯特鲁维转向唯心主义，这一转变使他们在定期报刊上站在新的思想立场上对马克思主义展开更为猛烈的批判。不同意识形态的派别只有在批评政府的时候立场观点较为一致。这也解释了为什么无论在报刊上还是在政治生活中，知识分子阶层都最为活跃。正如他们自己所言："知识分子团结在一起的重要前提——一致否定专制制度。"①

生活条件普遍低下以及政治制度上的缺陷都让人产生一种社会动荡不安的感觉。吉皮乌斯回忆道："就在当时，世纪之交，空气中已弥漫着悲剧气息。"② 知识分子对这一复杂时期的种种矛盾深感忧虑，并期待能够找到解决的办法。在求助无门之时，他们转向宗教哲学探索之路，这也得到了报刊的大力支持。1903 年，圣彼得堡的宗教哲学小组围绕托尔斯泰

---

① Гиппиус З. Н. Петербургские дневники. 1914 – 1919. С. 29.

② Гиппиус З. Н. Воспоминания. С. 270.

主义和宗教主义等哲学问题展开讨论。对此，吉皮乌斯写道："与此同时，《欧洲导报》连载了 Г. 波波雷金的小说《牧师》，全书都是关于信仰、困惑、探索和教派的问题。"① 报刊上还讨论基督教的审美和伦理问题，这些问题在知识分子的宗教体验中有重要的作用。С. К. 马科夫斯基指出："自《艺术世界》倡导颓废的唯美主义开始，俄国开启了 Н. А. 别尔嘉耶夫所说的带有神秘和宗教色彩的'20世纪初俄国的宗教复兴'。"② 宗教探索激发了人们对 В. С. 索洛维约夫的宗教哲学的浓厚兴趣。知识分子对神秘论、神学说的关注度越来越高，这引发了对东正教改革、树立新的宗教意识等问题的讨论。具有时代气息的"上帝说"与宣扬自由、反对国家对教会的控制打压结合起来。《新路》杂志宣扬的正是这种新的宗教思潮。

　　资本主义的发展进一步加剧了俄国社会的阶层分化。以前从文化的角度可将其分为欧洲化的贵族阶层和其他人两个部分，世纪之交又出现了一个介于资产阶级和工人阶级之间的新群体。各阶层间的矛盾日益加深。П. А. 布雷什金这样写道："一些所谓上流社会和大官僚阶层的人十分鄙视工商业者……工商界同样如此：当时莫斯科工商界对已衰败且'百无一用'的贵族没有丝毫的崇敬之意。"③ 知识分子中也形成了"少数文化人"群体——一个研究哲学问题并追求审美的群体（出自 С. К. 马科夫斯基），他们竭力把自己分离出来，常常既看不起农民、工商业者，也看不上工人。④

　　报刊作为一种传播媒介，有责任代表各阶层人民的利益，同时，帮助解决他们之间存在的矛盾。相较于后者，报刊的第一个任务完成得更好一些，报道各阶层的生活以及大家共同关注的信息，发挥了增强沟通和调解的作用。同时，在培养俄国各族人民学习彼此尊重方面，报刊也做出了自

---

① Гиппиус З. Н. Дневники. Т. 1. М., 1999. С. 205.

② Маковский С. К. На Парнасе Серебряного века. С. 14.

③ Бурышкин П. А. Москва купеческая. С. 264.

④ Там же. С. 173.

己的贡献，读者可以通过报刊了解不同民族的文化习俗、民间风俗以及日常生活。教会报刊则致力于调节社会多种宗教信仰问题，唤起东正教徒对异教徒的关注，宣扬生活中容许各种宗教信仰并存的范例。另外，一些专业文化类报刊积极参与社会各阶层文化传统的相互糅合过程，并构建起共同的文化利益。П. А. 布雷什金回忆道："每个莫斯科人都是不同程度的'戏剧爱好者'，剧院生活与莫斯科不同阶层人的生活紧密交织在一起，无论是贵族、商人，抑或是知识分子。"

报刊对戏剧类话题的广泛报道，为社会各阶层钟爱戏剧艺术的人彼此间相互了解奠定了基础，这也成为启蒙类报刊将人们团结在一起的基础。А. Г. 亨克尔教授在《知识导报》杂志周年庆典上讲道："尽管由于政治原因，我们生活中存在一部分人反对另一部分人的现象，但《知识导报》证明了一个事实：它正将我们这个广袤无垠的国家中说不同语言的人民联合到一起。"① 但需要指出的是，社会大团结这一思想在报刊中鲜有提及。

随着民众在社会生活中的参与度越来越高，也需要对他们进行政治教育。社会政治类报刊和各政党的党刊（1905 年起）帮助民众判断政治方向，了解复杂的国内局势，让民众能够参与到政治活动中去。由于这类报刊涵盖了当时的各种政治思想，其影响范围相当广。保守派报刊宣扬"维护专制制度、东正教和人民性"的必要性，支持大国沙文主义和土地所有制，严厉谴责工人运动。自由资产阶级右翼报刊同样发挥着多重作用，在宣扬专制政体、反对社会中的民主变革和革命的同时，支持国家传统，努力保护俄国人民文化的独特性，这具有一定的积极意义。

立宪民主党和进步党支持君主立宪制，维护个人权利，主张进行改革以避免革命的发生。社会民主工党党刊的主要特点是坚信俄国应该进行革命，因为革命能让国家走上进步发展之路。这一时期还出现了女性报刊，其主要类型经历了由"妇女报刊"向"女权报刊"的转型。《女性生活》

---

① Десять лет культурной работы... С. 193.

杂志这样定位创刊目标:"提高女性觉悟,激发她们对各种社会问题的兴趣和关注。"[1] 女权报刊在履行上述任务的同时,还探讨女性运动的问题,宣传先进女性,呼吁两性平等。

对知识分子进行思想政治教育,很重要的一点是在报刊中探讨知识分子在国家命运变迁中扮演的角色问题。不同党派的报刊确立了各自不同的文化任务。保守党报刊以服务于君主和国家思想为己任;自由民主派将知识分子视作社会精神的精英,认为他们的使命就是为人民服务;社会民主派否认知识分子有自己的阶层利益,极力宣扬让文化服务于无产阶级利益。

社会上各党派林立,这让许多从事创作的知识分子竭力远离政治,希望能够摆脱意识形态的束缚。在报刊上,关于各党派是否应进入文艺创作领域的问题展开了一场旷日持久的辩论。布尔什维克谴责知识分子存在政治立场模糊、消极文化至上主义等问题,宣扬应按照政党和阶级原则给文化分类。他们让报刊具有了政治性,列宁在《党的组织和党的文学》一文中指出,目前的俄国还未实现政治自由,工人运动的广泛开展离不开革命性报纸的支持。民粹派在《俄国财富》杂志上为捍卫知识分子的党而发声。一些自由派作者认为,应该将多支优秀的文化力量融合为一个政党。

B. 勃留索夫和一些文艺家、画家分别在《天秤》杂志和《自由与生活报》上发文,反对"狭隘的政党艺术",《教育》和《金羊毛》杂志论证了文学应"超越党派"的观点。Ю. И. 艾亨瓦尔德在《俄国思想》杂志上发文呼吁戏剧创作摒弃当代社会冲突,转而关注全人类性质的主题、文化。自由派哲学家 П. Б. 斯特鲁维和 Е. Н. 特鲁别茨科伊在报刊上公开指责知识分子醉心政治导致革命中出现了反文化的趋势。Н. А. 别尔嘉耶夫强烈反对使具有永恒价值的艺术从属于政治的做法。在反动时期,这种辩论一直在持续,不带有任何公民立场、希望摆脱政党束缚是艺术家

---

[1] Женская жизнь. 1915. № 1. С. 2.

们的心理常态。

在报刊的影响下，民众的社会意识发生了翻天覆地的变化。研究者认为，对国内现状不满，期盼有些许改变的情绪在民众中弥散开来。而报刊的所有活动都是围绕这些问题展开的。① 民主报刊特别是革命报刊对这种社会情绪的激化起到了重要的作用。列夫·托尔斯泰曾说过一句很有意思的话："《往昔》是最具革命性的杂志，要是我年轻时读到这本杂志，定会拿起枪去投身革命。"②

报刊与文化教育和知识传播

19 世纪末 20 世纪初，民众的文化教育水平低下阻碍了俄国社会的转型，解决广大民众的教育问题成为当务之急。因此，俄国报刊行业一直颇为关注的教育活动在这一时期被置于首要位置。教育活动的开展考虑到了不同读者群体的特点。比如，篇幅较小的报刊在对文化水平较低的读者的教育方面做出了自己的贡献——培养他们阅读新闻、小说和小品文的兴趣。一些报刊侧重于对成年工人的校外教育，如《科技教育》杂志。M. 高尔基评价俄国第一份农民报《维亚特卡报》时，称其是"为数不多在农村发行的教育报刊中水平最高的"。同时，他还写道："应给予报纸负责人应有的肯定，报纸内容严肃、条理清楚，毫无故意模仿农民语言之虚假感。"③ 教育启蒙工作对社会上受过良好教育的人来说同样意义重大。一位同时代的人指出："请随便翻看一下近几年任何一本大型杂志，您会发现它的内容是多么充实而多样，充分反映了知识分子读者的阅读需求。"④

大众报刊的内容涵盖各知识领域和主题。如《环球》和《世界纵览》

---

① Прудкогляд Т. В. Печать Дальнего Востока России как фактор культуры（1907 – Февраль 1917г.）Владивосток，1998. С. 66.

② Лурье Ф. М. Хранители прошлого. Журнал «Белое»：история，редакторы，издатели. Л.，1990. С. 105.

③ Вахрушев А. А. Указ. соч. С. 58.

④ Указатель журнальной литературы. С. 6.

最受欢迎的文艺和知识普及类报刊

这样质量上乘的画报、传播范围最广的《尼瓦》杂志、社会文学类报纸《祖国报》，还有文艺月刊《休闲》等报刊，它们纷纷刊登中长篇小说和传奇故事、介绍新发现和各种发明的科普类文章，以及国务活动家、社会活动家的人物传记等。妇女杂志则包罗万象，刊载小说、诗歌及关于戏剧、音乐、艺术和教育的文章，还有医学保健常识，等等。教育类报刊涵盖不同知识领域的科普文章，探讨道德伦理问题；儿童报刊则刊载短篇故事、童话故事、著名人物的传记，以及有关历史、自然和旅游方面的文章。

　　历史类报刊帮助民众走出宗法制社会的狭隘空间，向他们灌输有关世界史、俄国史和地方史更深层次的知识。在这方面比较有名的有符拉迪沃斯托克（海参崴）、维亚特卡、彼尔姆、萨拉托夫等省的《省府公报》。《省府公报》非官方版块刊载的以普通教育为主题的知识性文章也具有启蒙意义。以治疗和休闲为主题内容的疗养休闲类报刊是新的报刊类型。《摄影爱好者》杂志的主编 A. M. 拉夫罗夫在1904年的一期中曾写道，他之所以创办这份杂志，"是为了向俄国摄影爱好者这个大家庭传播摄影知识"。20世纪初期出现的《摄影家》和《摄影爱好者》等商业性杂志旨在推广改良后的摄影技术和产业。

　　在报刊上推行的启蒙教育活动中，文学始终占据中心地位。这对社会而言是自然而然的事情，因为文学拥有强大的社会公信力，并发挥着精神导师的作用。许多报纸和杂志中都有文学和图书批评版块，而文学研究、文学史和现代作家的文章、书评、读者推荐书目、文学评论等都是报刊常见的内容。当时还出现了专业的图书索引类报刊，例如，1907 年圣彼得堡开始出版《图书年鉴》。一些报刊为了便于基础薄弱的读者理解，将书评变成了对所评图书内容的详尽转述。杂志社向订阅者免费或者少量收费赠阅经典文学作品、儿童读物、幽默故事书，以促进读者对文学的了解。杂志社自己也出版图书，以《讽刺家》杂志为例，1908～1913 年，它向市场发行了超 200 万册图书。①

专业性的行业类报刊更加关注实践性的主题。斯托雷平土地改革推动了个体经济的发展，因此，俄国出现了一批面向小地主的地方性杂志，如《农民》《庄稼人之友》《雇主之友》等，上面刊登关于农耕作业和技术的文章，针对劳动和日常生活等方面的问题给出相应的建议。《科学成就前沿》杂志中开辟了"国内外专利纵览"等版块，体现了报刊的现代性。《权利和公证制度公报》是服务于实践法学的报纸。这一时期出现的面向年轻医护人员的大众报刊（《助产士》和《医生报》等）有助于加深他们对专业知识的了解，同时，报刊上也会刊登相关的岗位招聘和工作条件等信息。

报刊会专门开辟教育版块，这成为报刊业的一个新气象。据一位杂志社的工作人员介绍，这种科普类报刊的目的在于：让社会底层的广大民众对科学有基本的同时也是全面的了解，培养他们的主动创新能力以及思想道德的自我完善能力，教导他们培养自由、理性、诚实、善良的品质。② 由此，俄国出现了完全为读者自学而服务的报刊。1900 年敖德萨出版的学术性报纸《实验物理和初等数学报》实际上就是一种形式特殊的连载式教科书，每一期的主题都是当时中学教授的内容。《自修》杂志向订阅者详细介绍各类院校及其教学大纲。《技师通》和《电工实践》是独具特点的技术类自修教材，前者的读者群上至工程师、工厂主、技术员，下至完全没有

---

① Аверченко А. Т. Собр. соч. : В 6 т. Т. 1. М. , 1999. С. 433.

② Десять лет культурной работы... С. 50.

20 世纪初的专业类报刊：《汽车专家》（1908）、
《首都与庄园》（1916）

基础知识的业余技术爱好者①，后者主要面向的读者对象是技术含量较低的
工厂技工等。

科普类报刊的办刊原则具有进步性，有权威杂志对其如是评价："《知
识导报》创刊 10 年来，一直努力用读者易懂的文字和他们交流……竭尽所
能地向读者介绍科学知识，但针对那些文化水平很低的人群时，又要努力
维持自己的知识水平不至于被拉低。"②《知识导报》报道当时的最新科学
成果和资讯，刊载学者观点，尽管有时候他们的观点截然相反，评价重大
科学理论成果的实用价值，对理论研究成果的报道附以简单明了、具有参
考价值的建议。作为杂志副刊的文章配有插图、示意图以及详细绘制的
星图。

科普类报刊力求对所有自然科学领域予以全面介绍，因为在编者看来，

---

① Меженко Ю. А. Русская техническая периодика. 1800 – 1916: Библ. указатель. М.；Л.，
1955. С. 174.

② Десять лет культурной работы. . . С. 68.

科学认识世界的基础"首先是由自然科学这一目前为止唯一精密的学科奠定的"①。自然科学家的研究成果常常会占杂志近一半的篇幅，仅《知识导报》在 1903～1913 年就发表了近 600 篇有关自然科学的论文、研究成果及报道。② 这是一个重新审视价值观的时代。在这一时期，物质构造是物理学界研究的重点课题，卢瑟福、庞加莱、梅尔德鲁姆、舒斯特等学者对此都有广泛而深入的研究。同时，报刊上开始探讨原子理论对于化学的意义，并一直围绕化学元素周期表展开讨论。天文学也得到了推广普及：在杂志上介绍现代天体演化学理论和独特的地球起源说，刊载有关火星运河、太阳黑子和日食的文章。生物学方面的科普文章则阐释了当时科学界对该学科的理解，即这是一门研究环境适应性的科学。

报刊业也投入巨大精力推广艺术，通过在报刊上刊载相关文章向读者介绍音乐、音乐史以及著名作曲家的作品，而在副刊中则是对文艺复兴时期的列昂纳多·达·芬奇、拉斐尔、委拉斯凯兹、普拉克西特列斯等人及其作品的介绍，还配以大量的插图。由于当时俄国美术博物馆数量极少，一些报刊的编辑尝试刊载一些艺术类的讲义（威尔斯汀教授的《19 世纪艺术》、C. K. 伊萨科夫的《艺术讲座》等），并附以幻灯片使用的透视图，以此种形式代替去博物馆参观或与学者们面对面交流。同时，杂志上还附有关于年度艺术展优秀作品的综述。《金羊毛》杂志的副刊——M. A. 弗鲁别利、K. A. 索莫夫等著名画家作品册——对当代绘画艺术进行了介绍。报刊的这些做法培养了读者们的艺术鉴赏力，使他们能够了解文化发展趋势，易于接受新生事物。C. K. 马科夫斯基曾写道："世人一开始认为现代主义宣扬的许多东西就是另类的颓废，对它恶语相向，但现在有文化的读者对此已经有颠覆性的认识，作为《艺术世界》杂志的追随者们，他们只会觉得这种多此一举的做法很可笑。"③

一些报刊的编辑部还以启蒙教育为目的组织了许多活动，常常在编辑

---

① Так же. С. 83.

② Так же. С. 65.

③ Маковский С. К. На Парнасе Серебряного века. С. 370.

部下设创作团体和文化组织。《知识导报》大力支持在全国各地成立读者协会以及建设阅览室，为订阅者提供一个读书和讨论的场所。《阿波罗》杂志创办了语言艺术倡导者协会，其成员包括勃洛克、古米廖夫、库兹明、沃洛申、А.Н.托尔斯泰等。这些报刊不仅对各类艺术展的举办情况进行及时的报道，还亲自参与展览的筹办工作。例如，《讽刺家》杂志社的工作人员组织举办了画展和"幽默与讽刺"讲座；1907年，《金羊毛》杂志举办的"蓝色玫瑰"画展轰动一时；1908年，《流金岁月》杂志举办了私人藏品古画展。1910年，《阿波罗》杂志举办画展，展出了Л.С.巴克斯特和М.В.多布津斯基的作品，并积极参与在巴黎和布鲁塞尔举办的俄国画展的筹备组织工作。基辅的《艺术世界》杂志在当地的一所大学举办了艺术展览。《阿波罗》杂志则定期在编辑部举行文学和音乐晚会（凭邀请函参加）。此外，该杂志还举办过高水平的音乐会，受邀参加的有И.Ф.斯特拉文斯基、С.С.普罗科菲耶夫、А.Н.斯克里亚宾、М.А.沃洛申等知名音乐家。

报刊在科学和文化发展中的作用

在这一时期，专注于文化问题的定期报刊已经发展成为一个结构复杂而又独立的领域，主要涉及文化、技术、艺术、建筑、文学和教育等方面的内容。科学的作用日益凸显，推动了学术报刊的发展，出现了针对某一具体学科的报刊，如《俄国人类学杂志》《实验农学杂志》等。杂志划分为专门面向学者的学术性杂志和一般的科普性杂志。这类报刊的学术水平较高，常常会探讨具有重大意义的理论问题，并刊载俄国著名科学思想家的文章，其中包括В.М.别赫捷列夫、А.М.布特列罗夫、Н.Н.济宁、П.Н.列别杰夫、Д.И.门捷列夫、И.И.梅契尼科夫、И.П.巴甫洛夫、А.С.波波夫、А.Г.斯托列托夫、К.А.季米里亚泽夫、Н.А.乌莫夫等。

随着科学技术的发展，科技与生产之间的联系日益紧密，这些都向科技类报刊提出了更高的要求。绝大部分科技类报刊都是在20世纪初涌现出

来的，其发行种类已达数十种。① 现代科学领域出现了相应的杂志，如
《电力》（第一份电力技术杂志）、《无线电报学》、《航空与汽车生活》、
《航空学学报》、《汽车》等。生产技术类杂志也得到了广泛传播，如《化
学家》《陶瓷研究》《化学家和药剂师》等。这些杂志的内容主要包括生
产工艺和技术方面的文章、新发明推介、专业文献概览与综述、各企业
生活掠影等。出于技术信息交流的需要，信息技术和图书索引类报刊也
应运而生。

　　1894 年，俄国共有 10 种艺术类定期报刊。到 20 世纪初，又出现了不
少新的艺术类出版物，其中最具影响力的文艺杂志当数《艺术世界》（以让
整个艺术世界联合起来为己任）、《金羊毛》和《阿波罗》。艺术类出版物
在各地同样也有发行，如基辅有《南俄艺术》，哈尔科夫有《艺术之友》，
维尔诺有《我们的杂志》。随着俄国电影行业的起步，电影报刊也发展起
来。1907 年，莫斯科出现了第一本电影广告类杂志——《蓝钢琴》。而到
了 1913 年，这类报刊的数量已增至 17 种。另外，《摄影爱好者》杂志开了
摄影专业期刊的先河。

　　建筑作为一个创作领域，兼具艺术性和技术性特征。因此，该领域出
版物的类型多样。有的报刊涵盖建筑、技术、工业设计等方面的信息（如
《建筑风格》）；有的则聚焦建筑业的产业基础（如《我们的住宅》）。这些
出版物对建筑创作进行全方位的介绍，提出开展专业教育这一问题，推介
宣传新的建筑材料（如钢筋混凝土、沥青等），同时还指出，根据这些材料
的不同特性还能合成新的物质。

　　20 世纪初，在各类报刊中分化出了戏剧类和音乐类报刊。在 1774 ~
1917 年，注册的戏剧类报刊共有 384 种，其中 289 种创刊于 1895 ~ 1917 年。
而在 1908 ~ 1917 年，戏剧类报刊数量呈井喷式增长，达到 207 种②，其中

---

① 　See.：Акопов А. И. Отечественные специальные журналы. 1765 – 1917：Историко –
　　типологиеский обзор. Ростов н/Д，1986. C. 31.
② 　Подсчитано по：Театральная периодика. 1774 – 1917：Библ. указатель. ч. 1/Сост. В.
　　Вишневский. М.；Л.，1941. C. 6，38 –46.

大部分是杂志，也有一些是报纸（如《圣彼得堡戏迷日报》和《戏剧报》等）。其中，又可以细分出综合性、专业性（如刊载剧本）以及参考资讯性的报刊，最具影响力的当数《戏剧与艺术》周刊；有《漫画戏剧》和《复活节集市集锦》等讽刺类出版物；有一类特别的报刊，专门刊载剧情简介、演出剧目单及其他演出信息；后来又出现了宣传杂耍、杂技和歌舞表演的广告类杂志（如《杂耍与杂技》和《艺人的世界》）。戏剧类报刊的内容主要涉及戏剧创作和戏剧学问题、戏剧爱好者及国家剧院的活动等，关注歌剧、芭蕾的动态报道以及音乐会演出；杂志上还刊登评论文章、采访、演员的舞台剧照等。此类报刊的出版商一般是个人或某些机构，其中包括剧院。

1913 年，俄国共有 13 种音乐类报刊，其中《俄国音乐报》杂志是公认的最优秀的音乐杂志之一。该杂志涵盖的信息面广，既包括对音乐理论和历史的介绍，又有关于首都和各省城音乐活动的报道。《音乐与生活》和《合唱与指挥》等杂志宣传民间创作和合唱歌曲，推广古典音乐作品。除了只刊载乐谱的专业性出版物（如《俄国齐特拉琴弹奏者》和《小提琴家》等），附赠乐谱的杂志也得到了推广和发行。1902 年，世界上第一本关于唱片的杂志——《留声机与录音机》问世。

在一本出版物中，文学主题常常会与政治主题相结合。比如，《俄国财富》杂志对自己的定位是文学、科学和社会政治杂志，《俄国言论报》是一份涵盖政治、社会、经济和文学领域的综合性报纸。另外，在俄国也出现了专门的文学类报刊，如《世界文学》。《俄国语文学报》和《语文学刊》则为语文学科的发展做出了自己的贡献。这些报刊主要刊载文学和美学理论、普通语言学、斯拉夫学、词汇学和构词学等方面的研究成果。此外，《语言报》《文学和生活报》等文学报也试刊发行。

1894 年，俄国发行的讽刺幽默类报刊共有 6 种[1]，这些报刊内容有趣，但它们（如《蜻蜓》和《闹钟》等）讽刺批评的笔端并未触及国家体制。

---

[1]　Россия：Энциклопедический словарь. С. 417.

在革命年代，它们的发展方向发生了变化，转而开始抨击社会制度，抨击政治活动家，与内阁大臣们展开论战。这类报刊的数量，用 A. T. 阿韦尔琴科的话来说，以"令人惊异的破竹之势"增长，一度高达 300 种。在反动势力统治时期，它们中的大部分停刊了。十月革命前夕，讽刺类报刊呈现复苏之势，到 1913 年的时候，已经发展到 80 种。[①]

《火花》杂志出版社，摄于 1910 年

随着现代化在生活各领域的呈现，提高全民文化水平的任务已迫在眉睫，这就为教育类出版物的发展提供了契机。19 世纪 90 年代，俄国共发行教育类杂志 60 种；而在第一次国内革命期间，新增发行报刊 34 种。[②] 这类报刊关注教育理念的发展与国内外教育的现状，探讨办学模式和某些科目的教学法以及教师的待遇等问题。官方教育类报刊的网络逐渐扩大（如

---

① См.：Аверченко А. Т. Указ. соч. С. 429；Он же. Хлопотливая нация. М.，1991. С. 11；Россия накануне Первой мировой войны. С. 373.

② См.：Гольдин Ф. Л. Педагогическая журналистика России второй половины XIX – начала XX в.：Автореф. дисс. . . . докт. филол. наук. М.，1970. С. 12.

《维尔诺学区人民教育》和《莫斯科学区教育学报》等杂志以及《教育与教学》等探讨家庭教育问题的出版物）。面向教师的杂志有《俄国教师》和《为了人民教师》。教育类报刊中还分化出儿童报刊，其数量也相当大。在 1895～1916 年，共计发行了 149 种儿童报刊。[①] 这些报刊结合受众的年龄，推出相应年龄段的杂志（针对 6～9 岁的儿童读者推出《小太阳》和《小蜜蜂》杂志，针对 12～15 岁的少儿读者推出《儿童之友》杂志），杂志中配有大量插图，字体大而清晰。

时尚杂志大受欢迎，其装帧精美，内含大量图片和服装款式。甚至一些非时尚领域的报纸和杂志也开始增设"时尚版"专栏，如《股市新闻》中的"大众时尚"专栏、《尼瓦》的"巴黎时装"专栏、《圣彼得堡生活》杂志中的"时尚与运动"专栏。A. 别雷、B. 伊万诺夫、E. 阿尼奇科夫教授等杰出的文化活动家都参与到对时尚问题的探讨中，他们从哲学和美学的层面解读时尚的内涵，给时尚杂志带来了新气象。

同文化类报刊一样，社会政治类报刊也十分关注文化问题。大型杂志和报纸都设有小说、文学批评、科学、艺术、戏剧和体育版块，刊载大量文学评论文章、历史史料、戏剧和音乐生活概览、艺术展览、剧评、书评、人物传记、体育报道以及肖像画、油画、素描等画作的图片。农村合作社报刊十分关注民间剧团、民间娱乐活动以及农村的文化启蒙活动等方面的信息。一些文学和历史杂志、《新时报》等大型报纸经常刊载有关音乐艺术的报道。音乐活动家 M. 伊万诺夫、H. B. 索洛维约夫和 A. 孔佳耶夫曾这样向 A. C. 苏沃林表达谢意："您是俄国第一位关注到音乐在社会生活中的意义的报纸出版人，是您在《新时报》这个平台上开辟出了一大块地方，来广泛讨论俄国音乐的需求及发展现状，其他出版商纷纷以您为标杆，效仿您的做法。"[②]

社会政治类报刊将文化问题置于政治视角下审视。《俄国晨报》的出版

---

① Подсчитано по: Холмов М. И. Русская десяткая журналистика（1785 - 1917）: Указатель мат - лов. Л.，1978.

② Телохранитель России：А. С. Суворин в воспоминаниях современников. С. 333.

人 Н. П. 里亚布申斯基曾写道："我们致力于创办一种对俄国来说全新的政治文化报，因为我们坚信，只有大力开展文化工作，才能夯实我们的政治成果……应该把政治工作和文化工作有机地结合起来。"① 然而，对于文化在国家转型中的位置问题，具有不同政治倾向的报刊有自己的见解。保守党报刊主张在政府和教会的监督控制之下，开展校外教育，培养人们对君主制度和宗教的热爱之情。他们反对扩充大众读物的推荐书目，担心会有"反书"趁机流入其中。君主派和自由派报刊呼吁提高游园会、戏剧演出、工人大合唱等大众性娱乐的艺术水准。《俄国新闻报》《俄国言论报》《新时报》致力于让工人们了解严肃戏剧艺术和古典音乐。

自由民主派报刊呼吁提高民众的文化教育水平，认为这是振兴经济并缓和革命情绪的方法之一。《俄国晨报》报道称，同没有文化的工人相比，有文化的工人的生产力无论从数量上还是质量上都远高于前者。② 该报还建议由国家预算拨款推行初等教育，提高企业主的责任心，让他们承担起教育工人和向他们普及知识的任务。对于社会民主工党的报刊来说，文化主题并非其核心内容，文化工作首先是争取政治自由的斗争手段。在此，文学批评作为解放运动思想的喉舌发挥着重要的作用。

报刊对科技成果进行宣传，关注科技在生活中的实际应用（如《发现的世界》杂志）。报刊中开辟出了诸如"全国文化社会进步的文章和报道的资料汇编"和"技术成果"等版块；还出现了专门收集科技成果信息的报刊（如《最新发现和发明》杂志）。建筑类报刊介绍当代最优秀的建筑作品，发布大型建筑的公开招标信息。仅《建筑师》一本杂志就刊登了超过 400 件的竞标方案，并附有详细的设计说明和建筑详图③，然后由评委们对其进行点评和评分。对于年轻建筑师来说，这是非常重要的学习资料，同

---

① Утро России. 1907. № 1.

② Боханов А. Н. Истории буржуазной печати. 1906 – 1912 гг. // Ист. Записки. Т. 97. М. , 1976. С. 284.

③ См. : Илларионова Л. Д. Архитектурная жизнь России на страницах журнала «Зодчий» (1872 – 1917) //Русская печать XIX – XX веков. М. , 1994. С. 18.

时也有利于优秀设计方案尽快付诸实施。报刊帮助人们认识到教育事业是现代社会的关键问题,并探讨发展教育的路径和手段,关注公众对相关问题的反应,推动该领域可行性方案的落实。

而文化中创新与传统的矛盾结合也在报刊的发展中留下了印记。报刊促进新文化流派在组织形式上的形成,新文化流派的产生通常伴随着新出版物的创立或者一些旧报刊的支持。关于现代派美学运动的广泛兴起,C. К. 马科夫斯基如是说:"对价值观开始进行重新评价,《北方导报》杂志首先起来反对极端派的保守;《艺术世界》向所有新生事物敞开怀抱。"①《北方导报》是象征派的刊物,《春天》和《金羊毛》杂志也与这个流派相关,它们推动了象征主义文学和造型艺术的自我定位的发展。《阿波罗》杂志支持现代派绘画和象征派诗歌。当象征派在 1910 年遭遇发展危机时,《阿波罗》摇身一变成为它的批评者,转而支持先锋派。H. 古米廖夫在《阿波罗》上宣扬阿克梅派思想,为此,他还在 1911~1912 年创办了《北极》杂志。《阿波罗》杂志站在新古典主义运动的最前沿,在这里,新古典主义与现代主义形成了二者择其一的竞争之势。

在宣传新文化流派时,报刊在保持文化传承的同时,也运用新时代的精神重新审视文化传统。И. Ф. 安年斯基在《阿波罗》十周年庆祝大会的致辞中谈及他的同事们时说道,这是"将文化传统与进步性结合在一起的新型知识分子"②。报刊刊登过去几个世纪绘画大师们的杰作,以此抵制阿克梅派和巡回展览画派。《艺术世界》杂志向读者介绍 18 世纪到 19 世纪上半叶的文化。此外,还有其他一些报刊同样支持类似的文化复古运动。《俄国艺术财富》杂志和《流金岁月》刊载了许多有关圣彼得堡建筑史的资料,为保护圣彼得堡即将消失的历史古迹而发声。基于对民族建筑风格的探寻,专业报刊上开始刊载关于普斯科夫和切尔尼戈夫古城的文章。这并非保守守旧的体现,而是通过探寻这些已经被遗忘的文化遗产,进一步推动文化

---

① Маяковский С. К. На Парнасе Серебряного века. С. 15 – 16.
② Там же. С. 148.

艺术杂志《春天》和《阿波罗》

的长远发展。

　　新流派的形成必然伴随论战和争辩。由于美学纲领的不一致，无休止的论战不仅发生在不同的流派之间，也在各流派内部展开。吉皮乌斯在谈到与"佳吉列夫一派"的关系时这样写道，他们是我们的朋友，但我们也会反对他们，因为他们的"信条"是唯美主义，他们将"纯粹的艺术"奉为圭臬，而这是我们所不能接受的。[①] 20 世纪初，文学运动中的美学思想之争呈现白热化的趋势。由此产生了两大主要流派：现实主义和象征主义。这两个流派互相角力，其领袖人物分别是 M. 高尔基和 B. 勃留索夫。《生活》和《神的世界》杂志支持现实主义；《俄国财富》杂志对"纯粹的艺术"一派展开批评；《知识导报》杂志则对现代主义持怀疑态度。他们强调指出，这些新的流派都是昙花一现的现象，它们的出现与反动统治时期的大环境相关；但对象征派勇于探索新的表现形式这一做法也不乏赞誉之情。地方的报刊也加入了这场论战，如西伯利亚地区大部分杂志的文学批评都

---

① Там же. С. 27.

坚决反对颓废派和现代主义。①

报刊挖掘出了一批新的名字，他们中的许多人都在俄国文化史上留下了浓墨重彩的一笔。萨沙·乔尔内、B. 赫列布尼科夫、A. 阿赫马托娃、H. 阿谢耶夫等一批白银时代的诗人最初正是在报刊上崭露头角的。能否挖掘到人才，在很大程度上取决于杂志编辑的文学品位和直觉。C. K. 马科夫斯基在回忆录里谈到他曾参与抉择 O. Э. 曼德尔施塔姆的诗歌命运。1909年末，《阿波罗》编辑部来了一名中年女士，身边还带着一个其貌不扬的少年，看起来十六七岁。这位女士向马科夫斯基介绍道："这是我的儿子……我们是做皮革生意的。而他的脑子里整天除了诗还是诗！他已经到要帮衬父母的年纪……请您直说：他到底有没有作诗的天赋！"马科夫斯基后来坦承，这个少年的诗他并不喜欢，但"还是站到了少年（未来的诗人——作者注）这一边，因为我想以此表达对少年创作诗歌的支持，以及反对他去做皮革生意"②。在《阿波罗》1910 年 9 月刊上，曼德尔施塔姆发表了他的处女作——五首诗，虽说还算不上完美，但已充分展现出诗人毋庸置疑的才华，"难以言说的哀愁//睁开一双巨大的眼睛//花瓶醒了过来//泼溅自己的晶莹"。

俄国作家在报刊上发表自己的文学作品，有助于扩大他们的知名度。当这些作品广受读者喜爱时，他们便可以以书的形式出版。在报刊上得到认可和赞誉的既有年轻作家的作品，也不乏知名作家如高尔基、契诃夫、布宁、魏列萨耶夫、绥拉菲莫维奇等的作品。报刊还会介绍当代外国文学作品。1898 年，爱德蒙·罗斯丹的喜剧《西哈诺·德·贝尔热拉克》在巴黎进行首演的两周后，《世界文学》杂志就刊载了第一个关于该剧结局的俄译本。也正是得益于《阿波罗》杂志，俄国读者认识了法国诗人保尔·克洛岱尔——当时无论在他自己的家乡还是在整个法国都鲜为人知。

同样地，这些著名的大作家和诗人也为定期报刊的发展做出了巨大的

---

① См.: Чмыхало Б. А. Литературно - критическая борьба в сибириских изданиях начала XX в. Красноярск，1987. С. 29.

② Маяковский С. К. Портреты современиков. С. 397 – 399.

贡献。例如，А. П. 契诃夫、В. Г. 柯罗连科、Д. С. 梅列日科夫斯基等人既是作家，同时也是报刊编辑。В. 勃留索夫曾担任《新路》杂志编辑部的秘书和《天秤》杂志的编辑，同时还负责《俄国思想》杂志文学批评专栏的工作。一战期间，他在《俄国新闻报》上发表了 70 余篇军事通讯稿。А. И. 库普林于 1902～1904 年在《神的世界》杂志担任助理编辑。而 И. А. 布宁不仅在首都报刊上发表作品，还在《奥尔洛夫省府公报》和《波尔塔瓦新闻》等一些省城的报刊上发表作品。1904～1905 年，他出任《真理》杂志编辑。1907～1908 年，А. А. 勃洛克负责《金羊毛》杂志评论版块的工作。М. 高尔基在 1912～1913 年任《现代人》杂志编辑，而在 1913～1914 年主持《教育》杂志和《真理报》文学专栏的工作。此外，他还创办了反战的《纪事》杂志。

***

19 世纪末 20 世纪初，俄国开始全面推进始于 19 世纪 60 年代的现代化改革。在 1905～1907 年革命的影响下，这一时期的俄国取得许多工业化成果，政治制度方面得到完善。1906 年，П. А. 斯托雷平开始推行农业改革。文化在这一时期呈现出井喷的发展态势：俄国文学和艺术领域的现代主义主要流派都在这一时期出现。同时，广大民众也广泛参与到社会政治和文化生活中来，给这一时代带来了新气象。

深刻的社会变革导致民众对经济、政治、文化信息的需求增强，广播、电影等大众传媒手段也应运而生。在这种情况下，报刊在这一进程中发挥着重要的作用。为适应时代的需求，报刊的发展方向发生了重大转变，它将重心转向信息报道、政治宣传、教育启蒙等方面。第一次世界大战期间，报刊发展受阻。1917 年的二月革命和沙皇制度的终结为俄国历史开启了新的时代，也为定期报刊的发展掀开了新的篇章。

第六章
社会日常生活与文化

E. B. 多尔吉赫

　　日常生活既一目了然，又令人难以捉摸。它似乎无处不在，是回忆录中的丝丝缕缕，是照片里的一帧帧影像，是 20 世纪初俄国知识分子的斗争对象，而日常生活的全貌由无数零散碎片混杂而成。所以，对于这样一些问题，比如文明之福祉是常规现象还是都城特有的，是什么唤醒了普通的俄国市民——工厂的轰鸣声、有轨电车运行的声音抑或是公鸡的鸣叫声，我们很难给出单一的回答。

　　日常生活是一个满载着社会文化生活的世界，自然而然地为人类活动提供必要的条件及空间。对于生活在其中的人们来说，对这个世界的一切符号和意义的理解都是不言而喻、毋庸置疑的；无论是在社会生活中还是在个人生活中，其行为与思维都有惯常的定式。对这一世界的兴趣源于 20 世纪 60 年代的人文知识领域，并成为科学研究向长期以来"沉默的大众化"发生转变的一个标志。在传统研究方法的框架下，日常生活只是一些表面现象，其意义微不足道，其内在又缺乏对其进行研究的深度。而新的研究视角则聚焦分析典型的、因袭而来的生活实践形式（包括交际形式，即语言和行为形式）。在这一视角下研究的并不是生活"纯净化"的表现形式——在哲学纲领或是文学形象中的体现，而是其在日常生活中的体现，其中一部分是有意识的，而绝大部分则是无意识的呈现。也就是说，以前看来微不足道或者是应该避免的有违常规的现象可以成为现今的研究对象并被窥见。

在俄国史研究中，首先对日常生活进行研究的是民族学家，以及诸如通俗文学及其读者、电影史、医学史等大众文化领域的研究者。在当代，人文科学将文化视为一个有机整体，并试图在这一视域下对日常生活问题进行思索。[①] 然而，从方法论的角度来看，日常生活这一研究对象也是"游移不定的"：一种视角下适用的信息提炼方法在另一种视角下可能全然无用；微观研究与宏观研究之间的转换异常复杂，对官方文献及报刊等信息资料需要进行特别的校对工作。但如果选择对了所需的"入门钥匙"，那么，即使是烹饪指南或是女大学生的相册影集也可以呈现完整的信息。[②]

19 世纪 90 年代，俄国城市的日常生活开始呈现崭新的、"充满现代气息的"面貌。城市的变化是对 19 世纪下半叶发展的总结，它提出了创新：不仅在大众性文化活动方面，还包括各类文化精品活动。1897 年，俄国开展了全俄第一次人口普查。1896 年，全俄第 16 届工业艺术展的举办地首次没有选在圣彼得堡、莫斯科或是华沙，而是在下诺夫哥罗德这一省城举办。该市虽没有特殊的地位，却拥有俄国工商业之都的美誉。1896 年，莫斯科

---

① См.: Останина О. А. Повседневность и историческое познание: методологические аспекты//Повседневность как текст культуры: Мат – лы Междунар. Науч. Конф. 27 – 29 апреля 2005 г. Киров, 2005; Седов К. Ф. Человек в повседневном общении//Повседневность российской провинции: История, язык и пространство: Мат – лы III Всеросс. летней школы. Казань, 2002; Гавришина О. В. «Опыт прошлого»: понятие «уникальное» в современной теории истории//Казус. Индивидуальное и уникальное в истории. Альманах за 2002. М., 2002; Честнов И. Л. Повседневность как теоретико – методологическая проблема историко – юридической науки//Гордская повседневность в России и на Западе. Саратов, 2006; Пушкалева Н. Л. «История повседневности» и «История часткой жизни»: содержание и соотношение понятий//Социальная история. Ежегодник 2004 г. М., 2005; Савельева И. М., Полетаев А. В. Микроистория и опыт социальных наук//Там же; Бессмертный Ю. Л. Что за «казус»? //Казус. Индивидуальное и уникальное в истории. Альманах за 1996. М., 1997.

② См.: Орлова В. Д. Отражение повседневных забот женщины в массовых печатных изданиях начала XX в. // Женская повседневность в России XVIII – XX вв.: Мат – лы конф. Тамбов, 2003. С. 42 –47; Кулакова И. П. Альбом лохматого медвежонка//Родина. 2004. № 4.

和圣彼得堡两市首次上映了卢米埃尔兄弟的电影，并开始定期拍摄有关沙皇的新闻片，A. C. 波波夫的无线电报技术也得到了认可。同年，雅典举办了第一届奥运会。90 年代，B. 勃留索夫、M. 高尔基、Д. C. 梅列日科夫斯基登上文坛。1898 年，艺术世界联合会成立。

　　这样的内容还可以继续罗列下去。但这些新变化对人们固有的生活方式和习惯有多大影响和改变呢？它们是被俄国广袤无垠的省城吞噬湮没掉，还是或多或少、潜移默化地被慢慢吸收？而对于铁路、电报和电话时代来说，"都城"和"省城"这两个概念本身又意味着什么呢？

都城和省城

　　城市居民的日常生活在具有共性特点的同时，其面貌主要是由其所在城市的生活方式决定的——都城、省城、县城、工厂城、工业城、手工业之城、港口城市、交通之城、疗养胜地、大学城、军事之城、官员之城、商人之城、市民之城、大城市、小城市、古老的城市、年轻的城市等。统计委员会①的专家针对有关俄国所有城市的大量资料进行分析整理，按照传统，首先列出省城和县城两大类城市：这里除了省城赫尔松和县城敖德萨，其他城市都严格遵守惯有的分类标准；之后，是其他各类居民点——州和地区及县城以外的各类城市、城郊的村庄、工厂区、大小村落、乡镇——一派纷繁杂乱的图景。有的小城甚至铺上了比都城还要宽的路②，有的工厂密集的村镇照明设施装备得比县城和一些省城还要好③，有的省的城市铺设下水道④，有

---

①　内务部统计委员会既对现状整体的统计结果进行了总结，也对专项数据资料予以概括。后者的相关信息在圣彼得堡出版的《1904 年俄国城市》（1906）、《1910 年俄国城市》（1914）等书籍中予以公布。后者列举了众多没有得到官方城市地位的城镇、乡镇、大小村落、工厂区等地，还有滨海省这样快速发展地区的资料。共计 1228 个居民点。

②　顿河州亚速城堡实现了道路全覆盖，而州级城市新切尔卡斯克道路的铺设率仅为 63%。

③　在弗拉基米尔省尼科利斯克－奥霍夫夫地区平均每一俄丈道路安装一盏路灯，索尔莫夫村平均每 28.9 俄丈一盏灯，而且全部是电灯。雅罗斯拉夫尔安装的是混合照明灯，平均每 80.4 俄丈路一盏灯，安装煤油灯的图拉该数值为 85.6 俄丈。

④　斯摩棱斯克省拥有 4000 名居民的克拉斯内市。

的村镇则拥有较为发达的电话网①。除了上述"城市"特征的交错组合，有时候还会呈现一种不协调的景象。比如，一座城市修建了下水道，这在当时来说是非常罕见的设施，但它却没有装备照明设施（如维亚特卡省亚兰斯克县）。有的工厂村有大量的住户，拥有发达的工业企业②，因此会有剧院这种城市生活的标志性设施③。在福利设施方面，都城与省城的区别并不大，因为对于所有城市来说，这都是一个痛处。而涉及社会救助的组织工作，收容所和收容站、劳动就业所、医院、有质量保证的住房等设施，则取决于当地社会各界、赞助商和城市自治机构的态度积极与否。④ 在各个城市，居民的死亡率随着距离设施良好的中心地区渐远而逐渐增高。综合各项指标来看，要想评估各级城市与其所辖农村地区的差距，还是比较复杂和困难的。⑤

那么，当时的人是如何理解"城市""都城""省城"这一组概念的呢？这里呈现出一个有趣的规律。城市的特点是生活丰富多彩。城市的夜晚，贵族俱乐部（一种封闭式的协会）灯火通明，舞会的音乐声悠扬，让这里的居民感受到与小城镇的不同。因为，小城镇的夜晚会随着夜幕的降临陷入一片静谧和沉睡。而省城的典型特点是重大事件和让人印象深刻的事情相对较少。此外，枯燥乏味、萎靡不振、冷漠寂寥即使算不上全世界省城的共有特点，也是欧洲各国省城的共有特点。

省城还具有另一层意味——超级稳定。任何新生事物，无论是慈善、教育还是商业方面的，要先证明的都不是自己能带来什么益处，而是"没有害处"。莫斯科也曾因过于谨慎和信守既定规则被指责有省城的特点。

---

① 顿河州乌留平斯克村共计 12672 名居民，平均每 169 人中有 1 名是电话用户。

② Города России в 1910 г.

③ Весь Екатеринбург и горнопромышленный Урал：Торгово – промышленный справочник. Екатеринбург，1912.

④ См.：Очерк Л. В. Кошман «Город на рубеже столетий：лаборатория и хранитель культуры» в настоящем издании.

⑤ См.：Арцбашев Д. В. История туристско – экскурсионной деятельности в России второй половины XIX – XX века：Дисс... канд. ист. Наук. Курск，2005. С. 77.

　　日常生活层面的都市化还体现在城市能为本地及外来居民提供的各种可能性，包括教育、医疗卫生及休息等领域，以及与实现这些可能相关的花费等方面。针对 19 世纪末 20 世纪初俄国城市的日常生活，这里想区分一下"大众性"和"潜在可能性"两个概念，即不是从投入某一进程、参加某一活动的人数，而是从城市居民能够获取到帮助、知识或者愉悦的潜在可能性这一角度出发，来审视该问题。运用这种方法审视，省城与都城的区别一目了然：与后者相比，前者提供不了这种潜在可能性。

　　当然，都城具有独特的吸引力，这不仅仅是对于那些找工作的劳动者，也包括希望轻轻松松就能赚到钱的社会边缘人员。所有大城市对外来者来说都具有类似的吸引力。① 都城吸引了各类精英，包括知识界、艺术界、政界、金融界领域。与工厂村有密切往来的莫罗佐夫、里亚布申斯基、伊古姆诺夫、明多夫斯基家族都纷纷在莫斯科为自己建造各具风格的宅邸，这也并非偶然。因此，融合了各类社会文化群体的都城居民成分多样，其两极分化的现象也因这种多样性而变得不那么明显。

　　在都城之外的其他城市，社会文化群体则显得更为稳固，同时彼此间差异也更为明显。城市居民的生活和活动范围常常局限于"自己的圈子"，这个圈子即使不是直接按照阶层来划分的，也是因在职业、教育、收入水平、出身和家庭关系等方面有某种社会共性集结而成的。同时，这种生活方式是"透明的""农村式的"——一目了然。② 甚至是在省城，想做一个不被人认出来的"陌生人"也很难。只有在个别几个城市才会出现"湮没在人群中"的现象。因此，街道上人少是省城的标志性特征。不同层次的城市居民混杂在一起仅限于屈指可数的几种场合——传统的谢肉节集会、电影院和各类体育赛事。此外，城市居民不希望发生改变：上下级从属关

---

① См. : Араловец Н. А. Городская семья России 1897 – 1926 гг. : историко – демографический аспект. М. , 2003. С. 141.

② См. : Иванов Ю. А. Уездная Россия : местные власти, церковь и общество во второй половине XIX – начале XX в. Иваново, 2003. С. 56, 70 – 71.

系、没有私人空间这些在他们看来都是自然而然的事情，而存在社会差异和种族歧视也是理所应当的。①

都城和省城在对城市空间和时间的组织安排上也有差异。20 世纪初，无论是城市版图还是全年城市生活的安排，都较为固定。

城市的空间和时间

先从都城的标准开始说起。在 20 世纪的头几十年里，圣彼得堡的"文化版图"初步形成。正如 Д. С. 利哈乔夫所描绘的："在位于涅瓦河左岸，与沙皇的宫殿及大贵族的宅邸毗邻的亚历山大剧院和马林斯基剧院的舞台上，迈克霍尔德进行着试验；而要求严苛的观众则赶往军官大街的科米萨尔日芙斯卡娅剧院和位于盐城的叶弗列伊诺娃剧院。圣彼得堡和莫斯科两个都城的文化界精英们纷纷来到塔夫利达宫的'塔楼'拜访维亚切斯拉夫·伊万诺夫或是住在利特因大街'穆鲁奇之家'的梅列日科夫斯基。在位于特罗伊茨克大街的巴甫洛娃家，布尔柳克和马雅可夫斯基进行着公开辩论；在艾尔米塔什博物馆和俄罗斯国家博物馆周围，交替举办年轻画家的画展；在国家杜马的大厅里，马列维奇发表着演说；年轻人熬夜观看歌舞表演。瓦西里耶夫岛是科学院和大学最为集中的地方：俄罗斯科学院、普希金之家、国家图书馆、圣彼得堡大学、别斯图热夫学院、美术学院等。然而，这里却几乎没有剧院。人们纷纷到圣彼得堡来休闲娱乐：有的去民众文娱馆和动植物园，有的去这里的电影院看电影，有的去石岛大街和距离瓦西里耶夫岛更远的'水族馆'和类似的地方游玩。"②

除了都城，大多数城市的生活都集中在市中心。城市的主广场及其周边

---

① Там же. С. 58；Хэфнер Л. «Храм праздности»：ассоциация и клубы городских элит в России на материалах Казани 1860 – 1914 гг. // Очерки городского быта дореволюционного Поволжья/Под ред. А. Н. Зорина. Ульяновск，2000. С. 523.

② Засосов Д. А.，Пызин В. И. Повседневная жизнь Петербурга на рубеже XIX – XX вв.：Записки очевидцев/Коммент. А. В. Степановна. М.，2003. С. 315 – 316.

街道的建筑鳞次栉比，这里通常是贵族和商贾聚集之地，城市的剧院还有博物馆也常常坐落于此。"市中心"与"郊区"的概念对于那些小城来说，并不是地理概念，而是社会文化概念。例如，一个居民点有两个电影院足矣，其中一个在人们意识中是市中心的电影院，而另一个则是郊区的。①

　　有些城市只有一座剧院，于是，剧院变成了文化和娱乐的中心。其票价高低取决于剧院的设施条件、位置、演出的剧团以及上演的剧目种类。②看台票的价格最低的仅为 20～30 戈比，一些剧院甚至还有每张 15～20 戈比的站票。城市居民对他们的剧院既有热爱之情，又不吝批评之词，剧院老板竭力迎合所有人的品味，上演的剧目尽可能丰富多彩。"我们的剧院里上演着一幕又一幕的闹剧/平淡无奇、庸俗不堪、千篇一律。/看台上一片欢腾/剧目内容不堪入耳。"《科斯特罗马生活报》（1913）这样写道。其实当时的城市剧院最经常上演的还是经典剧目，如 A. H. 奥斯特洛夫斯基和 A. П. 契诃夫的话剧。③ 如果其他城市的演员来演出，即使是最近的城市，都会成为当地生活中的一件大事，就更不用说首都剧团来巡回演出了。如在雅罗斯拉夫尔举办的纪念 Ф. Г. 沃尔科夫剧团成立 150 周年的庆祝盛典给人留下了深刻的印象，直到半个世纪后当地的一位市民描述起当时的场景还是兴致勃勃："在那次庆典活动中，我接连三天在剧院观看了一场又一场的话剧演出。来自莫斯科、圣彼得堡、华沙、基辅等各大皇家剧院的演员参加了这些剧目的演出，甚至连配角都是由一流演员演的，所有演出都没用提词人员提词。"④

　　社会生活和家庭生活的一个特殊的交叉点就是饭店。与酒馆、酒店、

---

①　См.：Цивьян Ю. Г. История рецепции кино. Кинематограф в России 1896 – 1930 г. Рига，1991. С. 33 – 34.

②　厢座的票自然更贵，话剧和歌剧的票价差异也很明显：前者的价格为 6～10 卢布，后者为 8～12 卢布。

③　См.：Бербова О. В. Образ повседневности в зеркале дореволюционной газеты（на примере Костромской губ.）//Повседневность российской провинции：История，язык и пространство：Мат－лы Ⅲ Всеросс. летней школы 2002. С. 104.

④　Дмитриев С. В. Воспоминания. Ярославль，1999. С. 296 – 299.

能提供热食的饮品店、食堂（一顿饭 15～20 戈比，自助服务）、糖果店、茶馆都不同，饭店有其独特的地位。这是由于其餐食及装潢考究而精美，上菜摆盘也别具仪式感：在圣彼得堡动植物园大饭店里，经验丰富的侍应生将一桌普通的菜肴和饮品摆得令人赏心悦目——几个怯生生的中学毕业生为此给了小费（每人 2 卢布）。[①] 这类饭店营造的节日氛围完全就是欧美国家的翻版。而俄国文化语境的一个特点是，普遍认为饭店这种场合仅仅是男性纵酒狂欢的地方。最初，饭店是贵族标准的狂欢之地：没有女人和伏特加；后来扩及商人圈，取消了所有的禁忌；到了 19、20 世纪之交又成为名士派表现和表演的地方。19 世纪末，女性开始到饭店就餐，但仅限于有男性"保护者"随行的女性，必须严格遵守各项礼仪要求，并且对周围发生的事情要保持高度的敏感性。[②] 饭店是城市化的一个标志性特征。在一些小城市，有时其功能由各式酒馆、俱乐部的餐饮店、啤酒馆、旅店等场所承担——否则人们就无法充分体会到城市的生活方式。饭店的窗和门仿佛是精美诗篇和城市风俗故事中的一个个细节、符号，将因循守旧的日常生活与神奇美妙的饭店世界分隔开来。

　　城市面貌一个必不可少的特征是建有可供公众散步的花园，这一传统始于彼得一世改革实施的新政。即使是小城市，如果没有这样的花园也会被认为是不完整的，不能算城市。20 世纪初，公园里开始增建凉亭、舞台、长椅，有的还建有台球厅和保龄球馆，有的里面有饭店和夏日剧场。是否建有此类花园与城市的大小无关：比如，科斯特罗马省的卢赫县，下诺夫哥罗德省的索尔莫夫、雷斯科夫、巴甫洛夫工业村，维亚特卡省伊热夫斯克工厂区等地都建有公园，而伊万诺沃－沃兹涅先斯克则没有。在顿河州，县级市叶伊斯克拥有 6000 人，它的公共花园占人口居住面积的 35%。[③] 大城市一般有若干个花园，并且这里的"花园"已经具有转义，即"游乐场

① См.：Засосов Д. А.，Пызин В. И. Указ. Соч. С. 218 – 219.
② См.：Колосова Н. А. Пространство ресторана в культуре русского города//Городская повседневность в России и на Западе. С. 188 – 204.
③ Города России в 1910 г. С. 1007.

城市的街心花园，雷宾斯克市，雅罗斯拉夫尔省，
20 世纪第二个十年的明信片

所"之意。① "滑稽戏" "水族馆" "杂耍游艺场" 等游乐项目及场馆陆续在
各大城市出现，其节目大同小异。② 如果说一个城市一般有两座可供散步的
公共花园，那么，其中一个一定是具有上述双重功能的。而小城市的公共
花园就只能集两种功能于一体。

　　城市中还有一些因某项功能而闻名的地方，比如，托木斯克的博洽诺
夫斯卡亚大街到 20 世纪初的时候有 6~8 所妓院；喀山到 1890 年共计有 16

---

① 比如，这样描绘萨拉托夫的花园：大教堂广场的椴树园 "位于城市的黄金位置；被城市
　　协会管理得相当好。绿树成荫，炎炎夏日可以为人们遮蔽烈日。林荫道整整齐齐。这样
　　的小径总长达 10 俄丈。林荫道的两旁是一家挨一家的售货摊铺"；德沃良斯基大街上的
　　普希金花园是公认的人民花园，由人民醒酒所管理，花园里建有公共剧院，其观众大多
　　是低收入阶层的民众，醒酒所时常在这里举行特别的有奖游园活动；奥奇金大街的 "滑
　　稽戏" 夏日花园、尼克利斯卡亚大街的夏日花园仅仅是叫 "花园"，这里完全没有树
　　木；冬日剧场——"卡齐诺" 杂耍剧院：女歌手的合唱、小调表演、说书表演等，军
　　乐团的表演则不限平日还是节日（夏天）（Весь Саратов: Адрес - календарь:
　　Указатель. 5 - е изд. Саратов，1913. Стб. 25）。
② См.: Очерк Г. Н. Ульяновой «Досуг и развлечения. Зарождение массовой культуры» в
　　данном издании.

所妓院 385 名妓女①（妓院在当时是合法的）。贫民区一般分布在沟渠、铁路沿线、沼泽地附近。赌场和啤酒馆周围一片颓废的景象，所有城市都一样。城市的不法分子有自己专门的栖居之地，如莫斯科的希特罗夫市场、特鲁布纳亚广场下面的地下通道、马里诺里罗莎区。

能让不同的城市空间联系起来的不仅有当地的报刊，还有电影院。② 此外，电影可以让任何一个居民点的居民了解发生的各种事件，认识那些他们在生活中接触不到的名人，从而似乎将城市的边界也拓宽了。在电影院可以看到 Л. Н. 安德烈耶夫、列夫·托尔斯泰、М. 高尔基（塔甘罗格市的警察局长助理认为高尔基是国家公敌，因此，禁止放映他的影像），莫斯科艺术剧团的明星演员，未来派画家及其画展，知名运动员以及他们的训练和比赛。然而，一个城市最为活跃的信息交流场域仍然是口头传播空间——新闻、谣言、丑闻、流言蜚语。③ 关于马里诺里罗莎区的传说，长期以来在莫斯科人中间也流传着多个版本。总的来说，与农村相比，城市的口头传播空间形式没有那么多种多样，但其内容的传奇色彩却毫不逊色。

在生活中具有一定里程碑意义的盛大节日，一些城市的民众也会聚集起来。一年当中的传统节日——圣诞节和主显节、谢肉节、大斋期、复活节、圣灵降临节——在城市的庆祝方式与农村比较近似，不过也有一些不

---

① См.：Гончаров Ю. М. Семейный быт горожан Сибири второй половины XIX – начала XX в. Барнаул，2004. С. 111；Очерки городского быта дореволюционного Поволжья. С. 283.

② А. О. 德朗科夫认为："最好的广告就是向城市的造访者展示故乡的生活。"（1908）的确如此，各地拍摄的新闻片题材各异：有关于有轨电车通车（敖德萨）、监狱动土奠基仪式（梯弗里斯）、当地系列杀人案（克拉斯诺亚尔斯克）、水灾（莫斯科、基辅）、展览会开幕（巴库）、工厂成立周年庆典（图拉）、城市的历史古迹（基辅、塔什干）、莫斯科的希特罗夫市场、募捐活动（普斯科夫）、民众集会、体育赛事、宗教游行以及电影院的观众（萨拉托夫）的，甚至还有时尚达人秀、狗展（华沙）等（Летопись российского кино. 1863 – 1929. М.，2004）。

③ 比如，舒亚县 1908～1909 年造成死亡的刑事案件大多与传说中的"红色死士"邪教组织相关，死者用红色的圣枕将自己闷死。但当局没有发现任何类似组织存在的踪迹（Иванов Ю. А. Указ. соч. С. 231 –232）。

**在 H. A. 布戈洛夫的小客栈，下诺夫哥罗德，19 世纪末，
M. П. 德米特里耶夫拍摄**

同：城里的庆祝仪式更注重剧团表演和游艺这一方面。[1]

都城在节庆的时间上与其他城市有所不同：前者几乎完全感觉不到由谢肉节到大斋期的过渡，而其他城市对这一时间是有明确规定的。随着大斋期的到来，城市生活沉寂下来，尽管电影院有时能让这种氛围有所缓解。[2] 同时，市民对不同节日的积极程度和热情也有所不同。这里还有官方对节假日规定安排的因素：圣诞节 3 天，复活节 12 天，此外，还有 25 个宗教节日和"皇家纪念日"。

纪念当地圣灵和圣像的节日是城市一年节庆的重要组成部分。此类活动常常会聚集成千上万的民众——往往会超过 3 万人。伊万诺沃－沃兹涅

---

① См. также очерк Г. Н. Ульяновой «Досуг и развлечения. Зарождение массовой культуры» в данном издании.

② 1910 年大斋期期间，舒亚县的电影院放映了滑稽搞笑和淫秽腐化的影片（Иванов Ю. А. Указ. соч. С. 86）。有时官方允许电影院正常运营，但不可以播放音乐，而且仅限于科技片（Летопись российского кино... С. 146）。

先斯克每年会组织 7 次宗教游行，舒亚则为 4 次。应当指出的是，这些活动遭到工厂主和商人的反对，因为在全城举行宗教游行期间，往往要求禁止进行经营活动和工作，并停业停工。[①]

与皇家纪念日、重大历史事件和战争相关的官方节日也会打破城市平淡沉寂的生活。这些节日的庆祝仪式（有严格的规定）源于彼得一世统治时期，其中的既定仪式包括：全体中小学生参加，鸣放礼炮，悬挂旗帜和彩灯。小城市集聚各方力量，能尽量发射 2～3 响礼炮——礼炮彰显着城市的地位。大规模的节日庆典活动是从 19 世纪 80 年代开始组织的，但县级以下城市参与的只有 4 个官方节日：普希金诞辰 100 周年纪念日、农奴制废除 50 周年纪念日、1812 年卫国战争 100 周年以及罗曼诺夫王朝建立 300 周年纪念日。这些节日的庆祝模式都是一致的，几乎没有各自的特点。[②] 节日活动的必要组成部分还包括祷告仪式、分发小册子、慈善募捐。学校会组织力量开展早场活动。各城市、大学、科研院所、中小学的纪念日，以及纪念碑揭幕、博物馆和图书馆开馆等庆祝仪式大同小异，但这些活动只具有半官方的性质。

城市的游行活动是被时代赋予神圣意义的仪式。随着人们的日常闲暇时间越来越多，该活动尤其受欢迎。专门指定的游行地点不仅包括城市的公园和街心花园，还有市中心的各大主干街道。当活动拉开帷幕，身着各类服装的人们缓缓地沿着大街走。活动的参加者都是成年人，禁止在校学生特别是女学生参加，同时，禁止在有游行队伍经过的街道通行。在那些坐落在大江大河沿岸的城市，人们一定会去看"跑冰排"。这一习俗直到 20 世纪 30～40 年代还保留着，例如，在喀山的有轨电车上挂着"伏尔加河上冰排跑！""伏尔加河上跑冰排！"等条幅。[③] 赛艇也是圣彼得堡和伏尔加河沿岸各城市民众喜欢观看的活动。萨拉托夫的游艇俱乐部在本地居民当中举行划艇比赛。比赛称为"全民赛"，集聚了大量观众，同时还会进行联合

---

① 20 世纪初，弗拉基米尔省每年要进行各类宗教游行 134 次（См.：Иванов Ю. А. Указ. соч. С. 54，146－147）。

② Там же，С. 155－157.

③ Очерки городского быта дореволюционного Поволжья. С. 252－253.

的军乐队演奏以吸引观众。① 随着铁路的发展，车站也成为人们喜爱的游行
地点。

　　春末夏初，人们开始划船，去郊外烧烤。在最为热闹的游行地点经常
会设置餐饮店、台球厅、保龄球厅，会有当地的乐团表演节目，通常是管
乐队，普通民众会循着管乐的声音聚集到此。

　　那么，是否有能够将都城和省城联系在一起的现象和活动呢？在世纪
之交，普通市民的日常生活发生了哪些变化？他们与上一代人相比又有什
么不同呢？

城市居民

　　第一，19、20 世纪之交，城市各阶层在法律地位和接受教育的机会上
差距逐渐拉近。② 这促使人们塑造新的行为模式，制定新的教育策略。周围
环境的迅速变化要求人们不再复制数百年来形成的固有的行为模式，而是
要具有快速适应新生事物和灵活多变的环境的能力。这一形势为青少年的
社会化提出了新的途径：不是送他们去"做学徒"或是"参与实践劳动"，
而是送他们接受教育，教育内容则涵盖人类截至目前所掌握的各个领域的
理论基础知识。

　　这种经验的传承符合新型社会（通常称之为工业社会）的要求。在 19
世纪上半叶，大多数市民，其中也包括那些家境富裕的市民，更倾向于
"能做会做，而非知道了解"这一模式，甚至是对于读书识字的态度也很一
般③，到了 20 世纪初，各个城市已经具有两种不同的信息传播机制——根

---

① См.：Ступина А. С. Волга в жизни Саратова второй половины XIX – начала XX столетия：впечатления современников //Городская повседневность в России и на Западе. С. 173.
② См.：подробнее очерк Л. В. Кошман «Город на рубеже столетий：лаборатория и хранитель культуры» в данном издании.
③ 例如，梁赞一个出身富裕商人之家的小男孩在 1852 ~ 1853 年（两年）跟一位退伍军人学识字，学费为 5 卢布，而后休学一年（Архив клиники профессора А. А. Остроумова. 1892 – 1900. Вып. 1. М.，1903. С. 342 – 343）。

据传统将孩子送去做"学徒"以及送孩子去接受教育。这一过渡的过程虽谈不上痛苦，但也并不容易。在 19、20 世纪之交，商人已经逐渐认可实科中学，甚至上大学在家长看来也并非奇谈怪事。① 有研究者发现，新生代商人一般都拥有很好的学历，有的甚至是大学毕业，在个人交往中他们既有世俗的一面，又表现出灵活机智的一面。② 这些新变化也触及了没有特权的市民阶层：20 世纪初，在实科中学上学的学生中，来自小市民家庭的学生占比达 25%～35%，而在大学上学的大学生中，这一比例为 22%～24%。③ 与商业资源不同，教育资源可以将小市民拉出社会的底层：接受高等教育能够赋予他们新的社会阶层和法律地位。

第二，出现了新的城市居民类别。首先是产业工人和交通业工人，他们没有被列入官方划分的各阶层，一般和家人住在城里或是近郊，但至少每个重大的官方节日都会参与到城市生活中来④。文化程度、对空暇时间的组织形式在很大程度上取决于他们所在的地区、行业、具体的工厂甚至是车间。1915 年叶卡捷琳诺斯拉夫地方自治局进行的调查问卷资料基本上显示出上述结果：在 881 名工厂村居民中，48% 的人利用空闲时间读书，28% 的人参加座谈会，8% 的人去教堂，6% 的人看电影，5% 的人工作，3% 的人听讲座，2% 的人看剧、听音乐会。⑤ 20 世纪初，在乌拉尔和下诺夫哥罗

① 亚历山大·伊万诺维奇·科诺瓦洛夫在卡特科夫中学和莫斯科大学念书，后来到德国的纺织职业技术学院访学。有趣的是，教授 17 岁的科诺瓦洛夫音乐的是 19 岁的 С. В. 拉赫玛尼诺夫（1892 年和 1894 年夏）（См.：Кузнецова О. А. Культурный облик российской провинциальной буржуазии в XIX – нач. XX в. Иваново，2006. С. 91，93，96 – 97）。

② См.：Хэфнер Л. Указ. соч. С. 523.

③ См.：Иванов А. Е. Студенчество России конца XIX – начала XX в. Социально – историческая судьба. М.，1999.

④ 大多数现代人都会发现，每逢复活节和谢肉节，就会有身着节日服装的工人出现在大城市的中心。

⑤ 莫斯科在 1924 年针对 50 名工人开展的一次回溯性调查结果与此有明显不同：其中 94% 的人空闲时间去看电影，92% 的人去剧院，88% 的人参加读书会、听讲座，80% 的人看书，75% 的人每天都读报（其余的 15% 偶尔读报，10% 完全不读报），67% 的人参观博物馆，50% 的人参观展览会和画廊（см.：Кирьянов Ю. И. Жизненный уровень рабочих России конца XIX – начала XX в. М.，1979. С. 86）。

德的工厂区，话剧团组的活动不再是话剧迷们偶尔为之的事情，而是逐渐由业余爱好变成了一份工作。这些地方每年会举行 5～10 场演出和文艺晚会，甚至还会去邻村和城镇巡演——当地居民对此非常欢迎。1912 年，索尔莫夫厂锯木车间的 15 名工人提出申请，希望排演席勒的《强盗》以迎接新年，并保证在演出期间"不会出乱子"。另外，20 世纪初还陆续出现了许多自学成才的艺术家：伊热夫斯克厂剧团的演出是一位工人负责排演的；索尔莫夫的业余艺术家们申请在晚上的技术培训班上教绘画，并希望能够举办画展。①

女性开始积极做事（虽然还有所局限）是一个新的现象。除了传统的家中仆人这一角色，女性开始组成新的阶层——工厂女工。到 1897 年的时候，有数据显示，在加工制造业领域工作的人中女性占大多数。② 商店和药店的女售货员、银行女职员、女教师、女医务工作者、电报局的女工作人员、女摄影师——这些已经成为时代的特征。但她们在职场的晋升空间依然有限。例如，在坦波夫，到 1912 年，所有的助产士和一般的护理人员都是女性，而在医生当中，女性占比仅为 15%；在下诺夫哥罗德，在护理人员和助产士中，女性占 75%，而女医生的比例仅为 3%。③

第三，收入水平发生了变化。

可以相当肯定地说，到 1906 年的时候，全国共计有富人（指年收入超过 5 万卢布的人④）2800 人。其中，55 人从事捕捞业，10 人是官员，1 人

---

① См.: Егоров Е. А. Рабочие Нижегородской губернии. 1900 – 1917. Численность, состав, положение. Горький, 1980. С. 145 – 146; Загайнова В. Л. Профессиональный и любительский театр Урала в 1861 – 1904 гг.: Дисс. ... канд. ист. наук. Екатеринбург, 1997. С. 128 – 133.

② См.: Араловец Н. А. Указ. соч. С. 31, 105.

③ См.: Стрекалова Н. В. Занятость женщин «среднего класса» Тамбова в предреволюционное десятилетие 1907 – 1917 гг. // Женская повседневность в России XVIII – XX вв. С. 81 – 82; Весь Нижний Новгород и Нижегородская ярмарка. С. 36.

④ 收入来自土地、工商企业经营、城市不动产、投资、个人劳动（打鱼）、国家公职以及自由职业（Мат – лы к проекту Положения о государственном подоходном налоге. СПб., 1906. С. XXXVIII, 88 – 89）。

是文艺工作者，但没有一人是公共协会人员。

很难确定的是到底有多少人属于有钱人，哪些职业是高收入职业。当时的专家将有钱人的门槛设为年收入超过 1000 卢布者（尽管当时认为这个门槛有点低）。到 1906 年的时候，这样的人共计 40.47 万。[①] 而日常生活富裕的标准是，每年仅用于饮食上的花销要达到 135～547 卢布。[②] 女性杂志则像往常一样，所提出的富裕的标准线要更高些：用于服饰的花销每年要在 300 卢布以上。

当然，37.5% 的富人是工商界的企业主。以 1889 年到 1902 年为例，在具有渔业私企资质的商界人士中，收入在 1000 卢布以上的占 8.8%。[③]

城市居民中的富裕者包括大学教授（3600 卢布）、副教授和国民教育部的公费生（1200 卢布），国家公职部门或者公共协会的专业人士，如城市建筑师，地方自治会、城市的医生以及出外勤的医生（900～1500 卢布）。从事自由职业的非公职人员的收入则无法一概而论，如牙医、兽医、药剂师、律师、公证员、文艺工作者、演员、画家、音乐家、建筑师、工程师等。[④]

可见，城市居民中的富裕阶层是由具有各种不同生活习惯和文化传统的人构成的，也正是这种差异性令世纪之交城市的日常生活形成了与以往明显不同的特点。

还有一个事实也非常重要，即 1900～1913 年，大多数城市居民的薪酬水平在每年 70～600 卢布。[⑤] 这类人群的成分及其特点也是庞杂各异，其中

---

① 试比较：当时的普鲁士这一数字为 83.01 万人（Там же. С. XXXVIII）。
② 叶莲娜·莫洛霍维茨写的广受欢迎的烹饪图书（1885）中提出这一标准，至 1912 年，该书已再版 27 次（см.：Орлова В. Д. Указ. соч. С. 42 - 43）。
③ Опыт приблизительного исчисления народного дохода... С. XXVIII, XXVII.
④ Там же. С. XXXI, 88 - 89.
⑤ Использованны данные：Вся Россия на 1913 г. М.，1913；Очерки городского быта дореволюционного Поволжья. С. 33 - 38；Богданов И. А. Старейшие гостиницы Петербурга. СПб.，2001. С. 71；Дмитриев С. В. Указ. соч. С. 256；Егоров Е. А. Указ. соч. С. 107 - 109，125；Николаев А. А. Хлеба и света! Материальный и духовный бюджет трудовой интеллигенции у нас и за границей（по данным анкеты «Вестника знания»）. СПб.，1910.

包括市政管理系统的图书馆员、银行职员、办事员、秘书和收款员（260 ～
540 卢布）；助产士和产科医生、底版修版员（200 ～ 240 卢布）；教师
（120 ～ 1200 卢布）；神职人员和辅祭（120 ～ 600 卢布）；"市政机构卫生管
理员"、门卫、"流浪狗管理员"（120 ～ 300 卢布）；更夫（12 ～ 300 卢布）；
警察局雇用的低级职员（144 ～ 180 卢布）。而制帽工人如果手艺特别好的话
可以赚到 600 卢布，汽车司机是少有的职业，可以拿到 560 卢布。

　　企业工人的工资水平取决于所在行业和地区。从小企业每年的 96 卢布
到大企业的 194 卢布不等。一些技术熟练的铸工和模型工每年可以拿到
1380 卢布。下诺夫哥罗德工人的年平均工资为 240 卢布。许多人从事或掌
握的是技术含量不高的工种或技能，他们的薪酬主要取决于工作的强度和
工作的迫切性。[①] 家庭手工业者的年收入非常微薄，约为 83 卢布。

　　享受退休待遇的人的收入情况也是各种各样：一些官员退休后也拿全
额工资，有的则每年只拿 30 卢布，教师的退休金是每年 50 卢布到 300 卢布
不等。需要强调的是，在其他城市居民眼中，退休金是国家公职人员的特
权待遇，提高了他们的身份地位。

　　可见，城市居民的收入差异性较大，工资水平的高低未必与他们的业
务能力、经验或者工作强度直接挂钩。因此，我们尝试梳理城市居民可接
受的开销情况，其中不仅包括保障自己生活的必需支出[②]，还包括买书、看
剧、参加各类协会等活动的支出。"月薪 40 卢布的情况下，要拿出 2 卢布
30 戈比用于满足自己的精神需求，真是要颇费一番算计啊！"[③] 莫斯科一名
28 岁、单身的办事员在问卷调查表里写道。雅罗斯拉夫尔的小市民家庭认

---

① 例如，在工作急需的情况下，搬运工的收入可以在原来每普特计件工资的基础上得到提
　高。男性短工每天的收入是 50 ～ 90 戈比（一年的收入最多可以达到 328 卢布，当然这
　是在每天都很忙碌的前提下），女性短工每天的收入是 30 ～ 60 戈比（一年的收入最高可
　以达到 219 卢布）。男性仆人的收入取决于所在地方的条件，一般来说，最低每年可以
　得到 96 卢布，中等水平收入为每年 144 ～ 300 卢布，极少的情况下可以拿到 1400 卢布。
　女性仆人的最低收入为每年 36 ～ 60 卢布，中等收入为每年 72 ～ 180 卢布，极少的情况
　下可以得到 240 ～ 360 卢布。

② См. : Николаев А. А. Указ. соч. С. 6，65.

③ Там же. С. 6.

为，要养活全家人，每年 300 卢布的收入是不够的。对于都城的居民来说，300 卢布只是 19 世纪 90 年代末期人均每年的最低生活水平线。[1] 国民教师的平均工资也是这个水平。这样一来，对于大多数城市居民来说，每个家庭每日的开销（由一个人养家的情况下）维持在 19 戈比到 1 卢布之间。因此，即使是几戈比的食品也并非所有人都能买得起。也正因如此，对于大多数市民来说稳定是最重要的，这一点无可争议。

除了开支预算，工作时间的结构也是生活方式的决定性因素。定额工作日是公职人员特有的待遇。小商贩们恨不得一天 24 小时都在工作，因为城市居民的购买力低下，他们希望能够通过多卖一段时间来保障自己的收入。普通售货员或者店员的工作时间是从早上 8 点到晚上 10 点（有午休）。20 世纪第二个十年，圣彼得堡"欧洲宾馆"的服务员每个月有两天休息，每两年有一次休假，费用自理。[2] 企业和交通部门的工人每天早上 5 点到 6 点开始工作，14 点到 15 点是午休时间，在 20 世纪的第一个十年，他们每天的工作时长缩减到 10.5 小时。[3] 此外，企业工作者一年的非工作日合计有 84～86 天。[4]

这种时间分配给休闲生活的组织造成了一定的困难，有时甚至比由收入低或者阶层出身所带来的限制更大。[5] 在1901 年的调查问卷中，工人们指出，他们去不了剧院：30 戈比的票（要特别指出的是，这个价格是工人们能承受得起的一笔开销）被观众和票贩子一抢而空，要买到这样的票，需要请上半天的假；另外，晚场演出要持续到半夜 12 点左右才结束。

在日常生活层面，上述情况常常发生奇妙的组合。例如，20 世纪初稿酬最高的作家愿意一直留在下诺夫哥罗德做一名小市民；工厂主 A. E. 特列

---

① См.：Гутнов Д. А. Обучение на историко-филологическом факультете Московского университета в конце XIX – начале XX в. // Вестн. Моск. ун-та. Сер. История. 1993. № 1. С. 64.

② См.：Богданов И. А. Указ. соч. С. 71.

③ См.：Кирьянов Ю. И. Указ. соч. С. 87.

④ См.：Иванов Ю. А. Указ. соч. С. 143 – 144.

⑤ См.：Кирьянов Ю. И. Указ. соч. С. 84.

乌莫夫娶了商人的女儿 Л. М. 博利沙科娃为妻，他的财富翻倍，但他却仍然属于农民阶层①；坦波夫的一位女性农民以生活太过贫苦为由，申请一份打字员或抄写员的工作②。在 20 世纪初的托木斯克，省长住在一间租来的不大的住所里；而市长住的则是一所私邸，镶着明亮的玻璃窗，家里有厨师和身穿燕尾服、训练有素的仆人。③ 这并非具有不同阶层传统的人们简单的机械"组合"。19 世纪下半叶到 20 世纪第一个十年，具有"有教养""有文化""有素质""上流社会人士""知识分子"等特征的人，其中既包括贵族阶层，也包括非贵族出身的知识分子，渐渐形成一套中规中矩的通用行为模式和行为规范。新的行为模式建议中和各阶层和地区在言谈举止、穿衣戴帽、做客礼仪等方面的风格特征差异。

与此相应的是，文化休闲方式的转变缓慢。传统文化将平日和节日严格划分开来。平日完全被劳作和忙碌填满，只有单身的年轻人能够轻松些；平日如果不工作，这并不是休息，而是游手好闲、无所事事。节日则有明确的时间界限，不过在行为规范方面却可以解除所有禁忌：可以口无遮拦，可以大快朵颐，可以纵酒狂欢，也可以随意打牌（与平日形成极大反差）——这一切都可以尽情地、随心所欲地去做。礼节仪式层面的混乱也是节日必不可少的一个组成部分。比如，婚礼仪式包括在婚礼第二天的狂欢。节日让人感觉是可以将循规蹈矩肆意抛去的合法理由，而在经历了节日的疯狂之后，一切还要恢复往日应有的秩序。传统文化不容许人们对这一生活模式有任何偏离，不参加娱乐狂欢可能意味着脱离自己所在的圈子。不同的社会群体形成了自己的节庆方式，也都有自己"纵情消磨时间"的方式：贵族——黄金时代的打牌豪赌④，商人——纵酒狂欢，小市民、搬运工、外出打工的农民——大吃一顿。这些行为方式可以追溯到遥远的

---

① См. : Кузнецова О. А. Указ. соч. С. 36.

② См. : Стрекалова Н. В. Указ. соч. С. 81.

③ См. : Гончаров Ю. М. Указ. соч. С. 23.

④ См. : Шевцов В. В. Карточная игра и России (конец XVI – начало XX в.): история игры и история общества. Томск, 2005.

中世纪，符合城市居民的非资产阶级结构和价值体系。但在新时代，这一模式自身蕴含着极大的危险。时间的自身结构发生了变化：轮流交替的不是年复一年的平日与节日，而是日复一日的劳作与休闲。空闲时间渐渐都贴上了节日的标签，变成了一场场小规模的但日常常有的放纵。酗酒是 19 世纪下半叶到 20 世纪前十几年间俄国城市生活中最突出的问题。在弗拉基米尔省，无论是从酒的消费量还是犯罪率来说，排在首位的都是工业中心舒亚县。① 同时代的人直接指出了经常酗酒与缺乏娱乐之间的关联，这也成为当地报刊报道、文艺工作者书信和随笔中常见的内容和主题。

组织能够满足各类兴趣和消费层次的娱乐活动，与树立"健康生活方式的典范"一样，都是新时代的迫切要求。② 城市的休闲时光越来越像是公众共享的时光，公共休闲形式开始排挤家庭休闲形式；即使是读书这样的事情，市民们都更喜欢在俱乐部和图书馆。③ 比如，在 1871 年的比斯克，6000 名居民的小地方有 70 家小酒馆，而到了 20 世纪初，这里的情况发生了很大的变化：人口数量增长至原来的 4 倍，而小酒馆的数量减少至原来的 1/3，同时出现了图书馆、学校、戏剧艺术爱好者协会、教育和慈善协会④等。甚至商人们的纵酒狂欢也开始让位于其他休闲方式。⑤ 在这方面，即使是小城市也为自己的居民提供较之于农村更多的可能和机会。

对于俄国的所有城市来说，它们同时还经历着另一个共同的进程——家庭的进化。事实上，很难全面梳理出家庭的实际发展进程，统计数据甚

---

① См.：Иванов Ю. А. Указ. соч. С. 88.
② См.：очерк Г. Н. Ульяновой «Досуг и развлечения. Зарождение массовой культуры» в данном изадании.
③ См.：Гончаров Ю. М. Указ. соч. С. 120 – 121.
④ См.：Дегальцева Е. А. Общественные неполитические организации в культурном ландшафте дореволюционного сибирского города//Повседневность российской провинции：История, язык и пространство. С. 66.
⑤ См.：Иванов Е. П. Меткое московское слово. Быт и речь старой Москвы. М.，1989. С. 289.

至没有关于正式办理分居手续①的记录，而 1926 年的全国人口普查第一次把实际家庭关系而非法律意义上的家庭关系纳入调查项目。可以说，城市家庭进化过程中最重要的组成部分，一方面是人与人之间的关系更趋于个性化，更加重视情感生活；另一方面是家庭世界对外部的公共世界的开放性越来越大。

城市的潜能

新技术。世纪之交是人类历史发展独一无二的一个阶段，原本只有科研人员才能接触到的科学实验室好像一下子解封，向成千上万的民众开放。实验室的运行机制和原理本来只有专业技术人员才懂，而今突然在普通人的生活中发挥重要的作用。技术凝聚了不止一代学者和发明家的智慧与劳动，是进步的显性体现，同时，从中也可以看到未来城市的样子。城市与科技成就密切关联，虽然严格来说，无论是自行车、汽车，还是电影、电话，甚至是有轨电车都不是城市所独有的东西②，但 20 世纪初的城市是技术进步的集中体现和象征。

有轨电车线路的开通仪式③隆重而盛大，有社会各界和教会的上层人士参加，并举行祷告和祭拜圣物仪式。通常，这会聚集大量好奇围观的群众，

---

① 分居手续是指由政府向夫妻签发的分开生活的证书。同离婚相比，教会更加谴责分居行为。20 世纪初，提出此类请求的人越来越多，签发分居证已经无须警察进行仔细的调查。1914 年，颁布了关于简化手续的法令。处于分居状态的夫妇数量已经难以确定，而离婚者的数量在城市居民中已经占一定的百分比（См.：Малеева Е. П. Проблема получения жанщинами права на отдельное от супруга проживание 'на материалах Тамбовской губернии XIX - начала XX в. ' // Женская повседневность в России XVIII - XX вв. С. 33；Араловец Н. А. Указ. соч. С. 74，112）。事实婚姻的数量也难以估算。但可以肯定的是，在 20 世纪初的时候，这已经不再是什么稀有的事情了：在知识分子和演员当中，事实婚姻是具有话题性的现象；在小市民生活中，这是常见的现象，一般是由于无法解除上一段婚姻。

② 影剧院大概是第一个打破城市垄断的新事物。一大批影剧院在铺设了铁路的乡村小站的站点飞快地建设起来，1910 年第一家影剧院在托波利涅村建成，并对公众开放，它靠近乌法，位于一幢私人住宅内（Летопись российского кино... С. 87）。

③ См.：очерк Л. В. Кошман «Город на рубеже столетий... » в настоящем издании.

他们一会看看车厢里，一会儿往下面看看。新的交通工具一开始并不是所有人都能坐得起的。"既有有轨马车，也有有轨电车，却没有钱来坐。"莫斯科一个每天要走 5 俄里的路去上班的办事员指出。在省城，比方说库尔斯克，成年人乘有轨电车走遍全城需要 8 戈比，而中小学生需要 5 戈比。与此相比，如果乘马车，需要付给车夫 20 ~ 25 戈比，所以，有轨电车还是极具吸引力的；再说，有轨电车每隔 20 分钟一趟，每节车厢可以容纳 48 人。在 20 世纪初的时候，有轨电车一年的乘客运载量是 500 人，到 1913 年已经是 250 万人。①

电话②在 19 世纪 80 ~ 90 年代出现在省城。到 1910 年，全国各省 23% ~ 36% 的城市覆盖了电话网，一般能有数以百计的用户量，并且这一数字并不一定取决于城市规模的大小。电话用户在 1000 户以上的城市有阿斯特拉罕、哈尔科夫、顿河畔罗斯托夫（2034 户）、基辅、里加、华沙、莫斯科（27430 户）、圣彼得堡（约 5 万户）。但也有一些小城市、工厂和村镇的电话用户只有 9 ~ 15 户；而在一些居民点，有电话的可能只有 2 户，如沃洛格达省格里亚佐韦茨县、奥伦堡省奥伦堡村③等地。每台电话的用户每年需缴纳电话费 75 卢布。显然，这笔开销限制了电话这种新通信工具的用户范围。其中，穆罗姆市的市长家虽然安装了电话，却信不过电话，有事仍要先派仆人去女儿家告知一声，一会儿要给她打电话。④ 雅罗斯拉夫尔的第一部电话是在商人家安装的，引起了老管家的极度恐惧，他言之凿凿地说，那里面回应答话的不是人，而是鬼。⑤ 尽管如此，新通信工具的作用还是日益增大：在 99 名下诺夫哥罗德的医生中，在为当地的通讯录留自己的联系方式时，42% 的人标注的是电话号码。⑥ 电话连线是通过人工进行的，话务

---

① Курск: Краеведческий словарь – справочник. Курск, 1997. С. 391 – 392, 149.

② См.: также очерк Л. В. Кошман «Город на рубеже столетий...» в настоящем издании.

③ Города России в 1910 г.: Засосов Д. А., Пызин В. И. Указ. соч. С. 323.

④ См.: Кузнецова О. А. Указ. соч. С. 253 – 254. Телефонная сеть Мурома в 1910 г. Насчитывала 194 абонента (Города России в 1910 г. С. 347).

⑤ См.: Дмитриев С. В. Указ. соч. С. 191, 372 (прил.).

⑥ Весь Нижний Новгород и Нижегородская ярмарка. С. 36.

员可以听到用户的对话，所以，电话常常被称为新闻和谣言的源头。

"自行车""摩托车""汽车""飞机"——世纪之交，这些代表科技进步的产物被视为"都市化"的同义词，并让城市的日常面貌焕然一新——新的交通工具、新的景观、新的声音、新的职业。

自行车①是第一个也是受众最广的新型交通工具。作为日常生活的一部分，它出现在19世纪80年代。喀山第一台本地的自行车（1878）由瓦斯管组装而成，而第一台外国制造的自行车是花了177卢布购进的（也是在1878年）。② 俄国出现的第一批俱乐部非常推崇骑自行车，并把它当作一种休闲方式。莫斯科自行车协会（1884）常常组织游玩、比赛、郊游野餐等活动，活动内容包括有乐队演奏的舞会、流光溢彩的彩灯和焰火，还会预定室内的大厅和剧院，以防遇到坏天气，最后还有通过预约参加的晚餐会。体育报颇为自豪地报道，列夫·托尔斯泰都对自行车这一新生事物青睐有加。③

自行车运动得到了迅速发展。1883年7月24日，在莫斯科赛马场举行了俄国第一场自行车比赛。参赛者有7人，"买票入场的观众"达1万人之多，赛事收入的6000卢布都捐赠给了亚历山大绝症患者和残疾人收容所。圣彼得堡也举行了类似的比赛，观众达6万人。据报纸报道，1896年，全国有此类协会75个，每个协会会有会员25～600人。1884年至1896年，全国共举行了800场比赛，参赛者达到1200人。④ 俱乐部的会员数量则不可能

---

① 被广泛承认的自行车结构设计出现在1877年，当时在设计上引入了链式传动和轴承。早在1880年，就已经有自行车比赛。1885年，英国的公司"洛维尔－赛弗梯"研制出了新的、安全可靠的自行车，使自行车在大众中得到了普及，这是自行车发展史上重要的一步。一般认为，1887年俄国开始出现安全性能较低的自行车，也正是从这时起，自行车运动的地域范围得到了进一步扩大。1886年，俄国的第一家自行车企业出现在里加市，1894年莫斯科建立了自行车厂，到1890年，俄国已经有4家大型自行车厂和25个国外代理商。

② Очерки городского быта дореволюционного Поволжья. С. 463.

③ См.：Суник А. Б. Российский спорт и олимпийское движение в ребеже XIX - XX вв. М.，2001. С. 107.

④ Там же. С. 111，107－108，118，115.

很大，因为自行车的价格仍然很高：比如，在库尔斯克，一辆自行车的价格为 200～240 卢布。尽管如此，在库尔斯克的赛马场经常既举行赛马比赛，也举行自行车比赛。而在 1892 年到 1898 年，自行车爱好者协会举办了公路自行车赛，还在几经努力建成的自行车赛场①举行了比赛。在当时的体育报上，针对"女性是否应该参加自行车赛"的问题展开了讨论：服装有失体面、姿势不雅、急速运动以及纯生理方面的限制。这要是我们德高望重的列夫·托尔斯泰会怎么说呢？争议归争议，从 19 世纪 80 年代起，开始有女自行车手参加比赛，组织者专门为她们设计了"合理的"服装。女作家 Л. А. 拉舍耶娃（笔名马尔科·巴萨宁）——当时是 5 个孩子的母亲，曾多次在公路赛中获胜，并骑完 200 俄里的赛程。19 世纪 90 年代，自行车旅游的发展也达到高峰。以莫斯科为例，据《自行车手》杂志统计，该市的"赛车手"和游客的数量分别是 220 人和 2 万人。②

在 20 世纪第一个十年，人们对自行车比赛的兴趣明显下降，摩托车赛和汽车赛开始吸引越来越多的观众。但作为交通工具，人们对自行车的需求仍然很大。报纸数据显示，首都有 1.5 万人使用自行车，包括邮递员、办事员、一些递送员和收入较高的工人。当时，有身份的人骑自行车被认为是不体面的事情，而女性只有在别墅才可以骑车。③在各省城，第一批技术新品的拥有者一般是商人和工厂主。比如，在科夫罗夫县克里亚基缅斯科村，商人诺斯科夫家买了自行车、第一台留声机和电话。④ 在边远地区，自行车这种出行方式并没有立刻普及：尤里耶韦茨的商人 Г. Н. 穆拉维约夫在一次骑车出行的途中差一点因车祸身亡，当地的农民看见了这一幕，认为这就是"小鬼骑小鬼"⑤。

19 世纪 90 年代末，各城市的街道上出现了自行车的"兄弟"——

---

① Курск: Краеведческий словарь - справочник. С. 203，155.

② См.: Суник А. Б. Указ. соч. С. 114，243.

③ Там же. С. 118，115；Засосов Д. А. Пызин В. И. Указ. соч. С. 335.

④ См.: Кузнецова О. А. Указ. соч. С. 254.

⑤ Там же.

摩托车①和汽车②。有趣的是，第一届亚历山德罗夫村—斯特列利纳摩托车比赛是在 1898 年由自行车协会主办的（当时圣彼得堡已经成立"俄国摩托车俱乐部"）。20 世纪初，圣彼得堡—莫斯科摩托车赛已经定期举办。摩托车在当时主要是一种运动器材，而汽车则毫无疑问是奢侈品。最初的汽车沙龙再次强调了这一点。1907 年 5 月，在圣彼得堡的米哈伊洛夫练马场举办了第一届汽车展览会，此次展览会具有新艺术派风格，展厅的许多装饰细节甚至与汽车完全无关——地毯、花瓶、热带植物。有管乐队和巴拉莱卡琴乐队为观众演奏，还特邀匈牙利的吉卜赛人乐队来演出。③ 汽车的价格为数千卢布；以 1907 年的这次汽车展为例，汽车的价格大多在 6000～8000 卢布，但个别展品的价格在 1.5 万～2.2 万卢布。④ 这些车看起来庞大而笨重，开起来喷着呛人的浓烟，隆隆作响，经常会出问题，且对路况非常敏感。的确，在一些短距离的即兴比赛中，奥廖尔的种马时常会赢了租来的汽车，这让一部分观众非常开心。⑤ 汽车结构逐渐得到优化⑥，它也开始一步步变成交通工具。在 1907 年举办的汽车展览会上，就展出了邮政车和卡

---

① 1885 年，装载汽油发动机的摩托车出现在德国，1895 年法国举办了史上首次摩托车大赛，采用的是汽车赛道：巴黎—波尔多—巴黎。国际摩托车联盟成立于 1904 年。

② 1862 年，第一次在车体上安装内燃发动机，1886 年则研制出了使用汽油发动机的汽车。从这时起，汽车生产进入使用当时最新生产技术的工业化生产阶段。1894 年，法国举办了第一次汽车大赛，路线是巴黎—鲁昂。当时报名参赛的汽车中，有 39 辆使用内燃发动机，28 辆使用蒸汽发动机，5 辆燃料动力车，5 辆电动车，以及 25 辆使用"其他动力系统"的车。最终，大赛的冠军由装载蒸汽发动机的汽车获得。1904 年，成立了国际汽车联盟。在俄国，国产汽车配件的研制与 1896 年在下诺夫哥罗德举办的全俄展销会密切相关。1908 年，俄国生产了首批"罗斯－波罗的海"牌汽车。当时，里加、莫斯科、圣彼得堡、顿河纳西切瓦尼的汽车厂都在使用进口的汽车配套组件。

③ См. : Никитин Ю. А. Промышленные выставки России XIX – нач. XX в. Череповец, 2004. С. 46.

④ Записки Крымско – Кавказского горного клуба. Одесса. 1913. № 2. С. 55.

⑤ См. : Засосов Д. А. , Пызин В. И. Указ. соч. С. 62.

⑥ 在第一次汽车比赛中，汽车的速度达到 24 公里/时（1898 年，在俄国举办的第一次汽车比赛中，汽车的速度达到 25.5 公里/时），到 1907 年，汽车的速度可以达到 114 公里/时。当时，汽车比赛已经成为汽车技术革新的试验场，在这块试验场上第一次应用了可拆卸轮胎等新技术。

车、四轮驿车和公共马车、机动船、汽船、快艇。而 1913 年举行的第四届
国际汽车展览会则演化成一种销售机制：展出的 386 辆车（其中还包括救
护车、消防车等专用车辆）几乎全部售出，除此之外，还收到了新车的
订单。①

莫斯科—德米特洛夫的公路赛，起点位于库兹涅佐夫桥上，摄于 1912 年

1896 年春，圣彼得堡的街道上已经可以看到奔驰公司的汽车。② 据一
名圣彼得堡人回忆，1907～1908 年的时候，汽车走进了城市的日常生活，
并成为其中的一部分。1911 年，首都共有 1341 辆私家车和 417 辆公用车。③
1910 年，城市居民在提起出租车的时候，已经把它当作一种普通的交通工
具，只不过价格比较高。④ 作为新的交通工具，汽车在其他大城市的出现过

① См.：Никитин Ю. А. Указ. соч. С. 46，48；Лачаева М. Ю. Приглашается вся Россия...
Всероссийские промышленные выставки XIX – нач. XX в. М.，1997. С. 106.

② См.：Лачаева М. Ю. Указ. соч. С. 153.

③ См.：Засосов Д. А.，Пызин В. И. Указ. соч. С. 334.

④ 圣彼得堡的私人出租车公司出现在 1902 年，到 1911 年有 403 家。当时并没有特别稳定
的收费标准，一般来说，在白天，车上载三位乘客，每人每俄里需支付 30 戈比；但在
圣彼得堡人的记忆里，还有更划算的定价，即 5 卢布/时（Там же. С. 62，335）。

程也大致相同。一般来说，汽车修配厂可以提供汽车出租、修理以及零配件服务。在尤里耶韦茨，购买第一辆汽车的是机械研磨机的拥有者、雷宾斯克磨坊主 B. A. 日洛夫。1910 年，整个弗拉基米尔省共有 34 辆汽车和 25 辆摩托车，它们的拥有者是工厂主和商行。① 这样，汽车作为公共交通工具的功能开始显露出来。1910 年，喀山汽车交通集团开通了从城郊自由村到市中心的定班线路。② 1912 年，一趟载客量 27 人的定班线路将库尔斯克和法捷日连通起来，其班车行驶速度为 26.67 公里/时，而一张车票的价钱同剧院池座的票价相仿：1 卢布 25 戈比至 1 卢布 70 戈比。③

汽车赛成为城市景观的一部分，它常常与汽车展览会安排在一起，如在 1913 年第四届国际汽车展览会期间，举办了赛程 230 俄里的环形公路赛，有 18 人参赛。④ 当然，第一届全国汽车人代表大会（1913）也是因为同时举行的汽车赛而引人注目：20 辆赛车、70 名参赛者从哈尔科夫驶到莫斯科。1914 年，喀山举办了冬季土路汽车赛，赛程分别为 80 俄里和 120 俄里⑤：14 辆赛车沿着奥伦堡的驿道飞驰而过。一辆车速为 75 俄里/时（80 公里/时）的汽车跟拍下了一部分赛程，即使对电影院的常客来说，这也是令人叹为观止的场面。

浮空飞行并不是都城的专利。1883 年，喀山举行了第一次气球飞行表演，1895 年则举行了气球跳伞表演。1891 年，库尔斯克举行了两次气球跳伞表演，两次跳伞者都落到了某个建筑物的房顶。飞机⑥也快速进入都城以

① См. : Кузнецова О. А. Указ. соч. С. 254.

② Очерки городского быта дореволюционного Поволжья. С. 286.

③ Курск: Краеведческий словарь – справочник. С. 7.

④ См. : Никитин Ю. А. Указ. соч. С. 46，50.

⑤ Очерки городского быта дореволюционного Поволжья. С. 286；Летопись российского кино. . . С. 141.

⑥ 1891～1896 年生产出了机体结构，1903～1908 年成功地研制出了内燃发动机，1905 年成立了国际航空联合会。从 1908 年起，陆续制造出了可以稳定飞行的飞机，其中就包括由俄罗斯设计师 Я. М. 加克利、Д. П. 格利高洛维奇、В. А. 斯列萨列夫、И. И. 斯捷戈拉乌等人单独设计的飞机。1910 年，Б. Н. 尤里耶夫设计完成俄罗斯第一架直升机，1913 年，由 И. И. 西科尔斯基设计的重型飞机"俄罗斯勇士"完成了首次飞行。

外其他城市的生活中：1910 年，在喀山，A. A. 瓦西里耶夫驾驶飞机飞行了
20 分钟。从这时开始，飞行表演总是吸引大量的观众来到赛马场。萨拉托
夫也成立了飞行俱乐部，由副省长直接领导。

圣彼得堡满载乘客的公交车，K. 布拉摄于 20 世纪初

留声机、打字机、计算器、缝纫机、织袜机、自行车、分离器、火枪、
家用电器——这些五花八门的物品经常会出现在那一时期的广告中。[1] 这些
构造复杂的机械制品的都市化程度各不相同：留声机[2]和缝纫机[3]的价格将
农村消费者拒之门外，而家用电器则要求比较成熟的技术。家用电器的广
告很少——因为家庭佣工的劳动非常廉价而普遍，所以对家用电器的需求

---

① Вся Волга на 1901 – 1902 гг. Саратов，1911. С. 46，XXVII.

② 留声机是爱迪生在 1877 年发明的，1887 年德国人伯利纳研制出第二代留声机，实现在
工厂进行批量生产是在 19 世纪末的美国。俄国第一家留声机制造厂于 1901～1902 年在
里加建成。截至 1915 年，俄国有 6 家此类工厂，每年生产约 2000 万张唱片，其中包括
莫斯科百代公司以及位于莫斯科郊区的大都会公司的工厂。

③ 从 18 世纪下半叶开始，发明家们一直在为缝纫机的发明绞尽脑汁，直到 1850～
1851 年才出现了成熟的缝纫机，并得到大规模的量产。俄国最知名的缝纫机生产
公司是"金格"（Singer）公司，它于 1873 年创建于美国，1903 年在波多里斯克建
立了工厂。

不大。尽管如此，蒸汽洗涤器、滚筒洗衣机和甩干机①还是进入了城市居民的公共生活：它们开始在包括地方自治会所辖诊疗所和医院在内的医疗机构使用。

照相和拍电影②都是复杂的移动技术，自问世以来迅即走入日常生活的各个领域。1910 年，照相馆覆盖全国约 67% 的居民点。其中，约 30% 的城市中有一至两家照相馆，这些城市的级别差异很大，如诺夫哥罗德和索尔莫沃。当时，俄国拥有 10 家以上照相馆的城市有 18 座③，在工业村④也建有照相馆。照相已经稳步走进俄国人的生活，在办理一些文件手续⑤、审讯侦查等情况下会用到。重要的是，文化人开始把照相看作一种完全独立的艺术创作形式。摄影爱好者联合会组织摄影家们进行以艺术创作和科学探索为目的的摄影行，举办展览会和摄影讲座。

19 世纪末 20 世纪初，照片、留声机、电影、报刊和广告一起创造了一个全新的、具有高技术含量的奇特现象——"明星"。这一现象的主要特征包括：观众常常将荧幕或是舞台上的形象与表演者本人同一化，从而在意识中形成一个神话，而无论在荧幕上还是生活中，"明星"都是神话的主人公。⑥在精英文化中，"明星"诞生的时间很早，而且是在虚构程度非常高的舞台艺术——歌剧和芭蕾舞的表演中。但如今，随着技术承载者的推广和普及，"明星"为数以百万计的观众所需要，二者之间构建起不同于以往的关系。这是新的在演出大厅中向观众呼吁的机制，这也是一种"复刻"

① 在 19 世纪下半叶，洗衣机的发明研究一直持续着：其间曾出现过手动式、畜力式以及蒸汽动力式的洗衣机。1870 年，手动助力式洗衣机曾实现过量产。与此同时，发明家们一直致力于研究如何在洗衣机内部安装蒸汽式、电动式或内燃机式的马达。1908 年，美国出产了首批电动式洗衣机，虽然价格昂贵，但仍然生产了数千台。
② См. : очерк Г. Н. Ульяновой "Досуг и развлечения..." в настоящем издании.
③ 萨拉托夫有 23 家，敖德萨有 50 家，斯塔罗夫波尔有 60 家，莫斯科有 155 家，圣彼得堡有 196 家。
④ См. : Мозгова Г. Г. Первые шуйские фотографы//Провинциальный анекдот. Чтения по региональной казуальной истории. Вып. 1. Шуя，2000. С. 7.
⑤ Там же. С. 12.
⑥ См. : Зоркая Н. М. На рубеже столетий. У истоков массового искусства в России 1900 – 1901 гг. М.，1976. С. 278.

机制①：对于每位听众来说，唱片上阿纳斯塔西娅·维亚利采娃的声音震撼着他们的心灵，而阿斯塔·尼尔森和维拉·霍罗德娜娅则从荧幕上注视着每位观众。②

教育·自学·职业再培训

即使是一座小城市或是纯粹的工厂区，其所能提供的学习、自修和改行再就业的机会都是乡村无法企及的。从这种意义上说，城市是信息的中心。城市中充斥着各种启事、广告、报纸，让本地人和外来者不由自主地卷入新信息的洪流，而教育技术的发展变化则让在校外进修知识成为现实。报刊和科普读物大力推崇自修，特别是通过地方自治商业系统开展自修。

全国 7%~17% 的城市（各地区略有不同）都开设了星期日学校，在各居民点其地位也各有不同。③ 科斯特罗马有 4 所星期日学校：2 所女校，2 所男校。④ 库尔斯克的星期日学校每年招收学生分别为 105 人（男校）和 300 人（女校）。⑤ 晚课培训班在晚上 8 点至 10 点上课，与上班时间的安排有点冲突，因此，它仍是不太普及的授课形式（仅在各地区 4%~7% 的城市和约 10% 的民众文娱馆开设）。开设此类培训班的城市无论从地理分布还是地位上来说，都各有不同，如大卢基、萨拉普尔、叶戈里耶夫斯克、马

---

① Cm.：Зоркая H. M. Уникальное и тиражированное. Средства массовой информации и репродуцированное искусство. M.，1981；она же. На рубеже столетий...

② 据资料记载，维拉·霍罗德娜娅很平静地对待自己"银幕女皇"的地位，在照片中她总是呈现出美丽迷人的女星形象。在俄国电影界享有盛誉的还包括马克斯·林德、И. И. 莫朱辛、H. A. 雷先科、B. 巴洛姆采维奇、B. 马莫诺夫、O. 卢尼奇、B. 巴隆斯基、莉莉·拜克、A. 卡波奇。

③ Города России в 1910 г.

④ Вся Кострома：Юбилейный иллюстрированный путеводитель. Кострома，1913. C. 97 – 101.

⑤ Курск：Краеведческий словарь – справочник. C. 70，268.

马德什、维亚济马、奥多耶夫、索尔莫沃、莫托维利哈。① 一般来说，上晚课培训班的学生平均每年有近180人。② 叶卡捷琳堡开设了城市自治普通教育讲习班，辅导学生准备中学毕业考试，报名者应具备市立小学毕业证，无须考试即可被录取。③ 20世纪初，俄国还先后开设了一些规模不大、专业性很强的教育机构，如萨拉托夫产科学校、护士培训班、亚历山大二世耐火建筑学校等，后者是萨拉托夫省地方自治会为纪念"1861年2月19日"这个具有特殊意义的日子而创办的（该校在编人员包括2名教师和1名建筑工程师）。④ 1900年，科斯特罗马市开设了科斯特罗马省首批养蜂专修班，其招生对象是乡村学校的教师。⑤

在各城市的日历地址名册上，常常会登载付费培训班的招生广告，如会计培训班⑥、打字培训学校⑦、绘画或者音乐的私教课⑧，甚至还有"巴黎风裁剪缝纫学校"。大学城的外语辅导班每月收费2~20卢布，一对一授课收费为每节课3卢布，各科的家教补习为每个月5~10卢布。⑨ 另外，举办培训班的还有各类团体：喀山的帆船俱乐部开设培训班，教授所有有意学习者操纵划桨船、蒸汽船、机动船等船只的技能；而"雄鹰"体操联合会则定期举办体操理论与实践培训班，课程结束后颁发结业证书。⑩

---

① Города России в 1910 г.

② Народный дом. С приложением первой всероссийской анкеты о народных домах/ Изд. сотр. Лиговского народного дома С. В. Паниной. Пг. , 1918. С. 386，392.

③ Весь Екатеринбург. . . С. 108.

④ Весь Саратов. . . С. 102.

⑤ Губернский город глазами костромских фотографов. Кострома，1990. С. 89.

⑥ 在喀山，А. 巴里亚金的高级会计培训班对男女学员开放，分为面授和函授（包括夏天）两种形式。培训班的章程规定：初级培训班学费为30卢布，普通基础班60卢布，高级专业班85卢布。相应地，函授班对应的学费分别为10卢布、30卢布和40卢布。培训班提供宿舍，并颁发毕业证和给予推荐信（Вся Волга. . . С. 83）。

⑦ Там же. С. 73.

⑧ Весь Нижний Новгород и Нижегородская ярмарка. . . С. 20；Очерки городского быта дореволюционного Поволжья. С. 39；Дмитриев С. В. Указ. соч. С. 279；Самарский край в контексте российской и славянской истории и культуры：Сб. ст. Самара，2004. С. 155.

⑨ Очерки городского быта дореволюционного Поволжья. С. 39.

⑩ Там же. С. 285，463 – 464.

自 19 世纪 80 年代以来，有两种教育形式得到了极为广泛的推广，这就是针对城市各阶层居民举办的公开课和大众读书会。公开课是大学城的首创，成为各学术团体和社会团体活动内容的必要组成部分。一般来说，公开课经常在教育机构和俱乐部进行，其受众是有文化的听众，并且需要付费（收到的钱款常常用于慈善目的）。公开课的主题通常根据当地的具体情况和社会文化进程而定，从"电影艺术的历史与前景"到"对生活的绝望"，涵盖面极广。比如，1909 年，B. A. 谢姆科夫斯基在圣彼得堡的女子俱乐部做了一场关于浮空飞行的报告，还配以各类飞行器飞行的电影片段和插图。①

免费的大众读书会面向的是没有准备的、常常是没有文化的群体。读书会一般在教育机构、阅览室、戒酒协会的茶室、民众文娱馆举行。为了让读书会能成功举办，"幻灯"和"幻灯片"是必备之物②，到 19 世纪末的时候，幻灯和幻灯片事实上已经无处不在。《布罗克豪斯－叶夫龙百科词典》的资料显示，萨马拉在 1897 年举行的大众读书会有 23788 人参加。雅罗斯拉夫尔在 20 世纪初举行的星期日读书会一般在下午 2 点开始，但是往往从上午 10 点开始等待的人就已经聚集起来，特别是孩子。当时，一般的阅览室最多能容纳 300 人，因此，要参加读书会也并非易事。③ 库尔斯克的初等教育推广协会在 1898 ~ 1911 年举办了 5512 场读书会，共有 517360 人参加。④

20 世纪前十年，一般的读书会内容一直局限于泛泛的基础知识，这让人们的兴趣骤减，选择具有现实意义的主题成为推动这种教育形式发展的一个途径。1905 年，库尔斯克举行的读书会安排了《关于人权》《关于国家杜马》《宪法是什么》《为什么需要自由》等一系列讲座，结果这次读书

① Летопись российского кино... С. 79.
② 19 世纪的投影幻灯机会把透明的原稿通过放大影像的方式投射到屏幕上。为此，原稿的影像需要印制在透明颜色的玻璃上。
③ См. : Дмитриев С. В. Указ. соч. С. 277.
④ Курск: Краеведческий словарь－справочник. С. 268.

会的听众人数是平时的三倍。而在奥廖尔，同样的安排却让讲演人不知所措。"……讲一般性的内容不符合时代的气息；讲鲜明的、固定的主题又不被允许。大众读书会委员会的所有听众都无所适从。"① 《奥廖尔公报》如是说。

推动读书会发展的另一条途径就是创办"民众大学"。这种校外教育形式大受欢迎。比如，在萨拉托夫，"……民众大学受到居民的青睐，这里的听课者总是爆满"②。教学的技术手段也在不断改进。1911 年，第一届地方自治会国民教育代表大会通过了专门的决议，提议各县地方自治局将电影艺术应用到教育工作中。在下诺夫哥罗德和敖德萨一直有文化教育电影院，而且敖德萨的乌拉尼亚电影院到 1915 年的时候已经拥有博物馆、实验室、工作坊、试制大厅、自然科学实践班。③ 在科斯特罗马，现代剧院上演的剧目常常充满学术气息：影片放映时会伴随科斯特罗马古典中学老师的讲解（1910）。④

公共图书馆一直是进行自修的传统方式。到 1910 年，俄国近 87% 的居民点设有公共图书馆。⑤ 重大事件常常会以创办新图书馆的形式来庆祝：萨拉托夫市杜马为庆祝建城纪念日，决定在城郊建三座公共图书馆。⑥ 而有时，创建图书馆这件事情本身也会变成一个节日，比如，雅库茨克隆重庆祝开设大众阅览室。⑦

市立公共图书馆大多数都不是免费的，但读者和订阅者数量都非常有

---

① Ястребов А. Е. Народные чтения в губернских городах России в конце ⅩⅨ – начале ⅩⅩ в. (по материалам Орла, Курска, Воронежа) //Общественная и культурная жизнь Центральной России в ⅩⅦ – начале ⅩⅩ в. Воронеж, 1999. С. 51.

② Вся Волга... С. 49.

③ Летопись российского кино. С. 103，121，134.

④ См.：Сизинцева Л. И. «Публика идет охотнее, чем на балаганы...»：Кинематограф старой Кострамы//Костромская старна. 1992. № 3. С. 15；Летопись российского кино. С. 55，80.

⑤ Города России в 1910 г.

⑥ См.：Голыдьбина И. А. Праздник в жизни города：празднование 300 – летия Саратова//Городская повседневность в России и на Западе. С. 184.

⑦ См.：Захарова Т. В. История библиотек Якутии：ⅩⅦ – 1920 гг. Якутск. 2004. С. 144.

限的原因不仅是收取费用，还有图书馆的开馆时间问题。[1] 20 世纪初，萨拉托夫市立公共图书馆每天上午 10 点至下午 6 点开馆。[2] 如果考虑到大多数市民的时间分配的话，这一开馆时间对许多人来说并不方便。因此，读者人数在全市居民总人数中的占比低也就不令人感到惊讶了。比如，1916 年，库尔斯克公共图书馆的读者数量为 2505 人，仅占当时全市居民总数的 3%。[3] 另一类公共图书馆是通常被称为"大众阅览室"的小型免费图书馆。[4] 20 世纪初，在地方各界的努力下，许多省都建立了这一类图书馆——各省有 28 ~ 118 个。[5] 大众阅览室的创办具有重要意义，这不仅是因为免费，更重要的是它们很有针对性。普通大众读者坐在公共图书馆的大厅中会觉得浑身不自在。例如，哈巴罗夫斯克（伯力）公共图书馆的一位士兵读者坦承，在军官面前会发抖；一位小市民则说，他经常因为"衣衫褴褛"遭到斥责和辱骂。[6] 而大众阅览室的使用者则可以是任何一个城市居民，有时还有来自周边地区的读者。此类图书馆的造访率要高于市立公共图书馆，来这里借书的甚至还有从未上过学的人。然而，这类图书馆的最大问题是书库的藏书量低以及工作人员难寻，在这里工作凭的都是教育启蒙工作者的一番热情。

据不完全统计，1910 年，俄国各市立公共图书馆拥有注册读者 150 万人，如果加上大众阅览室的读者，可以达到 260 万人，约占全国城市居民人口总数的 11%。[7]

然而，这一数字还应再加上专门的读者群体——教师、神职人员、城市或者地方自治管理机构的公职人员、学生、俱乐部会员、民众文娱馆的来访者等。莫斯科"商人俱乐部"到 1912 年的时候拥有藏书 5.2 万册，其

---

[1] Там же. С. 87，130，136.

[2] Весь Саратов... Стб. 108.

[3] Курск: Краеведческий словарь – справочник. С. 36 – 37.

[4] См.: Гриишина З. В.，Пушков В. П. Библиотеки//Очерки русской культуры XIX в. Т. 3. М.，2001. С. 536 – 541.

[5] Весь Нижний Новгород и Нижегородская ярмарка. С. 3 второй пагинации.

[6] Захарова Т. В. Указ. соч. С. 140.

[7] См.: Рейтблат А. И. Предыстория массового чтения в России. Конец XIX – начало XX в. // Чтение: проблемы и разработки: Сб. науч. тр. М.，1985. С. 100.

以 A. П. 契诃夫命名的博物馆，塔甘罗格，1910～1912 年，
收录于 Ф. О. 舍赫捷利的收藏中，摄于 20 世纪第二个十年

中 1.4 万册是外文书籍；该俱乐部 64.5% 的会员使用过阅览室服务。[1] 在喀山"新人俱乐部"的藏书中有 M. 高尔基、海塞、海因希里·曼、П. Н. 米留科夫、Н. К. 米哈伊洛夫斯基、А. Н. 波特列索夫等人的著作，共计约 5300 册；1908 年，出借图书 1.7 万本，也就是说，每位俱乐部会员平均每年读 47 本书。[2] 对于那些想自修学习的人来说，俱乐部图书馆提供了这种可能。20 世纪初的读者还提及各中学、工厂的图书馆，各个教育启蒙团体的藏书，还有大家集资购买和订阅的书籍以及交换的图书。

　　20 世纪初，城市读者的历史进入了一个新的阶段：随着全国各城市大规模创办小学，对于那些刚上过两年学的人来说，阅读已经变成日常习惯。"民众对读书的渴求变成了一种下意识的、本能的需求，对于书中写了些什

---

① См.：Розенталь И. С.《И вот общественное мнение》. Клубы в истории российской общественности. Конец ⅩⅧ – начало ⅩⅩ в. М.，2007. С. 290.

② См.：Хэфнер Л. Указ. соч. С. 511 – 512.

么，不仅有文化的人想知道，不识字的人也感兴趣。"① 《科斯特罗马教区公报》在 1904 年时指出。各方研究者一致得出了一个耐人寻味的结论：同生活比较富裕的人相比，工资不高的人在图书杂志方面的花销在收入中的占比要更高。此外，同其他方面的开销相比，这笔开销的增长速度也更快。"我倒是想一年花 1000 卢布买书，但实际上只花 25 卢布，因为我一年的全部薪水只有 300 卢布，而我还有老婆和三个孩子。"一位乡村教师抱怨道。"我每年买的书至少有 30 本。"奥布霍夫工厂的一个工人写道。"订阅杂志或者报纸只有靠分期付款才有可能，否则订阅杂志和报纸也就只能是想想的事情了，因为每个月的工资永远也拿不出 15 卢布的闲钱，样样都需要用钱。"② 莫斯科的一位办事员说道。圣彼得堡 75.9% 的工人家庭以及 69.5% 的单身者都会花钱买书和报纸，而巴库的石油工人相应的数据为 55.9% 和 15.9% 。③ 这一时期，在伊万诺沃－沃兹涅先斯克的工人当中流行起了记事本——它和以前贵族用的纪念册有点类似。④

下诺夫哥罗德集市上带有民众阅览室的过夜棚屋，
M. П. 德米特里耶夫摄于 19 世纪末

---

① Бердова О. В. Указ. соч. С. 104.

② Известия книжных магазинов товарищества М. О. Вольф. 1913. № 12. С. 333 – 334；Николаев А. А. Указ. соч. С. 6.

③ См.：Рейтблат А. И. Предыстория массового чтения в России... С. 101.

④ См.：Иванов Ю. А. Указ. соч. С. 62.

　　那么，20 世纪的城市居民更喜欢读什么呢？正如 H. A. 鲁巴金所指出的，读者的需求是许多变量共同作用的结果。比如，在"被读破了"的书当中，常常会有约瑟夫·勒南的《耶稣的一生》，上面写满了读者的标注。① 在伊万诺沃－沃兹涅先斯克的工人当中，比较流行的书有 27 本，其中既有合法的读物，也有非法的读物。② 莫斯科星期日工人培训班（1902）的学生写了 16 篇读者自传③，描述了一个个读者的读书兴趣和情感偏好："啊，我是多么热爱诗歌啊，我觉得，诗中有生活的全部！诗歌为我打开了一个更高境界的、更完美的世界，和我以前自己想象的世界大不相同。""当然，现在我对科学类书籍最感兴趣，并且几乎只读这类书。我对新兴的电力科学特别感兴趣，如饥似渴地读遍了每一本看到的电力书籍。""在我终于成年之后，忽然感觉自己除了战争小说，好像其他书根本没读过。""整体来说，我最喜欢读充满浪漫气息的史诗作品（比如，丹尼列夫斯基

位于"巴林父子"集团工厂的图书馆

①　См. : Бердова О. В. Указ. соч. С. 104.

②　См. : Иванов Ю. А. Указ. соч. С. 55.

③　Книга и читатель. 1900 – 1917. Воспоминания и дневники современников. М. , 1999. С. 30 – 41.

的《九级浪》）。""报纸我也读，只不过是在手边有它的时候，而且是为了看新闻，讽刺小品文不会有太多意义，再说，所有报纸也常常是谎话连篇。"大家经常读的书有《赞美诗集》《福音书》《使徒行传》《鲍瓦王子》《叶鲁斯兰·拉扎列维奇》《神马》《伊凡王子》，还包括杰出人物的传记，以及俄国经典作家的流行小说和文集。流行作家的名单看起来风格各异：B. 加尔申、列夫·托尔斯泰、莱蒙托夫、显克维奇、高尔基、密茨凯维奇、雷斯金、A. M. 帕祖欣、丹尼列夫斯基、屠格涅夫、冈察洛夫、契诃夫、果戈理、雨果、Д. С. 德米特里耶夫、И. К. 孔德拉季耶夫、儒勒·凡尔纳、特霍热夫斯基、施皮尔哈根、克雷洛夫、格里鲍耶陀夫、乔治·埃伯斯、莎士比亚、陀思妥耶夫斯基、茹科夫斯基、科尔卓夫、尼基京、阿克萨科夫、列斯科夫。当然，上述名字当中有一部分与学校的教学大纲内容相关。但很重要的一点是，学生阅读不仅更加系统化，其内容也更加丰富多样。

《知识导报》杂志的订阅者遍布全国各地，这个具有不同职业、来自不同阶层的群体有一个共性特征，即他们的收入都不超过 700 卢布。作为一个相当活跃的读者群体，各类小说新作问世很长时间之后他们才能读到，最受他们欢迎的小说作者是列夫·托尔斯泰（在杂志做的调查问卷中，收回的 508 份答卷有 295 份写了他的名字），紧随其后的是查尔斯·达尔文（上述问卷中 152 份有他的名字）。① 同样的问卷，读者在包括应用科学（医学、卫生学等）在内的自然科学类文章中寻找关于世界观问题的答案，大多数人选择了经济学（93 份）、法学（36 份），还有少数人选择会计（6份）和速记术（1 份）。

阅读逐渐变成大部分城市居民的日常生活习惯，这带动了图书贸易的增长。在 20 世纪初，作家的写作第一次带来了收益，而稿费也愈来愈高。② 情节离奇的历险故事书在各大城市的十字路口都有销售，西伯利亚甚至还

① См. : Николаев А. А. Указ. соч.
② См. : Рейтблат А. И. От Бовы и Бальмонту: Очерки по истории чтения в России второй половины XIX в. М. , 1991.

组织了通俗读物销售阅读活动。① 小说中最令人耳熟能详的人物是大侦探内特。这是一套讲述"侦探之王"——被大家公认的大侦探——小男孩内特的故事书（与阿瑟·柯南·道尔笔下的侦探福尔摩斯没有任何共同之处），这套书图文并茂，20世纪第一个十年的后半期，其印数达到上百万册。无论是儿童还是成年人，其中也包括精英知识分子（如 B. B. 罗扎诺夫）都成了其书迷，而教育界为此还做了一番无谓的斗争。这套书画出了一条分界线：将号称"反对小市民习气"、宣扬民族保护思想的低级趣味读物与类似于民间创作的大众文学区分开来。②

城市的教育资源还包括博物馆。博物馆的设施很简陋：没有展品储藏室，展品根据所属领域的知识体系来摆放。直到19、20世纪之交，随着博物馆参观人数的增加，博物馆才开始按照大众普遍接受的布展方式来布置展品。收藏品开始增设"展示系列""陈列系列""教育启蒙系列"。③ 博物馆的知识性功能主要是由其所藏展品的构成及展出的可能性决定的。其中一部分博物馆实际上就是专业化的教育中心，例如，科斯特罗马养蜂博物馆（1904）内设有咨询台、图书室、教材教具部，博物馆还会举办养蜂培训班④。

19、20世纪之交是俄国博物馆业与博物馆网络形成的重要阶段。⑤ 在19世纪90年代，博物馆在公众的意识中已经是一种文化现象，而自然科学博物馆则成为新型科研机构——研究院的基地。⑥ 到第一次世界大战前，俄国约1/3的城市建有博物馆⑦，全国共计500家左右⑧。这一时期创建的一批陈列馆已经具有相当的稳定性，并成为现今运行的许多博物馆的前身。事实上，每个学区都有自己开展直观教学的博物馆，有的是流动的，有的

---

① См.：Гончаров Ю. М. Указ. соч. С. 122 – 123.

② См.：Зоркая Н. М. На рубеже столетий... С. 181 – 182.

③ Музейная энциклопедия. М.，2001. С. 402 – 403.

④ Губернский город глазами костромских фотографов. С. 89.

⑤ Музейная энциклопедия. М.，2001. С. 402 – 403.

⑥ См.：Сундиева А. А. Музеи // Очерки русской культуры XIX века. Т. 3. С. 614，616.

⑦ Города России в 1910 г.

⑧ Музейная энциклопедия. М.，2001. С. 402 – 403.

是固定的。当然，在大城市和都城中，博物馆日益向专业化方向发展。由此出现了全新的、具有标志性意义的博物馆类型，比如，俄国技术协会莫斯科分会劳动博物馆①，该博物馆成为"与工业活动领域相关问题的科研咨询机构"。

位于科斯特罗马的博物馆，1913 年，
收录于 Н. И. 高里津的收藏

在博物馆的创建方面，地方自治会、各省的统计委员会、学术档案委员会、科学协会和国家杜马都发挥了积极的作用。有时，一些学校会将其收藏品汇集到一起，建成博物馆。② 在各个城市大大小小的博物馆中，个人收藏品构成了许多博物馆的主干部分。伊万诺沃 – 沃兹涅先斯克博物馆便

---

① 成立于 1901 年，设有咨询处、卫生部和法律部，还有一个图书室。博物馆致力于工厂法、保险法、职业运动、医疗帮助和工人日常生活等方面的问题（Музейная энциклопедия）。

② 察里津城市博物馆（1914）是由校外教育合作协会在城市中小学博物馆（1909）的基础上建成的。1894 年，在彼尔姆省的小城镇——图里因斯克的鲁德尼克（后来的克拉斯诺图里因斯克），结晶学家和地方志学者 Е. С. 费多罗夫创建了用于教学目的的地质矿产博物馆，后来逐渐发展成地方志博物馆。

是其中一个典型。该博物馆的藏品来自工厂主布雷林家族三代人，特别是 Д. Г. 布雷林的收藏。1904 年，工厂主 Д. Г. 布雷林在自己的家里开设展厅，经常会有人到这里参观，展览也对工人开放。1914 年，所有的收藏品被搬到一栋专门的建筑中，并将其命名为"工业艺术博物馆"。博物馆的展品种类繁多，甚至有保存完好的埃及木乃伊，这为原本只是工业城的伊万诺沃－沃兹涅先斯克的历史增添了浓墨重彩的一笔。"博物馆是我的灵魂，而工厂是维持生活和充实博物馆的资金来源。"Д. Г. 布雷林这样讲道。在第一次世界大战之前的莫斯科，大众可及的博物馆有史楚金家族和巴赫鲁申家族的藏品陈列馆，著名的特列季亚科夫画廊也开始按照系统有序地布置展厅。

以研究地方的自然、历史、民族志为目的的各类协会为推动博物馆事业的发展做出了特殊的贡献。城市居民，甚至是文化水平不高的人普遍对地方志感兴趣。但在 20 世纪初期的时候，不仅对地方志感兴趣的人员范围扩大了，地方志所涉及的事物也进一步拓宽了，比如工业区的历史。地方自治会将"家乡志"确定为教学的一个学科内容。地方志已成为各社会组织的一项事业，例如，北方研究协会在沃洛格达（1911）、乌斯季－瑟索利斯克（1911）、托季马（1915）等地先后创办了博物馆；顿河古代史爱好者协会在新切尔卡斯克创办了博物馆（1899）。

地方各协会日益成熟，这也推动了博物馆事业的进一步发展。米努辛斯克博物馆（1877）的发展就是其中一个典范。教师、政治流放犯和当地的商人在该博物馆的发展中都发挥了重要的作用。① 而没有地方自治会②和赞助者支持的奥伦堡博物馆（1897）则在很长时间里都保持着过时的工作方式。正如 1910 年的《奥伦堡报》所言，奥伦堡博物馆的陈列柜之间只留

---

① См. : Сундиева А. А. Указ. соч. С. 604 – 605.

② 该地地方自治会于 1913 年成立，在 1916 年一战进行得如火如荼的时候，提出了关于建立地方志博物馆的问题，旨在全方位地开展地区研究。См. : Еремина Н. А. История становления и развития музейного дела в Оренбургском крае XIX – XX вв. : Дисс.... канд. ист. наук. Оренбург，2006. С. 62。

了一条窄窄的过道，参观者要"一个一个地过去，还会担心一不小心碰碎玻璃"①。当然，这样是不可能吸引大量求知好学者的到访的。相反，库尔斯克博物馆从建立之初，其陈列就显得宽松阔绰②，吸引了越来越多的市民前来参观：1905 年，参观者有 5600 人次，而 1912 年达到了 11700 人次（约占城市总人口的 14%），其中，自由职业者占 60%，学生占 35%。

阿列克桑德罗夫在谢尔吉耶夫波萨德的小屋位于市民街道上，城市的第一座私人博物馆就开在这里，20 世纪第一个十年的明信片

无法想象没有展览会（上至世界性的展览会，下至各县城举办的展览会③）的世纪之交会是什么样子。1910 年，俄国举办了 633 场展览会④——

① Там же. С. 57.

② Курск: Краеведческий словарь – справочник. С. 246.

③ 1834 年，在斯摩棱斯克和弗拉基米尔举办的企业展览会是首批在省里举行的、对公众开放的展览会。1836 年，《各省展览会的一般方案》获得当局批准，这特意被安排在沙皇继承人巡游全国（1837）之前。1853 年，首都展览会引入付费购票制度；同时专门规定了免票日或设定免费参观活动日。从 1891 年开始，财政部对展览会参观者给予购票优惠的政策。

④ См.: Никитин Ю. А. Указ. соч. С. 11 – 12.

迎来了展览会的真正繁荣期。这种布展形式和信息交流方式既具有创新性，又具有传统的特点。

　　无论是展览会（特别是全国性的展览会）上的展品，还是展览会的举办场地及其建筑形式，都见证了科技的进步。1870 年，在圣彼得堡举行了第十四届全俄工场手工业品展览会。自这次展览会起，俄国开始了建造临时展厅的尝试。其中许多展厅的建设本身就是在其他建筑领域无法进行的建筑技术的试验。最鲜明的例子就是著名工程师 В. Г. 舒霍夫的个人设计方案，其中包括为私人公司广告厅做的设计，如展厅大门、管状建筑——处处体现了先锋派与商用艺术的结合。但更为重要的一点是，对展览会空间进行布局设计，可以为设计出入口、防火门、卫生间、饭店和小酒馆等专项规划积累经验；可以在绿化、供水、供电、电报电话，以及设置有轨电车、缆车、升降梯等方面积累经验；还可以为把临时搭建的展览会空间与城市的日常生活结合起来探索经验。鉴于此，城市自身的现代化也随之推进。为了举办 1887 年的西伯利亚—乌拉尔科学工业展览会，叶卡捷琳堡将市中心一片闲置的铁路车间改建为展览会用地。下诺夫哥罗德在举办 1896 年展览会之前，在该市分别建造了一座能容纳 950 人的城市剧院和一个配电站，另外，两条有轨电车线路实现了通车，奥卡河大桥竣工，对输水管道也进行了改造，还建造了下水道和屠宰场，拓宽了马路，安装了照明设施，扩大了宾馆网络。

　　与此同时，展览会与传统的集市颇为相似，即它们很好地将临时性特征与布景的鲜明喜庆、充满节日氛围结合在一起。① 道具建筑的广泛应用让展览会空间的布景充满了令人难以想象的奇幻色彩。② 在 10 万名参观了 1902 年圣彼得堡渔业展览会的人当中，也许，许多人来此的目的并不是了解最新科技，而只是见识一下充满异域（暹罗和日本）风情的建筑，

---

①　См. : Лачаева М. Ю. Указ. соч. С. 110 – 111.

②　当时，大规模的展览会偏爱隆重的舞台形式，仿佛是不由自主地在遵循巴洛克节日的传统，这成为展览会在 19 世纪 50 年代时的标志性特征。而且，许多展览会是由舞台布景工和美工师完成的。

这两个国家的展厅都是仿照其传统建筑风格搭建和布置而成的。有时，展览会的艺术效果还会具有未来派的风格。例如，在下诺夫哥罗德，在阴天的时候以云层为背景，从布展的舒霍夫水塔通过幻灯投射出广告。在大型展览会的日程中，一般都会安排戏剧、芭蕾、音乐会、电影、体育运动、博物馆游览、读书会、游园等活动。首都之外的其他城市举办大型展览会的时候，常常会邀请莫斯科和圣彼得堡甚至是国外的剧团和乐团来表演。

1896 年，在下诺夫哥罗德举行的工商业和艺术展览会上展出了
俄国第一辆由雅科夫列夫和弗雷泽设计的汽车

这里要特别提及 1896 年的下诺夫哥罗德展览会。此次展览会的参展条件是必须展出俄国本国产品（8562 件展品）。展览会获得空前的成功：在举行展览会的四个月时间里，参观者约为 100 万人次，其中约 7.5 万人次为下诺夫哥罗德市居民，另有约 28.3 万名工人和学生凭免费参观券观看了展览会。[①] 在四个月的时间里，展览会还举办了 200 场公开课。展览会中最吸

---

① См.：Никитин Ю. А. Указ. соч. С. 152，176.

引人的是绘画展：从 Ф. А. 鲁博的《征服高加索》到 М. Ф. 弗鲁别利的《梦幻公主》。"从个人发展的角度来说，展览会让我受益良多，"雅罗斯拉夫尔的一位管事回忆道，"我从那里回来总是很晚，甚至忘了吃饭的事情，总是腹中空空！"①

　　20 世纪的第一个十年，敖德萨、叶卡捷琳诺斯拉夫、喀山、鄂木斯克、哈巴罗夫斯克（伯力）等城市纷纷举办大规模的展览会。② 到一战之前，展览会的主题和举办展览会的地域变得越来越广泛而多样。手工业、工业、农业展览会日益趋向专业化。通常，展览会由地方自治会和城市杜马主办，会为参展者发放奖章和奖状。当然，在布展的时候，节庆的一面会隐晦处理，从而重点凸显展览会的商业和教育启蒙的特点。艺术展（通常也包括爱好者和学生的作品）一般由各协会和小组举办。在萨拉托夫或库尔斯克，也会见到都城新手画家的作品。大学城在举办展览会方面独具潜力：当地的收藏品成为定期举办的各类主题展的主干部分，主题涵盖动物学、民族学、解剖学、物理学、天文学等学科。

　　在 19 世纪末 20 世纪初，流动展览会发挥着特殊的作用，它可以根据俄国各地的空间特点来办展。对于各省城来说，经常举办流动教育展，可以让最大数量的参观者了解最新的教材和教学方法。全俄消防协会的创新办展取得了成功：1897 年，第一届水上展览会在圣彼得堡启幕——水路经由马林水系和伏尔加河，然后换乘铁路交通工具。从 1897 年到 1898 年，水上展览会途经 116 个点，参观者达到 12 万人次。③ 此外，铁路流动展的办展经验在后来苏联时期的宣传列车上也得到了广泛应用。

　　协会。20 世纪初的城市生活离不开各种各样的社会团体和协会。④ 从狩猎协会到素食者协会（萨拉托夫），从"实验者联盟"到奇若夫化学技

---

① Дмитриев С. В. Указ. соч. С. 246.

② См.：Лачаева М. Ю. Указ. соч. С. 106.

③ См.：Никитин Ю. А. Указ. соч. С. 177，181.

④ См.：Туманова А. С. Общественные организации и русская публика в начале XX в. М.，2008.

术学校校友会（科斯特罗马），或者是益智游戏协会（下诺夫哥罗德），追根溯源，它们源于 18 世纪最后 25 年出现的两类团体：慈善会和俱乐部。如果说最初的协会在组织结构方面借鉴了慈善会的经验，那么，在组织原则上其更接近于英国首都的俱乐部（1770 年和 1783 年）以及 19 世纪上半叶的学术协会。

在下诺夫哥罗德，为同结核病斗争而进行的资金募集活动
（正值"白色洋甘菊日"），M. П. 德米特里耶夫摄于 1912 年

协会的正式会员构成其中坚力量：他们缴纳入会费用，之后每年定期缴纳会费。会员召开会议选举成立管理委员会，并听取后者的工作报告，就社会生活中的重大问题进行讨论，并通过决议。协会的正式会员享有优先权和特权。一些协会规定，为其基金会注入大笔资金的人或者所在领域的权威人士在协会享有特殊地位。例如，要想成为俄国旅游者协会的终身会员，只需一次性缴纳 50 卢布即可。而候选会员或是通信会员这样的"竞争者"的地位则处于中间地段。要想进入这样的"竞争者"之列，常常需要有协会正式会员的推荐。对于候选人的范围也有所限制：一般来说，没有独立收入的人以及不具备相应法律地位的人不能成为候

选人，其中包括学生（无论年龄大小）、低级官员、小市民、手工业者、生活在城市的农民（通常是妇女）等。许多俱乐部都有"贵宾会员"①，要成为"贵宾会员"需要有推荐信，俱乐部会向他们收取服务费，而这对普通会员来说是免费的，非会员只有在俱乐部举行特别活动时才被允许参加。

缴纳会费的数额当然有很大差别。然而，这笔款项始终能够发挥保障功能：大多数协会维持运作的主要资金来源就是会员缴纳的会费。对于那些希望拓展成员及其活动范围的协会如体育协会和大学生协会来说，这是一个非常严肃的问题。每年收取会费最高的当数都城一些知名的俱乐部，如圣彼得堡新人俱乐部 250 卢布，莫斯科英国俱乐部 100 卢布。在其他城市，即使是高端的协会，收取的会费也要少得多：伊万诺沃 - 沃兹涅先斯克的大众协会 15 卢布，喀山贵族俱乐部 25 卢布，喀山商人俱乐部和新人俱乐部分别为 15 卢布和 10 卢布，西伯利亚各城市的协会会费为 12 ~ 15 卢布，科兹莫杰米扬斯克家庭俱乐部要求每年缴纳会费 20 卢布。各兴趣协会可以自行确定收取会费标准，上至 12 卢布，下至 3 卢布，甚至是 1 ~ 2 卢布（高校的体育协会）。但即便如此，也依然困难重重：大学生体育协会希望能够找到资助，从而进一步降低会费；而旅游者协会则尽其所能将会费由 1 卢布降至 50 戈比。②

尽管如此，加入各协会的城市居民数量并不大。要知道，普通家庭每天可承受的花销范围在 19 戈比到 1 卢布之间。在喀山，1914 年之前，加入各类社会团体者共计 2000 人，约占该市成年男性的 5%。③ 西伯利亚地区各城市居民中，积极参与社会活动的居民占 10% ~ 13%④；职业联合会也基本

① См. : Розенталь И. С. Указ. соч. С. 289.
② См. : Суник А. Б. Указ. соч. С. 233；Подмосковные экскурсии Российского общества туристов：Отчет 1912 - 1915 гг. С приложением отчетом по устройству лазарета для раненых и по организации бесед и вечеров. М. , 1917. С. 2.
③ См. : Хэфнер Л. Указ. соч. С. 494，521.
④ См. : Дегальцева Е. А. Указ. соч. С. 68.

能够保持这一比例。而雅罗斯拉夫尔个人劳务服务互助协会，甚至在发展最好、成员最多的时期，其覆盖率也不到雅罗斯拉夫尔店员和伙计人数的6%。① 只有成员人数上千的协会团体可以称为大众性团体，如俄国旅游者协会——在 1914 年有会员 5000 人。然而，需要指出的是，这些积极参与社会活动的市民对其所在城市生活的影响不能仅仅用这些表面性的数字来衡量。

除了财政上的限制，还有法律上的限制。在 1906 年之前，一直在实施由沙皇签署通过的协会章程条例，慈善、教育、消费者协会除外——它们的决策权交予各内阁大臣和省长。而法律手续的复杂则是官僚阶层对社会团体不信任的体现之一。官僚体系针对后者的活动做出了细致的规定，并予以秘密监视，即使对战旗者协会这样的右派君主主义者社团也是如此。警察局长不仅要从法律角度对新成立的社团予以评估，还要对它们进行本质上的定性。这里可以援引库尔斯克警察局长的话（1903）："竞技运动协会在省城生活中完全是多余的，尽管以官方立场来说，警察局方面不会有任何阻碍。"② 应当指出的是，协会工作中最难的是如何正确地组织开展活动。前面警察局长所提到的协会由于资金不足、成员消极懈怠、缺乏活动场地和器具，实际运行时间只有一年。

随着 1906 年法规的通过，所有社会组织章程的审批权均交予各省长和市长，协会注册的进程加快了，这将公众的社会积极性推向了一个新的台阶。例如，在奥廖克明斯克，参与图书馆建馆工作的有群众性图书馆协会、慈善协会和消防协会：这些协会共同努力筹集购书所需款项。③ 在大城市的城市手册上一般有数十个协会在列：萨拉托夫 25 个，叶卡捷琳堡 27 个，科斯特罗马 35 个，下诺夫哥罗德 47 个。④ 如果参考各类文献资料的数据，可

---

① См. : Ярославское общество взаимного вспоможения частному служебному труду: Отчет за 1913 г. Ярославль, 1914.

② Курск: Краеведческий словарь – справочник. С. 277.

③ См. : Захарова Т. В. Указ. соч. С. 152.

④ Весь Саратов. . . Стб. 105 – 108；Весь Екатеринбург. . . С. 108；Вся Кострома. . . С. 108 – 114；Весь Нижний Новгород и Нижегородская ярмарка. С. 21 – 23.

以说，独立性组织实际上应该更多一些，舒亚地区在 1860～1910 年有近 80 个，其中舒亚县 20 余个、伊万诺沃－沃兹涅先斯克 50 个[①]；喀山地区则有约 100 个[②]。

联合会根据其组织结构可分为"俱乐部"和"协会"。

俱乐部首先以针对固定人群开展各种形式的休闲娱乐活动为宗旨。最初，它们模仿贵族聚会的形式。俱乐部章程强调，其目标对象为受过教育的阶层，要求出席晚会活动者身着燕尾服、戴手套。俱乐部会举行舞会和家庭晚会、化装舞会、音乐会、戏剧演出，庆祝儿童节日，举行盛大宴请和公开报告会[③]，当然，还会设牌局打牌。无论俱乐部在哪里、由哪些人组成，成为俱乐部会员都意味着自己与精英阶层有了关联。对于这一类团体来说，教育或者社会功能从来都不是最主要的考量，它们的意义另有所在。作为新型的社会组织，俱乐部是自组织团体，这里建立起新型的交际关系，既非公务关系，也不囿于狭小的家庭关系。俱乐部会员参加章程的讨论、选举和会议，这是为建立新的关系协调机制进行的探索和实践。贵族阶层在 18 世纪第二个三十年经历了这一进程，而到 19、20 世纪之交，该进程席卷了城市居民中的其他上层人士。20 世纪初的俱乐部已经发展成为一种新的超越阶层的社会化组织，俱乐部文化汲取了多方的养分。难怪在 20 世纪初，在俄国已经开始讨论成立普通俱乐部的方案，不再以卓越、精英为目标的家庭俱乐部也得到了普及。家庭俱乐部推荐成年人聊天、阅读、打牌、下棋、打台球，而儿童则跳舞和做游戏。俱乐部必须设有茶点部、图书馆，许多俱乐部还有电影院、台球厅和大厅。后者在一些小型的俱乐部常常是集剧院、舞会厅和听众大厅于一体的多功能厅，而大型俱乐部则设有专业的剧院大厅。

根据俱乐部的理念，一些职业性社会团体纷纷成立，如店员俱乐部

---

①　См.：Иванов Ю. А. Указ. соч. С. 74.

②　Очерки городского быта дореволюционного Поволжья. С. 466.

③　大型报告会的选题常常五花八门，从生物学到解放运动史，涵盖了各种不同的内容。报告会举办的频率则取决于俱乐部，在一些俱乐部中这样的报告会每周都会举办。

在莫斯科国际象棋俱乐部，Э. 拉斯克同时
与多人进行对弈，摄于 1914 年

（雅罗斯拉夫尔、雅库茨克、伊万诺沃－沃兹涅先斯克）、铁路联合会①
（下乌金斯克、叶卡捷琳堡），在一些居民点设有卡列特尼科夫工厂员工大
会（弗拉基米尔省捷伊科沃）、亚尔采沃纺织厂员工社团（斯摩棱斯克省亚
尔采沃）、波克罗夫斯克纺织厂员工社团（北方大铁路亚赫罗马站）等。当
时全国 264 座城市有俱乐部：它们的地域分布很广，也包括一些小城市、
工厂、工业村镇。②

　　对于大部分收入微薄的城市居民来说，民众文娱馆发挥着俱乐部的作
用，它们的任务主要是举办各类免费活动，有近一半的工作人员是在无偿
工作。③ 正因如此，民众文娱馆的组建基础也有所不同：主要是靠醒酒所、

①　См.：Гончаров Ю. М. Указ. соч. С. 120.

②　См.：Добрынина А. М. Курьезные эпизоды из жизни провинциальных клубов（по
　　материалам Владимирской губернии второй половины XIX - нач. XX в.）//Провинциальный
　　анекдот. Чтения по региональной казуальной истории. Вып. 2. Шуя, 2002.

③　Народный дом. С приложением первой всероссийской анкеты о народных домах/
　　Изд. сотр. Лиговского народного дома С. В. Паниной. Пг. 1918. С. 386, 388.

手工业者之家，摩登剧院就位于这里，谢尔吉耶夫波萨德，
20 世纪第一个十年的明信片

城市杜马、各社会团体及慈善家的资助建立。但其超过一半的财政进款来源于举办剧院演出、音乐会和放映电影等收入。19 世纪 90 年代下半期，第一批类似的机构纷纷成立；到 1913 年的时候，据不完全统计，共有 222 家民众文娱馆分布在 58 个省，其中 134 家为市立文娱馆。[①] 一家民众文娱馆一般覆盖十多个居民点，常常会把方圆 5～10 俄里的居民都吸引过来，远一些的居民点（10 俄里之外的）则占所有"服务"居民点的 32%。据鄂毕多尔斯克的记者报道，他们那里的民众文娱馆有超过 1 万人使用（其中城市居民约 1500 人）。

　　民众文娱馆的活动丰富多彩、种类繁多，其中一些发挥着社会机构的功能，如开设幼儿园和托儿所，开办商铺、市场、澡堂，甚至还有栖流所（这对于有大片无人区的外乌拉尔地区来说尤其具有现实意义）。大多数民众文娱馆设有茶室和饭堂，每年光顾这里的至少有 4 万人。当然，这里的茶室本身就发挥了俱乐部的作用。茶室的四壁常常用各种"有益的画作"

---

① 　Там же. С. 377，388.

和地图加以装饰，例如，伊万诺沃－沃兹涅先斯克的茶室里有管乐队、台球、象棋、跳棋、显微镜、艺术画。但民众文娱馆的活动主要还是集中在两方面——教育和休闲。

80％的民众文娱馆都设有图书馆，70％的有阅览室（平均每家书库藏书3000册）。较为准确的数据显示，一年一家民众文娱馆的图书读者量达7000人次，出借近1.2万册，而阅览室，毫无疑问，使用的人更多。① 82％的民众文娱馆会为成年人举办读书会和讲座，每年有超过5000人参加这些活动。宗教道德是最为常见的主题，其次是文学和自然科学，应用科学、艺术、历史和地理方面的内容涉及较少。这种情形不仅由城市受众群体年龄、职业和文化教育水平各异这一特点决定，还有一个原因就是并不总能找到相关专家来做讲座。例如，圣彼得堡卢甘斯克文娱馆为民众提供一份精心设计的系列专题讲座——《绘画和诗歌中的新约》《古代佛兰德画家》《群山》《М. П. 穆索尔斯基》，针对每一主题都选配了相应的造型艺术和文学资料、音乐；有时，读书会变成一场小型的演出。一些民众文娱馆尝试性地组织游览，举办成人培训班、展览会（养蜂、卫生、渔业）以及参观博物馆等活动。

正如伊万诺沃－沃兹涅先斯克的记者所发现的，民众文娱馆举办的娱乐性活动一方面可以为其带来收入（有时这就是唯一的收入），另一方面，"可以为工人们提供一个栖身之所和晚上休闲的地方，从而让他们少去些小酒馆之类的地方，这无疑是有益的。再说，还可以培养当地民众对阅读、戏剧、教育类电影的兴趣"②。戏剧演出一般是由爱好者举办的，有的是不定期演出，有的则是定期演出。还有一些民众文娱馆有自己的剧团，演出形式以话剧为主。1913年，平均一家民众文娱馆有逾7000人次观看演出。而且，民众文娱馆还经常举办音乐会，个别时候还有专场合唱团的表演，甚至是乐队演出；约12％的民众文娱馆有自己的电影院（一年至少有5000

---

① Там же. С. 386，393 – 394.

② Там же. С. 403.

位于下诺夫哥罗德的民众文娱馆，1903 年，
收录于 П. П. 马林诺夫斯基的收藏中

人次观影）。参加舞会、晚会和化装舞会的平均一年有 750 人；而大众游园会尽管仍然是大众性的休闲方式（一家民众文娱馆一年有 2470 人参加），但仅有 3% 的民众文娱馆会组织此类活动。①

这些机构的命运是由当地的实际条件决定的。在各省的报道中，对民众文娱馆的评价不一，从"在居民的生活中没有发挥任何作用"到"发挥着社会生活中心的作用，同时又是休息和益智娱乐的地方。整体来说，居民对其持喜欢和赞许的态度"②，众说纷纭。在乌拉尔纳杰日金斯科工厂工人罢工的复工要求中，就列入了为民众文娱馆划拨一个固定场所的要求。③ 莫斯科和圣彼得堡的启蒙教育家们计划将民众文娱馆发展为成人的主流教育机构，希望民众文娱馆对成年人能起到学校之于儿童的作用。他们

---

① Там же. С. 386，393. 参加各类活动的人员数据分别由 3 ~ 55 家民众文娱馆提供。
② Там же. С. 399.
③ См.：Загайнова В. Л. Указ. соч. С. 131.

位于切列波韦茨的民众文娱馆

强烈建议在民众文娱馆演奏杰出作曲家的钢琴曲①，而不是拉着巴拉莱卡琴，大家一起拍拍手、跺跺脚。但他们却没有注意到省城民众文娱馆的各种复杂情况：有时，这些地方甚至连知识性的教育电影这样发行量大的大众性物资都弄不到。除了资金不足，大多数类似机构面临的问题还包括场所狭小拥挤，行政部门或是教会态度不睦，而受众群体和主办方则持无所谓的态度。尽管如此，民众文娱馆还是发挥着重要的功能。赫尔松的记者认为，它们组织的活动"为贫苦阶层的民众提供了在这里看剧、听讲座、看音乐会，总之是在不同于平时的环境中待上个把钟头的机会"②。

　　这里，还应该特别讲一讲慈善救济机构③和民众醒酒所④，这两个机构

---

① 首都民众文娱馆的活动可以根据这些建议进行。而且，由戒酒协会创办的莫斯科谢尔基耶夫－阿列克谢耶夫民众文娱馆的领导人萨拉杰夫（萨拉扬茨）曾于 1911～1912 年在这里指挥过 26 场歌剧表演，其中包括莫扎特的《费加罗的婚礼》、马斯内的《维特》、拉赫玛尼诺夫的《阿列科》。

② Народный дом... С. 399.

③ Вся Россия на 1902 г. М. , 1902. С. 43；Иванов Ю. А. Указ. соч. С. 88.

④ См. : Иванов Ю. А. Указ. соч. С. 89.

与民众文娱馆有密切的关联。各种统计数据显示，在一战之前的时期，俄国共计有此类机构 250～400 个。然而，戒酒运动在社会、国家、党派的利益面前陷入了两难境地，这大大阻碍了其有效推进。因此，同时代的人认为，"几乎所有的协会都在艰难度日"，而慈善救济机构的民众文娱馆——"这是俄国废除农奴制以前的一种民众文娱馆类型，可以说，已经奄奄一息"①。该观点得到了统计结果的间接证明：慈善救济机构图书馆的年借书量仅占所有民众文娱馆的 6%，尽管前者在数量上还是相当大的。② 喀山戒酒协会曾试图在市郊和市区内小市民、工人聚居的地方建饭堂和供无家可归的穷人过夜的小客栈，但这项举措提出两个月却完全无人理会。③ 在这种情况下，各省的戒酒协会不仅建医院，尝试采用新的精神、心理治疗法——催眠术，还进行别开生面的戒酒宣传。例如，在苏尔古特以及下诺夫哥罗德集市都有一座特别的博物馆，博物馆中陈列着被酒精损害了的人体内脏器官模型。下诺夫哥罗德的这座博物馆在 45 天的时间里有 2.9 万人次参观，其中包括"农民和工人——对娱乐项目和博物馆都感兴趣的广场常客"，以及医生、教师、各戒酒协会的成员。一些参观者的评价给人留下了深刻的印象："……直观的画面对老百姓来说太有说服力了。""……太震撼了，还那么年轻。"他们总体的感觉是给人带来了强烈的直观感受。④

但也许发挥更大作用的是配套的休闲活动：茶会、大众阅读会、座谈会、文学晚会、戏剧演出、音乐会以及"无酒娱乐活动"。在开展这些活动的过程中广泛应用到电影放映。例如，在 1910 年一年的时间里，叶卡捷琳堡慈善救济委员会在位于市郊的 9 座工厂举行了读书会，并放映电影，参加活动的民众有 2454 人。甚至是教会的戒酒协会，如托木斯克的尼科尔斯

---

① Музей по борьбе с пьянством на Нижегородской ярмарке. Отчетные сведения. Ниж. Новгород, 1910. С. 5; Народный дом. . . С. 278.

② Народный дом. . . С. 394.

③ Очерки городского быта дореволюционного Поволжья. С. 428 – 429.

④ Музей по борьбе с пьянством. . . С. 11，5.

戒酒运动，伊热夫斯克教区学校的学生们
在参加戒酒活动，摄于 1914 年

克教会，也购进了电影放映设备，"用以播放科学－道德和历史题材的影片"①。

　　各类社会团体让城市的日常生活变得多姿多彩，这些团体总是有某个共同的目标——从业余表演到创办民众大学。它们的活动机制同俱乐部一样，然而，会员缴纳的会费无法保障它们去践行各种各样的创意方案。除了慈善捐助，各团体只能寻找其他资金来源：发行彩票、戏剧演出、举行公开课、放映电影等。这些具有商业目的的活动也成为城市休闲生活的一部分。从这个意义上说，由 A. Д. 利沃夫公爵领导的全俄消防协会以及各地方消防协会发挥了积极的推动作用。

　　与各社会团体合作的城市居民来自社会各个阶层。例如，托木斯克初

---

　　① Летопись российского кино... C. 87，92，117.

等教育监督协会的成员由来自地方行政机构的代表、大学教授、中小学教师、当地的商界人士以及数百名市民组成。1901 年，在该组织的捐赠者中，53.6% 为小市民（1016 人），30.2% 为农民（573 人），13.9% 为贵族（263 人），1.3% 为神职人员（24 人），1% 为商人（19 人）。① 参加此类社会团体可以让城市居民走出自己生活的狭小圈子，扩大交际圈，从而提高自己的社会地位。② 而各协会，特别是消防志愿者协会这样的群众性团体的代表大会，给人留下的印象尤为深刻。"在这里能感觉到俄国人在一起进行着某种相互的交流，"一位回忆录作者回忆道，"代表大会的与会者成分各异：有伯爵、公爵、'三等文官'、'六等文官'、贵族、农民，还有我们这些凡夫俗子——小市民！可以看到身着'金色'制服、胸前挂着勋章和绶带、下穿镶条白色长裤的御前将官或者三级以上的文官，抑或是衣侧挂着一把金钥匙的高级宫廷侍从正同一位身穿廉价粗呢制服上衣、腰里别着一把消防斧的普通消防员在友好交谈的情景。"③

历史最悠久的社会联合会是各类学术性协会——自然历史协会、民族学协会、教会历史协会等。一般来说，大的中心城市创办这些协会，并在小城市设立分会。这些协会常常是地方博物馆的创办者。此外，它们还举办展览会、公开课和大众读书会。城市居民渐渐通过当地的报刊了解到这些协会举办的活动：例如，科斯特罗马的报纸定期刊载各类会议纪要摘录，而对内容有趣的报告则会全文刊载。④

还有一类历史悠久的组织机构——职业互助联合会。这些联合会一般拥有很好的图书馆，会为自己的会员举办大众读书会。随着城市生活的变化，职业互助联合会开辟了新的活动领域。比如，在提高专业技能方面，叶拉布加、捷秋希、萨拉普尔等地的小市民和农民创立喀山会计协会，就是为了进一步提高专业知识，该协会举办展览会，召开代表大

---

① См.：Дегальцева Е. А. Указ. соч. С. 69.
② Дмитриев С. В. Указ. соч. С. 282.
③ Там же. С. 292 – 293.
④ См.：Бердова О. В. Указ. соч. С. 105.

会，办培训班、辅导班和讲座。① 此类联合会开展了积极有效的工作，其成员人数之众也间接证明了这一点。例如，到1912年，乌拉尔矿工协会（1901）已有会员400人，尽管该协会的会费较高：入会费5卢布，每年会费10卢布。② 职业互助联合会还为自己的会员组织休闲活动。库尔斯克省师生互助协会在地方自治会的资助下，组织教师去莫斯科、克里米亚、高加索和芬兰旅游。图拉类似的协会在1913年也先后组织299名教师旅游；除此之外，它们还计划在克里米亚南岸为教师建一座疗养院。③

科斯特罗马自愿救火队出发

兴趣协会的种类五花八门：从竞走爱好者到教会合唱团。最古老也是最普及的休闲方式是业余音乐和戏剧表演。此类小组或是临时组建的联合会在各个城市都出现了，而它们是否能够顺利开展各项活动，主要取决于其组织能力以及创办者的积极性。大城市以及大学城有可能拥有若干个业

① Очерки городского быта дореволюционного Поволжья... С. 449.
② Весь Екатеринбург... С. 71.
③ См.：Арцыбашев Д. В. Указ. соч. С. 82 – 83，92 – 93.

余剧团，工业城则拥有多方组织起来的联合剧团①，地方的精品艺术爱好者协会也经常举办一些免费的戏剧演出和音乐会（有的地方此类活动在各类活动中占比甚至达到25%）。有研究者认为，这些业余演出为发展开放的大众艺术奠定了基础。② 而在小城市和村镇，业余戏剧演出两三年能有一次，是当地的新闻事件。这些城市的业余音乐表演一般是合唱团演出。③ 20世纪初，业余剧团发展得很好：有剧团的小城市和村镇数量逐渐增多，参加人员的社会成分范围也在扩大，甚至在采矿场这样的地方都能上演 H. B. 果戈理的《结婚》。④

一批旨在全面培养青少年一代的联合会陆续成立。例如，喀山的家庭教育小组或是雅罗斯拉夫尔的青春生活协会，为新世纪带来了新的时代气息。它们为自己确定的目标任务包括：组织开展游览、游戏、上课、园艺劳动和手工劳动、摄影、收藏、戏剧演出、晚会、竞赛、各类体育运动等。青春生活协会用了一年的时间把戈里亚伊诺夫花园区的活动安排得井井有条，在那里上演了5部儿童剧，举办了11场音乐会和戏剧演出，举办了新年枞树晚会，还建造了有冰山和取暖室的溜冰场，为70名儿童安排了定期的体操课（实科中学为此专门提供了一个大厅，里面装备着昂贵的体操设施）。协会还有一系列计划，包括：举行体操节活动；开设晚自习帮助家庭不富裕的孩子补习功课；创办暑期训练营，孩子们可以在这里玩耍、散步，还可以做力所能及的劳动。⑤

体育协会⑥和旅游协会也是在19世纪末20世纪初出现的新生事物。应当指出的是，这些新的活动领域在俄国的开辟和发展完全是凭社会组织的一己之力，国家只有在它们发展稳定、成熟之后，才会对它们给予

---

① См.：Кузнецова О. А. Указ. соч. С. 257.

② См.：Хэфнер Л. Указ. соч. С. 435，438.

③ Очерки городского быта дореволюционного Поволжья. . . С. 265.

④ См.：Загайнова В. Л. Указ. соч. С. 139.

⑤ Молодая жизнь. Ежегодник общества. 1910. Ярославль，1910. С. 10，30－33.

⑥ См.：также очерк Г. Н. Ульяновой《Досуг и развлечения. Зарождение массовой культуры》в настоящем издании.

肯定。

体育和旅游。毫无疑问，体育即使在它的家乡英国也是新时代的产物：虽然中世纪的市民爱在大街上追赶踢球，但第一届英国足总杯到 1871 年才举行，当时会集了约 2000 名观众。而到了 20 世纪第一个十年的时候，现场观看足总杯决赛的动辄就有数以十万计的球迷。在 19 世纪后三十年，体育运动作为一种休闲方式，同时也是一种群众性活动，开始在欧洲形成。这意味着人们的世界观在逐渐发生变化——开始重视运动与身体的健康。尽管许多运动项目与某些职业运动技能有衍生关系，但体育运动还是遭遇到了最为强烈的文化对抗。[1]

莫斯科足球队同伦敦足球队比赛前在莫斯科南岸俱乐部的
场地上合影，摄于 1914 年

随着体育运动的出现，社会各界关于其发展路径问题如体育健身和体育竞技、儿童与女性运动、职业与业余运动、工人与贵族运动等展开了激烈的争论。从 1880 年到 1910 年，体育运动经历了由寥寥无几到日常现象的变化历程。例如，1912 年，在伊万诺沃－沃兹涅先斯克纪念 1812 年卫国战争 100 周年庆祝盛典上，体操表演与人们习以为常的乐队演奏、大合唱、

---

① Суник А. Б. Указ. соч. С. 206 – 209.

露天舞台上的轻喜剧表演、焰火等一起，成为该活动的一部分。① 1913 年，在俄国国民健康保护协会的倡议下，在圣彼得堡举行了第二届全俄卫生展览会。此次展览会专门设立了"体育教育"展厅，在娱乐项目中还安排了体育表演。在四个月的时间里共有 2000 人参加了 52 场演出，其中有一半是儿童。1914 年，手工业者互助协会在莫斯科举行了全俄手工业和工厂展。展览会中的体育部分由一系列具有配套设施的建筑群组成，在这里举行足球赛、网球赛、田径比赛、摔跤和拳击比赛。② 到1914 年的时候，俄国共有注册协会 1244 个（包括狩猎协会在内），还有划船、网球、足球、滑雪、田径以及重竞技等 6 个全俄联盟。③ 这一时期的体育联合会大多数是综合性的，而不仅限于发展其名称所显示的项目，尤其是那些旨在帮助学生以及整个青少年一代的团体（19 世纪 90 年代，一些城市成立了青年体育发展促进会）。1913 年，俄国国民体育发展监督办公室设立（任命俄国第五届奥林匹克运动会官方代表 B. H. 沃耶伊科夫为该办公室主任），这是第一个对全国范围内的体育教育问题进行监督的国家机构。

俄国国家奥林匹克委员会的成立，以及 1913 年和 1914 年两届全国运动会的举办可以说是体育领域的重大进步。奥林匹克运动遵循育人和团结的宗旨。成立俄国国家奥林匹克委员会，需要有组织全国联赛和大赛的经验，需要信息支持和法律保障：在当时的国家立法中，针对社会组织尚且没有"委员会"的概念。然而，最为艰巨的工作是协调人与人之间、各俱乐部之间的矛盾以及原则性的争端问题：循规蹈矩派对待"激进派"的做法甚为警惕，有时甚至是敌对的态度，认为他们的做法对身体有害无益。例如，实力强大的雄鹰体操联合会不赞成通过比赛积累实践经验的做法，尤其反对"创纪录"之说。俄国教育家、解剖学家、体育教育学科体系的创始人、解剖学理论的创始人之一——Π. Φ. 列斯加夫特一派的立场则更为坚决。列

---

① См. : Иванов Ю. А. Указ. соч. С. 159.
② См. : Никитин Ю. А. Указ. соч. С. 84 – 86，137 – 138.
③ См. : Суник А. Б. Указ. соч. С. 429.

在莫斯科举办的花样滑冰比赛，摄于 1909 年

斯加夫特认为，根据每个肌肉群的特点做自然运动是身体发育之本，而负荷过大是有害健康的。因此，他把体操器械比作伏特加、多米诺骨牌和鸦片。

奥委会章程在 1911 年制定完成，并于 1912 年 4 月在第五届斯德哥尔摩奥运会开幕前夕经内务部批准通过。对比俄国参加第四届和第五届两次奥运会的情况，可以发现其差异较大。1908 年举行的第四届奥运会，俄国共有 5 名运动员参加，他们是靠赞助商和协会的资助去伦敦参赛的，遇到了一系列组织工作方面的困难，甚至被各大体育报道忽略遗忘。而实际上，他们当中有 3 人载誉归来：摔跤运动员亚历山大·彼得罗夫和尼古拉·奥尔洛夫获得银牌；花样滑冰选手尼古拉·帕宁－科洛缅金战胜了七次世界冠军获得者乌尔里希·萨利霍夫获得了金牌，并成为 1952 年前俄国唯一的一位奥运会冠军。1912 年斯德哥尔摩奥运会的时候，俄国派出了正式的代表团（约 200 人）参赛。代表团得到了国家的资助，当局专门提供了一艘轮船以供代表团出行和住宿之用，而体育赛事也得到了新闻界的报道。①

还有很重要的一点应当指出，在第一次世界大战前夕，俄国体育运动正处于上升发展期，正在探索新的运作和组织形式。业界围绕如何扩大体育运动参与者的范围，是否有必要建立能让每个有意者均可加入的联合会等问题展开了激烈的讨论。在一战之前，这种新的工作机制虽然未能建立，但体操学校和各类培训班的创办②还是积累了一定的经验。一些工厂建起了体育场和体操馆，许多地方——奥列霍沃－祖耶沃、特维尔、尤佐夫卡、克拉马托尔斯克、哈尔科夫等都成立了体育小组。8%的民众文娱馆都有运动场，当然，用于体操的开支微乎其微。③ 运动员中有来自非特权阶层的人，有的甚至就是穷人。④ 1915年，体育报讨论了在农村建民众文娱馆的想法，其中也包括与体育相关的内容。⑤

也许，很难找到比以游山玩水、尽览名胜为目的的旅行更古老的休闲方式了。在19世纪的时候，就已经有"导游"存在，比如，在托博尔斯克，当一艘轮船靠岸后，马车夫就会提议上面下来的人去游览一下当地的名胜。⑥ 然而，旅游还是19世纪末的新生事物。旅游最初的形式是组织学生进行游览参观，渐渐地这一活动得到了国民教育部的大力支持，更为重要的是，还有交通出行优惠。组织中小学生和大学生旅游的经验为将旅游作为一种活动方式进行发展提供了可能。

俄国第一批旅游组织与山区旅游的出现相关，如自然科学爱好者协会和高加索登山爱好者俱乐部（1878，梯弗里斯）、克里米亚登山俱乐部

---

① Суник А. Б. Указ. соч. С. 407.
② 例如，库尔斯克的健康学校就竭力降低由付费导致的高门槛，即成年人一年收费8卢布，学生5卢布，12岁以下的孩子3卢布，并且对25个最贫穷的学员免除学费。Курск: Краеведческий словарь － справочник. С. 196。
③ Народный дом... С. 386，388－389.
④ 1915年，梅利尼科夫为俄罗斯赢得了滑冰冠军，但他在四年前才得到真正的比赛用冰鞋。当时，他只有13岁，来自莫斯科的一个工人家庭。据说，他的第一双冰鞋，准确地说，上面的马头形雕饰是他的哥哥用木头和钢线为他制作的。
⑤ Суник А. Б. Указ. соч. С. 607.
⑥ См.: Гончаров Ю. М. Указ. соч. С. 110.

在越野滑雪途中，摄于 19 世纪末

（1890，敖德萨，自 1902 年起，改称克里米亚－高加索登山俱乐部）、俄国登山协会（1901，莫斯科）。

　　克里米亚登山俱乐部完成了相关旅游基础设施建设：在雅尔塔周边地区修建了数条景区山间栈道，沿途设有指示牌和供休息用的长椅；在恰特尔山本－巴什－霍勃和苏克－霍勃钟乳石溶洞附近，建起了俄国第一个旅游栖居地。俱乐部的业务范围也在不断扩大。1912 年，雅尔塔分部组织了 645 次旅游——徒步游、马车游、骑马游——共计 15229 人参加。[1] 也是从这一年起，俱乐部的会员一致赞成组织汽车游的提议。据研究者统计，1890～1913 年，雅尔塔分部共计为 12 万人提供了服务。[2] 人们对该地区的兴趣之大，引起了国家对这里旅游业发展的关注。1912 年，在梯弗里斯成

----

[1]　组织旅游的时间是从 2 月 25 日到 10 月 28 日；参加者包括学生和教师。试比较：1901 年的旅游季从 4 月 2 日到 10 月 15 日，共计为 4000 人组织 3283 次旅游（Записки Крымско－Кавказского горного клуба. Одесса. 1901. № 10. С. 13；1913. № 2. С. 45－46.）。

[2]　См.：Арцыбашев Д. В. Указ. соч. С. 38，41－42.

立了旅游发展管理委员会。①

　　然而，全俄性旅游组织是由自行车旅游协会发展而来的，自行车旅游协会（或者俄国旅游俱乐部）于 1895 年注册成立。该协会随着业务范围的扩大逐渐实现了改组和升级：1901 年，俄国旅游者协会成立，到 1914 年的时候，有注册会员 5000 人。1907 年，协会下设中小学生教育旅游委员会；1910 年，制定了俄国长线旅游规划，协会还发行《俄国旅游者》杂志及旅游指南书籍。到 1912 年初，俄国旅游者协会推出了近 10 条全国游线路。自 1900 年起，开始组织莫斯科周边游——这对莫斯科人来说是更可及、更大众化的旅游线路。1912 ~ 1915 年，协会规划和组织了 86 条线路及 244 个旅游团，参加者达 6000 人。②

　　有趣的是，参观的不仅包括自然、艺术或者历史古迹，还有当时著名的工业建筑。当然，工业旅游直到 20 世纪末才成为世界旅游业的一个发展方向。乌拉尔游自然会安排参观工厂和下矿井，莫斯科游则包括参观工厂、市供水站、天然气厂、市屠宰场、发电站、灌溉田。③

　　至此，应当总结一下 20 世纪初旅游的特点。从理论上来说，对于旅游所具有的不同功能和游客各自的目的已经有足够的认识。但旅游基础设施发展得尚不够完善，使旅游与远足活动很相似：团队成员自己选出 3 ~ 4 名全权负责人，制定团队规则，并严格遵守纪律；旅游者的装备也与远足者颇为接近。④ 当时，还没有人为旅行而准备专门的服装或鞋子。乌拉尔游"建议穿耐脏的上衣，这样在下矿井和参观溶洞的时候弄脏了也不会心疼"。那个时代的游客根本不会期望住宾馆，过夜一般是在俄国旅游者协会安排的站点和临时搭建的住宿点，里面摆上几张床或者草垫子，也可能是在市管理局热心安排的学校、交通部门属地或者小山村。⑤ 俄国登山协会主席、莫斯

---

① Записки Крымско – Кавказского горного клуба. Одесса. 1913. № 3. С. 44 – 45.

② Подмосковные экскурсии Российского общества туристов. . . С. 4 – 5.

③ Там же. С. 5 – 6.

④ Там же. С. 40.

⑤ Московское отделение Российского общества туристов. Экскурсии по России. Маршруты на лето 1912 г. М. , 1912. С. 4.

科——喀山铁路总负责人 A. K. 冯·梅克建议，利用任何"有遮挡的处所来做临时过夜场所，不管是帐篷或是小木屋，还是路边的小亭子、工人住的工棚、工厂，或者是私人庄园"①。旅游者最大的开销是车船交通费，因此，他们旅行一般买三等票，只有乘坐长途游船的时候才会买二等票。② 这一切都说明，20 世纪初旅游者的出行热情非常高：他们要拿出 76 ~ 90 卢布来旅行③，这在当时是相当可观的一笔钱，但同时也做好了放弃舒适的准备。

在轮船上，暑假时大学生们乘船沿着北方
河流旅行，摄于 20 世纪初

20 世纪初的旅行者又都是哪些人呢？"大部分旅行者，"克里米亚登山俱乐部雅尔塔分部 1901 年的工作报告中指出，"来自两座都城，其中尤以

---

① Мекк А. фон. Альпийские клубы и Русское горное общество//Ежегодник Русского горного общества. Вып. 1. М. , 1903. С. 16 – 17.
② Экскурсии по России. . . С. 4.
③ Там же. С. 6, 35.

圣彼得堡居多，还有各大学城。旅行团成员以不同专业的学者、大中小各级学校的教师及学生为主，其次是医生和医疗工作者、各部门官员、军人，再次是商人、手工业者和其他企业家。这一年（1901）与以往不同的是还有贵族以及农民参团，艺术家也为数不少。"①

旅游组织对每一位游客都很细心。调查问卷和调查表能够大致勾勒出游客的轮廓。热衷于参加莫斯科周边游的人：男性（68%）、高等学历（51%！）、自由职业者（42%）。各政府机构和贸易公司的职员占36%，而商人仅占7.5%，还有14.5%的受访者没有注明职业。有一半的受访者年龄在25～40岁，40岁以上的人占13%。

历史古迹和自然风光都是游客所感兴趣的。游览之所以吸引人，还因为能带他们去城市之外的地方，以游玩的形式休息一下，强身健体，结识新朋友，还很安全（尤其对女性来说），"旅行过程简简单单而又无拘无束"。游客对协会提出的意见是有建设性而又各不相同的，正如报告中所指出的，"其中许多现在已经实现——全部或者部分"②。

当然，出行的交通费用高对许多人来说是一大障碍③，各旅游协会也意识到了这一点。有时，他们会尽可能提供一些优惠，但大多数时候还是尝试开发新的旅游项目，比如，日程安排紧凑而又无须交通费用的一日和半日徒步游。莫斯科周边游的价格平均为1卢布25戈比，但协会还一直努力压低价格，1913年，旅游项目中29%的价格在40～75戈比。④

专项游和慈善游也是比较大众化的旅游项目。针对教师开展认知游和度假游的包括技术知识推广协会教学委员会、俄国旅游协会教学委员会、各类教师互助协会、地方自治会、民众文娱馆。提供交通优惠有效降低了旅游成本，从而为出国游开辟了一条道路。另外，还有针对工人、林区工作者、农民组织以职业教育为目的的旅游，例如，1902年渔业国际展览会

---

① Записки Крымского горного клуба. Одесса，1901. № 10. C. 13.
② Подмосковные экскурсии Российского общества туристов. . . C. 13.
③ 有32%的受访者在回答问题时指出，高收费是莫斯科周边游受阻的主要因素。Там же.
④ Там же. C. 4 – 5.

委员会出资，组织阿尔汉格尔斯克、阿斯特拉罕省和波罗的海沿岸地区的渔民开展圣彼得堡游，铁路部门则为他们提供了优惠。①

战争和革命时期的日常生活

战争的打击首先针对的总是农村：村子里到处都是士兵的家属在哭泣。城里则天天高呼着爱国主义口号，商人们为战事所需捐款，而老百姓则给最高领导人发电报，里面写着"最规范的标准内容"。以往战争的惨痛经历似乎都不记得了。战争的影响在数月之后开始在城市逐渐显现，包括医院的数量增加，住房价格上涨，但居住的卫生条件恶化，城市的主力军——小市民的手工业和贸易活动低迷。而革命则首先是一种城市现象。20 世纪初，圣彼得堡流传着各种关于恐怖分子的笑话，而政治游行则是城市大街小巷生活的一部分。

新世纪充满了动荡不安。俄日战争是第一场大规模的战事，这场战争似乎是 19 世纪战争的续曲。然而，此次战争期间的日常生活却展现出了全新的特征。士兵的妻子第一次得到补助，并且可以自行支配。在城市的大街上第一次出现了干"男人活"（如刨冰）的女人。士兵们的妻子第一次不再满足于听那些口头传闻，她们开始自己读前线的消息——"看报纸的婆娘"让同时代的人刮目相看。"有时可以看到一些老人在读报纸以及从战场发回来的电报，而看他们的样子完全想不到他们能识字阅读。"② 一家地方报纸这样报道。

随着战争的开始，日常生活的政治化趋势不可避免地日益增强。一方面，政治在俄国仍然是禁忌话题；表面上不问政治是县城社会生活的原则性纲领，任何形式的"搞政治"都是非法的③；按照"国家的调子"，政务之事是天大的事，当局对民众的酒后之言表现出了过分的关注。另一方

① См.：Никитин Ю. А. Указ. соч. С. 43.

② Бердова О. В. Указ. соч. С. 104.

③ См.：Иванов Ю. А. Указ. соч. С. 11.

在佩加斯影剧院为"战壕里的战士"募集礼物，
图片中左边是维拉·卡拉里，中间是维拉·
霍洛德娜娅，摄于 1915 年 12 月

面，则是对日常生活刻意的但不公开的政治化。然而，正是这种看似悄无
声息的变化，在战争时期却形成了大规模的、由各个阶层人士共同参加的、
具有燎原之势的运动。1905～1907 年的革命席卷了两座都城和工业中心城
市，其他城市也纷纷响应：各个团体公开表态，到处都是冲突、暴乱（从
1905 年 10 月 18 日到 28 日，在 660 座城市中出现过）、群众集会。[1]《科斯
特罗马教区公报》在 1906 年刊载了一系列文章，其中包括《社会民主工党
及其宗旨、任务》《学校的社会主义》《基督教与社会民主主义》《社会主
义有道德学说吗?》《批判性地分析社会主义关于"共产主义、人人平等"
的学说》。[2] 公开演讲一般以现实问题为主题。在喀山的新人俱乐部，未来
的社会民主工党第二届国家杜马候选人 C. A. 乌沙科夫分别以《斯捷潘·

---

① Там же. С. 53－54, 68.

② См.：Бердова О. В. Указ. соч. С. 106－107.

拉辛》和《关于妇女在俄国解放运动中的作用》为题做了两场报告。
1906 ~ 1907 年，当局不止一次禁止演讲和公开报告等活动。① 在革命年代，
当局重新启用了原来在有重大庆典活动（如各阶层的代表团参加加冕典礼）
的时候经常采用的官方机制。1907 年，斯维亚加的小市民想表示支持沙皇，
意欲派代表团拜谒，但被沙皇以事务繁忙为托词拒绝了。② 政治禁忌反而让
政治变成了畅销品：革命年代，以敏感话题为内容的打油诗成了小饭馆的
必备节目。其他休闲形式也趋于政治化：1908 年，在喀山商会举行的化装
舞会上，上演了舞台剧《宪法的葬礼》；各种面具中包括"被压迫的工人"
"被蟒蛇紧紧盘绕的俄国"等③；1907 ~ 1913 年，在舒亚和伊万诺沃 - 沃兹
涅先斯克化装舞会的面具中，出现了"绞刑架""密探""来自沉没轮船的
水手"等形象。1912 年，在舒亚的跑马场举行了一场赛马比赛，出赛马匹
的名字也很有寓意，如"民主主义者""改革者""青年土耳其党人""科
佩金船长"。④

　　第一次世界大战是一场史无前例的浩劫，给世界带来了灾难性的后果。
同时，俄国内部战争的战火也燃遍全国各地，甚至到了那些数百年来未有
过战事的地方。总体来说，从 1914 年到 1918 年，俄国由恐怖活动、疫病和
饥饿造成死亡的人员数量在 270 万到 440 万之间⑤，其中既包括流亡海外
者，也包括国内的人。

　　大城市居住和卫生条件的恶化在战争初期就凸显出来。从 1915 年末
起，国内开始出现难民，民众愈加贫困，与此相应的是卫生条件恶化，死
亡率上升。1914 ~ 1915 年的粮食价格水平是 1913 ~ 1914 年的 125%，而到
1916 ~ 1917 年的时候，这一数字已经达到 293%。各阶层居民饮食质量之间
的差异急剧拉大，到 1917 年年中的时候，大多数城市居民只能勉强糊口维

①　См.：Хэфнер Л. Указ. соч. С. 517.

②　Очерки городского быта... С. 402.

③　Там же. С. 249.

④　См.：Иванов Ю. А. Указ. соч. С. 239，70.

⑤　См.：Араловец Н. А. Указ. соч. С. 107，111 – 112，118.

在圣彼得堡涅瓦大街上举行的示威游行，K. 布拉摄于 1917 年

生。① 直到 1922 年 10 月，城市居民的饮食才恢复正常水平。同时，应当指出的是，当时还出现了一系列问题，如货币流通混乱，开始进行实物交易，大规模迁居，发生大规模瘟疫，街头暴力升级，等等。

　　战争时期，在日常生活中同步出现的现象还包括：为红十字会募集钱款，向前线发运物资，设立安置医院以及在俄国的偏远地区出现了战俘。在所有人口稠密的地方都成立了募捐小组。1915 年 11 月，在举行"致前线战壕的士兵"电影周期间，电影明星们开展了慈善募捐活动。1916 年，对剧院票和电影票征收战时税。同年，还为伤员组织免费观影，在兵营搭建了专门的板棚以放映电影；成立基金会，专门为前线官兵组织流动电影放映活动。② 1916 年，在敖德萨举办了国防用品展览会，而在圣彼得堡举办了义肢展览会；在驳船上举行流动战利品展览会，展览会在 40 个居民点停

　　①　Там же. С. 87，109－110.
　　②　Летопись российского кино. С. 184，190.

留，在展览的同时还举行关于战争和战争英雄的演讲。① 第一批战争题材的电影（故事片和纪录片）在 1914 年 8 月已经拍摄完成；同年 9 月 17 日，斯科别列夫委员会制作的《俄国战争纪实》进行了首映。自 1917 年 3 月起，除了关于战争的讽刺电影和通俗读物，还出现了反君主专制性质的宣传画。② 此外，新型的学生游——"劳动互助游"开始出现，其内容是城市的学生去乡下帮助没有劳动力的农民家庭干农活。第一次世界大战对所有城市居民的生活都产生了直接或者间接的影响。例如，叶拉布加教区女子中学的五个女生试图偷偷跑去前线，随身只带了演戏用的骠骑兵的衣服和面包干。③

农业救援团，斯莫尔尼学院的学生 A. 舍尔古诺娃、T. 克尼亚热维奇、
K. 哈尔金格正在帮助在普斯科夫省的田野里劳作的农民，
摄于 1916 年

---

① См.：Никитин Ю. А. Указ. соч. С. 256，182.
② Летопись российского кино... С. 157，213.
③ Вторые Стахеевские чтения：Мат – лы конф. Елабуга，2003. С. 14.

　　电影快速适应了新形势的变化。1915 年，当局发布了禁止销售烈性酒和引进德国电影的禁令，这对本国电影的发展反而起到了积极的推动作用。电影制片厂、摄影棚以及影片的数量都开始增长。在 1912 年全国共计有 5 家电影制作公司，拍摄底片 8.1 万米，到了 1915 年，这一组数字分别为 22 家和 48.2 万米。1914 年至 1915 年，电影院的票房收入为 1.42 亿卢布[①]，拍摄电影开始变成一项经济产业。

　　旅游活动开始以个别地区为中心集聚发展。学生旅游项目甚至在国内战争年代也没有停止。各地继续创建博物馆，如亚速和维柳伊斯克（1917）等城市。博物馆藏品的命运也各不相同，是所在城市命运的翻版。小型图书馆保存了下来，不仅如此，西伯利亚地区阅览室的藏书甚至得到了进一步充实，新增了各党派和团体的最新出版物。体育生活也在慢慢适应新的条件。1915 年秋，俄国举行了全国足球杯赛，有 58 支球队参加。另外，田径运动发展的高峰时期出现在 1915 年；1918 年 3 月，俄国举办了全国重竞技运动冠军赛。

＊＊＊

　　日常生活不仅"转瞬即逝"，而且由一个时间段自然流入下一个时间段，正因如此，无法对其发展"进行总结"。艰辛的生活进程本身蕴含着巨大的潜能，其中既有全新的文化形式，又有对传统文化形式的发展，而这不仅限于日常生活层面，还在高度上得到了"进一步升华"。实际上，在各个领域——尽管强度和显现程度有所不同——都在进行着探索、运动和发展，这一进程席卷了欧洲各国。所以，世纪之交在文化流派、形式和文化中心的形成上，始终呈现出丰富多彩的景象。尽管这一进程因第一次世界大战的爆发和后来的社会动荡而发生异化，却并没有终止。

---

　　①　Вся кинематография：Настольная адресная и справочная книга. М.，1916. C. 161.

第七章
城市居民的个人生活

B. B. 波诺马廖娃

19 世纪末 20 世纪初，俄国发生的变化在城市表现得尤为明显。也正因如此，通常习惯将城市生活和乡村生活对照来看。当然，这里指的首先是大的中心城市，因为在大多数俄国城市中，城市生活的特征并不明显。许多小城市居民的工作、日常生活以及生活节奏和乡村生活没有太大区别。而在大都市，城市居民日常生活的变化却是最明显的，深深地融入俄国文化血液里的传统与 20 世纪带来的新事物之间的对比也最突出。

同乡村的自然环境相比，大城市的环境、建筑以及基础设施都是人工建造的。两者对时间交替的认知也迥然不同。生活在乡村、从事农业活动的人们遵守的是自然万物生存的生态时间，而城市生活则背离了自然赋予的生态时间，夜晚的照明令白天变长，倒班制工作打破了几个世纪以来一直沿用的全日制。城市居民的作息时间表几乎不再受制于季节，它与社会需求而非自然需求息息相关。正如 И. А. 布宁在小说《净身周一》中所描绘的："……莫斯科灰蒙蒙的冬日渐渐暗下来，灯火闪烁着冷峻的光，商店的橱窗中折射出一丝丝柔亮。一天的喧嚣过后，莫斯科的夜生活开始热闹起来：一辆接一辆的马拉雪橇疾驰而过，载满乘客的有轨电车颠簸着，发出更加沉重的轰鸣声。暮色里，有轨电车上面电线处迸发出的点点绿光隐约可见，同时还伴有丝丝的摩擦声；行人在昏暗的、铺满积雪的路上匆忙地赶着路。"①

　　大城市成为越来越多人的定居之地，其人口密度远大于乡村，这就使城市居民的情感过于充沛，易产生疲劳感，甚至患上神经官能症。城市居民一天内见到的人，可能要比乡村居民一年内见到的还多。与此同时，伴随都市化出现的一个怪诞的现象是"身在人群中却反而感到更加孤独"。城市中一群在一起的人有时却是彼此不相熟、不了解的。从很大程度上来说，人们在行为方式、生活方式以及穿衣风格等方面的选择是自由的。此外，要与不相熟的"他人"在城市中一起生活，也就形成一种独特的邻里文化和共存机制。在新的、非传统的社交场合也可能结交朋友、建立新人脉是一个纯粹的城市现象。

　　无论是在空间上，还是在心理上，城市都具有巨大的流动性。来到城市的人需要快速地行动、快速地思考，不能再像"乡下佬"那样。关于这一点，报纸报道了一个事实，很能说明问题：大多数交通事故的过失方都是马路上的农民，因为他们常常估算不好有轨马车和有轨电车的运行速度。② 城市的时间飞逝，在人口稠密、信息丰富的大环境下，信息交流更加频繁，世界的图景日新月异，引领时尚的潮流也在不断更新换代。

　　生活在城市里的人拥有更加广阔的社会空间。在不同的社会环境里，他们发挥着不同的作用，要知道，这里为他们提供了更多的机会和可能。这里有剧院、电影院、博物馆、图书馆、综合性大学和其他高等院校、俱乐部、商店和现代建筑。总之，异彩纷呈的城市生活环境以及整个城市就是促使人产生丰富感受的"催生器"，奠定了独特的文化基调。在城市生活中，休闲娱乐活动异常丰富，它提供了精致生活的典范，却渐渐偏离了原始的、永恒的美。在很大程度上，城市居民的未来在理论上是可以预见到的。城市人的衣着服饰与农村人有很大不同，它们更加追求欧洲的式样。

　　城市居民的饮食也有所不同：市民们通常购买现成的食物，他们并不

---

① Бунин И. А. Повести, рассказы, воспоминания. М., 1961. С. 506.

② См., например: Городское дело. 1909. № 7. С. 304.

像农村居民一样，对食物加工的全过程从头到尾都很关注，城市居民购买的越来越多的食物被加工得完全认不出原本的样子。随着这种趋势不断加强，人与自然之间的距离也越来越大。

随着俄国社会由传统阶段向工业阶段过渡，日常生活的一些特征开始变得模糊，另一些特征则得以保留。同时，与传统文化的剥离也使城市居民产生了新的需求。

***

与传统的乡村相比，大城市居民的社会成分极其多样。城市居民人口每年增加 3%[1]，其中有很大一部分是"外来人员"。1882 年，当局曾用一天时间对莫斯科的人口进行过一次普查。结果显示，当时莫斯科有常住人口 75.4 万，其中 55.5 万都不是莫斯科本地人。而 1890 年，在圣彼得堡的居民中，土生土长的圣彼得堡人占比还不到 1/3。[2] 城市居民中有很大一部分是农民，但与此同时，他们在法律上并不是城市社会的一员。19 世纪 80 年代，在莫斯科的人口中，农民占比已经超过 30%；而在圣彼得堡生活的人当中，有近一半是农民。两座都城的外来人口为城市生活增添了独特的色彩。同样，两座都城既发挥着巨大的文化同化作用，同时也推动了新思想、新技能的传播。

在对 19 世纪末圣彼得堡人口情况进行描述的时候，一位政论家指出，这座城市的男女比例为 5∶4（这种情形对许多国家的大型工业中心来说都非常典型）。在圣彼得堡人当中，贵族占 10%，受过高等教育的人占 1.5%；1878 个人中有一位学者或是文艺工作者，1051 个人中有一个是修道士，300 个人中有一名医生，280 个人中有一个军官，而在 59 个人里就有一

---

[1]　Там же. 1910. № 10. C. 638.

[2]　Москва: Путеводитель/Под ред. К. В. Сивкова и др. М. , 1915. C. 112; Россия. Полное географическое описание нашего Отечества. Т. Ⅷ. СПб. , 1900. C. 248.

名官员。因此，作者得出结论，圣彼得堡是一个官僚气很重的城市。①

　　莫斯科的人口构成则呈现出另一番情形。在 20 世纪第二个十年，莫斯科有将近 3 万个买卖人，其人口占比与圣彼得堡官员的占比情况相仿。彼时的莫斯科与官僚气浓厚的圣彼得堡不同，它首先是一座商业城市，莫斯科的公职人员要比圣彼得堡少将近一半。② 正如当时的人所描述的，"莫斯科的商业中心区"——商铺、货栈、事务所、银行、交易所、小酒馆等贸易场所就是莫斯科的"神经中枢"。

　　在城市人口中，仆人是人数众多的一个阶层，因为在当时手工劳动极其廉价。正如一位记者所亲证的：在欧洲，"一个女仆常常要为几个家庭同时做帮佣的情况并不少见，她一整天都在洗洗刷刷，收拾了一家又一家"，而"在我们国家，家仆不仅可以工作在条件比较优越的家庭中，也可以工作在普通的家庭里"。③ 家里有很多粗活：清理炉灶、生火，清洗满是污渍的锅、茶炊，拿桶打水，清洗油腻腻的餐具，收拾加工家禽、肉、鱼等。所有这些活都由女仆来完成。富裕人家还会雇用仆役、专门服侍用餐的仆人、厨师、侍从、保姆以及伙夫。主人社会地位较高的家庭要求雇用的仆人训练有素且长相体面，正如 А. П. 契诃夫小说《没意思的故事》中的主人公所讲述的："由于我有显赫的官职和名望，他们辞掉了我的女仆阿加莎，一个爱说爱笑的老太婆，换了个叶戈尔来伺候我吃饭，这个呆笨、傲慢又矮小的家伙右手老是戴着一只白手套。"④

　　在 19 世纪下半叶，尽管俄国人民的生活发生了急剧的变化，但城市在很多方面依旧保留了原有的特征。省城的典型建筑是平房和两层的房子，也有少数三层的楼房。圣彼得堡人甚至把莫斯科都称为"大农村"，而且持这种看法的不仅仅是他们。在 19 世纪 90 年代初，莫斯科市管理局已经发布禁令，禁止在广阔的城市空间建造木制房屋，但到了 1910 年的时候，莫斯

---

①　Петербургская жизнь. 1892. № 1. С. 14.

②　Россия. . . Т. Ⅷ. СПб. , 1900. С. 250.

③　Домовладелец. 1896. № 5. С. 105 – 107.

④　Чехов А. П. Полн. собр. соч. : В 12 т. Т. 6. М. , 1962. С. 298.

夏波夫家族的仆人（保姆、清洁女工、厨娘），H. M.
夏波夫摄于1900年，别尔罗夫卡别墅

科有一半的房屋都是木制的（圣彼得堡40%）。[1] 圣彼得堡也有类似的情形：一些地区偶尔还是会看到旧时的情景，仿佛是俄国中部地区小城市移植过来的传统景象。画家 M. B. 多布津斯基回忆自己在瓦西里岛度过的童年时说："当我还很小的时候，在自家的牛圈里还养着一头母牛！那时的圣彼得堡生活还很原始和传统……"[2] 即使是生活在大城市的居民，也还保留着马厩、牛棚、鸡窝。但城市生活中也存在强烈的对比和反差：就在不远处，平地拔起的多层建筑区就像一座座封闭的小岛；而旁边是为无家可归的穷人开设的小客栈，在那里人们看到的是一眼望不到尽头的墙壁和长长的穿堂院，庭院里一棵树也没有。一排排的出租公寓形成了"院井"和"廊街"交替的奇观，厨房和下人们的住房借窗户对面庭院的光亮照明。当时，追求最大收益已经让人们对卫生标准的要求忽略不计了。

---

[1]　Квартирный вопрос в Москве и Петербурге//Городское дело. 1910. № 17. С. 1162.

[2]　Добужинский М. Воспоминания. М. , 1987. С. 6.

《花园》，M. B. 多布津斯基的水彩画，1909 年

20 世纪初，有位医生曾对圣彼得堡 2500 名中小学生进行过一次问卷调查。调查结果显示，他们中有将近一半的人从未见过绵羊，17% 的人没见过青蛙……从小生长在"钢筋混凝土"地面上的孩子们不了解大自然，他们的道德水平不断下降。正如进行问卷分析的医生得出的结论，这也是儿童犯罪率上升的主要原因之一。[1] 人类与生机勃勃的大自然之间的疏离是工业文明的产物，当时已经呈现出人口密度加大的势头。这一事实不仅导致犯罪率增长，还导致"大城市综合征"的出现，即大城市居民的高发病——神经官能症。

城市的"住房问题"一年比一年尖锐：人们越来越难找到合适的住房，并且房价也越来越高。昂贵的房价是定期刊物一直关注的话题。正如当时的一位记者所写的："房价涨得飞快，每时每刻都在上涨。"[2] 自 8 月中旬开始，在庭院的大门上、房子的窗户上，到处都张贴着房屋出租的"小传

---

① Городское дело. 1910. № 10. С. 647.

② Вздорожание жизни и борьба с этим злом//Там же. № 11. С. 739.

单"。很多房主都出租单间或是公寓（包括柴火和家具——一张桌子），这是相当大的一笔经济补贴。对于很多女人（官员和军官的遗孀）来说，房屋出租已经成为她们的"营生"。①

首都和外省的出租公寓：位于圣彼得堡石岛大街的 И. Б. 利德瓦尔楼（左图），建于 1899~1904 年，建筑师 Ф. И. 利德瓦尔设计；萨马拉的出租公寓（右图），建于 20 世纪第一个十年

城市居民人口密度的增大、建筑及地皮价格的上涨，导致城市的楼房越建越高。最初，专门用于出租的公寓建得并不高，只有两三层，里面能容纳 15~30 个房间。楼上比较小的公寓住的是比较穷的住户，楼下住的是有钱人。正是这些出租公寓勾勒了 20 世纪初城市的面貌，它已经成为新时代的象征。② 我们这里所讲的只是居民住宅的整体发展趋势，要知道，即使到了 1900 年，在圣彼得堡也只有 5% 的住宅楼能容纳超过 50 间寓所。③

出租公寓的住客收入差别巨大，正应了那句老话，"人人都应有自知之

① См.：Григорьев М. А. Петербург 1910-х годов. Прогулки в прошлое. СПб.，2005. С. 177 и др.
② См.：Юхнёва Е. Петербургские доходные дома：Очерки из истории быта. М.，2008.
③ Городское дело. 1910. № 11. С. 726.

明"，在公寓楼里各就其位。这里的寓所按照价钱和舒适程度进行区分，用于满足不同阶层的居民。租房费既取决于房子自身所在的位置，也取决于房间的数量、楼层以及寓所的日常生活设施。这种商业模式打破了长期以来形成的城市的某些社会性特征。老城的很多地区都有明显的阶层性特征，比如在莫斯科，甚至连墓地都具有这种特征，如顿河修道院公墓、达尼洛夫修道院公墓以及新圣女修道院公墓已经成为安葬"各类知识界人士"的地方。以前，这些墓地是"贵族"专用的。瓦甘科沃公墓与此正相反，是安葬大众阶层的墓地，从19世纪下半叶起，这里开始安葬演艺界和文学界的逝者。而皮亚特尼茨科耶公墓则是公认的安葬商人的墓地。

我们驰骋想象，来看看公寓各个楼层的样子。很多公寓的一楼都是办公室和商店，有时二楼也有，在建房时特意规定场地要宽敞，橱窗的窗洞要开阔，这样的设计很受商店主人和办公室拥有者的欢迎。

楼房最下面是地下室。地下室里既有人的住处，也有仓库、锅炉房以及洗衣房，洗衣房里总是满地的脏水。地下室里住人是首都特有的现象。1890年，在圣彼得堡有近5%的人住在地下室里。① 正如一位记者指出的，"大雨过后，圣彼得堡全城的地下室都灌满积水"②，而有的地区的地下室根本没法住人。莫斯科的地下室并没有这样的麻烦，因此，那里栖居着大量的人口：每十个人里实际上就有一个将这里作为自己的栖身之所。③

К. Г. 帕乌斯托夫斯基在自传体小说《一生的故事》中回忆道："窗子里透出的光散发着一股潮气，窗子的那一边可以看见磨破的靴子、蓝色防水橡胶套鞋……好像有人在自己的寓所里走来走去，带出一阵阵寒意，而对我们甚至连看都不想看上一眼。"④ 出租地下室为房主带来了一笔稳定的收入，住这里的房客因为没有钱去租更好的房子，只能一直住在潮湿阴暗的地下室，就顾不上卫生条件差和医生的反对意见了。

---

① Домовладелец. 1898. № 6. С. 104.

② Положение городской канализации в Петербурге//Неделя строителя. 1899. № 1. С. 4.

③ Домовладелец. 1898. № 8. С. 143.

④ Паустовский К. Г. Повесть о жизни. М.，2002. С. 150 – 151.

　　走过办公室和商店，可以明显感受到公寓房所特有的一种对比和反差，要知道我们来到了豪华的"老爷房"所在的楼层（"老爷房"曾是一个固定短语，并被广泛使用），坐落在二楼和三楼的公寓是条件最好的。一段明亮的大理石楼梯通向最好的"老爷房"，这些居室里还可能有大阳台、电话、壁炉，甚至还有喷泉；冷柜置于地下室，公寓楼旁边就是乘坐马车和汽车的站点。为这些住户服务的还有一项新科技产品——电梯。"升降机"——电梯才刚刚问世，但专业人士们已经在讲授相关的课程了，在杂志上也能见到我们所熟悉的电梯公司的广告——"最好的升降装置——奥的斯电梯"。尽管如此，在 19 世纪末，电梯依旧很少见。"圣彼得堡的个别楼房里装有电梯，但暂时还只是专为富人提供舒适便捷服务的稀罕之物。"[1] 当时的一本杂志中这样写道。20 世纪初，在圣彼得堡拥有一套六居室公寓的房主靠租金每年能有近 3000 卢布的收入。

住宅楼中的新技术产品：圣彼得堡楼房里的电梯，摄于 20 世纪初；
П. Н. 佩尔佐夫公寓正门电话室旁的守门人，莫斯科，
摄于 1907 年

---

① 　Подъемники в жилых зданиях//Домовладелец. 1896. № 8. С. 176.

П. Н. 佩尔佐夫公寓餐厅一隅，摄于 1907 年

公寓楼再向上走，我们看到的是富人住户区。他们当中有医生、工程师、知名律师、教授、建筑师、高官、著名演员。

19 世纪下半叶，城市居民中的富裕阶层刚刚开始形成自己的装修风格，而这一形成过程相当缓慢。在描述当时住在城里的旧时地主家的陈设布置的时候，B. A. 吉利亚罗夫斯基写道，那里铺着一条巨大的、印有波斯图案的地毯，是由手艺精湛的女农奴手工制作而成的，本应铺在完全不同的地方。此外，家中还有定制的古老家具、先人的肖像，以及描绘地主生活场景的图画，如狩猎场面、马和狗的画等。① 这些老爷式的陈设逐渐成为历史。越变越小的居住空间以及不同的生活节奏催生出了新的生活条件。在对居室进行布置时，最主要的是居室"展示生活"的功能，这是最重要的考量因素。这一功能没有被时代淘汰，也永远不会被

---

① Cм.：Гиляровский В. А. Избранное：В 3 т. Т. 3. М.，1960. С. 186.

时代淘汰。然而，人们渐渐开始重视对私密空间的保护以及舒适性的营造。

过去，房主在家居装修时会直接寻求画家、建筑师等专业人士的帮助。而今，随着市民中受教育阶层逐渐扩大，消费者自行设计的情况并不罕见。在这方面，一些专业性杂志的专栏和画报常常会为他们提供日常家居设计的建议。例如，曾经有这样一个习俗：在卧室中，"床与床之间习惯用间壁分隔开来，为了迎合时尚潮流，间壁的门上常常挂上厚重的帷幔"[1]。这一习俗遭到了专业人士的批评，因为这样一来，帷幔会阻碍空气流通，并且容易积灰。这些刊物还经常引用科学依据进行论证，比如："我们的心理学家很早以前就证实，颜色对心情有很大的影响。因此，如果不得不在一间昏暗的房间里生活，那么，房间不仅应该贴黄色的壁纸（太阳的颜色），窗帘的底色也应该是黄色的。"[2]

伯努瓦家在圣彼得堡的公寓，摄于 1906 年

---

① Домовладелец. 1898. № 3. С. 45.
② Петербургская жизнь. 1892. № 45. С. 439.

荣誉公民、一等商人 г. г. 叶利谢耶夫在圣彼得堡的公寓，
К. 布拉摄于 20 世纪初

商人家的室内装饰则遭到大家的嘲讽，因为他们把"正厅"用来装饰门面而不住人，华而不实；在笨重的家具上总是盖一层布，各种物件大小不一、颜色扎眼，都是一些廉价的摆设。从 19 世纪末起，俄国开始举办室内装饰展，它体现出家居文化正日益普及。俄式风格在大众阶层推广开来，但这种风格一旦大众化，便会沾染上一些低级的特征，有时甚至还有些俗气：俄式的餐厅中，会设一个乡村小木屋样式的饭厅，墙上挂着各种刺绣的毛巾、抹布，饭厅中摆放着雕花桌子、椅子和凳子，像是漂亮的玩具。①这些家具的式样有点儿标新立异，既大又容易积尘；此外，它们还占了宝贵的空间。而新的家居风格和生活方式则要求家具能轻松融入面积并不大的城市住宅里。

普通知识分子的家居风格极其简朴。作家 E. 施瓦茨在自己的日记中勾画了这样一幅图景："前不久，在翻阅 1913 年出版的《尼瓦》杂志时，我

---

① Чарская Л. Гимназистки. М. , 2007. С. 134.

看到了为庆祝柯罗连科纪念日刊登的一组照片，一种似曾相识的感觉油然而生，这是熟悉的、知识分子惯用的陈设：餐桌上的桌布、普普通通的盘子、盛水的水瓶以及大众化的杯子，还有几把弧形的维也纳椅子。要知道，柯罗连科在当时是个富人，但是几乎过着僧侣般朴素的生活。"① 类似的描述在同时代人的回忆中比比皆是。新闻记者阿里阿德·特尔科娃－威廉斯对图甘－巴拉诺夫斯基家的日常生活这样描写道："他们过着知识分子的简朴生活，和自己周围的大多数人一样，没有赋予外部的家居装饰以特别的意义。"② 应该说，他们还是赋予了外部的家居装饰一定的意义，却是另一种意义上的：很多人本可以舒适一些，却为了显示自己对"外在"的不在意，甚至牺牲了自己的舒适便捷。这不仅体现在住宅的家居布置上，还包括服装、行为举止，有时甚至是卫生习惯等方面。

　　城市人口数量日益增加，这就要求大批量生产价格较为低廉的家具。在当时，由干草编制而成的家具得到了广泛的普及，社会各个阶层的人都在使用这种家具。这种家具大众化、轻便、便宜，并且在各种风格的室内陈设中看起来都很美观，此外，它还很结实耐用。到 20 世纪末，城市居民的别墅里还在使用这种编织的家具。实际上，在每户小康家庭和收入一般的家庭居室里，都摆放着这种"维也纳式"的家具。此外，城市公共场所数量的增加要求对其进行大众化的装修。咖啡馆、平价饭店、剧院、民众文娱馆、电影院、法庭等——在所有这些地方，需要耗费大量木料和人工制造的实木家具被"维也纳式"家具所取代。后者的制作工艺先进，价格低廉，这也保证了其在市场中的主导地位。

　　应当指出的是，文化水平较高的家庭和富裕家庭越来越重视儿童房的设计。孩子的生活空间与成人的生活空间要保持一定的距离：儿童房一般置于房子的里间——一个不大的房间。虽然在很多家庭中，儿童房仍然存在"超员"现象，没有地方住的孩子晚上只能睡在客厅的沙发上或在其他

---

① Шварц Е. Живу беспокойно... Из дневников. Л.，1990. С. 103.

② Тыркова-Вильямс А. То，чего больше не будет. М.，1998. С. 57.

地方过夜，但还是呈现出一种趋势，即儿童房的问题已经成为社会各界关注的话题，这反映了孩子在家庭中地位的变化。

莫斯科夏波夫家院子里孩子们玩的跷跷板，
H. M. 夏波夫摄于 1905 年

接下来我们继续往公寓的楼上走。要上到顶层和阁楼，一般只能走后楼梯。黑暗的楼道是"令警察和卫生清洁人员不安和忙乱的永恒源头，是生活的另一面。有一位哲学家这样说过：'如果你想了解圣彼得堡人生活得如何，就从后楼梯开始研究吧！'"① 一般仆人走后楼梯，向上运柴火以及打水，看院人从这里下楼倒污水和垃圾。后楼梯昏暗又肮脏，总是散发着难闻的气味。正如一位记者所记述的："这里是污秽和传染病的暗沟。"

我们沿着后楼梯，来到公寓上面的几层，这里住着贫困潦倒的官员、手工业者、靠微薄抚恤金生活的寡妇。父权制的传统家庭在工业时代遭遇危机，导致城市中开始出现一类典型的市民形象：一个人生活的"知识分

① Петербургская жизнь. 1892. № 7. С. 81.

子"，如画家、办事员、大学生、高等女子讲习班学员、医生、演员、教师、报务员、女医士。在这类人中，大多数人都是租赁具有最基本配置的房间即可，而家居设施和生活的舒适性问题则完全不在他们的考虑范围之内。20 世纪初，13% 的圣彼得堡人住在四层以上。① 对于他们中的很多人来说，一套公寓的房租（每月 40 卢布起）太高了，他们会把其中的房间再转租给其他租客，与自己同住。

印刷员伊万·尼古拉耶维奇·扎罗夫——演员 M. И.
扎罗夫的父亲（照片中站立者）一家，他的妻子安娜·
谢苗诺芙娜是库兹涅茨桥一家男装店的女裁缝

再往上走，住在阁楼里的是穷人，他们为自己的小屋支付 15～35 卢布的租金。Л. 恰尔斯基描绘过这样的场景：一个无父无母、正在上古典中学的女孩和奶奶靠着 35 卢布 62 戈比的退休金生活，"备有柴火的居室每月 20

---

① Городское дело. 1900. № 10. С. 645.

卢布"，还要靠余下来的微不足道的 15 卢布维持"吃饭、穿衣、乘车等整整一个月的花销"。[①] 但即使在最贫穷人家的陋室里也能看到保存着记忆的全家福照片。这些照片取代了只有少数人才能负担得起的私人订制的肖像临摹，它是人们对家族归属感的深层需求和表达。对照片的需求，就像当代生活中的许多其他现象一样，体现了生活的大众化趋势。

　　城市中最昂贵、最舒适的住宅还和原来一样，仍旧是私邸。只是原来此类住宅的订购者是贵族，而今变成了资产阶级。一位专业杂志的评论员在写到废除农奴制后"老爷们的宫殿"纷纷被拍卖时指出，"俄国世袭贵族这一令人难过的错误"近些年来却被"有钱的贵族"重演，甚至愈演愈烈。后者对"宫殿式"的宏伟建筑充满狂热的向往：一处住所有 70～100 个房间，不算建筑本身的成本，仅装修和陈设就要花费几百万卢布。因此，不难理解，经常会遇到房屋所有者破产而他的继承者也难以为继的情况，有时就是因为负担不起这样的私邸了。[②]

　　住房市场的另一个极端是工人的住所，其特点是众多房客挤在一起，他们的生活水平极其低下。例如，在 M. 高尔基的小说《母亲》（1907）中，故事的主人公居住的工人村，在作家的笔下都是用最为阴郁的色调来描绘的。但与当时大多数工人的居住条件相比，弗拉索夫一家简直就是生活在天堂。弗拉索夫一家拥有独立的寓所，几张铺得整整齐齐的床，父子结束繁重的工作下班回来，等待他们的是女主人和自家俄式炉子上做的热乎乎的饭菜。对于城市大多数贫困居民来讲，这是在梦中才能见到的场景，能拥有一张属于自己的床都是很奢侈的一件事。通常，他们拥有的只是公共房间的一个角落。如果一个工人家庭拥有一套公寓，那么，他们一定会把多余的房间再租出去，找人合住，来贴补一下家用。

　　某一期刊曾刊登数篇文章，内容是将西方和俄国工人阶级的住房条件进行对比。作者指出，"把我们的住房条件和西欧的做直接对比是不可能或

---

① Чарская Л. Указ. соч. С. 160.
② См.：А. Н. З. О современных постройках//Домовладелец. 1897. № 3. С. 51.

者说是很困难的"，因为国外的工人都住在公寓里，他们的问题仅仅是房间数量的多少和住房设施是否完备。① 在俄国，只有数量很少的工人"贵族"——拥有可观收入的高水平技术工人——能够维持较高的生活水平。

当时的统计数据显示，大多数工人只是有"一隅安身之所或是住在公共宿舍里"（有时那里会容纳近200人）。工人集体宿舍里有上下铺和几个床头柜，柜子里可以存放一些物品、茶和白糖。有时，工人在这样的场所里需要轮班睡觉，床上用品自然是不给提供的。有家室的工人一般会被安排到特殊的集体宿舍——一排极其狭小的房间（每间只有10~12平方米），共用一个走廊。为了让屋内暖和一些，间壁一般不会太高。孩子们睡在地板上，下面铺着随手找来的废布单。但大多数情况下，工人夫妇都是住在可移动的板房里，里面用又薄又不太高的隔板分成若干个小居室，有一张床，偶尔还能再塞进一张小桌和一个小凳。莫斯科82%的床位式公寓房都坐落在破旧不堪的老楼里，或者在又冷又潮的顶楼。统计结果显示，当时约有17.5万人居住在这样的地方，其中21%是儿童。②

只有要求很低或是穷困潦倒的人才生活在这样的地方。事实上大多数的俄国穷人都过着类似农民的生活：通常，一大家子人挤在一个房间里，做饭、吃饭、睡觉都在这里。但是在城市的氛围里，这种简朴的农村生活方式却变得让人完全无法忍受。在这里住在一起的不是自己的家人，而是完全不相干的陌生人，而且远离大自然，没有新鲜的空气和广阔的生活空间，住在潮湿、脏乱又拥挤的城市公寓里。

20世纪初，莫斯科城市杜马统计局特聘了几位统计学专家，对莫斯科全市的住房情况进行了一次全面评估。统计委员会对床位房得出了这样的结论："这种局面的形成不仅仅是因为贫穷，还因为居住在这里的人文化水平低下以及其日常表现出的粗鄙习惯。"他们中的大多数人就是在这样的环

① Жилищные условия рабочего класса на Западе и у нас//Городское дело. 1910. № 19. С. 1313 – 1314.

② Жилищный вопрос в Москве и его ближайшие задачи в разрешении его городской Думой//Там же. 1913. № 6. С. 352.

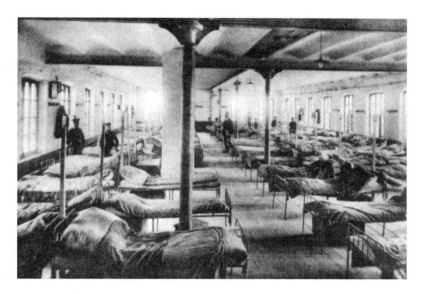

II. 马柳京家族工厂里的工人集体宿舍，摄于 19 世纪 90 年代

II. 马柳京家族工厂里工人家庭的房间，摄于 19 世纪 90 年代

境里出生的，已经习惯了这里的一切。因此，"即使他们认为这样的环境是不正常的，却也没有足够的勇气和力量来进行反抗"。[①]

在企业家当中，也不乏关心自己企业的工人生活条件之人，其中最为著名的是普罗霍罗夫家族，他们位于莫斯科三山的产业占地面积达 3.5 万平方俄丈。他们在厂区建了工人集体宿舍、医院、收容所、托儿所、幼儿园，以及培养专业技工的手工艺学校。[②]

城市聚集了形形色色的人群。自古以来，在数以千计的中心城镇，所谓的"盲流群体"（比如乞丐、流浪汉、妓女、骗子等）等反社会群体总能给自己找到栖身之所。这些人中有不少是"落魄失势的人"：输光家产的破落的地主、堕落成酒鬼的官员和军官。城市底层的人栖居在便宜的客栈里。在这里安身的穷人，很多甚至就地干起自己的营生，为人缝补旧衣裳，帮人把烟筒装满烟，做抄写或代写书信工作，做鞋修鞋，干钳工，在附近的旧货市场卖东西，等等。当地的女人近一半都从事卖淫的行当。此外，这里赌牌之风极盛，也是销赃的好地方。类似的"底层"在每一个大城市都有。当然，在这种客栈居住的不仅包括上述社会边缘人群，还有打短工的人、一文不名者以及靠打零工维持生计的穷人，他们也在这里寻找栖身之所。

19 世纪末的俄国成立了友好帮扶协会和团体，为那些居无定所的城市居民开设价格低廉的小客栈。一些慈善机构为住客（对其数量有严格的限定）提供一张床铺、一杯加糖的茶和一块面包，收费仅为 5 戈比。私人客栈的卫生条件很差，尽管要交付更高的费用（7 戈比到 35 戈比不等），但那里总是人满为患。到 1912 年，圣彼得堡有 14 家客栈，能容纳 2087 人；87 个大车店，可容纳 1379 人。[③] 而莫斯科则有 11 家大型客栈，每天有 1.1 万～1.2 万人在这里过夜（其中近一半的人都住在希特罗夫市场）。

---

① Вагнер И. Жилища беднейшего населения Москвы. Отт. из: Изв. Моск. городской Думы. М., 1902. С. 15.

② Подробнее см.: Ульянова Г. Н. Благотворительность московских предпринимателей. 1860 – 1914 гг. М., 1999.

③ Ночлежные дома в больших русских городах//Городское дело. 1912. № 11.

在城市中，还有一部分居民实际上是被城市生活所抛弃的人。由于种种原因，城市为居民提供的各种机会他们几乎一点也享受不到，也从未为过上好一些的生活而努力过，如尝试寻找一份赚钱多一些的工作。这样的人一直都有，慈善机构面向的首先就是这类人群。1899 年，莫斯科获得慈善救济的穷人的数量占城市人口总数的 3.4%，其中大多数是妇女和儿童。[①]

19 世纪末，莫斯科的慈善机构建造了 70 个慈善收容所，可容纳 1400 人。慈善机构专为带孩子的贫困寡妇和"被丈夫抛弃的家庭妇女"租赁寓所，并置办家具，提供免费的床铺。[②] 19 世纪末，俄国各大城市尽管发展进程缓慢，但都开展了大规模建造慈善性质的"廉价房"的活动，其中包

**Г. Г. 索洛多夫尼科夫廉租房（为低收入家庭提供），建于 1907 年，
建筑师 И. И. 雷贝格，摄于 20 世纪的第二个十年**

---

① Сб. статей по вопросам городской жизни в России и за границей/Изд. Моск. гор. обществ. управления. Вып. II. М., 1901. С. 1.

② Там же. С. 2, 28.

括 **Г. Г.** 索洛多夫尼科夫家族、波波夫家族、索罗科与莫夫斯基家族、冯·杰尔维兹家族等建造的廉价房。位于小波利亚卡街道的巴赫鲁申楼在莫斯科家喻户晓，巴赫鲁申兄弟出资建造的免费公寓楼于 1895 年开放，主要为"带着幼儿的贫穷寡妇以及在女子讲习所或是高校学习的贫穷妇女"提供住所，截至 1910 年底，有近 2000 人在这里栖身。①

　　住宅数量不足、条件差的现状促使中产阶层的人们开始进行协作，自己出资建房。20 世纪的第二个十年，他们在圣彼得堡的市中心建起了一批这样的楼房。但这样的协作才刚刚开始就因为接下来的战争和革命而终止了。

圣彼得堡缓解住房困难协会建造的"哈瓦那小镇"，包括托儿所、学校、食堂、茶馆、图书馆，建于 **1903 ~ 1908** 年，建筑师 **H. B.** 德米特里耶夫和 **B. A.** 费奥德罗夫，摄于 **20** 世纪初

① Московский дом бесплатных квартир//Домовладелец. 1895. № 7；Дом бесплатных квартир братьев Бахрушиных//Неделя строителя. 1897. № 8. С. 38 – 39；Вся Москва. М., 1909. С. 810；Жилищный вопрос в Москве и его ближайшие задачи в разрешении его городской Думой//Городское дело. 1913. № 6. С. 354 – 355；и др.

城市中严峻的住房问题以及每况愈下的生活条件成为郊外别墅越来越受欢迎的重要原因："住在别墅里的也有穷人，对他们来说，要同时支付公寓和别墅的房租费用是很困难的事情。因此，他们春天不再租城市的公寓，带上全部家当搬来别墅住，秋天再返回城市租一个新的公寓住，这是很常见的现象。"① 为了省钱，一些家庭尽量延长待在别墅的时间，会一直住到冬天来临。换言之，正如当时的一位专栏作家所说的，搬进别墅是保持"收支平衡"的必要之举。

20 世纪初的一位小说家在描述铁路职工的生活方式时写道："他们拿着微薄的薪俸，常年和家人住在离工作地点不远的地方，单位在那里为他们提供廉价的公寓房，还有哪怕是一点点新鲜的空气。众所周知，穷人在圣彼得堡市区租住 30 卢布以下的住所的话，能呼吸上一口流动的空气都是奢望。"②

对于那些富裕一点的"纯粹的欣赏者"来说，搬到别墅的理由是亲近大自然，纯粹是为了欣赏和享受美景，《房主》杂志中曾有这样一段描述："……现在一到夏天，在城里几乎没法生活，但凡有点儿钱又有一份像样工资的人，都想搬去别墅住，只为能呼吸一下没被污染过的空气。"③ 当然，别墅的居住条件也千差万别，房租各有高低，但可以借助报纸上的广告和专门的事务所寻找房源。

当时的人对城市居民搬往郊区住所的场景做出过引人入胜的描述，例如："街道上浩浩荡荡的货车和马车队伍，上面装满了各种家什——床垫、大小包裹、厨房用具、玩具、花盆等。仆人坐在最上面，手里拿着装小猫的小筐儿或者是装着鹦鹉的笼子，租住的别墅一般不带家具。"④ 安置下来后，很多城市居民都很享受在花园里劳作：种植丁香、野蔷薇、山梅花、木樨、芍药和天兰。

---

① Засосов Д. , Пызин В. Повседневная жизнь Петербурга на рубеже XIX – XX веков. М. , 2003. С. 267 – 268.

② Зореч Н. Спрут//Образование. 1906. № 3. С. 61.

③ Домовладелец. 1896. № 3. С. 51. «Дачная» тема в последнее время привлекает особенное внимание исследователей （см. : Ловелл Ст. Дачники. М. , 2009; Конечный А. Петербургские дачи//Антропологический форум. 2005. № 3; и др. ）.

④ Григорьев М. А. Указ. соч. С. 155.

位于索科尔尼基的别墅，莫斯科，摄于 1892 年

城郊的别墅生活成为 19 世纪末 20 世纪初大量专栏作家喜欢描写的对象，其中包括"讽刺作家新秀"H. 苔菲、A. T. 阿韦尔琴科，还有 A. П. 契诃夫等。在他们的笔下，别墅生活是庸俗的象征。在很多杂志刊载的文章中，"住别墅的男主人"总是满腹心事、奔波忙碌的一家之主形象，他们总是大包小裹、急匆匆地去赶火车。① 对这一形象的刻画透露出一丝嘲讽之意，在很大程度上，这是由当时别墅的生活条件所决定的。在那个年代，郊外别墅的生活设施很不完备，既没有公路，也没有水电供应，所有物资都不足，贫困是普遍现象。对别墅生活的嘲讽之意也来自对这种生活方式和知识分子特有的所谓的"诗意生活"的鄙视。

20 世纪初，俄国开始大力兴建私人别墅。当时的人指出，都城周边"别墅区的数量迅猛增长"。《别墅生活》杂志证实，最近 15 年都城周边共出现 264 个别墅区。1909 年 2 月，在莫斯科地区的县级地方自治会的倡议下，召开了第一届莫斯科郊外别墅区公用事业协会代表大会。参会的有来

---

① См.：Лярский А. Похождения дачного мужа//Родина. 2000. № 8.

自 39 个协会和团体的代表，时任莫斯科省省长的准科夫斯基莅临现场并主持了大会的开幕式。同年，圣彼得堡也举行了类似的会议。

　　记者这样描述 20 世纪初的别墅日常生活："这些别墅区的生活独具一格，不能用狭义上的'别墅生活'这个概念来理解。"① 一些地方开始建设相应的生活配套设施，如铺设道路、净化污水、配备消防设施等。地方性团体组建了志愿消防队，举办儿童节日、舞会、网球比赛，在沙滩开设浴场。剧院在当时非常受欢迎，很多大规模的别墅区比如库斯科沃、昆采沃、柳布利诺、马拉霍夫卡和普希金诺都有自己的剧院。当地的戏剧艺术爱好者协会在下诺夫哥罗德铁路的奥毕拉洛罗夫村租赁了夏季剧场和花园②，而隔壁的萨尔特科夫村也随即出现了两个剧院③。除了专业演员的演出，这里还经常举行业余爱好者的表演，同样也获得了别墅住户的认可。

**戈罗季谢呢绒厂工厂主 Д. И. 切特维利科夫的女儿参加
别墅区业余剧团的剧目演出，摄于 1911 年**

---

① Дачный вестн. 1909. № 1. С. 4.
② Дачник. 1912. № 3. С. 14.
③ Там же. С. 9.

城郊生活的多姿多彩催生了城市建筑中新趋势——"花园城市"的兴起。俄国的建筑家和民用工程师在这一领域与欧洲的整体发展趋势接轨。他们参加了维也纳国际住宅大会，会上指出，面向中小型家庭的住宅是住房建设的主流，因此，"允许在城市中心的商务办公楼旁建大型住宅楼，这应该只是个例"①。当时的"花园城市"概念与另一个概念，即把房屋看作"用于居住的机器"，都是极具现实意义的概念。后者的提出人是勒·柯布西耶，他建议通过标准化的设计，批量建造设施完善的住房，以适应现代城市人口增长、生活日趋大众化的大趋势。

根据铁路企业主 H. K. 冯·梅克的提议，莫斯科—喀山铁路管理局决定在距莫斯科 36 俄里的普罗佐罗夫站附近为自己的员工建一个小镇。这是俄国的第一个"花园城市"，叫作"梅克花园"，该小镇可容纳 1 万人。②熟谙先进建筑思想的俄国专家们仿照"美国楼房的样式"建造小区，如在莫斯科—布雷斯特铁路沿线建的小镇，它的楼房都是石制建筑，价格不贵，可以分期付款，并且铺设了"有人行道的马路"，车站有带篷的站台，安装了供水设备，有二层楼的学校，有大众公园，河边还有设备完善的浴场。其他地方也陆续开始建设"花园城市"，如华沙、里加以及圣彼得堡的城郊。

***

在保证生活和健康的众多其他条件中，供暖排在第一位。在过去的俄国，火炉是一个家宅的核心所在。俄国的经典文学对火炉有颇多精彩的描写，这也并非偶然的，因为它是温暖的源泉，是生活的保障。一栋住宅"最有意义和价值的部分就是室内火炉的设计"③ ——一本专业杂志这样写道。在 19 世纪末 20 世纪初的住宅里，火炉主要有荷兰式瓷砖镶面的炉子、

---

① Городское дело. 1910. № 20. С. 1375.

② Первый город-сад в России//Там же. 1912. № 19. С. 1217；№ 22. С. 1398 – 1399；и др.

③ Как правильно купить дом//Домовладелец. 1896. № 1. С. 4.

圆形铁质的炉子，还有壁炉，多数靠柴火取暖，少数也有用煤和泥炭的。运送柴火的马车夫是革命前城市街道上最常见的人群；柴火一般存放在宅院的木柴棚里，看守院子的人可以根据需要从那里取，然后再拿给寓所各个房间的住户。房主在出租公寓的时候，一定要事先说明房租中是否包括柴火，这一点非常重要，因为柴火的花销是一笔不小的费用。

对于现有的供暖系统，民用工程师们颇有非议：供热不均、使空气干燥、燃料的生产效能低。专家认为，最合理的供暖系统是低压蒸汽供暖。换句话说，就是利用能够均匀散热的暖气片集中供热。供暖一般由以石油为燃料的燃油锅炉房提供，锅炉房设置在地下室。当时，一些大城市的住宅楼里开始出现类似的供暖系统。

而我们现在习惯使用的燃气灶（普通类型的价格在 7 卢布以上）刚刚走进日常生活时，时常会吓到对它并不熟悉的厨娘。可见，一个新事物想被大家接受并不容易。关于这一点，有目击者以亲眼所见的实例为证。一家的女主人打算雇一个厨娘，"她不经意地在厨娘面前吹嘘了一下自己家的燃气灶，厨娘吓得浑身哆嗦，说'燃气灶？我这辈子从来没见过。哦，不，我很害怕'"。女主人说："哦，天啊，用这个可方便多了。你想想，要生火烧柴的话有多麻烦，而这个只要划一下火柴，就可以用了。"厨娘却说："不，那我也不干。"然后，厨娘拒绝了优厚的薪酬和方便的现代化科技产品，离开了。[1] 传统的人们对日常生活中的新生事物具有典型的恐惧心理，这是很正常的现象。正如当时的人所指出的："当文明的传播者经过一番深思熟虑，为自己开辟出一条道路的时候，个人的生活最初可能反而会因此变得更困难和复杂。在只能靠蜡烛照明的住宅里生活似乎要比在依靠电灯照明的地方生活更加简单，因为后者常常会遇到电站中断供电的情况。"[2]

每年在日常家庭生活领域都会涌现出新的发明。例如，用来帮助主妇和仆人的床单展平机、面包切片机、绞肉机、高压锅、搓菜板、土豆削皮

---

[1] Ра-вич С. На бирже труда. В женском отделении（из наблюдений дежурной）//Русское богатство. 1917. № 4 – 5. С. 110.

[2] Беньямин В. Московский дневник. М. , 1997. С. 44.

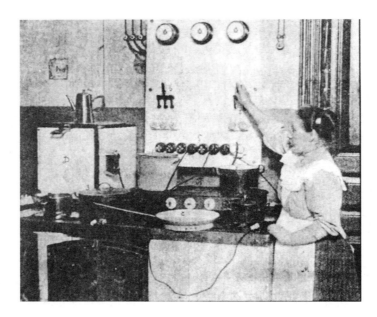

厨房里的电器，图片选自 1913 年《曙光》杂志

器、缝纫机、吸尘器、洗衣机（"带包装和漆油橡木桶"的价格是 25 卢布）。人们为新事物感到骄傲，并且也很乐意展示它们。但是，与新科技产品的成本相比，雇用仆人的成本几乎微不足道。因此，在当时要让新科技产品在日常生活中真正得到应用，很明显还缺乏动力。例如，手动吸尘器的价格是 120 卢布，带轮子和托架的吸尘器价格为 550～1200 卢布[1]，而当时雇一个仆人做包括清扫在内的一切家务，每个月只需 12～20 卢布。

在当时的文献中，我们不止一次看到这样的描写：在厨房的灶台上，内嵌一个用来洗餐具的容器，而那些餐具上的油渍、污渍用手洗都很难清除掉。"在那些不太大的公寓的灶台上内嵌着一个敞口的铁锅，人们用它来煮水，也用它来洗碗。"[2] 储备的粮食存放在冷藏室即地下室里，那里有专门的木架，下面摆放着冬天从河里刨出来的大冰块。这一古老的方法被

---

① Журнал для хозяек. 1915. No 13.
② Наше жилище. 1895. No 6. С. 10.

"制冰机和制冷机"所取代①，在杂志广告里开始出现"人造冰""可移动冷柜"等新的事物。

城市公寓中的照明设备有蜡烛、煤油灯、燃气灯和电灯等。煤油灯出现于19世纪60年代，由于其经济实用，成为最普遍的照明设备。因此，在大多数的私宅以及公共场所（包括火车车厢），以使用煤油灯和蜡烛照明为主。专家认为，以酒精作为燃料的照明方式是最卫生的。因此，生产商生产了酒精灯供办公室和客厅使用。但这样的照明器具价格过高。19世纪80年代中期，电开始在私人住宅中应用，不过距离广泛应用还很遥远。

＊＊＊

生活在工业中心的人们的居住环境发生了根本性变化，环境对居民生活的威胁和影响也越来越大。报刊频频敲响警钟：俄国人口的死亡率"居欧洲各国之首"②。造成高死亡率的主要原因是居住环境不符合卫生标准。在俄国各大城市，霍乱频发，几乎从未停止过。据史料记载，1892年到1894年暴发的那场霍乱夺走了几千人的生命。而高效运作的供水管道和排水管道一经投入使用，便取得了显著的效果。例如，在当时南方的港口城市敖德萨，本来也存在诸多客观的"风险因素"，但在19世纪90年代建完排水系统后，伤寒的暴发便得到了控制，"在全国霍乱肆虐的时候，这里也只是有个例发生"③。

翻开装帧精美的《房主》杂志，读者在装饰着别致花边的第一页便可读到编辑部刊发的文章标题，如《我们城市的排水系统》，或者更简单的《灌溉田》等。《我们的家园》《建筑师》《城市事务》等杂志都会用很多版面围绕某一问题展开讨论，如"排污管道""最新住房排水管道系统""冲

① Земское дело. 1914. № 17.
② См., напр.: Шрейдер Г. Из практики городского управления//Народное хозяйство. 1900. Кн. 1. С. 135；Россия... T. VI. СПб., 1901. С. 144；и др.
③ Городское дело. 1909. № 23. С. 1250.

水马桶""污水井"设计图及其他诸如此类的事物。专家认为，在城市的公用事业中，最具现实意义的是排水管道系统。从 19 世纪 90 年代开始，"卫生"一词被大家频繁地谈及，就像我们今天谈论"生态"一样，已经不足为奇了。

城市居民的住所都使用哪些设施呢？像以前一样，他们最常使用的就是传统的冰冷的室外厕所，那里每天夜间会有淘粪工来清理。在城市夜深人静的时候，污秽处理车——载着大罐桶的马车在街上纷纷驶过；夜壶还像以前一样，随处可见。路上普遍会有很多永久的"黑夜区"（会让人想起 И. А. 布宁的小说《幽暗的林荫道》里的情景）。19 世纪末，莫斯科有超过一半的公寓没有"单独的厕所"，约 1/3 的公寓有"单独的厕所"，而拥有抽水马桶的公寓只占 15%。

租赁房顶层的廉价公寓里没有安装供水管道，住户只能用一楼院子里的公用水龙头。即使是在条件最好的"老爷式"公寓里，也只有一半的寓所安装了浴盆——大理石的、陶瓷的、铁质的、珐琅的、铜质的或者是镀锌的。最普遍的盥洗设施是洗脸池，有的是大理石造的巨大的洗脸池（"下面是雕刻精致的底柱，上面安装一块华美的威尼斯镜子"[1]），有的就是一块廉价的普通的马口铁池子。

由于浴盆是少数人才能享用得起的奢侈品，澡堂对于俄国人来讲仍然是生活中必不可少的设施，同时也成为一种乐趣。城市的澡堂面向社会各个阶层开放，其中既有设施齐全的豪华型浴池，也有价格低廉的普通型澡堂："每个阶层都有自己钟爱的澡堂。富人和有钱人会去'贵族式'的洗浴场所；工人和穷人则花上 5 戈比去'普通的大众'浴池。"（《莫斯科与莫斯科人》）[2] В. А. 吉利亚罗夫斯基写道。对于过去的人来说，澡堂是洁净、休息、身心放松的象征，它在人们的生活中占据非常重要的位置。从 19 世纪末开始，两座都城开始建造各种各样设施齐全的澡堂，例如，有的澡堂

---

① Чарская Л. На всю жизнь. М., 2007. С. 56－57.

② Гиляровский В. А. Указ. соч. С. 306.

莫斯科的中心浴室，摄于 20 世纪初

设有家庭间，有的设有盐浴、酸化物和沙浴等药疗间，有的还有理发师、鸡眼治疗师、沙尔科淋浴等。

　　衣服可以直接在自家的厨房里洗，也可以送到洗衣店。洗衣店通常设在住宅楼的地下室，低矮的天花板、昏暗的照明、拥挤的空间、永远都是"满地脏兮兮的肥皂水"———一本杂志这样描绘当时洗衣店里的典型场景。①

　　世纪之交，城市居民的日常生活一直发生着变化：供水管道、排水管道、供电还有燃气都改善了人们的生活。虽然开始的时候只有个别阶层的人才能接触和使用这些新事物，但年复一年，它们最终得到了普及，走进了大众的生活。

***

　　对城市居民来说，对城市的感觉、城市日新月异的变化以及加快的生活节奏是弥足珍贵的，这些特征凸显了他们的"城市人身份"。来到城市的

---

① Наше жилище. 1895. № 8. С. 7.

农村人希望尽快拥有城市人的样子，成为城里人，哪怕只是外表上的一些变化，例如城市人穿的"外交官式"的大衣和皮鞋（参见 А. И. 库普林的小说《厨娘》）。这种外表上的改变具有重要意义，它能够帮助他们尽快融入新的环境。

生活在城市里的人一直在寻找自己的位置，寻找与自己的社会地位和经济状况相符的生活环境、住所和交际圈，选择符合自身地位的生活方式。即使是在阶层两极分化明显的农村，农民和地主之间也没有相互不理解和排斥。而在有上千人口甚至是上万人口的城市中，却有很多各自为政的社会群体，这些群体之间往往没有什么交集，他们可能终其一生也不会跨出自己的圈子。比如，艺术剧团的演员们在戏剧《底层》中扮演角色，他们原本希望能够了解一下住在希特罗夫市场的角色原型，但这一设想最终变成了一次极差的体验。演员在剧中塑造人物形象，然而后者的生活他们往往只能通过剧本来了解，这些人物的原型他们也只是曾经在街上匆匆一瞥便擦身而过。

当然，在城市中也有能将各个阶层汇集在一起的"交叉点"，但这仅仅是一些特定的场合。教堂就是这样的传统集聚点，但也会不断出现其他的社会各阶层交叉的集聚点（如经常举办各种聚会、舞会、化装舞会的贵族俱乐部，就是面向大众、没有阶层之分的场所；另外，在电影院、法庭、城市杜马的公开会议以及饭店等地方，也聚集了形形色色的人群）。随着大众文化的普及，这样的地方变得越来越多。

不同的城市群体每天的作息时间和活动范围也各不相同。城市里的工人和平民百姓黎明即起，各种工厂的工人、马车夫、大车夫、帮佣——他们去类似希特罗夫市场那样的地方，那里有各种各样的劳务交易所。数以百计的农妇在寻找厨娘、日工、清扫工或者洗衣工等工作。帮佣的薪水差别很大，但刚从农村来的人不太了解城市生活，往往缺乏一技之长。厨娘的佣金一般在 6 卢布到 20 卢布之间，厨师是 15 卢布起，清扫工是 5 卢布到 20 卢布不等。而且，随着物价的上涨工资也会有所提高。

人与自然的距离越来越远。在城市中人们要忙于维系生计，因为满足日常需求的生活成本越来越高。对比其他国家的生活成本，当时的一位记者感慨道："我们的人均工资不到英国人的 1/5，不到比利时人的 1/3，不到土耳其人的 1/2，我们排在最后——这似乎有些难堪。但我们却依旧在生活，甚至有很多人相信，我们拥有数之不尽的财富！"[1] 另一名记者再次印证了他的话："俄国的情况看起来有点奇怪，一切都是反过来的。工资比欧洲低，但房价、服装鞋帽、工业产品的价格却更高，生活用品的价格则相对略低。"[2]

全国各地都在热议物价上涨的问题，一些杂志甚至还开设了专栏，比如"与食品价格上涨做斗争"。圣彼得堡的肉价从 1906 年到 1910 年上涨了 70%[3]，综合物价指数从 1899 年到 1914 年上涨了 27%，其中，面包价格上涨 20%，纺织品上涨 45%，煤油上涨 60%，等等。[4] 造成物价上涨的原因有很多，包括消费税过高、储存食品的大型仓库和冷藏库不足、"货币贬值"（换言之，就是通货膨胀）、国内人口增长等。[5] 经济学家进行统计后得出结论："……近年来，生活成本总体上涨超过 30%，而大多数劳动者的工资在此期间非但没有上涨，反而有所下降。"[6] "俄国是给富人生活的国家。"20 世纪初问世的一部小说的主人公一边发愁一边感叹道。[7]

1901 年，圣彼得堡工厂工人的年平均工资是 302 卢布，1913 年是 384 卢布。[8]当时存在一个典型现象，即资金常常流入外省，这是因为单身工人

[1] Обидная для нас статистика//Образование. 1894. № 2. С. 95.

[2] Городское дело. 1911. № 10. С. 833.

[3] Там же. С. 4.

[4] См.：Крузе Э. Э. Петербургские рабочие в 1912 – 1914 гг. М.；Л.，1961. С. 113；Кирьянов Ю. И.，Бородкин Л. И. Влияние различных факторов социального, экономического и политического характера на рабочее движение в России в конце XIX – начале XX в. // Россия и США на рубеже XIX – XX вв. Математические методы в исторических исследованиях. М.，1992. С. 76.

[5] См.：Пажитнов К. Движение заработных плат и цен на предметы потребления за последнее время в России//Образование. 1909. № 4. С. 10 – 19.

[6] Вздорожание жизни и борьба с этим злом//Городское дело. 1910. № 11. С. 739.

[7] Зореч Н. Указ. соч. С. 61.

[8] Крузе Э. Э. Указ. соч. С. 105.

通常会把自己工资的 10% ~ 40% 寄回老家。①

低于平均工资水平的工人家庭花销的定额相当有限。研究人员以一个有两个孩子的家庭为例展开研究。一家之主是名工人，每月收入 20 ~ 22 卢布，妻子靠缝袋子每月赚 4 ~ 4.5 卢布。他们每月的收入大概是 25 卢布，所以平时的饮食只能是清汤寡水，白菜汤里面除了加点调料什么也没有，荞麦面条里面加点荤油（不是每天都能吃到），外加黑面包。只有在重大节日的时候，家里的餐桌上才会出现肉。作者写道，这一家人"一天喝两到三次茶，每人每天消费两块方糖。在开斋节，他们一周吃三次猪油烤土豆（一天买 2 俄磅）"。② 类似的"定食餐"还有"面包、鲱鱼、茶"。营养师指出，在这样的饮食条件下，重体力劳动者身体对疾病的抵抗力会急剧下降。③

一般人家的标配食物是馅饼，有牛肉馅儿的、下水馅儿的、荞麦的、土豆的、白菜的、鱼肉的、鸡蛋的、蘑菇的、鸡肉的。这种容易让人吃饱的食物是穷人家最主要的吃食。做馅饼的、薄饼的、用植物油烘烤荞麦面包的小贩会在街上到处售卖自己的食物。城市可以为居民提供现成的食物：面包不需要自己每周在家烤，市民们也能每天在餐桌上吃到新烤好的。

大型食品商店总是有适合社会各阶层消费者的商品。比如，其中比较有名的莫斯科菲利波夫面包店、出售殖民地商品的安德烈耶夫商店，还有装修奢华的叶利谢耶夫商店。"菲利波夫面包店总是挤满了顾客。在远远的角落里，发烫的烤箱旁总是排着一队队人，他们特别爱吃远近闻名的菲利波夫烤饼，有肉馅的、米馅的、蘑菇馅的、乳渣馅的、葡萄干馅的和蜜饯馅的。消费者——从上学的年轻人到穿着起绒粗呢军大衣的老公务员，从穿戴讲究的太太到衣着贫寒的女工人。"（《莫斯科与莫斯科人》）④ B. A. 吉

---

① См.: Овсянников В. Довоенные бюджеты русских рабочих//Вопр. Труда. 1925. № 10. С. 64.

② Ставровский Д. Хроника//Известия Моск. городской Думы. 1911. № 6 – 7. С. 2 и далее.

③ См.: Кирьянов Ю. И. Жизненный уровень рабочих в России. М., 1979.

④ Гиляровский В. А. Указ. соч. С. 215.

利亚罗夫斯基回忆道。

在城市里，无论是富人还是穷人，每个人都在寻找自己的位置。小食铺、小吃店、小饭馆、小饭店和露天的或者带棚子的小酒馆，可以提供茶、热蜜水、烤土豆和浓汤，对于兜里有点"小钱儿"的人来说，这些食品还是可以承担得起的。马车夫和干粗活的工人在小酒馆里可以舒舒服服地吃上一顿，待一会儿，在那里什么时候都能喝上一碗热乎乎的白菜汤，配着小面包，再喝点茶。这些脏乱简陋的地方对于穷人来讲却是必不可少的安身之所，经过一天劳累之后，他们能够在这里稍微歇歇，喘口气，见见朋友，聊聊天，拉拉手风琴，或唱唱歌。

大学生及女子讲习班学员的日常生活安排则各有不同。他们当中有家境小康的，有非常富足的，也有勉强维持温饱的。一名大学生或者女子讲习班学员在莫斯科或者圣彼得堡一个月的正常花销是 25 卢布。[1] B. A. 吉利亚罗夫斯基写道："著名的大学生聚集地'利亚平卡'建有食堂，一顿包括白菜汤和粥的午餐价值 15 戈比，每天还提供一次免费的茶和面包。"（《莫斯科与莫斯科人》）[2] 这样，每个月的餐费至少需要 7 卢布 50 戈比，茶 50 戈比，糖（每月大约 5 普特）80 戈比，早晚的面包 5 戈比，照明费 50 戈比，洗衣费 1 卢布，其他琐碎花销（澡堂、肥皂、牙粉）50 戈比。此外，大学生还要想办法支付交通、课本和校服的费用，尤其是校服费，对于家境贫寒的学生来说是相当大的一笔开销。但旧货商贩能帮到这些学生，学生可以从他们那里买价格低廉的二手校服。

城市居民中还有一个特殊的阶层，这是一群受过教育但并不富裕的人，他们之中官员占很大一部分。人们有时会按照给官员发工资的日子管他们叫"20 号人"。低级官员的年收入在 100～200 卢布（此外，还会有额外的住房和伙食补贴等），中级官员的工资水平为 500～600 卢布/年。即使只抚

---

① Условия студенческой жизни в Москве//Образование. 1901. № 7 – 8. С. 48. Подобную же цифру называет множество источников, от воспоминаний до статистических обзоров.

② См. : Гиляровский В. А. Указ. соч. С. 275.

养一个正在上学的孩子，都会使这类家庭的经济负担变得非常沉重。一名年薪600卢布的官员统计了一下自己的花销：上古典中学的儿子的学费是50卢布，书本费10卢布，书包和文具花费6卢布，还有价格不菲的校服（再加上添置日常服装一共要25卢布），早餐7卢布，计划外开支至少6卢布，补习费（"当时的情形和现在差不多，这笔开销不管愿意与否，都是省不下来的"）75卢布。这位父亲只供养一个中学生，就要从自己一年的工资中拿出179卢布。刊载这位父亲来信的编辑不禁发问：要是家里不止一个儿子呢?[①]

官员家庭的早晨从送孩子上学开始。8点多钟的时候，孩子吃饱喝足便去上学了。

官员家庭一年四季都是早上8点左右或稍晚一些起床，这取决于他们的上班时间（圣彼得堡的大多数机构都是上午10点开始办公）。来到办公室，他们通常会喝上一杯咖啡或茶。喝茶一般用的是茶杯，下面垫着杯托，桌子上总是摆着一个保温性能很好的茶炊——这是生活舒适的真正象征。

也有一些女人像男人一样去上班，如女教师、医生、会计或者报务员。在世纪之交，参加工作的妇女数量显著上升，她们或未婚，自己挣钱养活自己；或已婚却不得不工作，因为即使是这点微薄的收入也可以对家庭开销贴补一下。在城市中，特别是大城市，单身汉和未婚女性占比远远超过全国平均水平，并且呈逐年上升趋势。城市的出生率也较低，而且有进一步下降的势头。如果说在传统社会中家庭的特点是孩子多，那么，随着宗法制出现严重的危机，世纪之交家庭中孩子的数量已有所减少。资料显示，莫斯科公职人员的家庭中，平均每家有1.7个孩子，而在外省则为2.2个。[②]

中午12点多是各级部门和机构的早饭时间。有的人去小吃部，有的人去甜点店或者咖啡馆，在那里还可以看会儿报纸。有钱人会去饭店，在那

---

① Образование. 1896. № 9. С. 111.
② См.：Обухов В. М. К вопросу о разработке общегородской пенсионной кассы//Городское дело. 1913. № 3. С. 149.

里继续处理自己的事务或是进行商务谈判（"俄国的社会舆论一般都是在饭桌上边吃边谈聊出来的"），比如在"斯拉夫集市"饭店的餐桌上可以谈上百万卢布的生意。而在很多消费较低的小饭馆和茶馆也会见到类似的情景，不过是另一个层次——"嘈杂而狂热的黑市交易，是另一种规模的生意"①。

不同机构工作结束的时间也不同，一般是到下午4~5点。通常，下午5~6点钟是午饭时间。根据习惯、家庭状况或者物质条件的不同，公职人员常常是回家吃饭，偶尔去小饭馆或饭店。利季娅·恰尔斯卡娅在小说《孤儿日记》中描写了一个小家庭的日常："……妈妈一整天都在上班"，每天回家"都将近5点，满身疲惫，这时保姆拿来一小盆儿汤，我们便坐下来吃饭"。②

普通知识分子阶层的餐食有斯巴达式的简朴，他们对饮食与对服装和室内装饰的态度一样，并不讲究。穷人家是这样待客的："桌子上摆着普通的陶瓷盘，里面是切成小薄片的茶肠、凉拌胡瓜鱼、冷盘，还有一个糖罐，里面装着满满的香草面包干。"③

在中等阶层人家，各种各样的奶制品和鱼制品等传统的俄国饮食保留了下来。难以想象我们的餐桌上如果没有酸白菜（"没有鱼子酱和酸白菜将会索然无味"④）、酸黄瓜、黑面包、热白菜汤和粥之类的俄国人必备菜肴，将会是什么样子。饮食作为民族文化特征的重要组成部分，总是与这个国家的气候相适应⑤，而城市的生活方式也没有改变这一传统。夏天，一定要做波特文亚冷食、冷杂拌汤、酸模菜汤和鱼汤，并且没有格瓦斯不成席：穷人家桌上的格瓦斯用普通的罐子装，在富裕人家则用长颈玻璃瓶。

"我做学生和做医生时就习惯吃的那些简简单单的菜，现在都没有了。

---

① Москва：Путеводитель. С. 218.

② Чарская Л. Записки сиротки. М.，2007. С. 7 – 8.

③ Чарская Л. Во власти золота. М.，2007. С. 45.

④ Чехов А. П. Полн. собр. соч.：Т. 12. М.，1964. С. 372（из письма А. М. Горькому из Ялты. 1900 г.）.

⑤ См. Рассуждение на эту тему профессора-химика：Энгельгардт А. Н. Из деревни. 12 писем（1872 – 1887）. М.，1999. Письмо VII.

现在给我吃的是什么浓汤，里面漂浮着冰碴一样白乎乎的东西，还有用马德拉酒烹的腰子。"人的地位有时会影响到餐食菜肴的丰盛程度，并且常常与其个人口味相反。例如，契诃夫笔下一位意识到自己地位很高的主人公常苦闷地说："将军的头衔和名望让我再也吃不上我爱吃的白菜汤、美味的馅饼、苹果烤鹅和鳊鱼粥。"①

午饭后，男性职员习惯躺下休息一会儿或者在安静的地方看看报纸。晚上 8 点钟又是喝茶时间，之后有人会去做带回来的工作，有人会在家招待客人或者去别人家做客，去看剧或是去散步。晚上 10 点到 11 点左右，很多人会吃点容易消化的小吃和冷盘作为夜宵，之后去睡觉——"这就是一位已成家官员的生活方式"②。

19 世纪末 20 世纪初，城市居民的社交生活要比现在活跃得多。他们的交际圈包括众多亲属、同事和熟人。他们会细心地维护这些关系。生活中社会性的一面得到了清晰的体现：有一套大家都熟悉的社交礼仪，包括不同社会地位、年龄和性别的人之间应该如何交往。每个人都知道应该什么时候去做客，多长时间为宜，如何使用名片等。对穿衣风格的要求也很严格。正如一位首都报纸的专栏作家所抱怨的，他要去祝贺无数个叶卡捷琳娜的命名日，有一些场合一定要穿燕尾服，"而有些场合则一定要穿常礼服，因为穿燕尾服可能会让人感觉到有距离，甚至是侮辱和嘲讽。除此之外，衣服的搭配也有变化，如配西装的马甲和领带……"③。传统社会非常重视社会关系的建立和维护，并要求人们严格遵守规则。

富裕阶层的生活基本在傍晚前开始，他们起得很晚，睡得也很晚。应邀参加晚上聚会和宴会的人通常在晚上 11 点到 12 点之间到场，来得太早会被视为不礼貌。剧院的演出一般晚上 8 点开始，演出结束后人们常常会去饭店吃饭。

饭店、酒馆和咖啡馆会为来自不同社会阶层的顾客提供奢华的服务，

---

① Чехов А. П. Полн. собр. соч. : Т. 6. С. 298.

② Светлов С. Ф. Петербургская жизнь в конце XIX столетия. СПб. , 1998. С. 20.

③ Петербургская жизнь. 1892. № 5. С. 53.

比如之前只有达官贵人及其贵客才能享受到的一桌盛宴。饭店和酒馆面向不同消费水平的人提供服务。在莫斯科的杰斯托夫酒店和叶戈罗夫酒店、"斯拉夫集市"饭店、"艾尔米塔什"饭店、"布拉格"饭店、"美特拉波尔"饭店、"维也纳"饭店中，广受贵族和商人欢迎的菜肴基本相似。薄饼受到所有人的喜爱，想要品尝薄饼的人都会慕名去杰斯托夫酒店，这家酒店全国闻名。"看看炮王，尝尝杰斯托夫的招牌乳猪，这是每一个来到莫斯科的外省人行程中必不可少的安排。"①杰斯托夫酒店的俄餐是业界的代表。"即使是圣彼得堡的显贵大公们也会专程从圣彼得堡跑来，只为品尝杰斯托夫酒店的乳猪、龙虾汤和特色馅饼，还有著名的'古里耶夫粥'（一种碎麦米粥——译者注）。"②

在饭店辞旧迎新也成为大城市的一种时尚。有记者统计的结果显示，1912年的新年夜，人们在斯特列利纳饭店就消耗掉了1500瓶香槟③；1914年新年夜，人们在亚拉饭店一晚共消费2.1万卢布，其中1万卢布是950瓶香槟的开销④。饭店成为富裕阶层市民的生活中不可或缺的一部分。他们在这里聚会，庆祝纪念日和重大事件，谈生意或者纯粹和朋友吃吃饭。当时的人指出，"饭店成为我们公共生活中的一个重要存在"，是"具有多种用途的场所"，不仅能够提供精致的菜肴，还有"娱乐"——音乐、舞台、台球厅等。⑤此外，需要补充的一点是，它的大门向各阶层的顾客敞开，只要他们有钱。

世纪之交，购买由专营连锁商店售卖的、大批量生产的服装已经成为平常之事。大型商场以价格低、服务好、选择多吸引了大量顾客，其中最大的一家是米尔和梅里利斯商场。该商场被人们称作"19世纪真正的迷

---

① Там же. № 12. С. 134.

② Гиляровский В. А. Указ. соч. С. 342.

③ Новый год в ресторанах//Ресторатор. 1912. № 2.

④ Ресторанная жизнь. 1914. № 1. С. 6.

⑤ Там же. 1913. № 1. С. 1. См. подробнее на эту тему: Колосова Н. А. Пространство ресторана в культуре русского города//Городская повседневность в России и на Западе. Саратов. 2007.

宫""当代的盈利巨头""现代的巴力神庙"。商场的日平均客流量高达4万人次，其中包括莫斯科人和外地人。他们中的很多人起初只是想来看看新商品。该商场面向最广泛的顾客群体，从有钱人到每个戈比都要精打细算的人。① 当时的一位记者说："商业的大众化趋势在类似的大型机构中体现了出来。"②

在这个日新月异的世界，时装在引导、推广和适应新的社会文化风尚方面起到了重要作用，并在19世纪末发展成一项面向大众及体现其品位的产业。自此之后，电影明星影响着街头风尚。从前太太们会专门去看法国剧团的演出，只为看看那些法国演员身上穿的新款服装。而现在，时装通过电影得到了更广泛的推广和普及。生产商对商业利益的考虑、日益加快的生活节奏及其大众化趋势，以及时代审美观的变化——这一切都使时尚风潮频繁更替。转瞬即逝的时尚风潮开始影响人们对业已习惯的环境的认识。③

19世纪末20世纪初，城市居民的日常生活不断发生变化。大城市生活中的一些变化（公共交通、大众娱乐场所）以最直接的方式影响到了所有城市居民；而另一些变化（室内照明的电灯、现代的供水管道和排水管道、电话等）则只有小部分人才有机会接触到。但城市日常生活发展的整体趋势是显而易见的。与此同时，新时代的到来也给城市居民带来了新的风险，其中既包括技术风险，也包括社会风险。在机器文明的时代，人们不得不一次又一次地重新学习，以解决这些风险。

---

① См.：Соболев М. Универсальные магазины и базары как явление новейшего торгового оборота：Экономический этюд//Мир Божий. 1900. № 4. C. 114.
② Царь-колокол. 1891. № 35 – 36. C. 577 – 579.
③ См.：Балла О. Человек и его вещи：к истории бытовой чувственности X X века，или Торжество дизайна//Знание – сила. 2001. № 4.

俄 国 史 译 丛 · 历 史 与 文 化

Серия переводов книг по истории России

Россия

Очерки русской культуры

俄国史译丛 · 历史与文化

СЕРИЯ ПЕРЕВОДОВ КНИГ ПО ИСТОРИИ
РОССИИ

刘玮 李旭 / 译

[俄] 利季娅·瓦西里耶夫娜·科什曼 / 主编
Лидия Васильевна Кошман

落幕与诞生 （下册）

19世纪末20世纪初的俄国文化

Очерки русской культуры
Конец XIX-начало XX века:
Общественно-культурная среда (Том 2)

社会科学文献出版社
SOCIAL SCIENCES ACADEMIC PRESS (CHINA)

Кошман Л.В.

Очерки русской культуры. Конец XIX – начало XX века. Общественно-культурная среда. – М.: Издательство Московского университета, 2011.

©Коллектив авторов, 2011

©Издательство Московского университета, 2011

本书根据俄罗斯莫斯科大学出版社 2011 年版本译出。

下册译者简介

刘 玮 历史学博士，吉林大学公共外语教育学院副教授。主要从事俄语语言文化学、俄国经济史的研究与教学工作，参与编写高等教育出版社、吉林大学出版社教材 3 部，出版译著 2 部，先后在《作家》《社会科学战线》《西伯利亚研究》《北方论丛》等杂志发表学术论文和译文若干篇。

李 旭 历史学博士，百色学院马克思主义学院马克思主义一流学科建设团队骨干教师。主要研究方向为俄国经济史、马克思主义价值观建设等，先后在《世界历史》《俄罗斯东欧中亚研究》等学术期刊发表论文 10 余篇，出版译著 1 部，主持及参与各类基金项目 3 项。

目　录

下　册

第一章

休闲和娱乐：大众文化的兴起

Г. Н. 乌里扬诺娃

亚历山大·米哈伊洛维奇大公对俄国白银时代特征的描述有点自相矛盾："20 世纪第一个十年，帝国到处是恐怖的暗杀活动，社会安宁遭到严重破坏。尽管如此，社会各界人士仍在迎接刻有'合乎常规时代'印记的新纪元的到来。

1905～1907 年俄国革命失败后，革命领导人躲在巴黎的咖啡馆和小阁楼里，在那里一住就是十年。他们密切关注着遥远俄国相关事态的发展，并不断重复那句充满哲理的格言："欲进先退，以退为进。"[①] 到 1913 年，"俄国社会原本绷紧的神经开始松动了"，其主要表现是对无拘无束、充满活力的休闲娱乐生活的需求日益增强："今年冬天，探戈舞成为一种新时尚，风靡一时。充满异国情调的乐曲传遍俄国四面八方。吉卜赛人在餐厅的舞池里哭泣，玻璃杯叮当作响，罗马尼亚小提琴家穿着红色的燕尾服，演奏着靡靡之音，吸引来醉醺醺的男男女女沉溺于放荡和罪恶的生活。每个人都在歇斯底里地发泄，试图从中寻找到自我。"[②]

当然，正是在这个时代，俄国社会经济快速发展，成就斐然，医疗保

---

① Александр Михайлович, великий князь. Книга воспоминаний. М., 1991. С. 198.
② Александр Михайлович, великий князь. Книга воспоминаний. М., 1991. С. 202.

健和公共教育水平不断提高，成效显著。同样明显的是，19 世纪末 20 世纪初，俄国都市化的加速推进和城市人口数量的增长是城市居民休闲娱乐的社会文化特征变化带来的结果。

在这一时期，城市的民主社会阶层具有越来越高的识字水平，平均家庭预算中对空闲时间进行专项规划，用于旅游度假的费用支出有所增加。与此同时，市民的文化、文学需求和兴趣也随之发生改变。20 世纪初，俄国处于"文化过程大众化"和"积极引入生活及大众传媒意识"进程的初级阶段。① 许多大众休闲活动受到商业化潮流的影响，这使文化成为经济领域的一部分。大众文化的兴起与民众对娱乐消遣中"时尚"这个概念一致认同的过程相伴相生。②

社会和经济变革带来了技术的进步，尤其是电力的广泛应用，其对公民休闲形式和生活内容的转变产生了深远的影响。第一批电灯泡在日常生活和公共建筑设施中的使用革新了人的观念，使人类世界观发生了一场真正的革命。"电"这个词已经成为时代进步和美好未来的象征。正是电能在休闲领域的广泛应用，使举行大型演出的时间跨度放大：在明亮的灯光下，大规模的群众娱乐演出已经不会像先前那样每当夜色朦胧时就宣告结束，而是很可能会一直持续到凌晨 1 ~ 2 点钟。自 1883 年以来，莫斯科的萨拉蒙斯基马戏团是最早使用电灯的娱乐场所之一。③

进入 20 世纪的人类希望新的世纪是最幸福的世纪。人类感觉自己像是乘坐"火鸟的尾羽"迅速地"飞进"了新的纪元。这只"火鸟的尾羽"给人类带来了 19 世纪非凡的科学和技术成就：电力、电报、电话、无线电、地铁、铁路、轮船、汽车、电影、飞机和飞艇，以及各种传染疾病疫苗的接种。在 18 世纪，人类从未取得过这样的进步，甚至都不敢想象。而今

---

① См. : Глазычев В. Л. Проблема «массовой культуры»//Вопр. Философии，1970. № 12. С. 16.

② См. : Зоркая Н. М. На рубеже столетий. У истоков массового искусства в России 1900 – 1910 годов. М. ，1976.

③ ЦИАМ. Ф. 16. Оп. 26. Д. 1887.

天，人类已经能够科学地预见并成功地登月及飞向太空。

技术进步拓宽了大众文化传播的空间：信息的即时迅速传播在很大程度上决定了 20 世纪初成为大众文化形成过程中最重要的阶段，其显著的特征是"文化产品"消费的统一，包括"文化产品"概念定义的统一，公众对所提供的文艺演出和观影的反应已经模式化。整个 20 世纪关于大众文化争论的焦点是，大众消费现象是如何提高或降低艺术作品的精神美学特征的，以及戏剧、音乐和马戏表演所呈现出的"艺术作品"纳入大众艺术范畴的合法性问题。著名的加拿大社会学家麦克卢汉首次提出，大众文化发展过程中被设定了相对固定和较高的大众文化产品创作形式和标准，这已经成为一条公理并得到公众的广泛接受。[1]

俄国城市的非富裕阶层即民主社会阶层的娱乐重心，在所研究的这一历史时期开始向电影、马戏（必须带有法式摔跤表演）、流行音乐等新兴娱乐项目倾斜。此外，还有其他丰富多彩的娱乐休闲活动。社会性体育和运动变得极为流行：城市里的冬季滑冰场深得大家的喜爱。广大市民成立了冰雪运动员协会和自行车运动员协会。索科尔派体操运动将大众体操的爱好者聚集在一起。

与此同时，一直保留下来的还有大众游园会和集市贸易，它们在形式上代表了许多宗教节日如谢肉节、圣灵圣神降临节（复活节后第五十天）等东正教节日庆祝活动的转变。

本章试图对大众娱乐在首都和外省的文化及日常生活中占据什么样的地位，以及城市社会不同阶层和不同类型的大众娱乐的关系是什么这样的问题做出回答。与相关的文艺理论作品不同的是，本章将重点揭示上述所有的不是"来自舞台"而是"源于观众"的文艺作品形式。这里提出了一项任务，即确定这一历史时期休闲娱乐活动的社会特征。俄国民众对休闲娱乐活动的感受如何？从中可以揭示什么样的认知机制？观众对每场演出

---

[1] См.：Маклюэн М. Понимание медиа：внешние расширения человека. 2 - е изд. М.，2007.

有何期待？演出的本质在多大程度上反映了这些诉求，并体现了占城镇居民人口数量绝大部分的工人、中产阶层和小资产阶级的文化需求水平？

休闲娱乐活动通过几个重要主题和板块展开，特别是大众游园会、体育竞技和健身，马戏，音乐戏剧、歌舞等文娱演出，电影艺术等，它们能最大限度地体现这一时代的科技创新和技术发明成果。

大众游园会

长期以来，仪式庆祝活动和大众游园会一直是俄国民众日常生活的伴侣。[1] 大众狂欢仪式和游园盛会的日期往往与东正教日历上的节日庆典日期不谋而合。例如，圣诞节前十天就开始举办圣诞节节日庆祝活动，谢肉节在大斋期开始的前一周，复活节后举办盛大的复活节庆祝活动，而盛夏之初将举办三一节日游园会。

在大众游园会期间，拳击、爬杆子、冰雪滑山等流行的群众性娱乐活动广为开展。"滑山"，冬季是一座冰山和木头山，人们坐着特制的地毯沿着山坡滑下，夏季这里是举办大众游园会恒定的地标。这些滑山的周围通常是专门建造的民间演艺场。这里经常上演人们喜欢的彼得鲁什卡民间木偶戏、熊科学家领袖以及滑稽草台戏、杂技表演等节目。所有这些民间演出都吸引了作为主要观众的城市下层群众前来观看。

几十年甚至几百年来，大众游园会壮观的场面几乎一直保持着凝固不变的形式：民间演艺场、杂技团小丑表演、拉洋片的人、冰雪滑山、秋千和旋转木马。A. 列米佐夫回忆说，19 世纪 90 年代初期，在斯摩棱斯克欢庆圣母节期间，他恰好赶上新圣女修道院（莫斯科人所说的新圣女公墓）举行的游园活动，他惊讶于映入眼帘的一切与 M. Π. 波戈金（他曾居住在这座圣女修道院旁边，并于 1863 年完成了一部作品）小说里描述的故事情

---

① О народных гуляньях см. ： Некрылова А. Ф. Русские народные городские праздники, увеселения и зрелища, конец XVIII – нач. XX века. Л. , 1984；Петербургские балаганы / Сост. , вступ. ст. , коммент. А. М. Конечного. СПб. , 2000.

莫斯科的冰山和滑冰场，摄于 1915 年

节相比竟然没有太大的区别："马戏团里有两个小丑扮相的人，一个穿着粉色的服装，一个穿着淡黄色的服装。""拉洋片的人仍然很轻松，丝毫没有被打扰到，他准确地写下了《规章制度》，讲述着他的故事，说着蠢话。""即使那些傲慢的审查员也会捂住耳朵避开这声音。""靠近修道院墙边搭建的帐篷里的人几乎爆满：那是流浪乐师的天堂，在他们的手摇风琴伴奏下，人们载歌载舞。"A. 列米佐夫正确地指出："没有任何一个行业像娱乐业那样僵化和乏味。"①

　　自 19 世纪最后 25 年开始，大众游园会的形式和内容都发生了巨大变化：从观众席位的设计和制作风格上就能看出传统民俗文化和现代文化的共生关系。

　　到 19 世纪 90 年代末，大众游园会都是在户外举行：圣彼得堡的海军部广场和马尔索夫广场；莫斯科的诺温斯基大道（19 世纪 70 年代搬迁到新圣

---

① 　Ремизов А. Подстриженными глазами//Ремизов А. Взвихренная Русь. М. ，1991. С. 191.

女公墓广场）、普雷斯涅前哨、麻雀山和索科尔尼基公园。在这样的大众游园会中，同样的表演节目可以在一天内上演 6～10 次。演员们常常累得筋疲力尽，但因为他们的演出能得到普通观众的认可，所以还是乐此不疲。通常，付费雅座被安排在舞台的前面，其余观众则站在椅子的后面和侧面。有时聚集在一起观看精彩表演的观众多达 3000 人。观众最喜爱的节目是改编成戏剧的俄国民间故事《卡谢伊》《金鱼的故事》；民间壮士歌《伊利亚·穆罗梅茨》《多勃雷尼亚·尼基季奇》《萨特阔》；借用歌剧剧本情节的《阿斯科尔德的坟墓》和《罗格涅达》；流行文学作品，例如，儒勒·凡尔纳的科幻小说《八十天环游世界》《格兰特船长的儿女》。

莫斯科新圣女公墓广场表演价格低廉的民间演艺场，摄于 20 世纪第二个十年

在类似民间演艺场的封闭室内，大型演出厅的座席最多容纳 1200 人。在这里，"演出从 12 点开始，一天里循环演出 8～10 次，最近几天甚至增加到 12 次"，而"两场演出之间的幕间休息并没有持续多长时间，即上一场观众离开剧场的时候，期待着看下一场演出的观众已经入场"。①

---

① Лейферт А. Балаганы//Петербургские балаганы. С. 39.

在俄国各省，大众游园会总是伴随着季节性集市的盛大召开。例如，在卡卢加省波洛特尼亚内扎沃德集市上，附近村落的年轻人在旋转木马娱乐场和民间演艺场上玩得十分尽兴："嘈杂的人群在集市上走来走去。最开心的是年轻人：小伙子、姑娘、半大孩子、儿童。对于他们来说，首先是在满是豁口的手摇风琴发出的沙沙声的伴奏下玩旋转木马。他们喧闹着结伴而行，费力地挤进民间演艺场，观看一个玩吞噬火焰的男人，还有一个留着胡子的女人、一个身穿柠檬黄戏服的满脸皱纹的侏儒，或者'世界拳击冠军'，总之，他们在欣赏着所有不朽的'民族的盛宴'。"①

但是，不应只以令人愉快甚至"幸福"的方式来想象那个时代的游园活动：群众的大规模聚集给市政当局和当地居民生活带来了麻烦。艺术家A.伯努瓦在他的回忆录里提到了这一点。A.伯努瓦用题为"民间演艺场"的一整章篇幅详细地描述了大众游园会盛大的节日气氛："晚上，民众普遍都喝得醉醺醺的，而他们又是这些负责举办娱乐消遣活动的广场的真正主人，酗酒的行为赋予他们彻头彻尾的恶魔般的品格，完美地在斯特拉文斯基的《彼得鲁什卡》第四乐章中表现出来。"②

莫斯科的一位回忆录作者说："诺温斯基大道举行的游园会依旧包括旋转木马、秋千、糖果店和民间演艺场。其中一些设施由薄板制作而成，就像是布景和道具十分华丽的剧院，通常会上演具有战斗性质的哑剧，例如《俄国人与卡巴尔达人之战》《夺取卡尔斯》，一般来说，任何代表着军事技术进步的步枪或是木制大炮的射击，都会使整个演出大厅充满火药烟雾。"③ 大众游园会的节目每年几乎没有什么调整。1909年《俄国言论报》发表的一篇文章曾抱怨说："四个演艺场有活动安排，两个演艺场空着，'美式'摄影艺术、若干个旋转木马、俄式滑山、秋千、十多个帐篷里面摆着零食和玩具，最后，垃圾和污垢堆成山，一切都超乎人们的想象。这就是新圣女公墓广场上传统的大众游园会……一个演艺场上是著名的侦探夏

---

① Степун Ф. Бывшее и несбывшееся. М. ; СПб. , 1995. С. 24 – 25.

② Бенуа А. Мои воспоминания. Т. 1. М. , 1993. С. 289.

③ Давыдов Н. В. Из прошлого. Ч. 1. М. , 1913. С. 32 – 33.

洛克·福尔摩斯主题的专场，另一个是 1812 年卫国战争的主题，第三个是
'电声剧院'。"①

　　最受欢迎的是蜡像及各种珍品陈列馆：大胡子女人、巨人以及珍奇生物
的蜡像收藏等。例如，关于下诺夫哥罗德博览会上带有蜡像及各种珍品陈列
馆的大众游园会，有过下面一段精彩的描述："一条狭窄的阿济亚茨基小巷延
伸到一个名为'萨玛卡特'的视野开阔的广场。从凌晨到深夜，广场上有数
十家管弦乐队在演奏，混杂着鞭炮声、电表和轮盘赌的嘎嘎声。滑稽草台戏
舞台发出的尖叫声十分能招徕观众。在这里，挂着彩色玻璃球和串珠的旋转
木马、令人惊叹的广告语、观景台和蜡像及各种珍品陈列馆令人目瞪口呆，
这里有温柔的半裸美女，有英勇善战的将军，有受伤的武士，肠子从撕裂的
肚子里掉出来，还有身穿血迹斑斑衬衫的蓄着胡须的强盗……有些房间只允
许男性进入，有些房间只允许女性进入。"②

圣彼得堡彼得罗夫斯基公园的大众游园会，摄于 20 世纪第二个十年

---

① Русское слово. 1909. 1 апр. № 83.

② Синев Н. В жизни и на эстраде. Киев，1983. С. 14.

俄国的春季并不受欢迎，道路充满了泥泞，是完全无法清除的，不过人们对这样的生存环境并没有太在意。大众游园会的另一种"代价"是制造噪声。1911 年 2 月 28 日，新圣女公墓广场的娱乐城噪声太大迫使附近的莫斯科大学精神科诊所主任 В. П. 谢尔布斯基向莫斯科城市管理局提出申请，请求至少采取一些有效措施治理噪声。"昼夜不停的'音乐'声、手摇风琴和管风琴发出的刺耳声、鼓声、汽笛声、民间演艺场的枪声、观众的尖叫声——所有这些都给生活在庆祝活动场地周围的每一个居民造成了无法忍受的痛苦，使其精神备受折磨。一天听几个小时这样的噪声'乐曲'还有可能做到，尽管头已经被震得嗡嗡作响，但还算能忍受得住，可是一连听上几天，在圣诞节、谢肉节和复活节时，甚至会数个星期都在听这样的噪声'乐曲'，人们又会是一种什么样的感受呢。"①

表演的审美水平也令人失望，有很多不尽如人意的地方，例如，对于不寻常的事物，只需从孩子们的眼神里就能看出来那份惊恐和惧怕。来自莫斯科开明商人之家的回忆录作家 Е. А. 安德烈耶娃·巴尔蒙特回忆说："有一次，我们被带去参观诺温斯科耶附近举办的游园会，保姆和仆人事先给我们讲了很多有关游园会的趣事。他们非常生动地向我们描述了谢肉节老爷爷、各种有趣的表演和舞蹈。但是，当我们在露天演艺场看到一些身穿彩色长袍、脸上涂着颜料和黑色胡须的人尖叫地唱歌的时候，米沙哥哥和我都吓坏了，哭了起来，要求立刻回家。周围的嘈杂声不断：击鼓声、铜钹的击打声、口哨声、人群的叫喊声——在我看来真是太可怕了，我总是想象地狱的模样也不过如此吧。之后我再也没有同意过去那样的地方。"②

《莫斯科报》的一位作者在刊于 1902 年秋天的《莫斯科民众是如何娱乐消遣的》这篇报道中对大众游园会做出了相当清醒的评价。他写道："如果节日这一天，你顺路来到新圣女修道院门前广场，看见了随处布置的演艺场、秋千、旋转木马和帐篷茶馆，您将会了解，莫斯科'人群'有多么

---

① Цит. по：В старой Москве. Как хозяйничали купцы и фабриканты：Мат – лы и док. М.，1939. С. 226.

② Андреева – Бальмонт Е. А. Воспоминания. М.，1996. С. 111 – 112.

壮观，以及他们在游园会观众中是如何占据'主导地位'的。"此外，普通"人群"与文化程度较高的"观众"之间存在鲜明的对比："在德尔比赛马的比赛中，'观众'的人数最多，他们聚集在一起观赏赛马，但即便如此，人数也不到 2 万人。而在周末的新圣女公墓广场，特别是在傍晚，当夕阳西斜，气温降下来的时候，来这里游玩的人群多达 5 万人并不罕见。"作者指出，原始的娱乐需求是文化要求不高的普通劳动者单调而无聊的生活所致："普通劳动者来到这里真正地享受快乐，终于能够摆脱为赚取生活费而不断重复的沉闷枯燥的生活，一天享受到的乐趣足以使他在接下来的辛苦劳动中振奋精神。"进一步讲，"普通人群的要求并不太高。有机会向家人索要十戈比硬币或五戈比硬币去观看演出，演艺场会为他们提供一场丑角的滑稽戏，这些普通人被逗得开怀大笑，不是为小丑们的机智幽默而笑，而是因为他们需要发自内心地笑一下，这纯正的孩子气笑声，是在一周繁重无聊的工作后一种发自内心的自在放松的反映"①。

技术创新成果在生活中得到广泛应用，人们开始用铁建造滑山滑道，用铁敷设弯弯曲曲的轨道，客货两用小火车沿着轨道行驶。俄国将这样的滑山称为"美国山"，可世界各地却将之称为"俄国山"。第一座"美国山"是 1896 年下诺夫哥罗德全俄博览会期间建造的。在圣彼得堡军官街的"露娜"夏园和民族宫花园同样建造了滑山。②

1897 年，由于担心革命局势发酵，政府禁止在战神广场上举行大众游园庆祝活动。财政部实行禁酒令后，政府决定在民族宫即多功能民主俱乐部组织民间庆祝活动。圣彼得堡的米哈伊洛夫斯基马戏团演出场地和莫斯科市马戏团演出场地举办的节日游园会深受公众欢迎。

如前所述，大众游园会的性质在电力的影响下发生了变化。由于民间庆祝活动转移到封闭的场所，人们可以先借助煤油灯进行表演，然后在电灯照明下演出节目，这样一来，娱乐时间延长，能够一直持续到晚上 10 点，有时

---

① Московский листок. Прибавление. 1902. № 45. С. 11.

② См.: Кузнецов Е. Предисловие//Русские народные гулянья по рассказам А. Я. Алексеева – Яковлева. М.: Л., 1948. С. 3–22.

甚至延长到凌晨 2 点。1894 年，在圣彼得堡首映的《严寒大王红鼻子》是最早使用电灯照明演出的作品之一。当时人们正在察里津诺林间草坪上举行盛大的大众游园会，会场使用了海军探照灯装置调节舞台灯光效果。①

19 世纪末期的俄国演艺业，除电灯照明得到广泛应用外，用于舞台布景的辅助机械装置同样得到大规模使用，这些装置被用于各种"角色变换、出现、失踪以及空中飞人升空和降落"②。在神奇美妙的舞台美术艺术手法中，移动全景布景通常会收获观众的一片赞美声。如果按照剧情的线索，主人公踏上了旅程，那么，在第三幕时，一幅幅装饰背景画，从一个画轴到下一个画轴缓缓地自动"旋转"，呈现给观众不同地方的景色。这些装饰画都是上乘之作，因为它们均出自皇家剧院的艺术家和布景画家之笔。

随着别墅的广泛兴建，市民去市郊别墅区休养和度假十分流行，但与城市大众游园会的性质却有了根本的不同。首都剧院的专业演员在固定舞台上表演。这样的场馆首先是圣彼得堡省叶卡捷琳娜宫的夏季剧院以及莫斯科省马拉霍夫卡剧院。夏季花园的露天舞台上经常举办混合音乐会，也就是通常所说的套曲或变奏曲。莫斯科举行此类音乐会的场地有克里姆林宫花园和剧院、艾尔米塔什花园和剧院、幻想曲花园和剧院、彼得罗夫斯基公园的波波夫花园、索科尔尼基的环形广场、昆采沃剧院和库斯科沃剧院。

自 19 世纪 80 年代以来，大众游园会的举办呈现出新的发展趋势。在通常的文艺表演形式基础上，开始增加民间戏剧的演出，特别是在圣彼得堡乐利剧院。

但首先应该说一下大众游园会的演出计划。

1895 ~ 1914 年，在大众游园会上实践性地推出了一套典型的表演节目。下午 1 点，军乐团的音乐会开始了，接着是儿童综艺小节目（训练有素的

---

① См.：Кузнецов Е. Предисловие//Русские народные гулянья по рассказам А. Я. Алексеева - Яковлева. М.：Л.，1948. С. 91.

② См.：Кузнецов Е. Предисловие//Русские народные гулянья по рассказам А. Я. Алексеева - Яковлева. М.：Л.，1948. С. 69.

动物、小丑、魔术师表演以及儿童芭蕾舞团的舞蹈）。下午 2 点，为孩子们举行了一个小时不同寻常的童话演出，有《手指男孩》《小红帽》《睡美人》。下午 3 点，节目正式开始。在举行圣诞节庆祝活动时，全场将会点亮圣诞树。这时在民间合唱团的伴唱下，一场综艺文娱演出开始了，这种表演具有娱乐性质，由许多精彩的节目组成。例如，19、20 世纪之交，弗拉基米尔省农民号角手在游园会上演奏的民歌旋律非常受欢迎。著名的口琴家和讽刺歌表演家 П. 涅夫斯基以及工厂民间短歌表演家 П. Ф. 茹科夫享誉全国。到了晚上，在合唱团和芭蕾舞团的参演下，游园会不断推出童话话剧，其中《鲁斯兰和柳德米拉》《1812》等剧目深受欢迎，出场的群众演员有时多达 100 人。

1899 年 12 月 25 日至 1900 年 1 月 6 日，莫斯科练马场举行了盛大的圣诞节庆祝活动。观众满怀欣喜地期待着一场主题为"莫斯科中的巴黎"的文娱演出，献给即将到来的 1900 年巴黎世界博览会。练马场的入口完美地模仿巴黎世界博览会会场正门设计而成，宏大的舞台灯光布景照搬了巴黎世界博览会"电工部"杰出的展台制作成果，正如广告中宣传的那样，"具有 20 世纪最先进的舞台布景效果和奇观"①。在另一个舞台上，架起了名为"老巴黎"的装饰布景。

游园会为孩子们安排了免费的旋转木马。

游园会中心舞台上演了一场名为"新魔丸"的表演盛会，在这些魔丸的帮助下，观众就像在梦中一样穿越到了巴黎参加博览会，"6 幅神化了的绘画作品在施展魔力"。400 名艺术家和 2 支管弦乐队参加了演出。

周边小舞台上正在举行一场音乐会，古怪的哑剧演员汤姆森三重奏、音乐小丑维利亚姆、"大众宠儿"П. 涅夫斯基、英国喜剧演员维罗尼·韦斯特、苏赫明和切博塔耶夫与佐里金和扎多尔斯基组成的诙谐歌曲二部合唱、口技演员拉特纳、民谣歌手乌什卡诺夫等纷纷出场，总共循环表演了25 个节目。②

---

① Московский листок. 1900. 2 янв. № 2.
② Московский листок. 1900. 2 янв. № 2.

练马场中心位置有一棵巨大的电动圣诞树。

日场演出时间（或者按当时的说法"白天"）从下午 2 点到下午 5 点（成人的票价是 55 戈比，儿童的票价是 30 戈比）。晚场演出时间从晚上 7 点到凌晨 2 点（无论年龄大小，所有观众的统一票价为 1 卢布 10 戈比）。

1900 年 1 月初，《莫斯科报》刊登了一篇题为《练马场：天然创作的画展》的文章："一大群人在练马场里嬉闹，正如人们常说的，这里人山人海，水泄不通。在穿着海狸皮和紫貂皮大衣的女士和先生们中间，手帕、帽子和呢外衣在各处时隐时现。还有很多孩子。管弦乐队正在演奏某支威武雄壮的进行曲。练马场里灯火通明，明亮的电光照射在活力四射、盛装打扮的庆祝活动人群的身上，产生一种神奇的灯光效果。当听到中心舞台的钟声响起时，人们会立刻冲过去，舞台上正在进行一场盛大的表演，名为'新魔丸'或'去巴黎看博览会'。所有付费座席都坐满观众。但是许多观众更愿意站在周围或远距离观看。同时庆祝活动还举办了一系列游园观光、芭蕾舞、电光效果的画展等。"①

在圣彼得堡的米哈伊洛夫斯基练马场，圣诞庆祝活动的气氛不亚于莫斯科，演出日程安排同样非常紧张。在 1910～1911 年赛季，俄国著名小丑演员 A. 杜罗夫在这里演出。日场为儿童上演《童话世界》《雪的女儿》《三个奇迹》；晚场为成人上演《战争与和平》（根据列夫·托尔斯泰同名小说改编）和《冒名顶替的普加乔夫》（根据 A. C. 普希金创作的《上尉的女儿》改编）。在文娱综合节目的表演中，一名马戏艺术家化名海伦小姐表演了空中杂技飞人节目《乘坐'布莱里奥'号飞机翱翔》，并大获成功（众所周知，航空领域的先驱者、法国飞机工程师和飞行家路易·布莱里奥在 1900 年完成了驾驶飞机飞行，1906 年开始驾驶自行设计的飞机飞行）。②

一种新的戏剧表演形式，即所谓的寓言游行，非常吸引观众。例如，1902 年莫斯科练马场举行的圣诞节庆祝活动中，在"骑行者嘉年华"分会

① Московский листок. 1900. 3 янв. № 3.
② Русские народные гулянья. . . С. 123.

场举办了一场动画片大赛。一幅题为《沉睡中的杜马》的动画片获得一等奖。其中有个场景是"莫斯科商人慷慨解囊"，一位贵族夫人躺在一张带轮子的松软华丽的大床上，"莫斯科商人"站在床旁，俯身将金币造型的五彩纸屑向沉睡中的贵族夫人洒了下来。① 这种幽默的戏剧表演是对莫斯科城市杜马的社会政治现实的戏仿，并借此表现了商人和慈善家在资助城市社会生活中扮演的重要角色。人们认为，在商人们解决许多问题的同时，作为重要的社会职能部门的杜马本身却处在幸福的半梦半醒状态下。

在复活节节假日里，为支持商人和慈善机构的募捐活动，莫斯科练马场通常会举办日场和晚场两场游园演出。根据复活节具体的日期，每年复活节游园会都会获得一个称号，例如，1901 年 4 月初的复活节游园会活动就被命名为"鲜花娱乐游园会"。练马场的建筑也都被装饰一新：在操场中间位置是一个巨大的花坛，花坛左右两侧是造型奇特的梦幻别墅和凉亭，装点着热带植物、鲜花和花环。小路被草坪隔开，草坪上种满了绿草和鲜花。中心会场被设计成巨型露台和花坛，四周带有地中海风格的凉亭和花池。游园会的口号是"鲜花、绿植和电力王国"②。

一部名为《查理十二和彼得大帝的战争，或波尔塔瓦的胜利》的历史剧在游园活动期间成功上演，舞台布景由莫斯科皇家剧院著名的舞美艺术家 П. Ф. 列别捷夫制作完成。

第二个露天舞台连续推出小型文艺节目表演，其中不乏著名演员和杂技团的团体表演，包括体操运动员罗斯蒂（正如广告所说，他表演了"令人费解的单杠练习"）、三位黑人技巧运动杂技演员和滑稽杂技演员阿尔贝蒂（具有人称"没有对手"的演技）、体操杂技演员赫莉、音乐会无伴奏合唱乐团"露西亚"（"巴拉莱卡琴手、曼陀林演奏者、歌手和舞者"）、"E. 丘德诺夫斯基和 M. 丘德诺夫斯基的小俄罗斯、吉卜赛及日本的无伴奏合唱乐团"、丘德诺夫斯基的犹太四重奏小组、"齐甘科夫人的小俄罗斯二重

---

① Искры. 1902. № 1. С. 9.

② Московский листок. 1901. 4 апр. № 93.

唱"，以及来自莫斯科著名餐厅亚尔和斯特列利纳的俄国歌手合唱团。①

位于练马场不同端点的维瓦雷利弦乐乐团和两个军乐乐团演奏的乐曲被设定为游园会文娱演出的永久背景音乐。整个演出导演由当时著名的游园会文娱演出总监制 B. B. 恰罗夫担任。

这个时代的媒体和文学界对民族志和"当地人生活"表现出浓厚的兴趣，并在复活节演出中以"非洲趣事"这样不同寻常的方式反映出来。海报上写着："在复活节庆祝活动期间，游园会经理处请来一支来自非洲达霍迷野蛮部落的 48 名女骑士组成的演出队伍，由总头领摩门教教徒——松巴公主以及部落军事头领阿尔法和马纳王子率领。演出过程中，这些演员乔装打扮成非洲原住民，表演拜火者的神圣舞蹈，出兵征战前勇士的祈祷仪式、战斗游戏和击剑战术，以及 26 位女骑士的击剑比赛、非洲哑剧《达荷美之夜》，或女骑手营地被偷袭和她们的女首领遭绑架。"②

圣彼得堡的民众文娱馆的内部装饰，1899～1901 年，
建筑师 Г. И. 留采达尔斯基，摄于 20 世纪初

---

① Московский листок. 1901. 4 апр. № 93.
② Московский листок. 1901. 4 апр. № 93.

但是，由于门票价格昂贵，练马场等地的大众游园会更多情况下是为富人准备的。普通民众参加最多的是上面提及的街头游园庆祝活动。由于传统的节庆游园会地点同时也会成为酗酒和打架的温床，政府试图用一种"体面"的东西来替代这一切，导致在俄国各省城甚至乡镇随处举办大众游园会。在全俄禁酒委员会的领导下，游园庆祝活动不包括葡萄酒和伏特加酒消费在内。那些想要"文明休息"的人可以去设在每个居民家里的不含酒精类饮品的咖啡馆或茶馆里消遣，这样的居民家庭被称为民众文娱馆。

其中一个民众文娱馆（以阿列克谢太子继承人的名字命名）是由格鲁吉亚人在莫斯科创办的，1907 年，全俄禁酒委员会以 23.2 万卢布的价格买下了这栋位于瓦西里耶夫街的大楼。这座建筑自带一个大花园，此处成为 1908 年夏季大众游园会专用会场，这是"一个带有沙土地的大广场，上面种满了小树苗，广场深处有一座高大的建筑，布置了一个带有铁制顶棚的露天式舞台"[1]。夏季花园里的露天舞台前面设有 1300 个付费座位。通往花园正门的左右两侧，是两个对称的封顶的茶台；再往纵深处，主楼内部设有夏季厨房和两处封顶的用餐露台；再往里走就是音乐凉亭和一排排美食展台。偌大的花园里还设计了带有顶棚的舞蹈舞台、旋转木马和秋千。春季这里举办了 47 场大众游园会，吸引超过 22.9 万名观众前来参加。露天舞台共举办歌剧演出 31 场，20.5 万观众前来观赏；话剧演出 9 场，观众约 1.2 万人次。[2] 到了夜晚，花园的大型广场上灯光闪烁。到了温暖的夏季，花园里会摆放多达 500 张茶桌供游人品茶，满园飘着淡淡的茶香，茶桌上摆满丰富的清淡的小吃。冬季到来，主楼里会开设民族餐厅和图书阅览室。

其实，在 20 世纪初俄国广泛实行禁酒运动的背景下，举办大型大众游园会便具有了全新性质的启发教化民众的目的。

---

① Джунковский В. Ф. Воспоминания. Т. 1. М. , 1997. С. 417.

② Джунковский В. Ф. Воспоминания. Т. 1. М. , 1997. С. 417.

体育竞技和健身

19、20 世纪之交，与大众倾向于从事的体育运动项目相关的休闲运动得到快速发展，特别是从事体育休闲运动已成为一种生活日常，且越来越具有社会性质和大众化形式：冬季来临，滑冰在城市里变得流行起来，滑冰、滑雪以及骑者运动协会纷纷成立。

社会发生的变化在许多方面是对自 19 世纪中期以后媒体和公开会议上的反对声音及激烈辩论的回应。对农作物歉收、传染病流行、城市污染严重、人类生存环境恶化等社会灾难的认识是这些辩论的主题和焦点。所有这些变化都证明了人类追求生活质量、渴望健康的生存方式。包括俄国在内的许多国家都广泛流行比肯斯菲尔德勋爵 1875 年在英国议会演讲中的一句话："公共卫生是国民大众福祉和国家力量的基础。"[1] 延长寿命，战胜衰老，这同样令人振奋，其社会意义不亚于重大政治事件的爆发和戏剧艺术演出的首映仪式。

1908 年诺贝尔奖授予了俄国生物学家和病理学家 И. И. 梅契尼科夫以及德国生物化学家保罗·埃尔利希，以表彰他们对免疫吞噬细胞学说研究做出的贡献。1887 年，И. И. 梅契尼科夫在巴黎的巴斯德研究所工作。他研究了干扰人类免疫力的传染病学理论。

1900 年 1 月，俄国各大报纸和杂志纷纷报道："刚刚从巴黎传来消息，我们的同胞梅契尼科夫教授有了新的惊人发现，在生物医学领域取得重大成就。梅契尼科夫教授的发现，即使不能给我们带来永恒的青春，也至少可以将人类灭绝——人的死亡推迟很多年。你可以通过增加人机体内红细胞的数量来战胜贫血。很难说人类的寿命能延长多久，但是……在本世纪初的英国，一位老人活到了 260 岁。如果梅契尼科夫教授能够将他的科学研究进一步实验成功的话，就像他现在取得辉煌的开端这样，那么在未来

---

[1] Джунковский В. Ф. Воспоминания. Т. 1. М.，1997. С. 417.

人的寿命就能到 260 岁这么长久。"①

从 19 世纪 80 年代开始，人们对改善自身身体素质的兴趣越来越浓厚，许多真实事例便是最好的证明。富有的俄国人对身心健康和文化的渴求已经是生活中的常态。不排除下面一种可能，嫁给亚历山大三世并成为俄国皇后玛利亚·费奥多罗夫娜的丹麦公主达格玛在这方面起到了间接的作用。达格玛从小就是一位灵巧的接受过专业训练的体操和游泳运动员，出嫁时，她把这些个人爱好带到了她的第二个故乡，即俄国。②

19 世纪 80 年代，莫斯科出现了俄国第一批体操馆，同时，这里开始训练体操小学员。这一时期的体操教练多数来自丹麦、瑞典和德国。当时人们将这种时髦的休闲活动称为"瑞典体操"。茨维特诺伊大道上有一家德国体操俱乐部"特恩费里恩"③。俱乐部里最著名的教员是林登施特拉姆。而莫斯科最受欢迎的教员是德国人布罗德尔松（还有人说，他是瑞典人，与学员交谈时讲德语），布罗德尔松在大迪米特洛夫卡大街成立了莫斯科第一家体操俱乐部。俱乐部接收的学员都是上层的大企业主和大贵族之家的子女，如工商界精英家庭的特列季亚科夫、马蒙托夫、安德烈耶夫等。④

布罗德尔松体操俱乐部有一位名叫卡佳·安德烈耶娃（诗人巴尔蒙特的妻子）的学员，后来，她在个人回忆录中写道："我非常喜欢我们的体操训练服。浅棕色的棉质的肥大运动裤，同样棉质的运动夹克和宽皮带。我是同龄人中成绩最优秀的学员。布罗德尔松教练经常让我为其他女学员和更多的男学员做示范动作，而我，激动得浑身发抖，从助跑弹跳板上摔下来，挂在吊环上，翻了个身，双脚却卡在吊环里，整个身体悬在半空中，摇晃着。或者从木马上因失去平衡而没有跳好，摔落下来。"⑤

---

① Вокруг света. 1900. № 1. С. 14.

② См. : Ульянова Г. Н. Императрица Мария Федоровна в российской благотворительности : материнское попечение о страждущих//Императрица Мария Федоровна. Жизнь и судьба. СПб. , 2006. С. 114.

③ См. : Бахрушин Ю. А. Воспоминания. М. , 1994. С. 229.

④ См. : Зилоти В. П. В доме Третьякова. М. , 1992. С. 60.

⑤ Андреева – Бальмонт Е. А. Указ. соч. С. 43.

19 世纪末期，体育运动成为俄国人相当普遍的兴趣爱好。第一批运动俱乐部纷纷成立的时代到来了，全俄各地掀起了竞技比赛的高潮。1900 年 10 月，莫斯科的草地网球运动爱好者协会章程获得批准。而一年前，即 1899 年，滑雪运动员俱乐部和汽车竞赛运动员俱乐部章程获得批准。①

滑冰者喜欢选择动物园滑冰场和彼得罗夫卡的拉扎雷维克滑冰场进行比赛。在那里——K. H. 奥比迪纳管辖的彼得罗夫卡，有一个莫斯科河游艇俱乐部滑冰场，以"明亮的灯光、两支军乐交响乐团"而远近闻名，其定期举办舞蹈晚会和火炬游行。② 清塘滑冰场经常有军乐管弦乐队演奏，照明灯一直亮到晚上 10 点。列佛尔托沃是莫斯科郊区最著名的一个滑冰场。

20 世纪初，在滑冰场上滑冰，放松下身体，这样的假期休闲方式迅速在俄国全国流行起来，各省城、县城都修建了设备齐全的滑冰场。因此，1907 年冬天，滑冰场持有者希巴诺夫在《下诺夫哥罗德晚报》上发表了一则关于下诺夫哥罗德切尔诺普鲁德滑冰场娱乐活动的公告："1907 年 1 月 14 日（星期日），再次向公众致敬……滑冰场将于晚 7 点 30 分举办精彩的焰火晚会，具体安排如下：流星、聚宝盆、荣耀之光、飞鸽和云雀、水仙花命运轮、空中戏龙，流星闪烁、烛光舞台、日月星辰、新年致辞，最后是焰火绽放。"除了为观众带来欢乐的灯光照明和焰火晚会，从下午 2 点至晚上 8 点还有一支铜管乐队在切尔诺普鲁德滑冰场演奏。花园的入场费不贵，只要 5 戈比，而且"有监护人护送的孤儿院孩子"获准免费进入园内。这则公告还附带一条说明："如果遇到恶劣天气或低于零下 15℃的霜冻，灯光照明等节目安排将被取消。"③

1900 年末，人们开始在室内练习滑冰，轮滑运动从此流行起来。在圣彼得堡和莫斯科，所谓的斯卡廷林克旱冰场都安排在一些封闭的场馆，如

---

① ЦИАМ. Ф. 16. Оп. 134. Д. 248；Оп. 133. Д. 45，117.
② Московский листок. Прибавление. 1900. 9 янв. № 9.
③ Нижегородский листок. 1907. 14 янв. № 12.

"巴甫洛夫斯基站"海报，摄于 20 世纪初

莫斯科旱冰场就设在"水族馆"表演剧场一些温暖的房间里。每天从下午
1 点到 6 点对公众开放，甚至更晚——从晚上 8 点到凌晨 1 点。入场费 55
戈比，日场门票 1 卢布 10 戈比，晚场费用会便宜很多。① 喜欢滑冰的人可
以花费 50 戈比获得 15 分钟的试滑机会。如果有必要的话，这些人可以租借
溜冰鞋。一支管弦乐队在旱冰场演奏，还有一个"提供热餐的小吃部"②。

为了吸引公众的到来，萨马拉滑冰场的广告牌宣称这是一项"国外最

---

① 比较一下：一公斤上等鲜牛肉价格约为 35 戈比；去内脏鹅肉价格为 1 卢布；鲜鸡肉价
格为 56 ~ 63 戈比；一公斤鲜鲟鱼肉的价格为 90 戈比至 1 卢布；一升牛奶的价格取决于
脂肪含量多少，为 5 ~ 10 戈比；十枚鸡蛋的价格为 23 ~ 26 戈比（Изв. Моск. городской
думы. 1893. Январь. Вып. 2. С. 99）。

② Рампа и жизнь. 1911. № 1. С. 2.

站在起跑线上的溜冰者，战神广场，圣彼得堡，摄于 **1914** 年

时尚的运动"。这里的冰场每天都对外开放，而每逢周五和周日还举办"狂欢之夜"晚会。晚会的节目丰富多彩，有冰上科季里昂舞会、冰球比赛、冰上捉迷藏等。A. 迪克森教授指导女士们和她们的男舞伴进行了花样滑冰训练。同时，A. 迪克森教授还是一位滑冰大师，他还带来了特别的滑冰表演节目。① 除了滑冰运动，这里还有冰上舞蹈教练帕伦科夫的"不穿溜冰鞋的冰舞"，帕伦科夫教练向大家做了独舞示范表演：美国的华尔兹和"舞蹈创编——最新的基卡库舞"。

运动员们逐渐从休闲的业余滑冰运动转向专业的体育竞技比赛。从1903 年开始，莫斯科体操协会在主教池塘上浇筑了一个冰场，并在这里举办了 1500 米、3000 米和 5000 米莫斯科速度滑冰冠军赛，以及花样滑冰比赛。② 1908 年 2 月在圣彼得堡举行了国际花样滑冰比赛。1913 年 1 月底，在莫斯科主教池塘冰场举行了速度滑冰比赛，同年 2 月，欧洲速度滑冰锦

---

① Волжское слово. 1911. 18. （31）янв. № 13.
② Азарт. 1906. № 3. C. 38.

标赛在圣彼得堡举行。①

　　圣彼得堡的冰上运动发展与莫斯科齐头并进。在尤苏波夫花园，滑冰爱好者协会每年都要举办滑冰比赛，并以盛大的化装舞会作为保留节目结束比赛。同样，俄国首批冰球运动员的比赛场地也设在这里，这里举办了俄国最早的冰球比赛。1900 年 12 月 1 日《新时代》杂志就举办的冰球比赛做了专题报道："尤苏波夫花园有一场冰球比赛。尽管这里的冰面很软，时不时有坑面，但比赛还是顺利地进行了，赛场高潮迭起，热闹非凡，比赛延续到很晚才结束。"②

圣彼得堡—莫斯科冰球比赛，尤苏波夫花园，
圣彼得堡，摄于 1913 年

　　莫斯科滑雪爱好者俱乐部组织了名为"冰熊大战"的竞技类比赛。滑雪运动员分成两队，分别从索科尔尼基和彼得罗夫斯基公园出发，追逐指定的竞赛对手"熊"，这名装扮成"熊"的滑雪运动员后背钩挂了一只熊尾巴。最后追击目标"熊"在奥斯坦基诺被超越，像往常一样，

---

　　①　Искры. 1908. № 7. С. 53；1913. № 4. С. 30；№ 7. С 55.

　　②　Новое время. 1900. 2 дек.

在那里，在白皑皑的雪地上，莫斯科"冰熊大战"滑雪比赛以丰盛的野餐结束。

19、20 世纪之交，莫斯科和圣彼得堡仅有几百辆汽车，一般认为，汽车的大规模生产始于 1908 年，而且这种稀罕物价格不菲，只有上层社会最富有的人才能负担得起。但是，尽管如此，1900 年，在圣彼得堡沃尔孔斯基公路上还是举行了一场汽车—摩托车拉力赛，最初指定的赛程是 80 俄里（相当于 85 公里），但由于比赛当日遭遇了零下 20℃的严寒天气，赛程缩短了一半，到 40 俄里。地面光滑得像镜子，只有包括 2 名汽车选手和 1 名三轮摩托车选手在内的 3 名赛车手最终成功冲向终点，余下参赛选手均因油箱上冻而被迫终止比赛。①

到 20 世纪 20 年代初，圣彼得堡游艇俱乐部一直被认为是北方首都的一个地标。在 1900 年巴黎世界博览会上，圣彼得堡游艇俱乐部组织了自己的展台，并展示了最好的游艇模型，以及为纪念这次博览会而特别出版的豪华宣传相册《涅夫斯基游艇俱乐部》。②

足球运动逐渐流行起来。1898 年，圣彼得堡举行了第一场足球比赛。莫斯科附近的一些企业纷纷成立足球队，维库拉·莫罗佐夫纺织厂足球队是其中特别出色的一支。这支球队的诞生与工厂里来自英国的技术专家不无关系。工作之余，这些英国人非常喜爱踢足球。由于没有足够的英国人组建完整的球队，工厂开始吸收俄罗斯族的工程师和工人参加比赛。旧信仰礼仪派工人不会立即加入足球比赛：按照他们的宗教信仰，任何娱乐消遣活动都是罪恶的。然而，莫罗佐夫家族工厂的主人们认为，酗酒是更严重的罪过。因此，工厂鼓励工人利用业余时间多从事足球运动。根据 B. C. 利祖诺夫的统计数据，1911 年，在奥烈霍沃祖耶夫及周边地区，已经有 29 支足球队和 30 个足球场。1914 年春，在奥烈霍沃祖耶夫附近的莫罗佐夫－维库洛维希庄园修建了一家露天足球场，

---

① Новое время. 1900. 2 дек.
② Каталог Русского отдела на Всемирной Парижской выставке 1900 г. СПб. , 1900. С. 146.

里面设施完备，可容纳 1 万名观众。足球场落成典礼当天，莫罗佐夫工厂代表队和伦敦大学代表队进行了一场友谊赛，最终来自"雾都"的客队获胜。①

1910 年，莫斯科成立了足球联盟组织，将莫斯科市及莫斯科近郊的业余爱好者俱乐部联合起来。1911 年，莫斯科队和柏林队之间举办了第一次国际足球锦标赛。一年后，莫斯科队和芬兰队进行了一场比赛。② 1913 年 5 月，在莫斯科举行的俄国—瑞典足球赛中，看台上多达 1 万名观众前来助阵，在球迷的强大支持下，俄国队以 8∶2 的比分获胜。③

19 世纪 90 年代，体育课被列入中等教育大纲课程。在 B. 纳博科夫和 O. Э. 曼德尔施塔姆就读的圣彼得堡精英学校——捷尼舍夫学校，根据后者的描述，"在扎戈罗德尼，在一栋带有空白墙的巨大公寓楼的庭院里……十几个穿着运动短裤、羊毛长袜和英式衬衫的男孩大声喊叫着踢着足球"④。

20 世纪初，体育娱乐已成为莫斯科近郊别墅区最重要的一种文化时尚。在马拉霍夫卡，传统上这里居住的是在莫斯科工作的英国企业家和技术专家。这些人组织了两支足球队，建造了体育场和网球场。当时俄国经常定期举办体育比赛。居住在附近的村民起初作为球迷观赛，慢慢地他们成为队员，并全力以赴地投入比赛。⑤ 每次赛事都异常紧张激烈。

从 19 世纪 90 年代末开始，俄国掀起了网球（或者用当时的术语"草地网球"）热。一般认为，1875 年是这项运动正式诞生的时间，此后迅速流行于全国，许多贵族家庭里聘请的英国家庭教师助推了这项运动的发展。

尤里·巴赫鲁什金回忆起当时他作为一个 10 岁孩子目睹到的情景。他将在基斯洛沃茨克打网球的情形同一位英国女人出现在家中的情形联想在

---

① См.：Лизунов В. С. Морозовы и орехово - зуевский футбол//Докл. Вторых Морозовских чтений. Ногинск（Богородск），1996. С. 104 - 110.

② Искры. 1911. № 17. С. 126；1912. № 19. С. 150.

③ Искры. 1913. № 16. С. 128.

④ Мандельштам О. Э. « И ты, Москва, сестра моя, легка... »：Стихи, проза, воспоминания, материалы к биографии. М. , 1990. С. 122.

⑤ Бахрушин Ю. А. Указ. соч. С. 508.

一起。这位英国人的出现是让大家积极参加网球运动并推动这项运动迅速普及的主要动因。"这就像是一种传染病，很快，我们家也受此影响，掀起打网球的热潮。家庭开销计划有相当一部分用来购买网球拍、网球及其他必要器材。我们全家就这样开始了网球运动。祖父、外祖父（著名的工厂主诺索夫）都是 60 岁以上老人，我父亲和访客……更不要说家里'年轻的一代'，我母亲一直到我，全家人无一遗漏全部投入这项运动。我特别热衷于关注事态的进程。每次大家都充满了热情，还有我父亲，一个原本不习惯体育锻炼的人，而且打球初期经常摆出滑稽可笑姿势的人，现在居然也能全力以赴地投入进去，并且十分开心。"[1]

里亚布申斯基家族成员特别热衷于网球运动。这个家族从子女的童年时代起就为他们雇用英国家庭教师。在买下莫斯科近郊的库奇诺庄园后，作为东正教旧信仰礼仪派（卡卢加最古老的教派）信徒、大银行家和纺织工厂主的里亚布申斯基家族终于能够在庭院里的英式草坪上实现自己运动的梦想。除了打网球，他们还安排了"来自英国的撒纸屑追逐游戏，游戏里的男士几乎都穿着红色燕尾服"[2]。

从 19 世纪 90 年代开始，在莫斯科纺织工厂主切特维里科夫的庄园，即谢尔科夫附近的季莫费耶夫卡修建的网球场，早已家喻户晓。在这些球场上（留存至今的照片中），切特维里科夫的儿子——万尼亚、舒拉和米嘉与家庭教师 А. И. 哈登一起打网球。[3]

В. 纳博科夫在个人回忆录《彼岸世界》里留下了对圣彼得堡罗日捷斯特维诺庄园网球比赛充满怀旧的、诗意的描写："一个崭新的网球场，球场一端延伸到狭窄而漫长的橡树林中……这个场地由来自东普鲁士的建筑工人修建，并按照土壤处理技术标准完成工程。我看到母亲脚踩一只平底的白色鞋子，轻松地把球送入球网。微风拂过绿色长椅上摆放着的《迈尔斯网球比赛指南》。妈妈身上的风衣短外套和合体的凸纹布短裙足以彰显出那

---

① Бахрушин Ю. А. Указ. соч. С. 243.

② Бахрушин Ю. А. Указ. соч. С. 526.

③ Семейный архив Н. А. Добрыниной – Четвериковых.

个时代的时尚特征，就像男士的法兰绒衬衫和短裤一样。妈妈和我一组，和父亲及哥哥打双人对抗赛，我对妈妈的马马虎虎总是很生气。在远处，网球场周边，鲜花盛开的绿草坪旁，路过的行人惊奇地望着打球的人们……正如大家认为的那样，父亲击球和跑步的风格强劲有力，颇具那个时代英国网球球员的古典风格，再对比上面提到的《迈尔斯网球比赛指南》中记述的内容，父亲的球技完胜我们兄弟几人。我们的两臂、双肩的肌肉已经得到很好的锻炼。"① 值得注意的是，网球在某些男人眼中是十分野蛮的一项运动，只能是"贵族老爷的体育娱乐活动"。

自行车旅游变得十分常见。1899 年出版的《达奇诺耶述评》报道："自行车运动在我们国家以惊人的速度发展，每天都有越来越多的新面孔加入自行车手的行列，同时，公众还在没完没了地争论这是好事还是坏事。我们只谈一点：如果保持适度和谨慎的态度，骑自行车可以成为对身体非常有益的运动。"②

自行车很快就成为每个人的最爱。就连 70 岁的列夫·托尔斯泰也喜欢骑自行车，尤其是在他位于莫斯科的哈莫夫尼基庄园里骑行。

自行车售价并不便宜："标致"车型标价是 125 卢布，这个价格相当于一名熟练技术工人的月收入；美国牌子的自行车便宜些，65 卢布起。③ 尽管如此，自行车却不仅得到富人的青睐，而且在少数生活水平高的工人中间也变得相当普及。辛格工厂（建于 1897 年，位于莫斯科省波多利斯克市）的员工在 1910～1913 年夏季，经常去附近的修道院度周末，尤其是去尼科洛－乌格列什。只是没有选择马车，而是选择了一种更现代的交通方式——骑自行车出行。④

19、20 世纪之交，紧随着男子自行车运动的开展，俄国又掀起了女子自行车热，这成为不可阻挡的妇女解放运动的标志。然而，女子骑自行车

---

① Набоков В. Другие берега//Набоков В. Машенька. Защита Лужина. Приглашение на казнь. Другие берега. М.，1990. С. 380.

② Дачное обозрение. М.，1899. С. 84.

③ Русское слово. 1900. 5 апр. № 92；10 апр. № 96.

④ 根据 М. В. 佐洛塔列夫的历史照片插图集中的照片加以描述。

自行车骑行爱好者，摄于 20 世纪初

并没有得到社会的公认，不是所有人都认为这属于正常的现象，要知道裙子很容易绞进车轮里。因此，1900 年出版了一整本漫画集《漂亮的自行车女骑手》。但仅仅过了几年，已经没有人会对骑自行车的女子甚至女飞行员感到惊讶和新奇了。

　　当然，酷爱空中飞行的女飞行员只能是非常富裕家庭的子女，例如，俄国第一位女飞行员阿纳特拉夫人来自敖德萨的意大利百万富翁家庭。1913 年，阿纳特拉夫人创造了全俄女子 3000 米高的飞行纪录。莫斯科第一位女子飞行冠军纪录的创造者是 Е. П. 萨姆索诺娃。①

　　很快，俄国不仅出现了职业飞行员，而且业务飞行员的队伍也在不断

---

① 　Искры. 1913. № 16. С. 126；№ 27. С. 215.

壮大。例如，莫斯科著名富商的妻子安娜·尼古拉耶夫娜·布雷什金娜，喜欢法式服装，被拍到在飞机驾驶舱内，戴着时尚的优雅的帽子，身穿天鹅绒短裙和精巧的半高跟羊皮靴，靴子侧面扣着一排别致的纽扣（布雷什金娜一向以行事大胆和衣着奢华而闻名①）。

驾驶飞机的是安娜·尼古拉耶夫娜·布雷什金娜，
出嫁前姓奥尔恰诺娃，摄于 1912 年

20 世纪初，飞行员被视为"超人"。飞行示范表演可以吸引来数以万计的观众聚集在飞行场地。在几千米高空的飞行中，这些人群里，带着双筒望远镜的男人、撑着雨伞的女人，会等上几个小时，迎接他们最喜爱的飞行员着陆。

体育休闲活动为世人勾勒出不同风貌的、形式丰富的一幅幅画。显然，从 1880 年开始，从事户外体育运动的 30～35 年间，人们对作为预防疾病、增进身体健康一种有效手段的体育运动产生了浓厚的兴趣，奥林匹克运动初具形态。在这个时代，纯粹的专业比赛训练和体育休闲运动的结合中还

---

① См.：Бурышкин П. А. Москва купеческая. М.，1991. С. 216.

是后者占了上风。体育运动首先被视为全新的、不同寻常的休闲娱乐方式，它很快赢得了社会各界的支持和喜爱。

马　戏

19、20世纪之交的俄国社会各界对马戏演出表现出浓厚的兴趣。著名的马戏历史学家 Ю. A. 德米特里耶夫的统计结果显示，马戏团"到19世纪末有30余家……"①。1912～1916年出版的《综艺节目和马戏团》杂志提供了有关1912年44个有固定演出地点的马戏团和1914年55个马戏团的参考资料。它们的地理分布覆盖全俄各地：西起罗兹、华沙和里加，东到乌拉尔的秋明、上乌金斯克、伊尔库茨克和克拉斯诺亚尔斯克，从北部的阿尔汉格尔斯克到中亚的塔什干、查尔朱、梅尔夫和西南部的基什尼奥夫。②

马戏团"无处不在"的现象并不奇怪，因为马戏是"滑稽草台戏"这种民间文化的延续，无论是县城还是乡村，这都是最流行的也是最便宜的文娱演出，更不要说省城了：单场门票最低20戈比。

Г. A. 德维尼被认为是一名享有盛誉的马戏演员。他经常在位于茨维特诺伊大道的萨拉蒙斯基马戏团演出，尼古林兄弟马戏团在莫斯科凯旋门广场表演，奇尼泽利马戏团和摩登马戏团的演出常设地点在圣彼得堡。莫斯科有固定场所的马戏团门票价格并不便宜。例如，1908年在萨拉蒙斯基马戏团，一个8人包厢的价格是25卢布80戈比，第一排软椅座位是3卢布10戈比，从第6排开始的普通座位为1卢布10戈比，巡回演出门票（无观众席位，人们都是站着观看）是32戈比。③

萨拉蒙斯基马戏团于1880年开放，迎来了第一批马戏团观众，可容纳4000人。从1882年开始，尼基京兄弟马戏团开始运营，起初也是在茨

---

①　Дмитриев Ю. А. Цирк в России: от истоков до 1917 года. М. ，1977. C. 135.

②　Подсчитано по: Варьете и цирк. 1912 № 3. C. 15；1914. № 21. C. 14.

③　Вся Москва: Адресная и справочная книга на 1908 г. М. ，1908. Cтб. 781.

维特诺伊大道上，离萨拉蒙斯基马戏团不远（由于遭到萨拉蒙斯基的反对，在收到萨拉蒙斯基发来的"搬离"的请求后，尼基京兄弟马戏团搬离了这里）。从 1911 年开始，集马戏演员和马戏团业主于一身的尼基京兄弟开始在自己位于大花园街的一个场所演出。成为新任马戏团经理的阿基姆·尼基京，采用最新的技术装备马戏团大楼：它有 3000 个座位，一个在卷扬机的帮助下能够升降的马戏表演场地，还有一块椰席而不是传统的木头锯屑地面。① 俄国著名的马戏演员 A. 杜罗夫和 B. 杜罗夫、Н. Л. 瑟乔夫，滑稽小丑演员比姆 - 鲍姆（И. С. 拉敦斯基和 М. А. 斯坦涅夫斯）等在 Г. А. 德维尼和尼基京兄弟的马戏团演出，在 1888 年搬迁到莫斯科之前，出生于萨拉托夫的尼基京兄弟从 1873 年开始带领自己的马戏团在伏尔加河沿线地区巡回演出，还在下诺夫哥罗德市的博览会上举办了专场演出。

自 1872 年开始，意大利艺术家、马戏团业主和演员加埃塔诺·奇尼泽利领导了固定的圣彼得堡马戏团（前业主是他的岳父 K. 吉恩）。1877 年开始，马戏团被安置在风景如画的丰坦卡河沿岸一座石砌建筑物里，至今仍在那里。然后，圣彼得堡马戏团的生意就传到了奇尼泽利后代的手中。19 世纪末 20 世纪初的所有马戏团明星都在圣彼得堡奇尼泽利马戏团演出：驯兽师马塞利、小丑 A. 杜罗夫和弗拉特里尼兄弟。1898 年，法式摔跤世界锦标赛在这里举行。②

19 世纪末是创建专业马戏团的全盛时期，Ю. А. 德米特里耶夫指出："在大马戏团里，至少在整个演出季中，任何时候都有杂技常设节目。每一名杂技演员都有自己独特的代表性节目，此外，他还参与其他的甚至是完全不同的体裁和风格的节目演出。常驻马戏团的所有成员都参加过杂技金字塔、跳跃、旋转木马、马术、科季里昂舞等节目。几乎每场表演都包括哑剧或芭蕾舞，通常两者兼而有之。当然，马戏团的成员扮演了其中从主

---

① Цель жизни∥Сов. эстрада и цирк. 1964. № 1. С. 29 – 30.

② Санкт - Петербург: Энциклопедия. СПб. , М. , 2004. С. 955.

要到次要的所有角色。"①

马戏团业主几乎都来自艺术家庭。带有传奇色彩的莫斯科大马戏团业主阿尔贝特·萨拉蒙斯基年轻时是一名驯兽师和体操运动员。尼基京兄弟同样是专业的马戏演员。奇尼泽利一家三代人住在俄国，他们为马戏团培养出大批不同演出类型和风格的马戏艺术家。这样的马戏团业主欣赏和珍视高水平的演员，并力求创造耀眼夺目的表演效果，而不沉迷于低级品位的表演。因此，无论普通市民还是上层社会的富人，观看马戏演出都是他们最喜爱的娱乐休闲方式之一。

我们在艺术家自己的回忆录中找到了这方面的证据："圣彼得堡奇尼泽利马戏团是同行中最具贵族气息的马戏团之一。与省级马戏团以平民为主要观众有所不同，奇尼泽利马戏团的观众一般是'世俗社会'的代表；特别是星期六聚集了大量的贵族观众——像这样聚集在马戏团的情况被贵族称为'我们的星期六'。按照传统，亚历山大皇村中学的学生每年10月19日都会聚集在奇尼泽利马戏团，他们聚在一起诵读普希金关于皇村中学的优美诗篇。"② 其中普希金描述了奇尼泽利马戏团著名演员"白人小丑罗兰"——卡济米尔·普卢斯，他在奇尼泽利马戏团舞台上演出了45年。

观众也证实了这一点。其中一位写道："1906年……我终于进入了圣彼得堡的奇尼泽利马戏团。那是一个星期六……包厢里坐着卫兵和军官，特别是警卫军官，因为不仅仅是制服，从他们的姿势、举止和行为看，卫兵和军官都是有区别的。一些近卫骑兵团的军官出现在'我们的星期六'，这已是一种传统了。他们主要对马戏团的骑手和杂技演员感兴趣。楼座里坐着'普通人'，他们是工人。普通观众从远离马戏团正门的另一个入口进入。"③

另一种类型的马戏团业主是文化水平较低的人，他们企图通过对马戏

---

① Дмитриев Ю. А. Указ. соч. С. 135.

② Роланд К. Белый клоун. Рига，1961. С. 65.

③ Никулин Л. Короли шутов//Сов. эстрада и цирк. 1964. № 4. С. 8.

演员的无情剥削来谋取利益。例如，萨马拉马戏团业主斯特列佩托夫年轻时曾在一个省级马戏团做灯匠，后来开始在马戏团担任主管。据他同时代的人说，斯特列佩托夫是一个"油滑、善于钻营、狡诈"的人，"他做的一切都精于算计，为了赚钱不惜做出任何粗俗卑劣的行为"①。斯特列佩托夫从来不鄙视投机有奖彩票抽签的行为，中奖的大额奖金全部都流向了"诱饵"。因此，斯特列佩托夫的生意十分兴旺发达：他从伏尔加河地区搬到了西伯利亚，在维尔赫涅丁斯克和伊尔库茨克经营着两家马戏团。1914 年演出季，他甚至设法让小丑名角 A. 杜罗夫前来西伯利亚各城市演出，并途经西伯利亚前往日本巡回演出。②

在各省巡演的马戏团，一般由中小艺人组成。最赚钱的演出季是夏季，在任何城市，只要与当地政府达成协议，马戏团就可以在市中心适宜的地点搭建帐篷和舞台，带给当地市民精彩的演出。演出场景看起来很简单："一个空中飞人在舞台上空荡来荡去……铃声响起，观众们坐在舞台对面空地的长凳上。长凳下绿草如茵。一个拎着哑铃的壮汉走了出来。体操运动员在吊杠上旋转。最后，一个身材修长、蓄着金色胡须的瘦男人走进了母狮的笼子。他让它跳圈，在木板上保持平衡，最后他把母狮扛在肩上，绕着整个笼子走来走去。"③

在有文化素养的观众看来，马戏是普通人和文化水平不高的人的爱好，这些知识分子对流浪艺人的态度是轻视的，甚至不屑一顾。在剧作家 E. 施瓦茨的回忆录中，有这样一件趣事，发生时间可以追溯到 1900 年，当时有一家马戏团来到迈科普，回忆录作者的童年就是在那里度过的。"经过药房，令人惊叹不已的巡回演出正在进行着。男孩子跟在马戏团后面，吹着口哨，大人们在茫然不知所措中停了下来。来到这座城市的马戏团向迈科普人展示了自己精彩的演技。马、驴、骆驼以及小丑组成的队伍从我们身边经过，走在巡演队伍最前面的是两个戴着高筒帽、蒙着面纱的亚马孙人。

① Радунский И. С. Записки старого клоуна. М. ，1951. С. 58.

② Варьете и цирк. 1914. № 21.

③ Шварц Е. Живу беспокойно... Из дневников. Л. ，1990. С. 96 – 97.

我看着我的母亲，我发现她并不喜欢马戏团、亚马孙人，还有小丑，她看着他们的时候很不高兴，在谴责着他们。我眼前的节日景象顿时变得暗淡了，仿佛太阳消失在乌云后面。我听见妈妈对别人说：‘骑手们都化了装，脸上一顿胡乱涂抹……’”①

首都知识分子被莫斯科和圣彼得堡马戏团生动而华丽的表演征服了，他们对马戏演出产生了浓厚的兴趣。众所周知，歌手费多尔·夏里亚宾、诗人亚历山大·勃洛克②、作家 А. П. 契诃夫和 А. И. 库普林成为马戏团的常客和马戏酷爱者。М. 高尔基和 В. 吉利亚罗夫斯基创作了关于马戏团的中短篇小说。传奇记者弗拉斯·多罗舍维奇创作了以马戏团为主题的系列讽刺小品文，他写道："我喜欢时不时地去看看一个人是如何进入动物笼子里并开始和它们戏耍在一起的，空中飞人如何在整个舞台上空从一端飞向另一端，头朝下倒立着表演飞车特技……我喜欢勇敢的场面。在看了他的演出后，我自己也变得更加勇敢了。在灵魂深处，我想象着自己处在那个勇敢的人的位置上，一切会如何呢?"③

马戏节目结合了小丑、杂技演员、杂耍演员和驯兽师的表演。例如，1912 年冬季，德维尼马戏团的演出节目安排得丰富多彩："由马尔采夫亲自指挥，他自己的管弦乐队在演奏音乐。阿兰女子三人合唱团演唱。本杰米诺骑在马背上后空翻。沙弗里克幕间一个滑稽可笑的串场。古灵精怪的骑手甘萨科迪的表演。杰罗姆和内内又是一个滑稽浪漫的串场。莱因施三人

---

① Шварц Е. Живу беспокойно... Из дневников. Л. , 1990. C. 51 – 52.

② См. : Лебедева А. Арена возвышенных страстей: К 50 – летию со дня смерти А. Блока//Сов. эстрада и цирк. 1971. № 8. C. 26 – 27. 依托马戏演出的各种形象造型，勃洛克创作出许多生动的隐喻，特别是在《雪中大地》（1908）诗集的序言中，他将诗人比作小丑："小丑的命运女神，就像马戏团的女骑手，骑着一匹彪悍的骏马，冲出昏暗的微光，却被一束强光、人的咆哮声、鞭笞声所遮蔽，在竞技场周围横冲直撞，马踏栏杆。这就是小丑的命运女神……她用一根弯弯曲曲的鞭子，有意无意地抽打可怜的小丑，在圆形露天剧场面前，长鞭一下下照直落在小丑煎饼般灰白色的脸上。小丑的心灵燃起讥笑、恐惧和绝望的火焰。"

③ Цит. по: Покровский В. Любимое зрелище фельетониста//Сов. эстрада и цирк. 1964. № 6. C. 29.

组合的马背爬杆。阿列克斯三重唱——充满喜剧色彩的滑稽音乐表演。空中飞人是 20 世纪运动和艺术相结合的伟大创举。康斯坦索的‘日式梯子’平衡杂技。弗里茨、弗林茨和费里的滑稽串场。杂耍演员维克多的骑马表演。坎帕博的滑稽蹦床表演。Г. А. 德维尼，这位马戏团业主，连同他的训练有素的马匹也给观众带来了精彩的马术表演。著名的技巧运动杂技演员利亚斯 8 人小组的表演。西奥多和可可又是一个精彩的滑稽串场。安吉洛·阿里戈西进行一项体育项目的表演。《愚人乐园》由 50 名小丑演出。叶戈扎罗夫表演了空中飞人特技。"①

　　杂技、平衡木和空中飞人表演者演出节目的复杂性及难度系数令人难以置信。因此，在下诺夫哥罗德尼基京马戏团的几个演出季中，表演平衡特技的杂技演员斯捷潘诺夫给观众带来了精彩的节目："在演技场的中心放置一个大的编织笼子。演员爬上它，从服务员那里接过直径越来越窄的笼子，并将它们一层一层地叠在一起。结果是一个类似于埃菲尔铁塔的结构诞生了——它的高度达到十五米。最后，塔的顶部搭建成圆锥体形状，上面摆放着一个球。斯捷潘诺夫用手臂当支架带着球一起旋转。塔在晃动，晃动。"② 观众屏息而坐，只有当斯捷潘诺夫把球扔下来打碎了塔楼，并且他跳落在舞台上面时，观众才放心地换了一口气。

　　为了吸引更多的观众，马戏团通常会选择一些响亮的外国名字作为马戏演员的艺名。滑稽小丑演员比姆-鲍姆回忆说："其实，马戏团里许多知名的‘海外’演员都是我们地道的俄国人——伊万诺夫、彼得罗夫、米哈伊洛夫、阿列克谢耶夫等，他们顶着让、皮埃尔、米歇尔、阿列克斯这些外国名字掩藏了自己真实的身份。"③ 著名的竞技运动项目杂技演员亚历山大·科罗廖夫和弗拉基米尔·米拉舍维奇选择了一个朗朗上口的艺名——"拉皮亚多兄弟"，1909 年，科罗廖夫成为自己所在的马戏团的业主，他们开始在各省城的海报上写上"希腊拉皮亚多马戏团"做宣传，尽管当时剧

---

① 　Варьете и цирк. 1912. № 3. С. 12.
② 　Кишкинцев В. На Нижегородской ярмарке//Сов. эстрада и цирк. 1971. № 8. С. 31.
③ 　Радунский И. С. Указ. соч. С. 30.

团中没有一个人是希腊人。①

　　有必要特别讲述一下观众最喜爱的小丑演员 B. 杜罗夫、A. 杜罗夫②、贾科米诺和摔跤手伊万·波杜布内。

**20 世纪初的马戏团——下诺夫哥罗德尼基京兄弟的"俄国马戏团"；
杜罗夫马戏团海报**

　　小丑罗兰说，当时马戏团竞技场上的斗士、讽刺歌手、通灵者、"原创喜剧演员"和"杰出的腹语者"等都自称是"观众最喜爱的演员"，"B. 杜罗夫是那几年灰蒙蒙的马戏表演艺术天空中一颗明亮的孤星"。③驯兽师兼小丑 B. 杜罗夫在竞技场上用具有政治讽刺色彩的词语生动演绎了一段段悲喜剧独白，引起了观众的强烈反响。1906 年 4 月 23 日，被社会视为宪法的《国家基本法》通过后，马戏团创作了新节目独白。狗在转着圈试着抓住自己的尾巴，B. 杜罗夫告诉它："不要把尾巴扯下来，否

① 　См.：Славский Р. Дети и внуки Ольги Сур//Сов. эстрада и цирк. 1971. № 10. С. 26 – 27.

② 　См.：Таланов А. Братья Дуровы. М.，1971；Дмитриев Ю. А. Указ. соч. С. 207 – 220.

③ 　Роланд К. Указ. соч. С. 69.

则你会像我们的宪法一样变成一只肤浅的短尾巴狗。"① 现场响起了雷鸣般的掌声。

Б. 杜罗夫编导了人人知晓的表演节目《铁路》。在最初的演出方案中，司机、售票员和乘客分别由不同种类的老鼠扮演（四只黑灰色老鼠在头等车厢，白鼠在二等车厢，最便宜车厢里的是灰鼠），猫是站长。这个节目于1892 年首次推出，20 多年来，通过引入猴子、山羊、鹅、鸭子、豚鼠等各种训练有素的动物而不断推陈出新。

Б. 杜罗夫称自己是"动物心理学家或动物教育家"。1913 年，《火星》杂志刊登了一组拍摄于他公寓的照片，从其中一张照片里能看到铺着床品的床上 Б. 杜罗夫和他的宠物在同床共枕。艺术家右手拿着《讽刺作家》报，左手抚摸着爬到床上的小猪瓦西卡，肩上蹲着老鼠芬卡。标题写着："Б. 杜罗夫的所有空闲时间都花在他最喜欢的动物身上，它们早晨直接上床来探望他。"②

Б. 杜罗夫的弟弟 A. 杜罗夫③是一个讽刺小丑。他先后与莫斯科萨拉蒙斯基马戏团、圣彼得堡奇尼泽利马戏团签订了合同。A. 杜罗夫的演出旁白是带有政治潜台词的即兴俏皮话。这在观众中很受欢迎，特别是对权力部门官僚腐败作风的嘲讽。他讲的幽默笑话总会收获意想不到的效果："将军蒙骗将军，这是策略问题；商人欺诈商人，这是商品化的现象；而我的兄弟耍花招哄骗某些人，台下观众立刻喊了起来：骗子！"④

А. 杜罗夫拥有许多马戏团，演出节目包含他本人创作的诗歌作品，特别是像这样的一些诗歌：

> 房子摇摇晃晃，玻璃已破碎，

---

① Дмитриев Ю. Братья Дуровы. М. , Л. , 1945, С. 21.
② Искры. 1913. № 47. С. 382.
③ А. 杜罗夫留下了回忆录（см. : Дуров А. Л. В жизни и на арене: В 3 ч. Воронеж, 1914（переизд. : М. , 1984）。
④ Цит. по: Радунский И. С. Указ. соч. С. 90.

门和窗，迎风而开，

这就是我们俄国的农村学校……

房子很温馨，一切那么美好，

阳光，绿地。"你好，店伙计！"——

"您好！"（脱帽致敬……）

这里——有一家官办的酒铺。①

高尔基在谈到 A. 杜罗夫时写道："他是一个魔术师，他把一滴生命之水倒进悲伤的源泉，仅仅一滴活水——笑声——已使它痊愈，同时赋予它力量和生命。"② 在扮演小丑角色之前，A. 杜罗夫曾经是一名体操运动员、杂技演员、魔术师和走钢丝手……因此，他能够在马戏竞技舞台上一展才华绝非偶然。

和兄长一样，A. 杜罗夫在一大群训练有素的动物的参与下进行了精彩的表演。数百只母鸡和公鸡参加了《堡垒爆炸》节目的演出；七十只猪参演了《斯温斯克城历险记》：舞台上出现了火灾的画面，猪消防队员扑灭了火，帮助了烧伤的小猪。③

A. 杜罗夫在所有城市的巡回演出都取得了成功。1914 年，在莫斯科尼基京马戏团的表演中，《综艺节目和马戏团》杂志在谈到这位艺术家时写道："超高水平的训练、幽默笑话、俏皮话和即兴表演每天都吸引着大批观众来到马戏团，人们用热烈的掌声迎送他们最喜爱的马戏明星。"④

小丑贾科米诺（住在圣彼得堡的意大利人贾科莫·奇雷尼）是圣彼得堡观众最喜爱的马戏演员。他的朋友 A. И. 库普林写道："这位艺术家深受圣彼得堡孩子们的爱戴，在玩具店里，人们把圣诞毛绒猴子称为贾科米诺。

---

① Цит. по: Радунский И. С. Указ. соч. С. 90.

② Дуров А. Л. Указ. соч. Ч. 1. С. 58.

③ См.: Таланов А. Указ. соч. С. 80.

④ Варьете и цирк. 1914. № 21. С. 18.

这就是孩子们教给成年人的：'妈妈，给我买个贾科米诺……'这难道不是真正的、纯粹的荣耀吗?"[1] 在《火红地毯》中，贾科米诺在三头大象或六匹马上跳跃翻筋斗让观众惊叹不已。其他技术最复杂的节目还包括来自管弦乐队乐手们的后空翻表演，在竹竿上跳跃，从高空跳到马戏表演场地，当中穿插着意大利民歌的华丽表演。[2]

还有一些非常专业的节目演出。1914 年演出季，在尼基京马戏团里，一个名叫麦克·诺顿的非凡人物出现了，他被称为"人体水族馆"，"这位先生一连喝下 50 杯液体，吞下多达 30 只活青蛙和金鱼，接着，经过片刻的诙谐幽默的旁白后，他的'第二胃'的所有东西又都回到了舞台上，却没有引起任何人的反感"。广告宣称："这是一个非常有趣的景象。"[3]

观众最喜爱的项目是举重和摔跤。亚历山大·拉皮亚多（科罗廖夫）在圣彼得堡举办了重量级举重比赛，首先展示了举重壶铃和杠铃的技巧，然后他充当了一台"活体人秤"："站在'桥面'上，他用自己的身体支撑起整个管弦乐队所在的平台，而乐队还在悠然地演奏着时髦的'哎哟哟'。亚历山大·拉皮亚多最拿手的节目是马术特技表演。他站在演出场地中央的位置，前臂戴上皮制护臂，双手交叉，紧紧缠住钢制的缰绳，两匹马被马车夫从不同方向拼命追赶着，却无法挣脱锁链。"[4]

从 19 世纪末开始，俄国掀起了"法式摔跤"（现在人们将这项运动称为古希腊－罗马式摔跤，或古典式摔跤）热，在法式摔跤表演赛中，传奇式古典摔跤手伊万·波杜布内像星星一样闪耀着光芒。

摔跤比赛有很多种类。比赛要么安排在马戏表演的第三部分节目（最负盛名的节目）中，按常规赛进行，要么举行单独的循环赛。此外，还有摔跤锦标赛，这类比赛有时持续 2 ~ 3 个月，事实上，每天都有比赛，因为观众的兴趣持续不减。例如，1912 年，圣彼得堡摩登马戏团举办了世界摔

① Куприн А. И. Соловей//Куприн А. И. Собр. Соч. : В 9 т. Т. 7. М. , 1964. С. 366.

② См. : Радунский И. С. Указ. соч. С. 83.

③ Варьете и цирк. 1914. № 21. С 5.

④ Славский Р. Указ. соч. С. 27.

跤锦标赛，历时 97 天。在这次锦标赛中，紧张地进行了有现金奖励的五个奖项争夺赛。第一名获得者是伊万·罗曼诺夫。除了锦标赛，还要举行名人选手——尼古拉·瓦赫图罗夫和欧默·德·布尔隆示范表演赛。欧默·德·布尔隆以前经常戴着黑面具上场参赛，也就是说，他是一个隐姓埋名的摔跤手，戴着面具出人意料地从观众席上走上竞技舞台，还提出让对手测试一下他的力量。此外，比赛还为格斗技术杰出的摔跤手单独颁发一枚奖牌，这枚奖牌为德国轻量级选手舒尔茨荣获。这次锦标赛打破了每场比赛 1350 卢布的票房纪录。①

与此同时，奇尼泽利马戏团举行了为期一天的摔跤比赛，并为获胜者颁发各种奖品，以及授予"摔跤王"荣誉称号。四名著名摔跤运动员卡拉什尼科夫、维伦戈尔、蒂加内和丘菲斯托夫参加了比赛。获胜者蒂加内获得了两个银杯、一枚金币，还被授予"摔跤王"称号。② 这样的摔跤表演赛比体育竞技比赛更具戏剧色彩。

就表演观赏特点而言，法式摔跤体现了体育竞技比赛和马戏戏剧化艺术表演的奇妙共生关系。马戏历史学家 Ю. А. 德米特里耶夫将这种现象描述为："组织有序的摔跤锦标赛，同时还是一场角色分配相当明确的杂技表演。"③

法式摔跤比赛赞助商 И. В. 列别捷夫（著名的万尼亚叔叔，律师，第一次世界大战前流行杂志《大力士》的出版商）用别致的艺名、动人的诗句、亮丽的民族服饰、"黑色面具"等戏剧效果吸引了大批观众前来观看比赛。我们来具体描述一下。

19、20 世纪之交的俄国马戏团非常流行起用身材高大的巨人演员。许多摔跤手的身高都超过两米。这些具有大力士外貌特征的摔跤手都有与其自身特点相符合的"壮士"的名字：力大无穷的勇士斯维亚托戈尔、瓦良格和穆罗梅茨。摔跤手根据担任的角色被分为"英雄"和"野蛮人"两种类型。"英雄"通常拥有健美的体型，会礼让地搏击，能够忍受那些扮演粗

---

① Геркулес. 1914. № 9 – 35. С. 22.

② Геркулес. 1914. № 9 – 35. С. 8.

③ Дмитриев Ю. А. Указ. соч. С. 367.

鲁角色的人的挑衅。每当"英雄"和某个"野蛮人"打擂台赛时，观众非常担心"英雄"的安危，强烈希望他们比赛获胜，因为只有这样，观众才更加乐于去马戏团观看比赛。① 长相凶恶的摔跤手扮演"野蛮人"角色，例如，"野兽"角色的一个表演者是一个绰号叫"独眼巨人基克洛普"的摔跤手，他重达 130 公斤，长了一个形状不规则的脑袋。拳击搏斗开始前，人们把"独眼巨人基克洛普"关进笼子里，公开地喂他生肉。观众蜂拥而至马戏团看"独眼巨人基克洛普"的表演，卖座率高是可以理解的。顺便说一下，"独眼巨人基克洛普"在生活中原本是一个性格安静的人。所有这些把戏点燃了观众的热情，特别是当扮演"英雄"角色的摔跤手打败"独眼巨人基克洛普"并使他双肩着地时，全场观众欣喜不已，掌声雷动。

在圣彼得堡锦标赛期间，万尼亚叔叔担当报幕员。在《角斗士进行曲》乐曲声中，摔跤手们穿着紧身衣，用缎带挂着奖牌，列队进入竞技场并站成一个半圆形。万尼亚叔叔按顺序轮流叫他们的名字，并为每位选手做出正面的评语。其中有"技艺精湛且拥有无与伦比的格斗技术的法国人康斯坦·勒·马林""来自萨哈林岛的非凡的俄国国手、前苦役犯万卡·凯恩""坚不可摧的俄国重量级选手蒂莫西·梅德韦杰夫"。② 这样夸张的评语让观众激动不已，自然引起了他们莫大的兴趣（当然，万卡·凯恩从未服过苦役）。

在圣彼得堡摩登马戏团举行的摔跤锦标赛上，在运动员首次出场时，万尼亚叔叔让身穿民族服装的俄国摔跤手列队接受检阅。

许多外国人和黑人十分珍视参加摔跤锦标赛的机会，其中最著名的有安格利奥、班布拉、穆尔祖克、钱伯斯·齐佩斯、乔·莫罗等选手，他们的比赛场面引起公众极大的兴趣。但是，按照回忆录作家 H. 拉齐纳的话说："所有马戏团都缺少黑人演员，外籍演员就更加紧缺了。""于是，俄国马戏团就让本土摔跤手假扮成外国选手参赛。""相当优秀的摔跤手列兹

---

① Разин Н. Полвека назад. Воспоминания борца. М.，1963. С. 54.

② Разин Н. Полвека назад. Воспоминания борца. М.，1963. С. 54，45，56.

金·哈萨耶夫长期假扮成法国摔跤手参赛。而在其他城市的比赛中，他又装扮成印度选手，被大家认为是一个印度教徒，身上涂满了某种棕色的颜料。有时哈萨耶夫还假扮成'黑人摔跤手'，他那闪亮的黑色皮肤和散发出的焦油气味惊呆了众人，达到了以假乱真的效果，最终，由于大厅里的观众爆满，马戏表演和摔跤比赛一度中断。"[1]

为了达到良好的演出效果，并赚取更多的商业利润，比赛组织者同样重视按签约合同举行的摔跤比赛。有位回忆录作家的叙述可以证实这一点："在摔跤手进入竞技场之前，仲裁员已事先对格斗手说好，谁会在什么时候将哪一位赛手摔倒在地。摔跤手来到铺着地毯的赛场，猛烈地向对方出拳，毫不留情，对方假装头被打晕的样子，有的甚至按事先安排伏地不起，这些选手做出令人眼花缭乱的把戏，却令全场观众屏住了呼吸，心都提了上来。在规定好的时刻，有一名摔跤手按事先要求发出了暗示的信号，最后，他漂亮的一个反击将对手掀翻在地。观众当然是不会猜测到的。其实，两位摔跤手在配合着演一出好戏，而观众观看了一场精彩的表演。有时比赛组织者还会编导出更复杂的场景。战败者当即要求复仇，并抵押上一大笔赌注。一场赛事丑闻发生了。受好奇心理的驱使，观众们蜂拥而至，马戏团的门票收入暴涨。"[2]

曾做过码头装卸工的伊万·波杜布内于1896年首次来到马戏团，并以"从观众中走到摔跤比赛现场的业余爱好者"身份请求参加举重和摔跤的重量级比赛，以便测试一下自己的力量。很快，有人邀请他参加了一个流浪马戏团的演出。在各省马戏团举办的比赛中，他成为法式摔跤循环赛的常胜冠军。他的名气与日俱增。应圣彼得堡体育协会的邀请，波杜布内搬到了圣彼得堡，在那里，他开始在奇尼泽利马戏团演出和参赛。1903年，波杜布内受邀参加巴黎国际摔跤锦标赛。1904～1906年，波杜布内定期前往欧洲参加与欧洲明星的个人赛。1906年在巴黎，波杜布内成为世界冠军，

---

① Разин Н. Полвека назад. Воспоминания борца. М.，1963. С. 33.

② Разин Н. Полвека назад. Воспоминания борца. М.，1963. С. 32.

在接下来的几年里，他在欧洲和俄国的循环赛中没有失利过，始终保持全胜的战绩。

1904 年，奇尼泽利马戏团举办了世界摔跤锦标赛，当时世界许多超强赛手——法国的劳尔·勒·布什、保加利亚的尼古拉·彼得罗夫和法国的世界冠军波尔·庞斯参加了比赛。比赛总奖金为 5000 卢布。这次比赛引起了公众的极大兴趣。在持续了两个小时的冠军争夺赛中，波杜布内击败了庞斯，一举成为世界最强摔跤手。波杜布内先后多次参加国内和欧洲的循环赛，保持着 1906 ~ 1909 年的世界摔跤冠军纪录。①

应该说的是，社会舆论界对摔跤比赛持保留态度，并不是所有的体育评论家都愿意分享法式摔跤比赛带给观众的快乐。其中，最知名的新闻评论人认为，摔跤比赛引起社会骚动不安是公众低俗的文化需求的有力见证。1909 年夏天，在莫斯科举行了为期两个月的法式摔跤锦标赛，首都一位记者在一篇题为《关于花园和剧院》的文章中愉快地谈到了"摔跤冠军赛"。他写道："曾经有一段时间，人们对瑞士和法国的摔跤比赛已经完全失去兴趣，其不再吸引观众，但几年过去了，这类比赛再次主导了所有形式的娱乐活动。无论是歌剧、戏剧，还是滑稽剧，都不再受到公众的关注，因此，为了生意兴隆，游园会举办者和马戏团业主都很无奈地组织'摔跤冠军赛'，让赤裸上身的赛手登台，这些人艺术地展现了他们的格斗技术，最后把对手掀翻在地，给观众营造出一种战胜对手的感觉。"

接下来记者得出了令人不是十分开心的结论："看到这些被愚弄的不幸的人群，你得坚信，莫斯科人的文化水平很低。"报纸评论专栏"'有文化的观众'和参观比赛的女士的兴趣"令作者感到非常厌恶："摔跤比赛吸引了来自猎品大街的著名商贾，这尚可理解。但是，当你看到那些体面、有知识有文化的上等人也来到赛场观看摔跤比赛，坐在前排雅座上，有的甚至爬上凳子，为的是更清晰地看到'黑面具'选手如何战胜

---

① 见：Жуков Д. А. Иван Поддубный. М.，1975；Меркурьев В. И. Иван Поддубный. Краснодар，1986.

对手的时候，当你看到上流社会穿着高贵、举止文雅的夫人在搏斗进入白热化时流露出时而面色苍白时而面红耳赤的紧张和激动的表情时，你会为这些人的愚昧可怜而感到难过……当面对纯粹野兽般的野蛮格斗时，人类文明的光辉是多么迅速地被抹去。"[1] 作者指责媒体误导观众观看这些低级趣味的演出。

19、20 世纪之交的俄国娱乐界，马戏演出占有重要地位。大量固定马戏团的诞生对马戏表演的剧场化的加强产生了极大的影响。节目排练技术更加复杂、流派内部的高超技艺在很大程度上决定了马戏表演艺术王朝时代的到来。所有这一切使马戏表演成为数百万观众最喜爱的艺术表演形式之一。

音乐、戏剧、歌舞等文娱演出

19 世纪末 20 世纪初，俄国文娱演出作为社会变革的一种整体现象获得了动态的积极的发展。[2] 文娱演出流派获得了独立的地位。据俄国流行音乐史研究人员 E. 库兹涅佐夫的观点，"到 19 世纪 90 年代末，文娱演出的发展主要遵循三条路径"，作者将其定义为音乐会演出、余兴节目演出和咖啡馆－酒吧演出。[3] 这三个发展方向在演员阵容、曲目和传统表演艺术上各不相同，且并行不悖。

20 世纪初的文娱演出流派犹如镶嵌的马赛克一样异彩纷呈："低俗派"，一般在咖啡馆－酒吧进行歌舞表演，演唱曲目轻佻、放纵；倾向于传统"学院派"的流派，关注音乐声音和舞台行为的文明程度，台风追求高

---

① Московский листок. 1909. 3 июля. № 151.

② 以下研究介绍了俄国舞台艺术的思想观念：Кузнецов Е. Из прошлого русской эстрады: Исторические очерки. М., 1958；Русская советская эстрада: Очерки истории: В 3 т. (1917 – 1939；1930 – 1945；1946 – 1977). М., 1976 – 1981；Эстрада: что? где? зачем? / Под ред. Е. Д. Уваровой. М., 1988；Эстрада России. XX век. Все звезды: Энциклопедия. М., 2004.

③ См.：Кузнецов Е. Указ. соч. С. 218.

雅。相应地，选择的演出场地也存在很大差异：前者的演出经常布置在咖啡馆和卡巴莱餐馆，后者则在交响乐乐团音乐会演奏大厅里。此外，还有中间流派的余兴节目。这种文娱演出经常是大众游园会或沿全俄各地巡回演出时的一种实践。

19 世纪末 20 世纪初的音乐会舞台上，萨沙·达维多夫、瓦里·帕尼娜、阿纳斯塔西娅·维亚利采娃和纳德日达·普列维茨卡娅等名字家喻户晓。① 众所周知，这些歌手拥有高知名度在很大程度上与当时俄国的音乐录音技术和设备的快速发展有关。

有必要简短地回顾一下音乐制作发展史。1877 年 12 月，第一张唱片在美国录制而成。1897 年 9 月，工厂制造的带喇叭式留声机开始在俄国圣彼得堡涅瓦大街的商场里销售。到 1907 年，全俄已经售出 50 万台留声机。1901 年，英国人在里加建造的一座工厂开始面向全俄发行留声机唱片。1910 年，在莫斯科郊区的阿普列夫卡建设了一家唱片厂（苏联时期的梅洛迪亚公司）。到 1915 年，俄国国内已建成 6 家这样的工厂，每年生产 2000 万张唱片。② 在这些年里，А. Д. 达维多夫、В. 帕尼娜、А. 维亚利采夫、Н. 普列维茨卡娅、Ю. 莫斐斯、巴维尔·特罗伊茨基、谢尔盖·索科尔斯基演唱的俄国民族歌曲和吉卜赛浪漫曲制作的唱片非常受欢迎，同时，沙利亚平、索维比诺夫和涅日达诺娃③制作的歌剧唱片也十分畅销。因此，音乐制作技术的进步和创新使得歌剧、音乐剧等流行起来，其体裁适于民众传唱，而不是只能被音乐厅演唱会上有限的听众欣赏。

瓦里·帕尼娜是萨沙·达维多夫表演风格的天才接班人，她演唱的最纯粹地道的带有游民习气的吉卜赛歌曲获得成功，这在很大程度上归功于

---

① Содержательные биографические очерки Вяльцевой, Паниной и Плевицкой см.: Уварова Е. Д. Как развлекались в российских столицах. СПб., 2004. С. 104 – 107, 184 – 189.

② См.: Волков – Ланнит Л. Ф. Искусство запечатленного звука: Очерки по истории граммофона. М., 1964. С. 14, 27, 58.

③ См.: Янин В. Л. Каталог вокальных записей Российского отделения компании «Граммофон». М., 2002.

公众给予的巨大热情和鼓励。19 世纪末，吉卜赛体裁的浪漫曲已经在舞台演出以及市民日常生活中站稳脚跟。按照俄国文娱演出历史学家 И. 涅斯蒂耶夫的观点，吉卜赛浪漫曲的体裁特征与鞑靼民间传说有很大的不同。事实上，吉卜赛浪漫曲是"典型的俄国城市音乐，主要是城市爱情风格音乐的变体，浪漫曲以抒情的诗意内容和相当稳定的民族音乐结构为特色，旋律起伏悠扬，具有令人陶醉的'变音、滑音、装饰音'以及'多重意义的切分节奏和即兴的'演唱特点"。还有一种特殊的表演方式，即"过于强调音节中的增音程，感官低沉的音色，有意地一字一顿说唱和歌唱速度任意自由"[1]。

瓦尔瓦拉·帕尼娜来自莫斯科的一个吉卜赛家庭。从 14 岁起，她就在与她同姓的亚历山德拉·帕尼娜所在的斯特列利纳餐厅里吉卜赛人合唱团演唱。然后她嫁给了餐厅女主人的侄子。在斯特列利纳餐厅之后，帕尼娜作为自己合唱团的负责人和独奏者在亚尔餐厅表演了十多年。20 世纪初，她离开了餐厅，开始在严肃音乐会的舞台上演唱，特别是在圣彼得堡的马林斯基剧院和贵族会议大厅演唱。她在两把吉他的伴奏下唱歌。她最成功的作品是她演唱的俄国古典浪漫曲《垂柳》、《多雾的早晨》（根据 И. С. 屠格涅夫的诗改编）、《货郎》（根据 Н. А. 涅克拉索夫的诗改编）等。除了舞台演出，帕尼娜还是一个大家庭的母亲，她有五个孩子需要照顾。由于持续的精神紧张、身体超负荷运转和生活重负，以及密集的演出日程、吸烟和夜生活方式等因素（既需要出去唱歌养活一个大家庭，又要尽可能地把业余时间花在孩子身上），瓦尔瓦拉·帕尼娜很早就衰老了（去世时还不到40 岁）。

几乎所有的回忆录作者都认为瓦尔瓦拉·帕尼娜是一个肥胖、丑陋的女人。"但当她开始唱歌的时候，她那深沉的、动人的女低音足以融化最冷酷的心。美妙的歌喉令听众为之着迷和疯狂，让她整个人变得空

---

① 　Нестьев И. Звезды русской эстрады. М. , 1974. С. 23.

灵美丽，身体和面部的缺陷早已黯淡下去。"① "瓦尔瓦拉·帕尼娜，一个身材粗壮的中年妇女，总是坐在那里唱歌——深沉而浓厚的女低音。《莫斯科之火》《菊花赞》《哀叹》……这些都是她最好的代表作品。"② 俄国戏剧活动家、莫斯科戏剧博物馆创始人的儿子 Ю. А. 巴赫鲁申回忆起帕尼娜迷人的声音时说："有一次，我被父亲从我的房间叫到博物馆。我被介绍给一位坐在椅子上的'阿姨'。我想当时我已经流露出一脸尴尬的表情。这位'阿姨'一身黑衣打扮，头上帽子也是黑色的，眉毛浓密，就像一只缩头蜷身的无精打采的寒鸦一样……可是当她开始用略显嘶哑和低沉的声音讲话时，我简直不敢相信，惊讶地张开嘴……我父亲和在场的其他人对她表示了极大的关注。过了一会儿，有人坐在钢琴前，'阿姨'开始唱歌了。我不记得她唱了什么，是怎么唱的，但在我的一生中，我的耳畔始终萦绕着她那天鹅绒般的美妙的女低音，没有人能比得上瓦尔瓦拉·帕尼娜。"③

另一位著名歌手阿纳斯塔西娅·维亚利采娃作为一名轻歌剧演员开始了她的舞台职业生涯。1897 年。她的第一次独唱会在莫斯科艾尔米塔什剧院举行，受到了听众热烈的欢迎。1902 年，俄国举办了传统音乐巡回演出。尽管吉卜赛歌曲和俄国浪漫曲的表演在观众的内心引起了强烈的反响，但专业评论家们对维亚利采娃的演唱作品进行了广泛的评价，称她为"不可比较的歌手""伟大的演唱家"，赞美她的"温柔的天鹅绒般的歌声"，但也有对立面的评价——"演唱轻佻低俗"，她的表演是"疯狂的、不道德的诱惑"。④

维亚利采娃的巨额出场费充分反映出她受欢迎的程度。在圣彼得堡贵族会议大厅的演出，她一夜之间收入 2 万卢布（一栋小房子的价值）。据报

---

① Варенцов Н. А. Слышанное. Виденное. Передуманное. Пережитое. М. , 1999. С. 564.
② Засосов Д. А. Пызин В. И. Из жизни Петербурга 1890 – 1910-х годов. СПб. , 1999. С. 146.
③ Бахрушин Ю. А. Указ. соч. С. 254.
④ Нестьев И. Указ. соч. С. 48，50 – 51.

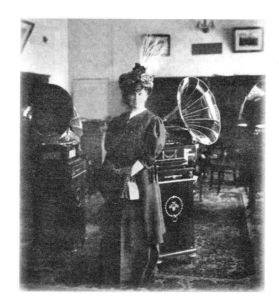

阿纳斯塔西娅·维亚利采娃

纸报道，维亚利采娃的财富估值为 250 万卢布，年收入为 10 万卢布，"甚至拥有她自己的沙龙车厢，方便她去各省巡演"①。这位歌手令人赞叹不已的成就在很大程度上要归功于她的表演魅力、女性迷人的美貌和柔弱的气质。1913 年 2 月，维亚利采娃英年早逝。她死于奢华之中，一生的生活极其奢侈。事实上，因演出场次过于密集，体力透支，她死于严重贫血。"送葬的队伍多达 15 万人，很快就汇集成人的海洋，从海滨大道一直延伸到铸造厂大街。"②

许多同时代人，包括著名电影导演 C. M. 爱森斯坦、作曲家 C. B. 拉赫曼尼诺夫、雕塑家 C. T. 柯年科夫在内的听众称，纳德日达·普列维茨卡娅在他们的灵魂深处留下了强烈的审美印象。她的曲目包括"深刻缅怀美好旧时光的浪漫曲和非种族歧视的歌曲"，并没有追求"新奇或精

① Памяти А. Д. Вяльцевой//Искры. 1913. № 6. С. 44.
② Памяти А. Д. Вяльцевой//Искры. 1913. № 7. С. 49.

致"，有些歌曲甚至是在唱给"远方省城的同胞们"听。① 即使是首都的
势利派评论家也非常清楚，普列维茨卡娅的成功是因为她的作品"渗透
着俄国民族精神"，这种精神"震撼着那些地主老爷、百万富商、工人和
农民的心灵"。②

　　这位歌手的传记似乎是为她个性中的浪漫主义而创作的："从村舍到修
道室，从那里到流浪的民间演艺场、餐馆'农夫'合唱团，然后这位默默
无闻的咖啡馆歌手成功地升级为一流的流行歌星。"③ 二十六七岁的普列维
茨卡娅于 1910～1912 年在莫斯科音乐学院演出大厅、莫斯科贵族会议厅、
圣彼得堡贵族会议厅等俄国最好的模范音乐厅举办了演唱会。她最拿手的
歌曲是《乌哈商人》《在盛宴上》，《哦，你是我的花园》由著名的作曲家
B. 巴卡列伊尼科夫（普列维茨卡娅演唱的多部浪漫曲的作者）伴奏。独唱
音乐会的门票很贵：最好的位置在池座第一排，每张票 10 卢布，池座最便
宜的是 1 卢布 60 戈比，靠近入口的座位每张票 1 卢布。当 B. B. 安德烈耶
夫管弦乐队"俄国"参加音乐会时，最好座位的票价涨到 12 卢布④（试比
较：大剧院第一排池座票价平时价格为 4 卢布，当有著名歌手巡演时，票
价会抬高到 7 卢布⑤）。普列维茨卡娅的地位还可以从以下事实中得到证明。
1913 年，在罗曼诺夫王朝建立 300 周年的纪念年，在尼古拉二世访问与罗
曼诺夫王朝崛起有关的历史名城期间，雅罗斯拉夫尔贵族议会大厅举行了
一场音乐会，普列维茨卡娅与歌剧明星索比诺夫和兹布鲁娃一起参加了音
乐会。⑥ 普列维茨卡娅的舞台宣传广告封面强调了她的"俄国主义精神"：
"身穿萨拉凡，头上戴着镶满珍珠的科科什尼克头饰。"⑦

　　俄国新闻界对 20 世纪初国内流行乐坛三位最耀眼的明星生活状况大肆

① Мамонтов С. Плевицкая//Русское слово. 1910. 1（14）апр. № 6.
② Мамонтов С. Плевицкая//Русское слово. 1910. 1（14）апр. № 6.
③ Нестьев И. Указ. соч. С. 73.
④ Рампа и жизнь. 1911. № 1. С. 12；№ 4. С. 1；№ 7. С. 1.
⑤ Вся Москва：Адресная и справочная книга на 1908 год. Стб. 776.
⑥ См.：Джунковский В. Ф. Воспоминания. Т. 2. М.，1997. С. 204.
⑦ Коненков С. Мой век//Москва. 1969. № 8. С. 81.

渲染，指出她们有惊人相似的经历：童年贫困、青春艰难、勤奋努力、命运逆转，人生逐渐收获荣耀和财富。现实版的灰姑娘故事总是格外触动人心，人们对这些明星坎坷的命运表示理解，对她们取得的辉煌成就给予肯定和赞赏。例如，从女高音歌唱家、吉卜赛浪漫曲表演家、轻歌剧艺术家阿纳斯塔西亚·维亚利采娃的生活描述中可以看出："她出生在奥廖尔省特鲁布切夫斯克县一个偏僻乡村的农民家庭，9 岁时，女孩在一家缝纫店当了一个跑腿儿的小伙计，后来从那里搬到了基辅一家酒店，当了一段时间的清扫工。阿纳斯塔西亚·维亚利采娃从低俗、贫困不堪、平淡无奇和沉闷的生活中，从默默无闻中开始了自己辉煌的、梦幻般的职业生涯。"① 在这种情况下，很明显，明星的受欢迎程度是大众文化规律塑造的——集体的感知引发了一种崇拜和敬畏的集体反应。明星的一举一动都会成为公众议论的话题，偶像明星的诞生使公众对日常生活的忧虑变得黯然失色。

例如，1912 年 12 月，阿纳斯塔西亚·维亚利采娃抵达沃罗涅日举办演唱会，当地媒体提前两周就开始大肆宣传。《沃罗涅日电讯报》直接以报社的名义将这条消息作为重要新闻登上头版头条："12 月 5 日，星期五，在市贵族议会厅，著名的无与伦比的歌手阿纳斯塔西娅·维亚利采娃将举办一场精彩的音乐会。"② 12 月 4 日，一位名叫斯塔克托的当地音乐评论家非常有预见性地写了这篇文章："我想为明天的音乐会谱写一篇哲学曲目。阿纳斯塔西娅·维亚利采娃的歌声在我们这个受压制的时代是最有生命力的必需品。她的歌声将我们从单调乏味的生活中解脱出来，将我们带入一个激情燃烧的世界，一个阳光灿烂、渴望刺激的世界，她那抒情悠扬的浪漫曲让人陶醉，心中的一团火焰熊熊燃起……一切都被遗忘在脑后：一天的悲伤和忧愁，对愿望的不满和梦想的破灭。旋涡中涌动着令人陶醉的感受……这是一种力量，维亚利采娃音乐会的成功是缓慢的，是持续而轰动的。"③

演唱会后的第二天，评论家斯塔克托在报纸上发表了一篇长文，上面

---

① Искры. 1913. № 6. С. 44.
② Воронежский телеграф. 1912. 18 нояб. № 261.
③ Воронежский телеграф. 1912. 4 дек. № 272.

有这样的口头对话："你昨天去贵族议会大厅了吗？""不，我不是去一个高尚的贵族议会大厅，而是在一个激情四射的国度，'爱'的声音响遍大地，令鲜花绽放，吐露出令人陶醉的芬芳。在神奇的童话般的国度，维亚利采娃回归到前来聆听她美妙歌声的听众身边，动情地演唱，充满了明亮的魅力。"① 接下来作者写道："维亚利采娃带病演唱，返回圣彼得堡后，她立刻去医生那里就诊，可是仅过去两个月，竟溘然长逝。"文章的结尾是这样一句话："看来，整个沃罗涅日都沉浸在这场美妙的音乐会中，久久难以忘怀。"因此，明星们的巡回演出引起了公众的极大兴趣和强烈反响，这种气氛无处不在。

让我们看看另一种类型的文娱节目演出，它被称为"娱乐节目"（来自法语"娱乐""消遣"）② 。在大众游园会、全省巡回演出或餐厅的舞台上都会为大众安排演出余兴节目。"娱乐节目"是余兴节目和咖啡馆文化的奇妙共生。

混合式音乐会将一连串风格完全不同的节目组合在一起。在一场这样的音乐会上，歌手、舞蹈家、表演平衡的杂技演员和技巧运动杂技演员、魔术师、口技演员和民歌歌手全部都登台献艺。

多年来，亚尔餐厅的文娱表演在艺术家和剧目挑选上一直是莫斯科最新颖和引人注目的。通常，音乐会从晚上10点开始，持续几个小时。例如，1911年春天餐厅的海报宣传称，该期节目将有来自纽约的"首次在俄国演出"的美国哑剧《欢乐剧场的欢乐剧目》。节目的另一个亮点是向观众承诺届时能够观赏到著名的瑞特·里奇自行车队的惊人特技——"飞速骑行"和"前所未有的舞台场面"。此外，参加演出的还有巴尔西科夫体操运动员世家、摔跤手格里玛·约瑟夫森、角斗士奥内隆夫人和先生、音乐家维达班先生、舞蹈演员帕莱尼夫人和吉萨·希尔蒂、歌手达蒂尼夫人和萨瓦杰、巴拉莱卡琴手合唱团和"海蓝宝石"小俄罗斯剧团、А. З. 伊万诺娃

---

① Воронежский телеграф. 1912. 6 дек. No 274.
② 音乐会被称为正式节目后的余兴和套曲，由各种短小的易于理解的歌舞节目组成。

合唱团、匈牙利"奥雷利亚夫人"合唱团、朱拉科夫斯基乐队。[1]

在莫斯科的阿尔卡扎尔，除了十几位歌手，还有"俄国"合唱团、一位女大力士领导的"罗马角斗士"竞技剧团、花样轮滑表演者亚尼娜和埃里克、演唱俄国歌曲的手风琴手萨多夫尼科夫、幽默家尤拉·尤罗夫斯基、三重唱音乐大师、墨西哥舞蹈家扎哈罗娃。[2]

在圣彼得堡的布夫剧院，除了主舞台，还制作了一个特殊的第二舞台，在那里进行文娱演出活动。据观众回忆，"颠覆性歌舞表演非常流行"，"法国咖啡馆演员在演唱时巧妙地脱衣服也是一种舞台表演形式"，"黑人在表演当时刚流行的踢踏舞"，"吉卜赛合唱团在演唱，一个年轻的吉卜赛女郎跳着舞，耸动着肩膀"，"滑稽剧、魔术、短喜剧，一切都在'色情'酱汁的诱惑下上演"。[3]

除了吉卜赛合唱团和"俄国"合唱团，黑人演员的马戏、游艺节目也很受欢迎，他们表演了美国黑人的歌曲和舞蹈。最受欢迎的是"充满异域日本、印度、爪哇、夏威夷风情"的歌舞表演，"打着保护'民族风俗'的幌子"融入了"神秘主义与色情主义"。[4]

与此同时，"俄国"合唱团和歌舞团一直好评如潮。这最终导致20世纪第二个十年两个独特的音乐表演团体出现在文娱舞台上（从音乐爱好者协会的演出大厅到声誉良好的综艺剧院）：M. E. 皮亚特尼茨基指挥的合唱团，该合唱团于1911年2月在莫斯科贵族俱乐部大厅首演；B. B. 安德烈耶夫的弦乐队，这支乐队甚至获得了官方"最高的赞助"。M. E. 皮亚特尼茨基通过文娱表演舞台推广了梁赞省、图拉省和沃罗涅日省农民演唱的俄国民歌。B. B. 安德烈耶夫组建了一支由巴拉莱卡琴手组成的弦乐队。

在20世纪初，俄国又有两类不同形式的文娱节目流行起来。1902年，

---

① Рампа и жизнь. 1911. 24 апр. № 17. С. 1.

② Варьете и цирк. 1914. № 21. С. 10.

③ Засосов Д. А. Пызин В. И. Указ. соч. С. 148 – 149.

④ Кузнецов Е. Указ. соч. С. 273.

M. 高尔基的《在底层》在社会上引起极大反响后，"苦役犯之歌"和"流浪汉之歌"这两种体裁的歌曲开始广为流传。演员们身穿社会最底层无业游民的服装并化装上台，唱着关于穷苦人苦难生活的歌曲。这类歌曲经常触及"大家最关注的事件"，极具社会讽刺意义。"流浪汉之歌"的表演者 C. 萨尔马托夫、Ю. 乌贝伊科、C. 叶尔绍夫取得了最大的成功。

例如，萨尔马托夫非常成功地演绎了这样一节歌词：

> 这个冬天
> 我只感恩 M. 高尔基——
> 他向所有人展示了他的流浪汉主人公！
> 从赤塔到圣彼得堡
> 人人都夸我：
> 我是剧作家笔下的英雄，
> 也是小说家创作的宝藏。①

讽刺歌手每个演出季都会更换曲目以保证足够吸引公众。20世纪初的演出海报表明，俄国最受欢迎的讽刺歌手 Ю. 乌贝伊科是一位多才多艺的演员，他以各种生动的形象出现在公众面前，从低矮的流浪汉到勇敢的飞行员。

人们对"西伯利亚流浪汉和流放移民"这类苦役犯歌曲同样深感兴趣。

因此，社会地位低下的人的戏剧性表演是对充满异国情调的马赛克式文娱演出的一个很好补充。

20世纪初，歌舞咖啡馆、卡巴莱酒吧间和综艺剧院的音乐表演形式非常流行。这首先是因为观众的社会范围扩大了，来自新生"中产阶层"的商人、官员、市民等观众收入可观，生活富足，有足够的钱花在娱乐消遣上，但他们的艺术品位还不够精致高雅，还没有完美到只喜欢经典学院派

---

① Цит. по：Кузнецов Е. Указ. соч. С. 279.

的程度。

根据现代研究人员的说法，19 世纪中叶以后，特别是 1882 年皇家剧院的垄断地位消除后，娱乐界出现了歌舞咖啡馆这一扩张的亚文化。它"直接受到法国歌舞咖啡馆和法国轻歌剧的影响"①。甚至这些咖啡馆的命名都以法国人的方式称为"艾尔米塔什""蒙普莱西""芙蓉城堡""阿尔卡萨"等。②

19 世纪 80 ~ 90 年代，最成功、最足智多谋的企业家是米哈伊尔·连托夫斯基。③ 米哈伊尔·连托夫斯基是一名专业演员、导演，是 M. C. 谢普金的学生。同时，米哈伊尔·连托夫斯基是艾尔米塔什花园的主人，那里有莫斯科最精彩、最壮观的轻歌剧和文娱综艺表演。1894 年，艾尔米塔什花园被卖给从仆人中脱颖而出、"做黑色生意暴富"的 Я. B. 舒金。④ 作为连托夫斯基艺术创作的最引人入胜的综艺表演场所，艾尔米塔什享誉全国。之后，连托夫斯基继续在莫斯科、圣彼得堡和下诺夫哥罗德的奇幻剧院、布夫剧院、阿卡迪亚剧院、斯科莫罗赫剧院、利瓦迪亚剧院表演。幸运的是，正是由于艾尔米塔什的存在，俄国出现了花园式娱乐场所，或者称为"娱乐花园"，歌舞咖啡馆的文娱演出与这类娱乐场所的关系最为密切。

在咖啡馆里，观众坐在桌旁，舞台上的"轻歌剧"已表演了几个小时。第一部上演轻歌剧，第二部是一场有许多浮夸数字的交响音乐会。不用说，大多数观众（至少到 20 世纪初期，当时的妇女解放运动改变了人们对"体面"和"不雅"的认识）都是男性。

苏联文艺学家、戏剧学家 C. H. 杜雷林在他的回忆录中穿插了他母亲和祖母生活中的一段故事。为了让过着荒唐放荡生活的丈夫和儿子感到惭愧，C. H. 杜雷林的母亲和祖母去了莫斯科一家著名的安排有音乐会节目的

---

① Сариева Е. А. Кафешантан Шарля Омона//Развлекательная культура России ⅩⅧ – ⅩⅨ вв. : Очерки истории и теории. СПб. , 2000. С. 351.

② Сариева Е. А. Кафешантан Шарля Омона//Развлекательная культура России ⅩⅧ – ⅩⅨ вв. : Очерки истории и теории. СПб. , 2000. С. 352.

③ О деятельности Лентовского см. : Дмитриев Ю. А. Михаил Лентовский. М. , 1978.

④ Нестьев И. Указ. соч. С. 15 – 16.

莫斯科卡雷特尼大道的艾尔米塔什花园。
К. Н. 奇恰戈娃的石印画，大约摄于 1890 年

餐厅。在亚尔，富商家庭出身的祖母点了一顿最昂贵、最精致的晚餐，配上外国产的葡萄酒和水果。管弦乐队指挥走到祖母身边，恭敬地对她说，她可以点播她想听的任何曲目。祖母给了他一大笔小费，态度和蔼地回答："演奏一支更能令人愉快的乐曲，先生！"于是，乐队演奏了一首古老的华尔兹。竖琴合唱团也走到祖母身边。祖母没有拒绝他们，也给了他们相当多的小费。随后，她冷淡地说："如果你问我一个老妇人唱什么，那就低声唱一首更加合乎礼节的歌曲吧！你的嗓音实在太吵了。"于是，竖琴手有礼貌地低声演唱了一首古老民歌。祖母用因别利安金币谢过他们。① 作者的父亲带着吵吵嚷嚷的同伴也来到这家餐厅，当看到他的母亲和妻子后，他只能溜走了。

上面的故事为我们提供了关于文艺演出剧目和酬金支付的信息。音乐曲目通常包括民歌、时尚的俄罗斯浪漫曲和法国轻音乐。音乐家和歌手，通常被称为"竖琴师"、"竖琴手"或"歌舞演员"，每个月从经理人那里

---

① Дурылин С. Н. В своем углу. Из старых тетрадей. М.，1991. С. 129 – 130.

领取 15 ~ 30 卢布微薄的报酬，剩下的生活费必须通过"预约点歌"和"邀请"到单独房间演出来赚取。

E. 库兹涅佐夫在他的《俄罗斯综艺往事》一书中写道："围绕着歌舞咖啡馆，并在此基础上，最大的夏季首都私人剧院开始建造。"① 并且，歌舞咖啡馆经常与轻歌剧剧院和滑稽剧剧院相结合。

《莫斯科报》大肆报道了 1913 年夏季演出季，在"莫斯科水族馆"娱乐花园的首映礼上，主办方、媒体和舆论界表达了对文娱综艺表演的热情。"天气非常好，露天舞台上演的节目极具趣味性，每天都有大量的观众聚集在'莫斯科水族馆'娱乐花园里。"9 点 30 分之前，露天舞台就已经是人山人海，你几乎找不到一个像样的位置……你只能在演出开始前几个小时内通过电话订到一张位于游廊的桌子。该报还提到了"鲍勃·吉德的怪诞喜剧家族""西姆斯－西姆斯的音乐怪癖""讽刺歌手－飞行员 Ю. 乌贝伊科"，以及"速写素描画家德芬奇"的精彩表演。②

省级演出机构纷纷效仿歌舞咖啡馆，以给演员起个响亮的艺名和信息量巨大的广告吸引观众。例如，1912 年秋季演出季，在沃罗涅日布里斯托尔综艺剧院的巡演节目单上，有俄国日常生活歌曲演唱家图马诺夫、俄国第一支四重唱小组"西伯利亚流浪者"、蒂罗尔歌手弗里茨·维尔德、"日本著名杂耍演员高岛"、"著名俄国犹太幽默作家菲什金德"，以及瓦迪亚诺、米齐基奇、萨瓦那、斯特拉·迪娜、安塔诺夫斯卡娅、奥舍洛夫斯卡娅和萨普钦斯卡娅等一大批轻佻小调歌女和时髦的娱乐女演员。③

艺术评论家和文化学家 Е. Д. 乌瓦罗娃认为："根据最粗略的计算，到 20 世纪第二个十年之初，俄国综艺剧院有 800 多家。"④《综艺节目和马戏团》杂志提供了 1912 年俄国存在的 198 家歌舞咖啡馆和综艺剧院的数据。⑤

---

① Кузнецов Е. Указ. соч. С. 234.

② Московский листок. 1913. 20 июля. № 167.

③ Воронежский телеграф. 1912. 6 окт. № 224.

④ Уварова Е. Д. Указ. соч. С. 183.

⑤ Подсчитано по: Варьете и цирк. 1912. № 4. С. 13 – 15.

它们几乎分布在每个省城，以及几个县城（例如阿玛维尔、鲍里索格列布斯克、迈科普、雷宾斯克等）。其中约 60% 的剧院全年工作；其余的主要位于城市花园中，仅在夏季演出季开放，因此，这些剧院的演出节目费用由来访的艺术家承担。歌舞咖啡馆（或它们所在的游乐园）在全俄各地都有一样的名称：在比亚韦斯托克、沃洛格达、喀山、莫斯科、下诺夫哥罗德、奔萨、圣彼得堡、斯摩棱斯克、图拉、秋明、乌法等地称为 "艾尔米塔什"；在布列斯特 – 利托夫斯克、维捷布斯克、沃罗涅日、莫吉廖夫、敖德萨、萨马拉、苏梅等地称为 "布里斯托尔"；在明斯克、莫斯科、圣彼得堡称为 "水族馆"；在莫斯科、奥伦堡、基辅、下诺夫哥罗德、萨拉托夫称为 "阿波罗"。

20 世纪初，文娱演出已经成为一个商业领域：成立了演员交易所，演员们聚集在咖啡馆里了解潜在的工作地点，签订合同。许多巡回演员在全俄各地巡回演出，在每个城市停留一两个月或三个月的时间。例如来自《综艺节目和马戏团》的一则广告："斯塔西娅·塔马丽娜，俄国 – 波兰的轻佻小调歌女，拥有豪华浴室和大量钻石珠宝，在哈尔科夫布夫剧院演出获得巨大成功。2 月——基辅，'罗德城郊别墅'。3 月和 4 月——托木斯克，'露西亚'①。或者双人体育表演时尚杂技舞蹈 '熊' '探戈' 等。现在阿卡迪亚剧院的演出大获成功。演出延长至今年 2 月 15 日。"②

歌舞咖啡馆舞台的中心人物是演唱轻佻小调的歌手，也被称为 "轻佻小调歌女" 或 "娱乐型女演员"。从一个城市到另一个城市巡演，在 "轻佻的音乐、舞蹈和表现力十足的手势" 的伴奏下，演唱着 "充满色情和诱惑" 的歌曲。③ 轻佻小调歌女的舞台生涯很短暂。她们通常在受到观众欢迎的时候上台。最好的情况是，她们设法为自己找到一位富有的赞助人的庇护。演唱的轻佻小调是衡量省级歌舞咖啡馆艺术水平的标准。

---

① Варьете и цирк. 1914. № 21. С. 13.

② Варьете и цирк. 1912. № 3. С. 14.

③ Уварова Е. Д. Указ. соч. С. 190.

　　A. 马里延戈夫在他的回忆录中留下了对轻佻小调歌女的讽刺。他透露，俄国各省的歌舞咖啡馆综艺节目经常试图回避地方势力的各项制度，这就为其提供了表演水平低俗的歌舞的机会。A. 马里延戈夫描述了他的父亲（1914 年，他的父亲为英国彭斯和彭森郡留声机股份公司的贸易代表）试图阻止还是个中学生的 17 岁的他独立参加在黄金地段的歌舞咖啡馆的娱乐活动。马里延戈夫回忆道："我们奔萨的歌舞咖啡馆以艾尔米塔什这个令人引以为傲的名字命名。艾尔米塔什位于莫斯科大街，与殡仪馆在同一街区。11 时 30 分，我们坐在公共大厅的一张桌子旁，上面挂着粉红色的灯，奔萨人称之为郁金香枝形吊灯。……大厅里挤满了军官，主要来自海军龙骑兵团，其他的还有黑土地地主、商人以及'自由职业'者——老百姓所说的医生和律师。有为数不多的几人带着他们身着省城剪裁式样的晚礼服的妻子来到这里。"①

　　接下来是对演唱轻佻歌曲的歌手的讽刺。通常，她们身着"宽松肥大"的舞台服装，做着大胆的动作："一名歌手轻快地跳上舞台，舞台上飘扬着轻浮的小夜曲。她穿着学生制服，露出长满粉刺疙瘩的膝盖，白色围裙，白色立领，袖口也是白色的。"轻佻歌曲的歌手唱着讽刺歌，叙述着她是如何在"老师"那里上了一课的，这时，她时而指点下商人，时而指点下地主，还有观众中的骑兵大尉。演唱结束后，她"开始高挑双腿，露出蓝色的吊袜带和白色的亚麻长裤，上面镶着廉价的花边"，面孔粗略地化个妆——"面颊是红色的，眼皮和眉毛是黑色的，鼻子是白色的"，她"看起来又丑又老"。"……我为'这名女高中生'感到难过"，这句话体现了A. 马里延戈夫对歌舞咖啡馆及其歌女的印象。另一名轻佻歌曲的女歌手，"高胸粗腿，身穿短裙，像一把夏日的雨伞。她还'尖声地'唱着有伤大雅的歌曲，时不时地将一双穿着洗过了水的粉红色紧身裤的粗腿抬到下巴处"。回忆录作者写道："我厌恶地皱起眉头。父亲问我：'你不喜欢吗？'

---

① Мариенгоф А. Мой век, мои друзья и подруги//Мой век, мои друзья и подруги. Воспоминания Мариенгофа, Шершеневича, Грузинова. М., 1990. С. 67 – 68.

我闷闷不乐地回答：'这里有什么能值得我喜欢的？ 既没有天赋，也缺少品位！'"①

当然，对于精英知识分子观众来说，文娱演出仍然是一种低俗的流派，侧重于满足普通人的原始品位。对于文娱演出而言，观众的社会分层表现得最清楚：知识分子贵族家庭通常前往贵族会议大礼堂欣赏俄国的浪漫曲，而中产阶层及小资产阶级代表仍然是"低消费"歌舞咖啡馆的主要光顾者。然而，尽管歌舞咖啡馆流行艺术的一个方向是追求"低级趣味"，但人们还是可以谈论艺术整体流派多样性在 20 世纪初期的发展问题。此外，必须强调的是，文娱明星的舞台表演提出并展示了随后整个 20 世纪几乎一直存在的演出评判标准。

电影艺术

电影以闪电般的速度进入大众娱乐领域，并迅速在其中占据重要地位。② 1895 年 12 月 28 日，卢米埃尔兄弟发明的活动电影摄影机在巴黎首次展出，公映的节目单包含三个主题情节："火车到站"、"婴儿早餐"和"打牌"。到 1896 年 5 月初，法国这项科技发明就已经进入俄国圣彼得堡水族馆剧院和莫斯科索洛多夫尼科夫剧院，稍后，也就是 1896 年夏，电影已经在下诺夫哥罗德博览会上成功放映。③ 同年，俄国拍摄了第一部电影，记录了 1896 年在莫斯科举行的沙皇加冕庆典和克里姆林宫的最高帝国出口。

1896 年 5 月底，在艾尔米塔什花园的海报中，有一条关于"活的移动照片"演出的预告。在歌剧《快乐的父亲》表演之后，私营剧院业主 Я. B.

---

① Мариенгоф А. Мой век, мои друзья и подруги//Мой век, мои друзья и подруги. Воспоминания Мариенгофа, Шершеневича, Грузинова. М., 1990. C. 68.

② Репертуар, художественные достоинства и недостатки кинематографа начала XX в. достаточно тщательно изучены киноведами (особенно Н. М. Зоркой. С. С. Гинзбургом). В рамках очерка внимание будет сфокусировано на кинематографе как новой форме досуга, причинах быстрого роста его популярности.

③ История отечественного кино. М., 2005. C. 14.

休金为观众展示了新奇的电影艺术。几天后，关于电影放映的报道出现在首都报纸上，媒体评论说电影是"20 世纪的奇迹"。几个月后，科尔什剧院的艺术家、购买了维塔格拉夫电影摄影机的 B. A. 萨申 – 费奥多罗夫制作了他的第一批业余电影。1897 年夏天，萨申 – 费奥多罗夫的作品（《自由神消防队》《莫斯科马拉铁路》《踢球》）在科尔什剧院和一些别墅剧院放映。这些影片唤起了观众的极大热情。①

在这段时间，电影放映是由带活动电影摄影机的巡回放映员进行的。自 1897 年开始，他们一直在俄国各省巡回放映。A. 汉容科夫在回忆录中这样描述这些"流浪电影"："创业者们，在国外熟悉了复活照片的奇迹，在那里购买了绘画和投影设备，在俄国巡回放映……从预定的城市或地区收集'礼物'后，商人们以获取利润的方式出售了一些老旧的设备和相当破旧的绘画艺术品，以便再次出国购买。俄国大部分地区缺少电能阻碍了电影业的发展。巡回放映员不得不带着自己的小型'发电站'巡回放映，这些发电站由发动机和发电机组提供动力。"②

电影历史学家公正地认为："巡回放映是传播娱乐场所新表演成分的理想方式，而电影因此能够最大限度地获得观众参与的绝佳机会。"③

C. C. 金茨堡是最早引起人们注意的电影历史学家之一，他认为："在革命前的俄国，以及在世界其他地方，电影摄影最初起源于娱乐业的一个分支，不是一种艺术，而是一种艺术的替代品。""同集市民间演艺场、民间木版画和油画展、通俗读物和林荫大道剧院一样，电影摄影占据了重要的一席之地。它自称是一门艺术，令人眼花缭乱。在对革命前电影的评价中，人们犯了一个常见的错误，即认为它是一门艺术，而它其实是一种娱乐形式，只是未来艺术元素的积累。"④

---

① 　См.：Будяк Л. М.，Михайлов В. П. Адреса московского кино. М.，1987. С. 6.
② 　Ханжонков А. Первые годы русской кинематографии：Воспоминания. М.；Л.，1937. С. 11.
③ 　История отечественного кино. С. 16.
④ 　Гинзбург С. С. Кинематография дореволюционной России. М.，1963. С. 9.

在它存在的最初阶段，电影摄影是一种令人惊叹的、充满想象力的奇观。A. 汉容科夫写到了他第一次看电影（在顿河畔罗斯托夫）的深刻印象："我醉醺醺地走在街上。我所看到的令我震撼，迷住了我，让我失去了平衡。"① 这不是一个十几岁孩子的感觉，而是一个有丰富人生阅历的近 30 岁的男人的感受。

第一家名为"电子剧院"的固定电影院于 1897 年在莫斯科的上贸易区开业，但持续时间不长，并没有引起公众太多的关注。根据学者 B. 米哈伊洛夫的说法，在 1897 ~ 1903 年，"电影……是莫斯科珍贵的客人，在一些剧院、马戏团或展览馆里短暂地上映，然后又从城市生活中消失了很长一段时间。电影还没有走进莫斯科人的生活，它没有自己的观众，也没有追随者"②。1904 年 1 月，在斯托列什尼科夫街巷到彼得罗夫卡大街的拐角处，开设了一家可容纳 50 人的固定电影院。③ 很快，去固定电影院看电影成为省城居民最喜欢的消遣方式。起初，观众不太习惯里面的设施和环境。一位评论家说："最受人尊敬的公众戴着帽子，穿着外套和套鞋，爬进了这位前传记作者狭窄的房间，就像他们刚从街上回来一样，贪婪地吃着，拥挤不堪的放映厅充满了浓重的食物味道、呼吸气息和湿漉漉衣服散发出来的潮湿味道。"④

回忆录作者写到了 1906 年在迈科普开设的一家电影院："在一条大街上……贝尔贝罗夫兄弟的固定电影院开业。它被称为'电传作家'。"下面是对大厅的描述："进入……在门口上二楼，你发现自己已经站在售票处旁。令我惊讶的是，在这家电影院，第一排座位的票价比远处的座位还便宜，被称为'第三排'。一道屏障将第三排与第二排和第一排隔开。讲求实际的人（当地一所中学的学生）支付了 20 戈比购买'第三排'的座位。在售票处拿到票和节目单后，你走进一个狭窄的大厅，在那里等待着电影开

---

① Ханжонков А. Указ. соч. С. 13.

② Михайлов В. Рассказы о кинематографе старой Москвы. М. , 1998. С. 25.

③ См. : Будяк Л. М. Михайлов В. П. Указ. соч. С. 11.

④ К – вич. Провинциальные впечатления//Пегас. Журнал искусств. 1916. № 4. С. 99.

场，'观众从一个新奇的景象中感受到了兴奋'。我等了很长时间，马达终于启动了，驱动着发电机开始运转。那时还没有城市供电，贝尔贝罗夫兄弟只好自己想办法发电。"①

1907 年 12 月，西伯利亚第一家固定电影院在伊尔库茨克开业，六个月后，鄂木斯克、克拉斯诺亚尔斯克、新尼古拉耶夫斯克、托木斯克等城市也出现了固定电影院。②

起初，银幕上播放的是欧洲制作的胶片（主要是法国制作的胶片），但是，在 K. 冯·加恩和 A. 亚格利斯基的首部作品于 1900 年在俄国上映后，俄国开始了本国电影制片组织工作。然而，在最初的几年里，主要是新闻纪录片能够反映出"活生生的现实生活"画面。这里有西方摄影师拍摄的《日俄战争插曲》，俄国本土摄影师拍摄的《第三届国家杜马——代表大会》《亲临皇村军队检阅仪式》等。电影时长为 6 ~ 7 分钟。1908 年，亚历山大·德兰科夫拍摄了俄国第一部改编自俄国民间歌曲《小岛激流》（时长约 15 分钟）的故事片《下游的自由选民（斯捷潘·拉辛）》。

1904 ~ 1905 年，法国百代和高蒙电影公司在莫斯科设立了代表处，这标志着俄国电影发行系统化的开始。③ 这些公司和其他西方公司为拥有电影技术和移动设备的企业主提供了最新的法语和英语影片的副本。

电影场面通常由三个部分组成，中间穿插短暂的中场休息，迟到的观众可以利用这个时候进入大厅：第一部分是视觉或科学画面；第二部分是悲剧；第三部分是喜剧。有时会增加第四部分——"盛会"，在水下王国表演。与前三部分的黑白片不同，第四部分通常是彩色胶片，即将黑白胶片手工着色绘制而成。电影是在音乐伴奏下进行的，一位钢琴家弹奏钢琴，而充满"戏剧"的镜头声音则通过低音音符的节拍传送。④

---

① Шварц Е. Указ. соч. С. 131 – 132.

② См.：Ватолин В. Синема в Сибири. Очерки истории раннего сибирского кино（1896 – 1917）//Киноведческие записки. 2002. № 60. С. 331.

③ См.：Будяк Л. М. Михайлов В. П. Указ. соч. С. 11.

④ См.：Шварц Е. Указ. соч. С. 132.

　　电影院节目公告（首都将电影院称为"电子剧院"，省城则称为"电传作家"）每天都在地方报纸上刊登。И. Д. 瑟京出版的《俄国言论报》对莫斯科电子剧院剧目做了有趣的介绍。例如，1908年5月4日（17日）报纸上刊登的一则电影广告由13家电影院共同投放。[①] 为了吸引观众，广告对电影拍摄场景进行了简短描述，文本里使用了许多充满夸张色彩的语言——"最伟大的节目""耸人听闻的新闻""巨大的成功"。

莫斯科阿尔巴茨卡娅广场上的 A. 汉容科夫艺术电影公司的电子剧院，
1909 年，建筑师为 H. H. 布拉戈维申斯基；1912～1913 年，这座建筑
得到重建，建筑师为 Ф. O. 舍赫捷利。摄于 20 世纪第二个十年

　　在基督救世主大教堂对面的普列奇斯坚基和奥斯托仁基拐角处的"魔法"电子剧院的海报通告说，在播映计划里包括以下影片："（1）意大利国王出席铁甲舰下水仪式；（2）巴黎火灾和抢劫案；（3）巴库采油场；（4）圣米迦勒山脚下沙滩上遇难之人，以及'在中场休息时轻松音乐乐队演奏'。"

　　在阿尔巴特附近的大阿法纳西耶夫斯基巷有一家"大巴黎电子剧院"，

① Русское слово. 1908. 4（17）мая. № 103.

该剧院抛出了《瑞典国王抵达圣彼得堡》影片上映的宣传广告为主要诱饵以吸引观众前来观影。

位于大尼基茨卡亚街的"别具一格的尼基茨卡亚电子剧院"将其节目单标记为"耸人听闻"，同时向观众发布了夏季票价降价的信息：正对屏幕下方的前排简陋长椅票价为每人 7 戈比；在大厅中间的"上等"座位，长椅票价为每人 17 戈比，软椅票价为每人 22 戈比。

位于剧院通道和罗日杰斯特温卡拐角处的"快车电影院"还提供了四部电影会演节目单（即放映四部电影，每部影片放映 7～15 分钟），不仅如此，下午 1 点至 5 点还有一个儿童特别节目，儿童和学生门票半价。

位于斯特拉斯特内修道院对面的电影院的主人是 К. И. 阿尔克涅，许多莫斯科人都认识他，其原因是，这位电影院主人在放映最新电影时总是设法领先于许多竞争对手。位于特维尔斯卡亚街口、布列斯特火车站对面的"大电子剧院"为观众提供了非常精彩的节目，每部影片片名后面都会用括号标明影片体裁或一些可能引起观众兴趣的重要细节，"（1）《德国王储狩猎》（取材天然）；（2）《袭击爱尔兰特工》（戏剧）；（3）《日本蝴蝶》（彩绘）；（4）《香槟酒之后》（喜剧）；（5）《莫斯科洪水》（全景图）"。另有报道称，"在著名钢琴家奇里科夫伴奏下举办的画展"。

剧院广场上的"大陆影院"每天提供两种不同的节目单：日场上映一组影片，夜场则上映另一组影片。其中包括：戏剧《邪恶的继母》；新闻电影《瑞典国王抵达雷瓦尔和圣彼得堡》，影片报道了瑞典国王访问圣彼得堡国家杜马、冬宫、彼得保罗要塞以及其他名胜古迹的情形；观光影片《冬天的尼亚加拉瀑布》。

在省城，电影艺术很快登上了公共娱乐的舞台。沃罗涅日的三家中央电影院被称为传记剧院、陶马托格拉夫剧院和现代梦幻剧院。电影放映计划在工作日每 2～3 天更新一次，在假日和周末每天更新一次。1912 年 12 月 5 日，陶马托格拉夫剧院上映了《幸福的碎片》（这是一部现代悲剧，由最优秀的演员演出，全片分为三部分）以及喜剧片《令人不快的乘客》；12

月 6 日上映了悲剧《心碎》，这部电影的广告词写着："……北欧①艺术系列杰作，分三部分②；在这部影片中，两位主演无与伦比的演技令人印象深刻：伟大的演员路德维希·波恩和挪威著名女演员拉格娜·韦特格雷森，他们以惊人的现实主义艺术手法传达了对母亲灵魂的体验。"③

电影院试图推出各种类型的影片来吸引观众。新的交流空间很快建立起来。1908 年，俄国电影院开始定期放映新闻短片。④ 人们在报纸上读到了重要的政治和文化新闻，很快还可以通过新闻纪录片或故事片看到银幕上的事件。

特别值得一提的是，1910 年列夫·托尔斯泰离开亚斯纳亚·波利亚纳庄园，结果在阿斯塔波沃火车站病逝这样轰动全俄的事件被搬上银幕。苏联著名导演 Я. 普罗塔扎诺夫的故事片《一代伟人的离去》于 1912 年拍摄，片中主角由 B. 沙特尔尼科夫饰演，俄国到处都有放映。据《灯光和生活》杂志记者报道："最近'电传作家'在阿斯塔波沃火车站和亚斯纳亚·波利亚纳事件中心播放了故事影片，演员在电影中表现得有点酷，这在剧院票房收入上得到了反映。"⑤

"从上流社会真实人物的生活改编而来的电影表达了一种独特的生活方式。例如，有一份刑事诉讼材料构成了 1913 年雅罗斯拉夫尔伏尔加河电影制片厂发行的影片《商人巴什基罗夫的女儿》的基础。影片的故事梗概是，女主人公把她心爱父亲的管家藏在栏杆下，可是在那里他却窒息而亡。为了隐藏尸体，女主人公和她的母亲要求看门人把死者藏在一个桶里，然后把桶扔进河里。后来，看门人开始勒索女主人公，强迫这个女孩成为他的情妇。为了报复勒索者，女孩放火烧了看门人正在和朋友喝酒的那家酒馆。这部电影的创作灵感来源于现实生活中的真实人物。"⑥ 据《电影与生活》

---

① 北欧电影公司是丹麦著名的电影公司，其作品在俄国广受欢迎。

② 这部电影时长为一个多小时。

③ Воронежский телеграф. 1912. 5 дек. № 273；6 дек. № 274.

④ История отечественного кино. С. 23.

⑤ Рампа и жизнь. 1911. № 1. С. 18.

⑥ 下面这篇文章中包含对这个故事和其他类似故事的有趣分析。Туровская М. Женщина – убийца в русском и советском немом кино//Искусство кино. 1997. № 5. С. 108 – 113.

百代电影公司的新闻广告，20 世纪初的海报

杂志报道，这部电影开始在莫斯科各大影院放映后，著名的百万富翁巴什基罗夫从下诺夫哥罗德抵达莫斯科，请求市长禁止这部电影的放映，因为这部电影再现了他近亲的家庭生活。① 于是，市长下令禁止以最初的名字放映这部影片，改名为《伏尔加河上的悲剧》，之后才开始继续上演。

关于电影院上座率的统计数据令人印象深刻。西伯利亚电影研究人员 B. 瓦托林引用十月革命前杂志《蓝色留声机》和《电影艺术通报》的相关内容认为："1909 年，俄国有 1200 家电影院，有 1.08 亿人观看电影。从人数上看，这已经超过 1909 年全年所有学生、所有报纸和杂志订阅者、所有书籍的购买者和所有剧院观众的总人数。"到 1911 年，每年有超过 1.5 亿人观看电影。② 2005 年出版的著作《国家电影史》援引了 A. 汉容科夫回忆录中提供

① Кинематограф и жизнь. 1913. № 3. С. 7.
② Цит. по：Ватолин В. Синема в Сибири...//Киноведческие записки. 2002. № 61. С. 367.

的 1916 年统计数据：大约 4000 家电影院，每天有 200 万观众。① 尽管不同出版物中引用的数字有很大的差异，但这些数据清楚地表明了人们对作为娱乐和休闲形式的电影感兴趣的程度。

新型电影表演奇观具有的惊人吸引力引起了电影评论界强烈的反响。电影院成为公众集体迷恋的原始冒险建筑的精华，这些建筑物此前曾出现在纳特·平克顿的《侦探小说》中，这部小说的发行量高达数十万册。

К. И. 楚科夫斯基对这一现象进行了分析。他的《纳特·平克顿和现代文学》（1908）一书获得了广泛的赞誉。К. И. 楚科夫斯基在这篇著名的时评里指出，电影里的"民谣、传说和童话"是一种"市场产品"，是"质量平平的批发商品"。由于商品存在市场竞争、适者生存的问题，只有最适合消费者的商品才能获得市场生命力。因此，电影可以被理解为具有原始文化诉求的人群的"集体创造"："我们常常为民歌、壮士歌、史诗、哀歌的日渐消亡而悲伤，民众的集体合力正在消失，非个人的创造力正在枯竭，但现在它又出现了，同样客观、无名，同样团结一心——我们可以在电影里亲眼看到它。"② К. И. 楚科夫斯基指出，人们对那些从文学角度看低级、粗俗的但情节错综复杂的书籍有无穷无尽的兴趣，这标志着一类小市民独特的"叙事文学"的出现。К. И. 楚科夫斯基将没有文化且认知能力处于原始水平的市民比作霍屯督人③，并写道："数百万霍屯督人需要上帝。他们需要一个可以跟随的领袖，他们需要一个可以向其鞠躬致敬的英雄。……当创造力成为一种共识时，民众的理想在穆罕默德、奥德赛、米库拉·谢利亚尼诺维奇、罗宾汉的身上体现出来，接下来，当人们'手把手地'将民众的创造力传递给知识分子时，鲁滨孙、恰尔德·哈洛尔德、堂吉诃德，甚至连古阿克和罗坎博尔这些有崇高灵魂的骑士、流浪者、强盗都成了社会理想的承载者。但是对于那些间谍、侦探和暗探，我们可以推选他们成

---

① История отечественного кино. С. 41.

② Чуковский К. Нат Пинкертон и современная литература. М. , 1910. С. 27 – 29.

③ 20 世纪初西南非洲的霍屯督部落处于原始发展阶段（这篇文章在苏联时期再次刊出时，"霍屯督人"一词被替换成"野蛮人"）。

为领导者和英雄的时候只有现在，当世界上尚且拥有上百万霍屯督人的情况下。仔细看看这个半神，不要鄙视他，不要想着背弃他。数百万人的内心因对他的爱而在燃烧……即使这些印满了奥德赛漂泊历险故事的书不实用、没有文化内涵，算不上文学作品，而是一些醉酒的野蛮人可怜的喃喃自语，但仔细想想吧，这种喃喃自语是千百万人灵魂最甜蜜的精神食粮。"①因此，在电影存在的最初阶段，人们就意识到电影是一种大众奇观（就大众的数量而言，远远超过所有其他类型的奇观）和一种情节充满陈词滥调的翻译转换器。

1908 年，俄国第一部故事影片《伏尔加河下游的自由人》上映后，民族电影制作业开始发展。在这个过程中，电影企业家 A. 汉容科夫发挥了巨大的作用，他于 1906 年开办了一家销售电影胶片和放映设备的公司②，然后通过组织电影制作扩大了他的业务范围。1909 年，A. 汉容科夫、德朗科夫制片厂、格洛里娅制片厂，以及其他的制品厂一共拍摄 26 部电影。最高产的导演是 B. 冈察洛夫，他同时与包括 A. 汉容科夫在内的几位电影制片厂厂主合作。

从创作主题上讲，第一批故事片主要有表现俄国历史的影片，如电影《叶尔马克·季莫费耶维奇——西伯利亚的征服者》《马泽帕》《彼得大帝》《伊凡雷帝之死》；还有根据古典文学作品改编的影片，如《维伊》《死魂灵》改编自 H. B. 果戈理的作品，《黑暗的势力》改编自列夫·托尔斯泰的作品，《外科手术》改编自 A. П. 契诃夫的作品。然而，据《俄国电影史》的作者介绍，早期电影的结构确实与"场景""画面""插图""插曲"的名称相对应，因为银幕上完整的艺术作品的形式还没有形成——"他们还没有学会如何在电影中巧妙地构建情节，唯一的出路就是将已有作品改拍成电影，拍摄不需要向观众特别解释的情节，包括流行的民歌"③。汉容科

---

① 　Чуковский К. Указ. соч. С. 37 – 39.

② 　ЦИАМ. Ф. 3. Оп. 4. Д. 3455. Об открытии торгового дома «А. Ханжонков и К°» （14 декабря 1906 – 13 сентября 1912 гг. ）.

③ 　История отечественного кино. С. 23.

夫在回忆录中就这个问题写道，剧本"只是按时间顺序列出即将要拍摄的场景"，"导演'知道'其他的一切，他在开机拍摄前向演员展示应该做什么和如何去做"，"导演匆忙地、草率地将任务传达给演员，但却很'神经质'，以一种往高抬升的语气调动演员适当的表演情绪"。①

据最著名的电影史专家之一 H. 佐尔卡娅的说法，绝大多数早期俄国国产电影取材于"经过滑稽草台戏艺术加工处理的民间故事"，而《伏尔加河下游的自由人》开启了"强盗电影系列"。② 这是对理解早期电影艺术本质做出的重要观察，它有力地补充了下面的结论："我们今天清晰可见的为电影——艺术及反电影——民间演出而展开的斗争，其意义就在于此。在回顾'电影情节之战'时，我们看到：幽默又严肃的导演和制片人努力用文学的情节来取代民俗的情节。"③

1912 年，汉容科夫将电影制片厂从他的旧工作室搬到了莫斯科日特纳亚街一家新的电影工厂。同年，百代电影公司将工作室移交给蒂曼与赖因加特公司。汉容科夫同蒂曼与赖因加特的竞争成为推动电影从娱乐大众转为追求艺术表现力（虽然还处于早期发展阶段）的强大动力。

到 1916 年，据《帕伽索斯》杂志提供的数据，俄国共有 80 多家电影企业，即从事电影制作和电影租赁的公司。除了在莫斯科特维尔大街设立了总办事处，汉容科夫股份公司在圣彼得堡、叶卡捷琳诺斯拉夫、基辅、罗斯托夫、萨拉托夫、萨马拉和哈尔科夫设有代表处，在基辅还成立了一家分公司。百代电影公司总部在莫斯科，在圣彼得堡和哈尔科夫设有办事处。制片人、摄影师和导演 A. O. 德兰科夫、电影导演和演员 B. 加尔金、И. H. 耶尔莫列夫都拥有自己的公司，И. H. 耶尔莫列夫还在百代电影公司担任技术员。④ 1908 ~ 1917 年，俄国大约有 2500 部国产影片上映。⑤ 观众

---

① Ханжонков А. Указ. соч. С. 34.
② Зоркая Н. Фольклор. Лубок. Экран. М.，1994. С. 136 – 137.
③ Зоркая Н. Фольклор. Лубок. Экран. М.，1994. С. 136.
④ Подсчитано по：Пегас. Журнал искусств. 1916. № 8. С. 105 – 106.
⑤ См.：Гинзбург С. С. Указ. соч. С. 13.

最感兴趣的是 Я. 普罗塔扎诺夫、B. 加尔金、A. 乌拉尔斯基导演的作品。

B. 纳博科夫在他的回忆录《彼岸世界》中分享了自己年轻时在圣彼得堡涅瓦大街观看《皮卡迪利》和《巴黎人》这两部电影时的印象："电影拍摄的技术无疑是领先的。早在 1915 年，就有人试图用颜料和声音来完善这样一种错觉：海浪被涂染成不健康的蓝色，翻滚着，不断地冲击青绿色的岩石。很多时候，出于某种原因，特别受欢迎的影片的片名都是引用一句完整的话语，比如'花园里的菊花早已盛开'或'他的心像洋娃娃一样被戏弄，他的内心脆弱得像洋娃娃一样被击碎'……"①

纳博科夫用美学家的讽刺口吻描述了电影早期剧本创作的图式化、舞台布景的简单和演员表演的刻板，并认为这是电影发展初期的标志性特点。他对演员做作的表演也很好奇："当年的女明星，额头低垂，眉毛修剪得很漂亮，眼圈描得非常夸张。莫茹欣是银幕上最受欢迎的演员之一。有一家俄国电影公司收购了一座带有白色柱廊的优雅的乡间别墅（有点类似于我十分怀念的叔叔家的别墅），别墅出现在这个公司制作的所有影片中。在镜头里出现一片雪地，莫茹欣披着潇洒的披肩，穿着一件卡拉库尔领子的外套，戴着卡拉库尔帽，从她的深铅色眼窝里流露出凝视的目光，望向燃烧的窗户，与此同时，她做了一个大家熟知的面部表情。"②

社会各阶层都对电影艺术产生了浓厚的兴趣。同样，电影成为皇室成员的娱乐项目之一，按照惯例，电影放映会在每周六举行。根据帝国宫廷事务大臣 A. A. 莫索洛夫将军的回忆，亚历山德拉·费奥多罗夫娜委托他挑选电影胶片供她观看："皇后提出了这样一个计划：首先是内容现实的由宫廷摄影师亚格利斯基在一周内拍摄的电影，然后是科学纪录片或美丽的风景片，最后是有趣的适合儿童观看的影片。这是一个两难的选择，我不止一次请皇室侍从长纳雷什金娜看一下拟议的片名，以选出适合皇后观看的影片。"③

---

① Набоков В. Указ. соч. С. 491.

② Набоков В. Указ. соч. С. 491.

③ Мосолов А. А. При дворе последнего императора. СПб. , 1992. С. 115.

电影《梦想与生活》中的一个镜头，导演 C. 维谢洛夫斯基，
Г. 利布肯电影公司出品，摄于 1916 年

到 1913 年，俄国共有 1452 家固定电影院，其中，圣彼得堡 134 家，莫斯科 107 家。① 从商业利润的角度来看，电影发行作为商业项目是非常有利可图的。人们经常在报纸上看到出售电影院的广告："在莫斯科的电影院全力出售，符合强制性法令规定。价格 15000 卢布。联系电话：432 - 69。""电子剧院出售。咨询电话：230 - 54 或邮局地址：547 号信箱。"②

莫斯科第一家电影院开业后的 7～8 年里，电影院内部设计发生了很大的变化。经过专业设计，先前狭小、闷热的影厅变得更加宽敞明亮，大厅座席由以往的 40～50 人扩充到可容纳数百名观众。

1913 年 11 月 24 日，汉容科夫电影制片厂在莫斯科凯旋门广场建造的规模宏大的"电影院巨无霸"开业，整个建筑设计采用意大利文艺复兴风

---

① См.：Будяк Л. М.，Михайлов В. П. Указ. соч. С. 11.
② Русское слово. 1913. 5 янв. № 4；6 янв. № 5.

格，拥有一个宽敞的大观影厅，3 层，可容纳 800 人，还有一个首都排行第一的 6 米×9 米银幕。这一切标志着汉容科夫电影制片厂的经营活动达到了最大的规模。电影院落成典礼上，主教为这座宏伟的建筑举行祝圣仪式，供奉圣物，然后主办方向在场的"特邀嘉宾"提供香槟和丰盛的早餐。1908～1913 年，汉容科夫电影制片厂连续举行了多场电影回顾展，以及根据果戈理作品改编的电影《可怕的复仇》的首映式。首映式上的一切都令现场的人们叹为观止：不是像从前那样，由一位钢琴独奏家为这部电影弹奏背景音乐，而是在著名匈牙利指挥家尼基什的学生巴索夫－戈德堡先生的指挥下，由一支 35 人组成的交响乐团为电影配乐。[①]

1910～1913 年，电影制作的视觉艺术达到了良好的效果，演员的银幕角色的艺术表现手法更加丰富，越来越远离标准的戏剧技巧，这些技巧在电影拍摄中"不起丝毫的作用"。著名戏剧演员、后来成为电影导演的 B. 加尔金谈到他对早期俄国故事影片中的电影演员的职业印象时说："鲜活的剧院，却没有声音的影子……不过他们为什么跑得这么匆忙？为什么他们的动作如此荒谬和混乱？毕竟，这比在偏远省份的业余表演还差。设在灌木丛和宠物猫旁边的剧院化装间是多么令人厌恶。但是，对于展开的动作情节来说，丰富多样的背景是多么不同寻常啊！导演大胆运用的新颜色真是丰富啊！"[②]

B. 加尔金透过舞台场面设计的委婉表达方式以及手势的强烈表达力的使用，看到了一种新的电影语言的加工艺术。在与演员合作时，他认为"无声电影艺术需要另一个更具表现力的器官——眼睛——来代替这个词"[③]。一位影评人在谈到 B. 加尔金对创建电影学派的贡献时写道："作为一名导演，B. 加尔金可能犯了很多导演容易犯下的过错，但他会因为自己的行为而被原谅，因为他懂得理解和欣赏一位演员对于银幕的价值及其重要性……我们俄国人已经习惯了谈论俄国电影的心理本质。只有当人们明

---

① Кинотеатр и жизнь. 1913. № 3. С. 6.

② Гардин В. Р. Воспоминания. Т. 1. 1912－1921. М. , 1948. С. 36.

③ Гардин В. Р. Воспоминания. Т. 1. 1912－1921. М. , 1948. С. 50.

白了银幕的主要心理元素是演员那张活生生的面孔时，银幕才会变得富于心理色彩变化。"① B. 加尔金进而解释说："我在与电影演员合作的早期作品中采用了什么方法？当然是戏剧。我不可能有任何其他方法。把表演的体验延伸到极致——这是我作为一名导演的分内工作。我的范例在哪里？只有在剧院里。"②

A. 汉容科夫飞马电影股份公司在莫斯科老凯旋门广场上的第一家电子剧院，1900 年初至 1910 年末，建筑师为 A. 法尔鲍姆、B. 切巴诺夫

　　一些评论家甚至更进一步地认为是电影复兴了戏剧表演的本质，赋予了人体表演真正的意义。费奥多尔·马什科夫在 1913 年发表的一篇题为《戏剧与电影》的文章中写道："电影由于其技术特点被迫保持沉默，于是迎来了文艺复兴时期……我指的是手势表演的复兴、哑剧的复兴，现代戏剧丢失了这种手势表演，它被文学和玩弄辞藻所扼杀。手势、动作完全被我们的演员遗忘了。现代戏剧中的'喜剧演员'被'知识分子朗诵演员'

① Туркин В. «Мысль»//Пегас. Журнал искусств. 1916. № 8. C. 55.

② Гардин В. Р. У каз. соч. С. 46.

所取代。'剧本将在换戏服和化装时阅读'，你甚至可以在现代海报上写作。"①

电影的艺术水平逐年提高。第一次世界大战前夕，俄国诞生了自己的电影明星，其中最引人注目的是 В. 霍洛德纳娅和 И. 莫茹欣，这两位巨星因为出色的演艺才华而赢得一身荣耀。电影摄制的技术水平也在不断提高。电影学者们认为，从这方面讲，俄国电影，"到 20 世纪第二个十年中期，其摄制技术和水平已经与欧洲和美国相当"②。应当指出的是，当时的俄国广泛使用柯达电影胶片，电影专业杂志上充斥着这种柯达胶片五颜六色的广告。

电影变成了一种大众表演艺术，并沿着向艺术形式转变的道路发展。同时代人已经认识到这一发展变化过程。在 А. 汉容科夫出版发行的《帕伽索斯》杂志上，一位化名为柯－维奇的电影评论家指出："直到最近，在民众特别是知识分子阶层的眼中，电影还是一种低级趣味的表演。我们去了电影院，就像去了蜡像及各种珍品陈列馆，里面空间狭小，您只能在立体镜下观看'巴黎风格'（这里的'巴黎风格'是用于表示粗俗画面的委婉语。——作者按）的电影以及任何您喜欢的事情；或者像走在谢肉节期间举办的民间演艺场，那里邀请了一些将脸涂抹得五颜六色的演员，他们承诺一会儿将有非凡的节目演出。演员们喜欢演绎令人难以置信的故事：非凡的忠诚、永恒的爱、邪恶的暴行，以及正义和善良的化身。这些故事有时引人哈哈大笑，有时又令人热泪盈眶。但甚至不是几年过去了，而是差不多几个月或几天过去了，这些演员快速地抛掉他们的狂欢服装，完全以不同的面貌出现在我们面前。"③

早期的电影被认为是一种创新的技术，同时也是一种新形式的夸张的娱乐表演。至少花了十年的时间，电影才开始成为一种文化现象，同时汲

---

①　Машков Ф. Театр и кинематограф∥Кинотеатр и жизнь. 1913. № 3. С. 1 – 2.

②　Кавендиш Ф. Рука, вращающая ручку. Кинооператоры и поэтика камеры в дореволюционном русском фильме∥Киноведческие записки. 2004. №69. С. 205.

③　К – вич. Указ. соч. С. 99 – 100.

《为生命而活》影片中的 B. 霍洛德纳娅，导演 E. 鲍尔，
A. 汉容科夫电影制片厂出品，1916 年

取了戏剧舞台演出经验，从"现场鲜活的画面"转变成文学艺术作品。
1910 年之后，新闻媒体和政论界提出了电影教育功能的重要性——它对没
有剧院和其他高级文化娱乐活动的非大都市观众的重要性的问题："最近我
们访问了俄国南部的一个省会城市，对该省电影事业的增长、质量的提高
以及社会对电影态度的根本性变化没有留下太大的印象。剧院沙龙播放影
片需要经过严格的筛选。在这里，您看不到《金笔索尼娅》或《女仆日记》
的最新一集……诚实的省份！其比首都更早地意识到，电影来到其省城，
不是作为腐败、堕落的敌人，而是作为艺术家朋友，电影向省城居民展示
了一个美丽的而不是庸俗的世界。"① 几年后，直至 1914 年，人们意识到，
由于电影具有良好的流通性，电影对公众舆论和艺术鉴赏力的形成有特殊
的影响。

　　作为一种休闲形式，电影已经成为最实惠、最容易获得的娱乐方式。
与每年举办数次却没有固定演出剧场的大众游园会和狂欢节所不同的是，

---

① K‒вич. Указ. соч. С. 100.

电影院的运营场所不受任何的限制。H. 佐尔卡娅指出了电影的一个重要特点，她写道："电影作为世俗化社会的产物进入了生活，在这个过程中，电影世俗化已经走得相当远，并继续沿着这条道路前行。""在日常生活中的电影院，你会觉得一切变得轻松自在。在这里，人们感受到了日常家庭生活娱乐的动力、个人获得的动力，这导致五十年后通过电视、七十年后通过电影录像带将电影奇观直接送到每一位观众的手中。"①

***

19、20 世纪之交是俄国历史道路上不同寻常的发展时期，政治事件频频爆发，社会新现象不断涌现，俄国经济、政治、科技、文化和艺术等各方面的生活都发生了根本性的变化，文化范式迎来转换和创新，日常文化生活越来越透明和合理并在大众娱乐消遣中得到充分反映，引起社会强烈的反响。

1917 年十月革命前的 20 年，俄国大众娱乐消遣生活萌生及发展的历程表明，其恰恰是俄国大众文化诞生的根源所在。当时由于俄国国内统一的交际空间的形成，社会现象及其发生发展过程开始引发不同社会阶层、不同居住地区的人们形成统一的标准的社会文化认知和理解。"社会阶层大融合"表现为人们对同一形式的娱乐和休闲产生共同的兴趣爱好，特别是对电影和马戏杂技等表演艺术。人们对舞台艺术的理解和认知在它的空间环境及周边条件良好的情况下进行，如观众看台配备多个座位。观众对舞台艺术的认识发生了转变，即他们的个人娱乐喜好已趋向同一。文艺作品的仿制和模仿已占其创作主流。

这些现象的产生在许多方面是俄国历史发展过渡时期带来的结果，这时的俄国已经进入白银时代。就这一问题，研究者公正地指出，这是"民众积极性大爆炸"现象层级分化的开始，这一现象将舞台艺术的观众混为

---

① Зоркая Н. Указ. соч. С. 207 – 208.

一谈。"俄国过渡时期的典型特点是知识分子观众和普通观众的传统联系发生断裂，他们之间出现了对话危机。"①

当代人对 19、20 世纪之交的时代特征的评价充满了矛盾：一些人"大肆宣扬"国家已衰亡，危机四伏，文化堕落；另一些人却礼赞社会进步、大量的科技发明创造，乐观地预见美好的未来。宗教文明危机爆发，人们开始摆脱宗教意识，世俗休闲文化所占比重在上升，整个变化过程伴随着娱乐消遣活动新旧交替、并行发展的趋势，舞台艺术越来越商品化。

① Дмитриевский В. Н. Плоды просвещения времени（театр и публика в России рубежа XIX – XX веков）//Переходные процессы в русской художественной культуре. Новое и Новейшее время. М. 2003. С. 360.

第二章
村社*和农民社会风俗

Л. И. 泽姆佐夫

　　俄国农民始终是国家人口构成的主要部分。其物质和精神的存在，不可能不影响国家的总体文化水平，这在一定程度上决定了 20 世纪初俄国社会文化发展的特点。自 18 世纪初以来形成的社会文化分裂现象，在 19 世纪末 20 世纪初仍然具有重要意义，因此有必要将这一现象与整体文化水平联系起来。

　　农业劳动人口是民俗文化的承载者，其原始性和民族独特性往往被人们所忽略，因此，人们通常按照陈规旧套来展开研究，这种常规研究模式与民俗文化载体的心理特点和民族特征并不相符。

　　一个国家发展的方向和成功的获得，在很大程度上取决于文化的类型及其发展水平（从最广泛的意义上讲，文化是一种生活方式），而文化类型由国家大多数人口的世界观、人生观和价值观决定。众所周知，"在感觉和情绪的内在世界面前，即便是再强大的统治者也会因无能为力而裹足不前，这个世界不得不被忽视，因为一个人无法控制的感觉会对他本人和周围人的行为产生致命的影响"①。

---

　*　米尔——世界，宇宙；万物，世人；世俗生活，农民社会（См.：Даль В. И. Толковый словарь живого великорусского языка. Т. 2. М.，2000. С. 330）。

　①　Чупров А. И. Крестьянский вопрос. М.，1909. С. 104.

下面是一组描述俄国人口基本组成的最权威的数字。1897 年全俄人口普查数据显示，农民占人口总数的 77.1%①，这个比例在中部省份大约为 90%。值得注意的是，基本价值观接近农村人口、占城市人口大部分的小市民阶层，在全俄范围内占 10.6%。同时，世袭贵族和非贵族出身的官员占比仅为 1.5%，基督教派神职人员为 0.5%。

农村居民在俄国人口中的主导地位对国家文化状况、文化向量和发展水平产生了巨大的影响。事实上，几乎白银时代的每一位杰出人物的创造力都直接或间接地受到这种影响。这一切有助于理解农民生活和劳动的特点，满足破解"神秘狮身人面像"②密码的渴望，至少能够间接地反映出农民生活的诸多方面，确立农民在国家社会政治生活中的地位，并试图认同或否定俄国历史发展道路的独特性，揭示国民精神面貌的特殊性。

为评价农民在文化环境中占据的重要地位，有必要分析 19 世纪至 20 世纪初整个俄国农业人口的社会心理和精神面貌。这是俄国文学家和社会思想家最欢迎的主题之一，也是今天备受历史学科关注并以不同方式深入探讨和解决的问题。

基于俄国农村人口文化发展类型和文化水平的结论，有关国民教育影

---

① 在此期间，农民占全国人口的比例正在增加，对这些"农民"生活状况的定义与现实不符。其中只有一小部分农民成为俄国各类工厂的工人。让我们引用一下那些密切关注工人精神文化生活的人的意见。1905 年第 16 期《无产者报》刊登了一封致中央委员会和负责农村工作的同志的公开信，其中提出："尽管有些工厂已经存在四五十年，我们绝大多数的工人'无产者'却直至今日都没有告别土地，'乡土气息'牢牢地吸附着他们，以至于'纯粹的'无产者在集体劳动过程中创造的所有心理和其他先决条件，在我们的无产者身上并没有得到发展。我们'无产者'从事的农业生产形式极其荒谬和混杂。一位纺织厂织布工雇用了一个农业工人来加工处理他的碎布料。当这名纺织工年老、受伤或因暴力或不良行为而被开除时，织布工的妻子会接替他的工作……孩子、老人、残疾人，甚至织布工自己也会加工处理这些碎布料。这样的'无产者'很难称为'无产者'……他们是无知的和保守的。"（См.：Ленин В. И. Полн. собр. соч. Т. 11. С. 217 – 218）让我们把关于在工厂工作的俄国农民无知（很可能是在政治方面）的指控留给这封信的作者的良知吧。接下来我们重点要讲的恰恰是土地上的农民。

② 19 世纪下半叶至 20 世纪初对劳动人民群众的普遍定义。

响国家复兴进程的社会科学思想得以诞生。

在农民的世界观里，传统价值观的首要地位是显而易见的，整个社会文化水平的变化发展、缓慢但可感知到的农业文明成果均具有重要意义。二者的有机结合为深入了解农民及支持农业经营可持续发展的自然气候环境和文化因素之间的关系奠定了基础。人们认为，农民才是传统主义思想作用和意义研究的重要载体。为此，我们需要关注有关大俄罗斯农民，尤其是居住在俄国欧洲部分的大俄罗斯农民的相关数据，因为大多数俄国人都住在这里。

在"大俄罗斯民族理论"的背景下，官方统计数据包括俄国人口中的大俄罗斯人、小俄罗斯人和白俄罗斯人三大民族的有关信息。在 1897 年的俄国欧洲部分，三大民族占总人口的 91%。全俄总人口的 81%（8140 万）居住在农村，其中 6940 万农民的生活依靠农业收入，这个数字相当于农村人口的 85%，总人口的 74%。①

大部分俄国人的文化价值观和文化偏好影响到国家民族政策的制定。因此，十分有必要提高居民首先是农民的识字率，这一点导致国家杜马和政府高层讨论实施普及初等教育的战略思想，并大幅增加国家及地方自治部门对国民教育事业的资金投放。国家提出了解决这一问题的诸多方案，其中不仅有社会力量代表的观点，而且有农民自己的观点。

发生在 19、20 世纪之交尤其是 20 世纪初的政治事件，深化了不同社会团体对俄国民众及其价值观实质的理解，这使这些团体社会行动的出发点服从于某些政治力量的利益需求，并促使人们尝试用各种不同方式接近民众并对其施加影响：从直接鼓动和宣传，包括动用隐形新闻媒体的力量，到在合法出版物上大量发表针对农民及全体劳动者的文章。因此，这一时期直接关注农民切身利益的期刊（如《神的世界》《月刊》《农民生活》等）的出版数量迅速增加不足为奇。

---

① См.: Тюкавкин В. Г. Великорусское крестьянство и столыпинская аграрная реформа. М., 2001. С. 33.

上伏尔加河畔科罗博夫村的一条街道，
С. М. 普罗库金－戈尔斯基摄于 1910 年

反映大众文化需求的另一个领域是农业生产。农业是农民从事的主要职业。在本书所研究的历史时期农民经济在俄国国民经济发展中占据主导地位这一点足以说明，第一次世界大战前夕，俄国农民养活了全国超过 1.7亿的人口。农业问题、农民在农业经济中的地位问题、农业文明现状问题等导致了由农学到社会学再到历史学等一系列科学学科的形成和发展。①

俄国民间生活的研究学者用理性的目光审视和关注民间文化的诸多方面对农业生产周期的惊人适应性这一问题。几百年来，对农村人口生活习俗的观察成为研究俄国农耕文明的基础，这也是对尊重农民个人劳动的一

① См.: Ковальченко И. Д. Соотношение крестьянского и помещичьего хозяйства в земледельческом производстве капиталистической России//Проблемы социально － экономического развития России. М.，1970. С. 191.

种深怀敬意的表达。

农民作家 C. T. 谢苗诺夫在他的政论性回忆录中引用了一位 40 岁左右的同志的一番话："乡村生活是一件大好事。生活中每一步你都可以自己做主。你向村长缴纳了代役租金，任何魔鬼就都不会找上门来。你辛勤劳作，就会从中收获更多的劳动报酬。这完全取决于你个人，无论在什么情况下，你所做的一切都是为了你自己。你的工作勤恳踏实，且自在逍遥！……无论耕种还是割草，远离这样的生活和劳作，我将会寝食难安！有些人总在抱怨'生活太艰难'。按照他们的看法，生活中的一切似乎都很难，甚至连躺在床上休息都变成了一件难事。但我却认为：的确，有时候生活很艰辛，却很自由自在，无论谁都不能拿着棍棒指挥你，而这一点，兄弟，的确是一件了不起的事情呢！"①

在一位农民写给报纸编辑部的信中，字里行间还透露出这样一种想法："从事土地劳动给每个农民带来了极大的满足感。"②

在这个生活领域，民俗文化的成就是最重要的。农民的田间劳作实际上几乎决定了他们生活、日常以及职业道德的所有方面。民间文化为上述某一方面的发展做出了自己巨大的贡献。一位近代史学者将"我们的文学"中描述的革命前村庄的特征总结为"无文化、黑暗和闭塞"并非毫无道理，他指出识字率和教育水平并不是"文化发展的全面特征"。M. P. 泽济娜认为，俄国农村存在"一个非书面的民俗文化的完整系统，这个系统包括礼仪 – 仪式、个人生活及社会最重要的事件等方面内容，规定了行为道德标准、科学知识基础以及民间艺术创造力"③。

19 世纪末，A. Π. 契诃夫写过一篇有关一位特伦蒂村民的故事："没有任何的自然界谜团能让他陷入困惑中。这位村民通晓天文地理，知道所有

---

① Семенов С. Т. В родной деревне：Очерки. М. ，1904. С. 15.

② Письма крестьян∥Правда Божия. 1906. № 102.

③ Зезина М. Р. Складывание командно – бюрократических методов руководства культурой∥Режим личной власти Сталина. К истории формирования. М. ，1989. С. 139.

奥廖尔省叶列茨县的一位富裕农民及其妻子，摄于 20 世纪初

草药、动物和石头的名字。他知道哪一种草药可以治疗疾病，也不难判断出马或牛的年龄。看着日落、月亮和飞鸟，他可以推测出明天的天气情况。在特伦蒂，不止一个这么聪明的人。西兰季·西里奇、小酒馆老板、菜园主、牧羊人以及全村庄的居民，他们知道的生活常识和他一样多。"①

如此理解大自然、跟土地和动物打交道从根本上将农民文化、乡村文化和城市文化的类型和方向区别开来。② 因此，一味地将乡村文化同城市文

---

① Чехов А. П. День за городом. Сценка//Собр. соч.：В 12 т. Т. 4. М.，1955. С. 253 –
254. Впервые напечатано：Петербургская газета. 1886. № 135.
② 如果说城市文化以个体、书面语言、表面上的权利、识字的人优先作为互动对象，那么乡村文化则预设了宗教和道德的优先权，包括法律领域与自然成分的互动，让口头表达成为可能。相对于乡村文化，所谓城市文化是指城市上层社会成就的总和，而乡村文化则完全包括了城市底层的价值观和文化体系。

化进行比较，尤其是强调城市文化的绝对优越性，这样做似乎并不合适。

我们发现还有一种很少引起人们注意的情况。民间文化传统的一个重要组成部分是农民对尊重他人和自我尊重的追求。农民固有的尊严是其生活习俗和道德准则的一部分。① 下面引文的作者特别关注民间文化蕴含的一个元素，即传统的乡村问候，而且是第一次问候，即使是向陌生人问候，"这一古老习俗涉及对每个人的尊重以及对自己个人人性的尊重"②。

20 世纪初，农民文化最本质的部分幸运地保存了下来，这取决于农民的生活条件和环境。К. Д. 卡维林对农民文化做了如下描述："首要的也较为重要的是，农民是礼仪、习俗、行为惯例和陈规陋习的无条件拥护者和执行者。农民的所有活动、生活习俗、审美情趣、爱好偏见，以及种种文化心态都已预先确定，农民就在这样的文化背景下度日前行，其一生都沉浸于其中，无须个人做出任何贡献，也没有试图通过个人的创造力、个人劳动付出或个人意志品质的努力来改变生存环境。"③

很明显，这种自然培育形成的农民的世界观，数百年来与农业劳动密切相关，它依赖自然环境和气候条件，并与宗教节日紧密联系在一起。周而复始的农业生产和每一年度的东正教节日对农民的整体精神风貌产生了重要影响，促使他们年复一年地不断辛勤劳动，确保农业生产获得丰收（尽管是相对而言）。对农民来讲，最重要的就是农业生产一直保持稳定发展，并追求农耕方式多样化，尽管会遇到许多障碍，但这些措施仍能够确保解决家庭温饱问题。

当然，这只是问题的一个方面。除此之外，还要充分考虑地区环境以及每一年的具体情况。大多数农民会根据自然条件——早春或晚春、干热、炎热或寒冷、雨季，创造性地使用传统的家用农机具……农民会集体做出

---

① См.：Купайгородская А. П. Выступление в дискуссии//Рабочие и интеллигенция России в эпоху реформ и революций. 1861 – февраль 1917. СПб.，1997. С. 208.

② См.：Купайгородская А. П. Выступление в дискуссии//Рабочие и интеллигенция России в эпоху реформ и революций. 1861 – февраль 1917. СПб.，1997. С. 208.

③ Кавелин К. Д. Собр. соч. Т. 2. СПб.，1904. Стб. 539 – 540.

奥廖尔省的乡村景象，摄于 1902 年

农业生产经营和管理方面的决定，这有利于找到解决问题的办法。

这种集体主义（村社）经济活动从斯托雷平改革时代就已开始，从下面一段农民关于其邻居离开庄园进入独户农庄生活的议论中可以看出。

　　——村社里原本就没有劳动力，更不用说那里了。

　　——难道村社的劳动比那更轻松？

　　——轻松倒不轻松，但是，当你头脑不够用时，你就会跟着别人走，所以傻瓜才去呢。①

19 世纪末 20 世纪初的俄国社会发生了重大变化，这对农民的经济生活、社会活动和文化产生了巨大影响。

农民的世界观正在发生全面的改变：从时间的周期性认识到线性认识的转变。这一切与从废除农奴制开始并一直持续到 19 世纪下半叶的社会变革密切相关。首先，农民世界的信息化程度不断加深，这是由参与土地赎

---

① Фомин Сем. Крестьянское землеустройство//Жизнь для всех. 1915. № 12. Стб. 1729.

买和转让、服兵役等因素促成的。在发展自给自足农业经济的条件下，农民对社会现实的周期性认知被长久地保存下来。

一种关于个人在生活中扮演重要角色的观念正在生成，这一点从20世纪初俄国的社会现实中得到了充分反映。例如，农民会在房屋里最醒目的墙面上钉钉子，然后将一些在县城、省城甚至是首都拍摄的家人的照片悬挂上去。

按照轻重缓急的先后次序，优先事项的转变不仅体现在周期性的经济发展上，而且还体现在对独立个性的线性时间认知上。巩固和加强对独立个性的线性时间认知的愿望通过农民手中保存的那些活着的和已经离开的亲人、朋友照片反映出来。这是考察农民日常生活动态变化的最显著的指标之一。

另一个重要现象出现在19世纪下半叶。俄国农民有了姓氏，经常使用父名。这也是个性化和自我意识增强的明显表现之一。有时在档案中发现的那个时代最罕见的文件表明，正是在这一时期，农民开始对"自己人"称呼"您"且连带着父称，并且常常是称呼最受尊敬的人以及乡、村政府的个别代表。①

这些看似无关紧要的社会基本现象却反映出脱离村社的个人意识、独立人格形成和巩固的条件业已成熟，即这些社会革新决定了农民生活取得全面的进步和发展，通常认为，这一切以其最普遍的形式完成了由稳定的伦理向革新的伦理的过渡过程。② 它们是农村新关系形成的条件，在20世纪初表现得尤为明显。

历史总是错综复杂的，尤其是在19、20世纪交汇点。随后，直到1917

---

① 在19世纪70年代初的一份档案中，我看到了被当作书签的一张纸条："亲爱的朋友康德拉迪·季莫费耶夫，我请您去一趟费迪亚耶夫卡，然后您去见伊戈尔·奥布拉莫夫，他捎来25银卢布。需要您做的是，如果他把钱给您，您帮忙收下它。"（Государственный архив Липецкой области. Ф. 206. Оп. 1. Д. 23. Л. 189об. – 190）这种称呼——尊称"您"，很可能是存在的，因为纸条文本的接收者是当地的乡长康德拉迪·季莫费耶夫，他将纸条夹在乡法庭的判决书中。

② См.：Теляк Л. В. Этические аспекты в аграрной истории России конца XIX – начала XX в.//Исторические исследования：Сб. науч. тр. Самара，1997. С. 50；см.：также：Скотт Дж. Моральная экономика крестьянства как этика выживания//Великий незнакомец：Хрестоматия. М.，1992. С. 202 – 210.

来自雅罗斯拉夫尔省梅什基诺县罗日杰斯特文斯基乡库兹明斯克耶村的农民
И. С. 索洛维约夫与其妻子叶卡捷琳娜·扎哈罗夫娜、
孩子和侄子，合照摄于 1905 年 4 月 27 日的圣彼得堡，
И. С. 索洛维约夫曾在那里打短工

年十月革命爆发，俄国农村人口的财富分配及社会等级分化对农民生活及其风俗信仰等各个方面的影响不断增强。这是农村关系的矛盾日益激化的重要根源。它影响了理想和利益的平衡关系、"劳动者权利"和"劳动权利"，以及农民面对复杂的社会政治环境做出的重要价值选择。

　　长期以来，对原地主农民行为进行分析是研究人员对普通大众的主要价值观进行研究的主要方面。必须指出的是，原地主农民仅占俄国农民人口的一半左右，他们被剥夺了更多的土地，他们对待生活状况的态度，尤其是在 19 世纪末, 是由以往长期对主人权力的依附性所决定的, 他们对这些权力施威所造成的影响极为敏感, 这一切勾起了他们对昔日农奴制的深深回忆。

俄国社会还有另一部分农民, 即原国有农民, 其存在却是另一番截然不同的景象。按照 H. 帕夫洛维奇时代的法律, 这类农民被认为是"自由的农村居民", 他们手中握有更好的土地, 识字水平较高, 因为根据 П. Д. 基谢廖夫农业改革的纲领, 自 19 世纪 40 年代初开始, 这类农民居住的村庄就已经创建教育机构。

不同群体的农民的法律地位不同, 各种物质的保障也存在差别, 这一切阻碍了统一的农民阶级的形成。与此同时, 19 世纪 60 年代后半期, 无论是地主农民还是国有农民都被合并在同一个乡村, 这样就实现了行政管理的统一。地方政府和村民大会的讨论、地方联席法院工作事务的参加将各类农民黏合成为一个统一的但拥有不完全权利的群众集体, 过去不同等级农民长期存在的矛盾逐渐消除, 形成了农业劳动人口统一的精神文化。

然而, 尽管存在一些法律性质上的分歧, 但还有比一般行政机构更多的组织, 其将所有的农民群体和社会阶层联系在一起, 这就是东正教各级组织。俄国的大俄罗斯农民主要是东正教农民。俄国东正教信仰和东正教教堂建立在广大的农民聚居地, 这为农民的相互了解和沟通创造了条件。数百年来, 俄国民族性格一直受到东正教的强烈影响, 全体农民的民族精神特征决定了整个农民阶级的价值取向和行为准则, 无论居住在何方。①

村社组织是能够将不同阶层和群体的农民团结在一起的重要因素, 它反映了整个大俄罗斯农民群体的本质特征。在此期间, 在基谢廖夫改革和农奴制废除后, 农村公社 (сельское общество) 获得了正式的官方认可的地位, 在村社的框架内, 诸如法律上确立的乡会、村民大会、乡公所、乡法院等组织机构开始发挥职能。无论农民出身等级如何, 他们都会派出农

---

① См.: Перевезенцев С. В. Русский выбор: Очерки национального самосознания. М., 2007. С. 378, 388, 396, 405 – 406.

沃罗涅日省扎顿斯基县小迈切克村的农民吉洪·雅科夫列维奇
和安娜·阿列克谢耶夫娜·罗季奥诺夫，摄于 20 世纪初

民代表参与这些组织的工作。

农民土地村社在现有农民自治制度下开始发挥作用。与土地供应存在差异性相比，土地集体所有权的基本思想具有决定性意义，特别是在本书所研究的历史时期。19 世纪下半叶，在粗放的农业经济和人口增长的情况下，与土地利用存在差异性相比，土地短缺成为亟待解决的问题。村社土地所有权和使用权首先主要顺应了农民生存的精神道德要求而不是自然气候条件。保留土地集体所有制的事实反映了新一代农民的劳动权利，这成为一个强有力的稳定因素。

然而，农村整体的稳定受到了一些状况的负面影响。其中，决定性因素是农民对耕地不足的认识，最重要的是地主土地私有制的存在。从农民的劳动伦理和习惯法的法律观念角度看，土地所有权、使用权和分配权并没有因为之付出的体力劳动而得到加强，这是地主土地私有制存在的主要不利之处。20 世纪初，研究农民习惯法的著名学者 A. A. 列昂季耶夫指出了农民世界观的一个基本特征："所有从事农耕的农民将共同享有土地所有权。所有非劳动者都直接失去了参与分享土地所有权的权利。"①

俄国的政治事件对农民生存环境产生了深远的影响，其结果是迎来了一场社会大变革，这在很大程度上决定了农民地位和价值取向的变化。19 世纪末 20 世纪初通过的一系列立法法案对农民的法律观念、社会经济状况和文化偏好产生了重大影响，具体包括 1893 年法律禁止转让和抵押农民份地，并规定了村社土地重分的期限；1903 年 2 月 26 日宣言虽然表述谨慎，但毕竟第一次记录下来政府打算对农民法律地位的法律条文进行创新，政府出面敦促农民脱离村社的管理②；废除了评价不一的连环保制度（1903），同时还取消了其他一些早已不合时宜的法律条文规定。

另一个影响村社生活的事件是日俄战争。许多年后，一位当代人在思考农民生存环境的过程中注意到，农民阶级价值体系的变化始于日俄战争，这是 19 世纪下半叶在俄国农村居民自我意识显著增强和信息领域日渐广阔的条件下发生的第一次重大事件。

1905～1907 年革命期间，俄国国内政治发生了巨大的变化，特别是 1905 年 12 月 11 日的选举法，它允许农民以他们代表的名义参加国家杜马立法机构的选举，以及 1906 年 10 月 5 日颁布的法律，它将农民权利与俄国其他阶层的权利等同起来。

没有什么必要去证明斯托雷平改革对农民价值观产生的巨大影响：是将各种类型的土地转让给农民还是 1906 年 11 月 9 日法令起到的作用呢？！

所有这些对农民获取更高层次知识和文化的渴望形成产生了重大影响。对农民"社会精神和创新生活的提供者"角色的理解导致一位外国农业移民得出以下结论："和上世纪最后几十年及本世纪初相比，今天俄国农

---

① Леонтьев А. А. Крестьянское право. Б/м. , б/г. С. 21.
② 宣言建议继续修改农村立法。"这些努力的核心是保护农民土地所有权的村社制度不被侵犯，同时寻求让个别农民更容易退出村社的方法"（ПСЗ－Ⅲ. Т. ⅩⅩⅢ. № 22581）。

民的求知渴望是排在第一位的，仅次于我们的神职人员。在与创造新精神价值体系相关的俄国社会生活领域，农民的发展和成长要比贵族快得多。"①

农民在村里讨论生活的紧迫问题，希望了解国家杜马（特别是第一次和第二次会议）代表的活动。第一次世界大战前夕，全俄合作社运动刺激了农民的求知渴望，至少是对初级识字的渴望。因此，提高农民文化素质、让农民掌握农业生产科学文化就此提上了议事日程，对农肥好处的认识、多田制等问题的解决已经为成为土地主人的农民带来了财富，甚至在传统农业的框架内形成了"农民工"这一新概念。

影响农民处世之道和世界观形成的客观环境包括 1891 年、1892 年、1897 年、1898 年、1905 年、1906 年、1911 年遭遇的饥荒年和歉收年。人们一致认为，既要提高农民的一般农作物种植水平，也要提高农民的专业农作物种植水平。因为，20 世纪初是俄国农业人口发展史上一个过渡时期，这一时期，人们开始慢慢意识到自然客观因素服务于文化和科学成就的必要性。

大众生活领域发生最显著变化的时间可以追溯到 20 世纪初，当时俄国国内营造了极为宽泛的公共活动自由空间：国内革命和非法出版物的发行，1905 年 10 月 17 日宣言以及政治自由，第一届和第二届国家杜马会议上农民代表捍卫自身利益的讲话，农业改革以及关于这场农业改革对农民产生了巨大影响的讨论。最重要的是，耕地不足这个问题将国家所有农民团结在一起。然而，在现实中，随着农户份地面积的减少，这一经济元素并没有对农民行为产生决定性的影响。农民行为的核心是传承了几个世纪的古老的习惯法，他们的价值观构成了劳动伦理的基础，尤其是在反抗地主土地所有权方面表现突出。农民形成了"一套完整的法律关系，这种关系在他们的法律意识中与其正义感紧密相关，是为他们的经济关系披上的一层

---

① Маслов С. Возрождение России и крестьянство//Крестьянская Россия. Сб. Ⅱ – Ⅲ. Прага，1923. С. 63.

饥荒年，村里的茅草屋被拆除，用作饲料，谢尔加奇县卡多姆克村，
М. П. 德米特里耶夫摄于 19 世纪 90 年代

法律外衣"①。

　　农民家庭和社会生活的不同方面体现了他们传统的法律价值观和最重要的文化成分，主要是千百年来形成的生活条件和日常生活状况。其一，权威影响只体现在著名的《1886 年家庭财产分配法》上，但是这部法律在农民生活中很少使用。其二，权力当局试图向农民自治的组织和维护施加压力。经 1861 年 2 月 19 日法律稳定下来的脱离农奴制的地主农民逐渐扩展到其他农村人口地区。改革个别部分（М. Н. 柳博申斯基委员会）或整个地方政府（卡汉诺夫委员会）的尝试没有带来变化，内务部编辑委员会的活动，以及关于农业产业需求的特别会议召开的结果同样如此。

　　只有 1889 年法律对这种情况产生了重大影响，这使农民意识到地主老爷统治劳动者的时代又回来了。

　　这些现象之和总体上决定了"俄国农民的文化偏好"。

---

　　①　Леонтьев А. А. Указ. соч. С. 21.

一位叫欧·亨利的作家曾用一句格言概述不同文学作品中都能够读到的中心思想："这不是我们选择道路的问题；我们灵魂深处的东西决定了我们选择的道路。"至于"我们灵魂深处的东西"，这就是一个人的文化素养以及他的人生价值观，而这一切是由许多条件决定的。就我们的研究主题而言，正是这些条件影响了农村人口生活的各个领域，反映在日常生活、劳动伦理、与更高级的平等的社会阶层以及大自然的相互关系中。正是它们在 20 世纪初俄国社会运动最艰难的条件下决定了道路的选择。

分析一切社会条件和关系的总和，将有助于从与传统相关的创新成果形成的角度评价农民的精神文化和传统社会的意义。只有这样才能阐明社会发展变化的动态过程，而不仅仅是对其状态特征进行描述，通常只有通过对工业社会形成条件进行严厉批评，才能得出传统社会的意义和作用的结论。

大俄罗斯农民的社会生活

农民日常生活中最重要的部分是他们的村社之间的相互关系。农民自治的初级阶段鲜明地反映出农村人口文化水平。几个世纪以来，在农民的生存环境中形成了集体生活的基本原则，该原则被村社和村长持续监督和执行。A. A. 基泽维特早在 20 世纪 20 年代初就指出："俄国民众一直表现出非凡的自治能力。人们普遍认为，我们的民众还没有发展出自己的业余爱好，这是由于我们习惯于根据外表来判断事物，或者更确切地说，是因为我们习惯于从俄国上层建筑的立足点做出判断，而很少关注那些数量众多的地方自治村社以及置身于其中的社会底层民众，正是那里培育出了非常复杂的社会公共活动形式。"①

俄国自治问题的研究人员 С. Г. 普什卡列夫表达了和 A. A. 基泽维特一样的立场，他指出，俄国民众在整个历史上一直有独立解决问题的传统。②

---

① Кизеветтер А. А. О « русской душе »//Н. А. Бердяев： pro et contra. Кн. 1. СПб. ，1994. С. 332 – 333.

② См. ：Пушкарев С. Г. Обзор русской истории. СПб. ，1999（1 - е изд. Нью - Йорк，1953）.

人们赞同 С. Г. 普什卡列夫的观点："大家普遍认为，俄国人一直生活在农奴制下，他们已经习惯被奴役的命运，没有能力在自由的和独立的基础上组织自己的生活。这与历史事实背道而驰。"①

上伏尔加河畔科罗博夫村的农民，С. М. 普罗库金－戈尔斯基摄于 1910 年

1861 年改革的同时代人对已经建立并发挥职能作用的农民自治的重要意义做出如下评价："农民自治是社会一切的基础。它已经存在于所有社会力量中，而年青一代的农民将在其合法权利的意识中成长。"② 事实上，到 19 世纪 90 年代初，已经摆脱农奴制束缚的新一代农家主人的社会阶层业已形成。按照一位在 20 世纪 20 年代已经移居国外的著名农民史研究专家的表述，"村社"和"村民大会"是"包罗万象的、完整的集体组织，不仅是

① Пушкарев С. Г. Самоуправление и свобода в России. Frankfurt am Main，1985. С. 5.
② Письмо Н. А. Орлова － Е. М. Феоктистову（1865 г.）（цит. по：Нифонтов А. С. Письма Н. А. Орлова о России в 1859 － 1865 г. //Вопр. истории. 2000. № 8. С. 146）.

经济上的，而且是文化上的和政治上的……"。①

"米尔"，或者说"村社"，不仅是行政和经济 – 土地组织机构，相应地，其还体现出俄国农民的文化价值观。村社的活动，以及社会对它们的态度，鲜明地反映了大俄罗斯农民的价值取向、文化水平和法律认知的程度及类型划分。

按照 1861 年 2 月 19 日法令的规定，农民自治在村社和乡村两个基层行政单位发挥作用。所有的农村家庭的家主共同成立了村民大会②（更准确地说，是村社的会议），乡村一级行政单位也设立了村民大会。村社是一个组织机构，不仅解决村社的土地问题，而且解决行政问题。

在研究公社和农民村社的日常生活时，K. 卡乔罗夫斯基写道，在整个俄国社会制度崩溃之前，"一个最重要的和最紧迫的任务就是研究和思考俄国农民的自治问题，俄国农民村社是俄国管理和自治机构相对初级的部分，也是作为经济联盟和土地共同体获得广泛发展的一部分，村社是农民形成个人社会独立性的基本单位和主要发源地"③。

例如，在一个拥有五个土地村社的村庄，其在行政上却只能代表两个村社，施行自治的困难是显而易见的；或者在另一个由三个土地村社组成的村庄里，第一个土地村社由前地主农民构成，第二个土地村社由前份地农民构成，第三个土地村社由前国有农民构成。土地村社里设有两个村民

---

① Качоровский К. Крестьянство и интеллигенция//Современные записки. Париж，1921. No V. C. 215.

② 让我们指出这个时代的研究人员还没有充分考虑到的一点：必须始终如一地区分土地村社（经济机构）和米尔及村社（行政机构）。根据 Л. И. 库丘莫娃的说法，米尔是村社的立法机构［См.：Кучумова Л. И. Сельская община в России（вторая половина XIX в.）. М.，1992. C. 7.］。事实上，它们的数量比例略有不同。早在 20 世纪初，А. С. 伊兹戈耶夫就指出："我们对农民的规定是含糊不清和前后矛盾的，没有明确地将村社和农村社会区分开来。"（Изгоев А. С. Общинное право. СПб.，1906. C. 127.）对于我们所讨论的主题，必须指出的是，村镇中通常设有几个村社。研究表明，在这样的农村社会中，"村民大会"通常是村社（定居点）集会。因此，在这种村民大会上最重要的是土地问题，尽管农民财产存在差异，但村社关系依然存在，集体关系也保持不变，传统上倾向于达成共识。在这种情况下，全村召开村民大会有助于在更广泛的互动中使公众意见趋于一致。

③ Качоровский К. Жизнь деревни：Очерки современного крестьянского мира// Ежемесячный журнал. 1915. No 9. Стб. 440.

大会，第二个村民大会把份地农民和国有农民聚集在一起。①

在作为 19 世纪 60 年代改革内容之一的行政改革的进程中，俄国 46 个省创建了 9578 个乡村作为社会基层行政单位。结合改革者的构想，俄国乡村几乎实现了权力的划分：村民大会是管理机关和执行机构；乡政府由乡长领导，是执行机关；乡法院是司法机关。它们的长期存在使农民相信自己可以自主解决许多问题。

到 20 世纪初，复杂的生活环境和维护世俗活动法理基础的需要，使乡政府以其积极的和消极的两方面特点成为行政系统的底层。值得注意的是，根据乡文书官的统计，在 20 世纪初，乡政府保存下来大约 60 本书，其中包括乡长、乡政府、乡法院的活动，还有被记录下来的个别的案件。② 虽然所有文书官都抱怨难以进行如此广泛的书面工作，但我们认为这种记录是治疗地方当局决策武断和任意妄为的良方。

19 世纪中叶，Б. Н. 米罗诺夫确定了村社的以下职能——管理、组织生产、金融和税收、司法、警察、代表选举、社会保护、文化和教育、宗教③，这些职能在 20 世纪初依然具有重要意义。但是，除此之外，20 世纪初的乡村民大会已被纳入国家政治体系，省级选举委员会的农民代表和参加国家杜马选举的农民代表是在村民大会上选举产生的。因此，为了"在政治上获得良好的开端"，农民不得不在他们家乡的村子里积极行动起来，这使得当地民众参与到选举制度最底层的政治斗争中来。

---

① Сборник статистических сведений по Орловской губернии. Т. 3. Трубчевский уезд. Ч. 2. Орел, 1887. С. 68 – 69. 在这样的组成下，能够将农民利益联结在一起的乡的重要性凸显出来。在这方面，"乡村和平"一词的出现恰恰反映了在行政上团结农民的统一运动首先意味着召开一次全乡村民大会。

② См. : Погорелов Г. Что такое волостной писарь? К съезду волостных писарей М. , 1907；Купчинов Ив. Из дневника волостного писаря. М. , 1910.

③ См. : Миронов Б. Н. Социальная история России периода империи（ХⅧ – начало ХХ в. ）. Генезис личности, демократической семьи, гражданского общества и правового государства. Т. 1. СПб. , 1999. С. 435 – 439. Еще в начале ХХ в. исследователи отмечали необходимость отличия административных и земельных функций « мира » （ по терминологии Положений 19 февраля 1861 г. – сельского общества ） и « общины » （ см. : Страховский И. Крестьянские права и учреждения. СПб. , 1903. С. 142）.

对我们来说尤其重要的是，世界作为一个整体，其官僚制度无论历史意义和当代价值如何，都决定了当时的精神价值观。① 在这方面，历史记忆占有重要地位。按照一位现代研究者的说法，俄国农民记忆深处的核心观念是"土地的力量"，它包括几个组成部分：农民对他们与土地的特殊联系和"为土地辛勤服务"的信念，因此，在其独特的社会使命中，"养家糊口的人"成为农民的主要身份；曾经对所有人开放的土地的集体记忆；土地是"上帝赐予的礼物"的概念；支持所有人共同拥有作为栖息地的土地等自然权利；《劳动法》。②

19 世纪下半叶至 20 世纪初，俄国公共生活领域进行了一系列变革，这使村社组织机构的职能发挥发生了重大变化。1889 年颁布的《农民自治法》设立了地方自治长官的职位，对乡法院进行了改革，对农民自治组织和自治活动产生了深远影响。

从普通农民的角度来看，引入地方自治长官的职位意味着恢复到先前农奴制的做法：整个农民自治制度由当地地主监督和管理，其可以干涉几乎每个农民个体存在的任何问题。

但是，人们已经对现实有不同的看法，因此，在农奴制废除后形成了新世界观的农民不再保持沉默，也不会变得沉默。人们对这一变化的普遍认识是："我们现在完全自由了，不像过去那样；沙皇不会让我们难堪，我们可以随心所欲地与地主交谈。"③

原国有农民不习惯与政府代表密切地互动，政府官员的干涉在原国

---

① См.：Кучумова Л. И. Указ. соч.

② Кознова И. Е. Историческая память российского крестьянства в XX веке：Автореф. дисс. . . . докт. ист. наук. Самара，2005. С. 23.

③ Слова крестьянина Острогожского уезда Воронежской губ.（См.：Чернов А. М. Очерк последних беспорядков в слободах Евстратовке，Морозовке и хуторе Колбине Острогожского уезда，составленный на основании конфиденциального сообщения начальника Воронежского губернского жандармского управления，рапортов уездного исправника и личных моих бесед на месте с помощником начальника Воронежского губернского жандармского управления и и. д. острогожского прокурора//Из истории Воронежского края：Сб. ст. Вып. 7. Воронеж，1998. С. 193 – 194）.

有农民中引起更强烈的反响。19 世纪 40～50 年代的地方自治长官行政管辖权的覆盖范围很广，但是他们很少有机会干预农民生活中发生的直接事件。

作为一个能够影响其内部成员而不是政府官员的机构，村社的意义得到了国家的认同。因此，1894 年 6 月 3 日颁发的《居住证条例》规定，即使未经那些暂时出门在外的人员的同意，在发放居住证的一年内他们也可以被选为公职人员。[①]

农民有 30 年的生活实际上几乎是独立的，不受官员[②]的控制，在农民自治的框架内巩固了自由解决村社内部事务的原则。我们在当时的一本杂志上读到以下表述："农民社会小心翼翼地维护自己的利益……"[③]

农民这种细心态度的一个鲜明例证就是连环保制度。农民日常生活的这一要素多次受到自由派出版物严厉的批评：连环保助长了农民的依赖心理，加强了对富裕农家经济能力的压制，因为社会为欠款人支付了欠缴的税款。事实上，村社在清算其成员的债务方面所做的工作并没有那么直截了当。连环保是推动农民互助的一个重要因素，但不是对那些没有支付税款的人的慈善之举。我们只举一个例子。1886 年，沃罗涅日省扎顿斯基县的赫列夫诺耶村对逃税者采用了以下形式的感化手段：由于"极度贫寒和经济衰败"，将八个家庭合在一起，共支付了大约 1000卢布的逃税款。与此同时，政府通过一项决议，将 20 人从安全土地上分离出来，并将这些土地转让给"更可靠"的纳税人；17 人的部分财产被出售。[④] 因此，村社集体被视为加强相互团结和提高集体劳动力的核心力量。

1902 年，著名的农民村社研究学者 K. 卡乔罗夫斯基提出，他们曾经分发一份关于村民大会活动的问卷，其调查结果是：大约 60% 的受访者声称，

---

① ПСЗ－Ⅲ. Т. 14. № 16709.

② 米尔调解员，而自 1874 年以来，县农民事务委员会常任委员都是村里难得的客人。

③ Веретенников Ив. По поводу круговой поруки // Вести. Европы. 1893. № 11. С. 387.

④ Веретенников Ив. По поводу круговой поруки // Вести. Европы. 1893. № 11. С. 387.

在他们的村庄里，村民大会进行得"有序"，或"理性"，或"真诚"；60% 的受访者认为，在过去的 10 年里，村民大会工作已经有所改善。①

根据法律规定，村民大会决定乡村行政人员的选举、土地及具体义务的分配、现有森林的管理、村社公共土地的使用、学校和教堂的资金分配、孤儿和其他社会成员的监护，并解决家庭分裂问题，驱逐行为不端成员，等等。

在村民大会的工作过程中，村庄内部成员之间形成的关系表现最为明显。其基础是农民树立的真理观和正义观，以及对农业体力劳动这一主要职业的理解。事实上，在农民的日常生活中，有一些概念能够反映出村社个别成员的行为特点，如"寄生虫""恶霸""大嗓门儿的人""富农"。值得注意的是，这些特点（特别是最后一个）并不意味着对农户家庭财富的评估。② 在这方面，一位农民的观点很有启发性："几乎每个阶层都有以牺牲他人为代价而生活的人，也就是损人利己的人，但是，在农民阶层中似乎更多。这些人在特权阶层中的绰号是'寄生虫'等，在农民中，他们被称为'剥削者''拳头''蜘蛛''寄食者'等。"③

农民的劳动观，以及在很大程度上代表着农户富裕程度的劳动成果，最终决定了农户主人对街坊邻里的态度。H. 阿里斯托夫在笔记中写道："农民们，尊重他们家境富足的兄弟，他依靠自己辛勤的劳动赚取了一天的收入。"④ 这种对劳动成果的尊重态度是农民最高正义感的充分体现。现代研究人员也同意这一观点："……农民的劳动伦理观尊重劳动财富，与村社的前资本主义制度密切相关。"⑤

农民家庭文化中普遍存在一个共同特点，即认为只有土地上的体力劳

---

① См.：Качоровский К. Жизнь деревни...//Ежемесячный журнал. 1915. № 12. Стб. 218.

② 富农——守财奴、商贩、小投机商、鱼肉批发商等（См.：Даль В. И. Толковый словарь живого великорусского языка. 2 - е изд. Т. 2. СПб.；М.，1881. С. 215）。

③ Ежемесячный журнал. 1915. № 11. Стб. 220.

④ Аристов Н. Заметки о сельском управлении в России//Библиотека для чтения 1864. № 8. С. 16.

⑤ Покровский Н. Н. Труд и обычай//Новый мир. 1987. № 12. С. 248.

动才是"真实可靠的"劳动，而对待那些走捷径致富的同胞村民持轻视、怠慢的态度。因此，对于通常使用哄骗等无赖手段缠住农民的放高利贷者、富农、商人、小投机商，由于他们的欺骗、厚颜无耻和精于算计，农民坚定地说出"不喜欢"这样的字眼，不喜欢他们的技巧、傲慢和控制。下面关于俄国农民的说法完全正确："他们非常重视……财富的来源，即最初积累财富的方式是什么样的。"①

在农奴制废除后近30年时间里，村社内部问题可以在村社调停人（各县处理农民事务的不可或缺的人员）最低限度的干预下加以解决。在大多数人口稠密的地区，官员很少出现。

1889年，在拥有广泛自由裁量权的地方自治长官这一职位设立后，村民大会做出的几乎所有决定都可能被推翻。地方自治长官有权向县议会提交村议会的废止裁决。"类似程序……从本质上讲，它剥夺了乡村议会的任何自治权，并将解决当地经济和行政管理问题的方案交给了政府部门……"②

地方自治长官可能会不批准农民选出的村政府公职人员，这一事实给农民们留下了特别差的印象。库尔斯克省的一位农民直截了当地说，"……作为一种常见的现象，人们可以观察到，村民大会选出担任公职的人没有得到上级的批准，而是被其他不受民众信任的人取代"，因此，"村民大会的重要性完全丧失了"。③ 这样的举动引起了农民对"地方自治长官"相当明确的态度："现在，毫无疑问，农民们希望这个职位不再存在。现场表决：赞同，赞同！"④

然而，在地方自治长官中，也有不少人努力奉行他们自己的正义观和人生观，真心实意地为农民做事，切实地维护农民的利益。事实上，这些

---

① Громыко М. М. 19世纪俄国农民对财富和进取心的态度，主要取决于传统宗教道德观念和社会习俗观点。//Этнографическое обозрение. 2000. № 2. С. 87.

② Риттих А. А. Крестьянский правопорядок. СПб. , 1904. С. 130.

③ Риттих А. А. Крестьянский правопорядок. СПб. , 1904. С. 160.

④ Материалы по вопросам земельному и крестьянскому. Всероссийский съезд крестьян – старообрядцев в Москве. 22 – 25 февраля 1906 г. М. , 1906. С. 64.

信念确实与农民自治机构运作中常见的负面影响不相符合。① 但仅仅是干涉农民事务的事实就被认定为暴力：农奴制时代②的历史记忆在很大程度上决定了农民行为的特点。③

这种人际关系的建立使农民不仅对当地地主（地方自治长官就是从地主中选举招募的）而且对整个贵族都形成了稳定、持续的不信任感。④ 1905～1907 年革命事件充分反映出这一问题。当时正是村民大会出面组织农民对地主庄园洗劫一空的。然而，对于许多农民来说，这种行为是否合法的想法与习惯法关于土地权和在田间干活的劳动者的权利及劳动成果的信念联系在一起，甚至有时人们还保留这样的观点：这种行为是由最高当局授权的。⑤

民众政治文化在这一时期的一个重要指标是最普遍的村民大会决策方式。它包括或多或少的长时间的讨论和以普遍同意的方式做出决定。农民固有的信念是，只有普遍的、世俗的、集体的解决办法才具有合法性。

一位农民生活观察人士写道："我多次出席村里的会议，每一次我都目睹了会议如何做出一致决定。能够达成一致意见的原因是，少数人如果不能论证自己的论点，那么他会自愿屈服于多数人的决定，以便与所有人团结一致，并成为他们中的一员。有时会发生这样的情况，在所有人的努力下，会议未能达成一致意见，因此，村民大会又推迟到另一个时间召开，直到村社所有成员达成一致意见。"⑥ 村民大会的这种行为取向反映了农民

---

① См.：Богатырева О. Н. Институт земских начальников и крестьянское самоуправление в северо－восточных губерниях//Нестор. СПб.，2007. № 11. С. 72－74.

② См.：Кознова И. Е. Указ. соч. С. 23.

③ 一位老信徒农民对地方自治长官说："你们带来的伤害比日本人还多。"（Материалы по вопросам... С. 133）

④ "农民对地主老爷的不友好态度又开始表现出来，这种敌对态度在农民解放和地方自治长官上任之间的一段时间里有所缓和。"（Семенов С. Т. Двадцать пять лет в деревне. Пг.，1915. С. 93）

⑤ 我们还提到，1905 年在俄国的许多省份是粮食歉收的一年，因此，1906 年是饥荒年。

⑥ Красовский В. Э. Ундоровская община（Симбирский губернии）//Сборник материалов для изучения сельской поземельной общины в России. СПб.，1880. С. 371.

关系的一般原则——"相互同意"。这位细心的农民生活观察人士写道："在所有的村庄里，'相互同意'都起到了极为重要的作用。"① 许多当代人的相关叙事都致力于描述在村民大会上达成普遍共识的过程。②

应该指出的是，世袭贵族、地方贵族以及俄国社会其他阶层的代表对农民的了解程度非常有限。农民有"共产主义阶级本能"这一思想的支持者、"俄国农民小兄弟"的自由主义捍卫者，还有那些认为有必要"在工厂熔炉里得到淬炼"的代表人物，以及那些承认农民的君主主义情绪的人，都属于这种情况。他们谈到了农民的饥饿、阴暗和目不识丁，以及农民缺乏所有的道德品质，无法形成财产所有权的观念。

所有这些都可以归结为同时代人的断言，即俄国受过教育的社会阶层对该国90%的人口的日常生活一无所知。他们——俄国的农民和贵族，很难做到相互理解。让我们回忆一下契诃夫笔下的"预谋犯"丹尼斯·格里戈里耶夫，他和一名司法调查人员交谈，但始终不明白自己为什么被送进监狱。

像村社法官、地方自治局领导人这些在农村长大的未来农民生活观察家，却不知道是什么构成了农民日常生活的基础，农民的思维方式又是如何形成的。他们成了自己"村里的观光客"：他们看到的、感知到的和有时描述出来的，都只是很容易被观察到的事物的一种外在表象。В. П. 沃龙佐夫在他的一篇文章中指出："……一个民间生活的不经意的观察者，不去深入思考现象的本质，只是匆匆一瞥事物表面现象，倾向于夸大事实的重要性，把个别突发事件上升为法律案件。"③ 因此，其中一位"观光客"写下了农民将他们的争端诉诸村社的固有习惯，并指出，任何"有机会到村子里来"的人都知道这一点。④ Г. И. 乌斯宾斯基笔下的主人公延续了这一想

---

① Соловьев Е. Т. Гражданское право: Очерки народного юридического быта. Вып. 1. Казань, 1888. С. 61.

② См.: Боготырева О. Н. Указ. соч. С. 71 – 72.

③ В. В. Семейные разделы и крестьянское хозяйство//Отечественные записки. 1883. №1. Современное обозрение. С. 3.

④ РГИА. Ф. 1405. Оп. 66. Д. 3482. Л. 188об.

法，这位主人公说："你来亲眼看看，你自己来判断……"① 这样的"观光者"后来有的当上了村社法官，有的当上了地方自治局领导人、政府官员和回忆录作者，他们留下了关于俄国农民的非常肤浅的描述。

事实上，在乡村的乡法院，相当多的"抓胸脯"、拔胡子、撕破衬衫、殴打、辱骂等案件与农民在村民大会上无法达成协议有关。然而，这并不妨碍我们得出一个让每个人都满意的解决方案，或者更确切地说，这个解决方案不适合任何人，每个人离开村民大会时都带着一种信念，即相信这不是一个好主意，方案不是最好的，但却是村社做出的决定。民间谚语"村社拿出了解决方案，上帝也会做出评判""农民是聪明的，村社是愚蠢的"等表达了农民的观念。

在 20 世纪初，农民识字率的提高开始对社会产生影响。在识字率最高的彼尔姆省，当地学校教育问题的著名研究员 Д. 博贝列夫研究了村民识字率提高对村民大会的影响。根据提供的资料，在 714 起案件中，有 548 起（约占 77%）被认为有文化的人对村社的村民大会以及乡治安事务的影响是"显著的"，166 起案件（约占 23%）并不受其影响。②

早在世纪之交，对于村民大会上的一系列问题，人们就开始使用"气球投票"，即以多数票和秘密方式做出决定。这种方法最常用于选举村长和乡村法官，这不仅是因为人们希望放弃举手表决或走向村长候选人的一侧或另一侧以表示"赞成"或"反对"该候选人，而且还考虑到这样一个事实，即选民的个人立场既不冒犯邻居的利益，也不给别人任何理由过后找他的麻烦，使他的日常生活变得更加复杂。后来，秘密决定的方式逐渐普及开来。

同时代人关于村民大会对村社成员施加强迫行为的证词很常见。研究

---

① Успенский Г. И. Из разговоров с приятелями（на тему о власти земли）. Ⅱ. Мишаньки//Полн. собр. соч. Т. 8. М. , 1949. С. 158.

② См.：Бобылев Д. Народная школа и значение грамотности в отзывах крестьян// Сборник Пермского земства. 1901. № 2. С. 25. 然而，值得注意的是，作者指出，"……那些剥削者和寄生虫仍然占据着上风"，但有文化的人"开始在村民大会上大声疾呼……"（Бобылев Д. Народная школа и значение грамотности в отзывах крестьян// Сборник Пермского земства. 1901. № 2. С. 27）。这只是 19、20 世纪之交一个过程的开始。

人员指出，村社日常生活中存在的"一些规则"允许"干涉村民的经济活动"①。事实上，这些规则的制定是出于对集体所有成员权利的关心和对保护某些经济利益的必要性的理解。例如，禁止牲畜等践踏草地和庄稼，防止个人主动破坏土地公平分配原则，明确牲畜所有权，为未来的村民建筑等保留公共林地，等等。所有这一切的出发点都充分体现出对平等和维护村社全体成员的权利的渴望。

村民大会干预个体农民的经济利益，旨在规范一个经济单位、一个村社的存在，并没有以任何方式限制他的个人主动性。

关于"村社的绝对权力""村民大会的决定具有约束力"的声明至少是不准确的，并且与自由主义和苏联史学的传统观点有关。

早在1865年，А. Ф. 吉尔弗耳丁格几乎是第一个回应此类声明的人。他指出：村社法是一种自治和私刑的权利，是一种使社会每一名成员在村民大会和对共同事务的决定中都有发言权的权利，按照惯例，这种权利甚至不满足于具有某种强制性质的多数，而需要全体一致同意。在这里，每个人都要服从他自己参与或可能参与的判决，他要服从他自己选择的村长。如果这可以被认为是对个人主动性的削弱，可以被称为监护，那么与农奴制相比，这是多么可怕的人性限制，多么沉重的监护！美国北部各州盛行的农奴制同样可怕，在那里，共同事务同样由全体公民投票表决，即使是简单的多数人投票结果对所有人也都具有约束力！"②

因此，无论是历史的还是现代研究人员不断重复的"村社压制人格"的认知模式需要澄清：这是一种完全不同于俄国农民文化导向的个人的观点。在村社的管理范围内，即土地地段、三圃制和强制性轮种、耕地交错，绝大多数农民认为村社对这些问题的管理还是符合规范的，处理得比较

---

① 这是对个别农家当家人的惩罚：因对田地和其他土地周围的篱笆维护不当；在划分公共草地和饲养草地的过程中破坏或改变了指示牌和标记牌；在禁止采伐的公共森林里乱砍滥伐；未完成农耕工作；未到事先商定日就提前采集坚果和浆果；等等（см.：Шатковская Т. В. Закон и обычай в правовом быту крестьян второй половины XIX века//Вопр. истории. 2000. № 11 – 12. С. 99）。

② Гильфердинг А. Ф. Сельская община//Собр. соч. Т. 2. СПб.，1868. С. 468.

公正。

更重要的是，在村社生活中，利用自我表达的机会，农民不像过去和现在的政治派别那样认为自己被村社压垮了。农民承认村民大会做出的决定得到了大家的普遍认可，同时，他们还有机会向法院提出上诉。这些共同利益是农民解决各种司法冲突的优先选项。我们的材料证实了 Л. В. 米洛夫的结论，即"承认共同的能力比'个人'的能力更重要（绝不否认后者），这在俄国民众的苦难历程中具有极其重要的历史意义"①。

让我们看看著名的农民作家 С. Т. 谢苗诺夫的说法："我没有目睹村社有意识地压迫农民，如果其愿意的话，这一点很容易做到。我们从来没有把任何人在违背他意愿的情况下关进村长办公室，没有给他施加任何压力，也没有剥夺农民在村民大会上的发言权和投票权，更没有在分配土地时做昧良心的事情。无地的平民渴望分配到土地，这样他可以自由地、没有任何负担地从事农业生产。任何人都不会被强迫进入或离开某一个社会阶层。有个别人表达了'追究村民大会责任'的要求，但大多数人总是拒绝这一点。有很多案例证实农民是善良的，充满了活力。令人惊讶的宽容和做好事的意愿经常出现。"②

农村土地改革的实施是村民大会最激烈的口角发生的原因。土地私有化和村社对土地管理的加强导致了矛盾尖锐化。农民对"真理－正义"概念的认知与个人利益发生冲突，而个人利益并不总是与追求更先进的生产方式有关。

然而，此时在农民社会生活中已经出现另一种情况："村民大会的影响从老年人和富农转移到年轻人、穷人、中产阶层，以及有文化的业主，村民大会上酗酒、滥用职权和徇私舞弊的行为迅速减少，农村妇女的地位迅

---

① Милов Л. В. Природно – климатический фактор и менталитет русского крестьянства// Менталитет и аграрное развитие России（XIX – XX вв.）. М. , 1996. С. 56.

② Семенов С. Т. Двадцать пять лет в деревне. С. 76 – 77. 这段从作者先前发表文章中引用的文本意义重大，因为正值 20 世纪初的土地改革时期，С. Т. 谢苗诺夫赞同推行农场制度，他强烈谴责按等级阶层组织召开村民大会，以及参会者不愿采用先进的管理方法。

速得到改善。"①

　　奇怪的是，在本文所述时期，村民大会参加者中的"长者"的身份确定以及给予他们关注（特别是在家庭财产分割之后）的传统都被保留了下来，尽管农户派出来参加村民大会的代表经常由三四十岁的年轻人担任。"长者"这样的称呼是对户主作为长辈、老一辈的最初评价，这充分反映了在保持大家庭的同时，农户的当家人确实是一位老人，他在家庭中行使代表、主持和管理家事的权力，是延续了数个世纪形成的传统的承载者，这是对他表示尊重的基础。新一代人更倾向于引入城市文化和人际关系制度上的新事物。

　　但在第一次世界大战期间，农民的社会生活发生了重大的变化。即使在日俄战争以后，特别是在 1905 年革命和第一届、第二届国家杜马的活动中，农民的自我意识大大提高，视野也开阔了。第一次世界大战使整个村庄里的每个人空前地团结在一起，他们面临共同的问题。К. 卡乔罗夫斯基不无道理地认为，俄国军队军事行动的决定性意义在于农民为维护村社共同利益而参战。"如果一名俄国士兵没有像德国人那样的个人责任感，而是有一种活生生的、自发的社会团结意识和凝聚力，那么他会将部队当成村社一样的共同合作的一个基层单位……"②

　　在集体解决事务的条件下，随着家庭财产已分割的农民的识字率提高，村民大会中较年轻代表的作用得到提升，还有那些意识到自己在村民大会上起到重要作用的代表，他们在各种各样"叫嚷"着保护个人利益的富农面前懂得捍卫自己的立场。20 世纪初，研究人员注意到"女性在村民大会上的地位极其不确定"，服多种徭役的农户当选代表的情况较为复杂且难度较高。③ 在土地改革时期，特别是在第一次世界大战期间，女性的地位发生了重大变化，她们开始在经济和社会生活中发挥重要作用。

---

①　Качоровский К. Крестьянство и интеллигенция. С. 219.

②　Качоровский К. Жизнь деревни... // Ежемесячный журнал. 1915. № 9. Стб. 447 – 448.

③　См. : Дружинин Н. П. Очерки крестьянской общественной жизни. СПб. , 1905. С. 16.

***

　　直到现在，关于村社的起源和作用以及其在 20 世纪初的农业变革中的意义的辩论仍然没有平息。[1] 但是，辩论各方继续强调了村社作为农民生活经济单位的重要性。[2] 在以土地结社的村社的权限内，不仅解决了农民生活中土地和相关税收等最重要的问题，而且农民主要财富的分配在最大程度上反映了农民对土地、劳动原则、财产、正义等的看法。

　　20 世纪初，俄国欧洲部分 50 个省的村社型经济管理（集体所有制和个人劳动形式）覆盖了所有农户的 76.6%。在人口众多的农业省份，村社农户占很大比例：坦波夫省 97%，奔萨省 96.5%，沃罗涅日省 98.6%，弗拉基米尔省 97.3%，卡卢加省 99.7%，等等。[3]

　　因此，在农民看来，在"劳动权利"框架内，每个劳动者都应该平等地参与土地的使用，土地村社的分配职能至关重要。村社工作的一位支持者这样定义村社的本质："土地分配平等是村社的灵魂，掌握不好这个等式，村社就像一个丢掉了灵魂的空壳一样没有了生机。"[4] 观察者的书面记录详细描述了如何根据农户家庭中劳动者、食者或现有纳税人的数量来实

---

① См.: Зырянов П. Н. Полтора века споров о русской сельской общине//Проблемы социально - экономической и политической истории России XIX - XX веков. СПб., 1999.

② См., например: Александров В. А. Сельская община в России (XVII - начало XIX в.). М., 1976; Он же. Обычное право крепостной деревни России. М., 1984; Прокофьева Л. С. Крестьянская община в России во второй половине XVIII - первой половине XIX века. Л., 1981; Кучумова Л. И. Указ. соч; Зырянов П. Н. Крестьянская община Европейской России. 1907 - 1914 гг. М., 1992; Вронский О. Г. Крестьянская община на рубеже XIX - XX вв.: структура управления, поземельные отношения, правопорядок. М., 1999; и др.

③ Статистика землевладения 1905 г. СПб., 1907. С. XXXII - XXXIII. 俄国欧洲部分计有 12019255 个农户家庭，其中 9201262 个农户家庭实行村社型经营管理。

④ Вениаминов П. Крестьянская община. М., 1908. С. 5.

现平衡和均等。①

一位现代研究人员合理地指出："集体、村社土地所有权代表的习俗的力量如此之大，以至于在 1861 年后，个人和村社土地所有权确立之后产生的土地关系争议问题往往不是基于法律来解决的，而是由宗教和道德传统的范畴——习俗和良知解决的。"② 值得注意的是，正是法律将村社土地争端的解决转交给了习惯法。

在 19、20 世纪之交关于村社的辩论中，研究人员试图突出其本质特征，并提出，在新的社会经济发展背景下，村社的主要职能不是土地重新分配，而是承认集体土地所有权的事实，承认每个人享有的份地分配权利都是平等的。

虽然学术界没有就村社作用和意义的观点达成共识，而且有许多关于其负面作用的说法，但对于绝大多数农民来说，土地联盟的必要性是显而易见的。20 世纪初的一位记者写道："对于一个俄国农民来说，他的村社犹如一位慈爱但贫穷的母亲。"③

在 20 世纪初的土地改革条件下，大多数农民坚守着村社。对他们中的许多人来说，村社就是未来的保障资本：总是有可能为出生的孩子获得一块土地，而分得独户田的农民和独立出去的庄主已经得到自己的土地；能够做到平衡和均等是非常重要的！

无论过去还是现在，人们的传统观点都是，狭长而偏远的土地、插花地、条型地带、小块地带、狭窄地带，特别是为以后的放牧而强制轮作的村社土地使用的经济后果对农业经济发展产生了负面影响，反映了民俗文化最保守的一面，因此需要进行根本性的变革：将土地转变为户主的个人财产，由分得独户田的农民和独立出去的庄主经营。但也有人

---

① Сборник материалов для изучения сельской поземельной общины в России. СПб., 1880.

② Кузнецов С. В. Нравственность и религиозность в хозяйственной деятельности русского крестьянства//Православная жизнь русских крестьян XIX – XX веков. Итоги этнографических исслледований. М., 2001. С. 170.

③ Ежемесячный журнал. 1914. № 1. С. 172.

提出不同的观点："村社为改善草场种植、灌溉、排水等公共事务提供了很大的空间，其背后有太多的民族历史，无法对其进行强行压制，甚至是摧毁。"[1]

对于农民来说，将条型地块连接成一整块田地的好处是显而易见的，这将大大有助于减轻农田的经营成本。但事实证明，农作技术只有在未来才能来到独户田农民和个别独立农庄农户的土地上。其间，他们中的大多数人在农业改革过程中并没有考虑到农作技术改良的问题，而是坚持传统的耕种技术。例如，在普斯科夫省，80% 的独户田农民保留了三圃制的耕地方法。[2] 引用这些数据的作者指出，当村社里出现了个别农户对村社管理秩序不满的情绪时，那么农业经营发展就有了基础：个人的文化成就进入了一个具有社会意义的领域。这里指的是提高农村人口识字率、发放书籍、引进农艺师的技术指导、建立试验田等，这一切为促进农作技术的提高创造了条件。

另外，在农业变革的早期，А. И. 丘普罗夫作为村社所有制的一贯支持者，以德国南部农民的农业经济为例指出："占多数面积的插花地和窄条地与非常高的农耕技术水平可以完美结合。"[3] 让我们引用这位科学家文章中的大量表述，因为其为许多针对村社的批评性话语提供了答案。

> 以村社为代表，我们面对的是一个灵活、可塑的有机体，它能够适应不断变化的生活条件和农耕技术的需要。自农业改革以来，村社社会环境发生了一系列变化：很多地方从休耕制向三圃制过渡；给田

[1] Тихонов Т. И. О современной общине и гражданском правопорядке крестьян и переселенцев в Сибири: Докл. на заседании отделения обычного права Юрид. об-ва 11 марта 1904 г.//Вести права. 1906. № 6. Вторая пагинация. С. 151 – 152. Наблюдения автора касаются общины на всей территории страны.

[2] См.: Черненков Б. Община и прогресс хозяйства//Ежемесячный журнал. 1914. № 4. С. 105, 107.

[3] Чупров А. И. Хозяйственные последствия разрушения общины//Русские ведомости. 1907. № 10.

地施肥直到最近才成为一种习俗；传统的三圃制被改良后的三圃制取代，而在许多省份，直接被更先进的多区轮作制取代。这并不是一些孤立的情况。相反，上述农业土地制度的转变已经发生在很多地区，并成为当地居民生产习惯的一部分。

随着农业制度变革的开展，耕作工具也有所改进：犁和铁耙取代了木犁和木耙；脱粒机、风选机、播种机、收割机和割草机在某些地区普遍使用。任何熟悉这些农业技术改良历史和统计数据的人都可以见证农耕技术制度的转变，它们的优势和必要性得到了充分的证明。这些改良的农耕技术在村社农户中的传播，比起在土地私有者中的传播，其速度不仅说不上慢，而且可能更快：村社制度下的任何改革举措都将覆盖一大群人，而在土地私有家庭的使用中，你需要单独说服每一个成员。[1]

А. И. 丘普罗夫的这一观察结果很重要，因为它说明了农民文化的类型，即农民传统主义，这种文化即使在农业生产最保守的时候，也能充分接受创新的思想。

在农民身上还能体现一点，那就是 Г. И. 乌斯宾斯基所说的"土地的力量"。事实上，与土地和自然的关系已经融入农民的血液，他们全部的生活都围绕着它们而建立，其整个农业生产经营都建立在它们的基础上。与村社决裂，往往意味着与土地决裂，这是令人痛苦的事情。我们从报纸上看到这样的一则标题：《对出售的土地的渴望》。它讲述了萨拉托夫省彼得罗夫斯克县奥泽罗克村农民格里戈里·萨利尼科夫的故事。他卖掉了分配给他的份地，结果变得"郁郁寡欢，开始酗酒"，后来他去彼得罗夫斯克递交了申请书，请求归还出售的土地，结果被发现自缢在戈尔巴季耶夫斯基桥下。[2] 这样的人不仅失去了土地，还丧失了

① Чупров А. И. Хозяйственные последствия разрушения общины//Русские ведомости. 1907. № 10.

② Земщина. 1912. 2 апр. № 949.

自己的性命，他们中有许多人被认为意志力"不够坚定"，最终都被命运抛弃了。

大多数农民支持实行村社制度。所有的乡村村民大会"顽强地捍卫土地公社，不想听见任何新式的经济论点。'如果我们扰乱了村社的秩序，我们就没有人可以求助了'"①。但也有许多农户户主，出于各种考虑，支持向按户分配土地的制度过渡。支持这种过渡的主要动机是："能够安静地劳动，以及在他们自有的土地上对农耕技术进行改良，并对其他个别户主说'这是一个很好的例子'，而不必担心自己手中的土地在重新分配时会被其他人选中，也就是说，他们希望完全充分而纯粹地行使投入劳动的权利。"②

但是对于独立农庄的农户来说，他们很快就发现了独立农庄在现实中的一系列不足之处：没有教堂、没有学校，在南部地区，吃水用水困难，冬天一片荒芜的景象。而村社的乡村里已经有学校授课，还来了农艺师，有些地方还有戏剧演出，甚至能看上电影。可是在独立农庄呢?! 不过，最重要的是，独立农庄缺乏与外界持续的沟通，而如果没有这种交流，许多农民无法想象自己如何生存下去。正像一位记者幽默感十足地写的那样："连独立农庄农户饲养的牛都会想念昔日的牛群。"③

农业变革所引入的农村文化的新秩序并不符合农民的精神和道德条件。如果说在农耕技术改良领域，关于村社利益的问题至少是有争议的，那么，对于农民精神文化领域来说，这个问题就十分清楚了：独立农庄农户的生活为民族意识危机的爆发奠定了深刻的基础，因为农业变革实施的许多新举措与伟大的大俄罗斯农民的精神观念相矛盾，按照一位教会人士的说法，他已经"习惯了村社公共生活的方式"④。

---

① Тан-Богораз В. Г. Новое крестьянство: Очерки деревенских настроений. СПб., 1906. С. 13.

② Качоровский К. Р. Обычное право. СПб., 1906. С. 151.

③ Ежемесячный журнал. 1914. № 11. С. 106.

④ Вениамин (Федченков), митр. На рубеже двух эпох. М., 1994. С. 130.

***

受当今学者对社会历史问题关注热度的影响，我们似乎有必要将注意力转向俄国某些人口群体的相互关系上。在这里，笔者对大俄罗斯农民与东正教神职人员的相互关系产生了浓厚的兴趣。

20 世纪初，俄国一座偏远省城的居民指出了许多人都在思考的重要问题："土地需求会得到满足，但如何满足另一种需求呢，一种丝毫不逊色于第一种的精神需求？"① 宗教和文化成就应该满足这种精神上的渴望。在本书所研究的历史时期，农户与乡村牧师的关系一直不是很融洽。

农民和东正教神职人员都是农村的主要意识形态力量，他们之间相互理解的重要性是显而易见的。② 神职人员宣扬基督教价值观主要是为了缓和村社内部地主和农民之间的矛盾，并在很大程度上决定了村社文化发展的水平和方向。苏联和现代俄罗斯文学中所展现的农民宗教状态的模糊特征使人们无法理解，为什么在俄罗斯帝国崩溃和新政府与教会对抗的情况下，这个国家的很大一部分人仍然没有站出来积极地抗争。

20 世纪初，大量研究著述专门讨论俄国社会和宗教生活中的一个严肃问题，即教区问题，因为它关乎当地居民与教会之间的关系。③

经过长时间的停滞，自 20 世纪 80 年代后期开始，科学再次回到对东正

---

① Материалы по вопросам. . . С. 271.

② 截至 1916 年 1 月 1 日，俄国约有 4 万个教区（Статистический ежегодник России. 1916. Пг., 1918. С. 78）。"不管从教区居民那里获得的'非正式地位'如何，在一个以农村人口为主的帝国里，传教布道的重担主要落在了乡村'牧师'身上。"［Леонтьева Т. Г. Жизнь и переживания сельского священника（1861 – 1904 гг.）// Социальная история：Ежегодник. М.，2000. С. 34］

③ Церковное управление в пределах уезда. СПб.，1890；Болдовский А. Г. Возрождение церковного прихода. СПб.，1903；Заозерский Н. А. Что есть православный приход и чем он должен быть? Сергиев Посад，1912；Тихомиров Л. Современное положение приходского вопроса. М.，1907；Щербатов А. Г. Приход и его значение в современном государственном строе. М.，1905；Иванов П. А. Реформа прихода. Томск，1914.

· 539 ·

教和教会生活复兴问题的研究，包括 19 世纪末和 20 世纪最初几十年农村居民与神职人员之间相互影响的问题。① 这项研究的困难程度大家有目共睹，在很大程度上是由于需要找到新的资料来源。在神职人员的代表中，有不少虔诚的信徒和有思想的牧师，他们关心的是俄国第一次革命的悲惨事件后教区牧师与同一教区教民的相互矛盾关系。"因为无法感化民众，未能及时阻止流血、纵火以及 1905～1907 年大屠杀事件的发生而内心充满罪恶感"②，当时许多神职人员深入地反思了整个事件爆发的深厚基础和历史渊源。

　　1905～1907 年革命后，有关神职人员与农民关系的细节问题成为俄国新闻界的热点讨论话题。出版商和编辑广泛发布了有关村社的信息以及担当报纸和杂志志愿记者的识字农民的报道。《民意报》、《月刊》、《上帝的真理》（该报编辑兼出版人 Г. С. 彼得罗夫牧师是 20 世纪初俄国国内政治生活中的著名人物）、《上帝的帮助》、《农民的真理》以及《全民生活》等纷纷报道了农民阶层对国内政治事件的反响。这些出版物中刊出的大量文章的主题都与农民生活密切相关。

　　第一次俄国革命后，各类报纸杂志有机会发表不同社会阶层的政治立场，农民和出版商利用了这一难得的机会。一位同时代人评论说："村社越来越受到新闻界和社会的广泛关注。"③ 知识分子代表的经历同样是无可争辩的论据。兴许是命运的安排，因为国内战争的爆发，他们碰巧来到村子

---

① Православная вера и традиции благочестия у русских в XVIII – XIX вв. М. , 2002；Leont`eva T. Сельское духовенство：политика и прихожане//Studia slavica Finlandensia. T. XVII. Helsinki, 2000；Леонтьева Т. Г. Жизнь и переживания... ；Она же. Вера и прогресс：православное сельское духовенство России во второй половине XIX – начале XX в. М. , 2000；Розов А. Н. Священник в духовной жизни русской деревни. СПб. , 2003；и др.

② Розов А. Н. Указ. соч. С. 51.

③ См. ：Земцов Л. И. Крестьянство в публицистике начала XX века//Гуманитарная наука в современной России：состояние, проблемы, перспективы развития：Мат-лы IX регион. науч. -практ. конф. Т. 2. Белгород, 2007；Коновалов И. Очерки современной деревни. СПб. , 1913. С. 238.

里，这些知识分子回顾了农村居民与牧师的关系。①

　　俄罗斯帝国存在的最后 15 年是 19 世纪中叶以来国家社会发展进程的最后一个阶段。1861 年改革后历史时期稳定而保守的政权②以及 20 世纪初的政治变革，在权力、社会和民众之间的互动中得到很好的表达和阐释。这种互动是在 1907～1914 年相对稳定的条件下发展起来的。俄国第一次革命的流血事件告诉更多人，需要付出实质性的努力来扭转使国家陷入内战的情绪。

　　因此，很难高估俄国东正教教会活动的重要性。还是在 1861 年改革后的时期，出现了关于改变牧师在他与农村社会关系中的角色的问题。一位现代研究人员指出："从一个被动的圣礼的执行者到一个温柔的传教士，他应该变成一个积极且无私的启蒙者，能够培育和发展教区居民的智力水平和精神力量。"③ 但这方面的变化很小。因为在 20 世纪初，国家不仅需要对教区进行改革④，还需要对政府的宗教政策做出重大调整，特别是考虑到许多教会神职人员普遍认为需要恢复宗主教区。

　　在 20 世纪初的革命年代，神职人员中出现了激进变革支持者，这一点充分反映出神职人员对牧师职责的重要性、教会传教布道的内容发生变化的深入理解。只要说出像 Г. 加邦、Г. 彼得罗夫、A. 波亚尔科夫、科洛科利尼科夫等神父的名字就足够了。即使是在东正教不结婚的神职人员中，也存在这种情绪的明显迹象，如修士大司祭谢拉皮昂·马施金的思想，他是奥普蒂纳修道院的长老，认为任何反对君主制和资本主义的手段都是正

① См.： Учительница. Три года в деревне//Крестьянская Россия. Сб. V－VI. Прага，1923；Окнинский А. Л. Два года среди крестьян. М.，1998；и др.

② 早在 1895 年，坦波夫省乌斯曼县一位监督司祭就在报告中指出："人民的宗教进步在近期内不可能实现。"（ГАТО. Ф. 181. Оп. 1. Д. 1835. Л. 30－31）

③ Leont'eva T. Сельское духовенство. . . С. 256.

④ 一个同时代的人描述了关于教区改革法草案的悲惨命运，该草案由东正教院总监多次提交至部长会议。这一描述出现在一本流行出版物中——教区问题对许多人来说很重要（Голос жизни. 1915. № 19）。

农民——旧礼仪派教徒，家庭照，扎沃尔日耶，
M. П. 德米特里耶夫摄于 1897 年

当的。①

让我们把注意力从加强宗教活动的政治原因上转移开。我们将接受这样一种观点，即神职人员通过支持劳动群众的愿望来履行他们担负的主要职能，其中受到两个主要动机的驱使。这些坚定的信念是，其一，在 20 世纪初的社会大背景下，有必要加强东正教信仰和教会权威的作用；其二，充分考虑农民对真正的基督教公平社会制度的看法。一个单独教区内的相互关系，就像整个社会阶层一样，是建立在两个层级上的：个人（农民对牧师人性品质的看法）和世界观。

20 世纪初，农村人口宗教文化水平低下的例证屡见不鲜。因此，牧师吉洪·斯克沃尔佐夫指出："在偏远的村落，人们对东正教信仰的真理知之甚少，是模糊、肤浅的……人们不熟悉我们救赎信仰的书籍。……因此，

---

① См.：Поспеловский Д. Русская православная церковь：испытания начала XX века//
Вопр. Истории. 1993. № 1. С. 53. Сн. 10.

对执行上帝旨意的意义一无所知，在对自己的宗教和我们得到救赎的条件的认识上一无所知，因此没有信仰的热情，没有对宗教的虔诚的爱和无私奉献……"①

我们认为，吉洪·斯克沃尔佐夫牧师的如此苛刻（"一无所知"）和不完全准确的陈述与他担任丹科夫县传教士的职务有关。即使到了 20 世纪 20 年代中期，人们对于这样的论述也不可能完全接受。当时已经有相当多的农民就读于学校，这类学校宣讲上帝律法的教学占据了重要的地位。在教区学校里，农民的学习态度非常认真和专注。将东正教的价值观转化为对日常生活情况的理解在农民中相当普遍。

在总结从全俄不同地区收集的信息时，Н. Л. 彼得松注意到在评价农民的宗教信仰时经常重复的一个事实。事实证明，"农民站在宗教一边，牢牢地抓住'宗教的外衣'，既不允许自己偏离它，也不允许任何人从宗教中退缩，即使这样做会损害自己和他人的利益（例如，他认为，在夏季农忙季节的节假日里去劳动是一种罪过）"。

奇怪的是，上述观察的作者甚至不允许农民的"利益"可能存在于精神领域，而不仅仅是经济领域（请注意，同样不完全准确！）。在这种情况下，参加节日庆祝活动，不仅是因为他们非常自然地希望在最艰难困苦的时期稍做休息，而且还出于防止"损害"东正教信仰的目的。

从丹科夫传教士的推理中可以明显看出：有必要改变民众工作的形式，去为教区居民服务。但是，只有在确信对信徒开展的活动能得到他们的回应的时候，才有可能去。但神职人员的情况并非如此，他们没有这样的信心。

农民对牧师的态度在很大程度上是由牧师的日常生活行为表现决定的。乡村牧师米哈伊尔·莱维托夫认为："牧师对村民没有任何的影响力，他们经常遭到村民的憎恨和蔑视，在村民眼中是贪婪、自私的化身。牧师士气低落，不仅丧失了牧师的尊严，而且丧失了人的尊严。"②

---

① Рязанские епархиальные ведомости. 1915. № 10.
② Церковный вестн. 1905. № 32. 我认为这位牧师的这一观点未必准确：很有可能，他将在所服务的村庄里自己的个人关系问题置于教民和神职人员之间整个复杂关系体系这一层面。

牧师 O. 约翰在他的报告中明确指出了农民对全体神职人员持有这样态度的主要原因。他写道："我知道，普通民众心中积聚了很多对牧师的嫉妒（这是最重要的）、不友善，有时甚至是怨恨的情绪。而且这种现象无处不在。造成这种可悲现象的原因各不相同，最主要的是供养和保护牧师的制度。"① 因此，牧师 O. 约翰建议立即改变针对教会牧师的物质保障制度：在某些特定的节假日，不收取圣礼的服务费用以及征集食物的费用，取消对牧师的土地分配政策，过渡到由国家提供支持和教友的自愿捐赠。这些变化将改变神职人员代表的地位以及他们与农村东正教信徒的关系。

早在 20 世纪初革命爆发之前，相关问题的研究人员 H. Л. 彼得松就写道："要为村子打造一个真正的牧师，他有能力也有资格创造一个良好的开端，为牧师提供机会，让他们在自己的服务区域诚实而和平地工作，而不需要担忧他们的日常饮食。为了做到这一点，他们将接受国家出资提供的物质保障，阻止牧师直接从教区居民那里赚取收入。"②

为了说明农民对上述问题的态度，我们将引用特维尔省谢苗诺夫斯科耶村的农民村社的判决书文本，它最为充分地反映了农民和当地牧师之间关系的具体方面。"我们，下面的签署人，谢苗诺夫斯科耶村的农民，聚集在村民大会上，讨论牧师向我们这些农民敲诈勒索的问题。农民们，为了支付圣礼的费用，彼此协商后，一致同意如下：在耶稣圣诞节支付 10 戈比，并取消征集亚麻等实物，牧师将不会进入极度贫困的家庭，在主显节和第一救主节时，我们认为没有必要接受祭司的到来；基督复活节支付 25 戈比，在先知以利亚的日子支付 10 戈比，在建堂节支付 10 戈比，在耶稣升天节支付 10 戈比。至于实施领洗、结婚等由信徒请求举行的圣礼，例如受洗、婚礼、葬礼、忏悔、圣餐等，你有义务知道，法律禁止强迫收取费用，而应该收取教民给予你的任何东西。请取消在彼得罗夫日征集鸡蛋的

---

① ГАТО. Ф. 181. Оп. 1. Д. 2065. Л. 198 – 198об.

② Петерсон Н. Л, Указ. соч. С. 36.

做法。"①

第一次世界大战前夕，莫斯科杂志的一位农民记者评论道："……牧师在追求荣耀、权力和财富利润等各种利益，1905 年之后，他们终于在群众中失去了昔日的教学训诫的权威。"进一步说："在农村耍蛮横和流氓行为不是什么大问题，但是这些牧师给饥肠辘辘的村民的心理造成了沉重的负担，犹如压着一块石头。乡村牧师没有给村民带来救急的面包，没有对教民怀有普通兄弟的情谊，没有深入理解基督徒的生活，没有用爱神的基本概念，发自良心和内心地行事做事，以保持对宗教斋戒和信仰仪式的忠诚以及对古老故事'地狱之火'的信仰，用古老的'地狱之火'取代基督教——这是另一回事。这种取代是俄国生活中的主要流氓行为，正是它滋养和助长了其他的流氓行为，使底层人民的生活变得坎坷和贫困，使富人的生活变得更加懒散和堕落。"②

后来，这位作者提出了一个非常极端的想法："我们的农民从经验中得知，从警察那里更有可能获得合法性和合理性，而不是从教会和牧师那里获得经济利益。"③

但在评估村民与牧师的关系时，也有采用其他方法的理由。一位农民基于这样的想法陈述了二者之间可能存在的关系："一旦村里人弄清楚，这些从非劳动领域来到他们这里想不劳而获得到果实的牧师对村里人没有什么害处，是真正的好心人，那么，不要担心，他们会被最感人的爱包围。"④

---

① Народная газета. 1906. № 14.

② Крестьянин Мих. Новиков. Хулиганство в деревне//Ежемесячный журнал. 1914. № 4. С. 111 – 112. 在这篇文章中，我们没有详述农民履行各种宗教义务的普遍性、宗教仪式信仰的作用和意义，以及作者指出东正教实质精髓的引文在人们灵魂中的反映。

③ Крестьянин Мих. Новиков. Хулиганство в деревне//Ежемесячный журнал. 1916. № 2. Стб. 268，270.

④ Крестьянин Мих. Новиков. Хулиганство в деревне//Ежемесячный журнал. 1916. № 3. Стб. 230.

如果这就是农民对牧师的看法，那么很明显，将会有相当多的牧师陷入困境：如果教民用宗教代表性行为针对神职人员，那么神职人员还能做什么呢？"教区供养制"对牧师来说应该是异常难以接受的，因为这种供养制每时每刻都让他们有一种依附于教民的不独立的感觉。然而，在不喜欢牧师的情况下，有些信徒总是可以用他们"无意识的怜悯"来凸显牧师所处的屈辱地位。①

将自己不客观地局限在仅收集有关教区居民对神职人员和教会态度的负面材料上是一种带有偏见的表现，尽管这样的做法占据主导地位。人们还会遇到其他的史料。沃罗涅日的一份报告中提到一个被当局逮捕的教区牧师是如何被关进瓦卢伊斯基监狱的。事件发生的第二天，多达 2000 名教民出现在瓦卢伊斯基监狱。他们高举横幅，一边唱着"上帝保佑！"，一边要求释放他们的牧师，这时，在场的牧师和教民都哭了。②

对神职人员在乡村里的地位产生了重大影响的，除了上述表明的基于信徒和神职人员的关系的物质因素，还有一种情况，就是俄国农民的世界观问题，也非常重要。如前所述，村民们一直认为"真正的劳动"只是体力劳动，尤其是指土地劳动。③ 因此，他们对所有其他类型的活动进行评价，并认为这些活动支持或阻碍了生活中的主要事务，即农业生产周期的完成。

诗人彼得·奥列申的一首诗是这种农民信念的最好例证，诗人在自己的创作中高度赞扬了农民劳动的伟大作用。

> 谁热爱祖国？
> 俄国大地上简陋的居所、贫瘠的土地，

---

① См.：Мстиславский С. Свое и чужое//Заветы. 1912. № 3. С. 125.
② Правда Божия. 1906. № 11.
③ 稍后，在 20 世纪 20 年代，在给报纸的一封信中，一位农民描述了这种情况："请告诉我，苏维埃政权和沙皇政权有什么不同……掌权的人会用头脑，而不是像每个人所需要的那样用双手来养活自己。"（Крестьянские истории：российская деревня 20 – х годов вписьмах и документах. М.，2001. С. 103）

生活充满了忧郁和愁苦？

谁热爱祖国？

风流浪者对上帝说：

谁在秋天叹息

越过收割的田地，又快乐地

迎着春日阳光

在田间，赤脚光头，扶在犁后面——

主啊，他，比任何人都更热爱祖国。①

从这个角度来看，神职人员"轻松而有利可图"（在农民看来）的工作并没有给他带来任何好处，没有引起人们对他的积极肯定的态度。让我们回顾一下"勒紧裤带省受苦受难县一贫如洗乡"的临时义务农民卢卡对这些观点的教科书式的表述，正如 H. A. 涅克拉索夫描述的那样。②

影响教民对神职人员态度的另一个可能的主要因素，就是基督教东正教与农民对正义观念的普遍看法是一致的：除了体力劳动，地球上的一切都必须平等，如贫困平等，但最重要的是劳动条件平等，即在土地供应方面的平等。

"劳动权利"的这种平等并不意味着对财产平等的严格要求，因为其他并不总是取决于人们意志的生活条件可能原本就有很大的不同。例如，家庭中孩子的数量不同，这对农民家庭的福利有特殊的影响，农民家庭的男孩子才能获得份地。这就是农民对生活富裕的同乡没有统一的明确的态度的原因。

随着乡村生活越来越透明，实现富裕的方式对同乡居民来说已不再是什么秘密，轻松就能掌握。从街坊邻里的角度看，辛勤耕耘土地，勤俭持家，足以成为实现富裕的充分理由。

---

① Ежемесячный журнал. 1916. № 4.

② См. гл. 1 поэмы Н. А. Некрасова «Кому на Руси жить хорошо». Вряд ли многое и существенно изменилось с тех пор.

因此，在教会的布道中，必须首先强调基督教世界观的这些特征，它们完全符合农民的正义观，也适用于与农业领域相关联的一切。难怪革命运动的一位积极参与者说，他对"新真理"的探索始于"对某些未知但不可避免地即将到来的'基督真理'的第一印象"①。

我们支持作者的观点，他写道："农民与神职人员之间的联系本可以依托农民的农业发展纲要得以恢复。"② 俄国许多政治力量将农民关于解决土地问题的思想兼收并蓄，并利用这一切吸引农民群众站到自己这边来。例如，在著名的"土地法令"中，就可以发现蛛丝马迹。

但是农民信念的基础是不同的：起决定性作用的不仅是增加土地供应的愿望，还有全体农民的整个世界观和情感。对于农业劳动者来说，最重要的是在日常生活中实现他们自己（隐含在心理和精神层面）关于遵守真正的基督教正义观的想法。对这一点的理解在民间习惯法中得到确认，其基础是对"工作权利"这一概念的认识和理解。从农民的观点来看，这个真理就是基督教的真理。这样的"真正的真理"还补充了一个信念，即努力付出劳动的主要对象是土地，是上帝，仅此而已。这就是"农民的农业发展纲要"依据的原则。

牧师 Ф. В. 齐赫文斯基在杜马全体会议上的讲话中，将农民的这些看法总结如下："这就是农民看待土地的方式，这就是劳动者看待土地的方式：上帝的土地，劳动农民有权享有它，就像我们每个人都有权享有水和空气一样。如果有人开始买卖水和空气，那将会是一件怪事，就像有人买卖或购销土地一样，这对我们来说也是如此。"③

在农民的信念中，缺乏对土地私有权和不劳而获的财产的理解。④ 而只有这样的理解才是在神职人员和农民之间建立真正联系的基础。

---

① Шлихтер А. У колыбели молодой гвардии//Прометей. 1967. № 7. С. 321.
② Leont`eva T. Сельское духовенство. . . С. 266.
③ Цит. по：Ленин В. И. Проект речи по аграрному вопросу во второй Государственной думе//Поли. собр. соч. Т. 15. С. 157.
④ См. : Качоровский К. Р. Народное право. М. , 1906. С. 170.

　　显然，神职人员不可能宣扬农民这样的价值观，这也是许多农民坚持独立寻找"真正的福音真理"和背离"异端邪说"的深层原因。

农村的中年男子和青少年，奥廖尔省；身着节日服装的农妇，梁赞省。
摄于 1902 年

　　因此，农民对教区神职人员的态度取决于两个原则。一是个人的原则，与农民和教士们之间的物质关系类型有关。在这里，在个人层面，最有可能的是消极态度占据上风，但这种态度很容易改变。具有决定性意义的是第二个原则——世界观的原则，即权力政策及教堂布道在多大程度上能够回应和符合农民对世界和正义的看法。农民有深厚的执念，他们认为基督教福音真理（"上帝的话语"）完全符合劳动者对正义的理解。由于坚信国家的行为和布道的言辞不相符合，存在矛盾与冲突，农民在 20 世纪 20 年代初对布尔什维克对东正教教会采取的极端政策反响强烈。

　　在分析农民对神职人员以及其他阶层的态度时，必须考虑到他们面临的政治、文化、经济等生活客观条件。但同时也必须牢记同样重要的、系统形成的精神观念的因素。与农业经营方法不同，精神观念即使在日常生活习俗发生明显改变的情况下也很难发生改变。

其中，习惯法的法律观念改变历时较长，因为它需要形成和吸收新的价值观体系。在这一价值观体系中占据决定地位的，是对私有制的必要性、以成文法代替口头法、以法律规范代替习俗、个人利益高于世俗真理、脑力劳动和体力劳动的作用等的观念认识。在此期间，这一进程仍在继续，但它尚处于形成初期，并成为俄国民族自觉意识危机的一部分。①

这场危机影响了普通民众生活的方方面面，并预先决定了农民（不仅是农民）在这个矛盾冲突不断的动荡时代在农业领域与贵族的关系，当然，还有对待教区神职人员的态度方面的言行举止以及他们的世界观和价值体系。

这一"危险时期"的结论，可以通过С. Н. 布尔加科夫作品里主人公的悲惨结局总结得出。我们注意到，布尔加科夫是一个极端的西方主义者，对他来说，欧洲世界比俄国更加宝贵。人们不能同意他下面给出的观点，但这位外交官的分析有理由作为对当时（1918）发生事件的深层基础的假设之一："尽管人们几乎没有理由相信人民－上帝的梦想，但仍然可以期待，教会在其千年的存在历史中，能够将自己与人民的灵魂相连，并成为于他们而言的必需品和珍品。因为事实证明，教会是在没有斗争的情况下不费吹灰之力就被消灭了的，仿佛它既不珍贵，也不为人们所需要，而这件事发生在农村比在城市里还要容易，俄国人突然成了非基督徒……"②

---

① См.：Перевезенцев С. В. Русский выбор：Очерки национального самосознания, М.，2007. С. 383. 许多现代著作明显地拒绝分析农民文化的某些方面的动态变化。但是，一旦我们开始分析农民文化许多方面的变化，就会看到人民普遍观念缓慢而稳定的变化过程，这为20世纪早期的创新观念创造了条件。

② Булгаков С. Н. На пиру богов. Pro и contra. Современные диалоги//Вехи. Из глубины. М.，1991. С. 336.（20世纪20年代初期发生的事件表明，这位外交官的见解是错误的。）

***

民俗文化的另一个重要方面是节假日的循环，也就是"假日圈"。针对俄国人（不偏不倚！）发表的批评言论之一是，"农民懒汉"指的是有各种名目的假期和有限的工作天数的人。这种与现实不符的情况，成为农民缺乏对劳动生产的积极性、奋斗精神以及对劳动缺乏浓厚个人兴趣的佐证之一，而造成这一切的罪魁祸首是村社，以及村社对农民劳动的限制性行为。

按照农奴制时代的统计结果，在地主老爷的监督下，农民一年中有52个星期天和33个节假日能够从劳动中解放出来[1]，总计85天的假期[2]。20世纪初，即使是对村社持批判态度的农民也纷纷写信给杂志社并谈道，他们的同乡村民每年庆祝的节假日累加起来多达100天[3]，也就是每年约有265个工作日。

显然，在没有地主控制的情况下，农民有机会更自由地支配自己的时间。然而，并不是所有的节假日都能以饮酒狂欢来庆祝。一年只有几个这样的节日：复活节、圣诞节、圣诞节节期、谢肉节、建堂节（纪念村里教堂以圣徒名字命名的神圣节日）……建堂节通常是最热闹的，在许多教区每年要连庆三天，此外，"几乎全国各地都是"一年两次庆祝建堂节。[4] 一位农民记者写道："在这里，没有伏特加和醉汉的节假日盛宴被认为是一种

---

[1] См.：Повалишин А. Д. Рязанские помещики и их крепостные. Рязань，1903. С. 61［репринт：Рязань，1995］.

[2] См.：Миронов Б. Н. «Всякая душа празднику рада». Труд и отдых в русской деревне второй половины XIX-начала XX в. //Проблемы социально-экономической и политической жизни России XIX-XX веков. СПб.，1999；Тюкавкин В. Г. Указ. соч. С. 182–184.

[3] См.：Гаврилов И. Письма из деревни//Ежемесячный журнал. 1914.，№ 1. С. 154. （关于他自己，他写道："我已经一连几年天天劳动，周而复始地忙碌着。"）

[4] Гаврилов И. Письма из деревни//Ежемесячный журнал. 1915. №2. С. 51.

罪过，从来都算不上节日。"① 在其他节假日里，人们在屋里院外忙前忙后，总是有很多活要做，没有这些活是不可能的，因为总是有很多事情等着去做，一切都不会改变，更不用说任何的"帮助"了——不是为自己劳动，而是为同村的街坊邻居劳动——这在普通假日中很常见，最终总是以传统热情的款待结束。这并不被认为是一种罪过，相反，它是一种虔敬的行为。例如："就在诺瓦亚一年最忙的时节，寡妇阿克辛尼娅·伊万诺娃去世了，她不幸留下三个孩子：大儿子 16 岁，二儿子 10 岁，小女儿仅 6 岁。村长召集了村民大会，建议在第一个节假日里由村社负责组织人员把寡妇所负责的粮食全部收割回来，所有的农活都由村社利用节假日完成，因为孩子们还很小，他们自己什么也做不了。村里的男人们同意所有的农活都由村社组织完成。……"②

身穿传统节日服装的奥涅加农民，Я. И. 莱辛格摄于 20 世纪第二个十年

---

① Крестьянин Мих. Новиков. Пустота духовная и пустота материальная//Ежемесячный журнал. 1915. № 1.

② Тенишев В. В. Административное положение русского крестьянина. СПб. , 1908. С. 23.

　　这样的例子比比皆是，特别是在第一次世界大战期间，主要劳动力应征入伍的许多家庭没有村社的帮助是无法应对自己家里的农活的。但随后，其他农民也开始大胆地利用节假日为自己干活了。所有人都在节假日聚集在一起，屏住呼吸，听着有人大声朗读报纸刊出的德军袭击巴黎的消息。每逢节假日，他们都是这样念的。"有人从旁边经过，去田里拾取禾捆，我也上打谷场。"①

＊＊＊

　　因此，农民社会生活习惯的村社化水平决定了农村人口生活的许多方面。值得注意的是，最初对农民人际关系制度的限制仅仅局限于农村层面，这对农民生存产生了十分不利的影响。但是从 19 世纪 60 年代中期开始，除了可以利用农闲季节外出打短工以及经营手工业，俄国行政管理范围还将农民纳入了更加广泛的人际关系制度中。无论农村人口属于什么类别的身份，农民都按照地域特征聚集生活在一起。

　　在接下来的十年里，一位"革命激进派"指出，我们的怀疑论者"对民众的自主和独立性缺乏自信。这种怀疑，通常是由于对民众生活缺乏了解，或者是有意忽视民众生活好的一面。然而，没有比这更有害、更危险的偏见了。他们通常认为没有文化的民众群体完全是同质的。他们竟然仅凭两三个事实，就允许自己加以总结和概括。与普通农民一起生活了几年的人们会了解，即便是生活在同一个村里的乡里乡亲，他们同样能够向我们展示极其丰富的日常习俗、生活智慧以及积极向上的人生观"②。

　　В. И. 古尔科还注意到，在 20 世纪初，"农民自己原始的生活观丧失了，他们远没有表现出是单一地、独立地思考和感悟的大众群体"。

　　农民当中有很大一部分人已经在部队服役 30 多年。他们每年都在扩大

---

① Крестьянин. Из деревни//Северные записки. 1915. № 2. C. 213.

② Аптекман О. В. Общество «Земля и воля» 70-х гг. по личным воспоминаниям. Пг., 1924. C. 426.

打短工赚取报酬的地域范围，这些农民短工在许多地方实际上已经与工厂雇佣工人融合在一起。长期以来，农民的内部早已分化，他们将太过复杂的元素带进了自己的生存环境中。①

因此，农民的世俗生活是多样化的，这决定了民间文化的多样性这一特点。C. B. 库兹涅佐夫在《19 世纪俄国文化概论》第一卷中完成了关于农民概述的同时，还指出 18 世纪农民精神文化的主要趋势的延续与农村的传统制度密切相关。他指出："通过农民的中介作用，俄国既实现了传统文化的再生产，又实现了适应时代要求的新文化创造力的发展。"②

没有必要特别强调 19 世纪 60 年代至 70 年代初期的整个转型对大俄罗斯农民的影响，这种影响是显而易见的。这些变化并没有立即开始在人们生活的不同领域产生作用，也不是同时发生的。正如苏联历史学家指出的那样，到 80 年代初，资本主义制度正在形成，新型社会关系已渗透到农村，对单个农民以及整个农民阶层都产生了重大影响。但在那些年里，与农奴制和地方自治长官的专制统治相关的日常生活特征仍然保留了下来。在那时，尽管受到习俗的影响，那些未受到农奴制影响而长大成人的人却开始在家庭、村社、乡村和教区逐渐出人头地，成为大众生活的排头兵。

在 19、20 世纪之交，这种趋势继续沿着同样的组织结构发展：农民家庭和村社。然而，最重要的是，社会进化的速度已大大加快，这是由 18 世纪和 19 世纪上半叶的缓慢变革以及 19 世纪下半叶更具决定性的变革造成的，这些变革影响了农民的世界观和价值观。

农民的法律文化

农民的法律文化是农民文化整体水平和特征最鲜明的类型之一。对

---

① Гурко В. И. Черты и силуэты прошлого. М. , 2000. С. 169.
② Очерки русской культуры XIX века. Т. 1. М. , 1998. С. 260.

"真理和正义"① 概念的理解构成了农民的法律文化的核心内容。

对农民的法律文化的思考尤为重要，因为在历史文献中，农民的法律虚无主义（缺乏对法律的尊重）、私刑（未经授权的、任意的、未经审判的法外处决）的思想观念过去存在并且至今仍然存在。事实证明，这是"自救现象的俄国表现"，是"农村传统法律意识最醒目的表现"。② 在这种情况下，作者并没有看到农民对成文法的消极态度有什么特殊之处。作者认为，这一点恰恰可以由农民的法律文化的独创性来解释。人们通常认为形式上的成文法律是不公正的，不符合民众的良知。

在农民的观念中，根本不存在对法的否定，但也不存在任何对合法性的肯定。早在 19 世纪 60 年代上半期，细心观察农民生活的阿里斯托夫就说："我们受过教育的人徒劳地重复着农民缺乏权利意识和法律观念的话语……对法律的独特理解是由生活决定的，而对维护权利的不理解则深深植根于农民的精神和习俗中。"③

19 世纪下半叶至 20 世纪初，在俄国的法律领域，有两种司法和法律制度并存：一种以 1864 年改革期间的成文法和法院为基础，另一种以口头习惯法为基础。④ 后者反映了农民持续稳定的基本文化价值观。正义的观念是建立在"集体无意识"的基础上的，并得到了东正教教会的强化和巩固。因此，基于俄国农村人口的深层文化价值观，形成了一种不同于城市文化的特殊文化类型。在这种情况下，城市文化是指以城市受过教育的社会阶

---

① 根据 B. И. 达里的观点，"правда"（真理）这个词在 19 世纪 60 年代初不是很恰当地被单词"справедливость"（公平；正义）"правосудие"（司法；公正裁决）替代了（См.：Даль В. И. Указ. соч. С. 529）。在过去的时间里，"真理"这个词的古老含义（俄罗斯真理，"上帝不在掌权，而是在真理"）已经消失，这就解释了为什么我们不得不更恰当地使用"справедливость"（公平；正义）这个词，这更符合现代人的认知。

② Frierson C. Crime and Punishment in the Russian Village：Rural Concepts of Criminality at the End of the Nineteenth Century//Slavic Review. 1987. Vol. 46. N 1. P. 55 – 56；См. также：Безгин В. Б. Крестьянский самосуд и семейная расправа（конец XIX – начало XX в. ）// Вопр. истории. 2005. № 3.

③ Аристов Н. Указ. соч. С. 11.

④ 习惯法是由村社公共舆论规定的一套以农民正义观念为基础的行为规范总和，习惯法由当局授权的法院执行。

层为载体的一系列文化创新成果。

依照 1861 年 2 月 19 日法律设立的乡法院是农村习惯法施行的官方机构。乡村居民对乡法院的态度各不相同，但即便是乡村司法的负面特征也反映了俄国数百万农民对"真理"的认识。

早在 19 世纪晚期，人们就有一种普遍的看法，即认为农民的法律习俗需要固定下来。在 1875 年第一届俄国律师大会上，H. B. 卡拉乔夫就注意到了这一点。① A. A. 列昂季耶夫教授是习惯法法律整合理念的支持者，他认为有必要制定"以农民的习惯法为基础的民法"。②

当时，许多人认为，从全部法律和法院都应该做到统一而平等的自由主义思想观点看，习惯法规范的确立以及习惯法的立法批准是十分必要的。然而，应该指出的是，关于习惯法规范的书面制定的提案是对俄国农民口头法的作用和重要性的承认，这是俄国民间文化的一个重要组成部分。

然而，在实践中，习惯法根本不是作为一个明确固定的规则体系而存在的。在不同的地区，这些规范不仅差异很大，而且在实践中的应用总是取决于不同的农民的看法。

我们将以相当普遍的农民逸事的形式指出一些自由的地方自治工作者的意见。1904 年 11 月初召开的一次著名公众人物的会议上，这些地方自治工作者发表了有关的意见和看法。会议讨论了有必要为农民成立"公正的法院"的问题。这时，"习惯法的倡导者突然出现，他指出了维护和执行习惯法的必要性；有人反驳说，当一位博学的律师试图总结俄国存在的所有风俗习惯时，经过长时间的问卷调查和材料收集，他非常自信地推断出只有一个习俗，那就是聚会时喝伏特加"③。

因此，包括法律习俗在内的人类所有习俗都是存在的，但却没有以成

---

① Первый съезд русских юристов. М. , 1882. С. 9 – 10.
② См. : Леонтьев А. А. Волостной суд и юридические обычаи крестьян. СПб. , 1895. С. 1；Он же. В поисках за обычным правом//Русское богатство. 1894. № 11. С. 168.
③ Будберг Р. Ю. Съезд земских деятелей 6 – 9 ноября 1904 года в Петербурге (по личным воспоминаниям）//Былое. 1907. № 3. С. 79.

文形式固定下来的农民口头法法律规范。

对于生活在广袤的农村地区的农民而言，他们对"真理与正义"的含义都有大致的认识，诉讼案件和不当行为的法庭审判必须考虑这一点。"平等"包括解决民事案件和刑事案件的一般原则方法。这些方法是由劳工原则的一贯应用、与特定人的"素质"（"法律的人格化"）有关的民事案件和不当行为的裁决、村社利益的优先地位与和解的愿望所决定的，因为和解不仅是对纠纷和诉讼，同时也是对不当行为的最积极的解决办法。

在农民的"真理与正义"这一愿景中，首先体现出的是对人人平等、事事平等的要求。根据这一点，神法所确认的在维持家庭的劳动机会上实现平等，占据了决定性的地位。因此，研究人员早在 19、20 世纪之交就确定了"农民群体"的概念，确立了村社管理方法，这是劳动原则的主要和决定性因素。"劳动权利"和"劳动法"① 的内容不仅包括通常的法律概念，还体现了农民的文化类型特征。

这两个概念之间的矛盾在很大程度上决定了农村居民之间的关系，特别是考虑到 19 世纪下半叶很大一部分旧地主村社和一些国有农民村社减少了土地再分配的事实，长期支付土地赎金给人造成了土地为乡法院所有的错觉。

世纪之交开始的土地重分变革恰好触及了这一矛盾：劳动权利的长期行使使原土地所有者形成了保护土地的信念；被剥夺生存权和土地的原土地所有者要求行使"劳动权利"。第一次世界大战期间，社会普遍持有为那些保家卫国的战士在战争结束后补充分配土地的观点，与这一深层次的信念恰好相关联。②

---

① Подробный анализ и первого，и второго см.：Качоровский К. Р. Народное право.

② 这一观点与当局的立场有关。农业和土地规划管理总署署长 А. В. 克里沃舍因向部长会议提交了一份关于改善被征召参战农民福利的措施的说明，其中指出，在战争结束后，"对增加占我军大多数的战后归来村民的土地供应持关心态度将是最重要的一点"。（цит. по：Черненков Б. Жизнь деревни//Ежемесячный журнал. 1915. №4. С. 86）。

农民的一般法律观点及对其含义理解的变化，都体现了其法律文化观的转变。无论是乡法院的组成成员还是普通的"村社社员"，都是农民价值观变化的载体，在案件审理过程中都可以直接"行使权利"。在调节农民关系时，法院确立了应参照的"法律规范"，其中将农民的"真理观"固定下来，但事实上，这些观念并不是一成不变的。①

法官的判决主要基于传统主义的正义观。农村人口的文化、经济和社会心理状态的性质和水平，以及他们自身正在发生的变化，都反映在处理民事和刑事案件依托的习惯法中。这是农民对国家现代化条件下日常生活发生变化做出的反应。

我们将提供对其他时代和民族观察的结果，并且，它有理由适用于所有国家和民族的习惯法法律体系。在下面这篇评论的作者看来，习惯法的积极意义在于，"在没有书写和记录的情况下，习俗保留了将它们与社会、社会某些群体和阶层以及与民众维系在一起的'纽带'，人们在保持'一成不变'这种幻想的同时，却为适应新的需求而悄然发生着变化，并对各种风俗习惯做了修改，以适应新时代发展的需要。毕竟，习惯不会以一种固定的形式永久地保存在人们的记忆中，它是由人类创造的，尽管人类没有意识到这一点……"。② 当然，在这方面，习惯法屈服于国家制定法，在协调性、系统性、明确性和完备性方面不如成文法。③

许多当代人从农民生活问题出发，积极评价农民的法律思想以及其解决纠纷的法律方法。К. Д. 卡韦林称赞习惯法的定义十分规范，他写下了自己家乡农民的生活情况："在我看来……这里的交易方式比罗马法中所说的严格的法律关系更公平。"④

---

① 这方面的现代研究人员指出："时间性作为冲突规范范式化的主要手段，是习惯法法律心理的基本特征。"（Селина Т. И.，Чеснов Я. В. Обычное право в менталитете российского крестьянства：истоки плюрализма//Обычное право и правовой плюрализм. М.，1999. С. 196）

② Гуревич А. Я. Категории средневековой культуры. М.，1984. С. 197.

③ Гуревич А. Я. Категории средневековой культуры. М.，1984. С. 197.

④ Кавелин К. Д. Письма из деревни//Собр. соч. Т. 2. СПб.，1904. Стб. 672.

И. И. 彼得伦克维奇也得出了同样的结论：引入的"形式法的观念人为地违背了荣誉、道德责任和真理，因此对民众造成了伤害，由于这一点，他们失去了道德生活最重要的基础之一……"。①

按照这些专家的观点，农民的"真理观"竟然凌驾于以罗马法为基础的法律之上。从这个角度看，民间习惯法的司法运用对于阐明习惯法体系在改造传统社会中的作用具有重要意义。通常，习惯法并没有滋生"法律虚无主义"，而是参与了法律文化的构建。在现代研究中，人们越来越清楚地认识到，俄国主要通过"差异化司法制度"来维护对法律的尊重，这种制度被理解为国家制定法和习惯法的相互作用。②

在使用习惯法的同时，乡法院"巩固了个人的尊严和国家的权力，将它们联系到一个共同的双边的社会发展过程中"。的确，法律的公信力是一个漫长的历史过程的产物：它可以"采取某些形式，可以被破坏；它可以增强，也可以被拉到更低的水平"，而政府领导人的法律行动"可能会产生无数不可预测的后果"。③

因此，在谈到农民的法律文化时，有两个重要的因素值得关注：当局改革乡法院作为习惯法执法主体的政策和农民对各级乡法院的态度。

社会上存在很多对乡村司法活动的负面评价。自 19 世纪 60 年代初开始，社会一直对其持批评态度，这种情形持续到 20 世纪初，当时包括农民在内的许多人都反对保留乡法院。或许上述观点与现实不符，乡法院不就是农村法治领域的机构吗？

但是，在杜马审议地方法院法律的过程中，一位政论家概括了农民对

---

① Петрункевич И. И. Из записок общественного деятеля：Воспоминания//Архив русской революции. Т. XXI. М.，1993. С. 65.

② См.：Бербанк Д. Правовая культура，гражданство и крестьянская юриспруденция：перспективы начала XX в.//Американская русистика：вехи историографии последних лет. Императорский период：Антология. Самара，2002. С. 269，274.

③ См.：Бербанк Д. Правовая культура，гражданство и крестьянская юриспруденция：перспективы начала XX в.//Американская русистика：вехи историографии последних лет. Императорский период：Антология. Самара，2002. С. 288，298.

乡法院的总体看法。这位政论家注意到，保留乡法院以审理琐碎的小案件和农民之间官司的支持者占大多数，而很多更大的诉讼案被要求移交给政府法院审理。

这篇短评引用了村民的普遍看法："任何村社成员都可以毫无畏惧地来到乡法院，他们心里清楚，他们不会被要求遵守既定的司法程序或对法官特别敬重……" 村民说："我们去乡法院就像到我们自己的家里，在乡法院打官司不需要缴纳诉讼费，不需要支付执行判决的费用以及任何其他费用，更不需要聘请律师和调解人，而这一切在普通法院审理案件时是不可避免要遵守的规定。"①

1889 年 7 月 12 日颁布的一系列立法法案对农民的法律文化的形成过程产生了重大影响。② 这些法律破坏了农民已初具规模的法律观念，造成了无数不可预测的后果。1889 年 7 月 12 日，包括《乡法院暂行条例》在内的法律文件，反映了政府对农民的"父权保护"思想。《乡法院暂行条例》的条款表明乡司法系统在施加惩罚的规范、判刑规则的明确定义、扩大一般司法活动的组织和权限等方面向前迈出了重要一步。但有一种情况导致真正人民法院的创建化为乌有，这就是由当地贵族以地方自治长官的名义监督农民的自治活动。他们认为必须加强对乡村地区的管理，以使农民自治活动、乡法院和全体农民都能够最大限度地服从地方自治机构的管理。

因此，1889 年法律条文既无视 1861 年农奴制改革的原则和法学界取得的成就，又无视对健全的法律思想的要求。地方自治局领导人的自由裁量权甚至受到了加强国家对农民自治活动控制的支持者的批评。政府官员 В. И. 古尔科积极地评价了地方自治局领导人对农民自治活动的影响，并认为创建地方自治局的思想是"完全正确的"，但是他也指出，这一思想被赋

---

① Сельский вестн. 1910. 11 дек. № 279. 一位受过高等教育的乡政府文书官以下面的方式提出了乡村司法的弊端："……我认为，同样的滥用职权，即使不是在所有的情况下，也会在许多更'文明'的法庭上出现。"（Купчинов И. Из дневника волостного писаря. М.，1910. С. 40）。

② 反映农民法律生活新条件的 1912 年 5 月 15 日法律从未生效过。

予地方自治机构的司法职能"扭曲"了。地方自治局领导人对农民自治的所有组成部分、乡镇官员的选举实行全面控制，这导致了农民对"地方自治"持否定的态度。此外，地方自治局官员不断地干预以习惯法为根基的农民关系，对农民的法律文化的形成过程产生了负面影响。

大多数同时代的人一致认为，在很短的时间内，地方自治局对农民自治的干预和控制就引起了他们极大的不满。农民对地方自治局持完全不欢迎的态度，某些地方甚至发生了农民杀害最亲近的"监护人"的事件。①

农民对农民自治"领导人"的态度，在农民可以更自由地发表意见时表现得最为明显。农民"自治"立场的形成时间比1905～1906年革命事件要早得多。"农民强烈反对地主，他们乐于拿地主的灵魂开玩笑，挖苦地主的灵魂早已披上魔鬼的外衣，就像是一只猫捉住了老鼠……因为赚取农民的血汗钱，上帝是不会宽恕这些地主的。"② 一位1905年革命事件观察员引用了普斯科夫村农民同胞的意见："当涉及地方自治局领导人时，农民对他们的批评态度就会达到最紧张的程度……"③ 在同一时期的农民决议书和委托书的内容中，通常包括废除地方自治局领导人制度的要求，"因为他们的寄生虫行为及他们对我们的压迫……"④。

《俄国新闻报》报道：地方自治局领导人在"农民的公共和私人生活中反复纠缠，变化无常，不受任何规则的约束，一切完全取决于地方统治者个人的品质和性格；在这种情况下，这些地方贵族限制了农民的自决权，贬低了农民的人格，而此时学校教育和文化发展已经在许多农民身上培养出了他们的自我和尊严意识"⑤。

① См. : Чернов А. М. Указ соч. С. 212 – 213.

② Фаресов А. Настроение современной деревни//Исторический вестн. 1906. № 3. С. 917.

③ Фаресов А. Настроение современной деревни // Исторический вестн. 1906. № 4. С. 146.

④ Цит. по: Сенчакова Л. Т. Крестьянские наказы и проговоры 1905 – 1907 гг. //Судьбы российского крестьянства. М. , 1996. С. 78.

⑤ Чупров А. И. Крестьянский вопрос. С. 97. Цитируемая статья « Свобода и народное богатство» впервые была опубликована в 1904 г. в «Русских ведомостях».

在地方自治局领导人那里办公的乡长，M. П. 德米特里耶夫
摄于19世纪90年代

　　到20世纪初，拥有与自己祖辈不同世界观的一代新人成长起来，而老一辈农民完全是在农奴制和屈服专制官僚制度的环境下求生存的。第一届国家杜马代表、沃罗涅日牧师 A. B. 波亚尔科夫指出了一个显著的事实："我们的后代已经长大成人，已经拥有他们自己的生活观，他们不再认为，世界上有些人的社会地位是低等的，而有些人生来就是高贵的上等人——所有人都是平等的。因此农民要求平等，要求自由。"① 之后不久，莫尔尚斯克第四区监督司祭在自己的工作总结报告中同样指出，农民们"对财富的渴望、对当局权威的漠视……对生活条件较好的人的羡慕"② 都表明19世纪末农民的价值观体系发生了变化。

---

① Государственная дума I созыва: Стенографический отчет. Т. 1. СПб. , 1906. C. 104. Этот «приехавший из глуши» священнослужитель был среди 104 депутатов, подписавших аграрный проект трудовиков.

② ГАТО. Ф. 181. Оп. 1. Д. 2065. Л. 198.

П. А. 斯托雷平在 1907 年 3 月 6 日召开的第二届国家杜马代表大会上的主旨演讲中谈到需要创建无阶级、无等级之分的自治管理的乡村，将其作为最小的地方自治单位，并在地方政府的重组中规定废除地方自治局领导人制度。后来，在 1908 年 12 月 5 日召开的第三届国家杜马大会上，斯托雷平又提到了"对我们很大一部分人口的监护"的丰富经验，这意味着，他很可能不仅指的是村社对农民的监护，还包括对地方自治局领导人活动的监督，并声称这项改革试验"已经遭受巨大的失败"。①

俄国自由主义发展史研究学者 В. В. 列昂托维奇指出："家长制权力掌握在内务部任命的官员手中是违背自然规律的，这种'以官僚制度恢复父权关系'的企图与当时社会所需要的一切直接产生矛盾。"②

与此同时，根据这位现代研究人员的观点，地方自治局的许多领导人"真诚地想要为村民做好事"③。在这些官员中，极有可能确实有对农民心存善意的人，他们竭尽全力地为当地的农村居民谋取利益。④

人们可能会同意 О. Н. 博加特廖娃的观点，她指出，研究人员应该放弃对地方自治局领导人的片面评价，而应看到他们在地方自治机构中的极其消极的作用。⑤ 农民对"地方自治"的看法与现代研究人员也不同，这是由他们对成为政府官员的当地地主的态度所决定的。

地方自治局的大多数领导人通常由县内官员担任，对他们来说，履行职责是领取薪金的基础。地方自治局领导人认为工作中最高的任务是维护他们对农民的绝对权力。在履行职责时，这些地方自治局领导人也会像乡

---

① Петр Аркадьевич Столыпин. Нам нужна Великая Россия... М. , 1991. С. 54，56，179.
② Леонтович В. В. История либерализма в России. 1762 – 1914. М. , 1995. С. 212 – 213.
③ Вронский О. Г. Указ. соч. С. 28. 作者声称这与图拉省的官员有关。地方自治机构代表在莫斯科省博戈罗茨克开展的活动同样得到了如此高的评价，到后来，即 1906 年，人们发现这并不完全符合事实，它仅反映了检查人员的看法（См.: джунковский В. Ф. Воспоминания. Т. 1. М. , 1997. С. 150）。
④ См.: например: Новиков А. И. Записки земского начальника. СПб. , 1899. Автор занимал эту должность в Козловском уезде Тамбовской губ.
⑤ См.: Богатырева О. Н. Указ. соч. С. 93.

政府和乡法院一样犯错误①，但是，地方自治局领导人认为，"因为农民不敬拜的事实而逮捕他们"，这是"作为地方官员不可剥夺的权利"。②

很明显，政府把这样的权力交给地方自治局官员，目的是希望在农民心中形成初步的法律意识。因此，不是农民造成了法律文化运动的艰难和不彻底性，而是当权者权力行使过于混乱。③ 根据一位著名的农民社会生活学者的说法，地方自治局领导人"在 10～15 年的时间里，成功地在这个生气勃勃、强大的农民群体中教育出了对强加给他们的专制权力的深深失望、不尊重和直接的愤慨"④，按照农民传统的观念，这恰恰是他们最高正义的体现。

如果讨论在农村人口中培育法律文化意识，那么必须同意当代人的观点，即"不仅村庄在日常生活中被剥夺了法律秩序"，而且村民"生活在地方自治长官的个人自由裁量权的支配之下"。⑤

农民对乡法院的批判性陈述大部分涉及乡法院的结构和组织方面，对习惯法的法律依据没有负面影响。以个人的集体世俗利益为导向取代"村社"习惯法的工作进展十分缓慢。

农民法的重要性及其在乡村生活中作用增强的一个判断指标是向乡法

---

① Описание такого рода земских начальников См.：Савелов Л. М. Из воспоминаний. 1892 – 1903. Воронеж，1996. С. 29 – 31. Еще более резкие и，что особенно важно，официальные характеристики даны воронежским вице-губернатором А. М. Черновым （См.：Чернов А. М. Указ. соч. С. 208 – 217）.

② Чернов А. М. Указ. соч. С. 208. См.：описание требований，которые предъявлял земскому начальнику черниговский губернатор Анастасьев：пороть，пороть и пороть！（См.：Хижняков В. М. Воспоминания земского деятеля. Пг.，1916. С. 126）.

③ Известный юрист и политический деятель В. Д. Кузьмин-Караваев заметил，что земский начальник есть "институт，построенный на систематизации произвола" ［Протокол заседания обычного права Юридического общества от 30 октября 1904 г. // Вести. права. 1905. № 2. С. 8 （вторая пагинация）］.

④ Качоровский К. Крестьянство и интеллигенция. С. 211.流亡海外的作者重新使用了一个通常的自由判断：1917 年革命事件之前的 10～15 年里，农民继续强烈反对前主人和现任官员，但依赖的却是"沙皇统治者"，可是，政府和上层统治阶级并不允许他过多地了解人民的苦难。

⑤ Тенишев В. В. Указ. соч. С. 62.

院提起大量诉状。① 例如，对原始材料的计算结果表明，梁赞省丹科夫县
1861~1865 年五年内一个乡法院每年审理 6.3 起案件，1866~1870 年、
1871~1875 年则分别为 19 起和 54.5 起案件（分别为 1861~1865 年数据的
1 倍、3 倍和 8.65 倍）。在同省的拉年堡县，上述指标分别为 12.4 起、26.5
起、44.1 起（1 倍、2.14 倍、3.56 倍）。② 可以说，乡法院活动的数量特点
表明人民司法已开始漫长的形成过程。1905 年，莫斯科省乡法院共审理
47761 起案件，其中包括 21859 起刑事案件和 25902 起民事案件，每个乡法
院平均审理 484 起案件。③ 1913 年，莫尔尚斯克县雷宾斯克乡法院仅审理
311 起民事案件。④ 1914 年审理 106 起刑事案件，其中扰乱管理秩序的轻罪
2 起，个人恩怨纠纷 79 起，盗窃等 8 起，其他案件 17 起；民事案件 264 起，
包括财产纠纷 34 起，其他诉讼 219 起，财产继承 11 起：共计 370 起。⑤

　　奇怪的是，侵犯财产罪在案件清单中的数量很少，涉及保护人身安全
的案件比例很高，占刑事案件的 74.5%，占全部案件的 21.4%。

　　在历史上有限的一段时间里（大约半个世纪），随着 1889 年法律实施
的多向变化，乡法院案件数量的急剧增加是显而易见的。这说明了法律意
识形成的渐进过程及其具体表现。因此，乡法院在组织制度方面的整体变
化符合公共法律基层环节发展进程的必然要求。

　　事实上，杂志上发表了一份农民描述乡法院活动的材料，并引用了以
下对法院会议的描绘："——你希望你们被如何划分，按照法律还是习
俗？——像往常一样，按照习俗吧，拜托了！鞠躬致谢。"⑥ 在家庭生活中，

---

① 然而，我们注意到，根据法律，农民生活中的许多案件仅由乡法院提起诉讼审理。20
　　世纪初农民向法院提请大量申诉这一事实间接地表明，乡法院、老年法院等以前常见的
　　非正规机构的司法活动已停止。
② 原书数据有误，此处根据重新计算的正确数据修改。——译者注
③ Обзор Московской губернии за 1905 г. М.，1906；Бербанк Д. Указ. соч. С. 289-290.
④ ГАТО. Ф. 233. Оп 1. Д. 8. 1914. Л. 7об. -8.
⑤ ГАТО. Ф. 233. Оп 1. Д. 51. 1914. Л. 3 об. -4，5 об. -6 В итоге гражданских дел
　　исправлена ошибка.
⑥ Крестьянин Иван Власов. Волостной суд：Очерки деревенской жизни//Жизнь для
　　всех. 1915. № 12. Стб. 1719.

很大一部分幸存下来的习惯法"规范"根本不是某些习俗，而是符合农民思想观念的正义和公正，其得到了舆论界和乡法院的确认，并建立在大众法律基础之上。

在农民的日常生活中，殴打妇女、村里做出不公正的决定、"嗜酒"的邻居、对马贼的私刑以及那些行为脱离公认的社会规范的人随处可见。但上述案例并没有基于习惯法来寻求解决方案。这是一种行为习惯，有时是人们意识中的定型观念，已成为一种习俗出现在农民的日常生活中，但并非总是如此，也并非在所有家庭和村庄中都存在这种情况。①

习惯法口头存在的性质的一个衍生因素是，习惯法在适用过程中发生了变化，而这些变化也反映出农民世界观的转变。因为早在 19 世纪 60～70 年代，像"对天发誓"这种决策形式就已消失；商品货币关系的逐步实现体现在"纸面事实"的要求上，即纸质证明，例如借贷事实（收据）、遗嘱（乡政府账簿上的记录）等。

村社和乡政府这样的社会低级行政部门记录下来大量事件的要求催生了乡文书官职位的设置，同时导致了大量记录乡村政府各种事务书籍的出现。难怪 20 世纪初的一位乡文书官指出他的职位对农民日常生活和促进职业多样性的重要性："乡文书官是农民政府依法表达书面意志的代言人，实际上也是法律的解释者和代理人，是政府一切事务的参与者。"② 他在自己的回忆录里写道，乡政府当时"存有"60 多本书，其中包括 12 本关于乡法院的书。同时，他列出了这些书目。③

显然，对不当行为的惩罚在农民的日常生活观念中是最无意义的。因此，国家在 1889 年法律中明确规定打消农民关于"平等"的观念，这表现在关于不当行为的案件审理中。庭审期间，法院做出了对被告人、原告人，

---

① 关于施用私刑的案件及其数量的描述（см.，например：Безгин В. Б. Указ. соч.），更确切地说表明了案件的罕见性：在半个多世纪的时间里，发生的案件数量有限。在一家定期刊登农民实际生活的报纸上，人们注意到，杀害或殴打盗马贼的案件很少见，农民的慈善活动数量显著增加（см.，например：Сельский вестник. 1910）。

② Погорелов Г. Указ. соч. С. 15.

③ Погорелов Г. Указ. соч. С. 5 – 12.

同时对证人甚至数人适用死刑的决定。

民事案件，特别是村社法和继承问题的案件更为复杂。这就是尽管20世纪初的农业改革（斯托雷平改革）至关重要，但在承认财产所有者遗嘱价值的同时，继承权仍然受习惯法支配的原因。

20世纪初期的俄国农民，与19世纪60年代初 Г. Н. 乌斯宾斯基著名的短篇小说《辎重兵》中的农民完全不同。早在19世纪70~80年代，俄国农民就试图利用国家法律和习惯法的冲突为自己谋利。但是，大多数农民都希望保留习惯法的"规范"（农民对正义的理解）和乡法院，值得注意的是，在斯托雷平改革时期，土地所有权比村社所有权更为重要。

正是传统的法律观念证明了农民清算地主土地所有权愿望的合法性：地主土地所有权没有存在的权利，因为它不是通过土地上的体力劳动养家糊口的手段。

农民相信沙皇"法律"站在他们一边，只是"地主老爷"在阻碍它的施行，沙皇的意志很快在现实生活中实现，但是结合其他一些因素，农民斗争的积极性受到限制。当人们意识到这种观念的错误的时候，在第一届和第二届国家杜马会议上展开了一场相当广泛的反对合法形式的地主土地所有制的斗争，点燃了全俄各地革命的"希望之光"。

彻底废除有利于法律的习惯法将成为社会不稳定加剧的一个重要因素（1902年波尔塔瓦和哈尔科夫省发生的事件可证明这一点）。只有尊重习惯法才能维持对书面法律的尊重。19、20世纪之交的法律实践中传统元素与现代元素并存，这成为维护国家相对稳定及演进发展的最重要基础。的确，20世纪初习惯法的社会等级制和一些"规则"，与加速国家现代化的目标并不相符；但毕竟，在法律普遍适用的前提下，习惯法在某种程度上遏制了社会动荡的极端性。

农民的识字态度

民间教育是社会文化生活的重要组成部分，其中，学校是教育系统的主要机构。① 农民文化的发展体现在农村居民对识字和掌握文化必要性的理解上。农民不识字率极高。著名教育家和学校事务组织者 Н. Ф. 布纳科夫指出："农民的天赋对任何不得不接近他们的人来说都是不可否认的。这些都是上帝赋予他们的天赋。"② 与自然、土地、动物的整个关系系统决定了大多数农民拥有无限的创造力，这在日常生活、经济社会生活以及民俗中得到了充分反映。毫无疑问，现代学者的表述是正确的："如果我们谈论劳动技能，谈论农民对自己的土地、房屋、家畜的态度，那么，在这一点上，他们实际上算是受过'高等'教育。"③

　　В. В. 罗扎诺夫充满哲理地论述说："即使存在文盲或识字率很低的情况，俄国民众还是受到了一定的文化教育，因为文化不是在书本里，而是在头脑里。文化在于良心、灵魂、真理和上帝。"④ 这一定义对高尚但不同类型的文化的结论也有一定的影响。

　　然而，在 20 世纪初俄国社会现实的条件下，即使农民的"头脑"里已经懂得很多的道理，但是对他们来说，识字还是十分必要的。即使在农民生活方式最保守的地区，在农业生产领域，农民也能从书本上学到许多新的知识。

　　社会以不同的方式提出了人们需要接受教育的原因。有人认为识字率低是保持民众崇高精神品质的障碍，即保持"民族认同"的障碍，应立刻着手让民众识字，特别是以义务教育的形式。⑤ 另一些人认为有必要引入义务教育，即使是采用强制的方式，也要进行下去。⑥ 据一位研究人员说，在

---

① См. : Кошман Л. В. Какое образование нужно народу? （Споры на страницах печати в конце 50-х годов XIX в. ）//Вестн. Моск. ун-та. Сер. История. 2005. № 1. С. 3.

② См. : Бунаков Н. Сельская школа и народная жизнь. Наблюдения и заметки сельского учителя. СПб. , 1906. С. 169.

③ Кабытов П. С. Русское крестьянство в начале XX в. 2-е изд. Самара, 1999. С. 49.

④ Розанов В. В. Черный огонь. 1917//Мимолетное. М. , 1994. С. 355.

⑤ Леонтьев К. Н. Грамотность и народность//Поздняя осень России. М. , 2000. С. 185. См. также приведенное Е. Чириковым мнение орловской помещицы, которая «с ужасом смотрит на результаты мужицкой грамотности» и негативно оценивает деятельность школы в деревне （см. : Чириков Е. При свете здравого смысла// Современный мир. 1916. № 2. С. 90 – 91）.

⑥ См. : Бунаков Н. Указ. соч. С. 208.

20 世纪初，"大众公共教育"并不总是被理解为"精神思想、智力水平和身体的全面发展，以提高国民福祉，而是一种简单的识字、阅读、写作或宗教教育"①。第二种和第三种意见相当普遍。此外，许多人认为，国民识字教育是开展职业教育的基础和前提，也是农民所需要的，即便只是为了更好地了解如何耕种和提高农业文化。②

　　19 世纪末 20 世纪初的许多实证相当充分地说明了社会对创办学校所持的态度。地方自治局的代表们特别明确地强调了普及初等教育的必要性。他们努力发展学校和农民教育是 19 世纪下半叶至 20 世纪初俄国社会现实中的一个显著现象。③《俄国评论》里一位鲜为人知的作者曾为村里孩子上学的必要性进行辩护，他有一句美学评论："还有什么能比课堂上有一群农民小学生的场面更美的呢？"④

　　但教育界和农民代表对"大众教育"及其必要性提出了不同的意见。农民已广泛地认识和理解了识字的重要性。1901 年彼尔姆省进行了一项民意调查，其主题是："我们的农民愿意把孩子交给学校吗？"在 728 份答卷中，有 638 份（占 87.6%）表示他们"非常愿意"或"不仅愿意，而且很高兴"⑤；此外，在拒绝入学原因（"没有学位名额"）这一题项中，人们表示，"感到遗憾的是，由于缺乏校舍，学校设施不足，他们的孩子仍然是文盲"⑥。传统上，人们认为教育的主要动机是服兵役。"你需要教育孩子们：他们应该被训练成士兵——去当兵，生活就会变得轻松些。"⑦ 在"农民在

---

① Петерсон Н. Л. Просвещение. СПб. , 1904. С. 163.

② См. : анализ спора о необходимости «ранней специализации» образования: Кошман Л. В. Указ. соч.

③ См. : очерк Е. К. Сысоевой «Сельская школа» в данном издении.

④ Вопросы церковной жизни//Русская обозрение. 1893. № 7. С. 357. Действительно, достаточно вспомнить картину известного художника Н. П. Богданова-Бельского «Устный счет».

⑤ Бобылев Д. Народная школа и значение грамотности в отзывах крестьян//Сборник Пермского земства. 1901. № 2. С. 2.

⑥ Бобылев Д. Народная школа и значение грамотности в отзывах крестьян//Сборник Пермского земства. 1901. № 2. С. 3.

⑦ Бунаков Н. Указ. соч. С. 5.

送孩子上学时主要考虑什么？"这样一个问题的 775 名受访者中，130 人（占 16.8%）回答的是"能享受服兵役的福利待遇"，166 人（占 21.4%）认为"在家庭日常生活中需要识字，需要文化"。排在第二位（140 人答复，占 18%）的原因是"提高道德修养，开阔视野"①。这些答卷揭示了农民的心理特点。因此，彼尔姆省的问卷调查材料反映了俄国大俄罗斯农民思想观念的总体情况。

现有的大量证据表明，农民了解识字的必要性。然而，一些观察人士注意到，在村民大会决定如何开办学校这个问题上存在困难：一旦谈到需要从口袋里掏出哪怕是一分钱的时候，农民就开始考虑养家糊口和缴税等现实生活问题。还有一个"最简单粗浅的论断"：应该把孩子从狭小的农舍里赶出去，因为他在家里碍手碍脚。要是有一所学校就好了，"我会把他放在那里"②。在这里，人们也会经常想到学校的好处："孩子们跑去上学，这会让老人们安静一会儿，没有人妨碍他们做事，农民自己也要学好多的东西。"让我们继续谈谈农民对于识字和服兵役的好处的看法："为了在马车上写下点什么，为了收钱，识字的人自己就会记账、计算，否则还得出去找人帮忙。或者教教年轻人，'这样他就可以看看书，首先是关于上帝的圣书，理解书中上帝的神圣的法则，好吧，所有的法则都在那里……'。"③

这就是为什么在我们所研究的历史时期，大众生活的一个尖锐问题是确定创办某种类型学校的重要意义：识字学校④、教区学校、地方自治局学校和国民教育部学校。某些观点的支持者试图表明，教区学校对农民来说就已经足够了，只有教区学校才是必要的，这里是他们认为最重要的接受精神和道德教育的地方。这类学校的数量约占初等学校总数的一半。但农民自己更喜欢地方自治局学校。在彼尔姆地方自治局的问卷调查中，375 份

---

① Бобылев Д. Указ. соч. С 8 – 9.

② Яковенко В. Что думает о грамотности и народной школе крестьянин Кромского уезда// Северный вестн. 1888. № 5. Отд. 2. С. 59.

③ Бунаков Н. Указ. соч. С. 5 – 6.

④ 许多人指出有必要停办识字学校。См. : о них: Ф. М. В школе грамоты: Воспоминания// Русский начальный учитель. 1901. № 5. С. 84 – 88。

答卷中，有 180 名受访者表达了这种偏好，只有 29 名受访者支持教区学校，85 名受访者对上述两种情况持相同态度，81 人说出了个人觉得更加亲切的学校类型。①

识字率影响了村民的社会生活：虽然寄生虫和剥削者在村民大会上仍然占据上风，但识字者对村民大会和乡村秩序的决策性影响越来越明显（占全部问卷调查答卷的 77%）。② 我们注意到，识字的人已经能够站出来反对那些寄生虫和剥削者。的确，根据农民的观察，随着新一代年轻户主的到来，"村民大会变得更好了"，"人们不必担心不会认字、不会写字的问题。以前在村民大会上吵吵嚷嚷、骂人和打架是不可避免的，但是现在这一切都变好了，说话嗓门变小，也很少有人说脏话"。③

女学生，出自 H. 波格丹诺夫－别利斯基 1901 年的画作

---

① Бобылев Д. Указ. соч. С. 3.
② Бобылев Д. Указ. соч. С. 25. 作者指出，这些数字有力地反驳了"传说"，即教区学校因其成本比地方自治局学校更低廉而深受民众重视。
③ Качоровский К. Жизнь деревни. . . //Ежемесячный журнал. 1915. № 12. Стб. 220 – 221.

观察家指出农民的平均识字水平并不高，而女孩在学生中的比例更低。"为什么女人需要识字？"这样的问题在民意调查中相当普遍，就像一些人回答的那样："一个天天与火炉打交道、火钩子和炉叉总不离手的人，是不需要懂得很多知识的，只要做好家务活就足够好，否则连士兵都不会娶她。"况且，上了学以后，女孩子"会变得讲究穿着、喜好穿戴"①。

但是，特维尔省韦西耶贡斯克县的数据表明，1901年，在校就读的女生比例为31%，9年前这个比例仅为18%。但有作者认为，女学生在学生总数中所占比例的上升是"人们对学校教育越来越有好感"的表现之一。②20世纪20年代初期的统计数据显示，在全俄农村地区，在校女生所占比例稳步上升。1879～1880年为19.2%；1894～1895年为20.7%；1910～1911年农村为29.9%，城市为44.8%；1920～1921年农村为40.1%，城市为51.5%。③

自从20世纪初日俄战争和1905～1907年革命这些重大事件发生以后，农民对识字的态度发生了明显的转变，农民中几乎没有反对识字的人。当时，俄国国情已经发生很大变化，特别是19世纪末煤油灯的出现，如果没有这种情况，识字者的数量似乎不可能大幅增加。④要知道，农民日常生活中常见的阅读，通常是在家里大声朗读，利用每天劳动结束后的短短几分钟时间。在19世纪80年代，莫斯科省各个市县的大多数农户家里唯一的光源是松明⑤，它并不能提供正常的照明。家庭主妇的家务活也遇到了相当大的困难。煤油灯的普及使用有助于农民的书本阅读。

---

① Бобылев Д. Указ. соч. С. 4.
② Гронский П. Положение дела народного образования в Весьегонском уезде Тверской губернии//Вестн. права. 1904. № 9 - 10. С. 287.
③ См. : Казимиров Н. Начальное образование по данным основного обследования народного образования 1920 г. //Вестн. статистики. 1921. № 5 - 8. С. 155.
④ 俄国内战时期，一位回忆录作者指出，乡村生活的艰难迫使居民又重新使用松明照明："俄国农村的煤油灯并没有持续存在多久：第一次出现大约是在40年前。"（Воронов С. Петроград - Вятка в 1919 - 20 г. //Архив русской революции. Т. 1. М. , 1991. С. 248. Реприн)
⑤ См. : Семенов С. Т. В родной деревне：Очерки. С. 4.

应该指出的是，这一时期的史料中有许多关于农民对学校持消极态度的证据。在农民看来，上学分散了儿童对家务劳动的注意力。"如果孩子光顾着学习，那谁会和我们一起干农活呢？这可是全世界赖以生存的农业。"①有的人（作者按，来自乡村知识分子）认为，农民送孩子上学，是因为"识字的风气很盛行"，"农民想让孩子逃避艰苦的劳动"。②

学校教育带来了另外一些后果，这迫使部分牧师和农民反对学校的扩张。③ 有人说："结束课程学习的男孩，尤其是那些不太用功的男孩，想要白手起家，结果却成了失败者，最终被社会抛弃。"还有人说："一个受过教育的人总是盯着某个职位，想找份工作，从而摆脱农村的生活，结果却变成了一个懒惰闲散的人。"④ 随着时间的推移，这种说法越来越少见，但值得注意的是，农民的主要职业还是劳动，长期不断地从事田间劳动在农民生活中的优先地位依然存在。

教师的活动是民族文化形成的一个重要因素。当代人认为，正是他们在民族文化的发展中发挥了重要作用。⑤ 许多人高度评价了学校的道德影响力。在这个方面，Н. Ф. 布纳科夫在他的作品中举出的两个农夫的故事非常具有指示意义："一个农夫说：'让他从书本上识字，向老师学习如何按照上帝的旨意生活。现在有的时候，人们听不进去老人的劝诫，从小恋上喝酒、吸烟斗，说话不坚定，工作懒惰，你说他一句，他会还你十句，难道可以这样行事做人？这是上帝的旨意？''瞧你说的，'另一个农夫怀疑地说，'你能在学校学到这个吗？''但如果不是在学校，还能是在哪里学的？'另一个农夫说：'我给你举个例子吧。一些耕地的农民从切尔特科沃农庄来到他们的主人家里干活，讲好条件并把它写了下来。主人命人端来酒以示庆贺。和这些农民一同前来的有一个不满 20 岁的男孩，他的面前也摆着一

---

① Бобылев Д. Указ. соч. С. 4.
② 出版商将这唯一的回答描述为"著名阵营的宣传家关于人们对农民懒惰、放荡、宣扬邪恶及对农民不信任的独特说教的一种反响"（Бобылев Д. Указ. соч. С. 10）。
③ См. : Бобров А. А. Крестьянин и книга. Владимир，1903. С. 17.
④ Бобылев Д. Указ. соч. С. 5 – 6.
⑤ См. : Лапшов И. Хроника//Ежемесячный журнал. 1915. № 7. С. 131.

杯酒。男孩连忙表示感谢，他说："感谢上帝，我不喝酒。我在学校读书时，我们的老师波尔菲尔·耶莫拉伊奇告诫我们不要喝酒，所以，我不喝酒。'"① 对于一个俄国农民来说，学校教师对一般行为的影响，包括在饮酒等方面，是证明学校价值的一个非常独特和令人信服的证据。

20世纪初，在农村学校，农民教师人数不断增加。根据库尔斯克省的数据，在乡村教师中，农民占32.9%，资产阶级占18.9%，神职人员占24.6%，贵族占15.7%。② 这些数据证明了数百万农民的文化水平获得巨大飞跃。农民教师最大限度地将民间传统文化与对社会运动、日常生活和经济生活变化必要性的理解联系起来。

的确，一位农民说："万卡跟着我学习了三个冬天，但他在读书和写字时，经常与我争论这个和那个应该怎样做。他说，我读了一本书，而且书是聪明人写的。我明白他说得很好，但不知怎么的，我不敢照他说的做。"③ 十多年以后，万卡，现在的伊万·伊万诺维奇老师，来到家乡度夏，他更加确信聪明人会写书，而且具有更深厚的知识。现在，就新农业技术方面的问题，万卡的父亲一点也不以"按照他儿子的方式"行事而感到羞耻。

战争前夕，另一个来自完全不同地区的农民谈到刚开始识字并教自己识字的女儿时说："这就是我活着的目的，我的女儿教我这么个老人识字，教会我智慧和理性。"④

其中一位农民出身的教师回应了一些记者的论断，即智力劳动的代表——原农民——"很快就沾染上贵族老爷的派头和习气，开始蔑视他们父亲的劳动工作"，他在杂志上的一篇文章中写道："我在教区学校的大多数同学都是农民的孩子，他们不仅是教区学校的学生，而且后来当了教师，许多年来，他们每逢夏末就会回到家乡，面部晒得黝黑，手上长满了老茧，

---

① Бунаков Н. Указ. соч. С. 8.

② Текущая школьная статистика Курского губернского земства. Курск，1907. С. 339.

③ Бобылев Д. Указ. соч. С. 12.

④ Анциферов Н. П. Из дум о былом：Воспоминания. М.，1992. С. 109.

就连我本人也和其他农民一起干活，倒粪施肥、割草和收割庄稼。"①

国民教育工作者认为，他们从事农业劳动是与农民孩子互动交流和相互理解的最重要因素。

的确，我们需要高度评价那些为了教育至少一个孩子而付出巨大努力的农民家庭的文化水平！人们还应该考虑到这样一位老师不仅对他的家庭产生了影响，而且对那些第一次看到智慧的运用所能带来前景的村民也产生了影响。列夫·托尔斯泰写道："是时候明白，启蒙教育不是只通过模糊的图片传播，也不是通过口头的话语和印刷的文字传播，而是通过人们生活中的活生生的具有感染力的例子来传播的。"② 1894 年，一名叫杜奇金娜的女学生写了一篇关于母校周年纪念的文章，从更广泛的意义讲，可以说是对农民教育事业的评价。

> 十年前，这里开办了一所学校，
> 十年来，我们的孩子得到心灵和智慧的启迪：
> 学校教孩子既会祈祷，又会数数，
> 聪明地阅读和讲述书籍，
> 折叠信纸来写字，
> 按基督教义去理解和观察。
>
> 我们的父辈不了解学校的好处。
> 依依不舍的老人
> 不情愿让我们迈入科学的殿堂……
> ……

---

① M. Полтора года учительства. // Русский начальный учитель. 1909. № 1. С. 26. Автор публикации – выпускник учительской семинарии.

② Афоризмы и избранные мысли Л. Н. Толстого, собранные Л. П. Никифоровым. Вып. 1. М., 1905. № 221; См. также: Стрельцов Е. Г. Из 25 – летней практики сельского учителя: Воспоминания, очерки, заметки. Ч. 1. Сельская школа. 1849 – 1864. СПб., 1875. С. 15.

> 再过十年，
>
> 一切事情都会好转：
>
> 我们读书人的后代，
>
> 将会踏入这所学校。
>
> 认识到读书好处的人，
>
> 必将看到上帝之光，
>
> 就像一个忧郁的愚昧人，
>
> 不会无缘无故地抛弃自己的儿子，
>
> 让他的儿子犹如一只盲鼠，
>
> 享受不到科学光明的指引。①

1897 年，俄国欧洲部分 50 个省的识字人口比例为 17.4%，到 1913 年为 24%。②

第一次世界大战前夕，许多农民已经注意到农村学校传授的知识严重不足；期刊上相关的新闻和报道指出，农民渴望获得更多的知识；人们越来越意识到，农业生产实践需要的不仅仅是一般性的常识，还有具体的专业的知识，以实现他们享有更多文化生活、尊重个人和个性的权利。现在全村人都"变得更加有思想、有意识了，开始理解很多以前完全不明白的事情"③。

农民积极接触书刊和报纸。有许多证据可以证明这一点。Б. 切尔年科夫援引了刊登在《维亚特卡语言》上的一封农民来信："我们很顺利地弄到报纸，并把它们放在仓库里。每天晚上我们都聚在一起读书读报。"更令人意外的是："在报纸出现之前，他们曾经光顾小酒馆。现在他们变得更聪明了。"Б. 切尔年科夫还引用了下诺夫哥罗德省戈尔巴托夫斯基县的以下一

---

① Бунаков Н. Ф. Сельская школа и народная жизнь. Наблюдения и записки школьного учителя. СПб. , 1906. С. 206 – 207.

② См. : Рашин А. Г. Население России за 100 лет. М. , 1956. С. 293.

③ Черненков Б. «Пробуждение» деревни//Ежемесячный журнал. 1914. № 6. С. 109, 118.

段证词："农民在报纸上不仅喜欢阅读时事纪要和全省新闻，还喜欢阅读指南性文章、小说和述评。许多农民自己开始向报纸投递原始的事实材料，妇女开始从图书馆等地方把书借回家阅读，等等。"[①] 在战争年代，即使是农家子弟也要"在一定程度上学会使用报纸、电报、邮件和铁路"[②]。

身穿节日服装的农妇，C. A. 奥尔洛夫摄于 20 世纪初

因此，学校教学活动的开展，以及农民识字的普及，为农村现代化进程奠定了基础。一位调查问卷的受访者透露，在他任职的 7 年时间里，他发现受过良好教育的识字的农民更能适应改革和创新，而不甘于"因循守旧"，同时也指出："贫困将战胜科学。"[③]

现代研究人员所谓的"复兴伦理学"的形成很缓慢（也许比那些认为有必要"追赶历史的步伐"的人所希望的要慢），但更彻底、更有机地形成

---

① Черненков Б. «Пробуждение» деревни // Ежемесячный журнал. 1914. № 6. С. 110.

② Левитин С. Крестьянские дети и война // Русская школа. 1915. № 9 – 10. С. 69.

③ Бобылев Д. Указ. соч. С. 22. .

于人们的世界观深处。

这些变化的一个组成部分——与"稳定（生存）伦理"的背离，是对学校文化意义日益深化的理解，以及对识字和教育必要性的深刻认识。

知识分子与农民的论争

俄国知识分子的罪过之一是，纵观其整个历史，经过无数次的尝试，他们始终无法看到一个民族主要价值观的强大力量，他们曾反复呼吁并试图从自己的知识和理解的高度来弘扬这种价值观。只有当你不是从酒吧的门廊或阳台上注视人们，而是生活在他们中间，与他们共同劳动、悲戚与共的时候，你才能理解这股强大力量的精髓所在。这样你才有机会评价民族文化成就中没有被纳入各种理论思想观念内涵中的那部分内容，其中的大部分来自西方并适用于俄国现实国情。

19 世纪末 20 世纪初，人们又一次误解了重大的民族文化成就，因为他们很快就开始迅速而严厉地将书本理论灌输到人们的生活实践中。

农民对知识分子提出的批评反应强烈。只是在 20 世纪初期俄国革命动荡后，农民才获得公开发表具有社会意义的讲话的机会。随着第一次俄国革命的开始，俄国大多数社会阶层都有机会利用新闻媒体自由地表达个人对祖国生活各个方面的观点。这是俄国历史上第一次向农民提供这种机会。俄国农民在第一届和第二届国家杜马的论坛上发表了特别明确的讲话。但这场争论的焦点主要是农业土地问题。

稍后，在新闻虽然受限制但仍然享有自由的条件下，俄国国内萌生了农民对一系列共同问题广泛发表意见的机会。坦波夫土生土长的农民都主教韦尼阿明在他的回忆录中评论道："现在……来自民间的作家开始书写人民大众并真正地为人民大众而创作。"他更进一步说："突然之间，我们这些知识分子看到了一个完整的活生生的世界！原来，那些充满激情和温柔的爱情、痛苦和幸福、斗争和胜利、罪恶和纯洁、灵魂的粗野和高贵、信仰和怀疑、抢劫和怜悯罪犯、寻求真理和容忍贫穷、悲伤和人类暴力、悲伤－忧郁和豪迈勇武、叛逆和忍耐、黑暗和求知的渴望、怜悯甚至更多的仁慈、自爱和自私，以及更多牺牲的男男女女，在人民中都存在。"① 令人震惊的是，他们不仅意外地看到了一组组消极、否定的或感动人心、闪光的人性品质，而且还看到了它们成对的奇妙组合：如果没有这样的理解，我们很难想象俄国人完整的个性是什么样。

村民写的文章、信件、札记等大量出版物在各种媒体机构中占有重要的一席之地。事实上，第一次世界大战前夕，相当一部分农民不仅就读于教区学校，而且还接受了更高层次的学校教育，这些学校已经培养出一批文化水平较高、愿意表达自己想法的农民。20 世纪初土地改革期间暴露的问题，成为农民表达自己对时事的观点的另一个动机。对改革的合法性和内容的对立看法已经清楚地显现出来。因此，许多农家户主渴望表达他们的立场，不仅在新闻界，而且在艺术创作中反映出来。②

还有一种情况促使农民提出自己的观点。事实上，许多知识分子对农民的文化水平、价值观以及由此产生的旨趣知之甚少。20 世纪第二个十年知识分子的观点体系中，"解放运动"的矛盾焦点主要是"权力"和"社会"的相互关系。只有在"没有得到上级的帮助"和需要"调动全部力量"的时候，农民才被要求参加"解放运动"。

正如一位了解这两种社会阶层的民间作家所言，"来自知识分子阶层的同情者"认识到的民众，"仅仅是他们对其命运关心的对象，这些知识分子认为，没有他们开明的领导，民众就不可能走上一条宽广自由的人生道路"。③

因此，权力和社会这两种力量经常为了个人的政治利益而唤起对"民众的利益和好处"的记忆，并不够准确地诠释人民大众的利益诉求和革命行动动因。在 20 世纪初的动荡与冲突中，无论权力还是社会都能够公正地

---

① Вениамин（Федченков），митр. Указ. соч. С. 51.

② См. ，например：Семенов С. Т. Двадцать пять лет в деревне. Пг. ，1915. Обобщение литературных усилий крестьян и выходцев из других слоев народа см. ：Горький М. О писателях-самоучках//Современный мир. 1911. № 2. С. 178 – 209. 这篇文章的评价与著名作家后来极度消极和不公平地描述的农民特征有很大的不同。

③ Семенов С. Т. Крестьянство и интеллигенция//Ежемесячный журнал. 1915. № 2. С. 88.

看清事件的真相，却被迫困惑地表示，劳动者坚信以他们自己的方式能够解决问题。① 事实证明，社会运动的所有参与者都需要准确地了解民众的世界观和认识观。考虑到"民众的利益和好处"的一个例子是著名的《土地法令》，该法令旨在实现具体的政治目标，将农民的习惯法转化为成文法。

农民对知识分子形成了相当明确的看法。1906 年，一位"有文化的农民"（作者尼古拉·科任的自称）在《民报》上发表了一篇题为《知识分子与民众》的文章。文中写道："知识分子从未像今天这样远离人民大众。理解一个人的灵魂是非常困难的，尤其是在我们这个时代。没有人知道一个普通农民现在真实的想法和感受，如果不了解乡村生活、内在（而非外在）的精神生活，就不可能在新的、更好的起点重建它。"②

M. 高尔基在 1911 年的一篇文章中分析了民间作家寄给他的 429 份手稿的内容，指出其中"最重要的事实"是对知识分子的否定态度。③ 显然，有必要分析大多数人对知识分子付出努力这一表达的观点，找出农民误解他们的原因。这种尝试最有可能的是 1916 年发表在高尔基的《编年史》杂志上的 Д. 塔尔尼科夫的一篇文章。④

让我们继续讨论这一文学事件。在我们看来，它超出了时评短期发挥作用的范围，清楚地反映了当时的社会和政治思想对作为农民世界观最重要组成部分的农村人口文化水平和文化类型的忽视与考虑不足。这篇文章引起了激烈的争论，并影响了 1917 年悲剧事件前后的公民团结一致的状态。

依据自己对 A. П. 契诃夫、И. A. 布宁和其他一些作家个别作品的诠

① 这种理解反映在 M. O. 格尔申宗臭名昭著的言论中，在讨论作品集《里程碑》的过程中，人们围绕着他的话语浪费了很多笔墨。作品集的作者写道，我们应该害怕人民"胜过所有当局的处决"，并"祝福这一权力，它的刺刀和监狱仍然保护我们远离愤怒的人群"（Вехи：Сборник статей о русской интеллигенции. М.，1990. С. 92）。

② Народная газета. 1906. 27 апр. № 98. 作者得出这些结论的原因是显而易见的；只要注意该报的发行日期——第一届国家杜马会议的开幕日就足够了。

③ См.：Горький М. Указ. соч. С. 187.

④ См.：Тальников Д. При свете культуры//Летопись. 1916. №1. С. 275 – 299（Тальников Д. – Д. Л. Шпитальников，1882 – 1961，по образованию врач）.

释，Д. 塔尔尼科夫列举了人们熟知的《白痴》里乡村生活状况的叙述作为文章的总结语。摒弃对文学具体的历史性解读，不考虑艺术创作的特殊性，文章作者在上述作家的多部作品中看到了"对乡村理想主义观点……的重新评估"①。

Д. 塔尔尼科夫在他的文章中把俄国农民描绘成城市文化的主要敌人："在现代文明的背景下，在先进人类的思想圈子中，就像古时阴郁的幻影一样，一个与世隔绝的现代村庄正在崛起，它与比邻而居上千年的农民的日常生活相脱节。这个村庄隐藏着对城市文化的威胁和我们所有人重塑生活的障碍，我们在最近几年生活水平的普遍提高中非常清楚地感受到了这一点。"②

事实上，农民的抗议并不是针对城市文化的成就，而是针对城乡庄园及其所有者，以及他们的后继者，农奴制时代的历史记忆长久地铭刻于农民心中。农民以其最多样化的形式提出的抗议主要基于农民的习惯法律观念，即只有那些耕种土地的人才有权拥有土地，或者说土地的合法性只适用于那些耕种土地的人。在这方面，地主被认为是公平经济制度的主要敌人。

首届杜马代表 М. Я. 赫尔岑施泰因是一位先驱，他多次纵火焚烧地主庄园，并用"照明灯"这一术语命名自己的纵火行为。他还指出，几乎没有发生杀害地主的事件，"熊熊火势"早把他们"逼出了"村子。评论家Д. 塔尔尼科夫在分析作家的作品时，随口表达了一个重要的思想，这与农民想象的一切完全背道而驰："在这种环境下杀人是很平常的事情。好人、善良软弱的人都会被杀害。"③ 虽然这一切很容易弄清楚，但这并不是根据文艺作品做出的判断。事实并非如此。据现有的统计数据，俄国所有社会

---

① См.：Тальников Д. При свете культуры//Летопись. 1916. № 1. С. 277（Тальников Д. – Д. Л. Шпитальников，1882 – 1961，по образованию врач）.

② См.：Тальников Д. При свете культуры//Летопись. 1916. № 1. С. 278（Тальников Д. – Д. Л. Шпитальников，1882 – 1961，по образованию врач）.

③ См.：Тальников Д. При свете культуры//Летопись. 1916. № 1. С. 292（Тальников Д. – Д. Л. Шпитальников，1882 – 1961，по образованию врач）.

阶层中，农民的犯罪率最低（仅次于神职人员）。①

最后，Д. 塔尔尼科夫总结了"作家的观点"："农村仍然是文化中多余的部分。生活按照自己的客观规律向前发展，人类发生了巨大的变化，可是农村仍然被积雪、泥泞、污秽、黑暗和绝望包围着，没有繁荣和希望，就像在'留里克'统治时那样。在现代文明的背景下，农村甚至更可怕，充满了野蛮、荒凉和死亡，人们屈服于那个阴暗恶魔的无限魔力，一个世纪以来，它使他们变得愚蠢、酗酒、贪婪、苛刻和阴暗。当代文学对村庄的描述，不仅是针对村庄受到的政治和文化束缚也是对其存在的经济基础的控诉行为。这种存在创造了农民几乎完好无损的'面孔'，直到今天还有返祖的迹象。"②

《编年史》的出版引起了农民的强烈抗议：他们传统上对自己的劳动怀有深深的敬意。《月刊》③ 刊登了农民具体的回应，他们称 Д. 塔尔尼科夫的文章"诽谤俄国农民"，并指出作者在文章中使用的方法："选择错误的，忽略好的，指摘农村，赞美城市。"Д. 塔尔尼科夫"继续将农民拖进泥潭，把世界上所有的恐怖和恶习都归咎于农民"。④ 一位与 М. 高尔基通信的记者指出："我们国家最有效的元素是俄国土地上的农民劳动者。"⑤

第一次世界大战爆发的前后几年，当农民在前线战场上不顾个人安危保家卫国的时候，后方对他们做出如此负面的言论更加令人痛心。⑥

人们对知识分子的看法可以由一个化名为纳罗德尼克的人来概括：

---

① 当然，除非将革命事件包括在内，否则当时农民的"罪行"中有相当一部分是由成文法所规定的，但它符合农民的习惯法价值观。我们还应该注意到另一种情况：1905 年和 1906 年俄国中部广大地区粮食产量低，闹饥荒。

② Тальников Д. Указ. соч. С. 295.

③ Ежемесячный журнал. 1916. № 3.

④ Ежемесячный журнал. 1916. № 3. С. 229 – 230. О подчеркнутом уважении А. П. Чехова к народной культуре см. в рассказе «День за городом (сценка)» (Собр. соч. Т. 4. С. 249 – 255).

⑤ Горький М. Указ. соч. С. 185.

⑥ Северные записки. 1915. № 7 – 8. С. 127.

"做一个知识分子是多么不幸啊！总是觉得你对你的民族来说是陌生人，他们不相信你，不了解你，他们和你之间有可怕的鸿沟难以逾越，你陷入永生不和谐的境地，这是多么糟糕的事情！我与你同在，在一个可怕的深渊，永远悖逆。因为热爱人民，为他们挺身而出，为他们祈祷和祝福，但同时又意识到你在民众眼中是他们的敌人，这是多么令人可怕的事情！"①

1916 年，当时著名的作家之一 E. 奇里科夫回击了 Д. 塔尔尼科夫对农村带有偏见的批评，E. 奇里科夫甚至将他的文章标题命名为《从常识的角度》（Д. 塔尔尼科夫的文章标题是《从文化的角度》)②。E. 奇里科夫提出了这样的问题：为什么某些作者具有的代表性特征并不是特例，而是构成了一幅"俄国的全景图"？Д. 塔尔尼科夫对俄国灵魂、俄国乡村和俄国人民的无知，他的偏见和先入为主的观点，以及社会禁忌，为上述"青年批评家"的观点提供了理由和基础。③

从社会的角度看，普通民众与知识分子的对抗是显而易见的。而在个人层面，由于俄国农民固有的品质，这种对立矛盾实际上被消除了。随后，国内战争时期的更多事件尤为清楚地表明了这一点。回忆录作者指出，如果农民感到他们自己和他们的劳动受到尊重，他们愿意支持任何人。④

流亡中的 K. 卡乔罗夫斯基评论道："知识分子必须明白一点，你不接受农民，就等于你抛弃了俄国，而且时机已经成熟——要么与农民有机地结合在一起，要么孤独地把骨灰散落人间。"⑤ 但当这篇文章得以发表时，许多知识分子已经"四分五裂，散落在人间"，还有一些人不得不离开自己的祖国。

---

① Народник. Плач отщепенца//Земщина. 1912. № 1030. 文章的总体基调在很大程度上与该出版物的极右翼性质有关。

② См. : Чириков Е. Указ. соч.

③ См. : Чириков Е. Указ. соч. С. 110.

④ См. , напр. : Учительница. Три года в деревне; Окнинский А. Л. Указ. соч. ; и др.

⑤ Качоровский К. Крестьянство и интеллигеция. С. 231.

第一次世界大战时期的社会风俗和日常生活

　　战争年代俄国农民的状况是 20 世纪初农业变革结果的反映，以及沙俄最后的阶段性总结。它使我们能够确定，各种表现形式的农民文化在多大程度上适应了对整个国家进一步发展产生重大影响的社会变革与创新。

　　有充分的证据表明，20 世纪初，俄国农村开始发生重大变化。同时代人的意见纷呈，他们的分歧点只停留在其具体发生的日期上。请注意，这虽然是一个日期，但它的定义却是不同的：从"日俄战争"或"从第五年"。实质内容的确定性要么凸显强烈的外部影响（"日俄战争"），要么表达出参战者内心的深刻变化（"从第五年"）。

关于战争的消息，维亚特卡省，C. A. 洛博维科夫摄

　　沃洛格达省的一位村民在给《月刊》杂志编辑部的一封信里写道："……1905 年将沉睡的人们从数百年的蛰伏中唤醒……"这代表着绝大多

数农民内心深处发生了最强有力的转变。①

从第一次世界大战前线平安归来的士兵这样表述村里发生变化的意义："人们变成了另一种人。现在士兵中再也见不到老信徒了，每个人都在努力按照自己的理性逻辑过自己的日子。"他最后的结论是："如果我们村里的人们都变成这样的人，那他们就不会住在独立农庄里。"② 原来，在这个士兵看来，独立农庄的存在是"古老"的一种表现。这并不是通讯记者完全准确的表述：上述表述暗示了这样一个事实的存在，即当局不能强迫这样的"人民"对他们个人的想法采取行动，做出有违自己良心的事情。

另一位农民通讯员说："……如果一个俄国独立村庄遭遇到现在的泛欧战争，我们的农民将彻底丧生。"③ 这意味着许多主要劳动力被征召入伍的家庭在收割和春播时都得到了同乡的帮助。

农村邻里关系和谐的一个显著标志是前线的来信，不仅写给家人，而且写给村里的"村民大会"和"村社的老者"④。

农业变革触及农民生活的方方面面，"时代精神"给农民日常生活和风俗习惯带来了重大变化。例如，虽然没有忘记经济上的算计，但婚姻在很大程度上已经是为了爱情而结合。既然出于内心的爱，就应该在面对自己喜欢的人时打扮自己，注意穿着，人也变得更爱说话一些。因此，村里的风俗习惯也发生了变化："农民待人接物的态度和言行变得更加温和、更加恭敬和更有文化了，也更加讲究礼仪。"⑤

村民大会首先发生了巨大的变化。许多家庭的户主被征召入伍，为了解决各种日常事务，有必要让每户农家派出代表出席村民大会。其结果是，村民大会恢复了活力，家庭主妇参会人数明显增加。

以前，农村妇女的劳动范围很广，包括家务活和参加一些田间劳动。

---

① Крестьянин Кутько. Письмо крестьянина Вологодской губернии//Ежемесячный журнал. 1916. № 5. Стб. 238.

② Кузьмин Н. М. Война и наша деревня//Там же. № 12. Стб. 279.

③ Крестьянин Иван Власов. На распутьи//Там же. 1915. № 5. С. 112.

④ Качоровский К. Жизнь деревни... // Там же. № 9. Стб. 447 – 448.

⑤ Черненков Б. Жизнь деревни//Там же. № 5. С. 103.

什韦多沃（上伏尔加河）村里的农妇正在纺纱，
С. М. 普罗库金 – 戈尔斯基摄于 1910 年

"清扫房子，使秩序井然，终日洗衣做饭，伺候丈夫和孩子的吃和穿，饲养牲畜，挤奶，给丈夫、自己和孩子缝缝补补，编织帆布和呢子，纺纱，在田里除草，收割粮食，打捆脱粒，然后把它们堆起来，和丈夫一起磨面粉，等等。"这些家务活和力气活都属于农村妇女应担起的义务范围。①

但是，如果在战前，村里的妇女就会很肯定地说："我不是你们男人，我不会去做你们男人应该做的事情！"② 那么现在，当村里的男人越来越少的时候，男人平日里最操心的、最繁重的家务活都落在了女人的肩上，妇女在家庭中和村社生活中的地位变得比以前更重要了。在和平年代，女人们偶尔能够参加村民大会（对性别的限制已经没那么严格），但现在她们参

---

① Соловьев Е. Т. Указ. соч. С. 13.

② Петрищев А. Бабы бастуют//Ежемесячный журнал. 1914. № 2. С. 155.

加村民大会的频率越来越高，她们"感觉到了自己的力量"。早在战争爆发前夕，一位俄国农村的观察家曾写道："似乎有更多的好女人，让人不由自主地对她们产生敬意，对她们越来越尊重。"① 这是因为她们——这些"好女人"一直在农民中占有相当大的比例，显然，在丈夫不在的情况下，她们在农村生活中的作用变得更加明显：她们必须更加积极地展示自己的力量，以维护家庭和家乡的社会生活。一位农民通讯员写道："战争促成了农村妇女的解放，我们现在有了女卫兵，她们是村民大会重要而有影响力的部分。"②

农家女子一起干活或娱乐的晚间聚会传统在战争年代保留了下来，这种聚会的继续存在促进了妇女对村庄社会生活习俗的更积极干预。现在，人们经常谈起那个最痛苦的时代，谈论她们和在战争中参战的亲友，以及如何在家里没有男人的情况下过活。《战争与农村》一文的作者将这类会议称为"妇女俱乐部"，妇女们聚集在那里，"谈论和了解新闻"。③

村民大会讨论农村问题，并就与农村当局的决定有关的集体行为形成共同意见。正是在妇女的积极参与下，一些村民大会开始做出"禁止村庄内安装纸牌和其他游戏设备进行赌博的限制性决议"④。

让我们列举出一组统计数据，尽管明显是近似的数字，也不是俄国农民、《公民》的出版商 B. П. 梅谢尔斯基大公极其喜欢的数据："……农民中完全不喝酒的人数占全部人口的 1/3，适度饮酒的人数占 1/3，最后，酗酒的人占 1/3。"⑤

---

①　Петрищев А. О щекотливом женском деле//Там же. No 3. C. 120.

②　Взоров Вс. Война и деревня//Там же. 1915. No 8. C. 105.

③　Взоров Вс. Война и деревня//Там же. 1915. No 8. C. 275.

④　Известия Земского отдела. 1916. No 1. C. 40.

⑤　Мещерский В. П. Очерки нынешней общественной жизни в России, Вып. 1. СПб., 1868. C. 88. 农民在葡萄酒消费上的差异十分明显："比如有的庄稼汉喝得不尽兴，因为他们手头的钱'有点吃紧'。有的庄稼汉在集市上喝得酩酊大醉……""人们说一个人'总得喝点'或'好这口'，而这后面的情况就完全是另一回事了。"（Ежемесячный журнал. 1915. No2. C. 51）

农民日常生活的鉴赏家 A. H. 恩格尔哈特写道："在报纸上读到我国酗酒的惊人状况后，我对我在我们村庄看到的情形感到惊讶。"接下来他写道："报纸上所有关于过度酗酒的报道都是由来自城市的记者，主要是官员撰写的。"① 多年以后，农民 A. И. 马雷舍夫的来信中也表达了类似的观点："这些报纸作家对俄国的真实生活一无所知，在什么证据都没有的情况下，总是在那无耻地写些子虚乌有的东西。"② 都主教韦尼阿明在回忆录中写他的父亲曾短暂地经营过一家酒馆："人们经常写一些关于农民酗酒琐碎和愚蠢的故事。我在一家酒馆里观察了两年，并没有看到这一点。酒鬼当然是个例外。嗯，好吧，每个人偶尔都喜欢喝喝酒，喜欢这种场合，但他们只会在家人的婚礼或亲戚的婚礼上喝酒，人们普遍是清醒和朴实的。"③

事实上，关于酒精饮料消费的科学数据给人留下了深刻的印象，因为它与现有的荒诞的说法并不一致。根据官方统计，俄国的人均酒精饮料消费量排世界第 11 位，伏特加消费量排第 9 位。④ 但俄国农村地区的酒精饮料消费量远低于城市。根据平均统计数据，在 1904～1908 年这五年内，人均葡萄酒和白酒消费量（按桶计算，含酒精40度）在弗拉基米尔省的市县为 2.36/0.46 桶，沃罗涅日省为 1.29/0.48 桶，维亚特卡省为 2.87/0.3 桶，卡卢加省为 2.33/0.47 桶，库尔斯克省为 1.4/0.54 桶，莫斯科省为 2.37/0.86 桶，下诺夫哥罗德省为 2.41/0.52 桶，奥廖尔省为 1.63/0.5 桶，梁赞省为 1.61/0.52 桶，坦波夫省为 1.53/0.52 桶等，全俄（75 个省）平均为 1.56/0.45 桶。⑤

---

① Энгельгардт А. Н. Письма из деревни. М. , 1987. С. 70.

② Ежемесячный журнал. 1915. № 2. С. 55.

③ Вениамин（Федченков），митр. Указ. соч. С. 70.

④ См. : Дмитриев В. К. Критические исследования о потреблении алкоголя в России. М. , 2001. С. 43 – 44, 332. 这项杰出的研究于 1911 年首次发表。

⑤ См. : Золотарев А. М. Потребление вина в России в 1904 – 1909 гг. И Ежегодник России. 1909. СПб. , 1910. С. CVII – CX. 一位农民在回应对村民的批评时说："大家都很清楚：村里每个人都喝酒吗？真是个谎言！城里人喝得更多！！！"（Ежемесячный журнал. 1916. № 3. С. 229）

当然，很明显，城市人口某些社会阶层极为典型的特征是，能够在小酒馆里较体面地喝酒，消磨时间，这里没有来自农村地区的消费者，特别是在没有严格的家庭和社会监督，以及村里没有实行宗教信仰禁忌的情况下。

但传统的城市居民对城市酒精饮料消费量远超农村三倍以上这个结果算是尽了自己的一份力量。然而，有足够的证据表明酗酒现象在农村里蔓延开来，这一点令人沮丧。一位农民生活观察家写道："农村贫困、生活单调乏味、无权等，这都是人们酗酒的原因。农民借酒浇愁，用酒精麻痹自己，忘记日常的烦恼、痛苦、忧伤，哪怕只是暂时的解脱——从日常的忧虑、混乱无序和动荡生活中获得一时的解脱。"①

1894年，俄国实行酒精类饮料销售的国家垄断制度。有人辩解说，这主要是为了打击农村地区的酗酒行为。这个超级任务没有完成，但垄断制度却给农民社会带来了痛苦，深深地伤害了农民。以前，为了获得村社区域的酒精类饮料销售许可证，酒铺老板要交给村社一大笔钱。② 村社用这笔资金纳税，支付建造校舍、修建教堂围墙等费用。自从实行酒精类饮料销售国家垄断制度以来，村社已经得不到这笔数目可观的补偿金了。③

在分析了许多关于人们醉酒原因的陈述之后，著名经济学家 И. Х. 奥泽罗夫在对农民讲话时说："为了不让一个人酗酒，还需要做什么？首先你需要良好的营养、优质的图书馆、价格便宜的餐厅、民众教育，所有这些都有助于减少酒精饮料的消费。"④

---

① Черненков Б. Жизнь деревни//Ежемесячный журнал. 1915. № 5. С. 106.

② 随着葡萄酒垄断政策的执行，库尔斯克省农民协会每年损失高达38万卢布（Сборник Пермского земства. 1901. № 2. Разные известия. С. 50. № 94）。

③ Выступление И. Х. Озерова//Мат-лы по вопросам земельному и крестьянскому. Всероссийский съезд крестьян-старообрядцев в Москве. 22 −25 февраля 1905 г. М., 1906. С. 57.

④ Выступление И. Х. Озерова//Мат-лы по вопросам земельному и крестьянскому. Всероссийский съезд крестьян-старообрядцев в Москве. 22 −25 февраля 1905 г. М., 1906. С. 45.

同样的想法也出现在圣彼得堡省省长的声明（1913 年 12 月）中："……对于农村人口来说，他们生活无聊，许多人在同一个小屋里筑巢，在连续的共同生活的基础上，在同样一些人的眼前，得到的是精神狭隘的家庭利益滋养和不断的家庭纷争，对他们个人的精神道德问题没有任何兴趣，实际上，除了让他们用酗酒填补生活中的闲散和空虚，什么都没有留下。"①

战争爆发后，1914 年 8 月 22 日颁布的最高法令禁止销售酒精产品，禁销期一直延至战争结束。因此，农民光顾酒馆的次数、喝酒的开销大大降低。1912 年，全俄总共销售了 9.5 亿桶酒，而 1913 年仅超过 1 亿桶，1914 年略超过 5000 万桶。② 在一个很少酗酒的清醒的村落里，流行着这样一首民谣："放弃吧，亲爱的，你的表情，别吓唬我，女孩，//让我，和酒说再见；喝吧，我亲爱的，我煮的茶。……女人把茶炊摆上，新萨拉凡穿身上，//男人居家而坐，只把蜜糖饼尝。……所有的酒罐都封上，//我们不带伏特加，只盖我们的小木房，//不是用稻草，是用薄木板。"③

1915 年是俄国农村最富裕的一年。其中既有禁酒令实行的原因，也有领取政府提供给被征召参战家庭的家属的口粮，以及农产品销售收入的增加等原因。

一篇关于战时俄国农村禁酒的文章的作者引用的信息说，从 1913 年 8 月 1 日到 1914 年 4 月 1 日，国家储蓄银行的存款增加了 650 万卢布，1914 ~ 1915 年同期为 2.617 亿卢布，继而他得出结论：由于禁酒，这一切成为可能。④ 村里的一位农民怀着几分悲伤的心情说：现在我们过"饥饿"的节假日，没有酒喝。⑤

---

① Цит. по: Ежемесячный журнал. 1914. No 6. C. 121 – 122.
② Ежегодник Министерства финансов. Пг. , 1915. C. 154.
③ Ежемесячный журнал. 1915. No 2. C. 57，145.
④ Летопись нашего времени//Ежемесячный журнал. 1915. No 5. C. 141.
⑤ Крестьянин. Из деревни//Ежемесячный журнал. 1914. No 12. C. 140.

在这里，相对而言，生活富足的人会变得更富有。那些以前花足够多的钱购买烈酒的人也把买酒钱省了下来；这种烈酒成本很低，质量低劣，没有太多的好评，而物价的上涨很快就严重影响到大多数村民生活的质量。[①] 但很有意义的是，在罗列食品的开销时，笔者还考虑了 20 年前茶、糖、煤油、面包圈和筛过的面粉制作的面包等被农户视为奢侈品的食品和物品。所有这一切都标志着从随机消费向习惯性消费的转变，继而也标志着农民家庭文化水平的提高。

"禁酒令"的出台造成了另一种后果。从 1915 年起，有报道说，农民喝的是变性酒精、甲醇、清漆和抛光剂。其他的分散现实注意力的形式，比如打牌，也变得越来越普遍。[②] 赌博活动在村里的蔓延，伴随"毁灭性的经济损失和经常性舞弊行为"的发生，导致内务部发布了一份通知［1915年 7 月 3 日第 25 号，以及 1915 年 12 月 24 日第 59 号（重发）］，并在《法典》（1903 年修订版）第 14 卷第 260 条中颁布禁令。为了打击这种"娱乐"活动，有人提议吸收和动员村民大会的力量参与其中。[③]

如果说 1915 年的形势对村民的经济生活产生了有利的影响，那么自 1916 年开始，情况已经发生重大变化。《手头数字》的农民通讯记者发表文章证明，他们大多数人的生活越来越困难。

出于对亲人命运的担忧，村民们时刻关注军事事件的报道，这使他们对期刊产生了很大的兴趣。据《现代世界》报道："从各地报道来看，现在农民订阅报纸的数量是和平时期的 4~5 倍。"也有人说："根据特别法令，全体村民大会开始订阅报纸。"甚至在更早的时候，从日俄战争开始，农民的文化生活就已经觉醒，现在，"世界大战和禁酒令结束了这一切"[④]。

---

① См.: Крестьянин Мих. Новиков. Война и крестьянское богачестао//Ежемесячный журнал. 1916. № 4. Стб. 269 – 271；Рожков Н. Дороговизна//Летопись. 1916. № 6. С. 206.

② См.: Котляренко И. Что нужно народу? //Ежемесячный журнал. 1915 № 5. С. 131.

③ Известия Земского отдела. 1915. № 7. С. 238；1916. № 1.

④ Черненков Б. Жизнь деревни//Ежемесячный журнал. 1915. № 2. С. 127.

根据俄国其他地区的信息，当时一些村庄订阅报纸的数量增长了 2 ~ 3 倍。因此，在奔萨省戈罗季谢县奥尔洛沃村，报纸订阅情况如下。战前（括号内——战争期间）：《俄国言论报》——1（7）；《戈比报》——1（2）；《奔萨地方自治会通报》——2（2）；《交易所公报》——0（1）；《农村通报》——2（2）；《钟声》——1（1）；《奔萨省公报》——5（6）；总计：12（21）。正如我们所看到的，增长不是四倍，也不是三倍，甚至不是两倍，但仍然是有意义的。特别值得注意的是，《俄国言论报》的订购价格相当高，为 9 卢布。① 《俄国新闻报》对于囊中羞涩的农民来说也是一份非常昂贵的报纸。在其中一个村庄，劳动组合合伙公摊订阅了三份报纸（显然，这种情况并不常见），因为这种出版物更受信任。②

"战争爆发恰逢俄国农民和其他农民阶级处于精神崛起时期、对他们的地位和国家制度的自觉态度提升的时期。……以往重大事件和国家文化发展的进步历程促进了村庄居民的精神觉醒。"③ 在农村里出现了电影，有一些地方还会举行民间文娱表演。

这里举个例子，一位化名米库拉·帕哈尔的农民诗人是这样回应村庄正在发生的变化的。

> 这美好的新生活
> 焕发出明亮的光彩，
> 它指引着庄稼汉，
> 开启追求幸福生活的节奏。
> 一个陈腐保守的男人
> 从冬眠中欢快醒来，
> 精神振作，精力充沛，动作敏捷，

---

① А. Т. Письма из деревни//Там же. № 9. Стб. 458 – 459.

② Крестьянин. Из деревни：Записки крестьянина//Северные записки. 1915. № 2. С. 211 –212.

③ Щербина Ф. А. Кардинальный вопрос текущего исторического момента//Крестьянская Россия：Сб. ст. 1. Прага，1922. С. 53.

漫长的睡梦抖掉了浑身的懒惰和懈怠!

村里的报纸犹如一盏明灯,

闪耀着光芒,驱散了夜的黑暗![1]

作者描述的这些社会新现象的意义及对农村居民的影响十分鲜明:在可怕的战争年代,农民如此评价了农村地区的社会现实问题。

国内战争期间,发现自己身处俄国腹地(坦波夫省鲍里索格列布斯克县),只好听天由命的 A. Л. 奥克宁斯基说:"……到了 1919 年,农村男性人口的视野与战前相比相去甚远。"[2]

传统的优势项目保持不变。在梁赞省拉年堡县举行的合作社大会审议了来年春天帮助征战入伍人员家庭耕种田地的问题,有人表达了这样的观点:"农业援助不仅应该提供给有家人被征召入伍的家庭,而且还应该提供给所有弱小的农民。"[3]

战争期间在村子里流传的谣言也反映出农民的观点,他们坚持认为应该向捍卫祖国的人额外分配土地,但已获得村社公共土地的人将被排除在外。[4] 在一篇署名为《庄稼汉》的杂志简讯里,作者写道:"……我们又一次被村社这个管家婆拉到了一起,尽管那里既尴尬又肮脏。"[5]

A. B. 克里沃舍因在没有达成全面友好协议的情况下暂停脱离村社的工作,撤销他关于战后向祖国捍卫者额外分配土地的通报说明,当局的这些

---

① Современный мир. 1916. № 2. Вторая пагинация. С. 90.

② Окнинский А. Л. Указ. соч. С. 49. 现代再版包含了该书第一版中的最后结语:"波德戈连斯基乡的朋友们,我还会见到你们吗? 你们是为人诚实的真正的土地耕耘者,与你们交流能够愉悦我自愿流亡的痛苦时光!"(Окнинский А. Л. Указ. соч. . С. 343)这说的就是那些在悲惨的自相残杀的战争最激烈的时候身处前线的人们,他们并没有迫害完全不同的、来自不同阶层的、来自首都的人,而是带着善意来到他们身边,像对待农民兄弟一样对待他们。

③ Новый колос. 1916. № 6. С. 96.

④ См. : Безгин В. Б. , Токарев Н. В. Крестьянские настроения периода Первой мировой войны (на мат-лах Тамбовской губернии) // Россия в мировых войнах XX в. : Мат-лы науч. конф. М. , 2002.

⑤ Ежемесячный журнал. 1916. № 2. Стб. 274.

行为同样助长了谣言的散播。随着农村在社会经济领域发生变化，19 世纪遗留下来的全部价值观继续得到继承和发扬：村社集体主义、渴望平等、劳动权——所有这些都被称为对社会真理的渴望与追求。

伏尔加河流域的一位农民劳动者在寄给高尔基先生的诗句中写道：

> 像火花一样，
> 我们前进的希望逐渐破灭——
> 被邪恶的仇恨、黑暗的烟雾窒息，
> 但我们会找到通往真理的道路。
> 我们走着，不知疲倦地前行。①

另一位农民作家评论道："他人关心俄国民众、俄国劳动者的时代过去了。人们自己站起来，将命运掌握在自己手中，想要用自己的头脑了解周围发生的事情，又隐约地感到惶恐不安和绝望，但仍然固执地坚持自己的真理。"②

很明显，两个来自俄国不同地区的农民找到了同一个词语——"真理"来定义俄国农民正在走向何处，以及是什么构成了大众文化进程的动力，这是非常具有象征意义的。

陀思妥耶夫斯基曾经说："那些至少曾为人间的苦难有过一次伤心，理解并原谅民众深陷泥潭难以自拔，能在泥土中寻找到宝藏的人，才能称得上人类真正的朋友。"③

***

19、20 世纪之交的俄国文化呈现出城市文化与传统文化、资产阶级文

---

① Горький М. Указ. соч. С. 200.
② Цит. по: Клейнборт Л. Печатные органы интеллигенции из народа//Северные записки. 1915. № 7 - 8. С. 127.
③ Достоевский Ф. М. Дневник писателя. 1876. Февраль. Гл. 1//Собр. соч.: В 9 т. Т. 9. Кн. 1. М., 2004. С. 207.

化与小市民和农民文化成就交织在一起的复杂现象。最后一种不成文的文化基础是"劳动技能、精神和道德价值观在世界感知中代代相传的口头传统"①。

很明显，在这样的文化相互关系中，没有必要过多地表述一种文化的高级特征和另一种文化的次要、低级特征。有必要记住传统文化之声中的其他东西——可以为整体旋律带来属于自己的、必要的、重要的和创造美的基调，无论是在社会经济中，还是在国家的文化发展中都是如此。

最重要的是，俄国人口中相当大的比例（约9/10）是农村居民和城市人口中的小市民。他们所承载的民间精神文化价值观虽然受到时代精神的影响，但在20世纪初依然存在。这些价值观保留了精神、民族传统和宗教正统的原则，但它们并没有阻止缓慢而深刻的变化。

集体主义优先地位、村社精神道德价值观、构成习惯法基础的劳动原则、精神文化领域的显著变化，在一定程度上与识字的普及和城市书面文化的成就有关，在没有"大动荡"的情况下，它们为国家的社会经济发展创造了条件。

C. A. 叶赛宁现象是俄国城乡文化成就相结合的典范。C. A. 叶赛宁的作品是一颗颗不需要寻找的钻石，其出现不可能脱离梁赞乡村传统的影响，也不可能不受城市文化成就的影响。

---

① Кошман Л. В. Город и городская жизнь в России XIX столетия. М. , 2008. C. 10.

第三章
农业技术改良：传统与创新

C. A. 叶西科夫

19 世纪末 20 世纪初，尽管工业发展取得了成功，但俄国仍然是一个农业国家。与此同时，农业经济部门的规模甚至还扩大了，出现了许多新兴农业部门：经济作物栽培、马铃薯种植、奶牛养殖业以及在这一基础之上形成的干酪制造业、家禽养殖业，以及养猪业，等等。然而，农业耕作和粮食加工生产仍然是最主要的农业经济部门。到 19 世纪末，谷物主要是黑麦和小麦，占所有农作物的 9/10。这一时期俄国粮食产量居世界第一位。

俄国粮食生产的一个特点是在个别地区继续以单一作物种植为主。俄国农民对粮食专业化的承诺，是为了使粮食储备达到保障供应的水平。在农民的意识中，粮食储备与农作物耕作紧密地联系在一起。这一传统尽管有时会受到其他不利的甚至是不可预测的自然和气候条件的影响，但依然保留了几个世纪。但在改革后农村开始进行资本主义商品经济改造并不断深化的背景下，传统的自然资源利用方法已经过时。

农作技术在 19 世纪末 20 世纪初的演变无疑受到了多种因素的影响，包括商品和货币关系的发展、市场联系、新的所有权关系以及农民识字的普及和识字率的提高。然而，新事物的出现并没有导致对旧事物的遗忘。几个世纪以来，农民一直在坚持尊崇他们祖先数百年的农业传统，不是因为农民不理解农业技术进步的好处，而是由于缺乏投入创新的资金和机遇。同样不能忽视的是，任何改革，尤其是农业改革，都需要相当长的时间和权力部门的大力支持。新的农机具在农村的出现，以及市场联系的加强，并不能立即改变农民的经济活动方向，使他们迅速摆脱悠久的农耕传统。

农民有自己的经济理念和经营逻辑。传统的自然环境利用和粮食生产以自然经济为基础，首先是为了满足家庭起码的生存需求，这是由几个世纪以来的农业实践形成的必要的消费标准。赚钱不是农民的首要任务。他们中大多数人的观念都是在商品关系不发达的社会中形成的，与市场的实用论和致富的观念格格不入。

作为东正教教徒，农民认为他们的工作主要是为了满足家庭生活的需要，这是一件神圣的工作。因此，需要遵守所有的宗教节日规范，这大大增加了假期休息的天数。1913 年，俄国农民每年有多达 140 天假期。[1]

Л. В. 米洛夫是当代俄国农业史的杰出研究者之一，他在自己的著作中对传统农民耕作存在的主要原因进行了深入的分析。这位研究者指出："俄国农民与中纬度国家和地区的所有农民一样，专注于前辈留给他们的庞大而复杂的农业传统。不可动摇的传统、不变的习俗和规则规定了对它们无可置疑的遵守。因此，在某些以俄罗斯民族人口为主要居民的地区，耕作方法有惊人的一致性。看来正是这些情况在很大程度上解释了俄国农民对农业新技术、劳动工具现代化的不敏感和无动于衷。"[2] 传统主义

---

① 在此期间，美国农民有 68 天的假期。根据现代研究人员的计算，这种非工作日的减少可以使生产每年增加 40 亿工日，并使剩余工作时间增加 20%。（См.：Ткачев А. М. Традиционная трудовая мораль российского крестьянства // Политические и социокультурные аспекты современного гуманитарного знания：Мат－лы Росс. Науч. семинара. Вып. 2. Саратов. 2006. С. 74－77）在进行这样的比较时，仍然应该考虑到俄国农业和美国农业存在的气候条件差异。——译者注

② Милов Л. В. Великорусский пахарь и особенно. сти российского исторического процесса 2－е изд. М.，2006. С. 29－30，33；Он же. Природно－климатический фактор и особенности российского исторического процесса//По следам ушедших эпох. М.，2006. С. 641.

禾捆垛（禾捆烘干设备），C. M. 普罗库金 – 戈尔斯基摄于 1912 年

在 18 世纪的俄国农业制度中能够持续存在的因素中，Л. В. 米洛夫首先强调了不利于农业发展的"土壤和气候条件"①。

俄国整个农业发展历史中，自然和气候等环境因素自始至终都十分重要，它决定了俄国的许多社会和政治进程。但也不能不考虑这些环境因素对社会经济和文化发展水平的依赖。同时还必须考虑人类活动的因素：随着教育的发展和文明的进步，社会将竭力克服恶劣的自然和气候带来的负面影响。

---

① Милов Л. В. Великорусский пахарь и особенно. сти российского исторического процесса 2 – е изд. М. , 2006. С. 29 – 30，33；Он же. Природно – климатический фактор и особенности российского исторического процесса//По следам ушедших эпох. М. , 2006. С. 641.

19、20 世纪之交，俄国社会经济现代化条件下的物质生产增长引发了各种经济活动。经济活动的多样性不仅源于"自然"，而且还由于"社会生产力"的进步发展。① 在这一时期，俄国的自然生产力（首先是气候）始终未改变，但社会生产力（劳动资料、设备、技术、应用农学、农业基础知识的教育和信息传播）与上一个时代相比发生了显著变化。政府和公众，特别是地方自治局，全都采取措施来应对这些因素的出现，但由于种种原因，其并没有解决俄国农业经济的根本问题。当深入研究这一时期的俄国农业技术改良问题时，应该充分考虑这些因素。

农业生产技术水平

19 世纪末，人们在自然资源利用方面积累了数百年的经验，并在经营管理方法上取得了相对的统一，依托这些条件，俄国的农业生产生活领域仍然忠实于这一时期的传统生活方式。在农业和畜牧业的主要产业中，自然界赋予的劳动资料如土地、人力、动物牵引力、风能和水能占据主导地位。正是这些因素首先决定了经济活动和自然环境管理的方式。特定地区农耕制度的选择，甚至耕种工具的类型、不同经济部门之间的比例关系，这些完全取决于资金的投入。资金还决定了定居点和定居点的性质，以及日常生活。

农业文化通常被理解为稳定的农业活动形式和方法、生产技能和劳动方法，经由长时间形成并固定在农民群众的社会意识中。一定历史时期的农业技术改良总是具有传统与创新相互关联这一特征。土地资源存量和产量、生产技术和工艺水平、农业科学状况、村社的演变、农民合作社等，

---

① Соколов Б. И. Научная парадигма и многообразие хозяйственной жизни//Экономическая теория на пороге XXI века. 2. М. , 1998. С. 307 – 309.

都是衡量农业技术在社会经济和文化发展总体进程的影响下发生变化的指标。①

19 世纪末 20 世纪初，在俄国的农民经济中，播种面积增加了。20 世纪第二个十年，这一增长超过 900 万俄亩。黑土地省份的粮食作物播种面积增幅最大，超过 14%。1895～1912 年，粮食产量增长了大约 1/3。②

播种面积的增长是通过将空置农田纳入流通市场实现的。正是大量自由土地的存在导致了很长一段时间土地市场交易的泛滥，使农民对新的土地耕作方式、能够恢复土壤效力的化肥使用持漠视态度，这一切促使人们更加维护传统农耕方法。在气候条件不利的年份，所有这些都对粮食产量产生了负面影响。现代文献指出："直到 20 世纪中叶，由于俄国拥有大片未开垦的土地，农民并没有面临增加土壤肥力的任务。"③ 既定的土地使用制度传统仍然决定着农民的行为和经济动机。创新如果不符合传统的价值观体系，就不会有良好的前景，因此，在这段时间里，农作物栽培的粗放式路径是不可避免的。④

十月革命后的农民和地主农业经营，仍然盛行三圃制，虽然土壤肥力已经耗尽，却不能创造条件提高土壤肥力和增加粮食产量。但即使在三圃制条件下，精心耕耘土地，更好地耕地施肥、开垦沼泽地等，也的确经常带来可观的经济效益。⑤ 然而，如果在耕种土地上出现疏忽，这些措施的有效性就会降低，这种疏忽有时是农民自身固有的本质。

---

① См.：Никонов А. А. Спираль многовековой драмы：аграрная наука и политика России（ⅩⅧ－ⅩⅩ）. М.，1995. C. 60.

② См.：Лященко П. И. История народного хозяйства. Т. 2. М.，1952. C. 277；Никонов А. А. Указ. соч. C. 82.

③ Корнилов Г. Е. Основные тенденции развития Урала в XX веке // Тр. Института крестьяноведения Южного Урала. Вып. Ⅰ. Оренбург，2003. C. 15.

④ См.：Суринов В. М. Значение структурного анализа производительных сил и особенностей развития аграрного сегмента экономики России//Динамика и темпы аграрного развития России：инфраструктура и рынок. XXIX сессия симпоз. по аграрной истории Восточной Европы：Тезисы. М.，2004. C. 107.

⑤ См.：Козлов С. А. Аграрные традиции и новации в дореформенной России（центрально－нечерноземные губернии）. М.，2002. C. 78.

　　基于习惯法的力量，三圃制在很大程度上保持了停滞不前的状态，许多古老农耕技术和农业实践与农民的信仰、传统思维特点密切相关。大多数农民并没有立刻积极地尝试改变现有的主导经济模式。

阿尔汉格尔斯克省奥涅加县，用木犁耕地，A. 沃尔科夫摄于 1902 年

　　俄国向多元文化的过渡非常缓慢。三圃制的统治地位和农民在农业生产中使用陈旧过时的犁、木耙等农具严重阻碍了农业的发展。

　　农业文化传统持续而稳定的演变以及农村创新的程度都深受村社的影响，几个世纪以来，农民的存在一直与村社息息相关。村社作为国家农业制度的经济和社会基础的调节者发挥了重要作用，作为在恶劣的自然环境和气候条件下保护农民的独特机制，在 19、20 世纪之交仍然发挥着重要作用。因此，即使在农民的某些阶层中存在这样的理解，即村社及其土地重分、耕地交错、强制实行三圃制、连环保等阻碍了农业技术的进步，村庄仍然"坚守"着这个古老的社会制度。

　　在研究耕作技术方面，村社发挥了重要的环境保护作用：其根据当地的农业水平、耕作条件采取措施保持土壤肥力，蒸熟和储存粪便，使用各种不同的耕作技术的组合，等等。①

以空置土地为代价的耕地增加导致了环境问题的出现。在中央黑土地区，随着农民土地贫瘠危机的加剧，人们开始大面积翻耕斜山坡，斜山坡的普遍开垦导致沟壑数量增加。19 世纪中叶，专家们开始讨论该地区的侵蚀过程。1891 年，俄国收集了有关土壤以及与此相关的田间作物的信息。资料上有这样的记载："马可过的地方，几乎到处都是山谷斜山坡，都在开荒犁地。""不仅是小山丘，连通往溪流的草地都要犁地。""山丘斜山坡，到处都被犁过，只有借助木犁才能翻越过去。""最近没有没被犁过的土地，只剩下马和人都抓不住的斜山坡了。"② 资料还提到了农民沿顺坡耕作而不是沿横坡耕作的习俗，这样十分不利于保水保土，加剧了土壤的侵蚀和沟渠的形成。开垦空地为春天雨水冲刷土壤和形成沟壑创造了条件。挖掘出来的松散肥沃的土壤失去了自己的根基，山坡沉降下来并遭到毁坏。耕地是土壤开垦的主要类型，但同时也对土壤造成了破坏，这是受峡谷沟壑影响的省份的典型特征。

除了肥沃的土壤遭到破坏，还出现了其他环境问题。为了扩大耕种面积，农民不仅利用了沟渠的陡坡，而且还利用了河流和溪流的源头，河岸一直延伸到水域，这直接导致河流受到污染，土壤侵蚀过程加剧，更严重的是，这种行为与森林砍伐同时进行。农业扩张带来的最大挑战之一是大规模砍伐森林。大规模的森林砍伐是粗放式农业发展面临的最困难问题之一。由于土地贫瘠，农民被分配到一块块林地，他们试图把林地变成耕地。然而，在拥有大片耕地的私人庄园，将林地用于耕地的情况很少发生。

农业技术水平低、肥料使用不足，导致农民更加依赖各地区的自然气候条件。在 1902～1905 年举行的农业工业需求委员会会议上，人们注意到

---

① См.: Власова И. В. Природоохранная деятельность русских крестьян (ⅩⅧ – ⅩⅨ вв.) //Крестьянское хозяйство: история и современность: Мат – лы к Всеросс. Науч. конф. Ч. 2. Вологда, 1992. С. 107 – 109.

② Цит. по: Канищев В. В. Хозяйственная деятельность В. И. Вернадского в контексте экологической ситуации в Тамбовской губернии в конце ⅩⅨ – начале ⅩⅩ в. //В. И. Вернадский и Тамбовский край. М., 2002. С. 46 – 47.

"俄国中部地区气候正在恶化"，这是"产量下降"的原因。造成这种情况的原因是森林的破坏、耕地面积的扩大和沟壑的增多。"没有森林和沟渠，土地就会干涸，地面上的积雪和雨水滞留在地表，干旱肆虐，无可阻挡。"[1] 农业生产的这种性质进一步加剧了自然和气候因素的不利影响。粗放式农业破坏了环境，并导致在 19 世纪末 20 世纪初出现严重的环境问题，这使俄国农民沦为大自然的人质。即使在春夏两季风调雨顺的情况下，农民往往也无法获得良好的收成，因为土地狭窄、地块错综复杂，既不允许大幅扩大耕种面积，也不能求助于替代方案和集约化耕作方式。

所有这些都有助于维持广大俄国农民某种复杂的心理行为模式。值得注意的是，农业劳动时间短暂，这要求近乎 24 小时昼夜艰苦劳动和极高的体力劳动效率，几个世纪以来，在俄国农村已经形成农民热爱劳动、讲求劳动效率、承受体力和道德压力最紧张状态的传统，以及村社内相互支持的意识。

衡量农业技术改良的指标之一是产量。一般来说，在 19、20 世纪之交，俄国粮食产量有所增长：平均水平从每俄亩 34 普特提高到 44 普特；1915 年，每俄亩产量达到 55 普特。此外，地主庄园的产量达到每俄亩 70 普特，超过了农民份地的粮产水平，农民份地每俄亩的产量不超过 59 普特。[2] 造成这种劳动成果差异的原因是地主手中的土地质量更好，地主更有机会采用新的农业机械和先进技术。

虽然在有些年份，如 1901 年、1908 年和 1911 年，大多数地区的粮食收成不好，但第一次世界大战前夕，俄国经济仍处于上升阶段，粮食总产量不断增长，1901～1905 年大约 55 亿普特，1909～1913 年为 68 亿普特。农家田种粮的比重也有所增加，战争爆发前，农家田粮食产量相当于全国

---

[1]　Цит. по： Канищев В. В. Хозяйственная деятельность В. И. Вернадского в контексте экологической ситуации в Тамбовской губернии в конце XIX – начале XX в. //В. И. Вернадский и Тамбовский край. М.， ，2002. С. 52 – 53.

[2]　История России XX – начала XXI века / Под ред. Л. В. Милова. М.， 2006. С. 17 – 18； Никонов А. А. Указ. соч. С. 49.

打谷场簸扬，奥廖尔省，摄于 1902 年

粮食总产量的 85% ~ 90%。① 其中主要是谷类作物，然后是马铃薯和饲料作物。

在此期间，俄国的农村几乎引进了所有必要的农作物。此外，黑麦作物作为一种价值较低的农作物逐渐被边缘化，取而代之的是各种不同的小麦品种。农作物种植比例有了很大的提高。燕麦、大麦、荞麦、豆类以及特别重要的作为主要栽培作物的马铃薯播种面积已经扩大，没有马铃薯的栽培，农业种植几乎不可能获得丰收。在绝大多数省份，马铃薯大幅增产，达到每俄亩 300 ~ 400 普特这一水平。在这种情况下，非黑土地带农业终于克服了直至 20 世纪初大量的传统亚麻种植引起的土壤损耗问题，亚麻作物的产量明显提高，非黑土地带的土壤损耗问题最终得到解决。通过建立正确的谷物、荞麦、豆类、马铃薯、亚麻交替轮作顺序，大多数省份的农民实现了粮食产量相对提高，并且这个指标几乎接近地主庄园的粮

_____

① 见： Кондратьев Н. Д. Рынок хлебов и его регулирование во время войны и революции. М. , 1991. С. 91 – 92.

格弗希曼隐修院僧侣在谢利格尔湖畔种植马铃薯，
C. M. 普罗库金－戈尔斯基摄于 1910 年

食收成。

　　农作物产量的提高是由于轮作方式的改善、耕种和收割工具的改良，以及传统土地使用制度的优势，这些都是农业粗放性生产的指标。

　　俄国农业发展的一个特点是不稳定，始终处于危险境地，在丰收年和歉收年不断交替的情况下，即使总产量普遍增加，农业也不能持续稳定地发展，因此，在这种情况下，有必要建立补偿手段，即建立一种粮食储备系统，以确保国家的粮食安全。1861 年改革期间，粮食储备的管理权移交到村社手中。地方自治局监督其具体工作。直到 1891～1892 年的饥荒后，政府才开始特别关注这一问题。

　　随后，俄国逐渐形成了一种特殊的粮食储备系统——国营商店。国营商店类似于一种在农作物歉收的年份向农民发放贷款以便进行播种的粮食

向农民分发募捐的粮食，这张照片来自摄影专辑《1891～1892 年下诺夫哥罗德省农业歉收场景》，M. П. 德米特里耶夫摄于 1892 年

银行。国营商店出现前，在一些北方无地主的省份，个体农户就已经创建了粮食储备制度，首先就是种子基金。在村社土地所有制的传统下，他们产生了建立社会粮食储备系统的想法。直至 20 世纪 20 年代，村社都是粮食贷款的主要配售者。①

实际上，粮食储备系统在较大程度上为农民提供了歉收时期的种子资金，在较小程度上为农民直接提供了粮食。

农民的思想、农民对财产以及对村社的理解都在国营商店的运作中起着重要作用。为了获得粮食援助，在得到村民大会许可的基础上拟定一份需要帮助的人员名单。所有的村社成员都要参与其中，否则村民大会拒绝做出决议。这样一来，贫农和富农都会得到粮食援助，这也被称为"普遍分配"。

内务部的一份文件强调，这种分配制度扼杀了农户的耕种意愿，也会

---

① См.: Конанов А. Е. На хлебном колосе. Старина и новь устьянских деревень: Очерки. Октябрьский，1992. С. 6 – 7.

导致农户的独立性下降，从而影响农业发展。地方自治局和行政官员也提出了反对意见，在他们看来，这种制度迫使包括富农在内的所有身体健全、勤劳、智力正常的农户养活邋遢、懒惰的酒鬼。①

农民认为，国营商店中的粮食不是社会财产，而是个人财产。发放贷款时，无论农民的个体经济状况如何，他们申请的贷款都要按照他们上缴的粮食数量计算。村民大会将无法向国营商店提供粮食、无法偿还贷款的贫农排除在贷款申请名单外。

地方自治局的材料中指出，农民不接受这条法规，也不想认同这种观点（诺夫哥罗德省）。沃罗涅日县地方自治局代表大会的参会者说，不能强迫社会向那些没有向国营商店提供粮食的人提供贷款或更多的资源。②

地方自治局竭尽全力保证粮食储备的流动性，但问题是国营商店的粮食储备在法律上被视为村民大会的财产，因此当某个地区发生饥荒时，临近的丰收的地区不能使用自己的粮食储备来帮助发生饥荒的地区。这样一来，就出现了僵死的粮食储备。这种僵死的粮食储备就是农民认为只有自己的村社才是村社，这是农民的世界观带来的结果。③

19、20 世纪之交，俄国开始广泛地使用农业机器。1900～1913 年，农业中使用的各种机器成本增加了两倍多（从 3000 万卢布增加到 1.09 亿卢布）。此外，约有 4900 万卢布的农业机器从国外进口，尽管俄国工厂已经生产超过 6000 万台机器。农业机器制造的出现成为俄国经济社会生活走向现代化的标志之一。尽管农业经济是俄国主要的经济部门，但农业机器生产在整个机器生产结构中仍占比很低。1908 年，农业机器生产占比达到

---

① Кимитака Мацузато. Сельская хлебозапасная система в России//Отечественная история. 1995. № 3. С. 189.

② Кимитака Мацузато. Сельская хлебозапасная система в России//Отечественная история. 1995. № 3. С. 189.

③ Кимитака Мацузато. Сельская хлебозапасная система в России//Отечественная история. 1995. № 3. С. 185 – 197.

蒸汽脱谷机，Г. 李斯特工厂的农机设备宣传广告

10%，1912 年达到 15%。① 总的来说，我们还是可以看出其增长趋势。
1907~1913 年俄国农业机器情况见表 10 - 1。

表 10 - 1　1907~1913 年俄国农业机器情况

单位：千台，%

年份	犁		播种机		敷料机器		脱粒机	
	绝对值	占 1907~1910 年数据的百分比	绝对值	占 1907~1910 年数据的百分比	绝对值	占 1907~1910 年数据的百分比	绝对值	占 1907~1910 年数据的百分比
1907~1910	379.5	100.0	32.1	100.0	46.8	100.0	16.8	100.0
1911	650.0	171.3	76.0	237.1	113.4	242.1	33.2	197.8
1912	660.0	173.9	81.2	252.3	111.0	236.9	48.5	288.7
1913	739.0	194.7	68.3	213.1	111.2	237.4	110.9	660.6

资料来源：Россия. 1913 год. С. 44。

说明：占比数据为按原始数据计算所得数据。下同。

① 　См.：Лященко П. И. Указ. соч. С. 279；Россия. 1913 год. СПб.，1995. С. 51.

农业机器包括耕地和播种工具（如犁和播种机）、收割工具（如收割机和割草机）和谷物加工设备（如风选机和脱粒机）。19 世纪末 20 世纪初，特别是 20 世纪第一个十年，农业机器的使用量显著增长。1870 ～ 1896 年，农业机器的使用量增长了 6.5 倍，1912 年较 1870 年增长了 57 倍。[1] 1910 年和 1917 年中央黑土区农户使用各种农业机器的数据见表 10 − 2。

表 10 − 2　1910 年和 1917 年中央黑土区农户使用各种农业机器的数据

单位：台

年份	犁	播种机	风选机	脱粒机
库尔斯克省				
1910	135817	597	44341	7122
1917	197442 （1.5 倍）	1974 （3.3 倍）	73466 （1.7 倍）	14162 （2 倍）
奥廖尔省				
1910	61226	82	19457	10153
1917	126632 （2.1 倍）	627 （7.6 倍）	24641 （1.3 倍）	13883 （1.4 倍）
坦波夫省				
1910	45449	1132	20403	13563
1917	81461 （1.8 倍）	5978 （5.3 倍）	25856 （1.3 倍）	16132 （1.2 倍）

在此期间，改良后的耕地工具和谷物加工设备的使用量普遍增加至 1.2 ～ 2.1 倍。值得注意的是，48% 的农户使用犁耕方式，但大部分农民仍然继续使用传统木耙做的犁来犁地。1910 年，俄国欧洲部分的农场里使用 600 多万台旧式犁和 400 多万台新式犁。20 世纪初，这些新型的农业机器主要用于大型的私人农场，如 1913 年共有 152 台拖拉机投入农耕。[2]

---

[1]　См.：Безгин В. Б. Крестьянская повседневность（традиции конца XIX – начала XX в.）. М.；Тамбов，2004. С. 79.

[2]　История России XX – начала XXI века. С. 23

在此期间，播种机使用量的增幅最大。尽管播种机的数量仍然很少，但农户的使用量却增加了 2 ~ 7 倍。80% ~ 90% 的农民以前采用手工播种，播种机每播种一俄亩地就可以节省 3 ~ 4 普特的种子，从而增加粮食产量 13 ~ 20 普特，每一俄亩地就会节省 15 卢布。①

第一次世界大战前夕，俄国农业机械化程度仅达到 24%，而英国达到 152%，德国达到 189%，美国达到 420%。②

收割机，Г. 李斯特工厂的农机设备宣传广告，莫斯科，20 世纪初

给土壤施肥提高了农作物的产量。最常见的肥料还是粪便。但这时期的畜牧业不属于农业生产中的发达部门，这导致俄国乡村也出现了粪肥供不应求的现象。粪肥短缺对农作物的产量产生了不利影响，只有俄国北部

---

① См. : Шилов М. П. Традиционные приемы землепользования в Центральном регионе России в XVIII – XX вв. / Традиционный опыт природопользования в России. М. , 1998. С. 77.

② См. : Шилов М. П. Традиционные приемы землепользования в Центральном регионе России в XVIII – XX вв. / Традиционный опыт природопользования в России. М. , 1998. С. 89 – 90; Китанина Т. М. Россия в Первой мировой войне 1914 – 1917 гг. Экономика и экономическая политика. Ч. 1. СПб. , 2003. С. 31.

和中部省份的收成相对较好。北部和中部省份贫瘠土壤养育的牲畜数量较高，所以产生了大量的粪肥，其农作物的产量比南方省份肥沃土壤上的产量还要高。①

20 世纪初，俄国人工肥料的使用量增加，这也被看作俄国农业生产集约化的标志之一。过磷酸钙的使用量从 1908 年的 800 万普特增加到 1913 年的 2000 万普特。俄国国内化肥生产进展缓慢，主要通过进口来满足国内需求。1908～1913 年，俄国过磷酸钙产量从 550 万普特增加到 800 万普特，增长不到一倍；而进口量从 250 万普特增至 1200 万普特，增长近四倍。总的来说，1913 年消耗的 3700 万普特磷肥中，只有 1200 万普特的磷肥是在本国生产的。钾肥都是从国外进口的。1913 年，钾肥在俄国的使用量达到 500 万普特。80% 的进口化肥都是在德国购买的。与此同时，优质的波多利斯克磷矿和生骨低价销往国外，以这种方式从国外进口生产过磷酸钙的原料。②

俄国拥有丰富的原材料资源，足以生产矿物肥料，但国内企业没有按要求进行规模化肥料生产。俄国对农业部门的财政拨款很少。1909 年，同等的国家支出（基于播种面积的 1/10）在挪威和奥匈帝国为 2 卢布，在普鲁士为 1 卢布 33 戈比，在比利时为 1 卢布，而在俄国的欧洲地区仅为 9 戈比。③ 尽管政府在乡村教育方面采取了一些改良措施，但直到 20 世纪初，政府仍没有采取任何措施来改善乡村制度。

斯托雷平改革的任务之一就是改善乡村的基础设施建设，旨在增强小商品农户的经济基础，从而使乡村均衡发展。战前的几年里，政府就已经

---

① 例如，在伏尔加河中游各省，20 世纪初时，平均每亩肥沃黑土地收获粮食 40 普特，新罗西斯克各省粮食平均亩产 36.7 普特，白俄罗斯的砂质黏土土壤粮食平均亩产 38 普特，莫斯科省为 41.8 普特，阿尔汉格尔斯克和沃洛格达粮食平均亩产为 44.5 普特。在伏尔加河中游各省，农户每 100 俄亩农作物播种投入 39 头（或略多）耕牛，新罗西斯克为 52.1 头，白俄罗斯为 77.7 头，莫斯科省为 62.3 头，北部省份为 115.3 头（см.：Шилов М. П. Указ. соч. С. 103）。

② См.：Анфимов А. М. Российская деревня в годы Первой мировой войны（1914 – Февраль 1917 г.）. М.，1962. С. 67 – 68.

③ См.：Китанина Т. М. Указ. соч. С. 31 – 32.

对其拨款超过 10 亿卢布，主要用于扩大银行的土地抵押业务。然而，中农经济总体上仍然很薄弱。

　　研究农业技术改良的问题离不开分析农民与地主之间的关系问题。农户与贵族庄园息息相关，二者被共同的社会经济和自然气候条件联系在一起。不能只把这种关联看作一种陈旧现象。家长式的制度传统在世纪之交时依然存在，主要体现在地主范围内各种经济和教育活动中。地主经常会在困难时期帮助弱小的农户维系其生存，也为发展乡村教育、提高经营管理技巧做出了贡献。地主所做的这些贡献，主要和个人的综合素质有关。

　　坦波夫省的地主 B. M. 安德烈耶夫斯基的回忆非常有趣。1886 ~ 1905 年，他在坦波夫省基尔萨诺夫斯基县博戈斯洛夫卡村管理村庄。B. M. 安德烈耶夫斯基在农民中积极开展社会活动、教育、慈善工作，曾任县长、名誉治安法官和坦波夫省基尔萨诺夫斯基县地方自治局的会议发言人。1906 ~ 1917 年，B. M. 安德烈耶夫斯基参加了全俄地方自治局代表大会，同时被选为国务委员。B. M. 安德烈耶夫斯基在回忆录中写道："我不止一次地思考两个与土地有关的阶层——贵族和农民之间的隔阂，在这样彼此疏远的关系中，贵族与农民怎样才能共同协作？后来，我住进一个村落里，并成为那里真正的主人。我又反复地问自己同样的问题：怎样才能与周围的农民团结起来？"[1] 于是，B. M. 安德烈耶夫斯基开展了对农民的一系列援助活动，如修建澡堂、建造食堂、及时发放工资。在 1891 年的饥荒中，这些援助活动效果显著。

　　B. M. 安德烈耶夫斯基的回忆录很有趣，也证明了当时的农业技术改良正在缓慢地进行。例如，他写道，在他刚开始经营农场时，农作物唯一的脱粒方法就是用链条捆绑加工。后来，慢慢出现了谷类脱粒机，然后是畜力简易传动装置，最后是带有复杂脱粒机的蒸汽机车。在播种方面也出现了同样的进展，从手工播种到普通播种机。在收割方面，手工收割被畜力式收割机和带马耙的割草机所取代。然而，他还写道，农民

---

① Андреевский В. М. О моем сельском хозяйстве. Воронеж, 2006. С. 15.

在这些创新方面很落后，他认为这是当时村社土地管理制度的弊端。①

斯托雷平改革破坏了村社土地管理制度，除了解决社会问题，还扩大了集约化的农业生产。不过，在一些非黑土中心的省份，集约化的农业生产早就在村社内部推行了。世纪之交时，建立在农民协会基础上的多区轮作制在莫斯科省开展了大规模的宣传活动。在斯托雷平改革条件下，莫斯科省农民协会的多区轮作制的宣传进程却在战前的五年内放缓，一些研究人员认为这是斯托雷平改革所带来的负面影响。②

这时期农民的农业技术进步主要是在村社之外发展起来的。随着土地改革的实施，个体农户开始在土地改革中发挥越来越重要的作用。

把亚麻茎揉碎的农妇，彼尔姆省，C. M. 普罗库金－戈尔斯基
摄于 1910 年

① Андреевский В. М. О моем сельском хозяйстве. Воронеж，2006. C. 15.

② См.：Зырянов П. Н. Крестьянская община Европейской России в 1907－1914 гг. М.，1992. C. 223.

　　如果说在引进多区轮作制之前需要大会决议，那么现在一切都可以依照个体农户的意愿。在向多区轮作制转变的过程中，个体土地管理制代替了村社土地管理制。①

　　改变传统的土地管理制度非常困难。村社土地管理制抑制了农民耕作的主动性，也让农民习惯了陈旧的经济活动形式和管理方法。维护家长式乡村制度的力量非常强大，如坚持村社土地管理制的村社农民、大部分地主，以及在斯托雷平改革前不重视农业经济成分问题的俄国政府。

　　许多农户都逐渐向多田制过渡。饲料和经济作物，如三叶草、亚麻和马铃薯，播种量都有所增加。1861～1916 年的春播中，诺夫哥罗德省的播种面积从 9% 增加到 27%，特维尔省的播种面积从 13% 增加到 50% 以上。农民使用的耕种技术得到改进。19 世纪 80 年代的农户还是以原始农具（旧式犁和木耙）耕种为主，在 1917 年，诺夫哥罗德省 43% 的农户和特维尔省 35% 的农户已经开始使用新式犁和铁耙了。②

　　农业经济的创新变革是乡村市场化的结果。农民丰富的农耕经验成为时代的财富。这种经验是有价值的，因为它是农民几个世纪以来不断适应各种条件的结果。第一次世界大战前夕，著名的经济学家亚历山大·瓦西里耶维奇·恰亚诺夫写道："我们的祖国现在正在经历丹麦、意大利、比利时和其他欧洲农民几十年前所经历的乡村复兴。当然，这种复兴并不总是像我们希望的那样顺利，有成功，也有失败。我们已经做了很多，但还有更多的工作要做。有一点是肯定的，俄国的农民已经摆脱长期停滞、饥饿和民族黑暗的状态，现在正迈向全民富裕的时代。"③

　　在专业的文献中，人们经常认为村社与农业技术改良不能共存。农民坚持

---

① См.：Ковалев Д. В. Аграрные преобразования и крестьянство столичного региона в первой четверти XX века（на мат－лах Московской губернии）. М.，2004. С. 94.

② См.：Розов Е. К. Агротехнический уровень крестьянских хозяйств в Новгородской и Тверской губерниях во второй половине XIX － начале XX в. // Аграрные технологии в России IX － XX вв.：Мат－лы XXV сессии симпоз. по аграрной истории Восточной Европы. Арзамас，1999. С. 198－199.

③ Чаянов А. В. Война и крестьянское хозяйство. М.，1914. С. 3－4.

阿尔汉格尔斯克省奥涅加县的农民用拨火棍手工打谷，
A. 沃尔科夫摄于 20 世纪初

传统的农业技术，并对创新的技术表示怀疑。但是，村社的做法具有一定的正确性，即使自给自足，也不能一成不变，更不能缺失独立性。农民村社必须响应内部进程和外部因素。对农户发展的研究表明，村社生产在很大程度上符合当时的经济需求，同时也保留了传统的管理模式。除了村社制度，农业技术改良道路上的障碍还有农民的极端贫困，以及政府对农业经济成分问题的关注不够。

农业教育启蒙

政府和社会各界对在农民中传播农业知识的必要性的认识，影响着俄国农业教育的发展。这也可以看作影响农业生产水平及生产方法创新的因素之一。农业教育即传播农业科学知识，其成为 19 世纪末的职业教育领域之一。①

---

① В настоящем разделе очерка использованы материалы Е. К. Сысоевой.

　　早在第一批教育机构出现前，示范性教学农场就已经成为一种改革前超越传统农耕经验传播农业知识的新形式。19 世纪上半叶，普通教育学校的课程中就有一些特殊课程，其中就包括农业领域的专业知识。

　　在 1860 ~ 1870 年的改革中，农业教育体系的建立深受当地社会团体的影响。农艺师 И. А. 斯捷布特写道："当从农奴制中解放出来的农民改变了俄国的经济规则时，农业教育问题开始引起俄国社会各界的特别关注，同时也更清楚地揭示了专业知识对于农业耕作的必要性。"①

　　第五届全俄农民大会（1878）的参会者都认为建立农业学校和在公立学校中开展农业基础知识教育是必要的。许多省（县）地方自治局和个人都支持在乡村小学开展农业基础知识教育，并为此提出了一系列方案。斯摩棱斯克省维亚泽姆斯基县的地主 B. B. 卡尔多 - 瑟索耶夫提议建立示范农场，采用全村农民改良的工具和机器（如犁、耙、手动风选机、快速挖掘机、脱粒机、风选机、分拣机、磨坊用品等）。为了清晰地看出改良后的耕作方法在同等数量的耕地、草地和牧场中的优势，他建议在示范农场的等量施肥中实行两种田间耕作制度：一种是三圃制，另一种是多田制。

　　19 世纪 80 年代，政府开始着手处理职业教育中出现的许多问题，特别是农业教育问题。1883 年，负责管理农业学校的国资部收到 150 多份个人及社会各界的请愿书，请求开设教授农业专业知识的初等学校。② 1883 年 12 月，政府通过了《初等农业学校设立规范》，促进了许多社会组织创立初等农业学校，主要由地方自治局和个人承办。同时，政府还对这类学校进行资助。

　　这部法规使农业学校的教学组织和教学内容统一化。初等农业学校分为两类：普通农业学校和特殊农业学校。在学校里，学生被要求从事各种有偿的农业工作。

---

① Стебут И. А. Сельскохозяйственное знание и сельскохозяйственное образование // Собр. соч. : В 2 т. Т. 2. М. ，1957. С. 542.

② Новое положение о сельскохозяйственном образовании и его применение / Сост. И. И. Мещерский. СПб. ，1905. С. 42.

1884 年，俄国开设了 5 所农业学校。到 19 世纪 80 年代末，俄国已经开设 19 所农业学校，其中以培养奶牛养殖者、牧羊人、磨面工人和园丁为主。[1]

然而，尽管政府采取了一些措施加强公众对发展职业学校重要性的认识，但在以农业为主要导向的俄国，农业教育仍没有得到充分的发展。1899 年，全俄仅有 133 所农业学校，约有 6000 人在读。[2]

尽管如此，俄国在农业教育方面还是取得了一些成就。19 世纪末 20 世纪初，俄国建立了农业教育体系，其中包括中等农校（教授农业、土地测量、园艺、农业技术）和初等农校，以及普通学校的农业培训班。截至 1913 年，仅在农业土地管理局系统中的农校就有 308 所，培训了近 15000 人。农业学校范围的扩大在其中发挥了重要作用。中心工业区有 25 所学校，中心农业区有 24 所，小俄罗斯地区有 24 所，新罗西斯克省有 22 所，西南区有 20 所，伏尔加河中游有 19 所，伏尔加河下游有 8 所。[3]

19 世纪 90 年代，俄国农业学校的发展达到顶峰。20 世纪初，由于缺乏资金，农业学校的发展速度开始减缓。此外，农校毕业生的安置问题也成了难题。区域调查的数据表明，这些学校没有达到预设的目标——使毕业生成为农民在农业问题上的导师。尽管大多数的毕业生都是从农业系毕业的，但几乎都在统计机构、地方自治局和信贷合作机构工作，很少有人在私人农场工作。[4] 1901 年，一等农业学校的毕业生中，9% 的学生从事农业生产，而

[1] 库尔斯克省苏贾县的库切洛夫斯卡亚（第一类）（来自国库 3000 卢布的津贴）、库尔斯克省别尔哥罗德县的马林斯卡亚（第一类）（3500 卢布的津贴）、特维尔省别热茨克县的孤儿院（第二类）（2000 卢布的津贴）、切尔尼戈夫省格卢霍夫斯基县的沃兹德维任卡亚（第一类）（3500 卢布的津贴）和奔萨省琴巴尔斯基县的扎维瓦洛夫斯卡亚（第一类）（2500 卢布的津贴）（См.：Плаксин В. Н. История общественной агрономии в Черноземном центре России. Воронеж，2001. С. 109）。
[2] См.：Мещерский И. И. Народная школа и сельское хозяйство. 1 – е изд. СПб.，1905. С. 101 – 102.
[3] См.：Мещерский И. И. Народная школа и сельское хозяйство. 1 – е изд. СПб.，1905. С. 101 – 102.
[4] Статистический обзор народного образования в Московской губернии в 1910/11 г. М.，1912. С. 74；Положение народного образования во Владимирской губернии по исследованию 1910 г. Владимир，1911. С. 87 – 88.

二等农业学校的毕业生中，14.3％的学生从事农业生产。①

　　坦波夫省基尔萨诺夫斯基县地方自治局代表对农业学校的评价是："从这类学校毕业的学生缺少与土地的联系，他们识字后认为自己的价值高于农村的土地，所以就想去城市里应聘管家或者文员这类轻松的工作。总而言之，他们拒绝了直接分配。同样，如果一个学生一直在家待着，那么他很快就会忘记在学校学到的东西，从而再次变成和邻居一样的不识字且愚昧无知的庄稼汉。因此，我们乡村需要一所能让年青一代用自己毕生精力去发展农业教育的学校。"②

斯摩棱斯克省塔拉什基诺庄园，坐在马牵引式搂草机上的农业学校学生

①　Сборник сведений по сельскохозяйственному образованию. Вып. Ⅷ. СПб.，1902. С. XXI V；Козлов С. А. Сельскохозяйственное образование и внедрение передового опыта в крестьянские и помещичьи хозяйства России в конце ⅩⅧ – начале ⅩⅩ в.：традиции и новации//Традиционный опыт природопользования в России. С. 252.

②　Труды местных комитетов о нуждах сельскохозяйственной промышленности Тамбовской губернии. Вып. ⅩLІ. Тамбов，1903. С. 199.

后来，1911 年召开的第一届全俄代表大会同样出现了对农业教育有效性的类似评价。与会代表们指出，农业学校的毕业生很少一毕业就去从事农业工作，许多人都跨专业去做了文员。那些待在家里的人，很少用自己所学的知识来养家糊口。因此，许多地方自治局人士都对知识带给民众福祉这一教育目的失去了信心。

然而，农业教育对于提高国民整体文化水平有一定影响。但这并没有提高农业种植水平，农校毕业生很少在生活中运用自己所学的知识。① 同时代的人认为，出现这种情况的原因之一是，村社土地所有制下的农民没有实践所学的专业知识的机会和自由。由于学校农场配以昂贵的农具和机器，学生们在学校农场中学习到的技能不适用于农民的实际耕作。② 农业学校的低效性导致地方自治局的收入变少，但地方自治局看到了符合地方需求的乡村教育活动所能带来的更大效益。③

19、20 世纪之交，政府各界、地方自治局活动家及进步地主们都开始积极地支持发展农业教育。1889 年 12 月至 1890 年 1 月召开的第一届全俄职业技术教育工作者代表大会专门讨论了这一问题。参会代表认为："俄国的人口结构以农民为主，农民在不知不觉中一直以最原始的经营方式来发展自己的经济，从未引进任何的技术改良手段。"此外，还提及增设初等农业学校和保留初等学校农业教育的必要性。

大会批判了在普通教育学校中传播农业知识这一做法，大多数参会人员表示认同这种观点。④ 在众多的发言人中，俄国奶酪制造业创始人之一 H. B. 韦列夏金呼吁大家保护农业的传统基础，确保全体农民生活稳定，"没有开办农业学校的时候，农民就已经做出巨大的贡献。虽然没有正式文

---

① Первый Общеземский съезд по народному образованию 1911 г. Труды. Т. 6. Отд. Ⅱ. М.，1911. С. 57.

② Труды Совещания по низшему сельскохозяйственному образованию. СПб.，1895. С. 7.

③ Положение народного образования во Владимирской губернии. С. 89；Статистический обзор народного образования в Московской губернии. С. 72.

④ Положение народного образования в Саратовской губернии за время существования в ней земских учреждений. Вып. Ⅱ. Саратов，1894. С. 356.

件证明这一点，但我们不能忽视农民辛勤的劳作和付出"。有的发言人提出，农民子女的教育问题必须坚持与农民现实生活相结合，在学生心中树立维护国民经济基础的意识，如强调农业公社的存在和土地分配的不可转让性。①

1896 年，国务委员会承认通过初等学校来传播农业知识的做法非常有效，并于 1902 年在教师培训机构中增加了农业基础知识方面的课程教学。农村学校开设园艺、养蜂等课程。例如，1904 年在辛比尔斯克省有 125 所学校开设园艺的基础知识课程，139 所学校开设蔬菜栽培课程，337 所学校拥有广阔的校园。教学课程都具有实践性。②

后来，教育界进步人士反对开展包括农业教育在内的职业教育。尤其是 1911 年国务院在考虑农业部预算时，预算委员会提议普通教育学校不再开设系统的农业课程。其他部门代表也提出了类似的想法，他们认为学校开展的农业教育都是非常浅显的，完全脱离农民的实际生活，没有带来任何的实际效益。

然而，尼古拉二世支持在初等学校开展农业教育的做法，主教公会检察长通过教会和教区学校来开展农业教育，这些做法促进了在普通教育学校开展农业教育的实践研究。③ 一些农民还希望能在普通教育学校里学习手工艺和农业。④

俄国政府于 1904 年通过了新农业教育条例，农业教育体系也因此得到了一定发展。该条例尝试按照地方的农业条件来调整教育机构，把所有的农业教育机构分为两大类：一类用于培训专业的农业技术人员，另一类则

---

① Кошман Л. В. Профессиональное образование//Очерки русской культуры XIX века. Т. 3. М. , 2001. С. 230 – 231.

② См. : Акимов В. Деятельность Симбирского земства по народному образованию. 1866 – 1904 гг. //ЖМНП. 1908. No 11. С. 27 – 28.

③ См. : Мещерский И. Народная школа и сельское хозяйство. 3 – е изд. СПб. , 1912. С. 285，287 – 288，291.

④ Статистический обзор народного образования в Московской губернии в 1910/11 г. С. 77；Мещерский И. Указ. соч. 3 – е изд. С. 285.

用于在校外传播、普及农业知识。此外，还计划开设各种类型的中小学教育机构，如普通教育学校和职业学校、男子农业学校和女子农业学校。农业教育非常注重实践教学，在校园内建立教学实践农场、教学植物园、博物馆和图书馆。

中等农业学校的学习期限可以是 4～6 年、8 年不等，一二年级进行农业知识的普通教育。一年级的学生如果通过了二年级的考试，就会进入初级专业班，其等同于普通学校的四年级。

理论课和实践课相结合，55% 的时间用于进行通识教育，剩余时间用于实践。实践课除了春夏两个季节的农业活动，还有冬季课程。

初等农业教育机构可以分为初等农业学校、一等农业学校、二等农业学校和农业实践学校。这些学校招收农村学校或教区学校二年级的学生，属于三年全日制类型。不同类型学校的课程只是科目的复杂程度不同。在低年级和一年级学习自然科学是违反相关条例的，初等农业学校应该进行实践训练而不是理论学习，应该为学生提供基础知识的普通教育。[1] 课程内容以专业教育为主，普通教育只占 11%，比中学更注重实践训练。[2]

新条例增加了给农业教育机构的经费，其中初等农业学校每年的经费最高可达 1 万卢布，一等农业学校每年的经费最高可达 7000 卢布，二等农业学校每年的经费最高可达 5000 卢布，农业实践学校每年的经费最高可达 3000 卢布。[3]

尽管俄国农业教育机构的数量在不断增加，但毕业的人数却很少。1912 年只有 3000 人毕业，总的来说，农业学校的毕业生比率很低，在一些农业省毕业率只有 17%～32%，而在一些工业省毕业率就更低，只有 6%～13%。[4]

值得注意的是，中小农业学校的农民学生人数在不断增加，1914 年农

---

① См. : Ефременко А. В. Участие земств в подготовке специалистов сельского хозяйства//Земское самоуправление в России. 1864–1918. М.，2005. С. 166.

② 中学实践课：冬季 55 学时，夏季 144 学时；小学实践课：冬季 72 学时，夏季 168 学时。

③ Новое положение о сельскохозяйственном образовании. С. 44–47.

④ 梁赞省 32%，图拉省 26%，库尔斯克省 25%，坦波夫省 18%，沃罗涅日省 17%；雅罗斯拉夫尔省 6%，弗拉基米尔省 7%，下诺夫哥罗德省 10%，莫斯科省 13%。（Первый Общеземский съезд. Труды. Т. 9. М.，1912. С. 210）。

民学生的数量已经占学生总数的 2/3。农艺师指出，这类学校的毕业生最后成了辅助农艺师的"黑工"。毕业生与农艺师相处得并不融洽，农艺师批评毕业生的知识储备不足。同时，还有人呼吁取消中等农业教育机构。但一些中等农业学校毕业生表示，中等农业学校是那些没有资金和人脉的青年农艺师进入高等农业学校的备选方案。

为了更好地传播农业科学知识，除教学外，学校还积极地开展专题讲座、座谈、主题阅读、科普著作研究等教学活动。农校拥有自己的仓库、农机和工具的租赁点、试验田以及地块。校外农业教育的核心就是这一整套的教学方法和教学形式。第一届全俄职业技术教育工作者代表大会讨论了在农民中传播农业专业知识的方式问题，提议中包括创建一所"巡回教师学院"，举办农业相关主题的公开讲座和展览。19 世纪 80 年代后期，由政府、地方自治局、农业协会组织的相关展览多达 30 场。①

最常见的知识普及方式就是农业主题阅读和座谈。1888 年，在设立省级农艺师的同时，也通过了《农业主题阅读条例》。在地方自治局的支持下积极开展农业活动，为地方自治局的农艺师制定准则。开展多种多样的农业主题阅读，如草地种植、土壤栽培、畜牧业、矿物肥料、园艺和养蜂。有时也会开展时下热点的主题阅读，如农业创新。

在组织农业主题阅读和座谈活动时，组织者会事先拟订方案，并将其发送给地方自治委员会、乡委员会和村长。秋冬两季通常会在乡委员会、学校或农业协会里开展主题阅读活动，有时也会在茶馆。

为了让社会各界都能有机会参与发展包括传播农业知识在内的国民教育，政府坚持监管从事此类活动的个人、协会或公共机构。主题阅读和座谈活动是在农业部的批准下开展的，农业部的任务就是审批阅读文本和阅读计划，选择参与活动的读者。②

---

① I съезд русских деятелей по техническому и профессиональному образованию. 1889 – 1890. Труды. Отд. Ⅱ. Сельскохозяйственное образование. СПб. , 1890. С. 266 – 267.

② Собрание узаконений и распоряжений правительства за 1903 г. Приложение 1. No. 88. Стб. 1034, п. 1.

农民非常认可这种传播农业知识的方式，阅读地点和听众人数都在不断增加。1907 年，全俄有 312 个阅读地点举行大众读书会活动，听众达到 3.6 万人；1913 年，全俄有大约 1.2 万个阅读地点，共组织了约 4.4 万次大众读书会活动，听众多达 160 万人，其中一半以上的活动都由地方自治局举办。①

此时，俄国又出现了一种农民学习专业知识的新形式——农业培训班。农业培训班的起源可以追溯到 19 世纪 80 年代。与此同时，地方自治局还为乡村教师开设了农业培训班。农业培训班是在农业教育机构的基础上组织开展的，由地方自治局的专家设置课程。课程主题一般分为专业（农业、畜牧业、园艺等）课程和普通课程。一些省内有大量的学生在学习这类课程。1913 年，约有 9.9 万人学习了 1500 多节农业课程，其中绝大多数的农业培训班都是在地方自治局的组织下开展的。② 然而，尽管参加培训班的人数在不断增长，但对于俄国的农业来说，农民的参与度并不高，对其影响也并不显著。经常会发生有课将要进行，但派往该地区的培训教师却提前离开的现象。由于农民的文化水平较低，许多讲师又找不到合适的教学方法，所以培训班的质量也不断下降。

许多地方自治局都会向农民免费发放农业知识册和小传单，以便传播农业知识。地方自治局也会有规律地组织开展阅读活动，这是巩固所学知识的有效方法之一。许多地方自治局与政府一起出版了专业的农业杂志和报纸。农艺师的咨询活动也是一个传播农业知识的重要方式。地方自治局管辖的一些教育机构创办了农业博物馆，组织农民参观游览。

农业协会是全民参与传播专业知识和推广改良农耕技术的途径之一。19 世纪末，俄国已经有 269 个这样的协会。③ 但其开展的活动逐渐与学术无

① См. : Плаксин В. Н. Указ. соч. С. 181；Абрамов В. Ф. Российское земство：экономика, финансы и культура. М. , 1996. С. 66.

② Сведения о деятельности земств по сельскому хозяйству в 1913 г. Вып. 14/ Под ред. В. В. Морачевского. Пг. , 1916. С. 19.

③ См. : Морачевский В. В. Справочные сведения о сельскохозяйственных обществах. СПб. , 1911. С. 18.

关，如改革前的自由经济学会和莫斯科艺术家联盟，他们开始转向现实问题。据政府统计，这类协会的数量和国家的幅员辽阔相比就显得太少了。①

1898 年，俄国最高法院批准了由农业和国有资产部管理的地方农业协会的正式章程。这些协会只有得到省长的批准才能开展相关活动。

农业协会通过组织公开讲座、印刷各种文章、创建农业学校、建立图书馆和博物馆的形式来传播农业专业知识。此外，农业协会还有一项重要的任务就是寻找正确的农业生产方式，即通过组织农业机械、工具竞赛，建立试验田、农场、果园和苗圃来寻找正确的农业生产方式。②

农业协会的活动计划表明，其正在广泛地寻找解决农业发展难题的方法，这也是当时的首要任务。首先，政府、社会各界以及地方自治局都意识到了当时面临的困境的严峻性。20 世纪初，农业协会的数量不断增多。截至 1904 年，俄国共有 734 个普通协会和专业协会。专业协会中用于传播农业知识的协会只有 2 个，其余则是园艺协会、酿酒协会、养蜂协会和手工业协会等。1913 年，俄国已经创建约 4000 个这样的协会。③ 协会的数量在 10 年间增长了 4 倍多，而在过去近 30 年间（1870～1896）仅增长了3 倍。④

1906 年 3 月，俄国通过了《农业协会和农业协会暂行条例》，在此之后，农业协会得到了切实的发展。该条例简化协会的组织形式，并且规定协会可根据当地农业的特点和需求来进行相应的调整。该条例的通过促进了农业协会数量的增加。1905 年底，俄国约有 1000 个这样的协会，但在1906～1911 年，协会数量增长了两倍，达到 3103 个。截至 1917 年 1 月 1日，俄国已有 6132 个农业协会。⑤

---

① Список сельскохозяйственных обществ. СПб. , 1904. С. Ⅵ.

② Список сельскохозяйственных обществ. СПб. , 1904. С. Ⅹ － Ⅻ.

③ Список сельскохозяйственных обществ. СПб. , 1904. С. ⅩⅤ；В Рязанов В. Т. Экономическое развитие России ⅪⅩ－ⅩⅩ вв. СПб. , 1998. С. 342.

④ Список. . . С. ⅩⅢ. .

⑤ См. : Морачевский В. В. Указ. соч. С. 26；В Файн Л. Е. Российская кооперация: Историко － теоретический очерк. 1861 － 1930. Иваново, 2002. С. 198.

当时的农业协会可以说是一种特殊的农民学院，地方自治局的农艺师既是教师，又是农业工具、种子和肥料的销售员。[1]

大多数的协会都是小型的区域农业协会，只有这样才能更好地满足不同地区农民的需求。1912 年的数据表明，3000 多个协会中有 2500 个协会的覆盖范围都小于一个县的面积，315 个协会的覆盖范围等于一个县的面积，只有 283 个协会的覆盖范围大于一个县的面积。[2]

十月革命前的十年里，农业协会和合作社除了对农民进行农业教育，还开始为农民提供经济服务，特别是提供生产资料服务，以更优惠的条件销售给他们生产工具。在工厂或贸易公司订购生产工具时，农业合作社每订一二百件工具，就可以拿到九至七折的优惠。例如，农民以前从商人那里以 19 ~ 20 卢布的价格购买犁，而现在可以从农业协会以 14 ~ 15 卢布的价格购买犁。[3]

在短时间内，俄国建立了农业教育体系，其中包括教育机构和为农民提供实际帮助的农业协会。但这种教育体系传播农业知识的效果对于俄国来说还远远不够。

农学与实践

整个俄国改革时期，农学的发展都特别活跃，出现了很多农艺师，同时也创建了很多系统的农业学校。19 世纪末 20 世纪初，俄国的农学呈现出前所未有的发展潜力。

俄国著名农艺师 A. H. 恩格尔哈特在自己的著作《乡村来信》中鼓励农业协会在乡村广泛开展活动。与此同时，他将俄国农业未来的发展与有文化水平的农民紧密相连，说："我坚信，我们现在最需要的是聪明人，只有聪明人管理村落，我们的农业发展才会有未来。"A. H. 恩格尔哈特还强调指出，虽然没有俄国化学、英国化学和德国化学，全世界都通用一种化

---

① См. : Файн Л. Е. Указ. соч. С. 158.

② См. : Файн Л. Е. Указ. соч. С. 199.

③ См. : Кулыжный А. Е. Деревенская кооперация. М. , 1914. С. 46，50 – 51.

学，但未来会出现俄国农学、英国农学和德国农学；我们必须创造俄国农学，只有在学者和实践者的共同努力下才能创造出来，实践者必须接受过农业普通教育；俄国是一个农业大国，农民占全国人口的绝大多数；知识分子必须为俄国农业的发展带来光明，只有他们为这片土地付出，才会为俄国的农业发展道路带来光明。① A. H. 恩格尔哈特在自己的庄园里以亚历山大·尼古拉耶维奇命名建立了俄国第一个研究矿物肥料的实验站。鉴于他为俄国引进了磷矿，自由经济协会授予他金奖。

《农业百科全书》出版公告，1899 年；《农业机械和农机具
商品目录》封面。主要分发给诺夫哥罗德省农民

A. H. 恩格尔哈特的学生们也会称他为 Π. A. 科斯特切夫——现代土壤学的奠基人之一和 A. C. 叶尔莫洛夫——农耕系统和轮作方面的杰出专家。

作为俄国农学的先驱，A. B. 索韦托夫是一位百科全书式的农艺师。他对

---

① Энгельгардт А. Н. Из деревни. М. , 1987. С. 166 – 167, 448.

草原、畜牧业和乡村经济，以及所有与农业相关的东西都感兴趣。他主张农业的四个方面即农学、农作物生产、畜牧业和人类的经济活动是密不可分的，其中任何一个环节出现问题都会给整个国家的经济带来麻烦。此外，他还建议尽快采取改良后的农业制度来取代三圃制和草场制，如果树栽培制度。

A. B. 索韦托夫的许多构想在他的学生和同事 B. B. 多库恰耶夫的著作中得到了进一步发展，而关于农业组织的构想则在 A. B. 恰亚诺夫的作品中得到发展。

И. A. 斯捷布特非凡的创造力促进了俄国农学体系的形成。他以多个世纪以来的民间经验为基础，创立了与国民经济问题密切相关的社会哲学。在他的哲学经济思想中，农民是国家主要的社会阶层，他们养活了国家，工业最终要为农民的福利而存在。

И. A. 斯捷布特提议在俄国根据气候和土壤划分区域，以便根据自然条件进行农业种植，在每个区域只种植产量最高的作物，即品种分区。这样一来，就找到了一种基于农学克服自然气候因素的种植方法。

И. A. 斯捷布特积极宣传科学知识，他在圣彼得堡以自己的名字创建了一些高等女子培训班，并在那里讲授农业的科学知识。这些培训班一直持续到 1917 年，有近 1000 人从中毕业。

Д. И. 门捷列夫是俄国推动工业优先发展的宣传者之一。他同样特别关注农业的发展，并强调要通过使用机器来实现农业专业化，从而降低劳动成本。他认为，农业比任何国民经济行业都需要投入更多的资本，想要提高土地的利用率，就需要购买专业的机器和工具，建造专业化场地，倡导专业化发展，将资本和科学更多地应用在土地耕种上。[①]

K. A. 季米里亚泽夫的观点对农学的发展具有重要意义。他认为，农业状况是衡量社会整体文化水平的重要指标，农耕的根本问题就是植物对种植的要求。K. A. 季米里亚泽夫认为，未来的农艺师应该使田野文化与人类文化共

---

① See. : Менделеев Д. И. Работы по сельскому хозяйству и лесоводству. М. , 1954. С. 527 – 531, 537 – 539.

同发展。建议农艺师使用植物学的方法来满足植物的需要（首先是在光线下），预测在电灯（温室）下生长的植物有何变化。К. А. 季米里亚泽夫的观点对于植物生长研究起着巨大的作用。另外，他还提出了"育种"问题。①

通过 П. А. 科斯特切夫、В. В. 多库恰耶夫，他们的学生，以及他们观点的拥护者的不懈研究，俄国在 19 世纪 80 年代创建了适用于研究所有类型土地的土壤学，这也意味着它适用于所有国家的土壤研究。②

长期以来，В. В. 多库恰耶夫的土壤学研究一直处于世界领先地位。他推出了一个评价黑土的标准，即衡量在空间和时间上它的质和量变化的数据。这是考虑到所有"同路人"、水平和垂直自然区域分布的一般规律，根据横纵土壤的分布规律和地带性特征推出的一种评价黑土的标准。③

20 世纪初，在俄国院士 Д. Н. 普里亚尼什尼科夫的努力下，俄国建立了国产化肥的生产基地，随之也出现了一类新型的农艺师——农化师，主要研究化学、生理学等与农学相关的领域。

当时，高等教育机构成为俄国基础农学的发展中心。1917 年共有 9 所农业高等教育机构，其中 3 所是国立大学（分布在莫斯科省、沃罗涅日省和卢布林省），6 所是公立大学，主要教学形式为高等女子专业培训班（分布在莫斯科、新切尔卡斯克、圣彼得堡、萨拉托夫等城市）。这些学校的学生还会在大学或理工学院攻读农业专业，该专业在读学生约 6500 人，其中 1/4 都来自农民阶层。④ 俄国在明斯克、库尔斯克、波尔塔瓦、奔萨、萨马

---

① Сеятели и хранители: Очерки об известных агрономах, почвоведах, селекционерах, генетиках, экономистах – аграрниках; В отрывки из документов, научных статей, воспоминаний: В 2 кн. Кн. 2. М., 1992. С. 22 – 24.
② 1901 年，慕尼黑大学教授拉马尼认为土壤学家如果想走在科学的前沿，就应该学习俄语："那些希望站在现代科学水平上的土壤学家必须学习俄语。正是由于俄国土壤学家的努力，土壤学才成为一门涵盖全球的科学。"［цит. по: Ломакина Н. Т. Теории русской аграрной экономики（XVIII – XIX вв.）Аграрное развитие и продовольственная политика России в XVIII – XX в. Проблемы источников и историографии: Сб. ст. Оренбург, 2007. С. 185］
③ Сеятели и хранители. Кн. 2. С. 70 – 71.
④ Россия. 1913 год. С. 346; Краткие статистические сведения по подведомственным Департаменту земледелия сельскохозяйственным учебным заведениям. Вып. 3. Сведения к 1 января 1914 г. Пг., 1914. С. 5.

拉、克拉斯诺亚尔斯克等城市建立农业机构，该项目是由公共医疗界负责的。在托木斯克，除了农业研究所，还计划创建一所兽医研究院。然而该项目却没有成功实施。①

在农业大学里，每个系都会在自己的实验室、实验农场和林场里向学生授课。一些有经验的教育机构还会开展选育、育种及与生产技术相关的教学工作。

莫斯科大学的农耕系或者叫农业家政学系 18 世纪就已存在。根据1884 年章程规定，将农业化学系改为农学系。农学系课程包括公社农耕和私人农耕、农业化学、农业系统理论和作物轮作教学。1848 年，在莫吉廖夫省创办了第一所专业的农业高等教育机构——戈雷戈列茨克农业研究所（现为白俄罗斯农业学院），它为农耕实践奠定了坚实的理论基础。像 И. А. 斯捷布特、Ю. Э. 扬松和 А. П. 柳多戈夫斯基这样著名的农业问题专家都在这里工作过。1865 年，研究所的一部分搬至圣彼得堡，后来改为森林研究所。

1862 年，位于维斯瓦河岸的新亚历山大农林学院成立，1914 年该学院搬至哈尔科夫。学院拥有自己的植物园、果园以及实验农场。很多著名的学者都在这里工作，如 В. В. 多库恰耶夫、К. Д. 格林卡、А. И. 斯克沃尔佐夫、А. Ф. 福尔图纳托夫和学院的荣誉成员 К. А. 季米里亚泽夫、И. А. 斯捷布特、Д. Н. 普里亚尼什尼科夫。

彼得罗夫斯克农林科学院（著名的季米里亚泽夫农业科学院）成立于1865 年，位于莫斯科省德米特罗夫县（目前位于城市边界处）。该科学院历经多次改革，甚至差点被关闭。幸好有农业部长 А. С. 叶尔莫洛夫力保，科学院才得以保留下来。他认为，无论何时，科学院都应该是俄国最大的农林教育科学中心。

理工学院附属分院的高等农业教育发展显著。里加理工学院创立于

---

① См.：Иванов А. Е. Высшая школа России в конце XIX - начале XX в. М.，1991. Приложения 2，4.

1861 年，自 1876 年起就被列为一类农业学校。里加理工学院是一所四年制的大学，拥有一个巨大的农业部门、一个名为"彼得戈夫"的实验农场和 1200 俄亩的国家森林肥料监察站。

基辅理工学院成立于 1898 年，为俄国南部地区的高等农业教育奠定了基础。基辅理工学院的农学系在切尔尼戈夫省拥有一个名为"扎季希耶"的农场和试验场。

1910 年，农业局委员会审议了俄国高等农业教育的长期发展计划，特别是在一些大学里创建独立的农学院的问题。尤里耶夫、喀山、新罗西斯克、基辅等城市的大学创办了农学院，但人数都很少。沃洛格达乳业研究所于 1911 年 6 月成立，拥有一个实验站、一个植物饲料苗圃和一个机器试验站。1912 年，沃罗涅日农业研究所成立，该研究所拥有大规模的图书馆、试验田和植物园。1913 年创办了四年制的萨拉托夫高等农业培训班，培训班拥有研究所的权限。

与此同时，俄国的兽医教育也得到了一定的发展。莫斯科、圣彼得堡、后来的哈尔科夫以及喀山的大学附属医学院都创办了动物解剖学院。全俄成立了 4 所兽医学院，分别位于沃罗涅日、喀山、哈尔科夫和尤里耶夫。[1]

大学系统的发展应该考虑到区域特征和经济结构。这不仅要依靠对此感兴趣的人，而且还要依靠国家和学术界的共同努力。

农业科学对经济发展的贡献不能仅以产量、生产和成本的增长等物质指标来衡量。但这种观点与那些杰出农艺师的观点背道而驰，对于农艺师来说，物质价值是必要且需要优先考虑的。农艺师在每一次的发现和科学实践活动中，都能清楚地看到农业对国家经济发展所承担的社会责任。

由于俄国地主对农业技术人员的长期压迫，直到 19 世纪 60～70 年代，实用农学的科学基础才成熟起来，所以俄国国家农业服务局创建得比较晚，并将农业援助作为地方自治局的一个独立部门。全俄仅有的为数不多的农业干部都被遣散，并被分配到各个部门机构。然而，即使在西欧，把理论

---

① См. : Никонов А. А. Указ. соч. С. 117.

发现的成果转化为现实的过程也并不容易。

1861 年，俄国开始实行土地改革，但是土地改革也无法保障农业的发展。即使农业服务局提供更有利的援助，农民对他们的援助仍持怀疑态度。1864 年 1 月 1 日颁布的《地方自治局条例》，特别强调地方自治局的农业活动条款具有非强制性特点。

事实上，早在 1876 年，莫斯科农业协会的著名活动家 M. B. 涅鲁恰耶夫就曾建议在地方自治局中引进农艺师，然而这种观点并未得到支持。最早向农民提供帮助的农业组织出现在俄国的边远省区，那些地方几乎从未出现过农奴制。彼尔姆土地协会成为常设农学组织的领袖，从 1883 年开始开展农学活动，到 19 世纪 80 年代末，该组织试图转向地区农学的研究。这主要得益于 B. A. 弗拉基米尔斯基，他毕业于彼得罗夫斯克农林科学院，1887 年，B. A. 弗拉基米尔斯基留任普通动物学系，并准备晋升教授。可是，由于在他身上发现了违禁宣传品，他被分配回到自己的故乡任职。1899 年前，他都是在家乡任省级农艺师一职，在家乡他展示出了一名乡村农业组织者的卓越才能。[1]

1886 年，邻近的维亚特卡地方自治局也开始模仿彼尔姆土地协会，聘请克拉斯诺乌菲姆斯克学校农学系的几名毕业生来这里工作。随后，莫斯科地方自治局（1887）和赫尔松地方自治局（1888）也开始了效仿行动。1890 年，喀山省、辛比尔斯克省、下诺夫哥罗德省和哈尔科夫省等地纷纷开始聘任农艺师到当地任职。1889 年，共有 18 名农艺师在这些地方自治局工作。[2]

19 世纪 90 年代，贫困的时代（让人想起 1891 年的大饥荒）同时也是向多田轮作制过渡的生产时代。农作物歉收迫使政府和地方自治局都在加快创建农

---

[1] См. : Левицкий А. П. Земская агрономия и В. А. Владимирский / Земский агроном. 1914. No 12. C. 9.

[2] Очерки экономической деятельности земств. М. , 1914. C. 30；Справочные сведения о деятельности земств по сельскому хозяйству（по данным 1911 г. ）. Вып. 13. Ч. 1. СПб. , 1914. C. 30.

业组织。90 年代中期，全俄共有农艺师 86 人，县级农艺师的人数增长尤为迅速。1900 年，在 197 名农艺师中，省级农艺师有 22 人，而县级农艺师却有 108 人。①

地方自治局聘请农艺师的行为，体现出在新的土地结构上发展农业耕种的重要性：农民公社正在向私人组织和合作组织的管理形式转变。

农艺师的职责就是，做关于农业主题的讲座、给农民提供一些简单的农业建议、组织改良种子品种和牲畜品种的展览、展示农具样品等，任何受过教育的农民或当地农业协会的成员都可以参加学习。然而，社会农艺师的主要任务就是通过改进技术和在农业生产中引入新技术来提高农业经济的生产力。这意味着首先就要将农作物生产向多田轮作制过渡。三圃制下的农民能找到耕种主要粮食的单一栽培方法，但只有了解植物的营养规律及在特定地区的具体耕种方法，才有可能转向轮作制。换句话说，如果没有先进的试验来获取各种农作物准确的生长特征信息，农业发展就不可能实现质的飞跃。

为了向农民进行生动的讲解，农艺师会使用试验田（当时被称为具有试验性的土地）、农户的农场，农艺师还会以农业科学最新成果来鼓励发展农业。

试验田是地方自治局从农民或农业协会租用的小块土地，或经特别判决被无偿分配的一小块土地。农艺师当着农民的面，对田地进行改良管理。所有必要的田间工作都为农民提供免费服务或收取少量报酬，必备农具都由地方自治局免费发放使用，免费发放的种子农民要在丰收后归还。

在大多数情况下，试验田不用来展示整个种植周期内完整的田间工作，而是展示个别特殊的技术，如在轮作之外播种草、用矿物肥料施肥、改进耕作方法和改良草地等。

农业农场已经成为技术装备最齐全的示范农业机构。在推广新型农耕的同时，它还作为一个改良版的动物繁殖地，为特定的播种区域提供改良

---

① Сведения о деятельности земств по сельскому хозяйству в 1913 г. Вып. 14. Пг., 1916. С. 26.

后的新材料。农业学校里的农场被一些地方自治局作为独立的农业机构保留了下来。①

　　19 世纪 60 年代末，部分农业大学开始创建第一批农业试验田。1877 ~ 1879 年，彼得罗夫斯克农林科学院、新亚历山大农林学院和里加理工学院分别创建了自己的农业试验田。1881 年，在哈尔科夫大学 A. E. 扎伊克维奇教授的倡导下，哈尔科夫农业协会创建了一块试验田。1881 年所有农业协会的目标都是研究田间的耕作问题，如土壤耕作和肥料、播种方式和品种的选择。然而，物质资源的匮乏导致这些试验田在 1886 年开始减少。19 世纪 80 年代后期，波尔塔瓦省的 Л. В. 科丘别伊以及奥廖尔省的 И. Н. 托尔斯泰倡导创建试验田，还有波多利斯克省以及赫尔松省也都创建了试验田。② 到 1894 年，农业和国有资产部一直没有拨款投入该项试验，每块试验田的创建都是群众倡议的结果。直到农业和国有资产部重组后，才重新开始试验田的创建工作。1895 ~ 1896 年，维亚特卡省、斯摩棱斯克省、图拉省、萨马拉省、叶卡捷琳诺斯拉夫省共开辟了 8 块试验田。③

　　试验田的开展遇到了很大的困难。虽然俄国农业结构正在逐步完善，但由于财政原因，地方自治局无法对农业试验田工作给予必要的支持。试验性农业基础设施的发展反映了农业组织网络的形成，首先是县，然后是区。事实证明，地区农艺师的维护成本高于县农艺师的费用。然而，随着俄国农学向地区农学的过渡，得到翻倍资金支持的地方自治局，其试验活动也得到了前所未有的加速发展。④

　　为了顺利解决这些问题，农艺师不仅要在教育机构获得理论和实践知识，而且还要全面地了解他们工作地区的经济状况。早期的彼尔姆和维亚

---

① См.：Плаксин В. Н. Указ. соч. С. 197 – 198.
② См.：Бараков П. Развитие сельскохозяйственного опытного дела у нас со времени первых опытов, произведенных Императорским Вольным экономическим обществом под руководством Д. И. Менделеева. СПб., 1908. С. 2 – 9.
③ Краткий обзор деятельности Министерства земледелия и государственных имуществ за первый год его существования. СПб., 1895. С. 48.
④ Сведения о деятельности земств по сельскому хозяйству в 1913 Вып. 14. С. 17.

特卡的农艺师开始缩小活动范围，使其更能满足农户的需求。但这只能发生在农艺师人数增加且他们工作的地区组织形式转变的条件下，长期以来，由于农业教育机构数量减少，农艺师人手不够，农民也没有足够的资金去使用专业的农业援助。

1906 年，俄国出现了 10 名地区农艺师，由此俄国农学开始向地区农学过渡。农艺师的数量在 1910 年开始飞速增长，如果说 1909 年的农艺师人数比例为 100%，那么在接下来的三年里，人数占 1909 年人数的比例分别为 223%、429% 和 638%。[①] 从数字上看，1910 年为 284 人，到 1913 年为 1312 人。这种增长是通过增加土地分配来实现的。如果说 1898 年的土地支出的比例为 100%，那么在 1913 年土地支出占 1898 年数据的比例为 1389%。[②]

农业用地的数量由省地方自治局决定。例如，1910 年，当坦波夫省地方自治局开始资助创建农业用地时，有 65 个村落 7500 户家庭拥有这种农业用地，总占地面积 53000 俄亩。[③]

农业用地的创建过程并不顺利，许多地方自治局的官员都反对设立农业用地。因此，坦波夫省列别季扬斯克县提出了取消农业服务的申请，其他地区也对此感到不满。这是因为群众根本不理解农艺师在改善农业和提高其他农业部门文化水平中的作用。地区农学本身和促进高级农耕发展的小型高速发展网络都很重要。

向区域农业经营形式的过渡需要依托 A. B. 索韦托夫、И. A. 斯捷布特、A. C. 叶尔莫洛夫这些俄国古典农艺师以及其他学者的成就。同时，这种过渡还要依赖于俄国农业经济理论组织生产派代表们的理论观点和实践经验，其中有最著名的农艺师 A. B. 恰亚诺夫、A. H. 切林采夫、H. П. 马卡罗夫和 A. H. 米宁，他们早在 20 世纪初就已经取得非凡的成就。正是由

---

① См.：Книга М. Д.，Плаксин В. Н. Проблемы сельского хозяйства и голод 1891 – 1892 гг. в России. Воронеж，2000. С. 197.

② Сведения о деятельности земств по сельскому хозяйству в 1913 г. С. 26，17.

③ О нормальной сети агрономических участков в Тамбовской губернии：Докл. Тамбовской губ. земской управы. Тамбов，1910. С. 17.

于他们对农民经济内部结构的深入了解，他们才能培养出掌握小农经济科学基础的农艺师。

农业组织的创建工作主要是在 1905 年之前完成的，不同的省区历经的时长也不同。彼尔姆省历经 8 年（1879～1886）完成农业组织的创建工作，维亚特卡省历经 7 年（1887～1893），赫尔松省历经 5 年（1888～1892），乌法省历经 13 年（1890～1902），莫斯科省历经 14 年（1891～1904），叶卡捷琳诺斯拉夫省历经 12 年（1892～1903），萨拉托夫省历经 15 年（1894～1902）等。各省县级农艺师分布不均的情况，主要与各县经济的发展水平和地方自治局的构成差异有关。因此，直到 1904 年，仍然无法为许多地方自治局配备农艺师。特维尔省地方自治局的农艺师占 50%，沃罗涅日省地方自治局的农艺师占 41.6%，斯摩棱斯克省地方自治局的农艺师占 41.6%，沃洛格达省地方自治局的农艺师占 40%，辛比尔斯克省地方自治局的农艺师占 37.5%，切尔尼戈夫省地方自治局的农艺师占 33.3%，梁赞省地方自治局的农艺师占 25%，卡卢加省地方自治局的农艺师占 9%，图拉省地方自治局的农艺师占 8.3%。在奔萨省、卡卢加省和梁赞省，各城市地方自治局没有为农业发展拨款，因此没有一个城市拥有农艺师。但在其他省区，几乎所有的县和城市都配有农艺师。[①] 截至 1905 年，农业组织创建工作结束时，只有 422 名农艺师（据其他数据显示为 444 名）在为地方自治局服务。[②]

地方自治局农业技术人员的数量和质量仍是一个重要的问题，1905 年革命后，这个问题变得尤为尖锐。在 1906 年的地方选举中，保守派最终获胜并通过一项决议，即减少对叛乱农民的农业援助。[③]

---

① O нормальной сети агрономических участков в Тамбовской губернии: Докл. Тамбовской губ. земской управы. Тамбов, 1910. C. 17. C. IX － X；Веселовский Б. Б. История земства за 40 лет. Т. 2. СПб. , 1909. C. 135.

② Сведения о деятельности земств по сельскому хозяйству в 1913г. C. 26；Веселовский Б. Б. Указ, соч. C. 140.

③ Справочные сведения о деятельности земств по сельскому хозяйству（по данным на 1907 － 1908 годы）. Вып. 10. СПб. , 1910. C. XXVI － XXVII；Королева Н. Г. Земство на переломе（1905 － 1907гг. ）. М. , 1995. C. 65 － 66.

随着时间的推移，传统的地方实用主义开始取代与叛乱农民的斗争。此外，随着农民的收入越来越稳定，地方自治局开始更加关注解决实际问题。农民的稳定收入在很大程度上得益于取消赎回金、信用合作社数量的空前增长、农产品价格的上涨，以及从 1909 年开始连续几年有利的气候因素。农民开始对地区农学产生浓厚的兴趣，表现出强烈的求知欲望，进而有力地促进了地方自治局农业活动的快速开展。

与之前建设和发展经济的时期相比，农艺师的数量和质量整体上呈现非常可观的增长趋势。第一次世界大战前夕，即 1913 年，全俄共有 1740 块农业用地（1912 年共有 1389 块）。萨马拉省拥有的农业用地多达 83 块，波尔塔瓦省拥有 80 块，哈尔科夫省拥有 71 块，沃伦省拥有 65 块，沃罗涅日省拥有 64 块，赫尔松省拥有 64 块。58.1% 的地区农艺师受过中等农业教育，41.1% 的地区农艺师受过高等教育，仅有 0.8% 的地区农艺师只受过初等教育。地区农艺师群体中还有 25 名女性。低级农工的数量增长显著：1913 年，约有 2000 名低级农工分布在 32 个省 247 个县。[1] 截至 1915 年，共有 6500 名接受过农业教育的人参与社会服务。尽管他们中的一小部分是在农业协会工作的，但还是要靠地方自治局的经费来维持生活。

财政部对农业服务积极拨款。1895～1911 年，国家对这方面的拨款增加了 1000 万卢布（从 240 万到 1240 万卢布）。截至 1912 年，共有 2000 多名农民参与社会服务。[2] 20 世纪初，俄国此类农民多达 1 万人。[3] 47% 的农艺师在地方自治局工作，20% 的农艺师在农业协会和教育机构工作，剩余 33% 的农艺师在政府机关工作。[4] 在政府机关任职的农艺师是一个不受地方自治局管辖的独立群体。因此，俄国的农业力量仍然很分散，且十分薄弱。

第一次世界大战的爆发给农业服务带来了沉重的打击。战争前夕，坦

---

[1] Сведения о деятельности земств по сельскому хозяйству в 1913 г. С. 31 – 33.

[2] См. : Книга М. Д. , Плаксин В. Н. Указ. соч. С. 194.

[3] Местный агрономический персонал, состоявший на правительственной и общественной службе: Справочник. 1 января 1915 г. СПб. , 1915, С. 556 – 559.

[4] Местный агрономический персонал, состоящий на правительственной и общественной службе: Справочник. 1913 и 1914 г. Пг. , 1913 – 1914. С. 525.

波夫省有 64 名农艺师和 61 名农艺师助理。1914～1915 年，17 名农艺师和 14 名助理应召入伍，18 名农艺师被调去为军队采买粮食。因此，坦波夫省只有 45% 的农艺师和 77% 的助理在从事实际工作，财政拨款大幅减少，农业发展也大幅走低。[①] 其他地区也出现了类似的情况。

政府机关农艺师与地方自治局农艺师之间的关系问题，对于描述地方自治局必须履行的农业技术职责具有原则性意义，同时这将有助于阐明政府在这一时期推出的农业政策的实质。

在 1905～1907 年革命后新的历史条件下土地该如何规划这样的专业问题，却被赋予了政治色彩。这个问题有两种不同的解决方案：一是像以前一样，地方自治局旨在为农民提供农业援助；二是考虑到家庭的收益而尝试改变土地的使用顺序。村社农户的农业技术改良主要包括从试点地段向多田作物轮作的过渡，以及通过农业仓库网络提供物资和技术，然后再进行农业合作。

地方自治局执行地方委员会所制定的农业需求方案，说明俄国已经从根本上开始村社农户的现代化进程。由此充分证明，只有在地方自治局的参与下，俄国的土地改革才有可能取得成功。

在农艺师的建议下，地方自治局举办的农业活动也越来越多，如专家大会、农业地区的统计研究和农户的经济分析等。由于土地管理部门的工作指令滞后，农业服务的首要任务被认为是发展最简单的田间耕作制度，该任务只有一个目的，就是在最困难的时候支持土地向私有制转变。

土地管理局的农业活动与地方自治局的农业活动在数量和性质上有很大的区别。土地管理局的农业活动是由较少且文化水平较低的农民来执行的，利用古典农学的学术成果来开展农业活动，但这种活动只对大型农场适用。对农户（组织生产）进行的初步分析法不推荐给政府机关的农艺师们，因为他们所采用的方法是具有指示性的，而地方自治局的农艺师们通常在县级农学阶段就使用过这些方法了。

[①]　Государственный архив Тамбовской области. Ф. 4. Оп. 1. Д. 9449. Л. 139.

政府机关的农艺师不能像农户那样，要求成为农业用地某个地段的所有者。所以，土地建设学具有严格的中央集权和官僚性质，没有考虑到地区特殊的自然、历史及农业条件。土地测量通常都是在农民没有一定农学知识的情况下进行的，这就导致后面在进行多田作物轮作时犯下错误。

通过 20 世纪初政府机关农艺师和地方自治局农艺师之间的关系，我们可以看出政府机关对农业改革的管制只会导致俄国的农业改革没有发展前景。没有农民和地方自治局的支持，仅凭官僚主义的强制管理，俄国不可能完成农业改革。

政府和地方自治局从客观上完成了村社改革的任务。地方自治局的策略灵活谨慎，中央部门监管地方自治局的农业活动，但仍歧视地看待其开展的活动，从而迫使地方自治局只能把精力集中在个体农户的农业生产上。

干草压缩机机床，C. M. 普罗库金－戈尔斯基摄于 1915 年

1908 ~ 1910 年，П. А. 斯托雷平和土地规划部部长 А. В. 克里沃舍因呼吁地方自治局议会资助当地政府向农民提供农业援助。土地规划部会支付地方自治局所雇用的农艺师的一半工资，以及购买必要设备、牲畜和农具

所需费用的一半。这些资助的前提是要将所有补贴都用于实现农户个体经济的发展。100 多个地方自治局响应支持，其中只有 9 个地方自治局要求对农户的发展给予补贴。

地方自治局在土地改革中的立场非常明确：不会放弃自己的农田，但也不会着重强调自己的需求。农艺师们认为，与居民合作最好的办法就是与农业协会合作。因为通过与农业协会合作，他们可以准确地了解当地居民的农业状况和实际需求，同时，也有助于在农业协会开展农业示范活动。[①]

地方政府机关的农艺师与土地规划部的农艺师之间遵循一致的行为准则，这改变了民众对他们是专制制度附属品的印象。地方政府机关也借助农业科学实践的最新成果，更积极地参与到地区的经济发展中。

农艺师是技术型知识分子，更是一个中等的文化阶层。农业大学培养了一批一流的农艺师去参与社会服务。他们在国家部门工作，每年能得到 1800 卢布的高薪，要知道，其他地方自治局官员的年收入才几百卢布。[②] 农艺师们更喜欢在首都或大城市附近工作，担任政府机关、地方自治局或大型农业协会的雇员或顾问。他们积极出版书籍，组织专业会议，最终形成了一个农艺师小组，小组成员间公开地相互支持，并在不同的政府机构中发挥着自己的作用。

据农艺师说，中小农业学校的毕业生（主要都是农民阶层）只能担任农艺师的助手。很多低级别的员工经常抱怨自己能力被低估以及微薄的薪水。一些初等农业学校的毕业生还指出，许多理论家为了避免体力劳动，从来没有下田耕作过。理论家始终坚持要以科学管理农业。

20 世纪初，А. Ф. 福尔图纳托夫提出"社会农艺学"这一概念，农艺师是在农业生产中帮助农民实现目标的主要力量。农艺师们只有真正了解农业落后的根源，才能利用自己的影响力去推动乡村进步。

---

① О нормальной сети агрономических участков. С. 10.

② Коцонис Я. Как крестьян делали отсталыми. Сельскохозяйственные кооперативы и аграрный вопрос в России. 1861 – 1914. М. , 2006. С. 159.

1910 年，在组织生产派的代表看来，对于 19 世纪第一代的农艺师来说，农学就是"土地"。这样的农学思想无法拯救处于黑暗中的俄国农民。20 世纪初新一代的农艺师认为，俄国农业落后的根源是农民。因此，社会农艺师的研究课题与其说是农业技术，不如说是农民社会。农民智慧成为农学新的研究对象。农艺师们认为，农民阶层是乡村自然发展进程中的一部分，需要合理化改进。①

20 世纪初，尽管俄国大多数的理论家和实践家的观点不同，但他们达成了一个基本共识，即农民正在错误且不合理地耕种土地。在他们看来，农民的实践即使存在一定的耕种逻辑，但长远来看是没有任何意义的。和那些有经验的人相比，科学可以赋予任何人农业领域的知识。А. И. 季亚科夫、С. Л. 马斯洛夫、А. Н. 切林采夫等学者认为，农业领域的知识只能属于那些受过训练的专业人员，其中不包括农民。

农学大会上、报刊上一直在强调农民的无能和无知，他们不懂农艺师教给他们的东西。在省县级代表大会上，通常会有一两个农民代表所有的农民出席会议。虽然他们出席了会议，但从来没有人真正倾听他们的声音。

20 世纪初的农艺师以及合作社的工作人员认为，只有专家才能对农民的生活和农业做出科学性的描述，从而使农业经济合理化。他们认为没有必要向农民学习，也没有必要参考他们的经验。这是对专业种植与传统种植互动的重要性缺乏认识的表现，这种思想持有者的代表是农艺师和农民自己。

合作社及其在农业文化中的作用

合作社是俄国农业发展进程中出现的一种新的组织形式。1861 年改革后，小生产者纷纷破产，这促使他们团结起来，共同面对市场的挤压。小

---

① См.: Чаянов А. В. Основные идеи и методы работы общественной агрономии// Избр. произв. М., 1989. С. 57 – 180.

生产者的团结不仅能在一定程度上提高小规模农业生产的效率，而且能提高对抗农业大型资本的竞争力。俄国合作社历史的研究学者 M. Л. 海辛写道，在资本主义对国民经济的影响下，俄国出现了合作社。当自然经济占据国民经济主导地位时，就无须进行合作。[1] 农业受市场影响，需要进行合理化重组，即以满足农民家庭需求为目的的自然经济向为市场服务的新货币经济过渡。农民很难自己购买种子、肥料和农具，所以需要建立合作关系。这样一来，也就开始出现各种各样的合作形式。[2]

19 世纪 70 年代，俄国先后诞生了多家合作社，这些合作社在 80 年代初获得了 5～10 年期的贷款。但事实证明，许多合作社在拿到贷款后便销声匿迹了。当贷款期满需要偿还时，有多家合作社都已经不存在了。资料显示，1866～1898 年共有 1586 家信用合作社，其中有 230 家根本没有开业经营，667 家已经倒闭，只有余下的 689 家（占 43%）在继续经营。截至1900 年，在圣彼得堡分行注册的乡村信用合作社中，有 825 家（占 65%）已歇业。[3]

农民并不总是能够理解政府推行的合作社运动。比如，加入合作社时所获得的股份对于每个成员来说就是一种担保书，凭借手中的股份，农民会得到更多的必要贷款资金。可是，农民将股金也视为政府和地方自治局为合作社提供的贷款的一部分，他们需要努力规避这样的债务负担。[4]

收购股份的过程相当复杂。为了购买股份，合作社成员在高利贷公司借短期贷款，然后通过在合作社中贷款，来支付高利贷公司的利息。而后，剩下的都被视为他们的收入。等到还本付息的时候，股东们又会向地方自治局申请新的贷款，以偿还合作社的贷款本金。

地方自治局工作人员得出的结论是，合作社热衷于帮助穷人以及做慈

---

① Хейсин М. Л. История кооперации в России. Л.，1926. С. 15.
② См.：Прокопович С. Н. Кооперативное движение в России，его теория и практика. М.，1913. С. 113.
③ См.：Коцонис Я. Указ. соч. С. 34.
④ См.：Коцонис Я. Указ. соч. С. 35.

善活动：他们会先帮助那些有能力购买股份并按时偿还贷款的人。与此同时，地方自治局人士也注意到，合作社成员更公平地分配贷款所得会导致大部分农民的资金被分散。资金不足会减少提高农场效率的机会。在这种情况下，村庄是完全可以加入合作社的，这也有利于维护公平公正的公社秩序。用公社原则代替合作社原则意味着合作社成员的资金只能用于支付小额的个人开支，还不足以改变合作社的经济现状。地方自治局人士认为，合作社首要的任务是不再让大多数的农民陷入贫困，而不是帮助少数的农民改善经济状况。

根据 19 世纪 70 年代的经验，人们提出了两种解决合作社信贷问题的方法。第一种方法就是按俄国乡村的公社特征，每个农民都可以得到他应得的那份钱和总债务的比例份额，但建立在这种基础上的合作关系非常脆弱。另一种方法与公社原则无关，就是严格甄选合作社的成员，那些无法妥善分配贷款和不能按时偿还贷款的人不得加入合作社。这样的合作社会更具生存力，并且其队伍中会有高收入的人，这些人主要是那些参与过外汇交易的中等收入的农民。富人自食其力，而穷人没有经济能力，他们主要从事基础的自然经济活动。在这种情况下，С. Н. 普罗科波维奇写道："没有富农参与的信用合作社，穷人是更不可能加入的。信用合作社就只适合那些中等的贫农。"①

农奴制废除后，解决农民问题的方法之一，就是通过乡民互助，一些协会或合作社为农民提供廉价且能偿还的贷款。尽管也发展了其他形式的农民合作社组织，但无论是在成员、合作社数量上，还是在经济活动的规模上，信用合作社都在乡村中保持领先地位。对于村民们来说，这是最简单、最易理解的合作社。②

创办信用合作社不仅要了解当地的情况，而且要有良好的教育基础。因此，负责组织教育工作的地方自治局就在其中发挥了重要的作用。

1865 年，科斯特罗马省韦特卢日斯基县罗日杰斯特文斯卡亚乡多罗瓦托

---

① Прокопович С. Н. Кооперативное движение в России. Его теория и практика. 2 - е изд. М. , 1918. С. 179 （сн. 2）.

② Маслов С. Л. Кооперация в крестьянском хозяйстве. М. , 1922. С. 21.

沃村成立了俄国的第一家信用合作社。它是由当地的地主斯维亚托斯拉夫·卢吉宁和弗拉基米尔·卢吉宁兄弟俩创办的①，当地的贵族首领也积极地参与到合作社的创建工作中，地方自治局的 H. П. 科柳帕诺夫也参与其中。

位于西北中心工业区的信用合作社创建于 19 世纪 70 年代。19 世纪 70 年代上半叶合作社的发展非常迅速，俄国大部分地区都开始创建合作社。值得注意的是，在一些省内，尽管地主经济仍发挥着重要的作用，但其影响力正在不断下降，地主们更愿意把土地租给农民去耕种，因此在这些省出现了许多合作社的支持者。②

信用合作社的发展道路充满曲折。1883 年前，信用合作社仍保持着高速发展的态势。1884～1895 年，信用合作社发展速度大幅减缓。1896～1897 年，信用合作社又再次活跃起来。这是因为信用合作社按照初始贷款的发放数量创建：信用合作社的数量虽然增加了，但贷款的数量下降了，这样一来创建信用合作社的热情自然消退。③

90 年代中期，俄国政府开始商讨改善农民经济的贷款问题。1895 年 6 月，政府出台了《小额信贷机构条例》，首次提出了一种信用合作社外的新型信用合作模式。与信贷合作关系中的自由贸易协定相反，贷款的来源可以是国家银行、地方自治局或个人。农民可以在不参与创造资本的情况下使用合作社的贷款，只需支付贷款的利息，而合作社会为农民偿还其贷款。

19 世纪末 20 世纪初，信用合作社发展更加迅速。合作社的成员人数不断增加，信贷服务水平不断提高。所有的这一切都有助于用廉价的信贷来发展乡村经济。

与信用合作社不同，消费合作社是为商品的购买和销售而创建的。它

---

① См.：Файн Л. Е. Указ. соч. С. 105–106.
② См.：Соколовский А. В. Сельские кредитные кооперативы 70–80–х годов XIX века// Кооперация как компонент рыночных отношений：проблемы теории и истории：Сб. Вып. 2. Иваново，1997. С. 69，73.
③ См.：Соколовский А. В. Сельские кредитные кооперативы 70–80–х годов XIX века// Кооперация как компонент рыночных отношений：проблемы теории и истории：Сб. Вып. 2. Иваново，1997. С. 89.

在乡村一直是一个常见的现象。1866～1890 年，只有 30 份乡村消费合作社的章程获得批准。但在 20 世纪伊始却出现了显著的涨势：1904 年俄国乡村共有 380 个消费合作社，共计 6 万名成员。①

1905～1907 年革命对俄国的合作社运动发展产生了重大的影响。其间，地方农业组织、县农艺师和小额信贷指导员共同协作，率先建立起乡村合作社，而且合作社的数量还在不断增长。1905～1916 年，信用合作社的数量增长了近 12 倍，成员人数增长了近 35 倍。无担保信用合作社成为推进合作社发展的主要形式。② 在全俄范围内，近一半的农民通过信用合作社获得贷款，这应该被视为提高农户生产力和商品竞争力的一个重要因素。

1905～1907 年革命前的几年里，乡村消费合作社的数量也在增长。根据已知的最完整的数据，截至 1912 年 1 月 1 日，在 7276 个消费合作社中，乡村消费合作社就有 5230 个，占比 71.9%。接下来几年的数据有所偏差，但在此期间，乡村消费合作社的占比也没有低于过 66%。③

推翻专制制度前，俄国合作社的发展是没有普遍规律的，其活动更是受到各种"条例规范"的制约。而且，审议章程并不是由一个部门负责的，而是由各部门委员会负责的。这些章程没有涵盖合作社的所有的活动，也没有确保合作社的活动自由，却阻碍了合作社的发展。

值得注意的是农艺师们所开展的合作社的相关活动。与非农业合作社相比，农艺师们会更频繁地参与农业合作社，包括信用合作社的活动。1912 年，在莫斯科省的 214 个合作社中，有 123 个合作社是在农艺师的帮助下创建起来的，占比 57.5%。按行业划分，可将农艺师们在乡村组织的合作社分为以下五类：奶业合作社，占比 83.4%；信用合作社，占比 66.4%；农业合作社，占比 59.1%；消费合作社，占比 29.3%；手工业合作社，占比 27.5%。④

---

① См. : Хейсин М. Л. Указ. соч. С. 169.

② См. : Файн Л. Е. Указ. соч. С. 175.

③ См. : Файн Л. Е. Указ. соч. С. 219 – 220.

④ Кооперативная деятельность земских агрономов Московской губернии//Сост. В. В. Хижняков. М. , 1913. С. 6 – 7.

农艺师认为，合作社为农艺师与群众间的交流创造了条件。合作社的开展促进了农业措施的实施，提高了农业经济管理水平。在地方自治局农艺师看来，合作社几乎是农业措施唯一的指挥者。莫斯科省地方自治局农艺师的调查资料指出："在合作社中，群众不再将农艺师视为地方自治局的利益代理人，相处时会将他们视为自己人，这就是信用合作社的成员信任农艺师的原因。这几年随着合作社数量的增加，工作量也在不断加大，协商的基础也在逐步形成。"[1]

懂知识是农民加入合作社的必要条件，而且懂知识必须高于基本的读写能力。除了需要了解合作原则，农民还需要了解如何起草开办合作社的文件、向地方自治局申请贷款、记录办公室账簿、编写整年度报告等。随着专业化农业技术的应用实践，农民还必须掌握会计相关知识。

加入合作社是农民适应 20 世纪初国家经济变化的有效途径之一。1914年，俄国 1/4 以上的农户进行了农业改良。合作社之所以受欢迎，是因为它能够迅速且真正地改善农民物质生活的现状。

同时代人赋予合作社政治意义、社会意义和文化意义。俄国国内历史学家几十年来都更加关注其政治意义和社会意义，现在需要重视其所带来的文化意义。

乡村合作社就是先解决乡村经济问题，然后成为其文化中心，其工作就是培养农民自力更生的能力。C. H. 普罗科波维奇公正地说："我们都知道，一个更有劳动能力、文化水平较高且具有进取心的农民群体正要加入合作社。在这样的经济形式下，积极上进的农民在合作社和公社中找到了最能满足他们需求的合作形式。"[2]

合作社的任务是解放闭塞的乡村，成为向乡村传播新文化的桥梁。此外，其还提升了农艺师在乡村中的地位。在多疑的农民群体中拥有权威是

---

[1]　Кооперативная деятельность земских агрономов Московской губернии//Сост. В. В. Хижняков. М., 1913. C. 6 – 7.

[2]　Прокопович С. Н. Сельскохозяйственная кооперация и бюджет крестьянского хозяйства. М.; Пг., 1922. C. 91.

非常重要的。农艺师们积极地用自己的权力开办和关闭合作社，为合作社提供资金，收回贷款，开除一些懒散的成员，任命或解聘董事会成员。农艺师通过开办合作社并由地方自治局供应资金，让农民对其印象有了改观。农民不再将农艺师视为代表地方自治局利益的异己，而是把他们当成自己人。这也是农业工作成功的关键。考虑到合作社是农艺师和农民沟通的桥梁，一些社会人士提议通过增加合作社的数量来帮助更多的农民。①

小私有者合作社出现在农业文明向工业文明过渡的阶段，因为诞生在这样的时期，所以小私有者合作社具有二元性，既保留了传统集体主义将劳动力与财产相结合的原则，同时又向市场转型过渡。将合作社的生产组织与农业协会联系在一起，在很大程度上是农业合作社的固有特征。小商品生产合作社是一种特殊的合作社，其既与社会资本化无关，也不是社会主义的萌芽，而是作为一种小规模的集中生产方式向工业化社会过渡。

合作社打破了乡村原本的封闭性，引进了市场关系，将农民纳入新的发展轨道上来，随着农业技术及农业科学的应用和推广，在一定程度上促进了农业技术的改良和创新。

然而，尽管出现了这些新的因素，俄国农业生产实践仍以粗放型农业为主，许多传统耕种方式仍然存在。

＊＊＊

20 世纪初，俄国农业经济深受自然气候条件影响，始终处在危险的农耕自然带上。农业经济发展表现出的最明显特点就是饥荒，特别是 1891 年毁灭性的大饥荒。但与此同时，政府和社会各界都认识到，应该将抗击自然灾害与寻找解决方法联系在一起。正是因为 1891 年的大饥荒，人们才开始真正地深思当前的状况。

---

① Кооперативная деятельность земских агрономов Московской губернии. С. 29 – 31，45 – 51.

著名历史学家 A. A. 基泽维特尝试着去理解，为什么村庄面对自然灾害时毫无准备，变得很无助，他认为这是因为农民们遭遇了饥荒年。他在自己的回忆录中写道："答案很明显，没有必要考虑大气因素（自然和气候因素），当前的社会政治形势中蕴含着更深层次的问题。不能再忽视农户被毁灭的风险了，农户是整个国家经济生活的基础。"[1]

与此同时，同时代的人看到了农民贫困的原因——农业部门的技术供应不足导致农民的粮食歉收。1893 年，П. Б. 司徒卢威在《关于俄国资本主义发展的问题》一文中写道："不合理的生产技术让农民无法赖以生存。"[2]

政府对农业生产领域缺少关注，只是表达已认识到农业生产的重要性，而并不去主动干预俄国经济部门的农业活动，这也是 19 世纪末 20 世纪初俄国社会紧张局势加剧的原因之一。

① Кизеветтер А. А. На рубеже двух столетий：Воспоминания. М. ，1997. С. 139.
② Струве П. Б. Критические заметки к вопросу об экономическом развитии России. Вып. 1. СПб. ，1894. С. 224 – 225. 1911 年数据显示，俄国农业改良的成本为每俄亩播种面积费用支出 9 戈比。在挪威，这些费用是 2 卢布，普鲁士为 1 卢布 33 戈比，瑞典为 52 戈比，美国为 42 戈比，爱尔兰为 33 戈比（Три века：Сб. Т. Ⅳ. М. ，1913. Приложение. Диаграмма 2）。

第四章
农村学校

E. K. 瑟索耶娃

19 世纪 90 年代的经济高涨推动了普及初等教育目标的实现。这在很多方面取决于农村学校的发展程度，因为农民构成俄国人口的主体部分，农民积极地参与了国家各项现代化进程。

19 世纪 90 年代中期，俄国欧洲部分[1]六大学区开设的隶属于国民教育部的农村学校超过 1.5 万所，超过 24 万名儿童入校就读。隶属于国民教育部的农村学校中，1.4 万多所由地方自治局创办，在校学生人数达 22.5 万。[2] 由于地方自治局学校积极开展教学活动，19 世纪末农民识字率提升 17.8%，20~29 岁年龄段男子的识字率甚至达到 24%~25%（农奴制改革前，俄国识字农民仅为全国人口的 5%~6%）。[3] 然而，俄国农村识字的农民充其量也不到农民人口数量的 1/4。女生入学人数很少超出学生总数的 25%。[4] 大约 14% 的学校位置距离学生居住地超过 4 俄里，这种情况非常不

---

[1] 本章是根据以下讲俄语人口的教育区域的材料撰写的：圣彼得堡、莫斯科、喀山、哈尔科夫、奥伦堡、高加索（克拉斯诺达尔和斯塔夫罗波尔地区）。

[2] Статистические сведения по начальному образованию в Российской империи за 1896 г. СПб. , 1898. Табл. Ⅲ （本人的采样和统计——作者按）。

[3] См. : Рашин А. Г. Грамотность и образование в России в ⅩⅨ – начале ⅩⅩ в. // Исторические записки. № 37. М. , 1951. С. 38.

[4] Статистические сведения по начальному образованию. . . Табл. Ⅲ.

利于孩子们上学，无形中降低了他们入学的概率。例如，1900 年，莫斯科省一所地方自治局学校的教育服务对象是 315 户农户，而这还是在该地区建立起来相对发达的初等学校教育网络的前提下（1893 年，一所初等学校的招生范围覆盖周边 500 家农户）才达到的。[①] 极偏远地区的情况就更加复杂了。在奥洛涅茨省，一所初等学校负责招收 162 平方俄里的范围内 500 家农户的孩子。[②]

农村学校类型

　　最常见的农村学校类型是三年制一级初等学校。根据《1864 年地方自治改革条例》，这类学校的创办者既可以是国民教育部，也可以是地方自治局或个人。1874 年条例规定，农村可以开办学制五年的二级初等学校，但仅由国民教育部创办，这类学校占据的比例是 6%。[③] 由主教公会管理的教区学校和识字学校分布很广，深受欢迎。但地方自治局学校的需求量更大。根据各省的统计信息，有时甚至 50% 以上的学生都就读于这类学校。[④]

　　地方自治局学校是在 1861 年改革后兴起的，这是一种不同于国民教育部创办的学校的面向国民的初等教育机构，在其创建过程中，民众发

---

① Материалы по статистике Московской губернии. Вып. Ⅱ. Экономические условия народного образования/Сост. П. А. Вихляев. М., 1910. С. 9, 36.

② Школьная статистика. Очерк о состоянии народного образования в Олонецкой губернии. Вып. Ⅰ. Петрозаводск, 1913. С. 12.

③ Статистические сведения по начальному образованию... Табл. Ⅰ（本人的统计——作者按）。

④ Начальное образование в Петроградской губернии за 1915/16 г. Пг., 1916. С. 15；Статистический обзор народного образования в Московской губернии за 1910/11 г. М., 1912. С. 128；Положение народного образования во Владимирской губернии по исследованию 1910 г. Вып. Ⅰ. Владимир, 1911. С. Ⅳ；Школьная статистика: Очерк о состоянии народного образования в Олонецкой губернии... С. 11；Положение народного образования в Тульской губернии в 1910 г.: Краткий обзор. Тула, 1911. С. 3；Кузнецов Я. О. Земские школы Уфимской губернии в 1900 – 1905 гг. // ЖМНП. 1908. №8. С. 132；Школьная статистика за 1912/13 г. по Ярославской губернии. Ярославль, 1914. С. 9.

挥了重要作用。1895年之前，地方自治局办学的指导原则是在有村社发出倡议的地方开设学校。然而，地方自治局议员从当地传来的消息是："人们没有钱上学，农民没什么文化，这一切导致他们对识字的必要性缺乏了解和认识。"① 1895年，地方自治局开始自行决定开办学校等事宜。相比国民教育部创办的普通学校，地方自治局学校数量的增长速度很快。例如，1900～1911年，弗拉基米尔省创办的地方自治局学校数量与此前35年间创办的学校总数相当。在乌法省，1900～1905年，地方自治局学校数量的增长量是所有部门新建学校数量的2/3。② 到1910年，全俄26省的地方自治局学校数量超过了2.1万所。③

地方自治局学校教学工作最初建立在一种新教学法的基础上，这种新教学法远离隶属于国民教育部的学校固有的形式主义和经院主义。新型师生关系在学校里营造了良好的道德氛围。不仅如此，多年以来，国民教育部旨在限制地方自治局学校教育职能的政策已经失效。根据地方自治局学校教师的反映，与早期学校不同的是，19世纪末20世纪初的学校"已站在正确的发展轨道上"。教育研究者 B. B. 彼得罗夫写道："在督学和巡视员的强烈要求下，一味追求形式化的教学目标被放在了首要位置：流利阅读与对阅读内容是否真正理解严重脱节，只追求漂亮书写、熟练计算、语法分析，最重要的是听写准确无误……办学初期，人们关心的是随着学生阅读内容的加深，其理解能力也不断得到提升，而现在关注的却是机械地听写。"④

值得注意的是，即使运用最先进的教学法，学习过程中也总是掺杂着机械记忆的元素，诸如语法形式、名词变格、乘法表等的学习，以及学生对新摄入知识的理解。官方教学法理论的缺陷和谬误恰恰在于教学过程中

---

① Исторический очерк развития всеобщего обучения в Нижегородском уезде в связи с работой земства по народному образованию. Ниж. Новгород. 1911. С. 10 – 11.

② Положение народного образования во Владимирской губернии... С. Ⅲ; Кузнецов Я. О. Указ. соч. С. 133.

③ См.: Веселовский Б. Б. История земства за 40 лет. Т. 4. СПб., 1911. С. 102.

④ Петров В. В. Вопросы народного образования в Московской губернии. М., 1898. С. 74 – 75.

农村学校，梁赞省卡西莫夫县，摄于 20 世纪初

对一些机械记忆元素的优先顺序选择上。考试要求往往忽略的是学生是否真正理解了所学到的知识，而且，学生对考题的知识点拓展性地回答，会归咎于教师，被认为是教师犯下的错误。据教师们说，考试必须达到标准，这个教学目标如同"一片乌云"，常年笼罩在学校的上空。教师没有培养孩子们善于观察、总结分析的能力和强烈的求知欲望，而是一味地让他们背诵所学的知识内容，有时候，因为未加理解地死记硬背，下课后，走出校门，那些语法规则和数字公式瞬间就忘掉了。

　　不管怎样，地方自治局为改进自己学校的教学工作还是付出了很大努力。各省教育机构的统计调查结果表明，地方自治局学校的教学设备比较完备，这类学校拓展教学大纲内容、将学制延长至四年的情况屡见不鲜。例如，从弗拉基米尔省的统计信息中可得知，迫于生活实际要求，地方自治局学校的教师利用自己的业余时间，为学生额外开设系统性地讲解俄国历史、地理和自然科学的课程，并拓宽了文选读本和书籍的阅读范围。因此，25％的三年制地方自治局学校开设俄国历史和地理课程，开设这两门课程的四年制学校比例达到50%。① 由斯摩棱斯克省的统计信息可得知，农民对小学课程延长至四年，并将历史、地理和自然科学课程引入教学大纲的做法非常满意。②

地方自治局划拨教育经费用于购买教学设施、教科书、直观教具，并扩大了购入的品种。例如，雅罗斯拉夫尔省的传统直观教具是地图、地球仪以及各种挂图。地方自治局学校的教学设备覆盖率能达到80%，而教区学校仅为50%。只有14%的地方自治局学校配置了物理实验仪器，奥洛涅茨和弗拉基米尔两省③也存在类似的情形。地方自治局利用他们挑选教师的权力，竭尽全力吸引受过中等及以上教育的有才华的教育工作者到学校任教。例如，莫斯科省地方自治局学校80%的教师拥有中等教育学历和师范专科学校教育背景。④

增加平行班的数量成为扩大办学规模的重要手段。为此学校急需引进新教师，但这样做的同时又减少了每个班级学生的人数。不过即便如此，1915～1916学年仍然有许多三年制一级初等学校。例如，雅罗斯拉夫尔省多班级学校大约占60%，并且，50%的地方自治局学校是这种情况，教区学校只占18%。⑤

教育事业的成功有赖于国民经济各个领域的经费筹集。国民教育部拨款主要用于发展中等教育机构，初等学校和低等学校仅占拨款的14%。⑥ 在地方自治局的财政预算中，国民教育经费被划拨到非必要支出项，但现实却将这一项目变成了拨款资金最多的项目之一。地方自治局为维持农村学校办学的资金投入不低于总教育投资的1/3，不仅向普通学校拨款，而且还

---

① Положение народного образования во Владимирской губернии... C. 9.

② Школа и жизнь. 1915. № 10. C. 7.

③ Школьная статистика за 1912/13 г. по Ярославской губернии... C. 25. 29, 36 – 37; Статистический обзор народного образования в Московской губернии... C. 13 – 14, 26; Положение народного образования во Владимирской губернии... C. V; Школьная статистика. Очерк о состоянии народного образования в Олонецкой губернии... C. 7.

④ Статистический обзор народного образования в Московской губернии... C. 48.

⑤ Школьная статистика за 1915/16 г. по Ярославской губернии. Ярославль, 1916. C. 2.

⑥ Отчет Министерства народного просвещения за 1903 г. СПб., 1905. C. 479, 507.

向职业学校拨款。20 世纪初，俄国农村开始出现低等职业教育机构，即手工艺教学作坊。这类教育机构学制设置为三年，同时还为学生提供小学普通教育。此外，低等职业教育机构还教授制图、绘画和手工艺技能。地方自治局认为职业教育机构是提高手工业技术水平的重要手段，因此，50%的拨款被用于这类教育机构的发展上。①

口算课，在 C. A. 拉钦斯基的平民学校，
出自 H. 波格丹诺夫 - 别利斯基的一幅画作，1895 年

---

① Отчет Министерства народного просвещения за 1913 г. СПб. , 1914. С. 93；Очерк развития промышленного образования в России. 1888 – 1898. СПб. , 1900. С. 5 – 6.

　　到 1910 年，县地方自治局用于国民教育的经费增长了 20 倍，每年达到 3500 万卢布以上。[①] 从 19 世纪 90 年代开始，省地方自治局开始参与初等教育机构的融资。尽管从绝对值看，省地方自治局的教育拨款低于县地方自治局的投入，但是省地方自治局的支出项也有所增加，因为其主要目标是资助中等教育机构。例如，1890～1904 年，在维亚特卡省地方自治局预算中，国民教育支出扣款额从 13% 提高到 24%，而县地方自治局从 25% 提高到 36%。阿尔汉格尔斯克省的韦利斯克县地方自治局 1913 年国民教育经费支出超过 35%，而这个比例已经超出行政和司法部门强制性支出项目占比规定。[②] 值得注意的是，1893～1913 年，在整个地方自治局的预算中，用作国民教育的扣款额从 14% 增长到 25%，同时，在国民教育部的预算中，相应比例仅从 2.3% 增长到 4.9%。[③]

　　学校的教学生活在许多方面是由督学的个性决定的，督学通常从当地的地主中选举产生。根据《监护机构条例》，督学负责学校与民众的沟通，"同时还要关注学校外部设施的改善以及为学校提供物质支持，并在一定程度上影响教学过程"。但是，正如国民教育制度专家 E. A. 兹维亚金采夫所指出的那样，这一监护体制实际上没有太大的适用性，因为没有附带说明督学的物质援助金额，而且这种援助可以是任何一个人提供的。[④] 督学活动积极性不高的另一个原因是，很少能遇见真正的农村教育事业赞助人和庇护人。一位教师回忆说："受过教育的富有的地主觉得，关心校舍的情况并不那么重要，他准备每年最多出 8 个（！）卢布，并认为维护学校的运转本应该是农民自己的事情。"许多地主甚至在地方自治改革刚开始时就坚持这种观点。

---

① См.: Веселовский Б. Б. Указ. соч. С. 96.

② См.: Акимов В. Деятельность Вятского земства по народному образованию（1865 – 1906）// ЖМНП. 1907. № 11. С. 8; Конанов А. Е. На хлебном колосе. Старина и новь устьянских деревень: Очерки. Октябрьский, 1992. С. 71.

③ См.: Дедов Г. Земство и народное образование // Школа и жизнь. 1914. № 1. С. 5.

④ Народное образование в земствах. Основы организации и практика дела/Под ред. Е. А. Звягинцева, Н. В. Чехова. М. 1914. С. 55.

"不可能指望这样一位庇护人对学校事务带来帮助。"① 对喀山学区国民教育状况的调查证明了这种情况并不少见：整个喀山省有 495 名督学，其中 364 人（约 3/4）对学校没有任何实质性帮助。② 另一位教师的回忆录里提到，学校的督学有一段时间是一个富有但不识字的农民，他"以贵族为榜样"，总是把对学校的监督和对教师的监督混为一谈，扮演着义务的暗中监视者的角色。③

在奥洛涅茨省皮季马村，以皇位继承人阿列克谢·尼古拉耶维奇皇
太子命名的学校，C. M. 普罗库金 – 戈尔斯基摄于 1909 年

牧师和村长对待教师的态度关乎学校教学工作能否顺利开展，这一点非常重要，因为这是牧师和村长与农民建立联系的机会。有位乡村教师回

①　Константинов С. В. Два года в земской школе // Русская школа. 1913. № 2. С. 63，67.
②　Народное образование в земствах... С. 55.
③　Саломатин П. Г. Как живет и работает народный учитель. СПб.，1913. С. 97，99.

忆道："起初，农民对学校的创新不屑一顾，但当他们看到他们的父亲不反对这件事，孩子们都心甘情愿地跑去上学，学习成绩也不错时，他们就顺应了这件事情，并成为我的同盟者。"①

农民管理机构的代表往往对学校办学表现出谨慎的态度：学校的日常维修和设备添加通常是由校长的意愿决定的，如果未能履行诸如保障供应学校和教师住宅的烧柴等这样的义务和职责，则有可能导致教学过程的中断。

地方自治局开展的教育活动经常惹恼政府部门。最初，地方自治局在自治制度下被赋予了经济职能。地方自治局为争取自己的学校管理权和预算资金支配权而做出的努力以及同权力部门的斗争贯穿了其与政府的关系的主线。政府试图规范地方自治局的活动。19 世纪 90 年代末，地方政府削减了教区学校的预算开支，此举遭到了官方媒体的强烈反对。1899 年，《莫斯科公报》写道："有必要把学校从地方自治局的管辖范围内移除，这样，地方自治局最终就会接受并履行创建初期被赋予的经济职能。"②

1900 年俄国通过了《地方自治局最高税收法》，造成的结果是地方自治局预算资金进项大大减少，这反过来又阻碍了学校数量的增长。1908 年法律规定，取消省级地方自治局参与管理初等教育学校的资格。根据《小学义务教育法》，向县级地方自治局发放教育补贴这件事情使得国民教育部有权规定其对隶属于地方自治局的学校的工作要求，甚至特别限制了地方自治局对这些学校进行财政支持。同时，全俄各地不断传出消息，政府补贴发放将延迟。例如，1913 年，许多县级地方自治局在三次被提醒即将发放补贴后，实际上只获得了总额度 50% ~60% 的补贴。③

---

① Константинов С. В. Указ. соч. С. 77.

② Московские ведомости. 1899. 7 апр. Редакционная статья.

③ См. : Веселовский Б. Б. Указ. соч. С. 105；Чехов Н. В. Народное образование в России с 60 - х гг. XIX в. М. ，1912. С. 77；Лапшов И. Земство и народное образование в 1913 г. // Школа и жизнь. 1914. № 1. С. 25.

在 1910～1914 年对国民教育做出公然反应的这一时期，政府对地方自治局管理权问题的全面攻击也开始了：1911 年，地方自治局被剥夺了监督学校的权力；1914 年，教师职位候选人的挑选由督学自行决定，据当地报道，这造成了"国民教育领域完全不正当的风气"①。省地方自治局建立地方自治机构督学协会的尝试遭到省长们的反对。② 1912 年，地方自治局被剥夺了建立学校图书馆、在课余时间管理校舍的机会，同时被禁止向教师打听和收集关于当地学校的情况。③ 所有这一切都极大地影响到地方自治机构教育活动的效率。

国民教育部督学经常被看作地方自治局学校真正的祸患。他们检查学校的任务是指导和监控教学过程。根据 E. A. 兹维亚金采夫的说法，督学对学校进行 1～2 小时的"突击"检查、5～10 分钟的听课，以及传达无法完成的通知和指示。④ 透过细节很容易深入地研究许多督学的外在形象，以及他们对学校的评价标准。督学经常对学生提出不恰当的问题，如："为什么彼得大帝要打开通往西欧的门户而不是通往其他地方的门户？"在参观学校时，督学会注意学生在走到黑板前回答问题后是否鞠躬行礼；他是否右手拿粉笔，左手拿黑板擦；老师是否记下了学生的课堂出席日志。任何能证明孩子们的积极性和好奇心的东西都被认为是违反纪律的，都会因此给老师打负分。督学从学校图书馆没收了高尔基、安德烈耶夫、托尔斯泰等现代作家的作品。⑤ 督学反对地方自治局任命具有古典中学教育背景的人员担任小学教师。利佩茨克市议会 1911 年的报道指出，督学监察对学校事务极为不利，"教师们都在逃避督学的监督，但在普及教育的背景下，教师的数量显然还不够"⑥。在这样一幅图景下，督

---

① Из писем учителей // Школа и жизнь. 1914. № 48. C. 7.

② Совещание губернаторов в 1916 г. // Красный архив. 1929. № 2. C. 151.

③ Ежемесячный журнал. 1915. № 2. C. 6.

④ См. : Звягинцев Е. А. Инспекция народных училищ. Русское общество и учебное ведомство в школьном деле. М. 1914. C. 35; Саломатин П. Г. Указ. соч. C. 117.

⑤ Школа и жизнь. 1911. № 20. C. 8.

⑥ Звягинцев Е. А. Указ. соч. C. 35, 41 – 42, 61, 77 – 78, 81, 125.

学——这些真正的学校事务的管理专家的活动及其存在本身就是罕见之事，其中包括喀山学区下辖学校的督学 И. Я. 雅科夫列夫，他也是乌菲姆斯基省 И. Н. 乌里扬诺夫事业和传统的继承者。И. Я. 雅科夫列夫是一位学校事务的天才组织者，他为俄国及楚瓦什现有的新建学校和重建学校做出了贡献，并培养了许多教师来农村学校工作。[①]

尽管权力部门和地方自治局在国民教育问题上的关系错综复杂，但政府承认地方自治局学校的积极作用。教育大臣 И. И. 托尔斯泰在一份声明中表示："尽管有政府监察的存在，但是整个低等学校是独立创建的。政府的低等学校旨在成为地方自治局学校的典范，地方自治局学校从中借鉴了它的很多优点。"[②]

另一类在农村地区也很常见的初等教育机构是教区学校和识字学校。农村教区学校在教学大纲和课程设置方面与城市教区学校没有区别。19世纪 80 年代至 90 年代初，教区学校基本上成了公立学校，因为国家为这类学校划拨了大量资金。当时，教区学校同样得到了地方自治局的支持。然而，从 19 世纪末开始，地方自治局开始背离这一政策。直到 1905 年，教区学校的数量才又有所增加。据主教公会的数据，到 1905 年 1 月，全俄共有 4.3 万多所教区学校（其中二级初等学校仅 600 所）。教区学校培养了 130 多万名学生，其中包括 7 万名二级初等学校学生。然而，定期调查结果显示，"报告"的数字与现实并不相符：有时教区学校被注册成地方自治局学校，而有时教区学校只是一纸空文。

1903 年，随着主教公会学校理事会新教学大纲被批准实施，教区学校的学制延长至三年。1905 年新闻报道称，主教公会学校理事会正在制定一项四年制教学计划。这些学校普通科目的教学与"上帝的律法、教义阅读和教会发展史等基本科目"相联系。主教公会首席检察官的报告强调指出："俄语和历史课程中阅读的文章是根据它们与教会历史事件的关联性来选编

---

① См.：Сергеев Г. С. Горизонты сельской школы：К 130 – летию Ходарской школы. Чебоксары，2000. С. 27.

② Толстой И. И. Заметки о народном образовании в России. СПб.，1907. С. 112 – 113.

收录的。"即使在习字课上，也要使用半法定文字，这让人想到了教堂用语。

　　然而，这些手段并不总是行之有效。一位国民教育家指出："东正教精神教育——这是写在教会学校旗帜上的教学内容……但教会学校在这方面不如世俗学校尽善尽美。无论是宗教信仰还是道德修养，都不能通过为此目的而推荐的手段来提高。校外日常生活没有受到任何影响：亲吻福音书、在黑板旁开始回答问题之前画十字手势……所有这些都是学生机械地完成的。"农民将这些学校与其他类型的初等学校进行比较，其结果往往不利于教会学校。许多农村人情愿把孩子送到地方自治局学校，即使这类学校比教会学校更远离居住地，他们也会申请开办地方自治局学校而不是教区学校。

И. А. 亚历山德连科教区学校，莫斯科近郊克利亚济马村，
1901~1911 年，建筑师 E. И. 泽连斯基

识字学校是农村的典型教育机构。这类学校在 19 世纪末得到大力推广是由于农民对识字的需求日益增长，而附近没有像样的学校。50 多万名儿童就读于 18000 多所识字学校。① 在俄国，当学校距离村庄 7～10 俄里时，村民会聘请一位教会的执事或当地的读书人来教孩子学习。他们的课程学习持续两到三年。19 世纪 90 年代前，识字学校一直由地方自治局管理，地方自治局努力为识字学校提供合格的教师和教具。地方自治局对这类相当普遍的学校的影响力引起了政府的不安，因此，1891 年，识字学校转归主教公会管辖。

教师的劳动报酬有时会以免费提供食宿的实物形式发放，但也有酬金。例如，19 世纪 90 年代末的莫斯科省，这类识字学校的学费价格有很大差异：每名学生每年 2 卢布到每月 35 戈比不等。②

随着时间的推移，许多职业教师也来到识字学校任教。对于其中的某些人来说，这些学校的工作只是一份兼职。虽然很少，但毕竟能够遇见拥有中等教育资历的教师。1904 年，承担识字学校的普通科目教学工作的全部教师中只有 3% 受过中等教育。在识字学校里工作的大多数是有教学经验的教师，其中没有教师资格证书的教师占 58%，拥有识字学校教师证书的教师占 4%。这 4% 的教师一般是学制五年的二级制教区学校里培养出来的，教区学校教授的科目有宗教史、俄国通史、俄国史、俄语和教会斯拉夫语、算术、几何绘图、绘画、自然地理（1903 年开设）、教堂诵读诗、农艺和手工艺。

1913，全俄共计 419 所教区学校，据主教公会统计，在这些教育机构学习的人数超过 2.3 万，但只有 4500 名毕业生获得了识字学校教师资格证书。1913 年，为识字学校专门培养的教师数量已达 1.2 万人（1903 年只有 4000人），没有教师资格证书的从业教师人数降至 2200 人（之前有 1 万人）。因此，可以说在教区学校这一类的教育机构中合格的毕业生略有增加（即使

---

① Всеподданнейший отчет обер-прокурора Св. Синода за 1903/04 г. СПб., 1905. С. 244, 246.

② См.: Боголепов И. П. Грамотность среди детей школьного возраста в Московском и Можайском уездах Московской губернии. М., 1894. С. 44–45.

主教公会统计数据有些夸大其词）。

　　识字学校通常没有专用的校舍，而且教学设备、教材和辅导手册等的供应情况远不如教区学校。鉴于此，一些县地方自治局请求将识字学校划归学校理事会管理，或者通过省地方自治局为识字学校划拨资金。然而，这些请求都被拒绝了。主教公会并不希望将 1891 年摆脱了地方自治局影响和控制的识字学校再度归还给地方自治局。1911 年，地方自治局向主教公会提出，请求主教公会将地方自治局有能力提供合适的校舍、合格的教师、设备和教材的尽可能多的学校保留在其管辖范围内。第一届全俄地方自治局代表大会试图发起请愿，要求关闭地方自治局管辖下的中等学校所在地的教区学校。但所有这些请愿书都被国民教育部拒绝了，因为统治集团和主教公会都不想减少教会对国民教育的影响。[①]

　　1913 年，主教公会下达命令，要求尽可能地将识字学校改造成一级教区学校。据个别省份报道，这些地区的识字学校数量有所减少。在特维尔省，仅 1912～1913 学年，识字学校的数量就减少 3/4，从 245 所减少到 59 所，大部分识字学校都已转为教区学校；在雅罗斯拉夫尔省，1915 年仅剩下 6 所识字学校，而 20 世纪初期识字学校有 200 多所，占该省学校总数的 20%。[②] 主教公会认为，识字学校不断减少，是由农作物连年歉收造成的，农民的经济状况恶化使他们无力支付子女学费。但是，教育类新闻报道可以证明的是，识字学校设置的最低程度课程不再能满足国民的文化需求，因而这类学校注定要被淘汰。[③]

　　由于铁路大建设的蓬勃开展，俄国从 19 世纪 90 年代开始为铁路员工子女开设普通学校。这类学校通常设置在城外火车站附近的地区。响应铁路员工倡议，第一批铁路员工子弟学校出现在 19 世纪 70 年代。然而，仅凭个

---

① Положение народного образования в Саратовской губернии за время существования земских учреждений. Вып. II. Саратов, 1894. С. 356, 359; Первый Общеземский съезд по народному образованию 1911 г. Труды. Т. 6. Отд. II. М., 1912. С. 157.

② Школа и жизнь. 1914. № 8. С. 7; 1915. № 1. С. 21.

③ Всеподданнейший отчет обер - прокурора Св. Синода за 1913 г. С. 244; Книжник И. Земство и народное образование / Школа и жизнь. 1915. № 1. С. 21.

人的意愿难以维持学校的长期发展，交通部开始为学校提供各项保障措施。从教学角度看，这类学校隶属于国民教育部。1897 年，全俄共计 177 所铁路员工子弟学校，在校生约 2 万人。根据 1872 年条例，铁路员工子弟学校一般设置一级制初等学校和二级制初等学校，按照隶属于国民教育部的农村学校或教区学校类型创建，也有城市学校类型的铁路员工子弟学校。学校运营费用由国民教育部和地方自治局宗教管理部门提供。到 1904 年，这类学校的数量几乎翻了一番，达到 300 多所，学生人数超过 4.5 万，83%（约 4 万名学生）的学校隶属于国民教育部，而 17% 的学校（约 6000 名学生）归属主教公会管理。[1] 学校提供普通教育，允许毕业生进入铁路系统的技术专科学校继续学习。[2]

哥萨克军队学校是一组特殊的非城市初等学校教育机构。1891 年，《哥萨克军队村镇公共管理条例》将建立初等小学的义务委托给村社，学校对所有学龄儿童实行义务教育。初等小学学制为 5~6 年。不过，这类学校的教学大纲相当简单，包括宗教课程、阅读非宗教的和宗教的印刷品、写作、算术、唱诗、体操、男子队列训练和女子手工艺等。1915 年，这些学校中只有 1000 多所移交给了国民教育部管理。[3]

上述所有学校在教学设备配置水平和教学楼的卫生条件方面存在很大的差异。相关评价指标在很大程度上取决于资金的来源渠道：通常，地方自治局学校的基础设施和教学设备比教区学校和识字学校配备得更好。配置更衣室的学校非常少见：多达 70% 的地方自治局学校并没有安装学生更衣室。这也是教室发霉的主要原因。[4]

---

[1] О начальных и низших железнодорожных школах // ЖМНП. 1907. № 4. С. 114, 120, 126.

[2] Краткий исторический очерк учебных заведений Ведомства путей сообщения. СПб., 1900. С. 53；Первый Общеземский съезд по народному образованию... С. 4.

[3] Очерки истории школы и педагогической мысли в России в конце XIX – начале XX в. М., 1991. С. 105.

[4] См.: Лебедев В. К вопросу о положении начальной школы в Московской губернии // Вестн. воспитания. 1903. № 5. С. 101 – 102.

基亚佩谢利加地方自治局学校，奥洛涅茨省，
C. M. 普罗库金－戈尔斯基摄于 1915 年

从 20 世纪初开始，许多学校都拥有了自己的教学楼，这是由于学校建设的大规模开展，省地方自治局的拨款计划开始向这方面倾斜。1908 年《普及教育法案》通过后，国家拨款有所增加，并设立了学校建设基金。1908～1910 年，财政部对学校的拨款从每年 140 万卢布增加到 1000 万卢布。① 但即使新落成的建筑也并不总是符合现代卫生保健的要求。资金拨付经常中断，金额远远不够，而且经费支出没有受到有效的监督。特别是在图拉省，人们注意到，"拨款 2000 卢布，按照现在的市价建造一所学校，经费的缺口还很大，因此为节省建筑成本，只能削减公共卫生设施的建设费用"②。楼房验收仅限于粗略地查看一下外部建筑情况。结果，新落成的

① См. ：Веселовский Б. Б. Указ. соч. С. 5，96.
② Положение начального народного образования в Тульской губернии. . . С. 7.

学校教室空间狭窄、光线昏暗，不仅缺乏娱乐设施，而且还缺少温暖的卫生间和更衣室。①

　　农民对学校建设的态度令人感到好奇。有时，出于自身利益的考虑，村社更愿意将一些建筑物租给学校，认为"可以从租金中获利"；农民对于在租借的场所创办的学校充满信心，"那里的一切都十分吸引人，一目了然"②。在建造新校舍时，购买的建材经常被周围的农民偷光，最后学校工程只能使用劣质木材。1910年对初等小学校舍质量的检查发现，其中一半以上学生的使用面积低于标准水平，72%的学校照明设备质量不符合标准，94%的学校建有不保温的卫生间和相同数量的烟炉。大约80%的校舍根本不在卫生监督的范围内。③

　　这样的学校自然不利于学生身心健康发展。农村学校很少能提供给学生医疗保健服务。在城市里有70%的学生定期接受身体检查，在农村只有不到20%的学生接受了身体检查。④地方自治局的医生还注意到了农村的儿童体弱多病的情况。营养不良也影响了年青一代的健康成长。学生们的早餐都是从家里带来的食品："黑面包、牛奶、黄瓜，家里比较富有的学生（大约五六个人）会带一点肉或一条鲱鱼。"但主要的早餐是面包和水，"学生们在不断生长的身体和智力发育的双重压力下，还要忍饥挨饿"⑤。

　　一场真正的争取在学校吃上一顿"热饭菜"的运动开始了，特别是在斋戒期的时候。通常，教师们自己也会用地方自治局发放的津贴（每30个学生一学年25卢布！）组织学生一起准备热饭，煮稀粥。正如教师想的那样，果然在吃了一顿简单的、热乎乎的早餐后，孩子们一天都面色红润、

① Школа и жизнь. 1911. № 43，48；1912. № 14，53；см.：также：Саломатин П. Г. Указ. соч. С. 47 – 48.

② Саломатин П. Г. Указ. соч. С. 61，83.

③ Отчет Министерства народного просвещения за 1910 г. СПб.，1912. С. 64 – 65；Акимов В. Указ. соч. С. 39.

④ См.：Акимов В. Указ. соч.

⑤ Константинов С. В. Указ. соч. С. 66；Лебедев В. Указ. соч. С. 107；Акимов В. Указ. соч. С. 43.

精力充沛、头脑清晰。官方拨款数额渐渐地增加，这样就可以购买更多的食品，甚至雇用厨房帮手。①

热食变得尤为重要，因为即使在富裕的农民家庭里，也很难做到让孩子们随时随地吃上热乎乎的饭菜。例如，A. A. 奥斯特罗乌莫夫这位内科医生诊所的病人档案里记载着许多重要信息：一个病人出生于富裕的农民家庭，童年时期饮食不规律，在市政府工作之前几乎没有吃过热食；还有一个病人来自贫苦家庭，"靠吃五谷杂粮"长大。②

学校的伙食营养状况取决于当地许多复杂的条件，但主要取决于资金投入的力度。例如，在莫斯科省，只有 36% 的学校为学生提供营养食物，只有两个县的学校在整个学年都实行早餐制，而其他地区的学校只在斋戒期间提供早餐。不提供早餐是学校管理部门对当地学校情况漠不关心的表现。尽管地方自治局增加了教育经费的拨款，教师们也注意到热食和营养品会对学生成绩产生有利影响，但在科斯特罗马省，140 所学校里只有 44 所学校提供热餐。此外，也存在上级部门拨付资金不足的情况：媒体指出，1915 年，许多省份的学校里，早餐是由合伙人合资购买的食品制作成的，这不能有效地保障学生持续获得营养。③

因此，初等小学办学面临许多问题，这些问题的解决不仅取决于当地的文化认知水平，而且还取决于下一代的身体状况。

农民对识字和教育的需求日益增长的有力证据是农村地区进阶型学校——高等小学、国民教育部所属的二级制初等小学、教区学校以及地方自治局学制五年的二级制初等小学数量的增加。在一些主要的村庄、工厂附近出现了城市学校（根据 1872 年条例）。进阶型学校有时会以补习班形式接收初等小学低年级毕业生。但是二者的教学大纲的内容是重复的，所

---

① Дневник народного учителя // Русская школа. 1909. № 11. С. 74，80. Константинов С. В. Указ. соч. // Русская школа. 1913. № 3. С. 66.

② Архив клиники проф. А. А. Остроумова. 1892 – 1904. Вып. 2. М. ，1904. С. 120 – 123.

③ Статистический обзор народного образования в Московской губернии за 1910/11 г. С. 61 – 62；Школа и жизнь. 1914. № 48. С. 6；1915. № 5. С. 4.

以这类学校在民众中并不受欢迎，农民想要获得更多的知识，而不是重复学习他们已经学过的知识。因此，并非所有地区的进阶型学校都实现了迅速扩张。例如，早在 1901 年，雅罗斯拉夫尔省地方自治局就曾试图发起创办一所六年制学校的倡议，但县地方自治局并不支持这一倡议，他们只开设了几所二级制初等小学，于是这个问题被搁置了下来。通识类学校和商校也不受欢迎。1915 年，全省以学制三年的一级制初等小学居多，二级制初等小学仅 54 所，占比 5%，在校生占 2%。①

　　中等教育机构主要集中在经济发达地区、城乡接合地区和城市类型的村镇，而在偏远的农村很难见到。这类教育机构出现在城市外围的原因之一是，随着城区版图的扩张和城乡人口流动性的增强，农村居民不断地涌向城郊定居。俄国史学界关于第一届全俄地方自治局代表大会的研究著述指出："中学没有在普通的乡镇开办，更不用说偏远的乡村地区了。中学一般以非常特殊的形式建成，要么是工厂附属的形式，要么设在首都近郊的避暑别墅区，要么紧邻各火车站。"② 1910 年莫斯科省中学学校建设方面的统计一览表，反映了莫斯科省中等教育机构的数量相对于 19 世纪 80 年代中期增加了 5 倍这一事实。这里需要强调指出的是："农村中学一般设在郊区、工厂村，主要服务于工业人口，很少面向农民的后代。"③

　　1910 年，在接受调查的俄国欧洲部分 23 个省中，15 个省的农村地区共注册了 45 家中学。这些学校主要由个人或社会组织资助创办。乌拉尔地区的彼尔姆省、维亚特卡省、乌法省是例外，那里的农民为创办中学筹措资金，其中 70% ~90% 的学生是农民的子女。④

　　社会众筹资金创办农村中学是 1905~1907 年革命时期出现的一种特殊现象。最早（1906）的农村古典中学是萨马拉省波克罗夫斯科耶居民点学

---

①　Школа и жизнь. 1915. № 3. C. 12.

②　Первый Общеземский съезд по народному образованию... С. 20.

③　Статистический обзор народного образования в Московской губернии... С. 2.

④　Статистический обзор народного образования в Московской губернии... С. 3.

下诺夫哥罗德省阿尔达托夫斯基县库列巴克采矿厂附属学校，
M. Π. 德米特里耶夫摄

莫斯科郊区马拉霍夫卡别墅区乡村古典中学，学校应社会人士和公共机构
倡议开办，俄国最早开展联合办学的教育机构之一，摄于 20 世纪初

校，以及圣彼得堡近郊波多别多夫卡镇学校。这类学校由学生父母、社会各界人士、工业家、商人和知识分子以及公司和团体创办，目的是促进中等教育发展，改善地方教育状况。加入这类学校学习的不仅有工业区居民的孩子，还有周围村民的孩子。这类学校的办学氛围比政府识字学校要民主得多。然而，这种比较民主的学校并不多见，同反动势力做斗争的时期，这类学校大多数都关闭了。①

说到农村学校，人们认为，不应该错过任何在农村开办古典中学的机会，哪怕是仅有的一所学校。1906年，《教育编年史》报道了农民的内心不满情绪和投诉，写道："由于执政当局的过错，我们的孩子不能去地方自治局学校上学，只能被送到县立中学，特别是古典中学，那里的学杂费非常昂贵，这就是乡村需要创办这类学校的原因。"普斯科夫省戈多夫斯基县一位农民决定自己开办一所真正的中学，为此，他想尽办法筹集资金。来自同一地区的另一位农民 В. Д. 阿法纳西耶夫捐赠了100俄亩土地给地方自治局，用于建设不低于二级制的中等学校，村民大会最终决定创办一所学制六年的中等学校。② 1913年的《教育学报》报道，1910年初，梁赞省斯帕斯－克列皮基、别洛穆特等村庄开设了古典中学，它们由国民教育部创办的学校改建而成，并得到村民资金上的大力支持；科斯特罗马省舒利金斯基乡的农民为当地古典中学的创办积极地捐款捐物。③

1907年和1915年，国民教育部的教育机构名录为我们描绘了令人感兴趣的不同类型学校在农村地区分布情况和扩张图景（见表11－1）。④

---

① См. : Михайлова М. В. Общественная и частная инициатива в создании новой средней школы // Сов. педагогика. 1966. № 3. С. 136 – 137.

② Крестьяне и народное образование // Русская школа. 1906. № 4. С. 81 – 83.

③ Цит. по: Очерки истории школы и педагогической мысли. С. 72.

④ Список учебных заведений ведомства Министерства народного просвещения по городам и селениям（кроме низших）к 1 января 1908 г. СПб. , 1908；То же к 1 января 1915 г. Пг. , 1915（выборка и подсчеты мои. – Е. С. ）.

表 11−1　1907 年和 1915 年俄国农村普通教育（低等教育除外）和专业教育机构的数量

单位：个，%

	农村教育机构数量		普通教育				专业教育				
			初等教育（低等教育除外）		中等教育		总数		低等教育		中等教育
	绝对值	占比	绝对值	占比	绝对值	占比	绝对值	占比	绝对值	占比	绝对值
俄国欧洲部分的大俄罗斯省											
1907	72	—	22	30	11	15	39	54	33	84.6	6
1915	284	—	168	59	61	21.4	55	19	45	81.8	10
			高等小学								
顿河和库班河沿岸的哥萨克集镇											
1907	38	—	17	44.7	18	47.3	3	7.9	2	66.7	1
1915	89	—	55	61	27	30	7	7.8	4	57	3
			高等小学								
工厂区（维亚特卡省、奥洛涅茨省、奥伦堡省、彼尔姆省、乌法省）											
1907	23	—	7	30.4	9	39.1	7	30.4	5	71	2
1915	42	—	25	59.5	8	19	9	21	7	77.7	2
			高等小学								
三个地区合计（共 36 个省）											
1907	133	9	46	34.5	38	28.6	49	36.8	40	81.6	9
1915	415	17.2	248	59.7	96	23.1	71	17	56	81.6	15
			高等小学								

从表 11−1 显示的 36 省数据可以看出，高等小学和中学的总数量并不是很多。然而，农村学校数量在 1907～1915 年增加了两倍多，这是地方自治局领导人和教师付出巨大努力的结果，不过政府在乡村文化教育领域的努力同样不容忽视。初等学校数量增长的主要原因是根据 1912 年条例规定

而建立的高等小学的大力普及。普通教育的中等教育机构中占比最大的是哥萨克集镇中学。显然，对所有哥萨克集镇儿童实行初等教育的要求增强了他们对继续接受中等教育的渴望。职业教育大多数是低等教育，但低等学校学生总数也不多，1907 年为 40 人，1915 年为 56 人，这充分证明农村初等教育机构在不断地发展壮大。

农村学校写作课、语文课、教会斯拉夫文阅读课和算术课联合教学使用的初级识字课本（莫斯科，1914）；流行初级识字课本插页

教育机构，即便是初等教育机构，其数量的增加也表明了人们对教育的态度正在悄然发生改变，其中不乏功利性因素。特别是辛比尔斯克省，尤为值得一提的是，做生意的农民更愿意送孩子上学接受教育：识字的孩子会早早成熟起来，能够帮家里管事、记账和盘算生意。在这种情况下，农民非常关心自己孩子的学习情况，对学校经营管理和教师工作格外感兴趣。与 19 世纪 80 年代富裕农民对学校抱有浓厚的兴趣相比，在新世纪到来之际，"农民关于识字必要性的意识已明显增强"。用一位教师的话说："农民将孩子打扮得漂漂亮亮，自愿送他们上学，没有像以前那样，总是受到村长专门发出的命令的驱使。如果家里有大一点的孩子去上学了，那么可以肯定的是，年龄稍小的孩子也会跟着去上学。"①

　　对教育的功利态度使得人们对男孩和女孩受教育这一问题持有不同观点："男孩更需要去上学，需要识字——这样在服兵役时就会轻松点。""男孩必须接受教育，他们需要识字，懂文化，兴许以后能当村长呢。""男孩必须上学。以后远走高飞，所学的一切都将派上用场。""女孩子为什么需要识字？早晚要出嫁，反正会收割、打谷这些农活就足够了。""女孩去上学没什么用处，也不会嫁给地主老爷，反正都是要去农田干活的。"② 这种对教育的态度也是大量儿童没有学完全部课程就中途辍学的原因。例如，一则来自莫斯科省的报道称，在戈利亚诺夫村，所有儿童早早地就开始入校学习，但家长"不允许孩子们完成学业"，认为"他们已经学会阅读、书写、计算等许多课程，这就足够了"③。

　　许多家长对学校的要求感到十分困惑，尤其是对所有学生新学年要统一开学这项要求。毕竟，他们是在识字学校上课学习，那里的教学充满了个性化色彩，班级里同学的独立学习能力很强。其中一位教师回忆说，他花费了很多工夫才让学生父母懂得遵守学校纪律的道理。④ 农民并不是总能理解学校真正的教学目的。如果学生能在一两年内学会阅读、书写和计算，为什么需要上三四年的课程呢？"农民的实用主义、功利主义思想是无法接受现代化学校教给学生的知识的。他们仅需要适用于农业生产实践的专业性知识。"⑤

　　对教育的态度经常受物质利益的影响，这会使人们认为识字人数的增加不是什么好事，"识字者享有的特权将会减少，因此，创办太多的学校也

---

① Акимов В. Деятельность Симбирского земства по народному образованию（1866 – 1900）// ЖМНП. 1908. Ноябрь. С. 17.

② См. : Боголепов И. П. Указ. соч. С. 63 – 64.

③ См. : Боголепов И. П. Указ. соч. С. 72.

④ См. : А – в. И. Из жизни русского учителя. // Русская школа. 1911. № 10. С. 69.

⑤ Саломатин П. Г. Указ. соч. С. 79.

没有什么大用处"。他们认为阅读的好处主要在于培养农民"读懂上帝话语"的能力，丝毫没有表达出读书关乎学习和掌握农耕新技术以及将文化知识用于提高农业生产力的美好愿望。① 另外，许多农民认为："学校的主要任务是教会孩子计算和写字，让他们懂得做礼拜和祈祷的仪式，否则孩子连在额头上画十字都不会。"②

20 世纪初，农民在村民大会上纷纷发表意见，表达了他们对于"政府对农民接受教育的问题设置了许多约束和限制"的强烈不满："我们的孩子没有机会接受高等教育，读不到优秀的图书。村里学校只教授简单的识字和计算，而法律阻碍了我们思想觉悟的真正觉醒。"③

不同地区的经济发展水平及农民的物质条件对儿童入学率有很大的影响。各省的相关调查结果显示，从事副业和手工业的农民识字率普遍较高。例如，在雅罗斯拉夫尔省，即使是小饭馆服务员的识字率也能达到 90%。农民家庭的经济状况也起到了重要作用。1902 年政府在该省识字率的统计说明中指出："1/3 以上的穷苦人家里没有一个家庭成员识字，也没有一个孩子去上学。"而在富裕的农民家庭中，"没有文化的、愚昧无知的家庭仅占 1%。在贫困人口中，在校男学生占 41%，而在富人中，在校男学生占 65% ~68%"④。

贫困往往是造成儿童在完成全部学业之前就中途辍学的原因。因此，在 1861 年改革前就已存在手工业生产的阿尔汉格尔斯克省，虽然农民认识到了识字的好处，但是每 70 名学生中，每年完成全部课程毕业的人数仍然不会超过 6 人。⑤ 莫斯科省的相关调查表明，贫困同样是这里孩子不上学的主要原

① Саломатин П. Г. Указ. соч. С. 76 – 78.

② Константинов С. В. Указ. соч. С. 82.

③ Цит. по: Чарнолусский В. И. Итоги общественной мысли в области образования. СПб. , 1906. С. 6（来自特维尔省诺沃托日斯基县村民大会的声明，它的特色在于它是工业发达的省份之一）。

④ Статистическое описание Ярославской губернии. Т. 1. Вып. Ⅱ. Ярославль. 1902. С. 110 – 113, 117.

⑤ См. : Конанов А. Е. Указ. соч. С. 69.

因；学校距离村庄偏远，这种情况只能算是次要原因。① 还有一个相当重要的原因是孩子上学需要各种"装备"，而这笔支出并不低。村子里设有学校时，孩子们有时在冬天身着单薄的衣服、穿着麻鞋就近跑去上学。② 但对于住在其他村庄的学生来说，他们需要毡靴和保暖的衣服，而这些在当时看来就是一种奢侈品：在冬天，因为缺衣少穿，孩子们很少出家门；如果他们去上学，那就意味着"需要穿干净保暖的衣服和鞋子，需要携带更好的食物，否则你的内心会有一种羞耻感，而所有这些需要花费 10～11 卢布"③。

　　一位地方自治局学校的教师回忆说，他曾经给偏远村庄的一个农民一笔钱，让他给自己儿子修靴子，后来，村里又有几个孩子报名上学了。显然，教师对这些日常生活琐事的关心增强了同村村民对他的信任，同时，村民通过信任教师也增强了对学校的信心。④

　　同时，学校的入学率可以反映出村民对教师的不信任态度。尤其是教师拒绝与当地店铺老板、磨坊主、客栈老板这些所谓的"知识分子"一起喝酒这一事实引起了他们不友好的态度。⑤ 教师必须付出很大的努力，不仅要在教学方面发挥自己的才能，而且还要在医学、农艺学、法学等方面竭尽全力帮助学生和家长，力争成为农民真正需要的、值得他们信赖的人。1908 年，一位乡村教师在日记中写道："来了两名牙齿不好的学生和一名眼睛有问题的学生。每个人都想得到尽可能多的医疗救助，去看医生是不可能的，有时候借助医疗手册，我处理了一些最简单的病例。从医学专家的角度看，这可能是不合格的，但总比往伤口上撒盐好。""老师的家是一个你可以获得任何东西的地方——药品、建议和书籍。家长和孩子们经常来到老师家里，他们是这里的常客……"⑥ 另一位教师回忆说，他既当医生，

————————

① 　См.：Боголепов И. П. Указ. соч. С. 82，102.

② 　Архив клиники проф. А. А. Остроумова… С. 123.

③ 　Боголепов И. П. Указ. соч. С. 69 – 70.

④ 　См.：Константинов С. В. Указ. соч. С. 72.

⑤ 　См.：Саломатин П. Г. Указ. соч. С. 49.

⑥ 　Перекати – Поле. Дневник народного учителя // Русская школа. 1909. № 9. С. 58，64，69.

又当律师。"在许多情况下，这样做的好处是毋庸置疑的：教师的存在使一些人免遭不幸。但这不是同村农民最珍惜的一点，全村人感到幸运的是，他们能有机会和老师倾诉悲伤，述说他们的烦恼和不幸。"①

地方自治局学校的教师和他的学生，奥洛涅茨省，摄于 1898 年

地方自治局学校比教区学校更能够获得公众的信任。奥斯特罗莫夫斯基诊所的一名患者证实，在地方自治局学校接受教育后，他对阅读产生了浓厚兴趣。在工厂繁重的工作之余，尽管身心疲惫，但他还是抽出两到三个小时读书，假期和夏季的空闲时间，他也全部花费在读书上。② 但也有人对地方自治局学校感到不满，主要是因为它的教学课程设置很受限制。20世纪第一个十年，莫斯科地区的一位记者说："农民认为教育的持续时间长对他们的孩子有很大的好处。"地方自治局学校的一位校友写道："自从离开学校后，我既不了解历史，也缺乏地理概念，更忘记了植物学、动物学、几何学等学科知识。"相反，一些记者注意到，得益于教师为克服国民教育

---

① А – в. И. Указ. соч. С. 68 – 70.

② Архив клиники проф. А. А. Остроумова. . . С. 120.

部的各种刁难所做出的努力，地方自治局学校相比教区学校的优势主要在于其开设的课程内容更加广泛。1910 年在莫斯科省进行的一项民意调查显示，83% 的受访农民赞成扩充学校课程大纲内容。[1]

农村文化教育问题与学校教育密不可分。总的来说，经济发展、物质福利和文化教育三者之间密切相关。大多数农民挣扎在贫困的边缘，生活的重压迫使他们减少了让子女接受教育的机会。生活的艰辛必然使他们精神世界和文化生活极度贫乏，而精神贫乏又反过来加剧了物质匮乏。正如前文所说，农民经常以不能为孩子提供上学"装备"为由拒绝送孩子上学，但他们有时会不惜花钱到酒馆里消费，因为在他们看来，"没有伏特加"的节日不算是真正的节日。

文化精神需求低下必然导致人的精神世界饥渴，这些人意识到，度过休闲时光只能与小酒馆饮酒消遣这样的事情联系在一起。这在一定程度上可以归咎于审查制度的执行。严格"筛选"公共图书馆的文献资料导致许多地方都报告说，公众对图书馆图书稀缺、渴望而又无法获得一本好书的情况极为不满。图书馆馆藏的 70% ~80% 主要由低级趣味小说、精神道德读物以及官方特别推荐的倾向性文学作品来填充。[2] 由于农村图书馆数量很少，这种情况变得更加严重。例如，1914 年，下诺夫哥罗德省一家图书馆为 170 多平方俄里内的 70 个村庄服务；彼尔姆省一家图书馆的服务范围为 386 平方俄里。

在第一次世界大战期间，由于实行酒馆关闭和葡萄酒贸易限制令，农民的闲暇时间得到了充分的释放，因而图书饥荒变得愈加严重。在对发出的 2000 多份问卷的答复中，有人抱怨自己无法填满由此产生的空闲时间："不单单是农村知识分子，就连一个普通农民都已经强烈地感受到图书馆、阅览室和图书资源的严重短缺。"农民经常要求被允许聚集在学校集体阅读

---

① Статистический обзор народного образования в Московской губернии за 1910/11 г. С. 81 – 85.

② См. : Чарнолусский В. И. Указ. соч. С. 5；Библиотечное дело // Школа и жизнь. 1914. № 6. С. 10；Тихий А. Что читает наша деревня // Там же. № 13. С. 7；Акимов В. Деятельность Симбирского земства С. 31.

书籍，但当局却以禁止使用校舍来阻止其达成这一目的。①

　　在第一次世界大战期间，农民对识字的需求明显增强。其中一个原因是，他们想亲自了解前方战事的消息，给战士写信，读前线战士的来信。士兵们在寄回家乡的信中，始终坚持不懈地教导妻子："要严格要求孩子们读书识字，延长他们在校受教育的时间，所以不能不让孩子去上学。"在了解到欧洲的社会文化和现实生活水平后，他们中的许多人都意识到了教育的重要性和迫切性。一位从战场归来的士兵分享了他内心的感受："他们的唱诗班——德国人的唱诗班，一副老爷做派。主人家里干净整洁，讲究卫生。这一切从何而来？因为受过良好教育，有智慧的头脑！并且他们的马厩、牛棚同样整洁卫生，这是我们农舍里从未有过的清洁环境。他们用自动机器做家务。这一切来自什么？——来自教育和文化知识。"②

　　在这段时间里，人们担心战时状态带来的压力会使学校空无一人，战争的苦难将摧毁学校教育，可事实却恰恰相反，教室里反倒坐满了学生。一位乡村教师指出："能够养家糊口的人越来越少，可即便如此，我的学生人数非但没有减少，反而越来越多，学业结束前辍学人数接近以前的最低水平。即使是女学生也都能坚持把四年级的课程学下来。"③ "以前孩子想去上学，却没有衣服、毡靴穿，但是，现在孩子们穿得非常好，裹得严严实实的，用的完全是自己的而不是别人家的东西。其中的原因是，酒馆的关闭有助于父母将省下来的钱用在孩子身上，更多地关注他们的成长。即使是那些以前受到农民敌视的学校，现在教室里也挤满了学生。"④

校外教育

　　城市中出现的校外教育形式也逐渐蔓延到农村。在这方面，地方自治

① Школа и жизнь. 1915. № 16. С. 6 – 8.
② Зеков Ф. Война и дети сельской школы // Русская школа. 1916. № 10. С. 74.
③ Зеков Ф. Война и дети сельской школы // Русская школа. 1916. № 10. С. 73.
④ Емельяненко В. Из писем учителей Тамбовской губернии // Школа и жизнь. 1914. № 48. С. 10.

局早已采取了主动出击的策略。各省地方自治局在这项教育工作上花了不少经费。例如，特维尔省地方自治局拨出 50% 的教育资金用于发展校外教育，萨拉托夫省为 82%，库尔斯克省为 24%。但是，地方自治局在这一领域的推进活动缺乏一定的系统性。①

农村星期日学校主要的存在形式是复读班和成人培训班。第一个星期日学校的成立时间可以追溯到 20 世纪最初的 15 年。农民逐渐产生一种渴望，即不仅要获得基本识字能力和文化知识，而且还要"接受普及教育以获得全面发展"，力争成为"广泛意义上的人"②。结果，随着时间的推移，复读班不再受欢迎，因为它们很少提供新的知识。农民虽然面临为生计而四处奔波的复杂的生活环境，但是在星期日学校，他们并没有局限于第一年获得的初级识字教育，而是在接下来的第二年和第三年继续跟进学习。

据媒体报道："学校设法将有各种需求的人聚集在一起。农民们在乡村附近的一家工厂工作，晚 7 点他们才能开始上课，通常持续到晚 11 点。没有一个地方像基涅什马县的这些学生那样渴望获得知识。"一位名叫科诺索娃的教师写道："成人学生（多达 170 人）分两班上课，因为他们在工厂的工作也是两班倒。他们最感兴趣的学科是自然科学。学习热潮无形中提高了对书籍的需求量。"③

一些省份开始进行举办流动式星期日学校的实践，一名教师在冬天同时为几个村庄的学生上课。有时，每天上晚课的成人夜校会转变成独立的普通教育机构。但这种课外教育被国民教育部认定为非法教育。④

著名的以斯摩棱斯克班（靠近斯摩棱斯克村）命名的施吕瑟尔堡学校

① См.: Дедов Г. Указ. соч. С. 5; см.: также: Галкин П. В. Земство и народное образование // Земское самоуправление в России: 1864 – 1918 гг. Т. 2. М. 2005. С. 154.
② Доклады Московской земской управы очередной сессии 1916 г. М., 1916. № 2. С. 109 – 113.
③ Школа и жизнь. 1914. № 17. С. 4; Ланков А. Воскресная школа: Из воспоминаний о недавнем прошлом // Русский начальный учитель. 1909. № 10. С. 298.
④ См.: Серополко С. Д. Внешкольное образование и народный учитель // Школа, земства, учитель. М., 1911. С. 38 – 39.

是乡村星期日学校长期办学活动的典范。这所学校始建于 1893 年。它的学生均是来自周边地区的农民和工人。多年来，人们对这所学校的兴趣与日俱增。圣彼得堡大学的教授和学生、城市学校的教师都曾在这里任教，H. K. 克鲁普斯卡娅在这所学校工作了很多年。学校组织了大众读书会，听众不仅有学生，还有附近的村民。讲座的主题往往超出学校课程的范围，例如，在革命年代，关于社会和政治问题的讲座引起了人们浓厚的兴趣。1893～1906 年，从斯摩棱斯克班毕业的学生已经超过 5000 人。这些毕业生返回家乡后成为教育的倡导者和向导。①

　　1910 年，在 24 个省大约有 300 所乡村成人学校，这些学校都是在地方自治局的组织和支持下开办的。然而，所有这些教育机构的规模都很小，生命力十分脆弱。② 造成这种局面的原因，除了缺乏办学资金，还有来自地方政府的反对和施压、乡村生活条件的特殊性，以及乡村教师对成人教育工作准备上的不足。例如，一所成人学校的教师 A. 诺维科夫指出："有些地方，在乡村建立星期日学校的尝试很少获得成功，其原因之一是城里人和村民的生活存在太大的差距……乡村教师教授成年人时态度不雅……因此，经过 2～3 个节假日后，在校学生人数急剧下降。"在星期日学校工作是没有酬劳的，这成为教师的一项负担，因为学校的工作几乎剥夺了教师的休息时间。一两年后，他们就会被迫放弃乡村教师的工作。警察也会经常骚扰和压制学校的教学工作。例如，下诺夫哥罗德省下辖的七个县，由于上述原因，星期日学校已完全停止办学。③

　　村里最受欢迎的是大众读书会，举办地点一般设在学校、酒馆、乡政府以及其他公共场所。大众读书会成为联系村社居民与学校的一条独特的

---

① См.：Герзей （Шмигальская） Е. Ц. Лучшие годы моей работы // Школа для взрослых. 1939. № 9. С. 51－52.

② См.：Медынский Е. Н. Внешкольное образование, его значение, организация и техника. 5－е изд. М.，1919. С. 213.

③ См.：Чехов Н. В. Указ. соч. С. 136－141；Новиков А. Указ. соч. С. 188－189；Ланков А. Указ. соч. С. 300，303；Школа и жизнь. 1914. № 17. С. 4.

乡村星期日读书会，出自 H. 波格丹诺夫－别利斯基的画作

纽带，使农民看到了开办学校的好处和必要性。①

C. B. 康斯坦丁诺夫老师回忆说，他参加了在小酒馆举办的最早期的大众读书会："我们读过柯罗连科、加尔申、托尔斯泰的作品。讨论非常热烈。从蜂拥而至的顾客身上赚取了丰厚利润的酒馆老板，甚至还为大家提供了免费茶点。读书后的闲谈使我们与农民的关系变得十分密切，心连着心，这一点非常重要。因为在农民看来，老师就是白痴和寄生虫。现在我们可以共同讨论一些以前一直被谨慎对待的学校需求这样的话题。"②

20 世纪初，对大众读书会的监督权转由中等学校理事会负责，这个转变有助于扩大文学作品阅读的许可范围。因此，城市大学生经常应邀前来辅助乡村教师安排大众读书会的相关事宜。但是，允许阅读和展示的书籍目录依然非常有限，其主题一般不会超出学校设置的课程范围。然而，随着社会生

① См. : Чехов Н. В. Указ. соч. С. 130; Ястребов А. Е. Народные чтение в губернских городах Центра России в конце XIX－начале XX в. （по мат－лам Орла, Курска, Воронежа）// Общественная и культурная жизнь Центра России в XVIII－начале XX в. : Сб. науч. тр. Воронеж, 1999. С. 45, 48.

② Константинов С. В. Указ. соч. С. 62－63.

活的日益复杂化，这类读物的受众对政治和社会问题的关注度逐渐提升。最初，参加大众读书会的农民对阅读持积极态度，兴趣浓厚，但在 20 世纪初这种兴趣却迅速消退，大众读书会变成了乡村青年交流的俱乐部。[1]

20 世纪的第二个十年，当最富裕的地区开始利用电影丰富民众的文化生活时，人们开始重拾读书的乐趣。读书这一优良传统被神职人员和禁酒协会所接受，其利用这种教育形式对民众进行精神和道德教育。[2] 此外，在农村还成立了教育协会、俱乐部、图书馆和阅读社团，人们在那里阅读感兴趣的读物。据不完全统计，1917 年，即使在经济困难的情况下，这样的协会和社团也超过了 2000 家。[3] 尽管校外教育形式不够稳定，但不同类型校外教育的存在本身就是农村居民意识正渐渐苏醒并表现出强烈求知欲望的最好证明。

乡村教师

乡村教师主要来自城市和农村不同的社会阶层：市民、农民（约 80%），以及少数神职人员、贵族和官员（15%）。[4] 19 世纪末 20 世纪初，女教师在乡村教师中的数量有所增加。女教师渐渐成为农村学校里人们最熟悉的人。例如，在莫斯科省，地方自治局学校里有 4/5 的教师为女性；在图拉省，女教师的人数是男教师的两倍；在雅罗斯拉夫尔省和弗拉基米尔省，女教师分别占全省乡村教师总数的 85% 和 72%；在乌法省，受过中等教育的女教师人数迅速增长。[5]

---

① Константинов С. В. Указ. соч. С. 73 – 74.

② Народные чтения в деревне // Школа и жизнь. 1914. № 2. С. 13 – 14.

③ См. : Медынский Е. Н. Указ. соч. С. 49.

④ Отчет Министерства. . . за 1903 г. С. 462.

⑤ Статистический обзор народного образования в Московской губернии за 1910/11 г. С. 47；Положение начального народного образования в Тульской губернии в 1910 г. С. 12；Школьная статистика за 1912/13 г. по Ярославской губернии. С. 23；Положение народного образования во Владимирской губернии. . . С. 1；Кузнецов Я. Указ. соч. С. 140.

　　农村学校的教师毕业于中等师范学校，许多人在城市中等专业学校完成学业后，还会在县城和省城组织的短期培训班接受培训，主要是为期一年的教师培训。这些培训班讲授基本的教学知识。大约 1/4 的女子中学和女子教区学校的毕业生也加入了乡村教师队伍。

　　具有师范教育背景的教师在农村学校中的人数比例约为 30%，但各省的情况有所不同。例如，莫斯科省大约为 60%，弗拉基米尔省、图拉省、奥洛涅茨省和阿尔汉格尔斯克省这一比例约为 30%，而雅罗斯拉夫尔省仅为 4%。大约 2/3 的教师接受过普通中等教育，大多数省份没有受过教育的教师人数已降至最低水平。[①] 铁路学校教师学历的数据令人好奇。65% 的男性教师接受过特殊教师培训，77% 的女性教师接受过普通中等教育。只上过初等学校的男女教师人数比例大致相当（分别是 14% 和 16%）。[②]

　　为了提高乡村教师的教育水平，地方自治局做了大量的工作：创办了教师中等师范学校；组织了教育类和通识类课程培训班，培训班学制为一到四年。另外，为期三到四周的暑期短训班特别受欢迎。库尔斯克省地方自治局（由 П. Д. 多尔戈鲁科夫公爵领导）直属的中等职业学校委员会成为开办这类暑期短训班的发起者。1896 年开设了第一期普通教育短训班。这一倡议得到许多其他地方自治局、教育组织和教师互助会的响应。他们聘请了大学教授、经验丰富的教师、教学方法论学家和教科书编写者，其中有俄国教育家 Н. Ф. 布纳科夫、А. 巴拉诺夫和 Д. И. 季霍米罗夫等。20 世纪的第二个十年，暑期短训班的教育工作经验得到了推广。在暑期短训班执教的圣彼得堡大学教授 А. К. 博罗兹金讲述了 1908 年夏天在大学开设暑假短训班的情况。这类短训班由圣彼得堡教师互助会和科洛缅斯基教育协会发起，听众约 500 人。"能够参加这类培训课程是乡村教师的梦想。他们平均每天上

---

①　Положение народного образования во Владимирской губернии... C. 7；Положение начального народного образования в Тульской губернии... C. 13；Статистический обзор народного образования в Московской губернии... C. 49；Школьная статистика. О состоянии народного образования в Олонецкой губернии... C. 43；Конанов А. Е. Указ. соч. C. 72；Школьная статистика 1912/13 гг. в Ярославской губернии. C. 24.

②　О начальных и низших железнодорожных школах. C. 126.

课 14 个小时，而且有时会因为在首都期间的生活费用拮据而忍饥挨饿。"参加短训班的最低差旅费为 100 卢布。在每月发放 25～30 卢布工资的情况下，乡村教师很难积攒下这笔钱。他们只能先借钱，然后用上大约两年的时间还清债务。短训班主办方试图通过提供免费返程交通、廉价公寓和食堂来减轻学员的经济压力。但即使在这种情况下，教师们也不得不两个人合吃一顿午餐，这样也不是每天都能吃上。许多教师因不习惯寻求帮助而隐瞒了他们内心真实的需要。然而，尽管学员的物质条件艰苦，但他们对知识的渴求依然强烈，这使乡村教师与城市教师有了很大的区别。

极不完整的资料显示，仅在 1911～1913 年，全俄成功举办了 100 多家暑期短训班，先后有 2 万多人参加培训。教育媒体指出："……暑期课程成为民间学校教师有计划、有组织的补充教育手段。它们理应引起国家的关注。"①

尽管暑期短训班课程得到了教师特别是乡村教师的积极参与，但是第一届全俄地方自治局国民教育代表大会和第一届全俄国民教育代表大会承认，由于教师资源严重缺乏，暑期短训班课程的开设只是一项临时性措施，并呼吁延长教师培训班的培训时间。

教育是一个需要不断提高和改进的领域。著名教育家、启蒙运动领袖 Г. 法尔博尔克写道："教师经常是凭借自己的一点点知识就开始着手教学工作。如果他不能坚持不懈地开阔眼界，扩大知识面，那么 10 年后，他自身的价值就会大打折扣。"② 然而，完成继续教育的可能性并不总是存在，更确切地说，更多的情况是无法实现，究其原因是教师的物质条件极差和法律地位极其低下。

乡村教师面临的处境要比他们城里的同行复杂得多。根据国民教育部督学酌情决定，乡村教师经常被调往其他学校任教。这一点导致他们的教

---

① Бороздин А. К. Среди народных учителей（из впечатлений летних учительских курсов）// Вести. знания. 1913. № 5. С. 430，433，436；Летние учительские курсы // Школа и жизнь. 1914. № 25. С. 1，3.

② Фольборк Г. Положение учителя // Школа и жизнь. 1914. № 14. С. 5.

师地位极为不稳定，鉴于乡村教师的生活在很大程度上依赖与周边居民建立起来的友好联系，举家搬迁和这种友好关系的中断并不会对他们的生活和工作产生有益的影响。长期以来，地方自治局学校教师年薪为 180 ~ 270 卢布。从 1909 年开始，在地方自治局获得国民教育部教育补贴施行全民普通教育方针之后，教师的年薪才增加到 360 卢布，工龄补贴则为 24 卢布（工龄 5 ~ 10 年）到 120 卢布（工龄 25 年及以上）。但这些平均数字在很大程度上根据地方提供的数据做出过调整和修正：20% 的县级学校教师的年薪是 240 卢布，11% 的县级学校教师的年薪甚至更低。在辛比尔斯克省的两个县，教师的年薪低于 280 卢布。工作 15 ~ 20 年教师的工龄补贴不超过 40 卢布。[①] 铁路学校教师的经济状况稍好些，他们的最低年薪为 330 卢布。[②]

　　教师的实际到手工资甚至更低，因为有些债务或义务"吃掉了"他们很大一部分工资。例如，地方当局要求教师订阅当地出版的报刊（每月 4 ~ 5 卢布）和省公报（每月 6 卢布）。[③] 部分教师生活贫困，由地方自治局负责发放工资，工资很微薄，不过还算稳定。而依靠村社供养的乡村教师情况更糟，支付给他们的工资极其不规律，而且不按月份、只按课时支付。乡村教师依靠村民"仁慈宽大的态度"生存。正如研究人员所指出的，乡村教师对于"村长发放的报酬"需要"千恩万谢"。"乡村教师领取村社支付的薪水经常中断的现象在许多省份普遍存在。"[④]

　　1896 年，莫斯科识字委员会进行了一项民意调查，揭示了教师处境相当悲惨的景象："乡村教师的物质条件如此贫困，精神需求得不到满足，没

---

① Положение народного учителя // Вестн. воспитания. 1896. № 7. Хроника. С. 287 – 288；Первый Общеземский съезд по народному образованию... Труды. Т. 6. Отд. Ⅶ. М.，1911. С. 3 – 5；Исторический очерк развития всеобщего обучения в Нижегородском уезде... С 14；Кузнецов　Я. О. Земские　школы　Уфимской　губернии... С. 146；Чарнолусский В. И. Вопросы народного образования на Общеземском съезде // Русская школа. 1911. № 11. С. 108.

② О начальных и низших железнодорожных школах. С. 116.

③ Положение народного учителя. С. 293.

④ Положение народного учителя. С. 289 – 290.

有余钱买书补充教学所需；随时处在生病的风险中；老年无保障。""对教师的物质报酬是最有失准则的，他们从事的教学工作吃力不讨好，得不到认可，每月仅拿到 20 ~ 25 卢布的薪酬。一个人生活还勉勉强强，但供养一家人却很难，无力培养教育孩子。"①

15 年后，乡村教师的经济状况几乎没有改变。1915 年，一本名为《学校与生活》的杂志刊载了一篇教师来信节选："教师挣的工资太少了，一天 1 卢布，厨师每天还能拿到 6 ~ 7 卢布。""永远不要忘记，饥饿的教师不是教师！"② "物质上的不安全感对教师造成了沉重的生活压力。"③《在大车上》是 А. П. 契诃夫的短篇小说，故事里的女主人公———一位乡村教师说："教师、贫穷的医生、工作繁重的护理人员和勤杂工，如果他们认为自己是在为民众服务，这个想法一点安慰的作用都不会起到，因为一想到面包、烧柴和疾病，我就感到头疼。"④ 从这个意义上说，乡村教师在 20 世纪初的生活境遇几乎没有改变。

教师的经济状况还包括居住环境和条件，而这些很少给人留下好印象。大约 3/4 的教师住在学校公寓，其余的人都得到了住房补助。例如，在奥洛涅茨省，几乎 1/2 的教师得到了住房补助，可是却少得可怜，平均每月 3 卢布，最低为 1.8 卢布。很明显，单凭少得可怜的住房补助，教师根本租不到一套体面的公寓。⑤

农村学校教师的住房条件甚至更差。一位教师回忆说："我们的房间只有 6 俄尺 ×5 俄尺那么大，炉子就占去了 1/3。家具是一张桌子和两把椅子。没有床，睡在地板上。教师们已经习惯睡在地上，见怪不怪。这是许多教师熟悉的景象。"⑥ 这就是 20 世纪初的地方自治局学校教工的居住条件，而

① Петров В. Указ. соч. С. 174 – 175.

② Школа и жизнь. 1915. № 48. С. 12.

③ Тихий А. Как живет народный учитель // Школа и жизнь. 1914. № 5. С. 5.

④ Чехов А. П. Полн. собр. соч. и писем: В 30 т. Соч. Т. 9. М. , 1985. С. 339.

⑤ Школьная статистика. О состоянии народного образования в Олонецкой губернии... С. 54.

⑥ Константинов С. В. Указ. соч. С. 65.

这所学校居然位于莫斯科附近的一个工商重镇！又过了十年，曾描述自己生活条件的教师再次指出："……今年整个冬天，房间温度只有 8℃。""满屋子是污水池渗出的气味。""公寓又暗又冷，冬天地板上的水结冰了。""这间公寓就像一个谷仓，因为老师和主人的牛住在里面。""公寓里没有桌椅，极其简陋。""那位在农村学校工作了 32 年的老师，就住在黑板旁，因为她没有自己单独的房间。她每月工资仅为 18 卢布，而不是规定的 22 卢布，她工作的前提条件是'不要生病'。"①

有时候女人更容易找到住处，"她可以自己养活自己，单身汉则要付餐桌费"。并不是所有的农民都答应供养老师，因为他们会说："我们不会做城里的饭，而他们不会和我们一起吃饭。"老师经常需要吃面包喝牛奶，因为精神压力很大。② 这样的条件让人身心俱疲。根据科斯特罗马省和奔萨省的调查数据，经过 5～6 年的工作，身体健康的教师的数量从 64%下降到 27%。③

教师处于无权的地位是当时最令教师痛苦的现实问题之一。教师的"权利"表现在对"所有人"的完全依赖和顺从：不仅包括校长、学校督学、地方自治局委员会和学校委员会的成员、观察员和审计员，还包括村长、文书甚至学校值班员等。《学校与生活》杂志刊登了一篇文章："很难想象在俄国有一个更加受压迫的阶层，我们将子孙后代的命运托付给了他们。连卑微且无足轻重的行政机关小人物都认为自己有资格任意压制和支使教师。从村社管理人员开始，教师必须向他们鞠躬，以便乞讨来烧柴，接下来是村警、县警察局警察、巡检，更不用说直接顶头上司——上级教学主管了。"④ 在教师代表大会和全俄国民教育代表大会决议里，扩大教师权利的诉求一再被提出，这将有助于提高教师工作在社会各界的权威性。学校教学活动的有效性在很大程度上取决于这一点。Г. 法尔博尔克写道：

---

① Школа и жизнь. 1914. № 5. С. 5；1915. № 37. С. 9.

② См.：Саломатин П. Г. Указ. соч. С. 30.

③ См.：Тихий А. Указ. соч. С. 5.

④ Школа и жизнь. 1914. № 4. С. 7.

"如果教师敬畏他的上司，顺从地听着周边所有人对他的辱骂和嘲讽，他就无法使自己受到尊重。不断发展的奴性心理对学生也产生了不良影响。"① "解放教师的人格"应成为国民教育支持者的座右铭。

对于乡村教师而言，与新同志——培训班讲师的交流，使乡村教师感到他们来自另一个世界——一个更高文化层次的世界。他们"为村庄带来了新知识，点燃了希望之火，交际双方之间具有热情、信任及渴望交流的特征"②。但正是这一点令上级教育主管部门感到震惊。应该指出的是，培训班课程学习会要求学员投入大笔资金购买资料等，然而在完成课程后，教师们没有获得任何好处或特权。而且许多教师返回他们的学校时，发现"他们已被调离原工作岗位而前往其他学校，因为他们在参加完培训课程后会被认为是不可靠的人。这种情况经常发生在隶属于国民教育部的学校和教区学校"③。

国民教育部发布的一份关于暑期短训班的通告指出："……它辜负了国民教育部寄予的期望。教师们读的是纯粹的严格意义上的专业科学，而不是受他们欢迎的普通政治经济学、天文学和心理学。"《学校与生活》杂志记者 B. 泽连科惊讶地说："……日食后，学生们会向老师寻求解释。在这种情况下，教授什么知识对你有用？天文学，而不是取代它的养蜂业。"④ B. 泽连科得到了一位乡村教师的回应。这位教师在他的日记里写道："那些从学校毕业的人都冲到我这里来，请求给他们讲授物理、几何、分数等课程，请求组织成人教学班授课。可我是孤身一人，这对我来说很难，我的知识毕竟有限。如何应对这种对知识的渴求呢？"⑤ 当这项通告发布后，地方当局开始减少对举办培训班课程申请的许可决议。教育管理部门从这一特定的角度看待乡村教师：他们必须掌握实践工作的技能，而广泛的普

---

① Фальборк Г. Указ. соч. С. 5.

② Саломатин П. Г. Значение курсов для учителей // Школа и жизнь. 1914. № 35. С. 7.

③ Бороздин А. К. Указ. соч. С. 437.

④ Зеленко В. Летние учительские курсы 1914 г. // Школа и жизнь. 1914. № 35. С. 4 – 6.

⑤ Перекати – Поле. Указ. соч. // Русская школа. 1909. № 11. С. 74.

通教育对他们来说是有害的，也不需要。B. 泽连科指出，这种观点不是因为官员迷失了方向，而是因为执政当局的原则和立场出现了问题，他们不希望教育深度民主化。这种态度导致暑期短训班课程遭到封杀。①

乡村教师的工作需要极大的热情和丰富实践经验，以及对"地方风土人情"的了解。根据同时代人的观察，教师经常不得不与农民的视野有限的孩子打交道。教育家 C. B. 康斯坦丁诺夫回忆说，当他问孩子们"神圣的圣尼古拉的名字是什么"时，回答随之而来："使徒保罗，阿列克谢是上帝的人。"只有一个高中生回答正确。② 然而，尽管如此，教师们还是试图把知识之光带到这个处于黑暗的群体中，他们组织大众读书会、师生对话，以他们对孩子的爱和尊重的态度，唤醒了孩子父母对自己孩子同样的善意和友好态度，在此之前，孩子们很少受到家长的关注。③ 乡村教师经常用手中有限的工资组织学生郊游、演讲、购买圣诞树、进行戏剧演出，并绕过教会的要求，通过学习宗教典籍经文，找寻机会让学生接触世俗歌曲和诗歌诵读。④

对教师来说，这是一个很大的乐趣，因为学生和成人好奇心越来越强烈，对读书的兴趣与日俱增。这增加了学校图书馆的人气，学校图书馆也越来越受欢迎。有时，孩子们长大后回到母校，他们的到来给老师们带来了快乐，老师们欣慰地看到昔日的学生充满好奇心，成为受过良好教育的农民。⑤ 这些学生来自位于戈多夫斯基县的偏远的奥斯米诺村（距县城 100 俄里）。教师 K. И. 普洛特尼科夫在学校工作了 24 年。他得到了两名曾经是他学生的助教教师的帮助。他们创建了博物馆、图书馆和剧院，成立了合唱团。学校的教学工作覆盖了方圆 10 俄里的区域。在他的倡议下，1908

---

① См. ：Зеленко В. Указ. соч. С. 6；Школа и жизнь. 1914. № 19. С. 6；№ 21. С. 8.

② См. ：Константинов С. В. Указ. соч. С. 85.

③ См. ：Перекати - Поле. Указ. соч. // Русская школа. 1909. № 10. С. 79.

④ См. ：Константинов С. В, Указ. соч. // Русская школа. 1913. № 3. С. 81，87；№ 4. С. 61，68.

⑤ См. ：Перекати - Поле. Указ. соч. // Русская школа. 1909. № 9. С. 75，76；№10. С. 64，65.

年成立了一个农业社团。该社团下设一所农业学校，为成年人开设奶牛养殖课程。[1] H. M. 马克西莫夫和 H. И. 维列金京就是这类教师的代表，他们是乌法省学校事务组织者 И. Я. 雅科夫列夫的学生。在该省的学校里，他们工作了几十年。他们举办的活动让学校成为当地名副其实的教育基地。[2] 或许这样的教师是例外，但乡村教师微不足道的成就却有助于"启迪农民的心灵"，唤起他们对生活和学习知识的浓厚兴趣。

普及教育

农村学校继续以低年级办学为主，初级知识课程学制设置为四年，五到六年为高级课程。但是，人们并不总是可以获得这样的知识。鉴于这种情况，早在 19 世纪 90 年代中期就开始讨论的普及初等教育问题并没有失去现实意义。19 世纪末 20 世纪初，这个问题再次被提上议事日程。1903 ~ 1904 年，探讨这一问题的教育出版物圈子扩大了，许多地方自治局和识字委员会讨论了这个问题，他们准备了说明书和执行草案。特别是有人建议实行义务教育："否则，教育就不会走进生活中，并成为生活中不可或缺的一个要素。由于某种原因，一些适龄儿童无法接受基础教育。"反对这一规定的人煽风点火，他们扬言："实行义务教育是对个人自由和家长权威的侵犯行为。"[3]

隶属于国民教育部的学校管理部门还制定了一项普及教育规划方案，以此作为对抗地方自治局学校的工具。根据这一规划，除保留地方自治局为学校办学所需资金拨款的权力外，地方自治局失去了可以左右学校的其他全部权力。然而，莫斯科学区中等学校校长以及督学代表大会讨论了这个问题后，上述方案并没有通过审议，而日俄战争的爆发将这个问题的探讨和解决无限期地向后推迟。

---

① Школа и жизнь. 1915. № 41. С. 2.

② См. : Сергеев Г. С. Указ. соч. С. 29，37，40.

③ Исторический очерк развития всеобщего обучения в Нижегородском уезде. . . С. 49.

1905～1907 年俄国革命期间，要求普及初等教育已成为各党派和联盟的政治口号。无论是社会民主党，还是资产阶级、小资产阶级政党，甚至一些争取得到群众支持的君主专制制度下的官僚组织，都把这一点列入他们的行动纲领中。虽然每个人对这个概念都有各自的理解，但政府对此不能不做出回应。И. И. 托尔斯泰在 1905～1907 年俄国革命期间曾负责国民教育部的工作，他认为，学校的当务之急是实现全民识字，"通过学校或校外教育进一步扩大民众基础知识的掌握"①。1907 年，国民教育部承认，在俄国推行普及教育是一个国家问题，财政部有义务对此提供资金支持，因为教育应该是免费的，全体国民都应享有受教育的权利。②

1907 年 2 月，国家杜马收到了《关于在俄国推行普及教育的法律草案》。根据这项草案的提议，所有 8～11 岁学龄儿童都应该在正规学校接受免费教育。课程设置为期四年，但也允许三年。每名教师负责教授的学生人数不得超过 50 人。有人指出，每所学校都有义务为半径不超过 3 俄里的地区提供服务。着手实施普及教育的地方自治局和市政府从财政部拿到了每名普通教师 360 卢布、每名法学教师 60 卢布的补贴。草案拟定普及教育时间为 10～12 年。③ 在国家杜马讨论该法律草案时，取消了关于免费义务教育和四年制课程设置的条款。这项极具简化形式的草案于 1908 年 5 月 3 日生效。但国务会议没有核准通过。④

普及教育项目的实施需要建立覆盖所有正规学校的学校网络，其中包括教区学校。1900 年、1906～1907 年和 1908 年，俄国建成了几个这样的学校网络。凭借在各地建起的学校网络，人们不仅可以查询学校具体所在地，而且能够确定学龄儿童和失学儿童的确切人数。但是，要保证学校的利用度，仅有大量的学校是不够的。地方自治局制定了"确保民众

---

① Толстой И. И. Заметки о народном образовании в России. С. 114.
② Исторический очерк развития всеобщего обучения в Нижегородском уезде... С. 11.
③ Подготовительные работы по введению всеобщего обучения // ЖМНП. 1908. № 3. С. 4–6.
④ 尽管如此，1908 以后出版的关于国民教育研究的刊物中，在提及普及小学教育的问题时，人们使用了 1908 年的法律术语。国民教育部的通告里使用了比较中性的措辞："鉴于普及小学教育的重要性……"

使用学校"的措施，包括：安排学校用餐，因为考虑到路程的问题，有的学生在路上要走 6 ~ 7 个小时才能到学校；为来自特别偏远农村地区的学生以及铁路学校的学生建立庇护所和宿舍（例如，1904 年，332 所此类学校只有 70 栋宿舍，里面住着 1500 多名学生，只相当于这些学校学生总数的 3%①）；为贫困学生提供资金以购买服装和鞋子；在人口稀少的地区和农场，特别是俄国北部地区，创建流动学校。②

　　财政部为并入网络中的学校直接提供资金支持。因此，地方自治局和市政当局获得了国家补贴。并网学校的数量开始增加。到 1910 年，在许多省份，这类学校的数量增加了 1.2 ~ 1.5 倍。例如，莫斯科省开设了 100 多所学校，科斯特罗马省约 150 所，沃洛格达省约 140 所，彼尔姆省约 150 所。③ 到 1908 年，一些县建立了完整的普及教育学校网络。但调查显示，仍有部分儿童不上学。1908 年，在下诺夫哥罗德县，大约 1/3 的儿童根本没有上学。④ 除了农民家庭的经济状况和文化水平，还有一个重要原因是学校数量仍远远不够。由地方自治局开发的所谓标准学校网络旨在让所有学龄儿童接受教育，但最后由于缺乏资金而没有建立起来。

　　1911 年 1 月 18 日在俄国举行的为期一天的学校普查结果显示，8 ~ 11 岁学龄儿童中，平均入学率为 30%，其中，城市儿童入学率为 45%。即使是经济和文化发展客观上处于较高水平的市县，如果不增加国家财政援助，同样无法实现全民教育的普及。⑤

　　1914 年，E. A. 兹维亚金采夫和 H. B. 契诃夫指出："即使是最广泛的学校网络也没有实现全员覆盖，仍然有相当一部分儿童失学，处于学校网

---

① О начальных и низших железнодорожных школах. С. 123.
② См.：Чарнолусский В. И. Вопросы народного образования на Общеземском съезде // Русская школа. 1911. № 10. С. 107.
③ Веселовский Б. Б. История земства за 40 лет. Т. 4. С. 102.
④ Исторический очерк развития всеобщего обучения в Нижегородском уезде... С. 13.
⑤ Очерки истории школы и педагогической мысли... С. 106；Чехов Н. В, Народное образование в России с 60 – х гг. XIX в. С. 142. 这次人口普查结果显示，俄国每 100 人中的学生人数为 3.8。在英国，这个数字为 17.1；瑞士和瑞典为 16.6；法国为 14；希腊为 9。

络之外，尽管他们在总体统计数字中所占比例较低。因为缺少食物和穿着破旧，孩子们并不总能及时入学。"有人指出了儿童失学的另一个原因：在手工业中存在雇用童工的现象。"只有实施能够从根本上改善农民经济状况的措施，才能让孩子们正常入学，而不是小小年纪就出去打工。"①

社会教育运动的开展

19 世纪末 20 世纪初是俄国社会教育运动活跃的时期。在此期间形成了三个反政府政策的派别：自由派、资产阶级民主派和最激进的社会民主派。

一个引人注目的事实是，社会力量在教育活动中团结一致。其领导者是识字委员会：莫斯科识字委员会附属于莫斯科农业协会，而圣彼得堡识字委员会归属圣彼得堡自由经济协会。两个委员会的工作始于 19 世纪中叶。但是，权威组织仍然是俄国技术协会教育技术委员会，该委员会在各个城市都设有分支机构。教育技术委员会成立于 1872 年，它是一个职业技术培训中心。教育技术委员会成员主张将普通教育的发展作为获取专业知识的必要先决条件。

社会教育运动中，教师工作和传授职业技能是这场运动中最民主的元素。最初，社会教育运动活动的开展表现为成立教师协会，这是教师社会生活中的第一所学校。到 19 世纪末，这样的教师协会已有 70 多个，有会员 2 万多名。

社会教育运动的一个显著里程碑是 1898 年教育协会的成立。教育协会附属于莫斯科大学。历史学家 П. Г. 维诺格拉多夫、物理学家 Н. А. 乌莫夫、地理学家和民族志学家 Д. Н. 阿努钦等著名大学学者成为协会的领导者。数学家 Б. К. 姆洛泽耶夫斯基，化学家 Н. Д. 泽林斯基、А. П. 萨巴涅耶夫、В. В. 马尔柯夫尼柯夫，史学家 М. Н. 波克罗夫斯基、В. И. 格里耶、Н. А. 罗日科夫、В. О. 克柳切夫斯基都参加了协会工作。大学教授、教职

---

① Народное образование в земствах. С. 324，387.

员工约占正式会员总数的 10%。该协会 2/3 以上的会员是私立教育机构负责人和中学校长。他们熟悉教育实践过程，曾在莫斯科及其他各省市的中小学任教。

会员在协会各分会会议上做专题报告，探讨初等学校课程的范围、中学教学法及其改革等问题。

教育协会在教育领域开展了实践工作：为学生和教师组织教学考察，组织学生开展符合学校教学大纲主题的大众读书会，响应地方教师要求向其学校提供教具和教材，成立教育博物馆。教育博物馆的展品包括有关学校课程科目的教材和直观辅助手册、教具，教育机构及其附属寄宿学校的家具样本，以及校舍设计和装修的书面示意图及直观指南目录。部分藏品具有"流动性"：这些展品被提供给学校进行公开展出。[1]

教育协会高度重视学校教职员工团结一致迎接学校重组的挑战，并促进教师之间及其与大学的交流。

在世纪之交，特别是第一次俄国革命时期，俄国国内涌现出一大批志愿教育组织：1898 年已有 135 家，会员接近 8500 人。[2] 然而，其开展的活动最终导致了志愿教育组织接二连三地倒闭。国内革命期间，这些志愿教育组织先后得到复兴：1906 年，一个新组织——教育联盟成立，它由著名教育家 Г. 法尔博尔克和 В. И. 恰尔诺卢斯基领导。其分支机构遍布多个城市。Н. Н. 别克托夫、С. А. 温格罗夫、С. Ф. 奥尔登堡等学者和教育家积极参与了教育联盟的各项活动。1907 年，教育联盟向国家杜马提交了一项名为《关于发展和扩大初等教育》的法案，其中含有施行普及免费初等教育的条款。

另一种社会教育运动形式是全俄、区域及部门代表大会。其中最重要的引起人们广泛共鸣的是由俄国技术协会（1889～1904）倡议发起的全俄

---

① Отчет о деятельности Педагогического общества...за 1900/01 гг. М. . 1902. С. 2；Отчет о состоянии Императорского Московского университет за 1904 г. М. ，1905. С. 344–345.

② См.：Константинов Н. А. Струминский В. Я. Очерки по истории начального образования в России. М. ，1953. С. 212.

职业技术教育工作者代表大会。与会者人数从 1000 人增加到 2000 人，这表明社会民众对技术教育的兴趣有所增加。代表大会提出了教育工人、工匠和工业企业开办教育机构、改善劳动条件等问题。

在两届教师协会代表大会（1903 年 12 月至 1904 年 1 月，1913 年 12 月至 1914 年 1 月）、第一届全俄地方自治局代表大会（1911 年）、第一届全俄国民教育代表大会（1911 年）和城市学校教师代表大会（1909 年）上讨论了与普通教育学校有关的问题。出席这些大会的有著名的国民教育界人士、教育家和科学家。例如，出席第一届全俄地方自治局代表大会的代表中就有来自莫斯科识字委员会的 П. Д. 多尔戈鲁科夫，自由经济学会的 Г. А. 法尔博尔克、В. И. 恰尔诺卢斯基，国民教育研究人员 Н. В. 契诃夫以及 Е. А. 兹维亚金采夫等人。

公众提出的许多教育体系发展问题与官方教育理念存在冲突。因此，政府部门、官方保守的教育学专家、右翼党派要求建立所谓的实践教育基地，即在初等学校义务培养农艺师（菜园种植、园艺、养蜂、农业种植）和手工业者。[1]

这种早期的教育专业化遭到了先进教育家的强烈反对。他们在各协会、教育组织、民主联盟和代表大会的决议中不断指出："只有在发展普通教育的基础上，才能有培育职业教育的愿望和需求。工人的总体发展水平越高，其工作的技术完善程度也越高。初等学校不能取代职业学校。"[2]

学校应该与普通教育还是与职业培训有关？这个问题早在 19 世纪 50 年代就被提出。半个世纪后，在第一届全俄地方自治局国民教育代表大会和第一届全俄国民教育代表大会上，它再次被提出来，两次大会与会者的意见是一致的：无论是低年级还是高年级的初等学校教育，职业培训都不应成为其中的一部分；已经在初等教区学校或城市中等学校受过普通教育的

---

① Сборник распоряжений по Министерству народного просвещения. Т. 15（1901 – 1903）. СПб. , 1905. Стб. 1752；Чарнолусский В. И. Итоги общественной мысли в области образования. С. 48.

② Чарнолусский В. И. Итоги общественной мысли в области образования. С. 48.

人可以再进一步接受职业培训。① 两次大会都通过了决议，诀议指出：初等学校不应该追求功利目标，也不应该开设职业技术类科目。②

初等教育学制问题在教育界引起了很大的争议。人们一致认为，三年学习时间不足以获得扎实的知识，即使是基础知识。有人提议学制设置六年（四年初等小学教育和额外两年针对那些希望继续接受教育的人）。第一届全俄地方自治局国民教育代表大会通过了一项初等学校四年制课程的决议。③

延长初等学校学制的问题与建立统一学校的问题有着不可分割的联系，公众对此进行了积极的讨论。同时，有人强调指出，中学的组织架构和教学大纲设置的目标应是使初等学校毕业生能够畅通无阻地直接进入中学学习。因此，人们就创建统一学校这一最重要的国民教育问题做出了正面的决定。第一届全俄国民教育大会决议指出，农村小学应该成为以教师为灵魂的文化中心和教育工作中心。

第一届全俄地方自治局国民教育代表大会积极讨论了实施普及教育的措施，最后以多数票通过了一项关于普及初等学校义务教育的决议，但该决议遭到 Н. В. 契诃夫和 Н. Ф. 里希特等著名教育家的反对，在他们看来，义务教育赋予了教师警察的职能。大家认为，地方自治局应该更加严格地控制实施普及教育，只有这样我们才能谈论义务教育问题。

大会认为，由于实施普及教育，政府有必要将对初等学校的教育拨款每年至少增加 1000 万卢布。④ 第一届全俄国民教育代表大会还呼吁打破国民教育部通过的每名教师教授学生人数为 50 人的标准以及学校服务区半径3 俄里的规定。会议指出，有必要在学校为来自偏远村庄的儿童提供宿舍，

① См.：Чарнолусский В. И. Вопросы народного образования на Общеземском съезде // Русская школа. 1911. № 10. С. 105 – 106.

② См.：Чарнолусский В. И. Съезды по народному образованию // Сб. Постановлений и резолюций всероссийских и областных съездов. Пг.，1915. С. 2.

③ См.：Чарнолусский В. И. Вопросы народного образования на Общеземском съезде. С. 103 – 105.

④ См.：Чарнолусский В. И. Вопросы народного образования на Общеземском съезде. С. 100，107.

并有义务为所有学童提供热食。①

教区学校的问题引起了很大的争议。在全俄地方自治局代表大会上，许多发言者抗议将教区学校纳入全民普及教育学校网络。许多教区学校的前支持者对他们资助教区学校的可行性感到失望。关于将教区学校移交给地方自治局管理的决议被取消了投票。根据一项妥协决议，决定将教区学校纳入全民普及教育学校网络，但要将它们置于学校理事会的监督之下，而主教公会拨款的数额列入国民教育部的教育经费预算中。

普及教育的实施与地方自治局的活动及其预算状况密不可分。因此，代表大会决议中包含了与政府限制地方自治局收入的政策相悖的条款，即给予地方自治局新的税收来源，免除其对国家至关重要的费用支出。在推行普及教育方面，人们认识到有必要废除关于地方自治局税收最高限定额的法律，因为它大大减少了地方自治局的收入项目。

两次代表大会都提出了与教师有关的问题。为初等学校和中等学校培训教师、提高教学水平、提升教师的物质条件和法律地位等问题格外重要，对此与会者表达了十分关切的态度。在第一届全俄国民教育代表大会上，有人指出，乡村教师生活水平低下，身处的文化环境恶劣，但这一切对他们的工作质量影响不大。"教师应该把他们的工作带出学校，为提升所处环境的文化水平做出贡献。"②

教师的物质条件和法律地位不仅在全俄规模的论坛上，而且在两次教师协会代表大会（1903 年 12 月至 1904 年 1 月和 1913 年 12 月至 1914 年 1 月）上被讨论。这些问题被认为直接关乎学校事务发展和教学过程改进。因此，第二届教师协会代表大会主张教师有权选择教学方法，取消对教师政治信仰的迫害。大会一致决定成立全俄教师协会，其章程于 1915 年获得批准。全俄教师协会旨在团结全国教师的民主力量。③ 为了改善教师的物质

---

① См.：Чарнолусский В. И. Съезды по народному образованию. С. 4 – 5.
② См.：Чарнолусский В. И. Съезды по народному образованию. С. 15 – 17；Постановления Первого Общеземского съезда... С. 4，20，22，24.
③ Очерки истории школы и педагогической мысли... С. 75 – 76.

条件，大会采取了一系列措施，如将最低工资提高到每年 600 卢布、增加疾病补贴，改善教师住房条件，提供教师子女教育福利津贴等。[1]

尽管代表大会的决议并未全部得到执行，但其意义重大。全俄教师协会代表大会的参会者 H. B. 契诃夫写道："……从代表大会召开的那一刻起，教师就成了公众人物，有明确的奋斗目标和纲领。……虽然代表大会的决议没有正式公布，因为审查机关禁止印刷和出版会议决议，但代表们带着愉悦的心情和全新收获分别回到了各自岗位。学校委员会的工作在许多地方又恢复了活力。"[2]

这时期俄国还举行了区域代表大会。从其论坛上同样能看到有关教育过程的问题：延长初等学校学制、为学生举办暑期预备班等。在 1914 年非常有代表性的莫斯科地方自治局学校教师代表大会上，有代表提出将一些新科目引进初等学校的课堂教学中，但这需要依托压缩宗教课程的课时数来实现，另外还提出丰富和扩大校外教育的问题。另一个问题涉及学生的学校生活：为学生提供医疗保健服务和热食，取消对学生的体罚，通过组织读书、旅游和表演等文化娱乐活动丰富课余生活以减少流氓欺凌行为。[3]

代表大会的工作令统治者感到担忧。代表们在长时间的请愿后终于获准召开会议。许多具有民主倾向的教师被禁止参加代表大会。因此，第一届全俄地方自治局国民教育代表大会应参会的 600 名代表中只有 28 名教师出席会议。地方政府削减了区域代表大会的日程，并对其决议提出异议。哈尔科夫省、乌法省以及卡梅什洛夫县召开的地方自治局学校教师代表大会遭受了当地政府的打压。[4] 许多代表被要求就他们参加代表大会的情况以及他们的发言主题和内容提交一份报告。参会代表的命运和未来往往是不可预测的。在第一届全俄国民教育代表大会之后，《学校和生活》杂志写

---

① Постановления Первого Общеземского съезда...С. 24 – 26；Чарнолусский В. И. Съезды по народному образованию. С. 46 – 48.

② Чехов Н. В. Народное образование в России с 60 – х гг. XIX в. С. 121 – 123.

③ Школа и жизнь. 1914. № 16. С. 8 – 9.

④ Школа и жизнь. 1914. № 52. С. 12；Лапшов И. Указ. соч. С. 26.

道："……在代表大会上，教师的行为受到指责。出席会议的还有负责监督教师行为的督学，他们收集了来自不同地区的关于教师惩罚学生的消息。""当地正在加大力度调查教师的行为，如他们在参加辩论会和读书会时的自我表现如何。很多教师被要求出具证明，证明他们教学中表现得很安静。""在亚历山德罗夫斯克，一位最年长的教师因在代表大会上发表言论而被解雇。"教师因参加代表大会而遭解雇的事件频繁发生。[1]

参加代表大会，就像在培训班学习提高一样，对教师来说是一种滋养，他们从偏远的地方进入另一个世界，这是滋养他们创造力的源泉，也是维系他们工作热情的一种方式。但是，很显然，这不被教学管理部门认可，因为在大多数情况下，教师需要在学校领导严格规定的框架内安静地、按部就班地工作。

＊＊＊

20世纪最初的15年，俄国农村学校在自己的发展历程中取得了相当大的进展。到1917年，农村地区的识字率达到37.1%。[2] 然而，这些农村学校办学水平依然较低，考虑到俄国广袤的国土面积，高级初等学校数量仍远远不够。

尽管社会和权力部门都已认识到普及初等教育的必要性，且初等教育资金投入规模在不断加大，但是俄国最终也未能普及初等教育。到1917年，仍然像以前那样，有1/3适龄儿童，有些地区甚至有比这更多的适龄儿童无法接受初等教育。最重要的原因是这些儿童的人数不够创办学校。同时，民众无论对识字、掌握文化还是获得更多基础知识的需求都越来越强烈，但中等教育机构设在农村是罕见的事情。国民教育活动家努力解决教育领域出现的问题，但是直至20世纪初也未能找到出路和办法。在1917

---

① Школа и жизнь. 1914. № 4. С. 1, 8；№ 15. С. 10；№ 19. С. 7；№ 24. С. 9；№ 31. С. 7.

② См.：Симчера В. М. Развитие экономики России за 100 лет. Исторические ряды. М.，2006. С. 255.

年十月革命后，国民教育问题才最终得到解决。

十月革命取得胜利 12 年后，即 1929 年，苏联农民的识字率已达到 57.8%。农村开始实行义务初等教育。其结果是，到 1940 年，农民识字率进一步提高到 84.1%，农民文化水平大幅提高。七年制学校成为农村最普遍的学校。①

对这些数据指标的分析让人想起 20 世纪初国民教育活动家的言论："只有国民经济状况整体改善，才能为普及教育创造更有利的条件。也许只有重新组织整个俄国社会生活，才有可能建设新型学校，能够真正地建设让所有人都能接受并进入学习的学校。"②

然而，20 世纪初的许多国民教育问题并没有随着社会制度的转变而彻底解决。教育拨款剩余原则在我们这个时代还没有完全消除，这导致了教师物质生活水平低下，精神需求难以满足，不可能不影响整个学校系统的正常运转。显然，重要的不仅是社会生活结构，还有国民教育领导者对现代社会需求做出适当反应的能力。

---

① См.：Симчера В. М. Развитие экономики России за 100 лет. Исторические ряды. М.，2006. С. 257.

② Народное образование в земствах... С. 387；Н. А. О реформе школьного управления // Вестн. Воспитания. 1907. № 2. С. 172.

第五章
手工业生产和工艺美术品

H. H. 马蒙托娃

农村和城市手工业生产和手工艺品构成了俄国历史和文化发展史上极具特色的篇章。"промысел"这个概念指的是一种具有俄国民族特色的家庭用品手工业生产组织形式，手工业生产以家庭劳动组合为基础，不断吸引农村和城镇人口从事这一生产行业。尽管利润稀薄，但覆盖面广，全俄大部分人口都从事这种小规模的手工业生产。到19世纪末，俄国民族手工业生产的规模远超欧洲其他国家。

在种类繁多的手工业生产中，手工艺品的生产制作是最引人注目的民族文化现象。手工艺品主要包括陶器和桦树皮制品、编织物和地毯、车削和雕花木器皿、花边编织品和刺绣、珠宝首饰等。这些手工艺品的艺术性在个别手工艺行业中构成了其生产的典型性特征。手工艺品生产保持着传统的劳动形式和原创性，成为俄国不同社会阶层之间独特的联系纽带。

农民手工业有悠久的发展历史。从19世纪下半叶开始，农民手工业的命运与1861年改革后俄国发生的历史转折有千丝万缕的联系。19世纪60～80年代，城乡工匠的手工业生产已经相当普及，首先体现在那些与手工工厂产品没有形成市场竞争的生产类型中。

1861年改革后，许多手工艺品进入全俄市场流通销售，这一点使手工业生产领域发生了改变。按照农民经济管理原则，19世纪手工业生产可划分为农民短工和家庭手工业，即农民不脱离家园和土地而从事手工业生产。手工艺品大多是家庭手工艺品。

在俄国手工业发展史的第一阶段，手工业生产在很大程度上从属于城市文化，并在城市文化系统中形成了自己的生存空间和文化层次。19 世纪下半叶，手工业生产在很大程度上保留了农民的艺术基础，这一基础在这一时期得到了受过良好教育并具有民粹主义倾向的社会民众的支持。早期手工业生产强调的艺术专业性被艺术语言的凝练、农民非凡的创造力以及家庭手工艺品的民族独特性取代，这一时期的手工艺品以其"天真"、自然、非专业的品质与其他民族文化形式对立和共存。

但是，19 世纪 90 年代，许多俄国手工业加工艺术已经呈现出与民间手工艺基础相脱离的倾向。民间手工工匠加工工艺的"非工厂化"导致了制作手工业制品时缺乏直接性创造力。这些民间手工艺品的自然审美属性已经越来越受到社会各界的重视。许多种类的民间手工艺品原则上无法满足上述要求，因此它们已濒临消亡或实际上已经销声匿迹，其社会地位让渡给了大工厂流水线作业制作的类似产品。但是，也有部分民间手工艺品只是较小程度地受到社会经济发展浪潮的冲击，其原始艺术特征得以保存下来。

发展不均衡是俄国手工业及其制作艺术的一个突出特点。到 19 世纪 90 年代，俄国部分手工业转变成真正的手工工厂，劳动分工进一步深化，"工厂主"起到了越来越重要的作用。同时，社会上还有一些小手工行业，其产品仅面向狭小的当地市场。工匠在家里为采购商制作手工艺品。在许多情况下，手工业生产和农业劳动相结合的传统保持不变。

通常，农村家庭手工业与最古老的民俗艺术传统和特点密切相关，尤其是俄国北方，已经成为当地重要的小乡村手工艺品的诞生基地。这些小乡村位处偏远地区，许多小乡村手工艺品在 19 世纪末已不复存在。但是随着铁路网的扩建和工业产品市场销售渠道的普及，尚有一部分手工行业幸存下来，直到 20 世纪中叶，这些幸存的手工业还在为其所在的乡村提供一些简单的日常生活用品。

　　城市的发展及其对周边农村地区的影响力的增强在俄国手工业发展史上具有重要意义。城市生活方式和工业产品向农民居住地的逐渐延伸改变了人们对手工艺品的传统需求。这些手工行业是俄国省城、小城镇和农村文化的独特表现。对于小城镇和种植园地而言，大型手工工厂或多个中小手工业作坊往往承担着经济和文化综合功能，将大多数居民的经济和文化活动连接到一个单一的综合体中。

乡村手工制勺的市场交易，M. П. 德米特里耶夫摄于 1897 年

　　小城镇具有城市生活风貌的重要特征，同时又维系了城市和乡村之间的平衡，实现了城乡文化和社会的协调发展。小城镇的这种人文社会环境对手工业发展起到了重要作用。无论是小城镇、工商区还是工业村的生活，其在各方面的相互依存关系为当地艺术传统的形成奠定了良好的基础，在日益弱化的民族背景下诞生了辉煌的手工艺艺术中心。个别手工业生产中的工艺专业化似乎是民族传统文化抵御来自外部破坏性影响的一种体现形式。

　　与决定农民稳定生活方式的家庭手工业不同，手工业生产包含在市场的自然关系中，这一点决定了其艺术创作的实质和内涵。地方艺术传统的本土化和手工艺品的兴起是手工业生产与市场互动的结果。

　　俄国的欧洲部分是手工业分布最广泛的地区。俄国欧洲部分北部、中部和南部地区形成了特殊的手工业发展区域，在某些材料、产品类型、艺术风格特征以及日常生活方式方面有所不同。手工业本土化问题导致"手工业中心"这个概念的使用受条件制约，这意味着在一个或多个居民区内存在某种手工艺术创作活动。

　　为了认识和了解俄国农民在19世纪末从事的各种手工业活动，我们可以首先关注莫斯科附近居民从事手工业的情况，这些居民时刻在寻求能够去手工作坊打工的机会，因为仅凭家庭副业已经无法养家糊口。

　　莫斯科附近地区的一项独特手工艺是在纸面和金属面上创作漆画，这项工艺是在费多斯基诺和若斯托沃发展起来的。俄国最普遍的手工艺品是丰富多样的儿童玩具。玩具手工艺品的主要制作中心在谢尔吉耶夫波萨德，那里的手工技师制作各种造型的木雕手工艺品、削尖打磨的玩具、纸制的玩偶小雕像以及洋娃娃。在波多利斯克市和兹韦尼戈罗德卡市的佩尔胡什科沃周围，农民制作了各种旋转玩具手工艺品：枪炮模型、鼓、儿童餐具、旋制的娃娃以及木制鸡蛋。格热利斯基陶瓷手工作坊在新哈里托诺沃村生产十分独特精美的陶瓷玩具，金属玩具和锡制器皿的生产地是德米特洛夫斯基市的奥利戈沃和伊利因斯科耶。

　　在莫斯科地区也有油漆彩画（为流行的民间木版画和包糖果的纸等涂上色彩）、圣像画等手工绘画作坊，纸质圣像、各种手工花卉也都在这里制作完成。

　　在莫斯科和兹韦尼戈罗德卡的村庄里分布有家具手工业。值得注意的是，与这类男性从事的手工业同时获得发展的，还有女性从事的机织类手工业。

　　木工行业有木工、细木工之分，包括加工木地板和马车棚、制桶业（各种木制器皿、木桶等）、车削加工、各种细木工雕刻制品（烟盒、梳子、手杖、纺纱和捻线工具以及镜框等）。柳条筐篓编织是深受民间欢迎的手工行业，兹韦尼戈罗德卡是这种编织工艺的摇篮。吉他、小提琴和大提琴等乐器的制造也可以在手工作坊完成。

在莫斯科附近，生产陶制器皿、砖块等的制陶业获得广泛的发展。金属加工手工业以铁匠铺和小型五金修配厂等形式存在。师傅们从事钩针、别针、发夹和帽簪，铜锻造制品和珠宝首饰制品，金银箔、金银丝以及箔材等的生产制作。

波多利斯克和谢尔布霍夫地区的瓦休宁村里的农妇从事手工花边编织。兹韦尼戈罗德卡地区有镶金花边和绣金作坊。

靴鞋制作作坊和纺织作坊属于传统的手工行业，纺织作坊生产的产品有金银边饰、线绳和鞋带、腰带，以及流苏。此外，还有制革、羊毛制品和刷子的手工作坊。许多手工作坊生产挂钟、加工骨头和鹿角（制成梳子和纽扣）、用玻璃制作镜子。还有使用各种普通石头以及花岗岩、玻璃等制作工艺品的加工作坊。

许多小手工业，像草编，雕刻，清洁烟道，制作蜡烛、烟盒和炉灶烟囱等，同样获得了发展空间。季米特洛夫地区有 19 户农家从事从火堆废墟中挖掘金、银、铜和汞等金属的行业。

综上所述，我们得出的结论是，莫斯科郊区居民的手工业生产主要集中在城市消费者的日常生活消费兴趣点上。

就自身的社会经济性质而言，19 世纪俄国的手工业只是弥补了农业国家工厂生产产能的不足。在俄国历史上，作为一种与传统的农业经营方式、劳动习惯、民俗文化和生活方式有深远联系的经济现象，手工业的存在和发展具有特别重要的意义。

俄国手工业与商品市场联系密切，这些行业灵活地遵循商品市场的"供求规律"。因此，在市场经济的影响下，手工业结构经历了各种变化：扩大、缩减、消亡或转移到其他地区。有时，手工业作坊与其他工业形式——手工工厂、大工厂等毗邻而居，并实现有效的联合生产。

俄国工艺品制造工业整个行业是在 19 世纪手工业发展基础上成长起来的。纺织、瓷器、珠宝、兵器及玻璃等许多工业企业接触到了民间文化，与当地农民家庭手工业有密切的联系，并受到地方传统文化的"滋养"。因此，19 世纪下半叶，弗拉基米尔玻璃厂的工厂主把他们大部分的产品交给了周围村庄擅长切割、雕刻和绘画的工匠进行再加工，这些玻璃制品自然能够反映出民间装饰创意的特点。

印花布行业也存在同样的情况。俄国印花布是这一时期最伟大的艺术作品之一，它最初就是以手工艺品的形式发展起来的。后来，印花织物和手帕的生产集中于莫斯科省、弗拉基米尔省的农民及商人创办的手工工厂。19 世纪下半叶，俄国印花布图案绘画和色彩文化的高雅、装饰手法的多样化、对装饰动机的诠释都由民间印花和编织的文化传统与民俗所决定，因为工厂生产的廉价布匹以及印花手帕和披肩是以人们的需求和品位为导向的。

19 世纪末 20 世纪初，手工艺术是一个复杂的文化现象，不可能完全系统化。但也正是在这一时期，俄国手工艺品成为民族文化中的瑰宝，手工艺术创作与民众生活紧密相关，并充分反映出新时代社会文化的快速发展。

手工业者必须与市场建立联系，没有交易会使他们失去存在和发展的条件。产品销售问题在手工业者的生活中起着举足轻重的作用，它决定了手工作坊经营的性质及生产定位，所以收购贸易往往与手工业同步发展。1913 年，一位手工业研究者指出："如果没有收购商的活动，在许多情况下，手工业者的劳动作品就不会具有大众性，因为很难找到产品打入大市场的其他途径。"①

主要手工艺产品种类

俄国最重要的手工艺类型包括以木材、骨头、石头、金属、陶瓷为原材料的艺术加工以及珠宝、工艺珐琅、纸浆上的漆器缩影艺术品、上漆的金属装饰画和壁画、刺绣绣品、手工花边编织、提花编织、地毯编织、针

---

① Рыбников А. А., Орлов А. С. Кустарная промышленность и сбыт кустарных изделий. М., 1913. C. 112.

织、印花手帕、印花面料、圣像画等的艺术加工制作。

手工艺品成为人民日常生活和工作中所使用的系列物品，其中包括家居用品、餐具、衣服和珠宝等。产品的艺术性与手工艺品生产和加工造型的实用美观性、用料的可行性以及加工工艺处理能力的认知水平息息相关。

19 世纪手工业的主要特征是实用手工劳动与高超熟练技能相互依托，并存发展。在农民生存环境中，手工艺不仅包括学习如何制作工艺品，还包括理解和吸收文化传统、伦理道德和美学。

手工艺艺术具有浓厚的民族传统色彩，不仅表现在艺术技能的延续性上，而且还体现在长期稳定地保持特有的形象和创作动机上。

手工艺品和手工艺行业最重要的特点是与俄国各个地区的区域文化有密切的联系。地方艺术传统决定了手工艺产品种类的稳定性、制造和设计的艺术原则，木材、黏土等天然材料的装饰及处理技术，以及装饰点缀手法，甚至许多装饰技巧都是由材料加工技术本身产生的。

经历了 19 世纪繁荣时期的俄国大型手工业，地方传统和城市文化的各种影响交织在一起，呈现出混合发展模式。在这种盘根错节的文化状态下，出现了一些充分彰显民族艺术独特性的手工艺术生产方式，如若斯托沃彩绘托盘、费多斯基诺首饰盒等微型漆器制作，珐琅彩绘，手工花边编织，以及石材切割和金属加工等。地方手工业传统的原创性和独特性成为这一时期民间艺术文化广泛多样性的基础。

面向城市销售的珠宝、编织花边、刺绣等手工艺品的设计与生产加工，深受城市实用性装饰艺术风格和时尚潮流的影响。但是，在满足农村居民日常生活需要的木材加工、陶器制作、机织等手工行业中，民族审美旨趣、独特性以及地方文化特色同样稳定、长久地保留下来。因此，不同工艺和制作中心的作品在艺术价值上是不平等的，即使它们属于同一时期同一生产领域的作品。

在 19 世纪的手工业中，人们特别重视女性手工行业，包括机织、地毯编织、花边编织、刺绣和针织。妇女手工业起源于家庭缝纫、编织等手工劳动，农民、小市民和商人家庭的每一位妇女自孩提时代就掌握了这些手工劳动的技法，以及与民间传统文化密切相关的手工艺品制作的基本美学特点。

木雕艺术

在手工业中，木材一直是最常见的原材料之一，它很早就被用来制造日常家居生活用品。这样的工艺并不是有利可图的，其重要的优势在于工匠不仅可以很容易获得原材料，而且还能够兼顾农活，充分展现了手工业与农业的紧密联系与互相结合。

雕刻工、车工、细木工、木工的高超技能主要通过制作木碗、劳动工具、家居用品、纺车、儿童玩具、农舍装饰等表现出来。木材艺术加工涉及的另一个领域是在纺车、衣柜、拱门、雪橇、木碗这类产品上作画。

阿尔汉格尔斯克、沃洛格达和维亚特卡省林业地区的手工业尤其是手工艺品制作业特别发达。当地大师的作品反映了俄罗斯谢韦尔本土文化的艺术潜力及其多样性。在 19、20 世纪之交，俄罗斯谢韦尔仍然是民间艺术创作的摇篮。

19 世纪，在梅津、皮涅加、苏霍纳和北德维纳河沿岸的许多村庄里，形成了当地各具特色的绘画和木雕工艺风格，其中表现最为突出的是纺车制作。19 世纪下半叶，这类工匠已经被分成纺车雕刻师和纺车"上色工"。许多产品都是按照订单制造的。手工制品是工匠在不需要田野劳作的冬天完成的，而在夏天预先制作好的纺车会沿着河流运输到当地大型的村庄集市上售卖。19 世纪末 20 世纪初，在北德维纳河沿岸出现了采购商人，他们负责运作这件事情。尽管"流水作业"在不断发展，但这种民间艺术创作的本质、诗意性和真诚性却丝毫没有改变。

佩尔莫戈里耶和北德文斯克装饰画手工作坊，以制作木勺、纱车、首饰匣闻名，其继承了古代俄国小型精细画的传统，这一切通过绘画主题、绘图技巧和构图布局体现出来。对于佩尔莫戈里耶和北德文斯克的工匠来说，他们对绘画题材的热爱是极为典型且独特的，这已经成为装饰画绘画

来自北方沿海地区的彩绘纺车，适用于
成人和儿童，19、20 世纪之交

工艺不可或缺的一部分。在 19、20 世纪之交，这门艺术的新特点在装饰画题材上得到了体现，这是对现实场景中周围活动的反映。古老的象征性主题和形象被重新思考，并获得了生动的具体形象。

梅津绘画工艺是民间文化中一个独特的现象，这些绘画作品保留了古老的艺术形式。工匠制作纺车的作坊坐落在梅津河岸边的村庄里，其生产中心是大村庄帕洛谢利耶，用分布具有规律性的传统鸟类和其他动物形象的分层条纹带装饰。梅津绘画的一个特点是只使用黑色和红色这两种颜色。梅津绘画构思的简洁性和富于表现力在俄国民间艺术中是无与伦比的。19世纪末 20 世纪初，梅津纺车生产厂的规模仍然相当可观。

　　与农民生活密切相关的是桦树皮加工艺术。桦树皮是在俄国北部地区广泛流行的传统圆篮的制作材料。在阿尔汉格尔斯克省、彼尔姆省、维亚特卡省和沃洛格达省的林区，桦树皮圆篮制作以一种小型家庭手工作坊的形式稳定地保留下来。与此同时，桦树皮制商品并没有局限在当地市场上出售，而是经常沿着全俄市场的渠道流通——因此，在戈罗杰茨的集市上也可以看见彼尔姆省制作的桦树皮圆篮。

　　不同的地方形成了当地独特的桦树皮家庭用具装饰方法。例如在维亚特卡省，圆篮主要由简单光滑的桦树皮制成，而阿尔汉格尔斯克省、沃洛格达省和乌拉尔地区则使用了鲜艳的绘饰和压花工艺。舍莫戈季耶手工业的镂空雕刻桦树皮手工作坊以村庄为中心运作。大乌斯秋格县舍莫戈季耶乡库罗沃－纳沃洛克村因传统农家圆篮特别的镂空图案装饰工艺而远近闻名。

　　伴随舍莫戈季耶民间手工业的兴起，古老城市大乌斯秋格的手工业出现了分支——使用"白铁霜花"工艺制作首饰盒和箱子。这种制作工艺仅掌握在3~4个拥有雇佣工人的雇主手中。这些雇主控制着大乌斯秋格的城市及农村两个分支生产领域，统一分发订单，完成产品的制作并在集市售卖。[①]

　　维亚特卡省手工业种类繁多，尤以"木业"闻名。全省60%的家庭手工业者从事木材加工制作，其制作范畴几乎覆盖了所有木材加工种类，包括罕见的树节加工艺术，以及制作"中埋式"木制品和桦木手杖等奇特物品，这些木制工艺品均在维亚特卡省展出。当然，各木制工艺品的艺术性和专业程度都是不同的。

　　家具业在这里得到了集中的发展，专业化和分工达到了最高水平。维亚特卡县的特罗伊茨卡亚乡是农村家具手工业制造中心，它在各村庄之中实现了按产品类型的分工与协作。这里制作了种类繁多的家具。技艺高超

---

① Отчеты и исследования по кустарной промышленности в России. Т. Ⅰ. СПб., 1892. С. 374，488.

舍莫戈季耶桦树皮雕刻，桦树皮薄片，19 世纪末 20 世纪初

的工匠在当地享有盛誉。家庭手工业者通常专门制作某些档次的家具。产品的档次越高，他们的工作越复杂，而且更加需要专业化。家具的制造由简单转向优雅时尚，并伴随着更细致的劳动分工，之后逐渐出现了木工、雕刻工、车工和裱糊工等四类专业技术工匠。车削构件会根据订单由专业车工制作。人们会邀请雕刻师来完成雕刻构件的加工，通常他们住在同乡的某个村庄。虽然家具行业的工匠总体上并没有脱离农业生产，但他们中的许多人的职业化程度已经很高，足以媲美格热利的工匠。工匠们已经有能力脱离他们的"根据地"，受激烈竞争和原材料成本上涨的驱使，迁居到其他省份（彼尔姆省或乌法省）继续从事更有利可图的手工业行业。

　　树节和树根瘤（长在桦树树干或根部且带有花纹的木材）的手工艺术加工是一种特殊的、独一无二的维亚特卡工艺。19 世纪初，维亚特卡省的斯洛博达建立了马卡罗夫加工厂，主要采用树根瘤制作首饰盒、鼻烟壶、精美的木工桌面装饰。古典主义时代的高度文明——珍贵木材加工使人们对此类产品产生了浓厚的兴趣。这种工艺的审美标准早已决定了树根瘤传统手工艺制品的艺术特征。这些产品的艺术价值主要在于材料最天然的美感，以及在加工过程中工匠巧妙地展现出它的纹理质感和自然色彩——从浅金色到深棕色。

维亚特卡工匠的产品很快受到欢迎，赢得了广阔的市场，工厂周围出现了城市手工作坊。在 19、20 世纪之交，这些手工作坊保持了较高的木料加工艺术水平。在国内外展览会上，维亚特卡工匠的手工制品均获得了奖项。

莫斯科郊区的一些大型手工艺制品，在俄国木雕艺术的发展中发挥了重要作用。其中，19 世纪末 20 世纪初，莫斯科省谢尔吉耶夫波萨德的木制和纸制工艺玩具就属于大型工艺品。它的诞生与修道院传统的艺术雕刻和车削工艺有关。19 世纪上半叶的谢尔吉耶夫波萨德人物雕像是民间木制雕刻的最佳范例。到 19 世纪末，工艺制品中的木制雕刻玩具几乎被纸制雕刻玩具所取代。20 世纪初，在谢尔吉耶夫波萨德人们开始制作木制车削玩偶——套娃。同时，在随后的绘画技术中出现了先烧木头再绘制装饰画的烙印技术，这种方法被用来装饰小件家具、首饰盒等。

在谢尔吉耶夫波萨德木刻玩具工艺的影响下，弗拉基米尔省亚历山德罗夫斯基县康斯坦丁诺夫斯克乡附近的博戈罗茨克村出现了木雕手工作坊。这里的工匠还掌握了椴木制作的立体雕刻工艺，创造了具有概括性的、富于表现力的人物形象木雕作品。博戈罗茨克最著名的玩具是伐木工和铁匠，即一种可活动的设计简单、结构巧妙的人形玩具。

20 世纪初，博戈罗茨克雕刻的重要意义在于它将一种最有趣和最原始的手工艺保留了下来。这种雕刻深受试图开发雕刻家潜力的专业艺术家的影响。艺术家 Н. Д. 巴尔特拉姆提高了这种雕刻工艺的知名度，并为雕刻工匠提供了极大的帮助，特别是在使用插图和木版画时，引导雕刻工匠使用更细致的描绘语言。这些尝试的结果是出现了多人物的情节构图，使博戈罗茨克工艺品与画架上的雕塑相互融合。

第一次世界大战开始前，有 90 个家庭从事博戈罗茨克木雕工艺生产，家庭手工艺者总数为 240 人。生产保留了以家庭为单位的特点。研究表明："博戈罗茨克工匠在纯粹的农村环境中生活和工作，没有脱离农业生产，投入农耕作业的时间与从事手工艺创作的时间一样多。"①

　　另一项诞生在莫斯科附近郊区的手工艺是阿布拉姆采沃－库德里诺木雕。它起源于阿布拉姆采沃－库德里诺木雕工艺教学工作坊。细木工木雕工艺兴起于阿布拉姆采沃庄园附近德米特罗夫斯基县的几个乡村，并且这种工艺的发展将在阿布拉姆采沃教学工作坊学习的工匠们联合起来。阿布拉姆采沃－库德里诺木雕工艺教学工作坊的著名工艺大师 B. П. 沃尔诺斯科夫出身农民，库德里诺村是他的家乡。19 世纪 90 年代至 20 世纪初，B. П. 沃尔诺斯科夫开发了库德里诺平浮雕木雕风格，在凹进的背景上用一种特殊的植物图案装饰，这决定了平浮雕木雕工艺的风格。B. П. 沃尔诺斯科夫在这项新工艺和装饰构图领域表现出无限的非凡的想象力。他仔细研究了民间手工艺品的选材用料，在新型产品中发扬了塑料泛化的传统雕塑原理。他的作品在国内外展览会上获得了巨大的成功，他是这些展览会的固定参展人。

　　下诺夫哥罗德省是最大的木材艺术加工地区。19 世纪，下诺夫哥罗德省的伏尔加河沿岸村庄以木工活和手工木雕工艺远近驰名，他们利用雕刻花纹技术建造了带有装饰的农舍综合体——长屋檐、雕花护檐板、窗框，用华丽的植物、美人鱼、狮子、怪兽等图案花纹装饰。伏尔加河上的多桅帆船也用同样的雕花板装饰。伏尔加河流域的木雕工艺对其他形式的木雕制作产生了深远的影响。这里很多著名的手工业活动都有深厚的艺术传统。

　　下诺夫哥罗德最著名的手工制品是霍赫洛玛装饰画。它形成于 18 世纪的霍赫洛玛商业村附近的乡村地区，其产品因此而得名。这一手工业传播到包括下诺夫哥罗德的边界区域和科斯特罗马和维亚特卡等邻近省。木制器皿上的霍赫洛玛装饰画的技术和风格最终形成于 19 世纪。它的主要特点是用红色、黑色和金色颜料在木制品上绘制图案，底色采用金色颜料，使其在漆料涂层下呈现金属光泽。霍赫洛玛装饰画的基础是一种植物花纹，用工笔雕刻在木制的器具和日用家具上。

---

① Кустарная промышленность России. Промыслы по обработке дерева. СПб. , 1913. С. 169.

19 世纪的俄国，木材艺术加工仍然是最重要的手工业行业之一。在历史上，它形成了不同的独立的行业——木制车削、旋制的器具、家具及勺子生产。它们由白胚产品和上色产品两道相互关联的工艺程序组成。

旋制手工艺品的生产发展最为广泛。它的制作中心是下诺夫哥罗德省谢苗诺沃县和巴拉赫宁斯基县部分地区，以及科斯特罗马省马卡里耶夫县。仅在谢苗诺沃县就有近 40 个村庄从事旋制车床加工生产。

19 世纪末，一位手工业研究学者指出："自本世纪中叶以来，该类手工艺品的生产规模从未有过特别的变化。"① 盘子、碗和"木栏杆"（各种小玩意儿、玩具）等旋制手工艺品的制作很稳定。多年的生产实践决定了产品的尺寸和类型很少发生变化。市场需求的特点也几十年保持不变，因此，旋制手工艺品的工序一年内变化不大。即使在各种小玩意——"木栏杆"手工艺品的生产上，大师们也会尽情地发挥他们的想象力，使产品种类更加多样。

旋制木制器皿的上色工艺，摄于 20 世纪第二个十年

---

① См.：Плотников М. А. Кустарные промыслы Нижегородской губернии. Ниж. Новгород, 1894. С. 164.

旋床手工作坊的生产工艺相当复杂，需要一个大家庭或雇用工人来完成。在木材加工手工业行业中，旋床手工作坊最为有利可图。在霍赫洛玛手工业中，雇用旋工的劳动付出仅体现在生产木制餐具上。霍赫洛玛木制餐具用劈成两半的原木木块制成，属于劳动密集型、技术复杂型产品。其他类型的餐具器皿通常由作坊主自己打磨。

霍赫洛玛手工业和一般的木材加工行业一样，加工制作的家庭式手工艺品独占上风。木材加工，完全不受技术进步的影响（相对于金属加工或纺织品生产来说），几乎没有经历过大规模生产的压力。大工厂激烈的竞争没有威胁到这一地区的农民手工业作坊，因为除了这些农民手工业者，没有人可以声称他们在为农村人口提供廉价家居产品方面发挥了作用。

霍赫洛玛手工艺制品，下诺夫哥罗德省

在 19 世纪下半叶，旋床加工餐具的工艺明显扩散到俄国东北部的科斯特罗马省。森林的过度砍伐迫使木材加工生产转移到更接近原材料产地的地区。这首先波及制作时间长且成本昂贵的大盘子的生产制造，很明显，制造这些大盘子需要大口径的树木。

上色工艺的完成意味着木制餐具生产周期的结束。下诺夫哥罗德省谢苗诺沃县霍赫洛玛商业村会出售未上漆的白胚木盘，在霍赫洛玛市场上，旋制车工和油漆工配合得十分默契。霍赫洛玛和周围村庄的染坊

（在 20 世纪末，这里的染坊多达 38 家）只从事木制餐具器皿的上色工作。每个染坊都有 4~5 名油漆工匠在指导工作，包括染坊主人在内，染坊主人很少自己丢下这门手艺，即使在聘请了工匠的情况下。霍赫洛玛的上色工艺相当广泛地使用雇佣劳动力（在霍赫洛玛商业村 121 个染工中，有一半作为雇佣工人参与霍赫洛玛装饰画上色的工艺制作）。这是由生产技术条件和生产分工需求决定的。

这些成品被带到巴拉赫宁斯基县戈罗杰茨村，十几个采购商在那里购买商品，然后将其运往伏尔加河下游地区做批发贸易。著名的霍赫洛玛彩绘工艺品从此遍及俄国中部地区，同时流向波兰、芬兰、中亚、波斯以及其他东方国家，甚至销往部分西欧国家，但在那里来自霍赫洛玛的彩绘工艺品被冒充为日本制造品。

在斯科罗博加托沃乡，除了餐具，工匠们还绘制家具，但大多数是桌子、长椅、凳子等各种小物品。大家具是按订单做的。在斯科罗博加托沃乡东部的 9 个村庄，100 多个家庭常年都在从事餐具和家具的彩绘上色工作。由于土地资源稀缺，农业种植被搁置，艺术手工业成为当地居民的主要副业。[①] 19 世纪 60 年代，在这里，由于"俄国风格"时尚的风行，"俄国风格"的家具绘画也随之出现了。但给家具绘画上色需要特殊的才能，最优秀的工匠都在从事这项工作，整个乡村，参与其中的农民家庭不超过十户，其中最著名的是克拉西利尼科夫家族。19、20 世纪之交，这些代表俄国农民艺术工艺品水平的作品在俄国国内外的许多展览中大放异彩。

谢苗诺沃县一个非常大的手工业类型是生产木制勺子。[②] 生产量大是由稳定的需求量决定的（木勺使用寿命很短，不超过一年）。木勺手工业大规模发展的原因还在于工匠们从廉价的"设施"、原材料和工具中获利良多，以及对家庭劳动力的利用。木勺制作过程与家庭劳动分工有机地联系在一起：工作按家庭成员的年龄和性别分配。如果家庭成员不完整，那么有些

---

① Труды Комиссии по исследованию кустарной промышленности в России. Т. IX. СПб. , 1885. С. 2173 – 2192.

② См. : Федяковский М. Ф. Очерк ложкарного производства. М. , 1896.

工序就会在家庭以外完成。

　　谢苗诺沃县木勺手工制品可划分出 40 多个种类，每一种木勺都有自己的名字（"银""薄""巴斯卡亚""西比尔卡""弯勺""饭勺"等）和相应的彩绘（例如，"修道院"勺子上装饰有城市和教堂的景色）。分配工作、将成品和半成品从一些工匠那里运输到另一些工匠那里等事宜，掌控在谢苗诺沃县的 15 名采购商手中，其中最大的采购商是商人维图什金家族。在谢苗诺沃县居住着拥有更高水平的木勺制作大师，他们用珍贵的木材（黄杨木、棕榈树）为城市消费者制作木勺。谢苗诺沃县的木勺，像霍赫洛玛餐具一样，被运到戈罗杰茨，在俄国国内外市场都有很好的销路，一年一度的下诺夫哥罗德博览会上也出售了大量的木勺。

来自下诺夫哥罗德省谢苗诺沃县杰亚诺沃村的木勺制作工匠，
M. П. 德米特里耶夫摄于 19 世纪末

19 世纪末 20 世纪初，霍赫洛玛手工业经历了非常困难的时期，大多数手工业者穷困潦倒。这是由于森林资源枯竭，木材价格上涨，手工木器被工厂产品取代。在"俄国风格"的影响下，许多宝贵的彩绘传统遗失了，手工艺品的种类大大减少。木勺变成了工匠的主要艺术作品，越来越多的村庄从事木勺的生产。与 1870 年相比，到 19 世纪末，这些村庄的数量翻了一番。根据 1913 年统计数据，135 个村庄①约 8000 名工匠在谢苗诺沃县生产木勺。只有少数几个村庄继续生产制作茶杯、盐瓶和烛台等旋制车床手工业制品。

来自贸易商的经济压力逐渐导致霍赫洛玛装饰画的复杂彩绘技术的简化。然而，即使在非常简洁的作品中，霍赫洛玛装饰画的彩绘图案也并不刻板和枯燥。在霍赫洛玛装饰画创作主题上，在其彩绘的过程节奏中，总能感受到工匠们独特、快速、灵巧的技艺，以及他们对于每一笔的打磨。因此，尽管手工业的经济条件并不乐观，但工匠们的工作并没有丧失其独特的原创性。

在下诺夫哥罗德木勺工艺的基础上，雕刻玩具的工艺出现在戈罗杰茨附近的费多谢耶沃村。费多谢耶沃的玩具生产广泛使用了用刀和斧头加工木头的技术。玩具娃娃、家具、餐盘、推拉玩具、马车、旋转木马等上面绘制各种植物图案，这也与木勺的装饰画直接相关。

戈罗杰茨的扎沃尔日斯科耶是伏尔加河中下游东岸一座古老的要塞城市，也是一个大型购物中心和各种手工业的诞生地。这里有制作技艺高超的房屋和船只手工木雕刻艺术，并滋养出独特的彩绘木雕艺术——这一手工业的出现与发达的彩绘手工业有关。彩绘木雕艺术逐渐在俄国各地流传开来。

戈罗杰茨彩绘木雕艺术在 19 世纪广为人知。19 世纪 80 年代初，戈罗杰茨附近 7 个村庄的 68 位工匠从事"彩绘上色工作"，在那里一年能够生产多达 7000 件待售商品。② 一般都是像婴儿椅、隔板、货架和纺车这样简

---

① См. : Прокопьев Д. В. Художественные промыслы Горьковской области. Горький, 1939. С. 35.
② См. : Прокопьев Д. В. Художественные промыслы Горьковской области. Горький, 1939. С. 35.

单的家具。纺车的宽底部被涂上了漆，变成了一幅美丽的图画。彩绘图案的主题常为传统风格的生活场景，类型包括散步、茶会、欢聚、滑冰，装饰性图案有鸟类、其他动物以及花卉等，对于工匠来说，这种主题展示的是一种很有吸引力的城市生活方式。戈罗杰茨木雕彩绘展示了 1861 年大改革后迅速发展的商业村和工业村居民的审美品位。

　　19 世纪末，戈罗杰茨工匠绘画通常使用胶漆和胶画颜料，后来转而使用油漆。20 世纪初，工业纺纱的快速发展使其在很大程度上取代了家庭纺纱，家用纺车也相应地被取代，上色工匠们转而为其他家居用品绘画上色。

集市上儿童玩具的买卖交易，弗拉基米尔省，摄于 1914 年

　　除向全俄市场供应产品的高度组织化的手工业外，小农手工业继续存在，以满足其所在地区对廉价手工制品的具体需求。这些手工业主要使用当地可用的原材料。常见的一种小农手工业是用植物材料编织各种容器、鞋子、地毯和擦脚垫。除了这些产品独特的功能，无论是在产品形式、材料使用上，还是在编织图案的特定装饰性上，它们都成为一种

家族传承手工艺——篮筐编织，梁赞省扎别林村，摄于1913年

独特的艺术开端。最受欢迎的编织产品是篮筐。任何人都可以学会和使用这种简单的编织技术，因此篮筐通常都由农民自己编织。为满足附近其他一些大型手工行业的需要，篮筐编织作为手工业而产生。这就是在谢苗诺

沃县出现用韧皮编制的勺子外包装盒的原因。在弗拉基米尔省苏多格达县，一些村庄的农民编织包装箱，用于运输来自邻近玻璃工厂的产品。植物材料编织手工业没有受到工厂生产竞争的威胁，它仍然是一个手工业劳动保护区，类似于北部各省份和林区广泛存在的家庭手工业。19世纪末，全俄手工业委员会非常重视农民家庭手工业的发展：因为它的技术通常是独特的，所以委员会开始在手工艺学校推广。例如，沃洛格达村传统的松树根编织在乌斯季瑟索利斯克地方自治局下设的手工业作坊得到改进并被转移到大乌斯秋格县洛帕特尼科沃村。几个农民联合起来组成一个劳动组合，生产根茎制品。这是从家庭手工业过渡到手工业作坊的方

编织家具，摄于20世纪第二个十年

式之一。在俄国许多地方，艺术编织已成为一种专门职业，技术也达到了精湛的程度。在莫斯科附近的兹韦尼戈罗德卡，有一种古老的用藤蔓编织篮筐的方式。19世纪末，戈利岑的手工业者开始制作编织家具，这些家具深受城市居民的欢迎和喜爱。

　　编织技术的多样性与普斯科夫省工艺编织产品中使用的各种材料相结合，包括利用稻草、韧皮、柳杆、根茎、细木条、刨花、芦苇等材料进行编织，这些材料既可以单独使用，也可以组合使用。篮筐编织在这里很普遍，几乎遍布每个地区。它被分成两个独立的生产环节，有不同的产品种类和使用材料，包括多功能篮筐和用柳条编织成的柳条筐等，比如用于运输啤酒和家禽的专用收纳筐，用于家居用品和更复杂产品的篮筐，如家具、四轮马车车围。产品种类的多样性和复杂性表明了编织手工业工艺的深厚根基和专业性。另一种编织手工艺是用松木薄片编织篮筐。它们的尺寸很小，用来装糖果或浆果。由于这种编织篮筐主要销往城市商铺，销售商对它们提出了特别要求，并指定由熟练的工匠制作。手工作坊里的其他农民负责加工细木条和薄木片。在其他几个县也存在类似的手工业。因此，乡村与城市的联系导致小农手工业的生产和劳动分工呈现出专业化发展方向。

　　这些曾在俄国广泛分布的手工业的小分支领域在 20 世纪早期悄然消失，只在老一辈工匠们的作品中保留了对它们的记忆。

陶器工业

　　制陶手工业的历史生动地展现了俄国农民的生活。直到 20 世纪，制陶业仍然是伴随农业生产的主要家庭副业，深深植根于农民的日常生活中。由于黏土矿藏丰富以及易于开采，农民制作的陶器被广泛使用：农民通常从自己的土地上开采黏土原料。但不同地区黏土的质地却千差万别，这在很大程度上影响了制陶业的发展、盈利水平、产品质量以及制陶工的艺术创造力，并最终决定了陶器器皿的市场需求和分销程度。

　　原材料的可塑性强、成本低廉、生产技术和产品制作工艺简单及市场需求稳定等所有这些因素都使制陶业成为农民的主要副业。分散于俄国各地的众多陶艺中心，主要的生产工艺、技术和工作方法都是共通的：它们基于制陶工艺的原理，以其主要的技术特点和美学特征为基础。而这一切早在罗斯时代业已形成。

家庭日常生活用具的需求是农家陶器制作的基础，这些陶器采用简单的制作工艺完成，纹饰朴素、粗糙，以实用为主。出于这个原因，人们并不总认为民间陶艺是一种艺术现象，这导致了 20 世纪大多数陶艺行业的衰落。然而，19、20 世纪之交，俄国各地制陶工匠制作完成的极为丰富多样的陶艺器皿仍然牢固地扎根于俄国农民日常生活，同时也融入小城镇居民的生活。

1913 年，媒体在描述俄国制陶工匠时写道："精湛的工艺技术、惊人的细腻手法以及高度的艺术天赋和美学眼光，这一切往往是我们普通制陶工人身上独有的特点。"[①]

19 世纪，新兴陶瓷工业得到快速发展，受此影响，城市制陶业开始衰落，陶器的消费市场主要集中在农村地区。

集市上陶器的买卖交易，弗拉基米尔省，摄于 1914 年

①　Соколов А. М. Кустарные очерки. СПб.，1913. С. 6.

农村制陶业无处不在，陶器生产地往往设在消费地区附近，产品物美价廉，能够满足人们对简约陶器的需求。由于陶器的使用分布相对均匀，俄国许多地区都设有陶艺中心，这似乎是这种手工艺的"聚焦地"，与其他生产地区相比，陶艺中心拥有更高的制作技巧和工艺水平。制陶业的发展过程取决于以下许多情况：黏土质量、当地制陶手工艺传统、第三方因素影响、产品营销特点等。在维亚特卡、科斯特罗马以及普斯科夫等黏土品质较低的地区，制陶业仍然停留在原始水平，手工制作最简单的罐子的技巧保留了很长时间。成品陶器的运输是制陶业发展过程中遇到的一个瓶颈。在一些省份，例如维亚特卡省，这个问题导致了陶艺中心"打零工"现象的出现，即工匠会根据工作需要暂时搬到另一县城工作一段时间。

陶艺发展的一个重要阶段是使用玻璃涂层上釉（或珐琅质），以保护和装饰陶器的表面。直到 19 世纪中叶，俄国的乡村制陶业才掌握了上釉的技术，主要采用具有较高装饰性的易熔铅釉。上釉的陶器逐渐取代了黑色亮面陶器。随着时间的推移，除了透明的无色釉料，人们还学会使用添加了各种金属氧化物的彩釉来装饰陶器。

俄国最大的陶艺中心位于欧洲北部地区的阿尔汉格尔斯克省、奥洛涅茨省和诺夫哥罗德省。在阿尔汉格尔斯克省的皮涅加和梅津河畔分布着著名的陶艺中心。梅津河畔的季莫舍里耶村以制作陶器和泥玩具而远近闻名，是俄国欧洲领土上最北端的陶艺中心。制作陶瓷盘和泥玩具是卡尔戈波尔县附近村庄从事的重要手工行业。卡尔戈波尔县潘菲洛沃乡有一个古老的手工陶艺中心。托罗波沃、格里涅沃、佩奇尼科沃村制作的陶瓷盘沿波涅日耶和白海海岸销售出去。卡尔戈波尔县当地就有一个大型的陶器市场。

这一地区以蓝色油性黏土矿床为主。烧制时，这种黏土会变成黑色（用它可烧制"韧性"陶器），特别是可以制作很多带喷嘴儿的器皿，如角形陶罐、尖嘴陶罐、悬壶洗手器等。最大的陶制器皿是日常生活中使用的发面盆和用来装煤的瓦坛。与其他手工业一样，陶器的生产也伴随着泥玩具的制作。与制陶业不同的是，20 世纪的泥玩具制作从未间断过。阿尔汉格尔斯克传统的农民制作的泥玩具，用整块黏土模制而成，辅以条纹、线条和圆点等装饰，它与俄国北方的传统文化有关。泥玩具的装饰方法是，胚胎经烘烤后，涂上稀释在牛奶中的粉笔作为底漆，以保持表面光洁，然后在白色背景上用天然染料作画。用2～3种颜色完成的彩绘强调了泥玩具造型轮廓的特殊性，并以最简单的古代几何装饰图案为基础。

奥洛涅茨省奥亚季河和安多马河两岸的制陶业保留了产品造型和煅烧的旧方法。安多马河沿岸各村庄里的大型制陶业以制作黑黏土耐热陶器而闻名。由于黏土自身具有的特性，在19世纪的玻璃冶炼中也用到了安多马陶器。尽管生产水平处于原始阶段，奥洛涅茨省陶器制造业还是满足了奥涅加湖沿岸和外奥涅加湖大片地区，以及阿尔汉格尔斯克地区人民对陶器的需求。

诺夫哥罗德省杰米扬斯克县蕴藏着极为丰富多样的优质黏土矿藏，因而这里有一个大型陶艺中心不足为奇，当地农民不需要经过任何的预加工处理就可以直接使用这些原料制作陶器。在该手工业的发展过程中，总是呈现出不同的特色发展阶段，但也反映了陶艺工业组织的总体特征。19世纪70年代至80年代初，俄国制陶手工业已经发展到很大的规模，几乎所有靠近黏土矿藏地的村庄居民都加入这一行业，他们利用每一年农忙之余的4～6个月时间从事陶艺工作，陶工们制作了相同类型的简单陶器并在农村地区出售。19世纪80～90年代，部分陶工的经营活动发生了变化，从家庭手工业转向专业的、技术操作正规的行业，这是因为市场需求、消费者品位、产品种类配比关系发生了变化。上釉陶器的诞生是这一切变化的主要标志。然而，并非所有的陶工都能够重新找到自己的定位，其中一些人很难改变早已习以为常的制作技术和产品类型。因此，对于大多数农民陶工来说，消费者需求的变化是通过将销售市场缩小到附近地区表现出来的。事实上，到19世纪末，几乎所有省份的陶工都是当地人口中最贫穷的那一部分，其中许多人由于缺乏马匹和农用工具而无法耕种土地，终年都在从事陶艺工作，靠制作陶器换取粮食。

伴随陶工阶层分化、工匠的专业化和职业化，他们的独创性、创造力以及适应市场需求能力都得到增长。陶艺师利用一切机会扩大新的生产。例如，茶在乡村日常生活中的普及推动了黏土茶壶甚至茶炊的出现，种植马铃薯和以马铃薯为主食推动了用于盛装烧制马铃薯的专用餐盘的制作。

与整个俄国一样，普斯科夫省手工业生产十分发达。这里的制陶业与农业紧密地联系在一起，陶器制品主要在附近地区销售。普斯科夫地区的矿产资源不是很丰富，但却蕴藏着大量的黏土资源，这是制陶业在普斯科夫这里广泛流行的基础。

陶工用脚踏砂轮进行"磨光"，这是普斯科夫地区采用的一种更先进的制陶工序。这里使用了最具可塑性的红色黏土作为原材料。红陶陶器可以直接上釉或涂上彩釉和釉底料。红陶制品的种类相当广泛：陶罐、高牛奶罐、花盆、带管状喷口的悬壶洗手器、杯子、碗、钵及彩盆等。像往常一样，人们生产陶器的同时，还制作鸟类或马形状的儿童泥玩具。

伏尔加河中下游各地区在俄国制陶业发展中占有重要的地位。19 世纪，特维尔省和雅罗斯拉夫尔省制陶业经历了一个高度专业的繁荣时期，制造出了涂釉的亮黑色的精美陶器样品。雅罗斯拉夫尔制陶业最著名的中心是卡拉什乡、拉扎尔采沃村和博罗沃耶村。在雅罗斯拉夫尔省，陶工制造出带有彩釉的、装饰华丽的盛克瓦斯的容器和带把高细颈罐子，装饰着浮雕图案和带图案的把手。这一地区制作的黑色抛光陶器以造型典雅和色彩庄严而著称，俄国古老的制陶传统在 20 世纪得以延续下来。

在一些农业省份，陶艺通常作为农民的家庭副业而存在，但在以农民极度缺乏土地而闻名的下诺夫哥罗德省，任何手工业都具有自己的专业特征。下诺夫哥罗德省巴拉赫纳县瓦西廖沃村和戈尔巴托夫斯基县博戈罗茨克村的陶艺中心就属于这种情况。俄国的大型手工业分布在这些地区，陶器从此地直接运往其他地区。这里每年都会举办陶艺展览会，会上的陶器展品被大量购买和批发转售。伏尔加河下游各省份成为下诺夫哥罗德农民手工陶器销售的广阔市场。奥卡河和伏尔加河两条水路是运输易碎黏土陶器的最佳路线。负责运作俄国市场的中间商将陶器销往萨拉托夫、萨马拉、喀山及阿斯特拉罕，甚至出口到国外。面向如此广阔的市场，顾及城乡消费者的利益需求，中间商要求瓦西廖沃村和博戈罗茨克村的陶工不断推出种类繁多的新产品。例如，在瓦西廖沃村生产出两种陶瓷："蓝色"（亮黑色）陶瓷和"上红铅釉"陶瓷。其中，瓦西廖沃村盛克瓦斯的亮面容器久负盛名，从大到小有十七种陶器。在每种产品中，产生了 5~6 个"品级"，大小和价格各不相同。① 因此，市场对各种陶器产品的需求得到了充分的保障，在需求量已经确立的基础上，生产获利并不是一件难事。除了批发销售，当地还经营瓦西廖沃陶器的零售贸易：零售点不仅本村有，而且在附近的卡通基、普切日、戈罗杰茨、普列赫、巴拉赫纳也随处可见。

戈尔巴托夫斯基县博戈罗茨克村成为下诺夫哥罗德省一个重要的商业和工业中心。这里居住着大约 8000 名居民。村子及其周边地区，有 40 多家独特的陶器"工厂"，工人只有 15 人。② 大规模生产需要广泛雇佣劳动力，这对于农民陶瓷手工业来说是不寻常的现象。这种半工厂化的手工行业组织把村里的贫困居民从商业领域中淘汰出去，让他们成为陶瓷手工业雇佣工人。博戈罗茨克村对周围的村庄产生了重大影响，这些村庄纷纷被吸引过来，似乎与博戈罗茨克村构成在商业和工业领域的"延续"关系。但与之不同的是，这些村庄的制陶成本更低，因此，全村所有农民都参与了这一行业。

正是由于制陶工艺水平高度发展，19 世纪的俄国制陶业呈现出专业化趋势。在全俄市场，陶瓷生产企业面临越来越激烈的竞争，由于无法承受市场竞争压力，这些企业逐渐衰落下去。只有个别小地方经营的小农家庭手工制陶业对竞争和变化不断的市场环境更具抵抗力。

仅下诺夫哥罗德一个省就有几家陶器生产中心，它们的产品差异很大。

① Труды Комиссии по исследованию кустарной промышленности в России. Т. IX. С. 2493 – 2495.

② Труды Комиссии по исследованию кустарной промышленности в России. Т. IX. С. 2420 – 2432.

在第一次世界大战爆发之前，有 1200 多名陶工在该省工作，当地的制陶特色和工艺技术得到很好的保护，这表明下诺夫哥罗德制造的陶器依然受到市场的欢迎。[①]

通过参加县级和省级手工艺品展览会，以及国家级展览会，地方陶器手工业在 19 世纪末逐渐被人们所熟知。弗拉基米尔省梅连基县的陶器手工业就是这种情况。梅连基陶器由科罗维诺和拉特诺沃两个村子的陶艺师制作，保留了当地原始形式的古代制陶工艺的特征。由于当地白色黏土的质量很好，陶器手工业在这里得到了很大的发展。在 20 世纪初，传统的亮黑抛光陶器逐渐被彩釉陶器所取代，这决定了梅连基陶器的独创性特点。

俄国中部尤其是中部黑土地区在俄国陶艺史上始终占有最重要地位。其中，排在首位的是莫斯科省和梁赞省，那里至今还保存着格热利陶器和斯科平陶器这两个最大规模的传统手工制陶中心，它们对其他制陶中心以及俄国陶器手工业的整体发展产生了重大影响。中央区陶器工业的特点是制作和装饰陶器的工艺及技术手段富于多样性。

梁赞省斯科平市的陶器手工业有悠久的历史和优良的传统。斯科平陶艺大师的作品在 19 世纪末 20 世纪初俄国民间艺术中占有特殊的地位。19世纪，这里广泛使用轻色黏土和黄、绿及棕色釉料制作家用陶具和泥玩具。当地的黏土具有特殊的可塑性特征，这有助于陶工在其作品上充分施展高超的雕刻技术。

俄国制作的陶器包括传统的家用陶器和艺术陶器。19 世纪 50～60 年代，俄国开始制造鸟类和其他动物等不同造型的具象容器，这大大提升了制陶工艺水平，并赢得了广泛的赞誉。虽然带有趣味雕塑造型的水壶、克瓦斯壶、形状复杂的细颈壶等陶器比简单质朴的陶器价格更高，但它们的市场需求量仍十分可观。最常见的带有图案花纹的陶制容器是一种细颈高水罐。它有高瓶颈、雕刻的壶嘴和弯曲的把手。这类容器的基本

---

① См.：Прокопьев Д. В. Указ. соч. С. 52.

形状是陶工用砂轮制作的，通常分几道工序完成，零部件和雕塑装饰分开模制而成。工匠们把鱼鹰、狮子、熊、龙、半人马的形象融入容器的构图中，使它们能够与容器主体有机地结合。采用绿色、棕色或黄色釉料给容器上色。

博尔村的集市上一排陶器制品货摊，下诺夫哥罗德伏尔加河流域地区，M. П. 德米特里耶夫摄于 19 世纪末

由于带有图案装饰的陶制容器的出现，斯科平陶艺成为俄国工艺美术体系中的重要组成部分。19 世纪末的俄国，这些产品并非所有陶艺作坊都能够制作，而且只能按照订单定制。斯科平陶器是技巧精湛和进取心强的工匠的专长，他们专为举办展览会、手工艺品集市或业余爱好者工作。当时，手工艺品的生产并没有影响手工业的总体经济。20 世纪初，莫斯科工艺博物馆确保了手工艺品稳定的销售渠道。斯科平陶器制作的一个特点是明显的装饰原则，时代的影响以自己的方式体现在过于厚重的造型、过度承载具象细节以及物品本身夸张的装饰性上。

1908 年，斯科平共有 47 家陶器厂，雇佣工人总数高达 200 人。[①] 但随着 1914 年第一次世界大战爆发，这些陶器厂几乎完全停产。总体而言，斯科平陶器厂的发展规模比下诺夫哥罗德博戈罗茨克陶器厂要小，平均每家斯科平陶器厂只有 3 ~ 4 名雇佣工人。[②] 斯科平陶器厂的一个特点是，制陶工作主要在夏季进行，这个季节具备各种便利条件，而冬天对陶器的需求量下降，工厂势必减产。

格热利陶瓷工业是俄国农民手工业领域一个非常特殊的现象。长期以来，格热利地区的农民制陶业普遍存在，这里有丰富的适合生产珐琅、陶器及瓷器的优质黏土矿床，其制陶技术是由格热利居民从莫斯科附近私人工厂的工匠那里引进的，并以农民家庭手工业的形式存在。事实上，格热利制陶手工业正朝着工厂化的方向发展，且发展过程是自发的：一些工厂兴起，另一些工厂却关闭了；转手、分裂、扩大和缩小；大工厂与小工厂并存，工艺流程和产品种类却大不相同；大小企业的生产活动是在一直处于农民家庭手工业环境的陶器生产背景下进行的。

扩大生产的过程始于 19 世纪中叶。农民创业精神的起源地是被描述为具有商业特征的格热利制陶工业区，它也是俄国最大的生产容器和小雕塑品等陶瓷产品的基地。但在 19 世纪 50 年代，格热利制陶手工业因过于集中在同一个地区而发生了一场危机，整个制陶手工业都在走下坡路。于是格热利原住民将生产转移到彼尔姆、维亚特卡、奥伦堡等其他省份。

在俄国的许多地方，作为对日渐衰落的制陶手工业的纪念，泥质玩具的生产得以保留下来。它通常是伴随着陶器生产而额外制作的附加产品。当陶器不再使用时，这些泥质玩具却作为工艺品的象征被保存下来。在 19、20 世纪之交出现的俄国泥质玩具，特别是利佩茨克、奥廖尔、库尔斯克、奔萨等地制作的泥质玩具种类繁多，且拥有较高知名度。

---

① См.：Соколов А. М. Скопинские гончарные промыслы// Отчеты и исследования по кустарной промышленности в России. Т. IX. СПб., 1911. С. 47.

② См.：Соколов А. М. Скопинские гончарные промыслы// Отчеты и исследования по кустарной промышленности в России. Т. IX. СПб., 1911. С. 49.

脱坯工在工作，梁赞省，摄于 **1913 年**

著名的德姆科沃小泥人玩具因其起源地而得名，这是俄国最古老的工艺品之一，诞生于维亚特卡的郊区德姆科沃村。这里的玩具业早在 19 世纪就已从制陶手工业中分离出来，并获得独立的地位。德姆科沃小泥人的出现与当地春天"斯维斯杜尼亚节"的节日仪式有关，在这一天会举办大量黏土哨子的集市交易活动。德姆科沃小泥人在制作工艺上类似于卡尔戈波尔玩具。它用俄式烤箱烧制，在白色的背景上用稀释在蛋黄里的油漆以冷处理方式绘制而成。

该手工业从生产简单的玩具和哨子发展到雕刻小玩意儿——"玩偶"。维亚特卡工匠的玩具制作反映了城市生活现实：它塑造了漫步中的时尚达人和花花公子、奶妈和带着孩子的保姆。同时，动物形象是玩偶雕塑不变的主题。由于具有易碎性，这些玩具不能长途运输：它们直接在维亚特卡及其周边的集市上完成交易。但在 19 世纪末，制陶手工业走向衰落，彩色的灰泥玩具被更容易制作的在模具中浇铸成型的石膏玩具取代。

19 世纪中叶，以制陶业为地方经济基础的图拉省奥多耶夫地区出现了菲利蒙诺沃玩具手工业。其产品类型丰富多样，多是用一整块黏土制成的民族传统造型的女士、骑手、马和熊等，具有很高的装饰性。当地黏土的可塑性决定了玩具制作的拉伸比例和整体塑形效果。烧制时，黏土呈现出白色的表面，在上面用鸡蛋稀释过的苯胺涂料描绘出明亮而优雅的画面。20 世纪初，这种手工业已不复存在。

金属加工——珠宝艺术

金属加工为手工艺品和手工行业的广泛兴起提供了基础。从建筑装饰到珠宝首饰，各种各样金属产品的制作使用了许多工艺和技巧。金属手工艺品巩固了传统的金属加工方法，既简单又珍贵。

俄国手工业制造中大量使用铜、青铜、铁、生铁、钢和银等金属，以及多种多样的金属加工技术。一方面，可以用它们制造武器、教堂用具、十字架和圣像、马具零件、日常用品和劳动工具；另一方面，也可以用它们为富有的市民加工制作珠宝和时尚家居用品。

铜合金铸件在俄国各地都很常见，特别是在北方。铜铸造厂和设备简单的农民手工作坊主要制作家居用品及马具零件。一些手工作坊专门制造十字架和圣像、小神像和折叠神像。

金属加工是在高度组织化的手工业区发展起来的。下诺夫哥罗德省戈尔巴托夫斯基县奥卡河畔巴甫洛沃村是一个古老的金属锻造和铸造中心，归 П. Б. 舍列梅捷夫伯爵所有。这里享有盛名的金属制品是巴甫洛沃锁，是工匠们制作的结构设计最为复杂的特形锁。挂锁通常是微型的，一般是动物或神兽的造型。这些图像的精巧构思类似于古代俄国的铸造精品，特别是斯拉夫吊坠。锁匠制造的产品以优良的品质、精湛的工艺、丰富的种类而远近驰名，深受锁具市场欢迎，被四处分销到那些远离制造地点的地方。

金属制品工业集中在巴甫洛沃和沃尔斯马这两个大村庄里。在它们周围几公里的范围内，有专门生产各种金属制品的小村庄。弗拉基米尔省农民也逐渐地开始从事这种手工行业，他们按照巴甫洛沃锻造厂厂主的订购单制作剪刀。巴甫洛沃的五金加工厂涉及种类多达 15 个，仅制锁作坊就多达 1000 家。巴甫洛沃五金工艺件主要用于与装饰性的骨雕和贝雕工艺品相结合，具体产品的种类包括刀具、武器、锁具和餐具。巴甫洛沃工艺品在每周的集市上集中销售。

图拉是著名的城市金属加工工业中心。图拉五金工艺品的制作是由武器手工作坊的活动发展而来的，19 世纪末 20 世纪初，俄国最著名的工艺品是图拉茶炊、金属器皿等。

最先进的金属加工技术主要应用于珠宝艺术品领域。在俄国珠宝行业中，精细的铸造和压花方法往往辅以各种装饰技术，包括雕刻、发黑和烧蓝处理、金银丝蟠花、珐琅等。

城市工艺品，特别是那些使用昂贵材料制作的工艺品，在很大程度上依赖于时尚潮流的引导，而时尚潮流的变化往往会导致客户大量流失，这极大地影响了大乌斯秋格地区发展起来的乌银手工业。早在 19 世纪上半叶，乌银手工业的发展环境已经发生很大变化。尽管 19 世纪中叶这一地区仍有大型手工作坊在运营，但其中大部分工匠逐渐依附于白银交易商的利益需求。与许多其他手工业行业和贸易一样，原材料问题决定了北方乌银手工业的命运走向。到 19 世纪末，乌银手工业作为一门手艺渐渐消失，只有少数工匠在从事这项工作。最后一位工匠是 M. П. 科什科夫，他在大乌斯秋格一直工作到 19 世纪末，擅长银质袖扣、胸针、发夹和裁纸刀的制作。

红村的珠宝手工业以其银制工艺品闻名。它是在克拉斯诺耶和西多罗夫斯科耶这两个村庄周围发展起来的，吸引了附近 54 个乡村的近 4000 人从事珠宝手工业。[①] 这里是俄国最古老的白银工艺品制造中心之一，其出现可以追溯到 17 世纪初，主要制作银器、盐瓶、小酒杯、球形酒壶、银质圣像

---

① Отчеты и исследования по кустарной промышленности в России. Т. Ⅱ. СПб. , 1894. С. 75.

衣饰和教会书籍的框饰，以及十字架。19 世纪，小型廉价珠宝、十字架和圣像的生产范围不断扩大。19 世纪末 20 世纪初，这一行业得到快速发展。然而，成功的销售取决于大部分珠宝产品的合理定价，这导致了手工珠宝产品种类的简单化趋势。

19 世纪下半叶，红村珠宝手工业大多数的工匠，像其他手工业的工匠一样，"失去"了他们的独立性。能够使用自己的材料加工并销售自家产品的人越来越少。红村有 10 ~ 12 户商人之家，他们是大多数工匠生产的组织者。1908 年，这里有 78 位商人从事珠宝销售生意。[1]

19 世纪末的红村更像是一个人口众多的小城镇，大部分工匠放弃了农业生产，纷纷来到这里定居。但农村的工匠们仍然只在冬季从事珠宝手工制作。

地方自治局的研究人员在 20 世纪初写道："在红村家庭手工业者中，每一个品种，甚至工艺品的每个部分都由各种专业的工匠制作完成，因此，很难遇到戒指、耳环、手镯和胸针等出自同一家庭手工作坊的情况。一般来说，一种产品是由生活在不同家庭甚至不同村庄的专业工匠分阶段流水完成的。"[2] 珠宝家庭手工业是一个完整的有机体，其共同之处体现在产品风格的一致性上，这些家庭制作的珠宝手工艺品成功地打入俄国、乌克兰、芬兰、外高加索以及中亚的所有展览会。红村珠宝商提供的展品物美价廉，市场需求量很大，在下诺夫哥罗德博览会上的珠宝专柜、莫斯科和圣彼得堡的珠宝店都很畅销，受到民众的青睐。珠宝家庭手工业广泛生产工艺最简单的耳环、戒指、袖扣和镶嵌宝石的戒指，这些都是民间服饰不可缺少的装饰物。与此同时，工匠们越来越注重模仿采购商带来的作为样品的昂贵珠宝作品，红村的珠宝仿制品愈加引人注目。这条销路也得到了 1904 年在克拉斯诺耶开办的地方自治局手工艺美术作坊的大力支持。20 世纪初，这项家庭手工业发展迅猛：行业中出现了劳动组合。在第一次世界大战之

---

① См. : Разина Т. М. Русский художественный металл. М. , 1958.

② Отчеты и исследования по кустарной промышленности в России. Т. Ⅸ. С. 76.

前，它拥有雇佣工人大约 6000 人。

罗斯托夫形成了长达几个世纪的彩绘珐琅的传统，珐琅工艺相当成熟，达到了很高的水平。在 19 世纪俄国艺术珐琅工业中，罗斯托夫独特的珐琅工艺品和装饰品享有盛名。彩绘珐琅图案工艺与教堂日常用品有关。但从 19 世纪中叶起，彩绘珐琅工业中出现了世俗产品，首先是精致的微型肖像画。然而，到 19 世纪末，这一行业的工匠的色彩和构图艺术变得非常简单，在其大量产品中，彩绘珐琅取代了彩色金属雕刻。1913 年，格拉费卡艺术家 C. B. 切霍宁开始与罗斯托夫的珐琅工匠们合作，并负责管理罗斯托夫珐琅工作室。

纸胶漆微型画和金属装饰画

漆画不仅用于装饰家具、小箱子、化妆盒和混凝纸制托盘，还长期用于装饰鼻烟壶。用混凝纸浆制成的漆器具有坚固大方、造型典雅的特点，小型彩绘艺术漆器成为真正的手工艺珍品。虽然大部分漆器制作与特定订单相关，但随着时间的推移，这种手工作坊已具有工厂生产的形式和规模。

乌拉尔彩绘托盘的题材和形式有两大风格：带有情节画或风景画的主题以及带有华丽色彩的花卉主题。工匠们使用三层油画技术，复杂的底漆和"透明清漆"确保了高质量彩绘托盘的制作效果。后来，这项古老的下塔吉尔彩绘装饰工艺丢失了。除了托盘，金属器皿和箱子也都饰有彩绘图案。在 19、20 世纪之交，所有这些艺术品不仅在俄国国内市场上十分走俏，受到热烈欢迎，而且还远销中国、阿富汗、伊朗等国家，乌拉尔彩绘托盘制品的传统消费市场大大拓宽了。

欧洲不同国家的首批漆器工厂中早已能够制作装饰精美的鼻烟壶，这是由这些精美物品的普遍和长期流行带动的。18 世纪 90 年代中期，卢库京父子在莫斯科附近达尼尔科沃村成立了俄国第一家小型彩绘鼻烟壶工厂，这些鼻烟壶多采用混凝纸浆制作而成，工厂的产品，即所谓的卢库京彩绘漆器，其价值远远高出欧洲的同类产品。19世纪初，该工厂附近的邻村费多斯基诺出现了小型彩绘艺术漆器作坊。

卢库京工厂和小农作坊形成了各自不同的消费圈。费多斯基诺工匠们创作的作品保留着自己的传统题材，以反映民间生活情节而闻名。在鼻烟壶、化妆盒和首饰匣上，工匠们描绘了"茶会""三驾马车""环舞"以及其他典型的俄国日常生活情节。高技术水平的生产和工厂主较高的艺术品位使卢库京产品成功地战胜了小农作坊生产的廉价漆器产品。但1904年，卢库京家族创办的工厂遭遇不幸被迫关闭，在此基础上，厂里留下来的工匠们重新组合，创建了费多斯基诺彩绘漆器艺术家协会。

19世纪上半叶，在漆器与小型彩绘装饰画的密切合作下，漆器彩绘装饰画的另一个流派出现了，即若斯托沃彩绘装饰画。在奥斯塔什科夫村O. Φ. 维什尼亚科夫手工作坊出现了彩绘金属托盘。到20世纪初，混凝纸浆上的小型彩绘漆画与维什尼亚科夫的彩绘金属托盘并存。这种联系体现在彩绘装饰画创作动机和技法的某种统一上。在20世纪中叶，因为莫斯科附近农民积极努力奉行创业精神，彩绘金属托盘手工业在莫斯科地区特罗伊茨克乡的各个村落广为人知，甚至在国内外市场上排挤了下塔吉尔彩绘托盘手工业。在最大的销售中心莫斯科，以及莫斯科附近地区，彩绘漆器生产在19世纪已十分普遍。

若斯托沃的彩绘装饰文化是沿着俄国花卉彩绘装饰文化传统的轨迹发展起来的。画师通常以黑色为背景，以园内鲜花和小野花搭配的花束作为主题，这一主题使托盘能够展示出各种各样的技艺笔法和丰富的色彩。画师会在彩绘图案上继续增加涂层，随后，他们还将进行抛光、清洗、涂清漆等加工步骤，以使托盘呈现出镜面般的光泽。多层彩绘图案以其精细的画工和鲜艳的色彩著称。彩绘金属托盘的制作过程包括锻造、涂漆和彩绘等工序。铁匠在彩绘金属托盘的工艺流程中起到了至关重要的作用。

1861年改革之后，若斯托沃彩绘金属托盘行业繁荣发展起来，"工厂"（这里称手工作坊）的数量增加了。1876年，在莫斯科地区特罗伊茨克乡各个村落里共有23家这样的工厂，拥有300名雇佣工人。最大一家工厂拥有 27 名雇工。[1] 19 世纪末直至第一次世界大战初期，俄国彩绘金属托盘厂是生产经营发展最为成功的行业部门之一。1904 年以后，混凝纸浆制作和金属制作的彩绘涂漆产品集中在 О. Ф. 维什尼亚科夫的作坊里生产。此外，还有 40 家小型工厂和手工作坊，其中有 170 人从事这项技艺。1910 年，工匠们创建了绘画写生劳动组合[2]。

骨雕艺术

霍尔莫戈雷骨雕是俄国最古老的手工行业之一，而这项艺术最著名的中心就在阿尔汉格尔斯克省霍尔莫戈雷村一带。霍尔莫戈雷的工匠们延续了古老的俄国骨雕技艺。在没有农活的冬季里，霍尔莫戈雷村周围居住的农民从事着骨雕工作，为那些不是十分富裕的买家提供制成品。而阿尔汉格尔斯克夏季博览会是实现骨雕工艺品大宗交易的良好平台。出于扩大销售市场的想法，工匠们在 19 世纪下半叶转为生产简单实用、廉价、几乎没有任何图案装饰的骨雕制品：带有光滑手柄的勺子、裁纸刀、袖扣和纽扣、烟盒、伞柄、手杖、台球，当然还有农妇们的梳子。为了寻找更多的买家，工匠们会利用节假日走街串巷，把自己的制成品挨家挨户地送到霍尔莫戈雷居民家中。在霍尔莫戈雷和阿尔汉格尔斯克地区，鲜有雕刻师根据订单或为展出或出口制作骨雕艺术品。

1885 年，在 М. И. 佩列皮奥尔金大师的指导下，阿尔汉格尔斯克地方自治局统计委员会组织了一个骨雕教学班。这里的工匠们试图保持其精细镂空雕刻的传统。后来著名的霍尔莫戈雷骨雕大师 Г. Е 彼得罗夫斯基、В. П. 古里耶夫、В. Т. 乌济科夫都曾在这里学习。

到 20 世纪初，这个行业的经济状况非常糟糕，实际上已经不复存在了。可以这么说，即使是在 1900 年的骨雕教学班上也仅剩下一本课本而

---

① См.：Исаев А. А. Промыслы Московской губернии. Т. 2. М.，1876. С. 23.

② См.：Яловенко Г. Федоскино. М.，1959.

已。① 这一时期的骨雕作品失去了以往的装饰风格，存在重复相同的风格和图案、过度打磨镂空图案的情况。

另一类俄国著名的骨雕艺术体系是托博尔斯克骨雕。托博尔斯克骨雕在秋明省出现的时间相对较晚，而且与霍尔莫戈雷骨雕的工艺风格完全不同。当时这些地方有大量的猛犸象骨沉积物。托博尔斯克骨雕工艺始于 19 世纪 60 年代，当地居民业余时间都在从事以骨骼作为载体的雕刻活动。汉蒂人、曼西人和涅涅茨人等俄国北方族群，长期以来一直从事普通动物骨骼和海象牙雕刻，制作神像和动物图腾雕像。这里甚至出现了许多家骨雕小作坊，其产品体现了专业艺术的影响，并具有鲜明的"西伯利亚纪念品"艺术特色，这些骨雕艺术品大多取材于北方人民日常生活。在一个个长方形的底座上雕刻有生活中自然表现的真实反映西伯利亚民族风格的尖顶帐篷、雪橇、船只、狩猎场景、穿着民族服饰的人物造型和动物造型，一些裁纸刀、烟嘴、发夹、胸针等小物件也是用各种骨骼雕刻而成的。造型各异的精美作品彰显高超的雕刻技术和鲜明的民族特色。19、20 世纪之交，俄国骨雕行业蓬勃发展，当时最有名的雕刻家是现实主义雕塑大师 П. Г. 捷连季耶夫。

手工提花织造

19 世纪末 20 世纪初，家庭手工提花织造仍然在农村广泛发展。尽管工厂生产的棉织物、素色和印花布，以及缎纹织物越来越多地融入农村生活，但是古老织布机还是每个家庭不可或缺的必备品，家庭自制提花织物用于缝制和装饰男装和女装。农民还织造用于装饰农舍的毛巾、台布、地毯等物品。

带有鲜明的规律和对称性的各种几何图案装饰元素，以及亚麻、大麻、羊毛等材料的配色方案与质地选择艺术，构成了手工提花织造的美学特征

① См.：Василенко В. М. Северная резная кость. Холмогоры. М.，1936.

基础。基于自古以来使用的织造技术的特点，民间织物各品类逐渐成熟。在古老的织造工艺中，最富于表现力的是嵌入、挑花、平针组织和透花刺绣技巧。它们的特点是所需劳动强度大，而多臂提花织造技术消耗劳动力较少，因此在纺织机械普及的时代，这种多臂织机依然存在。

19世纪末20世纪初，民间手工提花织造因其种类繁多而独树一帜。在每个省，有时在每个县和乡，都有手工提花织造中心。其产品的独创性体现在装饰图案、颜色、图案的大小和分布密度上。俄国提花织物习惯上分为中部织物、北部织物和南部织物三种。

对于俄国中部的民间织物来说，其特点是传统的红白色调加上明亮的渐变配色。北方地区的织物在色彩运用上更为克制。而南方地区织物的特点是色彩丰富、色泽鲜艳。

在俄国北方，具有古老的地方特色的挑花织造技艺得到了很好的传承。值得注意的是，阿尔汉格尔斯克织造具有许多传统特征，这种织造技艺早已存在，特别是在皮涅加河沿岸地区。主要的手工提花织物类型是长款礼仪毛巾、腰带和长形地毯。沃洛格达省农民手工提花织造的花纹设计有极高的艺术观赏性，直到20世纪初，其艺术价值都没有丧失。切列波韦茨附近的村落就是其中的一个手工提花织造中心。

在俄国南部的织造工艺中，最有代表性的是梁赞手工提花织造，这种花纹主要用于民族服饰。它的中心是萨波若克、里亚日斯克和斯科平市。它们使用挑花和嵌入技术编织。梁赞织物的特点是简单清晰的花边排列，温暖、丰富的色彩组合使衣物与布料的白色平纹组织形成鲜明对比。

多臂提花织造技术在沃罗涅日手工提花织造中用来制作传统的羊毛格子裙。19世纪末20世纪初，下诺夫哥罗德织造用来加工生产各种毛巾、台布和罩布，图案丰富多样，表面织有纹理。

从19世纪60年代初开始，许多地区的妇女手工家织具有重要的商业价值。这些纺织工艺得到了广泛的推广，并逐渐远离手工家织的技艺方法，更加先进的织布机被开发出来。总而言之，家庭手工纺织业的悠久历史为大型机器纺织工业的兴起奠定了基础。

从19世纪七八十年代开始，雅罗斯拉夫尔省的伊万诺沃村和韦利科耶村、弗拉基米尔省的丝绸织造，以及卡梅申的方格布织造等大型纺织工业迅速发展起来。1890年，全俄共有31家纺织工厂以及其他类型的工厂。工厂工业在这里发展起来，原本独立自主的织布工转变成了雇佣工人。同时，家庭手工业和小型纺织作坊保留了较为复杂的手工提花织造工艺——其中运用了专业针织技巧——延续了地方的艺术传统。在市场上，花粗布、线台布、羊毛方格裙随处可见，图案花样繁复、针织技术复杂的提花毛巾、帐子、窗帘和腰带等需求量很大。

手工提花织物的独特之美，以及华丽的挑花式和嵌入式花纹装饰图案，并没有失去它们的吸引力和审美价值。在保留织物主要图案的同时，用棉纱代替较有弹性的亚麻细线，使得人们所熟悉的花纹图案得到更加广泛的运用。此外，富有光泽的粗制羊毛线也被用于织造，与白色背景的花纹图案相互映照。带状织物通常加以绣花点缀，而在西装上则用丝带、绸带、金银边饰等绣花点缀。苯胺染料的推广使用大大改变了织物和绣品的图案色彩总体范围，使其色彩明亮艳丽，配色大胆新颖。色彩亮度的提升也反映了民间对服饰装饰的全新认识。

挑花刺绣和透花刺绣

刺绣作为私人手艺或是家庭手工艺被俄国大多数女性所掌握，妇女普遍从事刺绣作业，这使其获得了长足的发展。在19世纪中叶和下半叶，刺绣绣品才开始进入市场销售，并成为城市主要的手工艺品。

俄国刺绣技术十分多样，可以说是通过自由发挥来完成的，与刺绣工具并无关联，而且也不受手工艺水平的约束。刺绣只有依靠丝线计数、传统和品位才能确定具体的针法。

虽然刺绣通常广泛运用各种不同的技巧和针法体系，但刺绣手工行业形成了自己的刺绣类型，不同的类型总会有某种绣花技艺、针法体系占据优势地位。居住在俄国不同地区的绣工会不约而同地采用同一种工艺手法。

也就是说，刺绣工艺的局部特征构成了带动刺绣手工作坊大量出现的市场消费需求的基础。

毛巾，刺绣，阿尔汉格尔斯克省，20 世纪初

19 世纪下半叶至 20 世纪初，刺绣行业在许多省份发展，并且决定了整个农村地区的生活方式。女绣工绣制台布、床上用品、服装及其装饰元素和小的配饰点缀等织物。

在这一时期，手工生产与机器生产开始接触，一部分类型的刺绣开始使用缝纫机。19 世纪 70 ~ 80 年代，白色平针刺绣和白色透花刺绣作为主要工艺获得了广泛的发展。正是由于这些刺绣工艺及绣品种类更加 "城市化"，它们成为 19 世纪下半叶刺绣工业生产的基础，也成为弗拉基米尔省、诺夫哥罗德省和下诺夫哥罗德省最重要的刺绣工业的有力支撑点。

弗拉基米尔省刺绣工业取得了巨大发展。戈罗霍韦茨县上兰杰赫村成为刺绣工业中心。当地商人 H. H. 叶利谢耶夫在这里建立了纺织厂，来自远离铁路的数十个村落的绣工们为 H. H. 叶利谢耶夫工作，他们使用纺织厂生产的布料进行刺绣。工厂通常用粮食、布匹等实物，偶尔用现金来支付绣工的工资。大批量的刺绣制品被发往莫斯科、圣彼得堡、乌拉尔、顿河及东方地区。H. H. 叶利谢耶夫和美国商人也有生意往来。

1901年资料显示，弗拉基米尔省143个村落的3000多名妇女从事刺绣作业。她们用白色线平针刺绣制作床上用品、手帕和毛巾。弗拉基米尔刺绣作品完成得十分精细且受到了高度的好评。① 当地采购商将绣品运往下诺夫哥罗德、莫斯科以及阿斯特拉罕等伏尔加河中下游流域的城市。这些绣品不仅在俄国甚至在国外都有极大的需求。因此，刺绣工业和绣工都承受着来自采购商的巨大压力。

商人作为城市居民中的中产阶层，是绣品销售的主要媒介。根据他们的品位，植物形状装饰图案在刺绣图案中占据主导地位。这在整个俄国的平针刺绣和透花刺绣工艺中都得到了显著体现。

绣工平均每月赚取5~6卢布，每天工作12个小时甚至更长时间。与此同时，他们的收入和绣品的品质与风格也取决于采购商的需求。企业主和采购商是刺绣时尚的传导者，他们首先使用了来自弗拉基米尔的绣工刺绣装饰衬衣、餐巾台布和床上用品。由于白色透花刺绣同家居用品及亚麻制品相适应，它在刺绣工艺中最为流行。在成为一种刺绣工艺体系后，透花刺绣接纳了城市销售市场中新型消费者的艺术品位和审美要求，改变了传统的刺绣艺术装饰体系。除了密缝透花刺绣工艺，其他类型的刺绣工艺也发展起来，其中包括平面绣和计数绣、锁针绣及领口花边绣等针法。19、20世纪之交，绣工们已经很好地掌握所有手工刺绣技巧。

19世纪80年代，下诺夫哥罗德省卡通斯基县出现了透花刺绣制品，在20世纪初，有数千人从事这项工作。这里产生了一种独一无二的透花刺绣

---

① Краткий очерк кустарной промышленности Владимирской губернии. Владимир, 1901. Разд. Ⅳ.

类型——凸纹刺绣，卡通斯基绣工最精细的作品是为城市消费者的需求特别设计的，设计精美的植物装饰图案按照细麻布或马尔基塞平布上面最小的网格计数刺绣。

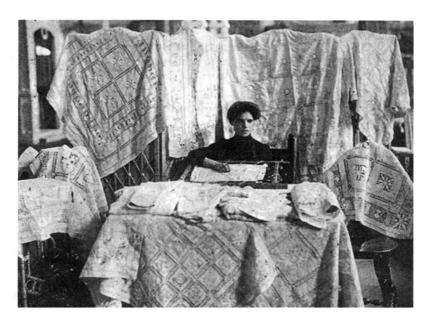

刺绣女工 A. O. 吉洪诺娃在圣彼得堡手工艺品展示会上，摄于 1911 年

在卡通斯基县刺绣工艺的影响下，科斯特罗马省尤里耶韦茨县发展了一种透绣刺绣工艺。其包括六类透绣针法，最值得称道的是由最优秀的绣工完成的透花和挑花刺绣（或者称为密缝刺绣）。人们对绣工与绣品相关的刺绣图案的设计能力高度赞赏。

科斯特罗马的透花绣品因其种类和图案的丰富多样而获得了广阔的销售渠道。充满进取精神的采购商紧跟时尚和市场需求的变化，密切关注工厂产品的生产，并扩大绣品图案花色的设计范围。但仍有许多人年复一年地重复生产同一种绣品，并将其销往同一个地方。

19 世纪末，透花刺绣成为地方知识分子关注的对象。在科斯特罗马省基涅什马县叶西普列沃乡，女地主库洛姆津娜创办了刺绣作坊。来自 20 个乡村的农妇被吸引参加刺绣作业。她们用织线刺绣，以各种绣花图案装饰台布和窗帘，并通过科斯特罗马省地方自治局手工业部出售绣品。

诺夫哥罗德省克列斯齐村在 19 世纪末成为克列斯齐透花刺绣工艺中心。克列斯齐透花刺绣是最复杂的俄国白色透花刺绣种类之一，有极细密的镂空针法及几何图案装饰，可装饰床上用品、台布和女装。

梁赞省的多色刺绣将白色和多色透花针法、计数针法、斜针和绘饰等多种技艺融合在一起。在卡多姆有一种独一无二的白色镂空针状图案的精细装饰技巧和抽丝刺绣。在米哈伊洛夫，计数刺绣和十字刺绣等色彩明快的绣品是独立完成的，并且用传统的米哈伊洛夫彩色花边作为配饰。

沃罗涅日、斯摩棱斯克、卡卢加、坦波夫、奥廖尔绣工的刺绣作品同样富有艺术表现力和地方乡土人情的独特性。他们的绣品当时也打入了市场。

在 19 世纪末 20 世纪初的农民日常生活中，刺绣制品仍占据着主要地位。农民自绣自用的成品同样反映出时代所带来的变化。复杂费事的计数缝绣花针法逐渐消失，绣工们常常选择当时更容易完成的刺绣技巧。在传统的红白配色图案中引入了其他更具对比性且明亮的色彩组合。

阿尔扎马斯市和戈罗杰茨村是下诺夫哥罗德著名的金银线刺绣中心。金银线刺绣属于另外一种传统刺绣类型，即用金银线刺绣装饰彩色丝质手帕和披肩。戈罗杰茨女绣工掌握了许多刺绣技术，例如，白色和彩色的平面刺绣和凸纹透花刺绣等。她们的金银线刺绣达到了特别高的艺术水平，戈罗杰茨传统手帕——用金银线绣制而成的深色、蓝色或是深红色丝制花边手帕是这些女绣工的杰出代表作。

托尔若克绣工的金线刺绣在俄国文化中占有独特的地位。传统的金线刺绣在一定程度上得益于当地居民日常生活中保存下来的古老服饰的装饰风格。托尔若克绣工的绣品，以及其他物品和纪念品，也会出售给那些城市交通要道上的旅行者。铁路的修建和驿站行业的消逝是金线刺绣行业衰败的原因之一。

民间刺绣比其他民间手艺和行业更易受 19、20 世纪之交俄国大众文化的影响。这是由于手工艺品手册的出版发行和对十字绣图案的广告推广。

城市普通人的朴素品位明显对民间绣工产生了负面影响。但这并不能完全影响传统的古老刺绣艺术。

花边编织

俄国花边编织手工业在 19 世纪七八十年代开始快速发展。20 世纪初，来自 12 个省的近 10 万名妇女从事这项手工业。其中的原因是俄国国内外市场对花边编织品有广泛的需求。[①]

花边编织在城镇妇女中十分流行。在小城镇，在商人和小市民聚居的生活环境中，花边编织有重要的商业价值。最著名的花边制作中心有姆岑斯克、托尔若克、加利奇、斯科平、巴拉赫纳、沃洛格达、卡利亚津等城市。这里都是按照德国或法国的图案样品，用细亚麻线和丝绸编织复杂精细的制品。

在 19 世纪下半叶花边编织手工业的发展中，兴起于 19 世纪 50～70 年代的"俄国编织"时尚发挥了重要的作用。市场需求量的增长吸引了大量曾在其他手工行业工作的农村女工转行从事花边编织。

农民计数编织花边多是细边，图案设计简单，有一定的缺陷，这种编织工艺几乎遍布俄国所有省份。这种花边编织在俄国南部民间服饰中得到广泛应用。出于这个原因，梁赞省米哈伊洛夫市的彩色米哈伊洛夫花边编织成为一种流行的手工行业。19 世纪 70 年代，米哈伊洛夫多彩花边编织工艺获得了良好的业内声誉，19 世纪 80～90 年代，这一行业蓬勃发展，19 世纪末，在米哈伊洛夫有近 1 万名女工从事这项手工艺术。[②] 在 20 世纪初，米哈伊洛夫的彩色蕾丝花边仍是一种常见的艺术现象。不同于俄国其他类

---

① См.：Давыдова С. А. Очерк кружевной промысленности в России // Кустарная промышленность России. Женские промыслы. СПБ.，1913.

② См.：Половцева Е. Н. О степени вмешательства интеллигентных художников в народное творчество // Тр. Всеросс. съезда художников. СПБ.，1911 – 1912. С. 264 – 273.

型的色彩艳丽、图案密集的花边，这种带有彩线和简单几何图案的花边，以巧妙的图案设计保证了它在民间市场的稳定需求。

在每个省，花边女工都自创了成对、多对和耦合花边图案装饰版本。出现于 19 世纪中叶的叶列茨花边属于花边工艺中重要又独特的一种。精美的叶列茨花边由细亚麻线编织而成，其图案的设计制作受到了欧洲蕾丝花边的影响。

维亚特卡花边手工艺从 19 世纪中叶开始已为人所知。这里的编织品被称为"库卡尔卡花边"（以库卡尔卡村庄命名），工艺上保留了古老的耦合花边编织技艺。

在沃洛格达省的许多地区，农业耕作收入已经无法满足家庭生活所需，花边编织成为农民的家庭副业，它是农妇的主要收入来源。在 20 世纪初，全省 52 个乡村的 16000 户人家从事这项业务。五岁的孩子已经开始编织花边，每年工作 7~8 个月。成年女工匠平均每天工作 16 小时。[1]

随着三角头巾、手帕、衬领和台布等城市纺织品花色更加丰富，以及从地方自治局职业学校毕业的花边女工数量的增加，现代风格对花边编织的影响越来越显著。

对于 19 世纪末 20 世纪初的花边编织手工业来说，原材料短缺问题尤为严重。城市和农村的主要织工无法得到高质量丝线和亚麻线，因此，在沃洛格达、巴拉赫纳、姆岑斯克、叶列茨、卡利亚津等大型花边编织手工业中心，人们按照订货单系统地分配原材料，织工们由此获得了必要的原材料。自由销售花边织品可能无利可图，不会带来任何收益，所以，优秀的织工主要按订单工作。因此，形成了两种不同方向的花边编织工艺，它们在产品质量上有所区别：用优质材料织出的高档花边和廉价的面向大众的花边。长期以来，姆岑斯克市、巴拉赫纳市、卡利亚津市、斯科平市等传统花边编织中心和农村手工作坊的制品质量也存在一定的差距。即使都是最好的编织工艺，农民织工的织品也总是比城镇织工的便宜。在到达买家

---

[1]　См.：Давыдова С. А. Указ. соч.

手中之前，织品经过了几个中间商倒手，有时多达 7 个，这就是花边编织品采购价格极低的原因。但是，对于小市民阶层的人来说，花边编织是他们唯一的生存手段，而且他们一年到头都在从事此项工作。但农村妇女通常利用夏季几个月的休息时间进行花边编织作业。

如果一种手艺活变得更加有利可图的话，农民工匠就容易从另一种手艺转到这一种手艺上来。因此，在 19 世纪 80 年代初，许多来自卡通斯基和巴拉赫纳地区其他村落的花边女工开始转而从事发展更加稳定的刺绣产品的制作。

19 世纪下半叶，国家铁路网的大力修建对于花边编织手工业的扩张起到了十分重要的作用。传统手工业中心花边织品的销售获得了新的动力。两条铁路线通向叶列茨，沃洛格达—雅罗斯拉夫尔铁路的建成和通车增强了沃洛格达花边织品的对外销售能力。铁路的兴建对姆岑斯克花边手工业发展产生了同样的影响，因为姆岑斯克这一地区之前根本不具备销售花边织品的客观条件。俄国编织时尚潮流不仅带动了编织手工业的发展，而且还壮大了从事编织手工艺品买卖的商人队伍。本地花边编织品和外地进来的花边编织品之间形成了竞争关系。例如，叶列茨花边织品的广泛推广阻碍了其他地区花边织工的生产活动，而沃洛格达花边织品将维亚特卡花边织品从西伯利亚各省的销售市场中排挤了出去。①

采购商和贸易商在花边编织手工业中扮演着重要的角色。工匠们受到他们所规定的生产和销售条件的压力，这些条件通常只对采购商和贸易商一方有利。但与此同时，通过有效促进商品的流通，这些中间商赢得了广阔市场的欢迎，其享有的知名度总体上有利于这一行业的发展。他们努力向不同阶层的消费者推介花边织品，并促进消费需求的生成。通常，在将订单交给花边女工之前，这些中间商会亲自负责花边采样、产品制图，并编织出样品。优秀的女工匠备受利润可观的订单的鼓舞，这在某种程度上

① Труды Комиссии по исследованию кустарной промышленности в России. Т. XV. СПб. , 1885. . С. 74；Отчеты и исследования по кустарной промышленности в России. Т. Ⅱ. С. 19.

使她们对自己的手艺秉持严谨态度，力求自己的手工艺织品在所有人中做得最好。[1]

地毯织造

俄国地毯编织的历史与驿站行业有关。人们用廉价的无绒毛地毯和圈绒地毯遮盖雪橇和马车的座椅。旅行者把毛毯披在身上以遮挡风雪，抵御寒冷，给马披上可当马被。靠近城市的村落制作用于冬季长途旅行的保暖性能好的长绒毛雪橇地毯。农民地毯编织很早就展现出其商业价值。大部分地毯编织手工业，尤其是分布在西伯利亚驿路沿线地区的地毯编织中心，在 19 世纪就一直为驿站车夫和旅行者提供地毯制品。

秋明是不同用途的单色绒毛地毯的产地之一。这是西伯利亚地区唯一一家在托博尔斯克省以外的地毯编织中心。秋明编织的带有花卉和几何图案的行李箱及雪橇用毯不仅在俄国本土市场销售，还远销国外市场。19 世纪末，秋明地毯编织仍是俄国纺织业中最重要的行业：雇佣工人近 3800 人。然而，农民对地毯编织行业的大量参与导致了地毯价格的下降。

在 19 世纪下半叶，秋明和俄国其他地毯编织中心一样，为自由市场工作被按订单工作所取代。这样的订单通常由当地一位"女雇主"即富有的女匠人或者雇佣女工的女企业主掌管。在此期间，对雇佣女工来说，雇佣工作要比自己独立的小规模生产更获利，因为这些小生产者会遇到寻找原料、染色、营销等问题，最终她们还是会被推到同一个"女雇主"那里解决问题。高昂的原材料成本和既定的批发零售形式使小生产者与市场疏远，在市场上，各级贸易中介占据主导地位，掌控着市场的一切。

与秋明圈绒地毯编织业类似的是西伯利亚另一个大型地毯编织中心，即出现于 19 世纪的卡纳辛斯基地毯编织中心。其产品的特点是配色方案独

---

[1] Отчеты и исследования по кустарной промышленности в России. Т. X. СПб., 1912. С. 51.

特，一般建立在黑色、白色、灰色、棕色等单一的羊毛色调上。

毛线染色逐渐成为地毯手工业的一个特殊工种。例如，在以起绒地毯而闻名的萨拉托夫省杜博夫卡镇，羊毛染色由少数几位织毯女工匠完成，她们手中掌握着这项技艺。这对地毯编织行业从自制植物染料到购买染料的集体转变发挥了一定的作用。正如任何需要购买的原料一样，并非所有织毯工匠都能够接触和购买到它们。染色工匠事实上将原料集中在他们自己手中，这就为组织生产和经营管理开辟了道路。这几位杜博夫卡染色工匠逐渐变成了"女雇主"：她们在自己家里安装了 3~5 台机器，供当地工匠来这里使用。但即使是那些在家工作的人，也会从染色工匠手里拿到原料，还有一些订单。①

库尔斯克省成为无绒毛地毯编织中心。库尔斯克地毯手工业的特点是产品工艺品质高和图案构图设计精美。这一中心位于库尔斯克、希格雷和利戈夫等地区。19 世纪下半叶，在这些地毯编织中心，驿站行业的缩减和羊毛价格的上涨导致了无绒毛单色地毯占据生产优势。到 20 世纪初期，它开始迅速地发展起来。华丽的印花毛毯不仅在当地市场占据了重要的地位，还深深地融入富裕农民的日常生活中。

库尔斯克无绒毛羊毛地毯的工艺风格形成于 19 世纪 70 年代。19 世纪 80~90 年代，印花地毯艺术特性的改变是因为库尔斯克地毯已经在城市中产阶层、商人、省城贵族和知识分子的日常生活中得到广泛使用。大量发行的带有十字绣和珠子刺绣设计图案的廉价印刷品闯入女工匠的视线，这影响到地毯编织的风格和工厂织造毛巾图案、印花纺织布图案的更新换代。一个非常典型的趋势是人们加强了用自然主义方法对装饰图案的解释。②

20 世纪初，苏贾县地方自治局试图通过向地毯织工提供新的设计图案和样品来帮助他们。然而，这些图案和样品并没有深入接触到民间艺术创作的原始起源，因为这种地毯是按照特别订单和为展览会专门制作的。传

---

① 　Отчеты и исследования по кустарной промышленности в России. СПб.，1912. Т. Ⅰ. С. 303.

② 　См.：Яковлева Е. Г. Курские ковры. М.，1955.

统明亮的色彩和泛化的花样决定了当时民间库尔斯克地毯的特点。

在库尔斯克省的不同县乡，地毯织工承担的工作是不同的。在一些地区，地毯仅在冬季制作且大部分都是按照要求定做。订单明确了地毯的类型和尺寸，订货商会把地毯原料交给工匠对其上色。完成冬季订单之后，工匠们开始为商品的零售做准备工作。在其他地区，供货订单并没有被分配给地毯织工，工匠们的地毯制作仅仅为了零售贸易。但由于缺乏良好的营销结构（主要是买主），地毯价格下跌，产量大幅下滑，地毯织工收入大打折扣。①

羊毛、羊绒线编织

毛线编织衣服和鞋子的手工业主要是在绵羊和山羊的养殖地发展起来的，绵羊和山羊的羊毛成为羊毛编织的原料。俄国北部和中部地区的居民经常针织和钩织手套、长筒袜、包脚布、围巾和帽子。装饰性编织技巧得到了大家的认可，如花纹图案和镂空编织，以及彩线的使用。编织手套就属于典型的俄国北方手工艺品。

阿尔汉格尔斯克花纹图案编织一直与手工花纹图案编织密切相关，相辅相成。卡尔戈波尔、皮涅加、梅津、列舒孔斯科耶的工匠们用天然色调或染成鲜艳颜色的绵羊毛线编织形状简单的手套和长筒袜。毛线编织使用了古老的类似于当地花边织造的几何图案，编织品的配饰具有鲜明的装饰性特征。

在其他地区，手套和长筒袜编织同样成为一种大规模的手工业活动。例如，在雅罗斯拉夫尔省，20世纪初期来自伊利因斯基乡的16个村落超过400人从事手工毛线编织工作。在这里，针织取代了纺纱和织布这样的传统女性家庭手工业。随着机械化纺织厂和纺纱厂的出现以及亚麻作物产量的下降，家庭编织手工业衰落下去。男女老少都以平等的方式参与毛线编织

---

① Отчеты и исследования по кустарной промышленности в России. Т. I. С. 82, 86.

作业。俄国老式的"单针编织法"后来几乎被更简单快捷的"德式"五针编织法取代。伊利因斯基编织手套由商人销往俄国各个地区。

弗拉基米尔省戈罗霍韦茨县分布有较大型的手套和长筒袜毛线编织手工业中心，那里的编织工艺及其历史与伊利因斯基工艺较为相似。工艺中使用的羊毛原料来自伏尔加河下游省份。羊毛编织手工行业扩展到周围的村落，覆盖的人数多达 6000 人。[①]

用羊绒编织的围巾是非凡的民间艺术创造力的典范。羊绒围巾主要出自坦波夫省和奔萨省这两个原料盛产地。著名的奥伦堡透花羊绒围巾的编织生产是早在 18 世纪于萨拉克塔什县若尔托耶村发展起来的一种手工行业。当地山羊品种加工出来的羊绒毛纱线的特殊品质使得围巾精致轻盈。白色、灰色、奶油色等围巾颜色由山羊羊绒的自然色决定。

19 世纪，地方独特的编织技法和装饰图案特点业已形成，虽然编织起来耗时耗力，但技法细致入微，工艺精美。羊绒围巾除了自身的功能特性，主要优点是带有极富创意的装饰图案。这些几何图案的大小元素经过工匠不断变革和创新，最终使得编织技法很难复制，编织图案不可能重复，因此，市面上根本不存在两条重样的羊绒围巾。奥伦堡羊绒围巾因其独特的装饰图案设计和细腻轻柔的触感而构成俄国女性服饰中一个富于表现力的民族元素。

对民间文化和手工艺术的研究兴趣

19 世纪下半叶，民间手工艺文化研究形成了一个科学研究方向。它的基础是在开始研究民间口头创作、民俗学及收集俄国古代文物的同时建立的。Ф. И. 布斯拉耶夫、И. Е. 扎别林的著作首先转向研究俄国文化史，以前不为人知或被遗忘的古迹的研究著述的出版标志着对独特和深刻的民族艺术思想体系研究的开始。В. В. 斯塔索夫一直致力于这一领域的研究工

---

① Владимирский историко - статистический сборник. Владимир，1869.

作，正是他揭示了民间艺术的原创性和艺术价值，强调了它与古代文化的深刻联系。他创作了民间艺术领域第一部严肃的分析性著作，其中涉及民间装饰图案起源问题。在文集《俄国民间装饰艺术》（1872）中，B. B. 斯塔索夫整理了大量关于农民编织、刺绣和花边的材料。在他看来，这些装饰品清晰地体现了俄国文化的斯拉夫文化根源。B. B. 斯塔索夫认为，民间艺术可能是实用装饰艺术中创造性解决方案最丰富的源泉。

1872 年，财政部贸易和手工工厂委员会下设的手工业研究委员会开始对农民手工业进行系统研究。手工业研究委员会出版了 16 卷考察资料。从 1876 年开始，该委员会开始收集整理能够体现俄国手工业生产特点的收藏品。

19 世纪末，随着人们对民间日常生活和创造力兴趣的增加，不仅出现了古旧物件研究方面的出版物，而且还有涉及现代民间手工艺和手工艺品的出版物。斯特罗加诺夫学校出版了教材专辑，这些书是为具有"俄国工作风格"的艺术家和工匠准备的。这些以及与之类似的出版物在很多方面决定了 19、20 世纪之交俄国实用装饰艺术的潮流方向。

20 世纪初，关于手工艺品类型学的研究文集正式出版，其中包括 A. A. 博布林斯基的专辑《俄国民间木制品》，它以广泛、系统的主题材料呈现了民间木制雕刻和装饰图案的丰富性和多样性。[①]

在 19、20 世纪之交，最著名的民间艺术私人收藏之一是 H. П. 沙别利斯卡娅收藏的来自不同省份的民间服饰、绣品和花边藏品。其中，部分藏品于 1910 年在俄国媒体露面，权威杂志《工作室》为此发行了特刊，专门介绍这些藏品的情况。[②]

1912 年出版的 H. H. 索博列夫《俄国印花布》一书，向我们介绍了被工厂生产取代且几乎不复存在的印花布手工业。H. H. 索博列夫总结了印花

---

① Народные русские деревянные изделия. Предметы домашнего, хозяйственного и отчасти церковного обихода. Вып. 1 – 12. М.，1910 – 1914.

② См.：Сидамон – Эристова В. П.，Шабельская Н. П. Собрание русской старины. Вып. I. Вышивки и кружева. М.，1910.

布生产工艺的历史经验，通过分析印花面料的最佳样本，揭示了传统纺织装饰图案的美感和意象。之后，描述某些类型手工艺品的历史渊源、生产工艺和产品风格特征的出版物不断问世。

С. А. 达维多娃留下来许多有价值的女性民间手工艺作品。她写了关于俄国花边工艺品的文章，详细研究了这门传统行业生产工艺以及各个花边编织中心的发展历史。①

Н. Д. 巴尔特拉姆是民间木制玩具和木雕塑的最早研究人员之一。他极其深入地研究了谢尔吉耶夫波萨德和博戈罗茨克的手工艺品。Н. Д. 巴尔特拉姆是揭示这些手工艺品艺术价值的最令人信服的人之一，他不仅高度关注手工业的艺术性，还十分重视这一行业的经济发展。② 后来，Н. Д. 巴尔特拉姆成为独具魅力的玩具博物馆创始人。

19 世纪末 20 世纪初，地方自治局在手工业研究方面发挥了重要的作用。从 19 世纪 70 年代起，地方自治机构开始着手调查研究手工业生产并发表文章、报告，出版参考手册，其中还包含详细收集的统计、经营和生产技术的信息，旨在为手工业提供切实有效的帮助。由于这些研究，许多手工业形成和流传的历史得到重现，几乎被人们忘却的手工业生产被记录下来，早期不为人知的手工业中心和古迹陆续被发现。随着最早期的、非常翔实的统计类出版物的刊出，手工业生产研究人员逐渐深入研究一般手工业生产，特别是手工艺品制造的本质。地方自治局组织出版了多卷本的全俄及个别地区的手工业与工艺品的插图文集，里面汇集了许多详细描写民间艺术展览与手工工匠代表大会的作品。

19、20 世纪之交，地方自治代表及直接与手工业者合作的艺术家的作品展现了手工业状况的客观图景，并证明了手工业的危机状况以及全面扶持和帮助手工业者的必要性。

---

① См. : Давыдова С. А. Русское кружево и русские кружевницы. СПБ. , 1892；Давыдова С. А. Очерк кружевной промышленности в России.

② См. : Бартрам Н. Д. Игрушечный промысел в Московской губернии // Кустарная промышленность России. Промыслы по обработке дерева. СПБ. , 1913.

地方自治局对手工业的研究不仅反映了手工业发展的特殊性，而且在许多情况下描述了地方手工工匠的特点。例如，在 1890 年喀山科学和工业展览会家庭手工业分会上，关于维亚特卡家庭手工业的目录项中就包含了十分典型的家庭手工业者的社会肖像：

> 维亚特卡的家庭手工业者类型就是手工业者－农民类型。该省居民中手工业和农民短工行业迅猛发展，这与其说是出于利润（实际上十分微薄的收益）的考虑，不如说是因为土地贫瘠，土壤质量差，有一些地区的土地资源已枯竭。但是，几乎所有手工业者都没有将其手艺视为主要谋生手段。繁重的劳动给他们的回报过于廉价，以至于他们一有机会就会离开自己的工作或转行，希望能得到更高的报酬。维亚特卡的手工业者完全没有行业和贸易精神。他们希望自己可以直接拿到订单，或者单纯地等待需求出现，但如果自己的制品没有售出，他们就会把自己的产品亏本卖给收购商，然后匆匆忙忙地转向更获利的手工行业。这些手工业者只有其制品在当地销售范围内才是完全独立和自由的，而对于外部市场，他们完全受控于决定手工制品生产数量和价格的收购商。
>
> 虽然为手工业者从事中介业务的收购商较为复杂，但是，如果没有他们的存在，每一门手工行业都会停止发展，因为只有收购商才能承担售卖的风险……行业的竞争……已经变得如此激烈，以至于有更多的手工业者，通常是为提高工艺水平而引进的人才，最终放弃了手艺；每一个新兴手工行业，无论它多么微不足道，只要它有正确的销售渠道，就会被贪婪的欲望掌控。①

上述手工业者的从业动机与他们每一个人的个性有关，这一点十分重要，也具有概括意义，因为上文指出的主要特征在其所从事的手工行业里

---

① Казанская научно－промышленная выставка：Каталог. Казань, 1890.

得到了证实。

十月革命前，俄国手工业的特点是出现了个别有才华的手工业者。他们的作品鲜明地表达了个性，同时具有民间艺术特点和现代艺术文化气息，其中包括博戈罗茨克的工匠 Я. Г. 丘什金，阿布拉姆采沃的著名木雕艺人 В. П. 沃尔诺斯科夫，舍莫戈季耶的手工艺大师 И. А. 韦普列夫，大乌斯秋格的 М. 契尔柯夫，弗多斯金的 А. А. 克鲁格利科夫、Н. П. 齐宾，若斯托沃的 А. И. 廖兹诺夫，谢苗诺夫的手工艺大师 А. 谢洛夫。这些著名的手工业者都享有盛誉，各项展览上都能看见他们的作品展出，媒体也经常提到他们的大名。

地方自治局的出版工作十分积极，这加深了人们对民间手工艺创作的认识和了解，进而引起了俄国知识分子、科学家和艺术家对其命运的关注。《艺术世界》杂志协会成员在媒体上对这一主题的讨论发挥了特别突出的作用。А. 伯努瓦、И. 比利宾、И. 格拉巴里在文章中认为，"保护民间文化"这一主题是作为整个民族文化有机发展的条件而提出的。

《艺术世界》《艺术与手工艺工业》《建筑师》杂志定期刊登关于民间手工艺创造和参与手工艺复兴的艺术家作品的材料。1910～1914 年出版的《艺术与教育杂志》同样系统地报道了民间手工艺和手工业发展等问题。Л. 奥尔尚斯基在杂志第一期写道，在一个艺术品位空前衰落的时代，关于民间手工艺的研究具有重大文化意义，"19 世纪的艺术从生活中分离出来，并首次尝试将手工艺和应用艺术提升到空前的高度，将美感从庸俗平淡中解放出来，手工业不再是一个纯粹的经济问题，它变成了一项人类共同面对的伟大的任务"①。

《艺术工业》杂志于 1915 年创刊。随着国家民族艺术工业的建立，与之密切相关的手工业备受关注。该杂志高度评价了俄国手工艺品，如"展现了丰富多彩、灿烂夺目的艺术形式"，是"原创艺术构想和组合丰富而独特的源泉"，"这些手工作品在国外展览会上因其无规则非传统的设计美感

---

① Художественно - педагогический журнал. СПб. , 1910. № 4. С. 4.

令人惊艳，它们是民族艺术天才的心血结晶，光芒闪耀，是俄国历史生活道路上坚不可摧的道德堡垒"。①

因此，19 世纪末 20 世纪初的俄国，有价值的民间艺术相关材料被广泛收集和出版。民间手工艺大师的创造力和代表作品被认为是保存得最好的民族传统文化的伟大艺术。

国家和社会对农民手工业生产的支持

19 世纪下半叶，俄国社会把农民手工艺及手工业活动视为历史文化遗产的一种形式。国家对农民手工业的关注引起了社会各界对民间生活、民俗、"俄国主题对话"的广泛兴趣。这一切几乎在所有社会生活领域中都能体现出来。著名的民间艺术收藏家 C. A. 达维多娃认为："此时我们的社会越来越多地关注自 19 世纪 60 年代起出现的新生事物，热衷于研究俄国艺术的各个分支……以及表现民族审美力和民族创造力的工业产品。"②

在社会中兴起的国家和社会支持手工艺的思想，实则是坚持将手工艺文化同民族及原创文化等同起来的一个愿景。手工艺因此引起了特别的关注。俄国农业和国有资产部、地方自治局等各方力量将农村家庭手工业置于自己的保护之下。促进家庭手工业发展是为了解决手工业"落后"问题，减少手工业者对决定其行业发展规模的商业资本的依赖性。

地方自治局在支持手工业发展方面发挥了关键作用。地方自治局组织的调查首次揭示了手工业在俄国经济生活中的真实地位。正是由于这一点，许多手工行业免于被清理，而是作为生产联合体得以保存下来。到 19 世纪 80 年代末，各省级地方自治局手工业主管部门的活动均与对手工业者经济、艺术创造的援助息息相关。

地方自治局为手工业者组建的仓库使手工业者可以绕过中间商以更优

---

① Художественная промышленность. Журнал прикладных искусств. М. ，1915. Вып. 1. С. 11.

② Давыдова С. А. Русское кружево и русские кружевницы. С. 1.

惠的条件出售他们的产品，并获得更高质量和更便宜的原材料。在手工业中心，教育示范性工作坊、绘画班和手工艺学校纷纷建立起来。这是一个由专业人士组成的团体，其中包括从事手工艺创作的艺术家。

不同省份的地方自治局在手工业方面的活动表现出不同的积极性。最积极的是莫斯科、维亚特卡、科斯特罗马和下诺夫哥罗德地方自治局。维亚特卡手工业部成立了几家工作坊，包括 1892 年 А. И. 多利沃－多布罗利斯卡娅领导的维亚特卡纺织作坊，这家作坊为纺织女工的工作提供了有效的帮助。此外，这里还有地毯编织、桦树皮雕刻、篮筐编织等手工业作坊。在维亚特卡省的其他地区还建立了花边编织、陶器制作、动物角制工艺品等手工作坊。维亚特卡地方自治局的手工作坊吸引了 700 多人在此工作。然而，在全省拥有 16 万手工业者的维亚特卡，即使是地方自治局手工业部开展了极为积极的手工业活动，也仍然是杯水车薪。

19 世纪末 20 世纪初，手工业生产中心创办了学校和教学示范作坊。这是将传统手工业融入现代生活和文化的非常有效的方式。这一办学过程在 1902～1910 年最为活跃。当时出现了大约 100 家手工业教学作坊，其中有多家教学作坊开设在花边编织和刺绣手工业中心。红村、雷布纳亚斯洛博达村、苏贾市、叶列茨市、沃洛格达市、谢尔吉耶夫波萨德市、维亚特卡市、梁赞市、谢苗诺夫市及其他地区的手工业中心的教学作坊，由有天赋的艺术家或者慈善家主持工作，他们发自内心地热爱民间艺术并试图保护珍贵的手工艺品。这些人中包括在坦波夫省建立了刺绣作坊的 М. Ф. 亚昆奇科夫、在托尔诺克组织建立了金线绣品生产的 Д. Д. 罗曼诺夫、在梁赞省米哈伊洛夫斯基县创办了实用刺绣学校的 С. П. 卡兹纳切耶夫、在谢尔吉耶夫波萨德主持作坊工作的 В. И. 索科洛夫。

在手工业中形成了工匠联合组织，如劳动组合、合伙经营、货栈、贷款银行等，这一切均得到了国家、地方自治局和个人的资金支持，这些合作形式表明手工业发展进入了新的阶段。

19 世纪末，手工业进一步发展的前景由两种替代形式——大规模生产或合作形式的小规模生产决定。然而，无论是工厂形式的劳动组织，还是在 19 世纪 60 年代的合作社运动，在现实中都没有动摇手工艺确立的生产和经济特点。众所周知，以经济自我保护为目的的简单合作形式在农民手工业中非常常见。例如，在 19 世纪中叶的科斯特罗马织布业中存在工匠们一起工作、共同使用个人织布机的劳动组合"明亮的小屋"①。

19 世纪末的合作社运动不是从底层、从手工业中发展而来，而是从上层由地方自治局发起，并且具有一定的思想性。俄国知识分子在农村公社和纯粹的俄国式生产联盟的劳动组合演化中看到了国家生产力发展的独特道路，即对工厂持极其消极否定的态度。② 在实施地方自治改革的创举上，一些抽象的合作社理念使经济发展规律处于次要地位。因此，形成的劳动组合数量十分稀少，实质上是由一小部分富有工匠组成的协会。况且这样的劳动组合并不稳定，通常，这些劳动组合的目的都是从地方自治局获得贷款资金，办理信贷业务。大多数从事手工行业的人员仍处于长期形成发展的旧关系结构之中。

手工行业中的艺术家

到 19 世纪末，科学家、艺术家、文艺资助者对手工业领域产生的影响非常显著。受过良好教育的艺术家以自己的方式来理解民间艺术复兴的任务，亲自承担手工业技工学校、学习班、教学作坊的领导工作。年轻人也开始学习绘画和雕塑，为手工行业开发新的工艺和样品，虽然并不总是符合当地的传统，但通常用"俄国风格"或现代派风格制作完成。

19 世纪末的许多手工行业已经触及"独特俄国风格"形成所依托的俄国文化土壤。例如，19 世纪末 20 世纪初，霍赫洛玛手工艺出现了根据艺术家 A. H. 杜尔诺沃的装饰画设计方案绘制的手工制品。20 世纪初期，A. H. 杜尔诺沃领导了由地方自治局在谢苗诺夫地区建立的教学作坊，而且他也

---

① Отчеты и исследования по кустарной промышленности в России. Т. Ⅲ . . . СПб., 1895. C. 67.

② См. : Хейсин М. Л. История кооперации в России. Л. , 1926. С. 20 – 23.

是在多家展览会中展示新设计样品的作者。俄国艺术家在个人的设计作品中，试图加强霍赫洛玛装饰绘画"俄国文化源起"的渴望表现为将古代俄国花边编织图案类似作品作为装饰画样品的原型。过于厚重的金色绘画技法与霍赫洛玛工匠的传统装饰画技法相矛盾。最优秀工匠的作品都是按订单制作，并专门为展览会参展打造而成，这对手工艺水平的整体提升产生了不利的影响。

19、20世纪之交，手工艺品因为在展览会参展变得越来越有名气。应该指出的是，在19世纪70~80年代的工业展览会上，手工艺品只是零星展出，且非常不全面。展览会的组织者只对手工业生产部门感兴趣。1896年，下诺夫哥罗德举办了全俄工业和艺术展览会，作为艺术品的手工艺品首次亮相。正是由于一些省地方自治局的积极活动，手工艺品参展才成为可能。特别是莫斯科、维亚特卡和下诺夫哥罗德的手工艺品被广泛展出。1900年巴黎世界博览会举办了各种手工艺品大型展览活动，其中俄国展馆向大家展示了按K.科罗温设计方案装饰的"俄国乡村"。

地方自治局从参与组织艺术和工业展览会发展到组织举办手工艺品专业展览会。第一届手工艺品专业展览会于1902年在圣彼得堡的塔夫利宫大厅举办，此时恰逢第一届手工业工人代表大会这项重大活动召开。1913年，圣彼得堡举办了第二届手工艺品专业展览会。当时许多地方自治局的手工作坊展品得到充分展示，其主要由手工业者按艺术家的设计图制作而成。

手工业开始按照不同文化体系的规律和要求生存与发展。其标志是对装饰画、民俗形象和原料加工方法等手工艺进行民族特性的培育，生动地展现了"俄国式"艺术风格。艺术家恢复了被手工行业遗忘或丢失的传统文化习俗，但没有将手工艺品创作与当地文化联系起来。在许多方面，成功创办博物馆和展览馆，扩大手工艺品对西方市场的出口，要归功于它们所具有的"异国情调"。

渐渐地，俄国手工艺品引领了一股时尚之风。一时间，木雕工艺品、民间刺绣和手织布具有了广泛的市场需求。印花布和花粗布开始用来制作窗帘和家具蒙布，甚至是女装。手工绣品用来装饰衣裙。在科学家、艺术家和收藏家的影响下，俄国社会形成了一种面向城市购买者的"异国情调"艺术类型。其中，古老的工艺形式是遗失的古代文化的象征。

由于手工业者按照专项订单完成复杂而刻板的工作，手工艺品品位和民间工匠技能水平逐渐"下降"。20 世纪最初十年，传统的、自然的手工艺基础与现代艺术及大众文化的影响如此复杂而多样地交织在一起，这标志着许多手工业中心获得了发展。"开明专制影响"从 19 世纪 80 年代就开始渗透到手工业领域，并在很大程度上改变了手工业体系及其产品的艺术风格特征。

毫无疑问，那些在手工业系统工作，同时还能捕捉到手工业客观规律及其在文化系统中的变化的人们，都能够感受到并理解这一点。Н. Д. 巴尔特拉姆曾就艺术家在手工行业中的作用写道："不去倾听手工业者的内心世界，不去享用艺术独创性的积极成果，这是危险的做法。因此，隐藏于民间创作深处并且正在成长中的接近工厂生产水平的手工行业没有灵魂，很快就失去了生命力，因为只有将自己的思想融进手工制品中的手工业者，才能够与大工厂生产展开竞争。"①

在 1911 年召开的全俄艺术家代表大会上，代表们的发言充分表明，即使在艺术领域，有关现代文化思潮对手工工匠创造性的影响程度的观点同样会产生严重分歧。其中几位发言者认为，有必要对手工业者进行"再培训"，以期创作出时尚的手工制品，来应对行业经济危机。但那些谈到艺术家有责任保护民间艺术传统的代表们的发言听起来更有道理。代表大会决议已指出："知识分子艺术家对民间艺术发展的干预是允许的，也是可以期待的，但无论如何都要谨慎行事，不能为追求手工业者的高收入而改变民间艺术创作的潮流，也没有必要将为民间日常生活而存在的手工业变成一味地满足社会上层需要的手工业。"②

---

① Художественно – педагогический журнал. 1910. № 4. С. 9.

② Труды Всероссийского съезда художников. С. 270.

庄园和手工行业

艺术界和社会各界对农民手工业生产和手工艺的支持成为在阿布拉姆采沃和塔拉什基诺创办手工艺作坊的基础。这些手工艺作坊成为俄国民间传统与专业艺术之间文化创意互动的重要场所。

专业艺术同民间艺术及物质世界的接触，以一种独特的方式影响着庄园生活方式的延续和发展。与专业艺术不同的是，民间艺术似乎永远存在于"自由的空气"，因此，当时流行把民间艺术比作纯净的泉水，与之相关的是创造精神的纯洁性、艺术形式的自然性以及自上而下的伦理和美学的和谐，而不是"一盘散沙式的"的现代生活。

在从事实用装饰艺术创作时，手工艺的运用发生了艺术个人主义的"解构"。庄园世界被认为是集体创作的环境，因此，它与民间艺术环境相联系。有趣的是，这一时期的欧洲艺术家的庄园往往以中世纪修道院的建筑形象为特色，俄国庄园的建筑形式则再现了村庄或带有教堂的村庄的形象。

这一时期，文化活动的启蒙教育和"复兴"呈现出稳定的形式。其独特之处在于，对大众的教育建立在大众自身的传统基础上，通过了解知识和专业艺术活动进行融会贯通。因此，广义上的"风格化"技艺对创造力和文化活动本身都具有特殊的意义。

在阿布拉姆采沃，对民间艺术的爱好并不仅仅限于收藏，还促成了1882年木工雕刻工艺作坊的创建。自1884年起，艺术家 Е. Д. 波列诺娃担任这家作坊的艺术指导。她不仅发现了民间艺术自身的美，还试图将其融入现代生活和艺术工业范畴。这是一次对俄国文化总体趋势的大胆创新性尝试。Е. Д. 波列诺娃的作品成为所有工艺作坊活动的基础。这位艺术家创作了100多幅木制品的草图，包括橱柜、架子、长凳、餐具柜等。这里生产的家具逐渐走向市场，并于1886年组织建设了自己的仓库。阿布拉姆采沃工艺作坊的细木工装饰性雕刻图案也取得了成功。

　　由于阿布拉姆采沃工艺作坊付出的努力，细木工雕刻这一手工行业的生产活动在整个地区得到了发展。经过三年的培训和学习，工匠们可以得到属于自己的工作台和一整套工具，他们会继续留在作坊里再工作一年。通常情况下，这些工匠们工作满一年后也不会停止工作，因此，在阿布拉姆采沃周围木雕工艺得到了相当广泛的传播。阿布拉姆采沃工艺作坊也影响了谢尔吉耶夫波萨德细木工雕刻手工行业的发展，艺术家 B. И. 索科洛夫在此影响下也于1902年开始领导地方自治局手工作坊的生产活动。

　　阿布拉姆采沃工艺作坊创办20年之后，这种模式又在女公爵 M. K. 捷尼舍娃位于斯摩棱斯克省的塔拉什基诺庄园得到推广。在这里兴起的艺术俱乐部里，尽管受象征主义时代的影响，艺术家作品中存在不同的美学争鸣，但民间艺术再度成为人们关注的焦点。雕塑、细木工雕刻、陶瓷、印染和刺绣等工艺作坊的开设是为了提高塔拉什基诺庄园周围农民的手工艺水平。艺术家 C. B. 马柳京参与了工艺作坊的领导管理工作。M. K. 捷尼舍娃试图让艺术家有机会尝试不同类型的实用装饰艺术，其中包括一些技术复杂的实用装饰艺术。同时，她注重培养按照艺术家设计的草图制作产品的农业学校学生的艺术工艺技能。比起民间木雕，塔拉什基诺木雕更受原创装饰技巧和艺术形式的影响，这与阿布拉姆采沃工艺作坊有很大的不同。这里的民间艺术首先是手工艺叙事和情感诠释的源泉，从这个意义上来讲，塔拉什基诺手工制品更多地依赖民间口头创作，而不是手工艺。

　　学校设立刺绣工艺作坊与支持当地刺绣行业的想法有关。M. K. 捷尼舍娃成功地利用了民间透花绣品的需求持续稳定这一社会事实。长期以来，透花绣品一直被用于城市消费者的床上用品和台布设计及装饰。传统的斯摩棱斯克透花刺绣工艺，就像所有古老的计数刺绣工艺一样，在装饰上几乎没有受到艺术家的影响。艺术家只能影响绣品的颜色，柔化了斯摩棱斯克"热情饱满"的特点以及丰富的色彩，但对个人创意性方案的需求仍然存在，并在另一种刺绣技艺即彩色平针刺绣上得到了实现，平针刺绣是城市典型的不同风格的刺绣流派。根据 H. M. 季诺维耶夫、M. K. 捷尼舍娃、

H. K. 廖里赫的草图，绣工们完成了现代派风格的家具饰面材料、窗帘等的主题平针刺绣和图案平针刺绣，开发了产生于这一时期的架上制作艺术和装饰艺术交汇点常见的技术风格。

塔拉什基诺工艺作坊的产品在莫斯科"泉水"商店出售，并深受城市买家的喜爱，有很好的市场。值得指出的是，在1905年的《塔拉什基诺》一书中，批评家 C. K. 马科夫斯基对工艺作坊的活动给予了负面评价："我们喜欢农民的手工制品，对充满奇幻色彩的古代饰品和奇异的木雕刻装饰花纹深感兴趣，但却忽视和忘记了，所有一切曾经合乎逻辑、符合生活的东西，现在却可能是粗鲁和戏剧化的东西。"①

克服碎片化的经验，综合建设生活的方方面面，尤其是创造性的生活，结合了个人的艺术经验和民间文化传统。在发现了古代俄国艺术形式与现代农民文化之间的关系并感受到它们在类型学和审美上的统一后，艺术家们转而直接关注农民艺术的表现手法，兼收并蓄，将其用于开发新的装饰艺术项目。在古代俄国艺术和农民手工艺中，阿布拉姆采沃和塔拉什基诺的艺术家们发现了古代艺术形式的稳定性和不变性与创作材料的易碎性和时间性无关。这些形式证明了民族文化坚不可摧的根基，它们使现代人类与历史的联系得以恢复，使民族文化的完整性得以延续，最终形成了阿布拉姆采沃和塔拉什基诺艺术家们的基本世界观原则。

在这方面，工艺作坊在庄园生活中扮演着特殊的、非常重要的角色。阿布拉姆采沃细木工雕刻和陶瓷工艺作坊将民间手工艺与艺术家的专业创作手法相结合，创造了新的装饰艺术。塔拉什基诺工艺作坊延续了这一模式。为了将手工艺与艺术创造力结合起来，艺术家们转而采用手工加工石料、黏土、木料以及珐琅等原料，这一切被认为是真正手工艺创作的必要基础，尽管他们并不反对艺术家和工匠之间现已形成的分工协作。制作工艺刻意缺乏专业性，作品不够成熟，这些元素成为对艺术家们手工技艺和创作个性与风格的修饰。

---

① Талашкино. Изделия мастерских княгини Тенишевой. СПб. , 1905. С. 51.

无论是现在还是过去，对民族文化形式的关注，都丰富了实用装饰艺术的手法体系。另外，正是在 20 世纪初的艺术领域，古代俄国文化和民间文化的审美潜能得以释放，这使它们成为进入新世纪后俄国民族文化中颇具影响力的因素之一。

手工艺术博物馆

手工艺品和手工艺术博物馆成为推动 19 世纪下半叶和 20 世纪初期艺术自身发展的重要因素。手工艺术博物馆在俄国民间手工艺品历史发展过程中发挥了重要的作用。其诞生与欧洲创办艺术和工业博物馆的潮流有关，旨在帮助和教育工匠，加强艺术对手工业生产的影响。在俄国，此类博物馆被称为手工艺术博物馆，这反映了它们与手工业及手工艺品的主要联系。这种类型的博物馆是在 19 世纪 60 年代大改革的影响下诞生的，其创办和活动的意义在于支持手工业发展，以提高农民的生活水平。在工业生产的主要组织者即地方自治局的参与下，一些省和市、县纷纷创办手工艺术博物馆。手工艺术博物馆的任务是向大众介绍手工艺及其制品、促进产品销售、改进手工艺设备和样品质量。手工艺术博物馆对手工业的支持旨在加强其产品在俄国国内市场的竞争力，并使其有机会进入国外市场。因此，这些博物馆的功能远不止收藏和教育。

手工业研究委员会收集的藏品——手工艺品、原料和材料样品、工具和设备，成为农业和国有资产部在圣彼得堡创建中央手工艺术博物馆的基础。中央手工艺术博物馆建于 1889 年，但莫斯科博物馆的建设先于圣彼得堡。莫斯科工艺博物馆于 1885 年开放，由莫斯科省地方自治局管理。同时，博物馆组织创建了仓库和商店，接受成品委托代售和分配订单。

1882 年，莫斯科全俄艺术和工业展览会上展出的手工艺收藏品为莫斯科工艺博物馆建馆奠定了基础。开业最初几年，莫斯科工艺博物馆基本上是一个收藏品仓库。19 世纪 80 年代末，俄国的博物馆开始按照欧洲博物馆模式举办活动。莫斯科著名企业主代表 C. T. 莫罗佐夫参与了这件事情。手工业者相关问题对 C. T. 莫罗佐夫来说很熟悉：在他父亲尼科利斯基的手工工厂以及其他莫罗佐夫家族的工厂，广泛使用家庭农民工"劳动力"。

C. T. 莫罗佐夫毕业于莫斯科大学法律系。在大学期间，他对手工业发展问题产生了兴趣，这在当时是公认的经济理论热门话题（更不用说"时尚"二字了）。1888 年，C. T. 莫罗佐夫应邀加入地方自治局手工业促进委员会担任委员。

参与博物馆的工作之后，C. T. 莫罗佐夫制定了一项改革方案，并被地方自治局采纳。1890 年，C. T. 莫罗佐夫出任博物馆馆长，一直任职到 1897 年，卸任后他成为博物馆的名誉理事。C. T. 莫罗佐夫将他收藏的俄国古文物捐赠给了博物馆。家族成员通过捐款的方式来支持他的工作，特别是他的姑姑——莫斯科著名慈善家 B. A. 莫罗佐娃向博物馆捐赠了 1 万卢布。1903 年，莫斯科工艺博物馆的位置从尼基茨基大门搬到了莫罗佐夫家族在列昂季耶夫斯基巷建造的新建筑里。三层洋楼的建筑中有一个宽敞明亮的大厅，专门用于开办商店。

C. T. 莫罗佐夫制定了博物馆运行以及博物馆与手工业者实际关系的基本原则。他认为，手工业的状况可以通过给予手工业优惠巩固和加强，但同时保持民族手工业的精神及其民族特色，这些独特性对 19、20 世纪之交的知识分子来说极具吸引力。

手工艺术博物馆发展纲要《新市场新产品》制定于 20 世纪初。它不仅意味着莫斯科省全体 14 万手工业者受到了保护，得到了赞助，还为手工业寻找到新的发展方式。博物馆不再以改善农民生活为慈善目标，而是以发展民族艺术产业为己任。艺术气息最浓厚的手工艺中心成为手工艺术博物馆的发力点。

博物馆对手工行业进行了调查，最终直接将其定位为将手工劳动与艺术创作相结合，以及手工业者能够展示其个人创造才能的行业。博物馆试图向这些手工行业提供艺术和生产技术专家的帮助，并大力资助这方面的工作。这项援助主要在莫斯科和各地手工艺中心进行，在那里设立了地方自治局手工作坊，以举办当地手工业者工作和培训讲习班。其中，第一批手工作坊，包括 1891 年戈利齐诺藤条编结工作坊，以及 1892 年谢尔吉耶夫波萨德玩具工作坊等直接得到了 C.T 莫罗佐夫资金的支持。无论是莫斯科手工作坊还是地方组建的手工作坊，都设有采购点。在 C.T 莫罗佐夫的资助下建造的地方自治局手工作坊再次被移交给艺术劳动组合。C.T 莫罗佐夫为劳动组合的成立专门研制了一个信贷体系，并为此成立了 10 万卢布的基金会，以支持俄国新兴起的劳动组合运动。

对受到手工艺术博物馆庇护的手工行业，劳动组合不仅在其生产发展方面，而且在工匠的艺术创作方面都发挥了重要的作用。地方自治局创办手工行业的倡导得到工匠们的理解和支持，谢尔吉耶夫波萨德、博戈罗茨克、维亚特卡、下诺夫哥罗德以及其他地区手工行业的发展可以证明这一点。但是，第一次世界大战的爆发并不允许劳动组合运动的萌芽获得进一步发展和巩固。不过，许多 1914 年之前成立的劳动组合，在 1918～1920 年革命之后又得到了复兴。

地方自治局对玩具、家具、金属、篮筐手工业生产给予了极大的关注和帮助。然而，莫斯科郊区分布的格热利、费多斯基诺、若斯托沃和阿布拉姆采沃等杰出的艺术中心并不在莫斯科地方自治局手工业部的活动范围之内。

1910 年，博物馆成立了一个新部门，叫作博物馆样品部。艺术家们被邀请到手工艺术博物馆工作，他们的职责是制作精品样品。艺术家 H. Д. 巴尔特拉姆提出创建博物馆艺术和实验部的想法。自 1906 年以来，H. Д. 巴尔特拉姆一直指导手工艺术博物馆艺术创作，并确信，有必要同稳定的工匠队伍而不是临时的艺术家们进行长期的系统性合作。H. Д. 巴尔特拉姆和他的艺术家们不仅改进了手工制品的工艺，而且有目的地寻找和完善传统手工艺品功能性消费特点和新的审美内容。

H. Д. 巴尔特拉姆与谢尔吉耶夫波萨德和博戈罗茨克玩具手工业的工匠紧密合作。从 1909 年开始，这些中心已成为 H. Д. 巴尔特拉姆作为教学法专家和应用艺术家的主要活动领域。与手工艺人合作，使他意识到有必要保留传统的玩具制作方法，但作为一名专业艺术家，他不能忽视手工艺品的艺术形式。Н. Д. 巴尔特拉姆试图通过引入先进的技术方法使手工艺品艺术形式现代化，同时让工匠习惯于对玩具的细节和形象构图进行有意义的艺术创作。手工艺术博物馆的艺术家们在实践中参照了近代外国样品，从中借鉴了艺术设计的元素。

新产品的销售是决定博物馆经营活动的主要因素。艺术家和博物馆的共同任务是寻求降低手工艺品生产成本的方法。如果博物馆技术部门负责为此开发新技术，那么艺术家们则负责为此提供建议，如减少和简化艺术修饰元素、标准连接部件的使用等。因此，有人建议将剪影像引入费多斯基诺漆画中，剪影像的细腻感不亚于微型画，却可以将手工艺品的价格减半。博物馆组织机构包括合作部（博物馆参与组织了手工劳动组合和合作社）、技术和贸易部，以及拥有技能超群的技术人员的实验室车间。

因此，手工艺品销售问题对艺术探索与实践产生了深远的影响。同时，Н. Д. 巴尔特拉姆计划保护手工劳动，认为手工艺品的价值远高于机器产品的价值。手工艺品的价值在手工艺术博物馆展览会上得到了肯定，工匠们在那里展示了不同手工艺品的手工制作过程。

但是博物馆对那些受过教育的城市购买者的定位本身会造成手工业出现两种情况。一方面，博物馆为熟悉自己市场的手工业者提供了另一个销售领域，即更富有但对手工艺品要求也更高的买家。因此，对手工艺的观点变得越来越狭隘。博物馆从普通手工业者中挑选出能够掌握新工作形式的最有才华的工匠，这破坏了以廉价大众商品为基础的手工行业的自然平衡。另一方面，随着"民族性"和"乡土性"的大打折扣，手工艺品在与工厂艺术品的不公平竞争中败下阵来。

到 1910 年，莫斯科市民乐于参观的手工艺术博物馆专门开设了一个商店，人们可以直接在博物馆附设的手工艺品商店购买礼品和家居用品。

整个手工艺术博物馆是包括与博物馆关系密切的斯特罗加诺夫学校在内的莫斯科实用装饰艺术学校最重要的教学实践中心之一。博物馆和斯特罗加诺夫学校在 19 世纪早期的艺术文化建设中曾秉持统一的路线。斯特罗加诺夫学校毕业生充实和加强了博物馆的艺术力量。特别是 20 世纪的第二个十年，博物馆专家与斯特罗加诺夫学校合作，共同在陶瓷釉料、骨雕加工等领域进行了技术实验。博物馆周围形成了一个艺术家小组，В. М. 和 А. М 瓦斯涅佐夫、С. В. 马柳京、К. А. 科罗温、М. В. 亚昆奇科夫、Н. Я. 达维多娃、В. А. 瓦塔金、И. С. 叶菲莫夫等艺术家与博物馆倾力合作，极大地支持了博物馆手工艺的发展。

在国内和国际展览会上，手工艺品的参展以及当时广泛流行的民间艺术品收藏对手工艺品的普及起到了重要的作用。莫斯科工艺博物馆在俄国国内外最著名的展览会上承担起俄国手工艺品的宣传和普及工作。在 1900 年巴黎世界博览会俄国分馆，莫斯科工艺博物馆第一次积累了这样的经验。后来，莫斯科工艺博物馆不仅代表莫斯科近郊的手工行业，还代表其他 26 个省及地区的手工行业参加了世界级展览会——莱比锡博览会以及欧洲和美洲所有大型手工艺和工业展览会。然而，俄国手工艺品在国外销售业绩不佳：工匠们没有顺利履约，未能准确地完成外国市场要求更换的私人样品订单，只有少数具有强烈民族特色的，像套娃、博戈罗茨克玩具、漆盒、霍赫洛玛制品、勺子及俄国风格的雕刻品等手工艺品需求保持在稳定状态。在这些出口产品的基础上，俄国形成了手工艺品出口版本标准，并在 20 世纪初俄国多家手工业中心推广普及。

莫斯科工艺博物馆的作用非常大。该博物馆与莫斯科郊区的手工业者、手工作坊一起开展了大量重要的工作。最终，莫斯科工艺博物馆没有受制于省级博物馆的局限性，仍然跨出了省界，并对其他省份的手工业发展同样产生了重大的影响。从本质上讲，莫斯科工艺博物馆还成为地方自治局手工业活动的核心机构，尽管圣彼得堡中央手工艺术博物馆保留了中央政府机构的地位。

莫斯科工艺博物馆的活动促进了 19 世纪末手工艺术博物馆在整个俄国的普及与发展。以莫斯科工艺博物馆为模板，维亚特卡、下诺夫哥罗德、沃洛格达等手工行业发达的省份掀起了博物馆建设热潮。沃洛格达工艺博物馆与莫斯科工艺博物馆一样，都是在 1882 年莫斯科全俄艺术和工业展览会手工艺收藏品的基础上创办起来的。维亚特卡地方自治局为参加 1890 年喀山工业展览会而收集的手工艺品，成为 1892 年维亚特卡工艺博物馆创办的基础。

为参加 1896 年下诺夫哥罗德全俄艺术和工业展览会，下诺夫哥罗德省地方自治局收集了大量的手工艺品样品，同样为同年开业的下诺夫哥罗德地方自治局贸易工业仓储博物馆奠定了基础。这家博物馆展示了该省所有重要手工艺中心的代表性手工制品样品，涉及 50 个手工行业。贸易工业仓储博物馆的主要活动是与工匠保持业务联系，博物馆在订购产品的同时，不仅可以获得技术开发的创意以及技术支持，还可以获得贷款。此类博物馆的主要功能之一是在全俄范围内组织建立一个稳定的手工艺品市场。这类博物馆的工作还结合了经济复苏任务与教育启蒙任务，这是古典类型的博物馆难以提供的。

因此，19 世纪 80~90 年代，中央博物馆和地方博物馆共有的手工艺术博物馆类型及其活动原则正在形成。许多省城手工艺术博物馆是由地方自治局、统计委员会以及各类学术团体共同建立的。这些博物馆研究当地文化和经济活动，包括手工艺及其制品，并收集了相关的藏品。[①] 博物馆由地方自治团体基金和私人募捐资助建成。

20 世纪初，科斯特罗马博物馆（1909）、彼尔姆博物馆（1913）、梁赞博物馆（1914）陆续建立。这时博物馆建设的特点是，不仅有省级博物馆，还有乡镇级博物馆甚至手工作坊博物馆，例如下诺夫哥罗德的谢苗诺夫博物馆，此外还有教育和工艺学校创办的手工作坊博物馆。在一些省份，特别是在沃洛格达省和图拉省，正在尝试恢复因某种原因关闭的手工艺术博物馆。在此期间，博物馆与手工艺品贸易仓库之间不再具有以往的关联性。因此，1911 年维亚特卡地方自治局决定重组手工艺术博物馆，并将其功能与手工艺品贸易仓库的贸易功能分开。手工艺术博物馆应具有历史性和科

---

① См. : Уварова П. С. Губернские и областные музеи. М. , 1888.

学性，收藏和保存手工业生产中具有艺术和技术价值的一切手工成品，同时展示手工业的发展现状，推广手工业的新动向。

＊＊＊

19、20 世纪之交，虽然俄国手工行业种类纷繁复杂，但它们却拥有共同的发展历程。无论手工行业组织发生什么变化，手工业的起点始终是家庭手工劳动，手工行业能够稳固持久地保存个体家庭生产形式这一点便是有力的证明，即使个体家庭手工生产只是一个空壳，实质上雇佣劳动已占据手工行业的主导地位。同时，工匠们总想为自己保留一个小小的"劳动空间"，仅仅为自己工作，且风险自担。这就是工匠们接受按订单供货的原因：它似乎恢复了以工匠个人生产活动为导向的家庭手工业领域生产关系的本质。19、20 世纪之交，当社会上形成一部分工匠的手工制造可作为高端奢侈品代名词这样的思想认识时，许多手工行业在民族文化中便获得了真正的地位和存在意义。在这方面，手工业研究员 E. H. 安德烈耶夫写道："当迫切的需求得到满足时，高雅的需求也随之而来。"① 这就是手工艺品的现实需求不断增长的原因所在。如果我们没有忘记，这些迫切需求在很大程度上得到满足的原因是工厂生产向前发展，那么，事实证明，手工艺品之所以受到保护和珍存，手工行业之所以能够坚持下来，部分原因在于其受到了将要被吞噬的生存威胁。

19 世纪末 20 世纪初，某些类型的手工业生产几乎完全消失。但与此同时，个别行业却发展成为巨大的手工艺中心，这里聚集了数以万计的能工巧匠。在许多情况下，这里的手工制品的艺术品质在逐年下降，到 20 世纪初，由当地艺术家制作的手工艺样品呈现出现代艺术特点。手工业风格的不确定性往往与农民生活的不稳定性有关，农民生活在即将到来的先进城市文化和落后的乡村文化的夹缝间。古老艺术的特点与日常生活的传统特

---

① Андреев Е. Н. Кустарная промышленность в России. СПб. , 1882. С. 15.

征联系在一起，这种维系纽带遭到破坏意味着艺术完整性的解体。工艺美术大师作品的装饰性特征优先发展是大势所趋，一种新的特性取代了工艺美术作品原有的完整的艺术功能性。

尽管如此，许多手工业在保留了其产品卓越的装饰性后，仍在继续朝前发展。

第六章
19、20 世纪之交的俄国庄园

Л. А. 佩尔菲利耶娃

  1861 年农奴制废除后的很长时期，人们评价俄国庄园命运及其文化作用时更多的不是受到历史观而是受到文学传统的影响。从 A. C. 普希金的文学创作开始，到号召当代人拯救"濒死的贵族庄园文化世界"的 A. П. 契诃夫创作的《樱桃园》以及 H. H. 弗兰格尔充满真情的散文随笔，再到俄国庄园研究协会①成员对庄园文化的深入研究，大家都对观察到的这一社会现象充满了担忧，并一致认为，到 20 世纪 20 年代，俄国贵族庄园大厦已完全塌陷，庄园文化走向灭亡已成为绝大多数文学创作的中心思想以及白银时代诗歌创作最钟爱的主题。

  但事实上，我们通过一手的统计数据就能够轻易推翻类似"昔日庄园结局是命中注定的"这样的宿命论观点。据统计，直到 1917 年十月革命爆发前，俄国全国保留下来了数以万计的私人庄园，且庄园内部设施良好，配套完备。②

  今天，对庄园持有的保守陈旧的看法基本让步于相关学者提出的研究观点，这一切使我们能够重新评价俄国庄园现阶段的文化价值和现实

---

① 俄国庄园研究协会，1922 ~ 1930 年 [о нем см. : Злочевский Г. Д. Общество изучения русской усадьбы（1922 – 1930）. М. , 2002]。

② См. : Пушкарева И. М. Сельские дворянские усадьбы в 1861 – 1917 годах // Дворянская и купеческая сельская усадьба в России. XVI– XX вв. М. , 2001. С. 522 – 530.

作用。①

在 И. М. 普什卡廖娃关于庄园的研究中，1861 年大改革后的乡村贵族庄园概念被视为"居住、日常事务、生产经营、花园以及其他房舍构成了包括庄园主宫殿在内的生产和经营功能齐全的综合建筑群体。同时，这里也是庄园主私有土地不动产的集聚中心，是以他们的名字命名的地方"②。按照这一定义，庄园实际上就是庄园领主的一个地方稳定的、有传统性组织秩序的日常生活空间，是其物质和精神文化生活的中心。

从 18 世纪初到 19 世纪中叶，俄国乡村庄园发展迅速，并成为俄国庄园界的翘楚。居住在乡村庄园里的文化精英深受启蒙思想的教育和影响，贵族文化、日常生活习俗及生活方式形成的共生现象完全由特权阶层精英文化传统决定。从传统上看，叶卡捷琳娜二世执政时期被认为是贵族文化发展的黄金时代，庄园文化在这一时期进入鼎盛阶段。亚历山大一世执政时期，外省贵族的生活方式明显变得越来越质朴。到了尼古拉一世统治时期，地主经济发展水平下降，受此影响，贵族庄园经济文化生活也开始倒退。但是，在贵族整体衰落、日益贫困以至于破产的大背景下，出于生活需要，不仅古老庄园再度复兴，同时还兴建了许多新式庄园。

1861 年农奴制改革从根本上改变了整个国家的社会生活秩序。大地产所有者十分重视新形势下的地主和农民关系以及合理有效地发展地主经济等问题。贵族阶层失去了之前绝对的社会统治地位，这一点势必引起乡村庄园生活明显的改变。贵族庄园经济及日常生活设施中的核心元素发生了巨大变化：昔日风景秀丽的公园和花园，现在却被充满创意地设计成能够带来经济收入的果园和菜园，庄园主前所未有地大规模购买花圃，种植花卉以获取丰厚的经济效益。节省开支和追求合理设计成为庄园宅邸修建具

---

① См.：Марасинова Е. Н.，Каждан Т. П. Культура русской усадьбы// Очерки русской культуры XIX века. Т. 1. Общественно - культурная среда. М.，1998. С. 265 - 374；Каждан Т. П. Художественный мир русской усадьбы. М.，1997；Пушкарева И. М. Указ. соч.；Нащокина М. В. Русская усадьба Серебряного века. М.，2007；Савинова Е. Н. Русская усадьба. Серебряный век［М.，2007］.

② Пушкарева И. М. Указ. соч. С. 397.

有的鲜明特点。① 但同时，在庄园主成为新时代"多元化的社会阶层"之一即较民主的社会阶层后，庄园已全部对外开放，为的是人们能够积极地洞察到其中丰富多彩的现代社会文化生活。随处显现出来的大地主贵族经济生活的没落导致了庄园地产的所有者连同这些庄园的管理人员、生产经营者及庄园建筑综合体所有者的人数的增加。与大贵族庄园比邻而居的是越来越多的商人、企业主、贫民知识分子，以及神职人员、外国公民等新兴地产所有者，他们的出现使得俄国庄园界融入了新文化元素。俄国土地所有者社会阶层成分的复杂化引起俄国庄园类型学研究的热潮，新时期的俄国庄园已经不仅仅是贵族之家，同时还是商人的乐园、贫民知识分子的精神家园等。

**商人之妻 M. H. 马柳京娜在庄园里的主楼，莫斯科卢涅沃，
摄于 20 世纪初**

---

① См.：Каждан Т. П. Указ. соч. С. 32－92.

各具特色的"庄园生活风格"完全对应着庄园类型的多样性，同时多样化的庄园类型的定义还取决于各种复杂因素，如在保存下来的贵族庄园里的地主及临时义务农民或雇佣工人之间的相互关系，贵族对新生活环境的适应程度，贵族对新式生产经营活动的管理方式所掌握的程度，其他社会阶层购买庄园的目的，新生庄园主精神和智力上的秉性及兴趣爱好追求等，最后还取决于庄园主的个人道德水准及文明素养。①

庄园生活风格的多样性是由俄国先前长达一个半世纪的独具特色的"庄园艺术世界图景"的破碎引发的。将农奴主庄园做类型划分，按照这些庄园的主导功能可以分为日常起居类、经济事务类等，庄园又被赋予了新时代的特点。在领地制及大地产的经济环境下，连同传统的和创新的农业企业一起，俄国又诞生了拥有工厂企业的新式庄园。新式庄园的房屋建筑采用了全新设计方案，其标准和格局与其说受制于新时代的庄园重要的文化生活功能，不如说是受到庄园主及其家庭的个人需求即全新"生活方式"的驱使。因此，正如 Е. И. 基里琴科在自己的研究中承认的那样，19 世纪末 20 世纪初之前，俄国新式庄园文化生活功能核心在空间组织和表达上主要保持着 18 世纪下半叶贵族庄园形成的、绝大多数庄园建筑群"风格和布局"共同具有的设计理念。② 同时，与庄园共同发展的还有别墅，这种私人郊外住宅日益流行起来。

和庄园不同的是，别墅与"贵族之家"这个概念的联系已经不那么紧密。伴随别墅这种新的生活居住方式排挤掉庄园的过程，俄国社会各种现代派的城外生活习惯和社交模式业已形成。别墅和庄园纷纷转变成文化发源地，成为时代变迁重要的印证。个人和社会对现代科学、文学和艺术的向往与追求，以及研究者表现出来的对这些研究领域的学术志趣，为这些文化发源地打上了深深的烙印。知识分子队伍和文艺大军团结起来形成一股合力，营造了良好的学术氛围，别墅和庄园这些不动产的业主同才华横

---

① См.: Нащокина М. В. Указ. соч.; Пушкарева И. М. Указ. соч. С. 395 – 559.

② Кириченко Е. И. Русская усадьба после классицизма (1830 – 1910 – е годы) // Архитектура русской усадьбы. М., 1998. С. 249.

溢的同时代人以及塑造庄园物质环境和精神世界的创造者结成了富于首创精神的联盟团体。多家这类"文化发源地"已经牢固地树立起"文学之家"或"文化之家"的声誉。尽管这类庄园建筑构思质朴，住宅陈设简陋，但是，它们为十月革命前的最后几十年的俄国精神文明宝库的发扬光大做出了突出的贡献。

M. H. 马柳京娜庄园里的温室栽培，莫斯科卢涅沃，
摄于 20 世纪初

人们在关注所研究历史时期的时候，无法绕过 H. H. 弗兰格尔男爵关于 20 世纪初期俄国文化遗产命运这一主题的辉煌研究成果。作为一个天才的艺术理论家、细腻而精明的鉴赏家、庄园文化研究专家，紧随和平艺术家之后，弗兰格尔率先发起庄园生活历史传统根源挖掘的自身价值这一话题。弗兰格尔撰写的关于俄国地主庄园和"贵族之家"文化方面的诸多热情洋溢的文章起到了有力的宣传和鼓动作用，唤醒了当代人那种消沉萎靡的认知意识。广大读者对弗兰格尔从事的宣传性评价活动以及他与《艺术世界》和《陈年旧事》① 杂志联盟合作的许多方面深感兴趣，同时，读者对俄国历史文化遗产和作为俄国民间文学宝库的逝去的贵族庄园世界的兴趣日渐浓厚。

弗兰格尔的研究著述深受广大读者欢迎，这主要是因为这些作品富于文学感染力，充满了感情色彩。那份真挚的情感和满腔热情，深深地打动了不同时代的读者，令人难以忘怀。弗兰格尔没有仅仅做一名眼看着传统庄园日渐消逝的哀悼者，而是积极行动起来，开始对庄园进行科学研究。在整理历史文献的过程中，弗兰格尔首先集中关注黄金时代的建筑文化遗产——那些凋敝的贵族庄园，如著名建造师设计的成为女皇叶卡捷琳娜二世宠儿的最优秀庄园建筑的寿命并没有比其主人长久多少。在总结第一次俄国革命时期的庄园遗产之后，弗兰格尔将其中最重要的庄园列入一张特别名单，这些庄园仅仅存活到 20 世纪初期。在对这类庄园遭到破坏而没有保存下来这一点感到极度悲哀的同时，他提出如下问题："或许，我们曾经拥有的一切不值一提？"之后他又自问自答说："不是这样的，还是值得一提的。我们可以拯救珍贵的庄园建筑群，保护和保存好那些坐落在偏远省份道路泥泞的村庄的庄园文化遗产，以免其被完全地从人们美好的回忆中抹去。在你把房子拆掉之前，在你把艺术品、家具以及其他陈设品卖给收购商之前，你应该三思而后行。许多古老的艺术建筑群，像杜布罗维察、库兹明卡、阿尔汉格尔斯克、奥斯坦基诺、库斯科沃、彼得罗夫斯基、马里诺、奥利戈沃、贝科沃、白科尔皮、波克罗夫斯科 - 斯特列什涅沃、波洛特尼亚内扎沃德、奥奇基诺、季卡尼卡、苏哈诺沃、安德烈耶夫斯科耶、沃龙佐夫卡、伊万诺夫斯科耶、布拉采沃、尼科利斯科耶 - 加加林诺、尼科利斯科耶 - 乌留皮诺、大维亚泽姆、杜吉诺、亚戈京、卡恰诺夫卡、科尔孙、戈梅利、奥特拉达、白采尔科维最终还是完整地保存到了今天。"②

---

① См.: Злочевский Г. Д. «С беспристрастием судьи и изяществом художника» (Н. Н. Врангель) // Злочевский Г. Д. Наследие Серебряного века: избранные страницы. М., 2006. С. 145 – 258.

② Врангель Н. Н. Помещичья Россия // Старые годы. 1910. Июль – сентябрь. С. 8.

尽管 1890～1905 年农民的大劫掠给上述艺术建筑群造成了巨大损失，但是弗兰格尔在 1910 年公布的艺术建筑群幸存者名单还是具有一定的代表性，因为通过这些幸存下来的建筑还是可以了解俄国的庄园文化空间范畴，尽管损失严重，但是俄国经典庄园的命脉还是延续了下来。这一切燃起了弗兰格尔同代人浓郁的怀旧情结。严格来说，"追忆梦想家"（通常被称作"艺术世界"的艺术协会追随者）的审美情感以及更为活跃的"旧时代"辩护者的情感，针对的不是俄国的庄园，而是贵族资产阶级纸醉金迷的生活即将消逝这一社会现实。[1] 严谨客观地分析俄国私人庄园的现状，通常不是白银时代知识分子的社会责任及努力创作的旨趣所在。[2]

文艺工作者和政论家对现代庄园的观点似乎是客观的，但是其观点并没有捕捉到现实庄园世界的"全部真实图景"，同时，他们对现代庄园生活呈现的新现象视而不见，以及对庄园文学艺术环境中的附属建筑设施弃之不理。展望未来，弗兰格尔似乎承认，在消逝的庄园旧址终能"诞生全新的甚至更优秀的艺术建筑群"，但他并不确信存在于一片沉寂的灰烬上重建"新的、快乐而美好的生活"这样的可能性。[3] 尽管弗兰格尔的一般推定总体上具有预见性，但当代庄园生活的一些重要方面却未能引起科学家的注意。《艺术世界》（1898～1904）、《旧时代》（1907～1916）、培育读者唯美主义观点的《品味经典》等美学杂志只是选择性地展示了这一时代艺术生活的个别侧面。同弗兰格尔"轻盈文风"相一致的同道者继续哀叹昔日宏

---

① Об этом подробнее см. : Злочевский Г. Д. Почему и кем разорена русская усадьба？ // Злочевский Г. . Д. Русская усадьба：Историко – библиографический обзор литературы (1792 – 1992). М. , 2003. С. 121 – 134.

② 后来，在目睹了 20 年后庄园文化遗产消亡的真正悲剧后，俄国庄园研究协会第二任主席 А. Н. 格列奇终于理解和领会了自己革命前辈的情感。他于 20 世纪 30 年代初在索洛韦茨基集中营写下的关于莫斯科近郊尼科利斯科耶 – 乌留皮诺庄园的随笔《白色小屋》，明显继承了 Н. Н. 弗兰格尔作品中固有的怀旧之声（См. ：Греч А. Н. Венок усадьбам // Памятники Отечества. 1994. № 3 – 4，С. 32 – 33 ）。

③ Врангель Н. Н. Остатки прошлого // Врангель Н. Н. Старые усадьбы：Очерки истории русской дворянской культуры. СПб. ，2000. С. 146 – 149.

伟的贵族文化遗产无法保存下来，其在社会生活中的决定性作用也随之永逝。

无论持追溯既往的观点还是站在保护者的立场上，对于那些从俄国庄园的黄金时代即启蒙时代的艺术形象中汲取创作灵感的人来说，"改天换地了的"现代庄园似乎没有什么吸引力。

不过，仅仅过去十年，完全从另一种角度看，《首都与庄园》（1914～1916）这本杂志对现代庄园文化已经表示出能够接受的态度。① 通过宣传和推广新模式的"幸福生活"，该杂志还试图挖掘和揭示城市或庄园、古老的或现代的"幸福生活"所蕴藏的无限潜力。由此看来，仅凭借一本文艺杂志就评价 19、20 世纪之交的庄园文化显然不够全面。还有一些其他出版物反映出俄国现代庄园"幸福生活"存在的各个领域，这些出版物报道了农业创新，以及现代科学在农业、园艺以及畜牧业等方面的成就。庄园建筑创新由建筑师、工程师以及建筑工人团体倡议创办的《建筑师》杂志及其他出版机构介绍和宣传。② 我们通过明信片同样可以了解到分布在全俄各地的现代派或特别成功的庄园建筑类别，特别是圣叶甫盖尼娅慈善团体在圣彼得堡印刷的大量艺术明信片，如关于庄园绘画、雕像等造型艺术作品的明信片。A. 伯努瓦、M. 多布任斯基、E. 兰谢列、Г. 卢科姆斯基、K. 索莫夫、A. 奥斯特罗乌莫娃－列别捷娃等许多艺术家和这个慈善团体有积极的合作关系。与此同时，人们倾向于发表有关俄国庄园的文章，出版与之相关的书籍、小册子以及关于"贵族之家"的第一批专著，这些专著往往

---

① 见：Турчин В. С. О журнале «Столица и усадьба»// Русская усадьба. Вып. 5. М. , 1999. С. 61 – 71.

② Зодчий. СПб. , 1872 – 1917；Ежегодник общества архитекторов – художников. СПб. , 1906 – 1916；Ежегодник Московского архитектурного общества. М. , 1909 – 1914；Московский архитектурный мир. М. , 1912 – 1915；архитектурно – художественный еженедельник. Пг. , 1912 – 1914；Барановский Г. В. Архитектурная энциклопедия XIX в. Т. 1 – 8. СПб. , 1902 – 1910. Также см. : Илларионова Л. И. Архитектурная жизнь России на страницах журнала «Зодчий» (1872 – 1917) // Русская печать XIX – XX веков：Сб. ст. М. , 1994. С. 4 – 30.

出自贵族庄园主人之笔。[①] 在这些活动中，古老庄园的主人们试图与新兴地主竞争，这些地主刚刚建立了完全现代化的庄园综合体。[②]

全俄和国际展览会上成功地展示了俄国繁荣的庄园景象，通过这样的展出宣传活动，那些高瞻远瞩的庄园主的名字及其庄园在农业、工业以及建筑等各领域取得的成就广为人知。他们没有被限制在庄园与文化及艺术的创新中，因为自由奔放思想的传播不存在根本性的障碍。事实上，"古风"和"新曲"，即世纪之交庄园遗产的传统和创新，比那些客观的目击者和 Н. 弗兰格尔、Г. 卢科姆斯基、С. 明茨洛夫、Ю. 沙穆林这些语言大师以及其他重点关注俄国文化遗产损失话题的怀旧的同时代人的描述要复杂得多。

艺术和生活环境的变化可以客观地反映周围世界的变化，作为一种特殊的文化现象，俄国贵族庄园一直持续到私有土地所有权存在的最后一年，即 1917 年。19 世纪 90 年代俄国农民的大劫掠及第一次俄国革命时期，成千上万座贵族庄园被烧毁，被破坏，但即便如此也没有造成它的毁灭。相反，在 1907～1917 年，俄国社会积极推动并吸引了大量的艺术团体修建新的庄园综合体。俄国庄园生活由于注入了新鲜血液而充满活力，"古老庄园"积累的文化潜能再次迸发且备受瞩目。此外，无论首都、省城还是村庄，举国上下都迎来了新时代，因为大改革前庄园保存下来的"艺术文化资本"必须寻找其他生存之地和全新的继承方式。家具、书籍和绘画作品从一座庄园搬到另一座庄园，甚至是另一座城市，

---

① См.：Шереметев С. Д. Остафьево. СПб.，1889；Он же. Останкино в 1797 г. СПб.，1897；Он же. Кусково. М.，1898；Он же. Михайловское. М.，1906；Голицын М. М. Петровское：Очерк. СПб.，1912；Шереметев П. Вяземы. Град святого Петра. Пг.，1916；Лукомский Г. К. Старинные усадьбы Харьковской губернии. Пг.，1917；Шамурин Ю. Подмосковные. (Сер. Культурные сокровища России). Вып. 3. М.，1912；Вып. 9. М.，1914.

② Имение «Хуторок» барона В. Р. Штейнгеля в Кубанской области. М.，1895；Труды Императорского Московского общества сельского хозяйства. Вып. 1. Описание кубанского имения«Хуторок»барона В. Р. Штейнгеля／Сост. Агроном П. Н. Котов. М.，1900.

重新成为个人、庄园及博物馆的收藏品，这一切进行得十分自然，在 19、20 世纪之交达到顶峰。

越来越多的人对庄园古迹兴趣的提升激励了研究人员和收藏家、书商和出版商的活动，推动了古玩市场的发展，滋养了艺术家的灵感。这一兴趣促使广大民众从事保护国家文化遗产的活动，包括对庄园建筑古迹的保护。① 经过几十年的折中主义及明亮却短暂的现代新艺术风格的风潮之后，黄金时代贵族庄园的经典形象在当代人的眼中重新获得了恒久的价值。回想起来，其在 20 世纪第二个十年早期对新古典主义②这一艺术方向的形成做出了重大贡献，新古典主义与古代庄园和现代庄园综合体的整体建筑环境有机地融合在一起。

在部分地保留了旧的庄园经济结构及文化生活传统、部分地反映了环境变化对现代庄园世界整体影响的前提下，19、20 世纪之交的俄国庄园发展之路在"古风"和"新曲"之间取得平衡，既坚持了对民族传统文化的传承，又对欧洲共同文化的新趋势充满渴望。"拉林斯基村"的古典世界正在分化瓦解，但岁月留下了对它的美好回忆。客观地说，"满目荒凉"的"贵族巢穴"并不一定是经济普遍衰退、地主懒惰或新主人无知带来的结果。通常，形成这一结果是由于后来人有意识地传承了上古的理想，并保留了旧生活方式的特征。③ 褪色的地毯、破旧的家具装饰、落满灰尘的窗帘、黯淡无光的先祖画像，都体现了主人对古老"贵族巢穴"的珍惜和崇敬之心，那里的一切都残存着伟大而亲切的母亲和奶娘双手的暖意及抚爱。随着时间的推移，看似"被遗忘的"庄园，越来越受到重视的并不是其藏品的艺术魅力，而是其中保存下来的珍贵的"心灵记忆"。作为家族中最重要的传人，流亡国外的 C. A. 谢尔巴托夫回想起镶嵌在他童年的卧室天花板上面的摇篮的铁环，他在这间卧室出生并度过了自己人生的最初几年，这

---

① См.：Злочевский Г. Д. «Открывался значительный... пласт культуры»// Злочевский Г. Д. Русская усадьба... С. 69 – 100.

② См.：Борисова Е. А.，Стернин Г. Ю. Русский неоклассицизм. М.，2002.

③ См.：Минцлов С. Р. За мертвыми душами. М.，1991. С. 82.

小农庄，B. P. 施泰因戈尔男爵位于阿尔马维尔近郊的庄园，现代风格的
主楼设计，1911～1915 年，建筑师 И. Е. 邦达连科，摄于 1916 年

是他生命的摇篮。

　　人们对庄园的民俗文化风情给予高度评价，庄园领主的私人传记与俄
国历史的重要篇章穿插交织在一起。现实中的"文化层"还不够深厚，它
被人为地创造出来，并试图用白银时代典型的新神话故事来填补历史空白。
人们越来越倾向于将庄园博物馆化，使其更加具有纪念意义。然而，在任
何历史时期，即使是在启蒙时代背景下，人类总是弃旧图新，对"时尚"
的追求包括对新的舒适生活标准的永恒的、自然的追求。对 19、20 世纪之
交庄园文化生活的追求，并不算新奇，也不是例外。启蒙时代是贵族文化
真正的黄金时代，它同样引起了泛欧洲文化的创新。因此，传统的荒凉残
破的地主世界或翻新了的古代庄园与现代舒适的庄园综合体，这两个"世
界"之间没有真正的界限，它们并立而行，和平共处。19、20 世纪之交的
俄国庄园是统一的俄国文化空间的有机构成部分。

　　早在古老贵族庄园的命运引起文艺知识分子追溯既往的浓厚兴趣之

前，这一问题已经成为国家和政府关注的焦点。人们对旧式大庄园的崩溃和古老贵族家族的没落深感担忧。挽救日渐走向衰败的旧庄园的一项措施是设立长子继承制，得益于这一举措，直到今天，许多庄园幸存下来，并都被列入俄国国家文化遗产宝库。其中，最大、最有意义的庄园恰好被列入上述弗兰格尔开列的"名单"中。挽救贵族庄园的另一种形式是政府出资购买并收归国有，在这种情况下，庄园的历史地理专名、领主所有权，以及建筑群的完整性、经济和文化潜力都保持不变。在这一切基础之上，在国家的关怀下，这些贵族庄园纷纷修建了通常具有重要社会意义的新建筑群。其中一个例子是莫斯科附近的彼得罗夫斯克庄园，1865 年，在拉祖莫夫斯基的一个风光独特的植物园，拉祖莫夫斯基家族建立了彼得罗夫斯克农林科学院——现为世界著名的莫斯科季米里亚泽夫农业科学院。索菲耶夫卡这个独一无二的建筑群，也是波托茨基家族位于乌克兰乌曼市的一座旧庄园，被用同样的方式挽救下来。自 19世纪初以来，庄园一直是被荒弃的状态，后来庄园成为军事移民驻区办公室，再后来又成为新成立的农业学校的实验基地。归功于这些植物学家，索菲耶夫卡变成了"开放的珍稀植物博物馆"。19 世纪 90 年代，庄园建筑群再度迎来了繁荣时期。最后，许多地主的庄园被移交给皇室领地办公厅管理，并成为皇室家族的私产。

作为俄国最大的土地所有者，皇室成员在他们的庄园里树立了高水平经济组织管理的典范。为顺应时代的品位，人们将庄园建筑群的外观进行了改建，竭力维持和保留其原有的风貌。庄园的经济性质和生活方式首先取决于农业生产经营的主要功能，其次取决于这些庄园的"地理因素"——远离首都的程度、自然和地区经济资源状况。从 19 世纪中期开始，为满足皇室家族的需要，莫斯科近郊的伊利因斯科耶庄园（曾是戈利岑家族和奥斯特曼诺夫 – 托尔斯泰家族庄园）按照时代"趣味"以及不断变化的家庭舒适标准进行了多次改造和重建，但是万变不离其宗，这座"莫斯科郊区娱乐场所"的总体传统形象并未改变。著名的莫斯科建筑师Ф. Ф. 里希特和他的学生 М. Д. 贝科夫斯基、Н. В. 苏丹诺夫等都参与了庄园建筑群的修复和改建。19 世纪 80 年代至 20 世纪初，伊利因斯科耶庄园成为莫斯科总督谢尔盖·亚历山德罗维奇大公在莫斯科郊区的夏季官邸，这决定了伊利因斯科耶庄园在环莫斯科庄园建筑群中的崇高地位——堪比北方首都圣彼得堡郊区尽显皇室奢华的皇家园林所起到的文化作用。与伊利因斯科耶庄园比邻而居的是最著名的尤苏波夫家族的阿尔汉格尔斯克庄园，伊利因斯科耶庄园的繁盛带动了阿尔汉格尔斯克庄园文化生活的复兴，而在此之前，这座庄园已空置半个世纪之久。Н. Б. 尤苏波夫亲王与宫廷的亲密关系以及与谢尔盖·亚历山德罗维奇大公家庭的深厚友谊决定了阿尔汉格尔斯克庄园上流精英贵族的生活方式，这一切从庄园建筑群及其内外艺术装饰、环境布局的变化上可以反映出来。①

俄国布良斯克省的另一个庄园，即大克尼亚热斯科耶庄园，以农耕生产经营为主，人们更多地认为上流社交圈子的娱乐消遣是属于个人的一种生活方式。② 19 世纪 70 年代，阿普拉克辛家族名下的两座相邻庄园——洛科季和布拉索沃通过皇室领地办公厅转给罗曼诺夫家族。从 1915 年开始，庄园由米哈伊尔·亚历山德罗维奇大公管理，这片地产成为俄国农业经济快速发展的典范。洛科季庄园老式木制建筑的简单构架与 19、20 世纪之交折中主义代表性建筑群空间开阔、规模宏大的建筑风格形成了鲜明对比：一个巨大的马场，里面带有两层楼高的角楼，一个油脂厂，一个锯木厂。工厂管理部门的石制大楼外观和位置与庄园主的主体建筑群相媲美。布拉索沃的新建筑以新古典主义简洁、典雅、节制的风格而著称。

米哈伊尔·亚历山德罗维奇大公偏好严谨的示范性架构，这一点从他

---

① См.：Нащокина М. В. Архангельское // Дворянские гнезда России：История，культура，архитектура：Очерки. М.，2000. С. 14 – 31；Савельев Ю. Р. Работы Н. В. Султанова в Москве и Подмосковье // Архитектура в истории русской культуры. Вып. 2. Столичный город / Отв. ред. И. А. Бондаренко. М.，1998. С. 161 – 165.

② См.：Выголов В. П. Тихонов Ю. А. Две усадьбы одного имени // Мир русской усадьбы：Очерки. М.，1995. С. 239 – 246；Свод памятников архитектуры и монументального искусства России：Брянская область. М.，1996. С. 186 – 195.

在库尔斯克的杰留吉诺庄园的建筑风格上得以反映出来，该庄园拥有大型的工业综合体，包括一家造纸厂和一家制糖厂。① 拉蒙制糖厂（位于沃罗涅日市附近，是俄国大型制糖厂之一）也是其周边"宫廷庄园"群岛建筑的中心：拉蒙、奥利吉诺、乌尤特内。这几座皇家庄园都归属尼古拉一世的孙女的家族，即 E. M. 奥尔登堡家族。首都建筑师被吸引来参与这些庄园的建筑项目，安装设备和附属设施，以符合新时代的审美。② 尼古拉耶维奇大公将图拉省的佩尔希诺庄园变成了狩猎行宫，该庄园的另一个功能也随之凸显出来。在庄园的建筑综合体中，具有折中主义风格的新式马厩和狗舍主导着主流设计风格，而叶卡捷琳娜二世时代的石砌宫殿同样发挥了"狩猎城堡"的功能。③

皇室成员没有仅仅局限于修缮圣彼得堡近郊的地主庄园和著名古老贵族官邸，还在俄国广袤的大地上推行关于恢复生产经营和艺术创造的倡议，此举的影响力甚至辐射到黑海沿岸地区，引发了宫廷、富有的贵族精英以及金融、实业界新贵的浓厚兴趣。因此，一种新的庄园文化现象——克里米亚和高加索城郊独特的华丽的别墅出现了，南部地区富饶的度假胜地是传统庄园文化滋养出来的"副产品"。借鉴庄园的空间设计格局，南部地区的建筑综合体采用了全新的多样化设计和园艺规划，成为一道融合地方特色和异国风情的独特风景线。从克里米亚总督 C. M. 沃龙佐夫 19 世纪 30 年代位于阿卢普卡的宫殿开始，俄国海滨别墅建筑完全以居家休闲和享乐主义为导向，在形象和风格上独具匠心。外国专家积极参与了俄国欧洲部分南部宫殿和庄园园林的规划设计，这里的建筑文化从一开始便确立了欧洲化、国际化的主题。尽管国内来自不同学校艺术专业的设计师积极参与了接下来的南部贵族庄园宫殿大规模的建设，但其建筑设计的欧洲化和国际

① См. : Холодова Е. Пореформенные усадьбы Курской губернии. 1861 – 1917. Курск, 2007. С. 94 – 95, 295.

② См. : Старцева Т. С. Рамонские усадьбы Ольденбургских // Русские провинциальные усадьбы. Воронеж, 2003. С. 87 – 95.

③ Безрукая Н. И. По тульским окрестностям // Там же. С. 451 – 452.

化已成为时代的潮流和趋势，只有在很大程度上保留传统庄园生活方式的前提下才实现了与俄国传统庄园文化的融合。

伏尔加河畔的舍列梅捷夫宫殿博物馆，下诺夫哥罗德尤里诺，
19世纪60年代至20世纪第二个十年，
建筑师为 P. 米勒、A. 帕兰、A. 科尔什、
Я. 马蒙托夫、A. 斯特恩，现代外观

然而事实证明，在大多数情况下，由贵族通过组织生产经营和私人生活的方式保存下来的乡村地主庄园更接近普希金时代的古典"拉林"庄园，而不是黄金时代旨在为贵族提供舒适和安逸生活的娱乐场所。贵族庄园的亲属关系是由经济因素决定的，因为贵族特权阶层代表性官邸传统上并不是依靠庄园的经济成就建立和维持的，而是完全依托独立的基金支持，即沙皇赏赐给宠臣的财物，以及对外交官、朝臣、战争功臣的立功奖赏等建立的基金。还有一种情况是，贵族庄园综合体依靠其他庄园的收入进项或是借贷资金修建而成。按照尤苏波夫亲王的说法，宏伟壮观的阿尔汉格尔斯克庄园与古典时代其他大多数奢侈华丽的庄园一样，不但没有"进项"，反而还"高开销"。1861 年大改革后，新庄园综合体的工程费和陈旧建筑设施的合理维修费都是"高资金消耗"。俄国的达官显贵中，只有大贵族土地所有者才拥有如此雄厚的资本。这些大贵族财阀试图维护古老庄园的原有风貌，多次强调这些家族庄园的重要价值。然而，到 20 世纪初，这一类贵族庄园遗产所剩无几。

中产阶级贵族被迫在建造和翻修旧庭院房屋以及照料昂贵的庄园公园方面节省开支。在生存边缘，他们更喜欢投资建设"经济"型花园和发展小型工业企业。随着企业家精神的培育和弘扬，超越了著名的契诃夫隐喻的所指范围，砍伐庄园里的樱桃园和出售乡村别墅的做法已成为时代的真实标志。

庄园景观的"新创意"主要表现在作为建筑综合体的庄园和作为私人生活领域的庄园与其周围环境之间关系的性质发生了变化。在首都圣彼得堡近郊，庄园环境发生了明显的根本性的变化，别墅、避暑休憩地以及工业企业的渗入使得庄园的建筑密度陡增。М. И. 佩利亚耶夫的资料信息显示，到 19 世纪 80 年代，在圣彼得堡近郊的庄园里，几乎没有哪一家私人庄园，无论在什么情况下都没有受到经济资本主义化的影响，即把大庄园分割成小庄园，并在其中大兴土木建设厂矿企业。① 而莫斯科附近地区经历了同样的发展过程，这一切变化起初不太明显，似乎人们只是在购买的庄园中以一种全新的方式安排生活。②

在农奴制改革后的时代，土地使用，包括与工厂生产、工业捕鱼等关系更密切的水库（水塘）使用的一般性质等情况发生了根本性改变。贵族庄园附属的建筑设施或庄园附近建造的工厂大楼通常只是出于经济利益目的，并没有考虑这些庄园景观的艺术特色、文化和历史财富，造成了贵族庄园与周边环境不和谐的现象。而外省私营工业企业建筑群与庄园生产设施及其周边民居相融合，并成为整个庄园建筑景观下一道亮丽的风景线。

---

① См.: Пыляев М. И. Забытое прошлое окрестностей Петербурга. СПб. , 1882.
② 书中介绍了莫斯科附近庄园主的社会构成的动态变化。Чижков А. Б. Подмосковные усадьбы: Аннот. каталог с картой расположения усадеб. 3 - е изд. , перераб. и доп. М. , 2006.

在庄园附近不断修建职工住宅，以及工厂附属托儿所、幼儿园、中小学校、药房、医务室、医院和青少年职业学校。在这里，不同社会阶层和平共处的新传统形成了。① 1917 年革命前夕，关注工厂农民劳动力和雇佣工人生活安顿情况的进步企业主将社会计划项目的开销纳入庄园经营支出预算。关注文化生活开始成为民房建设的新气象，在一些庄园里开始有了电影院。庄园公园可以为举办大众游园会开放，通常是为了庄园主人的商业利益而对外开放。在许多情况下，庄园公园是为新建工厂居民点专门设计的。其中一个例子是"花园之城"，该公园专为布良斯克附近的别热茨克一家大型冶金厂工人建设。"花园之城"在 B. H. 捷尼舍夫公爵的倡议下建设而成，选址定在霍特列沃庄园附近。捷尼舍夫是站在时代前列的工厂主、庄园主、大富商、才华横溢的工程师、数学家和民族志专家。就性质而言，这个公共花园的出现就是一种社会和文化的对立之举。捷尼舍夫公爵和他的妻子 M. K. 捷尼舍娃因在斯摩棱斯克附近的塔拉什基诺（弗列诺沃）从事慈善活动而广为人知。②

以《正当合理的慈善艺术》一书显名的 M. A. 戈利岑娜－普罗佐罗夫斯卡娅（1826～1901）是名门望族的后裔，这个贵族之家对国家有非凡的贡献。据彼得·巴特涅夫说，戈利岑娜－普罗佐罗夫斯卡娅倾向于追求美、艺术和科学。③ 在她位于莫斯科近郊的拉缅斯科耶和萨拉托夫省祖布里洛夫卡的庄园里，农民和雇工得到了必要的公共教育和医疗设施以及日常生活的充分保障。到 20 世纪初，祖布里洛夫卡村还为庄园的农民建造了石砌房子，为赤贫化了的贵族开设了女子和男子寄宿学校，为他们开设了免费医院、产科中心、托儿所和一所能容纳 80 名学生的学校。村子里还建设了一座发电厂，在霍普尔河上建成了一座三层的大磨坊，类似于英式工厂。

---

① О роли экономических поселков в системе помещичьих имений см.: Холодова Е. Указ. соч. С. 83 – 130.

② См.: Каждан Т. П. Указ. соч. С. 273 –282.

③ Бартенев П. И. ［Некролог на кончину М. А. Голицыной – Прозоровской］// Русский архив. 1902. Кн. 1. С. 192.

19世纪末，戈利岑－普罗佐罗夫斯基公爵位于萨拉托夫省
祖布里洛夫卡庄园的宫殿，摄于20世纪初

祖布里洛夫卡，1905年大屠杀后的宫殿，摄于1913年

库尔斯克格卢什科沃，**M. И.** 捷列先科庄园的工人医院，
20 世纪初，现代视图

同时，在农奴主的庄园里重建了宫殿，对旧公园进行了更新，在池塘后面建了一个带有新式温室和一个养蜂场的大型果园。在美化庄园建筑群公用设施时采用了创新的园艺艺术。就像豪华的"玻璃窗扇"一样，旧景观公园的空间被一条半圆形的适宜散步的林荫道包围着，形成了一道绿色长廊，长廊同"绿色办公室（绿色氧吧）"相互交错，绿色氧吧是一片不大的空草地，植被类型丰富，风景如画，灌木丛以"振翅飞翔""花海""花束"的形状布景。苹果树、梨树、樱桃树、李子树、山楂树、白桦树、各种枫树以及其他树木春天鲜花盛开，秋天却又枯萎凋谢，演奏出了真正的"时光交响乐"，构成公园一道独特的风景线。公园里充满了浪漫奇特的新式建筑装饰，隐现在峡谷深处的圆形游泳池形状的水利工程设施设计新颖。池水清澈见底，静得像一面镜子，周围的参天大树清晰地倒映在水中，"天"与"地"融为一体，让人"一眼望不到边"。这项伟大的工程与象征主义的美学联系在一起，个中的奇思妙想启发了 В. Э. 鲍里索夫 – 穆萨托夫的创作灵感。1902～1903 年，В. Э.

鲍里索夫－穆萨托夫曾在祖布里洛夫卡工作，他创作了一幅真正的绘画杰作——《池塘》①。

世纪之交，在许多方面对于大多数贵族阶层都是典型的祖布里洛夫卡式命运反映了其与"时代"的紧密联系。② 1905 年，在为俄国肖像画历史展览会收集展品时，С. П. 佳吉列夫把家里珍藏最好的"祖先画廊"从戈利岑庄园搬到了圣彼得堡。同年 9 月，宫殿被附近村庄的农民洗劫并烧毁，随后，这些农民身穿将军制服，手持从俄土战争英雄 С. Ф. 戈利岑元帅（也是庄园创始人）的藏品库里偷盗出来的老式兵器在宫殿附近走来走去。在接下来的 25 年里，这座往日繁华的宫殿化为一片废墟。1914 年，庄园被卖给了国库，但是烧毁的建筑群并没有得到恢复重建。1917 年后，这座庄园收归国家所有，成为国家的财产。③

19 世纪末 20 世纪初，古老的贵族庄园文化生活没有顺应任何单一的发展潮流。位于奥廖尔省的利亚利奇庄园的命运就稍显凄凉。18 世纪末的利亚利奇庄园经由 П. В. 扎瓦多夫斯基奢华装修，辉煌无限，可是一个世纪后，为了抵债，这座庄园被卖给了当地一位企业主。20 世纪初，曾有一家造纸厂在庄园里短期经营了一段时间，可就是这一短暂的停留导致了曾经宏伟一时的宫殿变成"一片荒凉之地"，这使著名建筑师、庄园设计师乔治·克瓦连吉备受羞辱。相比之下，叶卡捷琳娜二世时代和巴甫洛夫时代，像大维亚泽姆和彼得罗夫斯科耶·杜内沃（戈利岑公爵）④、杜吉诺（帕尼诺，

---

① 《池塘》（1903）荣获劳动红旗勋章，收藏于国立特列季亚科夫画廊。

② См.：Перфильева Л. А. Усадьба Голицыных и Голицыных－Прозоровских（Зубриловка Пензенской обл.）//Мир русской усадьбы：Очерки. С. 226－238.

③ 1918 年春，36 户前普梯洛夫工人家庭凭借列宁签署的通行证从圣彼得堡来到这里，在祖布里洛夫卡建立了圣彼得堡第三农业公社，该公社一直存在到 1926 年。根据 В. 韦列夏金在《旧时代》杂志（1908 年 3 月）上发表的文章中的照片和材料可知，这座宫殿于 20 世纪 30 年代得到修复。直到 20 世纪 40 年代，这里一直是党务工作者的休养所，后来是一家军事医院，到 70 年代初期，这里还用于结核病疗养院，然后是西伯利亚石油工人度假胜地。在 20 世纪 90 年代，这座宫殿变成了一片废墟。目前，该庄园以长期租赁的方式交由私人管理。

④ См.：Шереметев П. Вяземы...；Голицын М. М. Петровское：Очерк.

后来的梅谢尔斯基）等莫斯科近郊著名的庄园，直到最后才以坚定地保持传统家风和爱护环境而闻名于世。

布良斯克利亚利奇庄园，П. B. 扎瓦多夫斯基，18 世纪末，
建筑师为贾科莫·夸伦吉，摄于 1908 年

　　保护庄园文化的潮流和趋势完全决定了 С. Д. 舍列梅捷夫的思想观点并指导着其实际行动的方向。舍列梅捷夫深信，对于贵族世袭命名地和庄园遗产应该做到的"不是简单的子孙后代财产继承，而是世世代代从灵魂到灵魂的传承"。遵循这样的原则，舍列梅捷夫有条不紊地"收集"了一些庄园遗产，这些遗产在不同时期属于他的家族代表，其中包括舍列梅捷夫购买的两个"莫斯科附近的庄园"——米哈伊洛夫斯科耶和奥斯塔菲耶沃，这些庄园遗产与他的家族历史联系在一起。

　　1870 年，因为即将迎娶 E. П. 维亚泽姆斯卡娅的缘故，С. Д. 舍列梅捷夫从 A. C. 穆辛－普希金伯爵手里购买了米哈伊洛夫斯科耶庄园，这里成为 С. Д. 舍列梅捷夫一家人的"家庭聚居地"，同时也是学者们学习知识和社会实践的场所。在这座庄园里，主人及其家庭成员充分展现出他们的个人喜好、

才华和个性。这是一个 18 世纪很有代表性的庄园建筑群体，拥有一个宽敞的
公园和一座路易十六建筑风格的石砌宫殿，庄园的主人不止一次地对它精心
翻修，现代化的装饰与历史古迹完美融合。到 1917 年，庄园已经发展成为农
业示范性企业、科学和文化中心，设有试验站、公共图书馆、丰富的艺术品
收藏馆以及第一家对大众开放的自然历史博物馆。莫斯科大学教授在这里从
事公园改造、收藏品管理、图书馆和档案室的工作。在这方面，米哈伊洛夫
斯科耶庄园是私人庄园与现代社会科学和文化生活密切联系的鲜活例证和成
功典范。

H. B. 苏丹诺夫是 C. Д. 舍列梅捷夫在变革庄园艺术环境方面的同道人，
其作品已经成为 19 世纪末 20 世纪初庄园文化一个引人注目的现象。①
H. B. 苏丹诺夫是杰出的学者和哲学家、著名的 "俄国风格" 建筑学理论家，
还是 "历史考古学派" 的代表人物之一，致力于历史建筑文化遗产的科学研
究。在写给 C. Д. 舍列梅捷夫的一封信中，他阐明了自己的创作信条："在开
辟新的道路时，我们当然要小心，确保从中听见旧时光的声音……"②

1879～1903 年，在成为舍列梅捷夫家族的 "家庭建筑师" 后，H. B.
苏丹诺夫开始负责库斯科沃的修复和新项目（舞厅、温室、码头、别墅等）
建设工作，设计配套建筑（喷泉、吊桥），并引入创新技术（供水、排污、
电话通信）。1878～1890 年，这位建筑师完成了米哈伊洛夫斯科耶庄园的整
体重建工作。部分翻新后的具有叶卡捷琳娜二世时代建筑特色的宫殿，里
面适用于开办一个独特的舍列梅捷夫家族图书馆、家庭历史档案馆③和自
然—历史博物馆，以及舒适的起居室、儿童乐园和书房。重新建造了客房、
温室和公共服务设施、铁匠铺、磨坊、面包店。庄园里还设有农村学校、
医院、助产医院和邮局。人们对庄园教堂做了特别的修复，H. B. 苏丹诺夫

① См. : Савельев Ю. Р. Указ. соч. С. 161 – 165.
② См. : Савельев Ю. Р. Указ. соч. С. 165.
③ С. Д. 舍列梅捷夫是古文献爱好者协会主席。他在米哈伊洛夫斯科耶庄园的努力集中体现
在古文献挖掘工作上：维亚泽姆斯基家族的奥斯塔菲耶沃手稿档案（部分由他出版）；三
代舍列梅捷夫、A. M. 热姆丘日尼科夫以及语言学家 C. A. 索博列夫斯基等人收藏的图书。

亲自绘制圣像画，为神职人员设计教堂用品和服饰的图样。H. B. 苏丹诺夫同自己的雇主齐心合力，力求赋予教堂"古罗斯独具的特色，类似于我们的先祖祈祷时的教堂模样"①。

H. B. 苏丹诺夫同时还为尤苏波夫公爵以及其他皇室成员工作，他的优秀作品的手法可以归结为对合乎历史的、完整的艺术环境的再创作。这位建筑师同 C. Д. 舍列梅捷夫的创造性合作并非偶然，自 1901 年以来，二人在俄国绘画委员会的合作日益增多，随之树立了"复兴东正教艺术领域的传统艺术创作……"② 的目标。在 20 年的时间里，H. B. 苏丹诺夫为 C. Д. 舍列梅捷夫建设和修复新、旧庄园和教堂 30 多个，包括在奥斯坦基诺、韦什尼亚科夫、梅谢里诺的庄园和教堂等。

与重新改建、设施完备的库斯科沃庄园及米哈伊洛夫斯科耶庄园不同的是，奥斯塔菲耶沃庄园的修缮工作（为保护家族和历史财产，这座庄园由 П. П. 维亚泽姆斯基的女婿 C. Д. 舍列梅捷夫于 1890 年购买）并没有追求独特新奇，而是尽量保持家族古朴的传统，保护主义倾向而不是创新主义倾向占据了上风。人们在这里建立了特殊的"保护区"，或称为"博物馆—庄园"。由于只进行了必要的维修，奥斯塔菲耶沃庄园保留了宫殿建筑原貌及其所有陈设，这是维亚泽姆斯基家族三代人力争的结果。庄园的创始人 A. И. 维亚泽姆斯基、他的儿子——诗人彼得·安德烈耶维奇和他的孙子帕维尔·彼得罗维奇既是藏书家，又是古物收藏家，他们的书房完好无损。与 H. M. 卡拉姆津庄园生活有关的文物以及 A. C. 普希金在那里的生活经历值得特别关注。1899 年，奥斯塔菲耶沃的纪念博物馆向公众开放。1911 年，为纪念 H. M. 卡拉姆津以及他在奥斯塔菲耶沃撰写的六卷本《历史》，庄园的公园里竖立了一座雕塑纪念碑。随后，这里又添加了 П. A. 维亚泽姆斯基、П. П. 维亚泽姆斯基、B. A. 茹科夫斯基以及 A. C. 普希金的青铜半身像。当时奥斯塔菲耶沃的"俄国的帕尔纳斯"已初具规模，它将

---

① Савельев Ю. Р. Указ. соч. С. 174.

② Савельев Ю. Р. Образ Н. П. Кондакова в переписке С. Д. Шереметева и Н. В. Султанова // Мир Кондакова：Публикации - Статьи - Каталог выставки. М. , 2004. С. 174.

维亚泽姆斯基庄园的发展历史融入白银时代的文化背景之中。

"普希金主题"是俄国庄园遗产对现代精神需求做出特别反应的标志之一。诗人的名字和他作品中塑造的形象将分散的庄园世界联合成一个统一的文化空间。俄国大大小小的庄园公园里都有"达吉雅娜"长椅和"奥涅金"亭子，这些亭子取代了"弗洛拉和波莫纳""丘比特和普赛克"等。似乎不仅在皇村（"这里放着他的三角制帽和衣衫不整的汤姆男孩……"——A. 阿赫玛托娃），而且在任何有房屋和花园的庄园里，人们都能感受到普希金不朽灵魂的存在。

A. C. 普希金与莫斯科近郊的阿尔汉格尔斯克庄园的联系可以在尤苏波夫家族史料中找到记载。① 1903 年，在 M. Д. 库特林工作室定制的诗人半身雕塑被安放在距离庄园主楼较近的一条设计特别的林荫路上，普希金半身塑像与曾经到访过庄园的俄国沙皇的纪念碑协调相称，相得益彰。普希金在尤苏波夫庄园的这段历史因这座纪念碑而永载史册。

举行关于历史事件和著名人物的纪念活动是庄园的一项悠久传统，可以追溯到其作为沙皇郊区官邸的历史时期。随着浪漫主义时代的到来，古典主义的寓言思想开始被历史取代，人们对历史中的个人和真实事件的兴致越来越浓厚。庄园的世界是由几代祖先创造的，并保存着家族的纪念遗物和收藏珍品，人们从中可以了解背后发生的故事，对庄园自身的历史、文化和精神价值有越来越多的认识。这形成了对庄园历史环境和物质现实的崇拜，从而形成了庄园遗产博物馆化管理的传统。在苏哈诺夫，C. M. 沃尔孔斯基公爵家族对与叶卡捷琳娜二世和亚历山大一世有关的物品和环境的崇拜可以追溯到 19 世纪中期。② 19 世纪 60 年代末，H. П 梅谢尔斯基公爵在某种程度上以奥斯塔菲耶沃庄园主为榜样，将祖父即历史编纂学家

---

① См.：Смирнова Т. Н. Памятники в Остафьеве：История создания и художественный образ. М.，1998；Она же. О названии аллеи «Русский Парнас» в Остафьеве // Русская усадьба. Вып. 7. М.，2001. С. 236 – 243.

② См.：Швидковский Д. Суханово // Дворянские гнезда России：История，культура，архитектура：Очерки. С. 168 – 176.

Н. М. 卡拉姆津的图书馆、档案馆和他的私人物品从圣彼得堡搬到了杜吉诺庄园（斯摩棱斯克省），把庄园变成一个"智能办公室"，里面有帕尼内赫伯爵和梅谢尔斯基公爵这两个相关家族祖先的纪念馆。① 白银时代支持并深化了这些传统。С. М. 沃尔孔斯基公爵庄园（布良斯克省鲍里索格列布斯基县）里的"巴甫洛夫卡"就是一个例证，1915 年这里创建了十二月党人博物馆。展会收集了独特的家庭档案文件和真实的家用物品。庄园主人回忆道："在我圣彼得堡公寓的旧衣橱里，我突然发现了一堆文件。其中大多数都包装在密封的文件袋里，这些包装用密封蜡密封，上面有题词，现在我能从这些文字标注中认出我祖父——十二月党人谢尔盖·格里戈里耶维奇·沃尔孔斯基的笔迹。我还发现了几本装订好的笔记本，其中有曾祖母写给祖父的信和祖父写给他妻子玛丽亚·尼古拉耶夫娜·沃尔孔斯卡娅的信……最后，还有一堆十二月党人自己的信件。在这些书面材料中夹杂着许多图画：水彩肖像画……其中包括十二月党人别斯图热夫的作品……这样的遗产我们有责任去保护它……"②

这样的例子越来越多，尽管历史主义作为一种世界观仅在庄园的所有者和居住者拥有艺术品位、渴望和追求启蒙思想的地方才表现出来。社会历史意识形成的阶段在一定程度上反映了与 А. С. 普希金的名字相关的两座庄园遗产——米哈伊洛夫斯科耶庄园（普斯科夫省）和博尔季诺庄园（下诺夫哥罗德省）的命运。③ 1877 年，诗人的侄子，也是博尔季诺庄园的所有者，既不愿去想也不愿知道他们的名人亲戚与博尔季诺庄园有联系④，但

---

① См.：Чекмарев А. В. Дугино Паниных // Русская усадьба. Вып. 7. С. 404 – 432.

② Князь Сергей Волконский. Воспоминания. О декабристах по семейным воспоминаниям. М.，1994. С. 6 – 7. 1919 年，沃尔孔斯基家族博物馆、图书馆和档案馆的展品被运到莫斯科，并转赠给历史博物馆以及鲁缅采夫博物馆手稿部；书籍被运到莫斯科大学图书馆。（См.：Иванова Л. Вывоз из усадеб художественных ценностей // Памятники Отечества. 1992. №25：Мир русской усадьбы: Очерки. С. 73）.

③ См.：Попадюк С. С. Болдино//Попадюк С. С. Неизвестная провинция. М.，2004. С. 362 – 407.

④ См.：Гацисский А. С. Болдино и Качкурово: Из записной книжки // Нижегородский сборник. Т. 4. Ниж. Новгород，1871. С. 324.

帕尼内赫和梅谢尔斯基办公室纪念博物馆，18世纪末至19世纪中叶，中间摆放的是从圣彼得堡搬运来的 H. M. 卡拉姆津的办公桌，斯摩棱斯克杜吉诺，摄于20世纪初

从1904年起，凭借米哈伊洛夫斯科耶庄园的早期经验，他们强行让政府收购未来具有重要纪念意义的庄园建筑物——博尔季诺庄园。除了经济利益，他们还受到公众舆论的推动，因为自19世纪80年代开始，诗人早已享誉世界，具有特殊的吸引力。

A. C. 普希金的作品在白银时代被视为"我们的一切"（B. 勃留索夫）。对 A. C. 普希金的普遍崇拜促使俄国各界人士募集资金为诗人在莫斯科修建纪念碑。1880年 A. C. 普希金纪念碑的落成、Φ. M. 陀思妥耶夫斯基在纪念碑揭幕仪式最后的讲话，这些都为公众意识指明了新的方向。体现 A. C. 普希金遗产重要性的下一个里程碑是1899年 A. C. 普希金诞辰100周年纪念日。周年纪念日前夕，由公众倡议，用全民募集的资金从诗人小儿子格里戈里·亚历山德罗维奇手中买下了普希金家族的米哈伊洛夫斯科耶庄园。

在庄园里开办的一所养老公寓是永久性纪念 A. C. 普希金的一种形式（当时也被誉为"最佳诗人纪念碑"）。这所养老公寓专为"在启蒙运动中做出贡献并身体健康受到损害的老作家和教师"开设。最初，这里纪念的主要对象不是历史建筑——那时这些建筑已经损毁或大量重建，而是普希金庄园本身的整个空间，包括它周围独特的景观。①

19、20 世纪之交，俄国贵族庄园的艺术环境和日常生活的组织建设并没有统一的标准。无论是通过 C. Д. 舍列梅捷夫伯爵庄园改建的实践，还是对比分析属于同一所有者但功能不同的其他庄园建筑群的演变过程，都可以得出这一结论。例如，在奥尔洛夫·达维多夫伯爵家族众多的庄园里，沃罗涅日附近享有盛誉的赫列诺沃耶庄园发挥了重要作用。这座庄园的经济基础是最有名的俄国种马场，繁育了世界名马——奥尔洛夫快步马。② 赫列诺沃耶庄园的获利能力使它有可能为奥尔洛夫家族的其他庄园赋予不同的功能，其中包括谢尔普霍夫附近的莫斯科郊外奥特拉达（谢苗诺夫斯科耶）庄园。作为一个共同的"祖宅"，奥特拉达的地位迫使庄园所有者珍视其古老的建筑群，包括公园、石砌宫殿和叶卡捷琳娜二世时代的教堂，以及 19 世纪 30 年代由建筑师 Д. И. 日利亚尔迪设计建造的家族墓地。这座古老的巴洛克风格的宫殿，由著名建筑师和艺术家定期翻新。宫殿收藏的价值连城且具有独特魅力的艺术珍品，是这个著名家族几代人共同努力的成果。③

19 世纪 70 年代，那些奥尔洛夫庄园的所有者在莫斯科南部郊区新购入

---

① 发起人是 B. B. 菲洛索夫，即普斯科夫省贵族的领袖。K. K. 罗曼诺夫大公、著名律师和社会活动家 A. Φ. 科因及其他圣彼得堡知识分子代表给予了大力支持。位于米哈伊洛夫斯科耶村的国家自然保护区博物馆的历史实际上可以追溯到 1911～1912 年根据建筑师 B. A. 休科的设计而进行的重建项目，它曾于 1908 年被烧毁。

② 另一个种马场是在阿列克辛，位于多罗戈布日（斯摩棱斯克省）附近的巴雷什尼科夫庄园，它是迄今为止得到完整保护的最大的庄园综合体之一，其建筑充分体现了建筑师 M. 卡扎科夫、B. 巴热诺夫和 Д. И 日利亚尔迪的设计理念。

③ 1922～1923 年，这个庄园里有一座博物馆。随后，博物馆基金会向国家历史博物馆和特列季亚科夫画廊捐赠了部分珍贵物品，而家庭档案馆和 7000 卷图书馆藏书转赠给鲁缅采夫博物馆。

了斯帕斯科耶庄园，该庄园是 A. O. 斯米尔诺娃·罗塞特夫家族的旧财产，是建筑师 P. A. 格季克设计的作品。这座新的石砌宫殿采用了"法国文艺复兴"设计风格，不仅装饰豪华，而且水、热和通风管道、照明等设备安装得十分完备。在古老的英式花园重建过程中保留了 18、19 世纪之交庄园公园建筑的"整体和谐形象"①。

斯帕斯科耶庄园的新主人奥尔洛夫·达维多夫伯爵是俄国农业协会会员。他把这个庄园当作他的科学和农业实验基地。20 世纪初，庄园遗产由他的侄女 A. П. 瓦西尔奇科娃（已嫁给利文公爵）继承，在此期间，庄园的生活具有新的特色。一个在别墅度夏的人的童年记忆保留了对 1908 年的回忆："利文家族的斯帕斯科耶庄园……是盎格鲁 – 俄国风格的老爷式庄园。这座庄园宅邸的宫殿拥有 50~60 间客房，设有数个画廊、露台和阳台。宫殿的前面是一个圆形的草坪——直径为 200 俄丈的林边草地，草坪修剪得十分整齐。工厂的马车在草场周围停放，时刻准备出发。离宫殿不远的地方有一个设置完美的网球场，宫殿周围公园环绕，公园里面有一片上个世纪初专门建造的'城堡'废墟。池塘中央有一座小岛，在农奴制时期一支管弦乐队经常在那里演奏。这是一个古老的庄园，但是宫殿主楼一直在进行现代化改造，它的内外一切装饰都是新潮的、优雅的、昂贵的、一流的……"②

在传统的贵族庄园中，"古老"和"新奇"之间可能存在对应关系的另一个例子是，1917 年十月革命前，在父母留下的纳罗 – 福明斯克庄园里 C. A. 谢尔巴托夫公爵决定采用改建方案。③ 在流亡期间，C. A. 谢尔巴托夫公爵回忆道："家族庄园后来由于继承关系传给了我。父亲生前居住在这座家族庄园里，一切都按照旧的方式'保持老做派'。夏季，我的父母在这里

---

① См.：Перфильева Л. А. Спасское // Дворянские гнезда России：История，культура，архитектура：Очерки. С. 156 – 167.

② Шверубович В. В. О людях，о театре，о себе. М.，1976. С. 77，80 – 81.

③ А. А. 谢尔巴托夫和 C. A. 谢尔巴托夫公爵的庄园（莫斯科省纳罗 – 福明斯克市）没有保存下来。

休息，他们不想考虑庄园里的任何事情，包括布局的重大变化、局部改建或整体重建等事宜，一切都停滞不前，就像在老式庄园中一样，庄园主的宅邸周围环绕的都是一些服务设施，地主房东就生活在由这些服务设施包裹着的中间。庄园到处呈现着毫无生机、拥挤和混乱不堪的景象，这里遵循某种内在的日常生活的逻辑，并没有进行艺术性的规划。但一切给人的感觉还算好，很舒适、家常和方便，一切都近在咫尺。棚子、谷仓、主楼里藏冰的地窖、紧挨着的马厩的气味、一口吱吱作响的水井、不时传来的工人们的歌声、假日里手风琴的演奏曲……"作者继续说道："我热爱广义上的传统主义，但一直讨厌令人窒息的迟滞和保守。如果是具有同样历史逻辑的创新，即便发出断断续续的不和谐音符，也不会破坏周围环境的基调，那么传统和创新的结合就不会违反自然规律。作为在纳罗重建过程中一个非常积极和果断的'创新者'，我拒绝了一切不符合我的直觉、品位和需求的东西。我想尽一切办法推动我在那里所做的一切成为旧时代古老传统的主流。生活依循这样的传统在更高级的庄园中延续着，这样的生活更加贴近俄国人的内心，为他们所喜爱，但也较为文艺，同时它小心翼翼地保护着公园里一切美丽的东西，静静地俯瞰着有两排成长了上百年的椴树的林荫路旁的那两座房子。当我参观圣彼得堡和莫斯科地主的郊外古宅时，我看到的旧石版画和铜版画深深地启发了我。"①

С. А. 谢尔巴托夫公爵这位贵族世家的代表人物，在成为一名职业艺术家后去了慕尼黑，同 И. Э. 格拉巴里一起学习绘画。他的一个创新杰作是在纳罗庄园建造了一个艺术工作坊，1917 年二月革命后，工作坊的主人在那里绘制了喀山火车站（建筑师 А. В. 休谢夫设计）的室内装饰内景画草图。纳罗庄园的发展史表明，到 19 世纪末，在俄国，从贵族知识分子阶层中涌现出一类新型的庄园所有者。在保护"家族庄园"的同时，新型庄园主也改变了这些庄园的生活习惯，即"生活方式"，从而使庄园文化的性质也随之发生变化。现在，引起公众共鸣的已不再是庄园宅邸的财富和规模，而

---

① Щербатов С. А. Художник в ушедшей России. М. , 2000. С. 397 – 398.

是庄园主的活动对俄国艺术、科学以及社会生活精神的贡献。

1861 年农奴制改革后，传递到新兴资产阶级手中的贵族庄园同样经历了坎坷不平的命运。例如，1870 年，一位富有的工厂主——商务参赞 B. И. 亚昆奇科夫购买了莫斯科近郊的切廖穆什卡（先是戈利岑公爵，然后是 A. Д. 缅希科夫公爵后代的庄园），B. И. 亚昆奇科夫娶了 П. M. 特列季亚科夫妻妹 3. H. 马蒙托娃。① 在和波列诺夫家族和阿列克谢耶夫家族建立亲属关系的同时，亚昆奇科夫夫妇还进入了拥有良好教育背景的商人交际圈。作为戏剧爱好者和音乐迷，以及 A. H. 斯克里亚宾的赞助人，亚昆奇科夫夫妇资助建设了莫斯科音乐学院。亚昆奇科夫夫妇对新购入的切廖穆什卡的态度最初明显受到商业利益的强烈影响。在庄园附近建造了砖厂，果园和温室被租用，庄园的部分建筑物，包括18世纪末19世纪初的精致的展厅，都被用作避暑别墅。古老公园临时性向公众开放，并收取入场费。但所有这一切并没有给庄园主带来明显的商业利益，却导致了著名"莫斯科大区"昔日贵族生活风采的丧失。

从19世纪90年代开始，亚昆奇科夫夫妇的后代又回归到切廖穆什卡昔日的日常生活中，重拾传统的生活方式。当时的庄园留给了亚昆奇科夫夫妇的儿女——儿子尼古拉和女儿玛丽亚所有，他们后来成了著名的艺术家。② 为了翻新缅希科夫时期建造的主殿（建筑师为 Ф. K. X. 维尔斯特，建于18世纪80年代），尼古拉和玛丽亚聘请了新古典主义风格的年轻建筑师 И. И. 若尔托夫斯基。若尔托夫斯基用新设计的凉台和楼梯增强了宫殿外部的辉煌效果。而对宫殿内部的改造幅度更大：地下室的木质天花板被钢筋混凝土拱顶取代，屋子里安装了蒸汽暖气和自来水管，建造了浴室和卫生间，安装了电灯。楼房格局的变化与新的室内装潢相匹配，这种装饰遵循了俄国和西方的经典风格。由于第一次世界大战和十月革命的爆发，庄园建筑的整体改建工作没有完成。

---

① См.：Перфильева Л. А. Черемушки – Знаменское // Усадебное ожерелье юго – запада Москвы / Ред. – сост. Л. В. Иванова. M.，1997. C. 21 –45.

② 画作《外套》《圣三一修道院风景画》是 M. B. 亚昆奇科娃于19世纪90年代在切廖穆什卡创作的作品。

将"贵族之家"改造成第三等级代表的庄园的另一个例子是莫斯科附近的戈尔基庄园，这座庄园得到俄国著名工业家 C. T. 莫罗佐夫的遗孀 З. Г. 莫罗佐娃－列因伯特的重新修建。建筑师 Ф. О. 舍赫捷利按照自己的设计方案，采用最先进的技术和艺术，对旧庄园建筑群进行了重新开发和现代化改造。20世纪初期戈尔基庄园的改造和复兴恰逢新古典主义流行的时期，这标志着这一时期的建筑艺术向俄国庄园黄金时代的建筑艺术传统的回溯性转变。舍赫捷利的才华和创新、他在庄园建筑方面表现出来的欧洲大师级水平和丰富的经验，使他在这个古老的"莫斯科近郊娱乐中心"的翻新和改建中实现了"传统"与"时尚"独特的融合，在楼房建筑与园林景观设计中达到了令人惊叹的细致入微的和谐境地。①

莫斯科郊外 З. Г. 莫罗佐娃－列因伯特的戈尔基庄园主楼剧院
大厅（"冬季花园"）的内部装饰，1909～1914年，
建筑师为 Ф. О. 舍赫捷利

① См.：Савинова Е. Н. Горки // Дворянские гнезда России：История，культура，
архитектура：Очерки. С. 50 – 65.

20 世纪初，戈尔基庄园的艺术环境和生活方式，几乎消除了贵族和受过良好教育的商人之间的阶层类型和社会等级的差别。然而，在 19、20 世纪之交发展起来很多"商人庄园"的背景下，戈尔基庄园是一个明显的例外。

将"商人庄园"现象划分为一种独立文化现象的同时，研究人员聚焦于其中两个主要特征：多功能性和社会意义。① 此外还应加上第三个特征，即营利性。所有这些都是庄园古老的特征，但随着时间的推移，莫斯科附近的亚历山德罗夫（之前的莫斯科省波多利斯克县夏波夫镇）贵族庄园在 19 世纪末由商人兼企业主 И. В. 夏波夫购入并得以改造和复兴。②

19 世纪 90 年代，随着公园的修复和宫殿的重建，И. В. 夏波夫让这个拥有 400 多年历史的建筑群恢复了昔日代表性的设计风格，并通过使用新的机械化农机具和农业技术手段，使庄园农业迅速提升到较高水平。与此同时，新主人在庄园里开展了广泛的教育活动。1892 年，在乡村教堂里建立了一所教区学校，并为农家女孩开设了一所蕾丝工艺学校，学生们不仅接受职业教育，还接受普通初等教育。③ 除了能够提供就业机会，夏波夫蕾丝工艺学校的目标是复兴 1861 年大改革后濒临消亡的俄国手工艺术。④ И. В. 夏波夫去世后，遵照他的遗嘱，1903 年，一所农业学校在亚历山德罗夫庄园里开业运营。这所学校位于一栋专门建造的两层楼高的石砌建筑里。学校提供了接近初等和中等水平的职业教育。学校教授园艺、蔬菜栽培、

---

① Об этом подробнее см. : Каждан Т. П. К вопросу о типологии подмосковной купеческой усадьбы последней четверти XIX – начала XX века // Русская усадьба. № 5. М. , 1999. С. 47 – 60; Она же. Некоторые особенности русской купеческой усадьбы конца XIX – начала XX века // Русская усадьба. № 2. М. , 1996. С. 78 – 89; Савинова Е. Н. Социальный феномен «купеческой усадьбы» // Русская усадьба. № 9. М. , 2003. С. 123 – 130.

② История села Александрово (Щапово) Подольского района Московской области / Сост. О. Н. Русина. ［М. ］, 1992.

③ См. : Щапов Я. Н. , Щапова Ю. Л. , Розенбаум В. Д. Кружевная школа в селе Александрове Подольского уезда (1892 – 1919) // Подольское кружево. Традиционное искусство и его возрождение. Подольск, 2008. С. 60 – 68.

④ См. : Виданов С. В. Место усадьбы в развитии ремесел // Усадьбы Южного Подмосковья. ［Подольск］. 2000. С. 36 – 53; Барадулин В. А. Роль усадьбы в возникновении ремесел // Там. Же. С. 58 – 67.

亚历山德罗夫庄园花边学校的毕业生，莫斯科省波多利斯克县夏波夫镇，
塔季亚娜·库兹涅佐娃（右）和一位穿着她制作的
蕾丝花边领子的亲戚，摄于 1916～1917 年

奶牛养殖和养蜂等，理论知识在庄园丰富的农业实践中得到加强。1917 年
以后，从这所学校走出来的 100 多名毕业生在莫斯科地区最大的农场担任
农业专家。①

① Щаповская сельскохозяйственная школа – перекличка столетий // Муниципальный музей истории усадьбы Щапово. Вып. 2. Подольск，2003. С. 10 – 13，18，25. 十月革命后，许多教育机构经历了转型的发展历程：教区学校变成了四年制小学；农业学校变成技术学校；花边编织学校于 1920 年关闭。在 20 世纪 90 年代，在俄罗斯庄园协会的努力下，由亚历山德罗夫（夏波夫）庄园的庄园主后裔发起，亚历山德罗夫庄园的社会和文化生活得到了复兴。1904 年，莫斯科大学教授 Я. Н. 夏波夫及 Ю. Л. 夏波娃在庄园里专门开设了一家农业学校；此外，在莫斯科市政府的协助下，在这里开立了一个图书馆，并设计了一个带有德国制造管风琴的室内音乐厅。庄园定期接待考察参观团，举办乡土学术研究会议。

旧庄园部分消亡和新庄园全然崛起，新旧两个庄园世界在 19 世纪末 20 世纪初共存，牢不可破地联结在一起。和从前一样，庄园主要是为私人生活设计的，发挥"家庭巢穴、家庭住宅"的功能。在充分利用大家熟知的乡村生活优势，并尽可能地保持风土人情原貌和传统的乡村生活方式的同时，现代庄园在建设过程中运用科学技术进步成就，努力提升生活舒适度，使乡村生活更加贴近城市生活水平。同时，在改造新时代的庄园时，几乎没有以阶层传统或艺术为优先的规范性指导方针。庄园布局和外观极具个性，一切取决于主人的物质状况和社会地位、教育水平和品位，以及具有文化影响力的亲朋挚友和祥和氛围。当那些才子佳人进入庄园的私人世界时，庄园已成为俄国公共生活中显著的现象——影响力远远超出其国界的"文化中心"。

在任何时候，创造重要的庄园经济都需要具备三个条件："金钱""休闲时间""文化教育"。俄国庄园最繁荣的时代自然而然地与俄国贵族的黄金时代相吻合，这是因为庄园主的阶层特权保证了上述三个条件的存在。19、20 世纪之交，随着贵族专制地位的丧失，庄园文化和生活的不同方面都随之变化，主要表现为访客具有鲜明的时代个性，这令"俄国文艺复兴"的同代人深受启迪。①

节俭的商人扮演着大地主的角色，尤其是对于特别保守的老信徒而言，起初他们满足于简朴舒适的家庭环境，认为对于自己来说，用于购买代表性奢侈品的开销是"完全不必要的"。但经过大改革后的 20 年，庄园主开始恢复其外在审美标准。俄国广袤的"庄园世界"如今完全被打造成另外一幅样子，物质财富、社会环境和精神面貌都发生了根本性的改变。

与古典主义严格的艺术规范不同，1861 年改革后的俄国创造了一个五彩缤纷的庄园"世界"，以及庄园世界中的在艺术和风格上不受任何约束的独立"家园"，彼此就各自独特性方面相互竞争，相互成就。由于不受任何

---

① 与意大利文艺复兴时期相似的是，世纪之交著名的俄国艺术赞助人被赋予"俄国美第奇"的美称。同时代的俄国人称百万富翁 H. П. 里亚布申斯基为"蓝玫瑰"协会的守护神（1906～1909）。阿布拉姆采沃的客人开玩笑地称 С. И. 马蒙托夫为"杰出的萨瓦"。

艺术规范的约束，庄园主开始转向积极的创造性探索或选择原创艺术元素和古朴的庄园生活形式。

在 H. H. 弗兰格尔将过去与现在进行比较时，他注意到，在 20 世纪初，"地主农奴生活……再一次被一种全新的、完全不同的生活所取代，这种生活至今还没有恢复到正常轨道上来"①。就连 C. A. 谢尔巴托夫也发现自己置身于俄国和西方艺术生活的交杂之中，他从"某种共同的不稳定因素"中看到"真正的国内文艺复兴"的主要缺点是"没有单一的方向"。据他观察，在十月革命前的俄国，"我们可以列举出太多一流的文化建筑师、审美和流派都十分出色的画家，以及优秀的艺术出版商……"，但同时，"还有很多东西在到处游荡，迷失了方向，渴望……沿不同的方向，受不同思潮的影响"。

米哈尔科夫家族的庄园彼得罗夫斯克，雅罗斯拉夫尔省
雷宾斯克县，摄于 19、20 世纪之交

① Врангель Н. Н. Помещичья Россия // Врангель Н. Н. Старые усадьбы: Очерки истории дворянской культуры. СПб. , 2000. С. 28.

"巴黎、圣彼得堡（对彼得大帝和 18 世纪的崇拜）和莫斯科（古老艺术的故乡）走上了不同的发展道路。因此，艺术的品位和思想各不相同。严肃和任性、肤浅和放纵、真正的爱好和追求时尚、例行公事、模仿和大胆创新并驾齐驱。由此造成的放纵和流浪……"① 很难想出更准确、更生动的语言来描述 19 世纪末 20 世纪初俄国庄园文化空间的历史背景和艺术环境。

随着经济的资本化，大量"货币"开始集中在积极进取的人手中，而不论他们的社会阶层和出身如何。正如前文所表明的那样，古老贵族庄园所有者的努力主要集中在改革庄园的部分生产经营，适时地维护整个庄园建筑群原貌或对其进行局部重建。那些能够筹集资金的人发起了兴建新的庄园建筑群的倡议。十月革命前夕，社会活动异常活跃，人们对文化精神和艺术生活的兴趣更加浓厚，几乎达到顶峰，这一时代形成了一种新型的阶层。在与贵族展开的竞争中，工商业和金融界精英代表试图在文明开化以及对外代表性和广泛性上达到甚至超越贵族阶层水平。19、20 世纪之交，在最著名、最奢华的庄园建筑群的所有者名单上，我们能看到大企业主梅因多夫男爵、施泰因加特男爵、冯·梅克男爵，商人马蒙托夫、莫罗佐夫、里亚布申斯基、哈里托年科等。他们的后继者可以获得良好的欧式教育和自由资本，并拥有与白银时代"启蒙""休闲"概念相符合的一切条件和资源。

19、20 世纪之交的庄园文化面向所有时代潮流敞开大门。受 Ф. М. 陀思妥耶夫斯基和 В. 索洛维约夫新思想的影响，同时代人转向了对白银时代新西方文学和诗歌创作理想之美的实用性和创造性的追求，正如陀思妥耶夫斯基所言，这种美可以"拯救世界"。这种乌托邦的想法激发了那些对社会转型感到失望的人的斗志。俄国庄园成为实现这些理想的最佳空间。庄园在经济上独立且完全不受任何官方指令的约束，为满足其所有者在精神和身体、艺术和实践方面的任何要求提供了广泛的机会

---

① 　Щербатов С. А. Указ. соч. С. 60.

和舞台。私人庄园主可以自由自在地在他的庄园里建设"新生活"，创造他自己的物质财富和精神财富。在国家经济和法律保护下，私人庄园成为任何生活实验的理想场所，包括那些对现代建筑进化过程中新道路的选择与发展至关重要的实验。沿着这条道路，私人庄园主新建、翻建和扩建了庄园建筑群，其规模可与昔日的贵族住宅相媲美，具有很高的艺术品质和精神意义。

建筑从意识形态和艺术危机中走出来，与十月革命前社会对创造新生活的渴望不谋而合。在那个时代最好的庄园建造中，庄园设计师的设计理念和他的个性追求与建筑师、园艺师、艺术家的才华和技能相适应。社会有足够的人才来满足同时代人的各种审美需求。С. А. 谢尔巴托夫回忆说："那是俄国建筑的黄金时代。建筑业的新生力量，年轻，才华横溢，具有良好的建筑学教育背景。他们能够身先示范，态度认真，热爱自己的事业，渴望应用自己的知识实现设计、艺术的梦想。他们的目的是通过对古典主义、意大利宫殿和别墅、俄国城郊庄园的推崇而提升自己，变得更加高贵……选择肖像画家似乎比选择建筑师更加困难……"①

正如 Е. И. 基里琴科指出的，19、20 世纪之交的俄国建筑是"俄国建筑演变史一个完整历史时期的最后阶段，从 19 世纪 30 年代末一直持续到 20 世纪的第二个十年"②。庄园生活只是现代人多维生活中的一个侧面。因此，庄园建筑与城市豪华官邸、城郊华丽别墅和避暑别墅类型之间形成了一种有机的联系，往往由同一批设计师设计和建造。十月革命前的几十年里，俄国所有地区的城市市区、城市近郊、城郊外都建造了大量私人的别墅群和庄园住宅，在建筑设计的原创性及独创性方面相互竞争。庄园建筑在塑造现代主义风格和随后的艺术方向等方面具有特殊创造性作用，这一

---

① Щербатов С. А. Указ. соч. С. 231 – 233.
② Кириченко Е. И. Русская усадьба после классицизма（1830 – 1910 – е годы）// Архитектура русской усадьбы. С. 246 – 247.

B. E. 莫罗佐夫位于莫斯科省的奥金佐沃－阿尔汉格尔斯克庄园的宫殿大厅，19 世纪 90 年代初，建筑师为 Ф. O. 舍赫捷利，摄于 20 世纪初

观点，现在被普遍接受。① 通常，别墅小屋、城郊华丽别墅或小庄园会成为当地的创意实验中心。相对较小的建筑激发了建筑设计师使用现代材料和结构设计的勇气，这保证了工程解决方案的安全性。对创新和实验的渴望及抱负将现代派建筑师凝聚在一起，因此 Д. C. 梅列日科夫斯基的"我们为了新美学而打破了一切规则，违背了所有的特征……"诗句，实际上恰好

---

① См. : Кириченко Е. И. Творчество Ф. О. Шехтеля и архитектурный процесс XIX – XX вв. // Ф. О. Шехтель и проблемы истории русской архитектуры конца XIX – начала XX в. М. , 1988. С. 3 – 19; Кириков Б. М. , Федоров С. Г. Архитектурные открытии модерна // Там же. С. 26 – 33.

符合他们的"宣言"。①

"新美学"的概念意味着在多样化艺术手法中做出自由选择。在经历了过渡时期的长期停滞后，庄园又回归到创造整体艺术的传统。同时，与以前一样，白银时代改进的建筑语言和园林景观艺术服务于对庄园建筑群整体的语义解读。

人们早就注意到，现代风格的建筑在其最好的作品中成功地塑造了符合象征主义理想的富有表现力的立体造型形象。例如建筑师 Ф. О. 舍赫捷利的独特的富于创造力的代表作——3. И. 莫罗佐娃的斯皮里多诺夫卡豪宅、里亚布申斯基的大尼基茨卡亚私人官邸等一系列闻名国内外的莫斯科豪华官邸就属于这一建筑风格。现代材料和结构设计应用上的创新是现代主义与纯粹装饰性任务的原始解决方案的巧妙结合；同时，新的艺术和意义表达手段的时代也随之到来。在现代主义艺术体系中，"阶梯波"、"狮身鹰头兽象式悬臂结构"以及其他动物形态化、生物形体化的建筑"形象"，仿佛将建筑灵性化了，把建筑的"身体"变成活生生的存在。

开创现代主义新风格的第一步，是 19 世纪 80 年代成立的阿布拉姆采沃"马蒙托夫艺术小组"实验室，其中包括 B. 瓦斯涅佐夫和 A. 瓦斯涅佐夫兄弟、M. 弗鲁贝尔、C. 马柳京、H. 廖里赫、K. 博加耶夫斯基、B. 康定斯基和其他许多人，以及天才雕塑家 A. 马特维耶夫、C. 科尼奥可夫等人。他们参与了官邸住宅和庄园宫殿的外墙及内饰的设计。在那个快速发展的时代，现代风格的完整庄园建筑群很少出现。② 其中最优秀的是文学和艺术赞助人 Я. E. 茹科夫斯基在克里米亚的库丘克－科伊别墅，它揭示了现代建筑和造型艺术相融合的惊人可能性。"蓝玫瑰"组合的艺术家们能够在视觉上重新塑造黑海沿岸异国风景的奇异景观，重现形而上学思想和象征主义

---

① Кириченко Е. И. Федор Шехтель. М.，1973. С. 70.

② О них подробнее см.：Каждан Т. П. Художественный мир русской усадьбы. С. 218 – 313.

诗歌形象。①

　　同样，20 世纪的第二个十年，新古典主义在俄国建筑中的确立也是如此，其时间顺序和艺术特征与诗歌中的阿克梅派相一致。② 这些旨在回归古典艺术传统理念的纪念建筑物范围很广，例如商人皮尔佐夫在莫斯科郊区的柳布维诺庄园建筑群、银行家 А. А. 鲁珀塔在利波夫卡（利普基－阿列克谢伊斯科）的新奥帕拉迪亚宫殿、"蓝玫瑰"赞助人和《金羊毛》杂志出版商 Н. П. 里亚布申斯基在莫斯科的"黑天鹅"华丽别墅。

　　圣彼得堡和莫斯科的建筑师作为俄国现代建筑两大主要和对立流派的代表，同样推崇建筑中的新古典主义。其中包括 И. 福明、В. 舒科、И. 若尔托夫斯基、А. 塔马诺夫、В. 阿达莫维奇和 В. 马亚特，以及较早开始在省城工作的韦斯宁兄弟。

　　现代建筑领域的先锋前沿，如形式主义和理性主义，形成了与未来主义诗歌类似的风格。它与 И. 列宾在佩纳蒂的原始建筑和 Л. 安德烈耶夫在芬兰的别墅等风格是一致的。

　　除了这一系列风格，还有那个时代建筑风格的其他变体，如"新俄罗斯风格"，这是一种常见的建筑风格，源于 И. 邦达连科、А. 休谢夫、В. 苏斯洛夫等建筑师对"民族精神根源"和民族认同的探索；除此之外，还有 Ф. О. 舍赫捷利和 П. С. 博伊佐夫为莫斯科金融和工业界精英建造的中世纪城堡或维多利亚时代风格的浪漫别墅建筑。但这并不是现代建筑师为满足同胞的爱好和审美兴趣而进行的各种探索和发现的全部。③

　　19、20 世纪之交独特的建筑和艺术环境并非无处不在，而是有选择地创造出来的——只有在相对较少的庄园中才有意识地提出这样的任务。从这个意义上说，俄国庄园文化一如既往地保持着"精英"的特征。我

---

① См.：Нащокина М. В. Московская «Голубая Роза» и крымский «Новый Кучук－Кой» // Русская усадьба. Вып. 5. С. 129－154. Галиченко А. А. Кучук－Кой. Симферополь，2005.

② См.：Кириченко Е. И. Неоклассицизм и акмеизм в русском искусстве начала XX в. // Вопросы искусствознания. Вып. 2－3/94. М.，1994；и др.

③ См.：Горюнов В. С.，Тубли М. П. Архитектура эпохи модерна. СПб.，1994.

莫斯科柳布维诺庄园建筑群中 A. Г. 贝尔佐娃庄园主楼的露台，1911 ~ 1912 年，
建筑师为 A. Э. 埃里克森，摄于 20 世纪第二个十年

们应该同意 T. П. 卡日丹的建议，将一系列精选的白银时代庄园划分为
一组特殊的建筑风格类型，即所谓的"赞助人庄园"①。其中，除阿布拉
姆采沃、塔拉什基诺、柳布维诺、利波夫卡、克里米亚库丘克 – 科伊等人
们熟知的庄园外，还应该包括 Ю. Л. 柯尼希和 B. П. 柯尼希的沙罗夫卡、
П. И. 纳塔利耶夫卡的位于哈尔科夫省的哈里托年科、弗拉基米尔省的穆罗
姆采沃以及其他同类型庄园。建筑和花园园林艺术的创新同样渗透到普通
的私人庄园中。

总体而言，花园和公园建筑群的总体构图更加突出了不对称性的特色，
如同风景画。主楼仍然保留建筑群整体中的主导角色，但其解决方案在设
计规模方面更加大胆，在装饰性质上更具多样性和创新意义，这一切取决
于主人的品位，有时是出于声望或经济的考虑，有时是一时兴起，突发奇
想。庄园建筑缺乏轴对称性和多相性预先决定了其与环境关系的性质。现
代豪华庄园的内部布局更加合理，特别注意室内和室外空间相互连接的便

---

① См. : Каждан Т. П. Художественный мир русской усадьбы. С. 273 – 274.

利性，这体现在门窗形状和尺寸的变化，以及画廊、阳台、露台和带有观景平台的塔楼等方面都有独特表达。这样一栋豪宅的不对称构图和与之相邻的同样缺乏严格对称性的公园或花园的总体布局相对应，这就反映出主楼房屋与花园之间的重要联系，在当时的画作和照片中，花园周围风景如画，庄园房屋隐映其中，柱廊与常春藤缠绕在一起，建筑物的外墙覆盖着开花的灌木和草本植物。

庄园建筑面积呈现减少的总体趋势，但与此同时，人们也在寻找新的园林艺术形式。① 旧公园已发生巨大变化，昔日的辉煌变成了现在的衰败景象：一切都缺乏日常管护和科学规划，灌木稀疏，杂草丛生，还有杂陈的乱石、黑压压的林荫路。而新建庄园建筑群一个典型的特征是，主楼周围设计了视野开阔的草坪和明亮芬芳的大花坛。中间地带种植了多种外来植物，构成了庄园园林景观的一大特色。园林景观部分呈现出"室内装饰"的趋势，园林内规划出相互关联的四个角落区域，但其布局和生长植被却又各不相同。

对于白银时代的美学来说，植被的色域、大理石的外表纹理和绿色植被的图案特征，以及树叶摇曳和潺潺流水产生的声音和气味都很重要。同时，游泳池、池塘、码头和喷泉等花园及公园水体的布局和装饰也越来越完善。本着时代精神，根据庄园主家庭个人爱好的性质，庄园内补充设置了户外骑马、儿童游乐园或网球、槌球、自行车运动场等开放式活动区。

建筑与自然和谐统一，并与庄园环境的精神氛围相契合。这里仍然有书籍和艺术品。庄园里的私人艺术收藏品不仅被保存下来，而且得到重新整理和补充。庄园主不再局限于"祖先画廊"和偶尔的珍品收藏，而是进行系统化的、精心设计的收藏，反映出主人对俄国或西欧的艺术、俄国圣像画、考古学、民族学、人类学以及自然史的兴趣。靠近村庄的庄园建筑

---

① Изящное садоводство и художественные сады в России: Историко – дидактический очерк инженера Арнольда Регеля. СПб. , 1896.

群，体现出人们对民间艺术和艺术手工业品的兴趣。对书籍、艺术作品和科学展品进行严肃认真的科学收藏，需要在专家的指导下才能做到系统化和专业化。庄园建筑群转变成国家博物馆保护区，并成为有吸引力的人才中心。其中最早的是 C. C. 乌瓦罗夫的波列茨基博物馆保护区，位于莫斯科莫扎伊斯克的波列奇耶，在 19 世纪 50 年代设立为博物馆，直到 20 世纪初也没有失去其文化意义。①

位于哈尔科夫省纳塔利耶夫卡庄园的救世主教堂——古代俄国艺术博物馆，
这里是糖厂主和收藏家 П. И. 哈里托年科的庄园；1908～1913 年，
建筑师为 A. B. 休谢夫；雕塑家为 A. T. 马特维耶夫、C. T. 科尼奥可夫、
C A. 叶夫谢耶夫；写生画家为 A. И. 萨维诺夫；摄于 20 世纪第二个十年

  一如从前，庄园里良好的人文艺术氛围对年青一代精神世界和审美意识的形成发挥了重要作用，往往影响着他们的职业选择和未来的命运。"艺术世界"领袖之一 A. H. 伯努瓦、亚历山大·勃洛克、20 世纪最伟大的诗

---

① 波列茨基博物馆的部分藏品于 1888 年由 A. C. 乌瓦罗夫的遗孀转赠莫斯科历史博物馆以供展览和收藏。

人鲍里斯·帕斯捷尔纳克，他们成熟的创作作品，追根溯源是受到了在庄园的童年美好时光的滋养才孕育而成。父亲的简陋的庄园给伊凡·布宁留下了深刻的印象，并反映在他的作品中。B. 纳博科夫的作品中刻有关于纳罗庄园的深深的印记。H. 古米廖夫、A. 阿赫玛托娃对特维尔省斯列普涅沃美好的回忆激发了"庄园诗歌"的创作，字里行间渗透着他们对故园的深深眷恋。在许多情况下，"贵族巢穴"幸福愉快的气氛决定了整个艺术潮流的命运：普斯科夫省博戈达诺夫斯科耶庄园成为"艺术世界"诞生的"摇篮"①；慈善家波利亚科夫家族在莫斯科近郊的兹纳缅斯科耶－古巴伊洛沃庄园成为莫斯科象征主义诗人、艺术家一辈杰出人物组合"蓝玫瑰"的"巢穴"②。

到 19 世纪 90 年代初，这些艺术家发现了阿赫特尔卡，它毗邻后古典主义时代的阿布拉姆采沃庄园（前特鲁别茨科伊公爵领地），租给了现任别墅的主人。与阿布拉姆采沃庄园一样，阿赫特尔卡以朴素但充满灵性的"阿克萨科沃风光"之美吸引来大量艺术家，这里拥有一条交叉风景带，旁边是蜿蜒的沃雷河和一片混交林，最重要的是，空气格外清新。按照 B. C. 图尔钦的观点，这个地区的自然环境特点得到意大利北部艺术家们的认同，他们将这一地区亲切地称为"俄国的翁布里亚"，"莫斯科印象派"的诞生地在阿赫特尔卡附近。③ B. M. 和 A. M. 瓦斯涅佐夫、B. Д. 波列诺夫、为《圣徒谢尔盖传记》系列油画写生的宗教题材画家 M. B. 涅斯捷罗夫先后来到这里进行创作。从 1901 年开始，B. B. 康定斯基在阿赫特尔卡为 B. A. 阿布里科索夫在莫斯科的私邸（1916～1917）创作了三折画等作品。

M. K. 特尼舍娃－塔拉什金在斯摩棱斯克的庄园以自然简朴为主要风格。在阿布拉姆采沃之后的弗列诺沃，俄国乡村世界创造性地变成了一个半虚幻的"梦想空间"。艺术实验、民间手工艺品制作得到了复兴和发展，

---

① См. : Тук Б. Путеводитель по Серебряному веку. М. , 2005. С. 71.

② См. : Ногтева В. М. Красногорские пенаты： （Знаменское － Губайлово Моск. обл. ）// Мир русской усадьбы： Очерки. С. 96 – 111.

③ Турчин В. С. Ахтырка // Дворянские гнезда России：История，культура，архитектура：Очерки. С. 36 – 37.

**Ю. Л. 柯尼希和 B. П. 柯尼希的沙罗夫卡庄园，哈尔科夫省，
庄园建筑群全景图：露台公园，摄于 20 世纪初**

此外，这里还开展了文化和教育活动，其中起到重要作用的是艺术创作、业余民间剧院和庄园主创作作品博物馆。①

　　具有时代特征的俄国庄园艺术环境的多样性是在庄园主的个性类型的多样性，即他们的喜好和品位，以及他们艺术性质的多样性基础上形成的。因此，B. C. 图尔钦当然是对的。他指出，庄园的环境和庄园本身的生活方式都成为"时代的艺术作品"。对于白银时代，这一认识可能是最具有现实意义的。然而，自 19、20 世纪之交以来，庄园在俄国社会生活中的文化作用一直与别墅展开竞争。②

　　作为一种新的社会文化交往形式，城郊华丽别墅和避暑别墅已经成为社会

<hr />

① 1903～1905 年，M. K. 特尼舍娃把博物馆从塔拉什金搬到了斯摩棱斯克，并为其建造了一座独特的建筑（由 B. M. 瓦斯涅佐夫和 C. B. 马柳京设计）。1911～1912 年，博物馆建筑连同藏品被移交给莫斯科考古协会。目前，这座建筑是国家美术馆（斯摩棱斯克特尼舍娃街 7 号）。

② См.：Стернин Г. Ю. Абрамцево：от «усадьбы» к «даче» // Стернин Г. Ю. Два века：Очерки русской художественной культуры. М.，2007. С. 218 – 248；Он Абрамцево – «тип жизни» и тип искусства // Там же. С. 249 – 257.

B. C. 赫拉波维茨基的穆罗姆采沃庄园的剧场，
弗拉基米尔省，19 世纪末，摄于 20 世纪初

生活民主化的表现形式之一。① 在城郊华丽别墅和避暑别墅与古代贵族庄园直接相邻的情况下，别墅主人日常生活的特点往往更接近庄园。在莫斯科郊外古老的阿尔汉格尔斯克、奥斯坦基诺、拉伊 – 谢苗诺夫斯基和其他地方，夏季租用别墅度夏避暑的人们更倾向于租用历史悠久的贵族庄园建筑。②

　　之后，在韦坚斯科耶、奥斯塔菲耶沃、昆采沃庄园公园，庄园主开始建造避暑别墅对外出租。别墅租户的社会构成通常与庄园或别墅区主人的身份及地位相符合。从 19 世纪 60 年代开始，莫斯科工商界著名的商人、工商界精英——博特金家族、舒金家族和其他家族经常在工业家索尔达腾科夫拥有的昆采沃庄园度过夏天。③

　　20 世纪初，莫斯科艺术剧院的演员们喜欢聚集在利文公爵位于莫斯科

①　Об этом подробнее см.：Каждан Т. П. К вопросу о типологии подмосковной купеческой усадьбы. С. 47 – 60.

②　См.：Спрингис Е. Э. Московские жители в селе Останкине：К истории дачной жизни в столице середины – второй половины XIX в. // Русская усадьба. Вып. 7. С. 211 – 222；Нащиокина М. В. Архангельское // Дворянские гнезда России：История，культура，архитектура：Очерки. С. 14 – 31.

③　См.：Димов Вл. Мое Кунцево. М.，2003.

以南的斯帕斯科耶庄园。他们得到了剧院前负责人的房子："石砌的，有自来水和保温浴室，大约六个房间，带一个巨大的露台。"演员 B. И. 卡恰洛夫、斯米尔诺夫一家人、艺术家 K. 科罗文和他的妻子住在这里，朋友斯塔霍维奇、H. 埃夫罗斯等人前来拜访过他们。白天，K. 科罗文在露台上工作，晚上大家"聚在一起，为叔本华、斯克里亚宾和弗鲁别利等名家争论不休"，很久以后，其中一个住户不无讽刺地暗示他们和庄园主人之间的差距，他观察到，主人明显不属于"没落的贵族"，他们觉得自己"更像是维多利亚时代的大地主"。在庄园里没有"运动、酒精，也没有调情"，在庄园"宫殿"里成长起来的年轻人对上流社会和体育爱好表现出浓厚的兴趣。①

乡村生活允许人们互换身份：演员变成了租用别墅度夏避暑者，租用别墅度夏避暑者变成了演员。在 19、20 世纪之交，庄园剧场不仅没有放弃其悠久的表演传统，而且在组织和表演水平上达到了一个新的高度。就其本身而言，这个时代的庄园生活极具戏剧化，这在一定程度上反映了远离社会现实进入古代历史、壮士歌时代、童话世界、浪漫幻境或神奇梦境等的趋势。在与租用别墅度夏避暑者的接触中，庄园剧场的业余爱好者获得了新的创作冲动和发展前景。在乡村别墅区人口众多的理想空间中，庄园剧场牢固地根植于公共娱乐和休闲时间，同时培养演员，规划专业剧场的美好未来。在 C. И. 马蒙托夫个人歌剧创作史上，阿布拉姆采沃起到了重要作用。阿列克谢耶夫的柳比莫夫卡庄园成为莫斯科艺术和公共剧院的"摇篮"，K. C. 斯坦尼斯拉夫斯基在那里开始了他的职业戏剧创作活动，A. П. 契诃夫在那里写下了《樱桃园》。

由于文学艺术赞助人日益增多，俄国庄园世界逐渐转变为一代杰出人物的"文化巢穴"，这是"俄国文艺复兴"时代的典型特征。通过鼓励有创造力的职业人士延续庄园热情好客的传统，文学艺术赞助人的庄园变成了"创意别墅"。在这样的文化发源地产生的强大的文化共鸣远远超出了他们祖先的影响力。临时的别墅社区在城市中继续存在：新的创意和艺术作品、

---

① См.：Шверубович В. В. Указ. соч. С. 80 – 81.

未来戏剧制作计划和舞台布景——所有这些都被带到首都的艺术展览会、剧院舞台、报纸和杂志版面上，成为普通民众的精神财富，以及同时代人批判性评价的对象。

除了多少有些名气的"文学巢穴"，梅谢里诺、多莫特卡诺沃等远近闻名的庄园也成为艺术家们最喜欢的"创意别墅"。莫斯科近郊的沙赫马托夫和博布洛沃，属于 Д. И. 门捷列夫所有，这里不仅是门捷列夫夏季的科学实验室，还成为包括科学家和诗人在内的朋友和客人的"庇护所"。邻近的 В. И. 塔涅耶耶律师的杰米扬诺沃庄园以其独特的图书馆而闻名，庄园给 А. 别洛夫留下了深刻的印象，С. И. 塔涅耶夫和 П. И. 柴可夫斯基都曾在这里卓有成效地工作，创作曲目。

列夫·托尔斯泰在世时，亚斯纳亚·波利亚纳（图拉省）就成了朝圣之地，这里是文学家和哲学家的"麦加"，俄国国内外的作家和哲学家都渴望亲临这块圣地，去拜访伟人，聆听大师的精神启迪。自 1911 年列夫·托尔斯泰去世后，他的遗孀就开放了庄园，接待从国内外前来参观拜访的人们，给那些想要祭拜列夫·托尔斯泰的人提供了机会。特鲁别茨科伊大公在莫斯科郊外的乌斯科耶庄园始终被知识分子的崇拜和特别关注这一荣耀光环包围着。白银时代的另一位先哲——作家和哲学家 В. Л. 索洛维约夫曾经在这里生活、工作，直至逝世。

А. П. 契诃夫买下了梅利霍沃庄园后，按照古老的传统的父权制庄园生活方式的法则匆忙地装修了一番，实现了做一名"新式地主"的愿望，或者更确切地说，通过 А. П. 契诃夫"家庭剧团"（作家家人）的努力，体验传统贵族阶层曾经的生活方式。在莫斯科郊区获得的生活经验 А. П. 契诃夫在雅尔塔派上了用场。

И. 列宾的佩纳蒂庄园、Л. 安德烈耶夫结构整齐和谐的庄园（这两个庄园都在芬兰）和 Ф. И. 夏里亚宾庄园，所有建筑物的设计和格局都是为了文学创作和休闲娱乐。根据乡村家庭住房建设的新规范，这些别墅的特点是力图寻求建筑中的合理形式，以及建筑与自然环境融为一体。

在庄园文化现象更加显著的大背景下，普通庄园并不总是引起人们的关注，这类庄园被它们的主人作为私人工作室、工作坊或试验站用来从事各种科学或技术实验。但是，普通庄园扮演的这一角色在苏联时代受到了很大的影响。世界上第一个空气动力学实验室起源于 Д. П. 里亚布申斯基位于莫斯科近郊的库奇诺庄园，并在 20 世纪俄国国内航空航天领域取得了最卓越的成就。现在在各省一些地方的小庄园里，同样可以找到独特的建筑，如卡卢加近郊的波利瓦诺沃庄园的水塔，它由著名的天才工程师、发明家 В. Г. 舒霍夫设计，并用金属制成。

空气动力学研究所的实验室大楼，位于 Д. П. 里亚布申斯基在莫斯科近郊的库奇诺庄园，Н. Е. 茹科夫斯基曾在这里工作，摄于 1914 年

***

回顾过去，我们可以清晰地看到，1917 年十月革命前的二三十年处于全球变革的时代。显然，到 19 世纪末，在以欧洲启蒙运动为导向的俄国，贵族文化的繁荣时代被远远抛在了后面，但是它没有因此沉寂下去，也没有消亡得无影无踪。作为贵族文化的重要元素，庄园充当了民族文化瑰宝

和历史记忆的庇护人。在庄园的同时代人看来，其表面上的消亡只是从一种文化过渡到另一种文化的方式，但真实情况却是，十月革命后，当旧世界真正地被摧毁之时，逐渐出现了新文化、新艺术和面向未来的新生活方式。

宫殿式官邸和设施完善的工人定居点、公共花园和公园、艺术收藏馆、博物馆、家庭剧院等都起源于庄园文化。新时代的庄园成为全新建筑、花园式公园园艺艺术及现代化的各种庄园生活形式的化身。19、20 世纪之交，俄国庄园世界并不是孤立封闭地存在的，它对外开放，与外部世界有密切的沟通和联系。这是俄国庄园担负的光荣使命，也是它对俄国民族文化宝库做出的最伟大贡献。

图书在版编目（CIP）数据

落幕与诞生：19世纪末20世纪初的俄国文化：上下
册 /（俄罗斯）利季娅·瓦西里耶夫娜·科什曼主编；
崔志宏等译 . -- 北京：社会科学文献出版社，2022.12
　　（俄国史译丛）
　　ISBN 978 - 7 - 5228 - 0995 - 3

　　Ⅰ.①落…　Ⅱ.①利…②崔…　Ⅲ.①文化史 - 研究
- 俄国 - 19 世纪 - 20 世纪　Ⅳ.①K512.4

中国版本图书馆 CIP 数据核字（2022）第 205544 号

·俄国史译丛·

落幕与诞生：19 世纪末 20 世纪初的俄国文化（上下册）

主　　编 /〔俄〕利季娅·瓦西里耶夫娜·科什曼（Лидия Васильевна Кошман）
上册译者 / 崔志宏　万冬梅
下册译者 / 刘　玮　李　旭

出 版 人 / 王利民
责任编辑 / 高　雁
文稿编辑 / 程丽霞
责任印制 / 王京美

出　　版 / 社会科学文献出版社 （010）59367226
　　　　　　地址：北京市北三环中路甲 29 号院华龙大厦　邮编：100029
　　　　　　网址：www. ssap. com. cn
发　　行 / 社会科学文献出版社 （010）59367028
印　　装 / 三河市东方印刷有限公司

规　　格 / 开　本：787mm × 1092mm　1/16
　　　　　　印　张：52.75　字　数：778 千字
版　　次 / 2022 年 12 月第 1 版　2022 年 12 月第 1 次印刷
书　　号 / ISBN 978 - 7 - 5228 - 0995 - 3
著作权合同
登 记 号 / 图字 01 - 2022 - 6594 号
定　　价 / 198.00 元（上下册）

读者服务电话：4008918866

▲ 版权所有 翻印必究